Weisbrod/Bäzold/Obermayer

Das große Typenbuch deutscher Lokomotiven

02 0201-0

MANFRED WEISBROD • DIETER BÄZOLD • HORST J. OBERMAYER

Das große TYPENBUCH deutscher Lokomotiven

transpress

Titelfotos:
Weisbrod (oben, rechts unten),
Kempf (Mitte links),
Garke (Mitte rechts),
DB (links unten)
Rücktitelfotos:
Weisbrod (links),
Kampf (oben),
Garke (unten)

Weisbrod, Manfred:
Das große Typenbuch deutscher Lokomotiven /
Manfred Weisbrod; Dieter Bäzold; Horst J. Obermayer.
– 1. Aufl.
Berlin: Transpress, 1992. – 336 S.:
615 Abb.

ISBN 3-334-70751-5

1. Auflage

Printed in Germany
Gestaltung: Jürgen Schumann/Regine Bach
Satz: Satzstudio MediaSoft, Berlin
Druck: Maisch + Queck, 7016 Gerlingen
Bindung: K. Dieringer, 7016 Gerlingen

Vorwort

Dieses Typenbuch deutscher Lokomotiven enthält über 400 Dampflokomotivbaureihen, über 120 Baureihen von elektrischen Lokomotiven und nahezu 100 Baureihen von Diesellokomotiven. Das Spektrum reicht von Dampflokomotiven aus der Zeit um 1880 bis zu den neuesten Konstruktionen von Diesel- und elektrischen Lokomotiven aus den Jahren 1991/92.
Ein Typenbuch deutscher Lokomotiven, das alle je für deutsche Bahnen gebaute Lokomotiven enthielte, hätte den mehrfachen Umfang des vorliegenden Werkes. Um ein handliches und überschaubares Buch zu gestalten, mußte der Umfang eingegrenzt werden. Verlag und Autoren hielten es für zweckmäßig, als Zäsur das Jahr 1925 zu wählen. Dies aus folgendem Grund.
Am 1. April 1920 ist aus dem Zusammenschluß der Preußisch-Hessischen, Bayerischen, Sächsischen, Württembergischen, Badischen, Mecklenburgischen und Oldenburgischen Staatsbahnen die Deutsche Reichsbahn-Gesellschaft als Staatsbahn des Deutschen Reiches entstanden. Sie besaß zu diesem Zeitpunkt keine eigenen Lokomotivkonstruktionen, mußte zunächst den Lokomotivpark der Staatsbahnen der Länder übernehmen und entscheiden, ob diese Lokomotiven für das gesamte Reichsgebiet nachgebaut würden oder ob neue, einheitliche Lokomotivkonstruktionen anzustreben seien. Der mit dieser Entscheidungsfindung beauftragte *Engere Ausschuß für Lokomotiven zur Vereinheitlichung der Lokomotiven* entschied sich für Neukonstruktionen, für die uns als **Einheitslokomotiven** bekannten Maschinen.
Jede der Länderbahnen hatte ihre Lokomotiven nach eigenem Schema bezeichnet und benummert. Der Deutschen Reichsbahn-Gesellschaft entstand nun die Aufgabe, sowohl für die übernommenen Länderbahnlokomotiven als auch für ihre Neukonstruktionen ein einheitliches Bezeichnungs- und Nummernsystem zu entwickeln. So mußte darüber befunden werden, welche der Länderbahnlokomotiven überhaupt von der Deutschen Reichsbahn-Gesellschaft übernommen und in das neue Nummernschema eingeordnet werden sollten und welche auf Grund ihres hohen Alters auszumustern waren. Der ab 1925 gültige Umzeichnungsplan legte das für Dampflokomotiven fest und ordnete in dieses Nummernschema auch die neu zu bauenden Einheitslokomotiven ein. Der für elektrische Lokomotiven verbindliche Umzeichnungsplan datiert vom August 1926. Unser Typenbuch orientiert sich an diesen endgültigen Umzeichnungsplänen und behandelt alle Lokomotiven, die nach diesen Umzeichnungsplänen von der Deutschen Reichsbahn-Gesellschaft übernommen wurden und von ihr gebaut worden sind. Dieses Nummernschema ist auch nach 1945 von beiden deutschen Bahnverwaltungen bis zur Einführung einer EDV-gerechten Numerierung beachtet worden.
In diesem Buch wird für die Zeit von 1920 bis 1945 als Bezeichnung der Bahnverwaltung der Begriff Deutsche Reichsbahn-Gesellschaft (DRG) verwendet. Das geschieht aus Gründen der Übersichtlichkeit und eines einheitlichen Sprachgebrauchs in der Fachliteratur, wenn auch diese Bezeichnung korrekterweise nur für einen begrenzten Zeitraum zutreffend ist. Ab 1945, mit der Teilung Deutschlands, wird für die Bahnverwaltung auf dem Gebiet der 1949 gegründeten Bundesrepublik Deutschland die Bezeichnung Deutsche Bundesbahn (DB), für die auf dem Gebiet der Deutschen Demokratischen Republik, ebenfalls 1949 gegründet, die Bezeichnung Deutsche Reichsbahn (DR) verwendet. Diese Bezeichnung beider deutscher Bahnverwaltungen ist auch nach der Vereinigung beider deutscher Staaten am 3. Oktober 1990 beibehalten worden, weil beide Bahngesellschaften auch nach der Vereinigung weitgehend autonom geblieben sind.
Natürlich hat es auch für den Zeitraum, der ab 1945 mit den Abkürzungen DB und DR definiert wird, strukturelle Veränderungen bei beiden deutschen Bahngesellschaften gegeben, die jedoch nicht zu einer Namensänderung führten und deshalb hier nicht von Interesse sind.
Am 1. Januar 1968 führten die Deutsche Bundesbahn, am 1. Juli 1970 die Deutsche Reichsbahn neue Triebfahrzeugnummern ein, die in elektronische Datenverarbeitungsanlagen eingegeben werden konnten. Bei der DB bestanden die neuen Betriebsnummern aus zwei dreistelligen Zifferngruppen und einer Selbstkontrollziffer, bei der DR für Dampflokomotiven aus einer zweistelligen und einer vierstelligen Zifferngruppe mit Selbstkontrollziffer, bei Diesel- und Elektrolokomotiven aus zwei dreistelligen Zifferngruppen und einer Selbstkontrollziffer. Die DR wählte aus Gründen systembedingter Abgrenzung andere Triebfahrzeug-Kennziffern als die DB (Ellok DB = 1, DR = 2; Diesellok DB = 2, DR = 1). So wurde aus der E 04 der DRG bei der DB eine 104, bei der DR eine 204. Mit der staatlichen Einheit Deutschlands waren beide deutsche Bahnverwaltungen laut Einigungsvertrag zur schrittweisen Vereinigung verpflichtet. Mit dem 1. Januar 1992 führte die DR einen neuen Nummernplan nach dem Muster der DB ein. Dampflokomotiven sind, von den wenigen Schmalspurlokomotiven abgesehen, davon nicht mehr betroffen. Die weitgehend unverständliche Vergabe neuer Ordnungsnummern an Schmalspur-Dampflokomotiven wird deshalb hier nicht berücksichtigt. Betriebsfähige Museumslokomotiven fahren mit ihren DRG-Nummernschildern. Eine neue „Gerätenummer" ist nur auf dem Führerstand angeschrieben.
Die Abfolge der elektrischen und Diesellokomotiven sieht auf den ersten Blick etwas verworren aus. Das liegt jedoch an der Indienststellung der Lokomotiven und dem zu diesem Zeitpunkt gültigen Nummernplan. Vor 1968 in Dienst gestellte Lokomotiven der DB und vor 1970 in Dienst gestellte Lokomotiven der DR trugen noch Betriebsnummern nach dem bei der DRG üblichen Nummernschema. Die Autoren haben die Baureihenbezeichnung bei Indienststellung angegeben. Spätere Umnummerungen sind mit der entsprechenden Jahreszahl vermerkt. Wegen der geringen Zahl von Neubauten bei der DR sind elektrische Lokomotiven der DRG, der DB und der DR in einem Komplex behandelt. Bei der Vielzahl von Neu- und Umbauten bei den Diesellokomotiven beider deutscher Bahnverwaltungen schien aus Gründen der Übersichtlichkeit eine Trennung in DRG/DB und DR zweckmäßig. Viele Diesellokbaureihen der DR tragen heute die dritte oder vierte Betriebsnummer seit Indienststellung. Nach dem 1. Januar 1992 in Dienst gestellte Baureihen können nur eine Betriebsnummer vorweisen.

Manfred Weisbrod

Inhalt

Dampflokomotiven

Elektrische Lokomotiven

Diesellokomotiven DRG/DB

Diesellokomotiven DR

Einführung

In diesem Typenbuch deutscher Lokomotiven werden Dampflokomotiven, elektrische Lokomotiven und Diesellokomotiven behandelt, die im Zeitraum von 1925 bis heute zum Bestand der DRG, der DB und der DR gehört haben oder noch gehören. Die *Dampflokomotiven* sind nach dem Nummernplan der DRG von 1925 geordnet, beginnen also mit den Schnellzuglokomotiven der Baureihe 01 und enden mit den Schmalspurlokomotiven der Baureihe 99. In den Kopfzeilen neben der Baureihenbezeichnung erhält der Leser weitere Informationen. Die erste Zeile informiert über die Herkunft der Lokomotive. Bei Lokomotiven, die von der DRG 1925 von den Staatsbahnen der ehemaligen deutschen Länder übernommen worden sind, steht vor der Gattungsbezeichnung, unter der die Lokomotive bei der jeweiligen Länderbahn geführt worden ist, die Länderbahnverwaltung in abgekürzter Form. So steht

pr. für Preußische oder Preußisch-Hessische Staatsbahn
sä. für Sächsische Staatsbahn
bay. für Bayerische Staatsbahn
wü. für Württembergische Staatsbahn
bad. für Badische Staatsbahn
meck. für Mecklenburgische Friedrich-Franz-Eisenbahn
old. für Oldenburgische Staatsbahn.

Die von der DRG nach einheitlichen Baugrundsätzen entstandenen Lokomotiven sind als **Einheitsloks** ausgewiesen. Nicht zum Einheitslokprogramm gehörende, aber in der DRG-Zeit entstandene Lokomotiven (Umbauten, Versuchslokomotiven) sind entsprechend gekennzeichnet. Von der DRG sind im Zeitraum von 1930 bis 1943 auch verstaatlichte Privatbahnen übernommen worden. Der zum Teil geringe Lokomotivbestand dieser Bahnverwaltungen machte eine Unterscheidung nach Gattungen meist überflüssig. Hier steht nur die Abkürzung der jeweiligen ehemaligen privaten Bahngesellschaft:

Hf Brm für Hafenbahn Bremen (verstaatlicht am 13. September 1930)
SAAR für Eisenbahnen des Saargebiets (übernommen am 1. März 1935)
LBE für Lübeck-Büchener Eisenbahn (verstaatlicht 1. Januar 1938)
BLE für Braunschweigische Landes-Eisenbahn (verstaatlicht 1. Januar 1938)
LAG für Lokalbahn AG München (verstaatlicht 1. August 1938)
LEAG für Lausitzer Eisenbahn AG (verstaatlicht 1. Januar 1939)
MFWE für Mecklenburgische Friedrich-Wilhelm-Eisenbahn (verstaatlicht 1. Januar 1941)
WPE für Wittenberge-Perleberger Eisenbahn (verstaatlicht 1. Januar 1941)
PE für Prignitzer Eisenbahngesellschaft (verstaatlicht 1. Januar 1941)
ELE für Eutin-Lübecker Eisenbahn (verstaatlicht 1. Mai 1941)
KOE für Kreis Oldenburger Eisenbahn (verstaatlicht 1. August 1941)
ZFE für Zschipkau-Finsterwalder Eisenbahn (verstaatlicht 1943)

Die Deutsche Reichsbahn hat 1949 ebenfalls verstaatlichte Privatbahnen übernommen, doch konnten diese Lokomotiven, um den Umfang des Buches nicht zu sprengen, hier nicht berücksichtigt werden.
Die Neu- und Umbauten der Deutschen Bundesbahn und der Deutschen Reichsbahn sind als solche gekennzeichnet. Die Deutsche Reichsbahn unterschied jedoch noch zwischen Umbau und Rekonstruktion (Rekolok). Von einer Rekolok wird gesprochen, wenn die Lokomotive konstruktiv mit dem Ziel einer größeren spezifischen bzw. absoluten Leistungsfähigkeit umgebaut worden ist und deshalb eine höhere spezifische Heizflächenbelastbarkeit als 57 kg/m²h besitzt.
In der zweiten Zeile wird die **Achsfolge** angegeben. Angetriebene Radsätze werden durch Großbuchstaben gekennzeichnet, Laufradsätze durch Ziffern. Beweglich im Hauptrahmen angeordnete Laufradsätze besitzen einen Apostroph. Gezählt wird von vorn (also von der Rauchkammer) nach hinten. So bedeutet die Achsfolge C: Lokomotive mit drei gekuppelten (angetriebenen) Radsätzen ohne Laufradsätze; die Achsfolge 1B: ein vorderer, fest im Rahmen gelagerter Laufradsatz und zwei gekuppelte (angetriebene) Radsätze; die Achsfolge 2'C1': zwei vordere Laufsätze (im Drehgestell vereinigt), drei gekuppelte (angetriebene) Radsätze und ein hinterer, seitenverschiebbarer Laufradsatz.
Nun gab es auch Lokomotivkonstruktionen, bei den die gekuppelten Radsätze in zwei Gruppen aufgeteilt waren, von denen eine Gruppe (Bauart Mallet) oder beide Gruppen (Bauart Meyer) in einem Drehgestell gelagert waren, um die erforderliche Bogenläufigkeit in Krümmungen zu erzielen. Auch hier wird die Seitenverschiebbarkeit einer Triebwerksgruppe durch Apostroph gekennzeichnet. Die Schmalspurlokomotive der Gattung sä. IV K mit zwei zweifach gekuppelten Triebdrehgestellen wird als B'B' bezeichnet, die Mallet-Lokomotive der bay. Gattung Gt 2 x $^4/_4$ mit vier gekuppelten Radsätzen im Drehgestell und vier fest im Rahmen gelagerten, gekuppelten Radsätzen als D'D. Bei einzeln angetriebenen Radsätzen (es gab sie nur bei der Dampfmotorlokomotive 19 1001) wird, wie bei Diesel- und Elloks, dem Buchstaben, der die Zahl der angetriebenen Radsätze darstellt, ein **o** zugefügt: 1'Do1' für die 19 1001.
In derselben Zeile, in der die Achsfolge steht, werden Betriebsart, Zylinderzahl und Arbeitsverfahren angegeben. Bei der Betriebsart steht **n** für **N**aßdampf, **h** für **H**eißdampf. Die Ziffer gibt die Zahl der Zylinder an, also 2, 3 oder 4. Beim Arbeitsverfahren wird zwischen einfacher Dampfdehnung und zweistufiger Dampfdehnung in den Zylindern unterschieden. Die einstufige Dampfdehnung kann in Zwei-, Drei- oder Vierzylinder-Triebwerken erfolgen. Man spricht auch von Zwillings-, Drillings- oder Vierlings-Triebwerken. Bei der zweistufigen Dehnung, auch Verbundverfahren genannt, wird der Dampf zunächst in einem oder zwei Hochdruckzylindern teilweise entspannt, dann in einem oder zwei Niederdruckzylindern vollends entspannt. Dampfdrücke über 20 bar lassen sich wirtschaftlich nur in zweistufiger Dehnung nutzen. Einstufige Dampfdehnung wird nicht bezeichnet, das **v** steht für **V**erbundverfahren. Eine 2'C1' h4v ist also eine dreifach gekuppelte Lokomotive mit vorderem Laufdrehgestell und seitenverschiebbarem Schleppradsatz, die ein Vierzylinder-Verbund-Heißdampftriebwerk besitzt. Schlepptenderlokomotiven werden nicht besonders gekennzeichnet, **T**enderlokomotiven erhalten noch den Zusatzbuchstaben **t**. Die eben erwähnte 2'C1' h4v ist also eine Schlepptenderlokomotive.
Die Angaben über Achsfolge, Betriebsart, Zylinderzahl und Arbeitsverfahren sagen noch nichts über den Verwendungszweck der Lokomotive aus. Die DRG hat deshalb die **Gattungszeichen** eingeführt. Die Dampflokomotiven sind in folgende Gattungen eingeteilt:

S = Schnellzuglokomotiven mit Schlepptender
P = Personenzuglokomotiven mit Schlepptender
G = Güterzuglokomotiven mit Schlepptender
St = Schnellzug-Tenderlokomotiven
Pt = Personenzug-Tenderlokomotiven
Gt = Güterzug-Tenderlokomotiven
Z = Zahnradlokomotiven
L = Lokalbahnlokomotiven
K = Schmalspur- (Kleinspur-) Lokomotiven.

Bei der folgenden Zifferngruppe geben die Ziffern vor dem Punkt die Zahl der gekuppelten (angetriebenen) Radsätze und die Gesamtzahl der Radsätze an. Die Ziffer oder Ziffern nach dem Punkt nennt die mittlere Radsatzfahrmasse der gekuppelten Radsätze. Das Gattungszeichen S 36.20 bedeutet also Schnellzuglokomotive mit drei gekuppelten und insgesamt sechs Radsätzen und einer mittleren Radsatzfahrmasse der gekuppelten Radsätze von 20 t. Die Angabe der Radsatzfahrmasse war die wichtigste Information des Gattungszeichens, gab sie doch darüber Aufschluß, auf welchen Strecken die Lokomotive eingesetzt werden konnte und wo sie nicht verkehren durfte. Das Gattungszeichen war an beiden Seiten des Führerhauses angeschraubt.
Die vierte Zeile informiert über den **Einsatzzeitraum**. Dieser umfaßt die Zeitspanne zwischen Indienststellung der ersten Lokomotive oder Lokomotiven bis zur Ausmusterung der letzten Exemplare bei DRG, DB und DR. Ausmusterung muß nicht gleichbedeutend mit Zerlegung sein. Viele Lokomotiven waren zwar bei der Staatsbahn nicht mehr wirtschaftlich einsetzbar oder überflüssig geworden, aber durchaus noch voll betriebsfähig und in untergeordneten Diensten bei Privatbahnen, bei Werk- und Anschlußbahnen noch Jahre oder Jahrzehnte nach dem Ausscheiden aus dem Staatsbahndienst im Einsatz.
Aus Platzgründen konnten von den vielen technischen Daten einer Lokomotive nur wenige ausgewählt werden. Interessierte Leser werden sich in der Fachliteratur über weitere Angaben informieren. Die **zulässige Geschwindigkeit** ist die von der Bahnverwaltung festgelegte höchste Geschwindigkeit, mit der die Lokomotive betrieben werden darf. Sie liegt in jedem Falle unter der *möglichen* Höchstgeschwindigkeit.
Der **Treibraddurchmesser** gibt Aufschluß über die Verwendungsmöglichkeit der Lokomotive. Wie bei Verbrennungsmotoren gibt es auch bei Dampfmaschinen eine Drehzahlgrenze, die zur Wahrung der Betriebssicherheit nicht überschritten werden darf. Deshalb haben Schnellzuglokomotiven große Treib- und Kuppelraddurchmesser, um bei denen von ihnen geforderten Geschwindigkeiten von 100 und mehr km/h die Drehzahlgrenze nicht zu überschreiten. Auch hier gibt es Unterschiede zwischen reinen Flachlandmaschinen mit 2 300 mm Treib- und Kuppelraddurchmesser und Schnellzuglokomotiven, die auch im Hügelland eingesetzt werden können. Bei diesen Lokomotiven muß ein ausgewogenes Maß zwischen Höchstgeschwindigkeit und Zugkraft gefunden werden. Die Durchmesser der angetriebenen Räder liegen hier deutlich unter 2 000 mm. Bei elektrischen (sofern sie keinen Stangenantrieb haben) und Diesellokomotiven, auch bei Dampfmotorlokomotiven, gibt es keine hin- und hergehenden Massen wie Kolben, Kreuzkopf und Treibstange bei den Dampflokomotiven, auch keine Massen wie rotierende Treib- und Kuppelstangenlager und Kuppelzapfen, deren Fliehkräfte nie vollständig ausgeglichen werden können. Deshalb

kommen elektrische und Diesellokomotiven, unabhängig von der zulässigen Geschwindigkeit, mit im Vergleich zur Dampflokomotive relativ geringen Treibraddurchmessern aus. Für den **Laufraddurchmesser** gab es bei den Länderbahnverwaltungen auf langjährigen Erfahrungen beruhende Standardmaße. Laufradsätze dienen der Führung der Lokomotive im Gleis und sind stets kleiner als gekuppelte Radsätze, laufen aber mit höherer Drehzahl als diese. Ein zu kleiner Laufraddurchmesser birgt die Gefahr von Heißläufern durch zu hohe Drehzahlen, ein zu großer Durchmesser ist konstruktiv kaum unterzubringen und mindert die Führungsarbeit im Gleis. So bewegen sich die Laufraddurchmesser zwischen 850 mm und 1 250 mm, wobei Schleppradsätze, die keine Führungsarbeit zu übernehmen haben, im Durchmesser größer sein können.
Der **Kesseldruck** ist im Laufe der Jahrzehnte mit der Vervollkommnung der Dampflokomotive angestiegen. Je höher der Kesseldruck, desto größer ist die im Dampf enthaltene Energie und desto größer ist auch die nutzbare Leistung. Wie die Versuche der DRG mit Hochdruck- und Mitteldruck-Lokomotiven bewiesen haben, sind der Steigerung des Kesseldrucks im Lokomotivkessel Stephensonscher Bauart Grenzen gesetzt, die bei etwa 16 bis 18 bar liegen. Höherer Druck erfordert besondere Kesselbaustähle und einen höheren Aufwand bei der Instandhaltung der Lokomotiven, die den Gewinn an Leistung bzw. die Ersparnisse beim Brennstoff rasch wieder aufzehren.
Die **Leistung** der Dampflokomotive wird traditionell in PS angegeben, sofern überhaupt Leistungsangaben zu ermitteln waren. Erst die DRG hat Leistungsuntersuchungen von Lokomotiven auf wissenschaftlicher Basis mit Meßwagen und Belastung durch Bremslokomotiven eingeführt. Bei den deutschen Länderbahnen sind Leistungen nur durch Anhängen verschieden schwerer Wagenzüge ermittelt worden, die mit vorgegebener Geschwindigkeit in der Ebene oder auf Steigungen bewältigt werden mußten. Bei der Dampflokomotive unterscheidet man zwischen der indizierten Leistung, die in den Dampfzylindern erzeugt wird, und der effektiven Leistung, die nach Abzug der Leistungsverluste durch Reibung und Bewegen der Eigenmasse am Zughaken nutzbar zur Verfügung steht. Die effektive Leistung ist also in jedem Fall geringer als die indizierte Leistung. Nun ist die Leistungsangabe in PS eine Größe, die den Betriebsmaschinendienst überhaupt nicht interessiert. Für ihn ist die *Zugkraft* der Lokomotive entscheidend, die früher in t angegeben wurde, heute in kN ausgewiesen wird. Die seit mehr als zehn Jahren verbindlichen technisch-physikalischen Maßangaben nach SI (Système international) vermochten sich bei Dampflokomotiven und Brennkraftlokomotiven noch nicht vollends durchzusetzen. Auch die Automobilindustrie nennt die Leistungen ihrer Motoren noch in PS und gibt die Leistung in kW nur in Klammern an. Der Leser möge Verständnis dafür haben, daß wir die Leistung bei Dampflokomotiven in der Maßeinheit angeben, die uns verfügbar war.
Die **Dienstmasse** der Dampflokomotive ist bei Schlepptender-Lokomotiven die Masse in betriebsfähigem Zustand, also mit der erforderlichen Wassermenge im Kessel. Bei Tenderlokomotiven bezeichnet die Dienstmasse die betriebsfähige Lokomotive mit $^{2}/_{3}$ der Vorräte an Speisewasser (in den Vorratsbehältern) und Brennstoff.
Bei der **LüP** (der Länge über Puffer) ist bei den Schlepptender-Lokomotiven die Tenderbauart angegeben, mit der die Lokomotive *vorzugsweise* gekuppelt war. Dampflokomotiven konnten schon bei den Länderbahnen mit verschiedenen Tendern gekuppelt werden, dort jeweils nur mit den Tendern der betreffenden Bahnverwaltung. Die Größe des Tenders richtete sich nach der Strecke, die die Lokomotive ohne Ergänzen ihrer Vorräte durchfahren mußte. Sie mußte sich aber auch nach dem Durchmesser der verfügbaren Drehscheiben richten, die nicht selten gedrungene Bauweisen in der Kombination von Drehgestell und fest im Rahmen gelagerten, eng zusammengerückten Radsätzen erzwangen.
Bei elektrischen und bei Diesellokomotiven wird kein Gattungszeichen angegeben. Für elektrische Lokomotiven ist jedoch die Angabe des Stromsystems von Interesse. Deutschland, Österreich und die Schweiz einigten sich auf ein Stromsystem mit Einphasen-Wechselstrom von 15 kV Spannung und einer Frequenz von 16 $^{2}/_{3}$ Hertz (angegeben als $\overset{1}{\sim}$ 15 kV, 16 $^{2}/_{3}$ Hz). Einzelachsantrieb, wie bei modernen Elloks üblich, wird durch **o** gekennzeichnet. Eine Bo'Bo'-Lokomotive besitzt also zwei zweiachsige Drehgestelle mit Einzelachsantrieb. Auf gleiche Weise werden dieselelektrisch betriebene Lokomotiven gekennzeichnet. Bei dieselhydraulischem Antrieb werden bei Drehgestellokomotiven die Radsätze eines Drehgestells von der vom Strömungsgetriebe kommenden Kardanwelle gleichzeitig angetrieben. Diese Antriebsform wird durch Unterstreichen der Achsformel kenntlich gemacht: $\underline{B'}\underline{B'}$.
Anstelle von Kesseldruck und indizierter Leistung bei Dampflokomotiven werden bei elektrischen Lokomotiven in den technischen Daten die Stundenleistung (in kW) bei einer definierten Geschwindigkeit (in km/h) und die Anfahrzugkraft (in kN) angegeben.
Bei Diesellokomotiven werden in der Spalte Motor/Kraftübertragung die Zylinderzahl, das Arbeitsverfahren (Zweitakt oder Viertakt), die Zylinderanordnung (Reihen- oder V-Anordnung) und die Art der Leistungsübertragung (hydraulisch oder elektrisch) angegeben. Die Angabe der Dienstmasse bezieht sich hier auch auf $^{2}/_{3}$ der Vorräte.

Nummerungssysteme der Lokomotiven

In diesem Typenbuch sind Lokomotiven der Länder Preußen, Hessen, Sachsen, Bayern, Württemberg, Baden, Mecklenburg, Oldenburg, verschiedener einst privater Bahngesellschaften, der DRG, der DB und der DR enthalten. Jede Bahngesellschaft hatte bis zur Gründung der DRG im Jahre 1920 bzw. bis zur Übernahme durch die DRG ein eigenes System, ihre Lokomotiven zu klassifizieren und zu numerieren. Das von der DRG eingeführte Nummernschema haben, wie erwähnt, DB und DR bis zur Einführung EDV-gerechter Lokomotiv- und Triebwagennummern im Prinzip beibehalten. Im folgenden sollen die Klassifizierungs- und Numerierungsschemata der Bahngesellschaften kurz dargestellt werden.

Dampflokomotiven

Preußisch-Hessische Staatsbahn
Mit Beginn der achtziger Jahre des 19. Jahrhunderts war die Bildung der Preußischen Staatsbahn durch den Kauf privater

Bahngesellschaften und auf Staatskosten gebaute Strecken in den Grundzügen abgeschlossen. Am 4. Februar 1880 trat das Gesetz über die einheitliche Verwaltungsstruktur der Eisenbahnen in Kraft, auf dessen Grundlage zwischen 1880 und 1884 die Eisenbahndirektionen als Verwaltungsbezirke entstanden. Ab 1. April 1883 galt für alle Direktionen ein einheitliches Nummernschema für Lokomotiven. Man teilte die Lokomotiven nach der Zahl der gekuppelten Radsätze und nach dem Verwendungszweck in Gruppen ein und ordnete jeder Gruppe eine Nummernreihe zu: 1–99 ungekuppelte Lokomotiven, 100–499 zweifach gekuppelte Reisezuglokomotiven, 500–799 zweifach gekuppelte Güterzuglokomotiven usw. Jede Direktion mußte ihre Lokomotiven nach diesem Schema gesondert numerieren und der Nummer den Direktionsnamen hinzufügen, so daß in den damals bestehenden elf Direktionen theoretisch die gleiche Loknummer elfmal auftauchen konnte. Nach diesem System waren aber die einzelnen Lokomotivbauarten nicht zu unterscheiden, so daß eine detaillierte Klassifizierung erforderlich war. Diese gab Auskunft über die Zahl der Radsätze und das Kupplungsverhältnis, den Hauptverwendungszweck, die Unterbringung der Vorräte, die Dampfart und das Arbeitsverfahren, die Zylinderzahl und die Bauart der Laufradsätze. Dazu sind folgende Bezeichnungen verwendet worden:

$^3/_4$ Zahl der Kuppelradsätze/Gesamtzahl der Radsätze
H. Heißdampf-
S. Schnellzug-
P. Personenzug-
G. Güterzug-
T. Tender-
L. Lokomotive (die Betriebsart Naßdampf ist nicht ausgewiesen worden, auch für Schlepptender-Lokomotiven gab es keine besondere Kennzeichnung)
3cyl. Dreizylinder-
4cyl. Vierzylinder-
(Zweizylinderlokomotiven wurden nicht gekennzeichnet)
v. Verbundtriebwerk
dr. Laufdrehgestell
dr.kr. Drehgestell Bauart Krauss (Krauss-Lenkgestell).

Nach diesem Schema war die 2′C h2-Personenzuglokomotive der Gattung P 8 (Baureihe 38^{10-40}) als $^3/_5$ H.P.L.dr. definiert. Die D n2v-Güterzuglokomotive der Gattung G 7^2(Baureihe 55^{7-13}) wurde als $^4/_4$ G.L.v. dargestellt. Zu weiteren Spezifizierung konnte die Bauart angegeben werden, entweder mit dem Namen der Direktion, bei der sie zuerst eingeführt worden war (Bauart Erfurt oder Bauart Hannover) oder der Jahreszahl (Bauart 1898). Ab 1875 strebte die Preußische Staatsbahn die Herstellung ihrer Betriebsmittel nach einheitlichen Vorschriften an und führte die sogenannten Normalien ein, nach denen beispielsweise für jeden Lokomotivtyp ein *Musterblatt* erarbeitet worden ist. Musterblätter für Naßdampf-Lokomotiven waren mit III, Musterblätter für Heißdampf-Lokomotiven mit XIV bezeichnet. Den speziellen Lokomotivtyp kennzeichneten eine arabische Ziffer und ein Buchstabe. So bedeutete

Musterblatt III 4 f = C1′ n2-Tenderlokomotive (später T 9^1)
Musterblatt III 4 k = 1′C n2-Tenderlokomotive (später T 9^2)
Musterblatt III 4 l = 1′C n2-Tenderlokomotive (später T 9^3).

Erst ab 1903 sind bei den Preußisch-Hessischen Staatsbahnen (die Königlich Preußischen und die Großherzoglich Hessischen Staatseisenbahnen waren 1896 eine Betriebs- und Finanzgemeinschaft eingegangen) Gruppenzeichen eingeführt worden, die die Lokomotiven in vier Hauptgruppen einteilten: S = Schnellzuglokomotiven, P = Personenzuglokomotiven, G = Güterzuglokomotiven und T = Tenderlokomotiven. Eine beigestellte Zahl drückte die Leistungsklasse und die Betriebsart aus. Stärkere Lokomotiven hatten höhere Zahlen, Heißdampflokomotiven gerade und Naßdampflokomotiven ungerade Zahlen. Eine Lokomotive mittlerer Leistung erhielt die Ziffer 3 (S 3 oder T 3), schwächere Lokomotiven die Leistungsziffern 1 oder 2. Die S 4 war demnach eine Heißdampf-Schnellzuglokomotive, die der Naßdampf-Schnellzuglokomotive S 3 an Leistung überlegen war. Gleichzeitig mit Einführung des Gruppenzeichens bekamen die Lokomotiven neue Nummern: Jede Gruppe erhielt eine Bahnnummernreihe, nochmals unterschieden nach Zwillings- und Verbundlokomotiven, so daß aus der Bahnnummer schon die Gruppenzugehörigkeit erkennbar war.

Dieses System war für alle der inzwischen (ab 1896) 21 Direktionen verbindlich, so daß theoretisch eine Bahnnummer einundzwanzigmal vergeben werden konnte. Die Bahnnummer war mit dem Namen der Direktion in der Regel als Rotgußschild beidseits der Rauchkammer angebracht. Bei in einer Direktion zahlenmäßig stark vertretenen Baureihen konnte die zugeteilte Nummernreihe nicht ausreichen, so daß Nummern benachbarter Gruppen belegt werden mußten. Durch das Ausscheiden älterer Lokomotiven, die in einer Gruppe zusammengefaßt waren, wandelten sich diese Gruppenzeichen zu reinen Gattungszeichen. Im Text wird deshalb nur der Begriff Gattung gebraucht. Diese Wandlung zum Gattungszeichen vollzog sich etwa ab 1910, als man zur feineren Unterscheidung Indizes einführte. Die Tenderlokomotiven der Gruppe T 9 wurden, je nach Anordnung des Laufradsatzes und der konstruktiven Ausführung, in T 9^1, T 9^2 und T 9^3 unterschieden. Die bisher als „verstärkte S 3“ bezeichnete Schnellzuglokomotive erhielt das Gattungszeichen S 5^2.

Ein Bahnnummernsystem funktioniert immer nur eine bestimmte Zeit und erweist sich dann als überholt und nicht mehr funktionsfähig. Die Benutzung fremder Bahnnummern war bereits erwähnt worden. Im Verlaufe des ersten Weltkriegs unterblieb es meist, bei Umbeheimatungen in eine andere Direktion Bahnnummer und Direktionsnamen zu ändern, oft wurden ab Werk die Lokomotiven einer anderen Direktion zugeteilt als vorgesehen war. Die DRG hat zunächst die Nummernsysteme der Länderbahnen übernehmen müssen. Ab 1921 erhielten die Neubauten im Bereich der ehemals Preußisch-Hessischen Staatsbahnen Namen sogenannter Gattungsbezirke und eine Bahnnummer. Für alle ab diesem Zeitpunkt gelieferten G 8^2 galt der Gattungsbezirk Cassel, für alle P 10 der Gattungsbezirk Elberfeld, unabhängig davon, welche Direktion die Lokomotive tatsächlich erhielt.

Bayerische Staatsbahn

Die erste Eisenbahn auf deutschem Boden ist am 7. Dezember 1835 von Nürnberg nach Fürth eröffnet worden. Der Staat erkannte recht schnell die Vorteile, die die Eisenbahn für Handel, Wirtschaft und Verkehr erbringen konnte. Umfangreiche Privatbahnen wie in Sachsen und Preußen hat es in Bayern nicht gegeben. Von der München-Augsburger Eisenbahn (Betriebseröffnung 1840) und der Bayerischen Ostbahn (gegründet 1856) abgesehen, sind fast alle anderen Strecken von der Königlich Bayerischen Staatseisenbahn (ab 1918 Bayerische Staatsbahn) gebaut worden. So verwundert es auch nicht, daß die Bayerische Staatsbahn ein relativ übersichtliches Bezeichnungsschema für Lokomotiven entwickelt hat, das im Laufe der Zeit nur einmal grundlegend geändert bzw. erweitert worden ist. Anfangs trugen auch die bayerischen Lokomotiven nur Namen und eine Listennummer. Nach 1850 sind für die verschiedenen Lokomotivgattungen die Buchstaben A bis E verwendet worden:

A ungekuppelte Lokomotiven mit Tender
AA ungekuppelte Lokomotiven mit Vorspannachse (zusätzlich zuschaltbare Treibachse) und Tender
B zweifach gekuppelte Lokomotiven (B-Kuppler) mit Tender
BB Lokomotiven mit zwei zweifach gekuppelten Triebwerken der Bauart Mallet
C dreifach gekuppelte Lokomotiven (C-Kuppler) mit Tender
D Tenderlokomotiven (die Zahl der gekuppelten Radsätze blieb unberücksichtigt)
E vierfach gekuppelte Lokomotiven (D-Kuppler) mit Tender.

Jede neue Lokomotivgattung gleicher Achsfolge erhielt fortlaufend eine arabische Ziffer. So folgte der C I aus dem Jahre 1859 im Jahre 1861 die C II, 1868 die C III und 1889 die C IV. Alle vier Gattungen umfaßten dreifach gekuppelte Schlepptender-Güterzuglokomotiven. Die C V aus dem Jahre 1899 war jedoch eine 2'C n4v-Schnellzuglokomotive, die C VI aus dem Jahre 1899 eine 1'C n2v-Güterzuglokomotive. Ähnlich unübersichtlich ist es gegen Ende des 19. Jahrhunderts in allen anderen der mit Buchstaben bezeichneten Hauptgruppen geworden. Eine fünffach gekuppelte Lokomotive war in dieses Schema überhaupt nicht einzuordnen.

1901 führte die Bayerische Staatsbahn ein neues Bezeichnungsschema ein, das mit einem Gattungszeichen auf die Verwendung der Lokomotive hinwies und mit einem Bruch das Kupplungsverhältnis ausdrückte.

Die Buchstaben hatten folgende Bedeutung:
S Schnellzuglokomotive
P Personenzuglokomotive
G Güterzuglokomotive
Pt Personenzug-Tenderlokomotive
Gt Güterzug-Tenderlokomotive
R Rangierlokomotive
L Lokalbahnlokomotive.

Diese Buchstaben wurden ergänzt durch die Zusatzbuchstaben
s für Schmalspurlokomotiven und
z für Zahnradlokomotiven.

Bahnintern (d. h. nicht an den Lokomotiven angeschrieben) waren schon vor 1901 die Bezeichnungen Zw (Zwilling) und Verb (Verbund) zur Darstellung der Art der Dampfdehnung üblich. Die Buchstaben H und N kennzeichneten die Dampfarten Heißdampf und Naßdampf.

Die Buchstaben waren mit einem Bruch kombiniert, der im Zähler die Zahl der gekuppelten Radsätze, im Nenner die Gesamtzahl der Radsätze ausdrückte. Eine S $^3/_6$ war demnach eine Schnellzuglokomotive mit drei gekuppelten und insgesamt sechs Radsätzen. Über die Lage der Laufradsätze gibt dieses Bezeichnungsschema keine Auskunft. Eine PtzL $^3/_4$ ist eine Personenzug-Tenderlokomotive für Zahnradbetrieb auf normalspurigen Strecken lokalen Charakters mit drei gekuppelten Radsätzen und einem Laufradsatz.

Dieses System ist für alle neubeschafften Lokomotiven verwendet worden. Die bei Einführung des neuen Bezeichnungsschemas bereits vorhandenen Lokomotiven sind jedoch nicht umbenannt worden, so daß beide Bezeichnungssysteme nebeneinander bestanden, bis die Bayerische Staatsbahn in die DRG aufging.

Ab 1891 erhielten die Lokomotiven keine Namen mehr, lediglich Bahnnummern, die in großen zusammenhängenden Gruppen für eine Gattung vergeben worden sind. Bei Ausmusterung einer Lokomotive ist diese Bahnnummer in der Regel nicht wieder besetzt worden. Zu diesem Zeitpunkt hat man auch die Lokomotiven der Bayerischen Ostbahn, die am 1. Januar 1875 verstaatlicht worden war, in dieses Nummernschema einbezogen.

Die Pfalzbahnen

In ihrer wechselvollen Geschichte war die Pfalz 1792 von der französischen Revolutionsarmee besetzt worden und kam im Frieden zu Lunéville (1801) an Frankreich. Auf dem Wiener Kongreß ist das Gebiet wieder Deutschland zugesprochen worden; der größte Teil kam an Bayern, kleinere Teile an Preußen und Hessen. Dem „Rheinkreis", ab 1838 als Pfalz bezeichnet, erteilte der bayerische König Ludwig I. 1837 die Genehmigung, eine eigene Eisenbahn zu bauen, die in Dankbarkeit Pfälzische Ludwigsbahn genannt wurde und 1847 auf den Teilstrecken Ludwigshafen–Schifferstadt–Neustadt und Speyer–Schifferstadt den Betrieb aufnahm. Außer der Ludwigsbahn gab es noch zwei weitere Privatbahnen, die Maximiliansbahn und die Pfälzische Nordbahn. 1870 fusionierten alle drei Bahngesellschaften zu den Pfälzischen Eisenbahnen. Am 1. Januar 1909 sind die Pfalzbahnen verstaatlicht und von den Königlich Bayerischen Staatseisenbahnen übernommen worden. Das Streckennetz hatte zu diesem Zeitpunkt eine Länge von 872 km.

Etwa ab 1898 führten die Pfalzbahnen Gattungsbezeichnungen für ihre Lokomotiven ein und vergaben für die vier Gattungen die Buchstaben
P für Reisezug- (Personenzug-)Lokomotiven mit und ohne Tender
G für Schlepptender-Lokomotiven im Güterzugdienst
T für Tenderlokomotiven im Rangier- und Nebenbahndienst
L für schmalspurige Tenderlokomotiven.

Jede Baureihe dieser Gattung erhielt in der Reihenfolge ihrer Beschaffung eine arabische Ziffer (P 1 bis P 5, G 1 bis G 5 usw.). Unterbaureihen oder Weiterentwicklungen erhielten zusätzlich zur arabischen Ziffer eine römische Hochzahl (P 1^{I}, P 1^{II}, P 1^{III}). Auch die Pfalzbahnen hatten für ihre Lokomotiven Namen und Nummern vergeben. Die Bayerische Staatsbahn ließ nach der Verstaatlichung der Pfalzbahnen dieses System unangetastet und bezeichnete erst Neubeschaffungen nach bayerischem Schema.

Sächsische Staatsbahn

Die amtliche Bezeichnung lautete bis 1918 *Königlich Sächsische Staats-Eisenbahn*, ab 1918, nach der Abdankung des Königs und der Auflösung der Monarchie, *Sächsische Staats-Eisenbahn*. Bis 1869 gab es eine westliche Direktion (Sitz Leipzig) und eine östliche Direktion (Sitz Dresden). Erst 1869, als mit der Einweihung des Hetzdorfer Viadukts und der Aufnahme des durchgehenden Betriebs auf der Strecke Dresden–Freiberg–Chemnitz eine Staatsbahnstrecke beide Direktionen verband, hat man beide Direktionen vereinigt.

Anfangs trugen auch in Sachsen alle Lokomotiven Namen, eine Tradition, die man vom Schiffbau übernommen hatte. Die westliche Staatsbahn numerierte ihre Lokomotiven mit 1 beginnend, die östliche Staatsbahn mit 201 beginnend. Das waren zu jener Zeit lediglich Listennummern, keine Bahnnummern oder Ordnungsnummern im heutigen Sinne.

Mit der Schaffung einer einheitlichen Königlichen Generaldirektion der Sächsischen Staats-Eisenbahnen im Jahre 1869 waren die Lokomotivbestände neu zu ordnen. Sie wurden in acht *Kategorien* eingeteilt und durch römische Ziffern dargestellt. Ein Buchstabe vor den Ziffern kennzeichnete den Hersteller. Lokomotiven gleicher Kategorie aber unterschiedlicher Hersteller entsprachen nicht immer der gleichen Bauart. So war eine H V eine von Hartmann gelieferte C-Güterzuglokomotive, eine B V eine von Borsig gebaute 1 B-Lokomotive. Die Kategorien waren also keine Gattungsbezeichnungen im heutigen Sinne.

Erst ab 1871 sind Gattungsbezeichnungen für Lokomotiven

gleicher Bauart verwendet worden. Dieses System, zwar vielfach modifiziert und den Erfordernissen angepaßt, ist im Grundprinzip bis 1925 beibehalten worden. Die ältesten im Dienst befindlichen Lokomotiven kamen in die Kategorien I und II, neuere 1B-Lokomotiven in die Kategorie III. Die Differenzierung in III a und III b bezeichnet lediglich ältere und neuere Lokomotiven. Beim Freiwerden einer Gattung durch die Ausmusterung älterer Lokomotiven rückten Lokomotiven aus der nächsten Gattung nach. Bis zur Übernahme der Sächsischen Staatsbahn durch die DRG waren 17 Hauptgattungen entstanden, die Gattungen I bis XV sowie XVIII und XX. Gerade Gattungszahlen wurden an Reisezuglokomotiven (auch an Personenzug-Tenderlokomotiven) vergeben, ungerade an Güterzuglokomotiven. Ab 1872 gab es den Zusatzbuchstaben T für Tenderlokomotiven, zunächst nur für die neue C n2-Tenderlokomotive, die als HT geführt worden ist. Erst ab 1876 erhielten alle Tenderlokomotiven diesen Zusatzbuchstaben zur römischen Ziffer der Gattungsbezeichnung. Weitere Zusatzbuchstaben erweiterten das System im Laufe der Jahre:

- O für Omnibuszug-Lokomotiven ab 1885
- S für Sekundärbahn-Lokomotiven (Nebenbahn-Lokomotiven Normalspur) ab 1884
- M für Nebenbahn-Lokomotiven (Meterspur) ab 1902
- K für Nebenbahn-Lokomotiven in Kleinspur (750 mm) ab 1881
- b Kennzeichnung für Lokomotiven mit beweglichem (seitenverschiebbarem) Laufradsatz; Drehgestelle sind ab 1896 nicht besonders gekennzeichnet worden.

Lokomotiven unterschiedlichen Treib- und Kuppelraddurchmessers innerhalb einer Gattung (also auch unterschiedlichen Verwendungszwecks) erhielten die Ziffer 1 bei Schnellzuglokomotiven, die Ziffer 2 bei Personenzuglokomotiven. So ist die Gattung XII H 1 eine Schnellzuglokomotive der DRG-Baureihe 17^{8}, die Gattung XII H 2 eine Personenzuglokomotive der DRG-Baureihe 38^{2-3}. Nach Einführung des Verbundsystems erschien der Buchstabe V (in Fraktur geschrieben) im Jahre 1887, mit der Einführung des Heißdampfs der Zusatzbuchstabe H (ebenfalls in Fraktur geschrieben).

Die ständig zunehmende Zahl von Lokomotiven machte es der Bahnverwaltung immer schwerer, neue Namen für die Lokomotiven zu finden. Die Leipzig-Dresdener Eisenbahn (LDE) kam bis zur Verstaatlichung im Jahre 1876 nur mit Namen aus und hatte keine Nummern für die Lokomotiven vergeben. Mit der Übernahme anderer Privatbahnen durch den Staat häuften sich die Dopplungen von Namen. Eine SAXONIA gab es nicht nur bei der LDE, sondern auch bei der Sächsisch-Bayerischen, der Sächsisch-Schlesischen und der Sächsisch-Böhmischen Bahn. Ab 1892 verzichtete die Staatsbahn darauf, Güterzuglokomotiven Namen zu geben, zog vielmehr alle Namensschilder ein und bewahrte sie auf, um sie gelegentlich wieder an Schnellzug-und Personenzuglokomotiven anzubringen. Nach 1900 trugen auch diese Lokomotiven keine Namensschilder mehr. Die Namensschilder hatten sich zu beiden Seiten des Langkessels, bei Tenderlokomotiven an den Wasserkästen befunden.

Die Bahnnummer war bis 1900 am Führerhaus, danach beidseits der Rauchkammer angebracht. Ein neuer Nummernplan, gültig ab 1892, sollte ein System in die Numerierung bringen, indem den Gattungen bestimmte Nummernreihen zugeordnet worden sind, wie es auch bei den Preußisch-Hessischen Staatsbahnen der Fall war. Auch hier waren in den folgenden Jahren Korrekturen erforderlich. So sind 1900 die Bahnnummern der Gattungen II, II b, V und VII um 2 000 erhöht worden, um die Nummernbereiche der schon sehr dezimierten Gattungen für neu hinzukommende Gattungen freizumachen. 1912 erhielten die Lokomotiven der 1. Serie der Gattung XIV HT Bahnnummern ab 1801. 1916 erhielten die Lokomotiven der Gattung XI HT Nummern ab 2001. Die Bahnnummern des „Rollwagens“, der Gattung XII H2, sind ab 1918 um 3 000 erhöht worden.

Die Tender waren bei der Sächsischen Staatsbahn, wie auch bei den ČSD bis zum Ende der Dampflokzeit, nicht in das Nummernsystem der Lokomotiven einbezogen, sondern besaßen eigene Bahnnummern.

Württembergische Staatsbahn

Im Königreich Württemberg begann der Eisenbahnbau, verglichen mit anderen deutschen Staaten, verhältnismäßig spät. Ursachen dafür waren nicht allein die komplizierten Geländeverhältnisse, sondern auch subjektive Gründe wie Uneinigkeit über die Trassenführung, widersprüchliche Gutachten und Zweifel am Nutzen der Bahn. Ein königliches Dekret von 1843 sicherte dem Staat die Rechte beim Bau von Hauptstrecken. Konzessionen an private Gesellschaften konnten lediglich für Nebenstrecken vergeben werden. Die erste Teilstrecke Cannstadt–Untertürkheim ist am 22. Oktober 1845 eingeweiht worden.

Anfangs hatte man die Lokomotiven in „Klassen“ von I bis VII eingeteilt, wobei jede Klasse einem Hersteller zugedacht war. In diese Klassen hat man alle Lokomotiven eingeordnet, gleich welcher Bauart und welchen Verwendungszwecks. Im Jahre 1858, mit dem Erreichen der Klasse VII, war das System so unübersichtlich, daß sich die Bahnverwaltung zu einer Neuordnung entschließen mußte. Es galt ab 1858 folgende Klasseneinteilung:

- Klasse A leichte Schnell- und Eilzuglokomotiven der Achsfolge 1 B
- Klasse B schwere Schnell- und Eilzuglokomotiven (auch Neu- und Umbauten)
- Klasse C leichte Personenzuglokomotiven (wurde frei nach Ausmusterung der 2'B-Lokomotiven der alten Klasse III)
- Klasse D schwere Personenzuglokomotiven (Neu- und Umbauten)
- Klasse E leichte Güterzuglokomotiven
- Klasse F schwere Güterzuglokomotiven
- Klasse T Tenderlokomotiven unterschiedlicher Ausführung.

Die Einteilung in leichte und schwere Lokomotiven war recht vergänglich, weil einst als schwer klassifizierte Lokomotiven im Laufe der technischen Entwicklung zu leichten Lokomotiven geworden sind. Im Jahre 1892 ist dieses System nochmals überarbeitet worden. Danach umfaßten die

- Klassen A bis E Schnellzug- und Personenzuglokomotiven
- Klassen F bis K Güterzuglokomotiven
- Klassen T bis T 6 Tenderlokomotiven.

Durch Zusatzbuchstaben ist das System noch verfeinert worden:

- a alte Bauart
- aa sehr alte, zur Ausmusterung anstehende Bauart
- c compound (Verbundtriebwerk)
- d duplex (Doppeltriebwerk der Bauart Mallet)
- h Heißdampf
- n Nebenbahn-Lokomotive
- s Schmalspurlokomotive für 1 000 mm Spurweite
- ss Schmalspurlokomotive für 750 mm Spurweite
- z Zahnradlokomotive.

Lokomotiven preußischer Bauart, die von der Württembergischen Staatsbahn (bis 1918 Königlich Württembergische Staats-Eisenbahn) in Dienst gestellt worden sind, bekamen

die preußische Gattungsbezeichnung (G 12, T 18 usw.).
Die württembergischen Lokomotiven hatten von Anbeginn Namen erhalten (erst 1896 hat man auf eine Namensgebung verzichtet) und eine Bahnnummer, die nach Ausmusterung einer Lokomotive erneut besetzt worden ist.
Charakteristisch für die Württembergische Staatsbahn sind die in eigener Werkstätte vorgenommenen Umbauten an Lokomotiven, die oft zu völlig neuen Gattungen führten. So entstanden aus Schlepptender-Lokomotiven Tenderlokomotiven, zum Teil sind die Lokomotiven nicht nur einmal umgebaut worden, so daß es für den Lokomotivhistoriker schwierig ist, den Ausgangspunkt zu ermitteln.

Badische Staatsbahn
Das Großherzogtum Baden entschied sich schon zeitig für das Staatsbahnwesen und eröffnete am 12. September 1840 den Abschnitt Mannheim–Heidelberg als Teil der Strekke Mannheim–Basel. Allerdings baute man die Strecke unter ausländischem Einfluß in einer Spurweite von 1 600 mm und hoffte, die Nachbarstaaten würden sich dieser Spurweite anschließen. Als das nicht der Fall war und Baden die verkehrstechnische Isolierung von den Nachbarstaaten drohte, sind in den Jahren 1854/55 über 280 km Strecke sowie 63 Lokomotiven und 1 100 Wagen auf Normalspur 1 435 mm umgebaut worden.
Die Lokomotiven der Badischen Staatsbahn (bis 1918 Großherzogliche Badische Staatsbahnen) besaßen von Anbeginn Namen und eine Bahnnummer. Bei 1 beginnend, ist in der Reihenfolge der Beschaffung fortlaufend numeriert worden. Ab 1868 mit der Bahnnummer 217 sind keine Namen mehr vergeben worden. Die bis zum Jahre 1868 geltende Einteilung der Gattungen ordnete die Lokomotiven nach römischen Ziffern. Auch das neue, ab 1868 geltende Bezeichnungsschema verwendete römische Ziffern, war jedoch bemüht, die Lokomotiven nach Dienstart und Leistung einzuteilen:

Gattung I	leichte Tenderlokomotiven (Achsfolgen 1A, 1′B, B)
Gattung II	Schnellzuglokomotiven (Achsfolgen 2′B und 2′B1′)
Gattung III	Personenzuglokomotiven (Achsfolge 2′B)
Gattung IV	Schnellzug- und Personenzuglokomotiven mit drei gekuppelten Radsätzen (auch Achsfolgen B1, 1B, 1′B1′). In dieser Gattung waren auch Tenderlokomotiven enthalten.
Gattung V	ältere Personenzuglokomotiven (auch Tenderlokomotiven) (Achsfolgen 1B und 2′B)
Gattung VI	Personenzug-Tenderlokomotiven (Achsfolgen 1C und 1′C1′)
Gattung VII	Güterzuglokomotiven (Achsfolge C)
Gattung VIII	Güterzuglokomotiven (auch Tenderlokomotiven) (Achsfolge D und B′B)
Gattung IX	Zahnradlokomotiven
Gattung X	Rangier-Tenderlokomotiven (Achsfolgen C und D).

Die von der Preußisch-Hessischen Staatsbahn übernommene 1′E h3-Güterzuglokomotive der Gattung G 12 behielt diese Gattungsbezeichnung auch in Baden. Die einzelnen Bauarten innerhalb einer Gattung sind mit kleinen Buchstaben (beginnend mit a) bezeichnet worden, die einzelnen Lieferserien wurden durch eine Hochzahl dargestellt. Bei den Güterzuglokomotiven der Gattung VII a gab es 17 verschiedene Lieferserien, dargestellt als VII $a^{1...17}$.

Ältere Lokomotiven aus der Zeit vor 1868 hat man ebenfalls in das neue Schema einbezogen, zu ihrer Gattungsbezeichnung aber intern das Wort *alt* hinzugefügt. Es war nicht an der Lokomotive angeschrieben. Die Namensschilder waren beidseits des Langkessels angebracht, die letzten sind 1882 entfernt worden. Gattung und Bahnnummer waren auf einem Schild an der Führerhausseitenwand zu lesen, die Bahnnummer oft auch an der Vorderseite des Schornsteins. Über dem Gattungsschild war das Eigentumsmerkmal in Form des badischen Adlers mit dem Zusatz BADEN angebracht. Nach 1918 entfiel das Wappentier, es stand nur noch BADEN am Führerhaus. Die Hochzahlen der Lieferserien führte man nur listenmäßig, sie erschienen nicht auf dem Nummernschild.
Die Lokomotiven sind anfangs fortlaufend numeriert worden. Bei Neubeschaffungen erhielt die Lokomotive die Bahnnummer (auch noch den Namen) einer ausgemusterten Lokomotive. War keine Nummer frei, numerierte man fortlaufend weiter. Auf diese Weise sind manche Bahnnummern bis zu dreimal besetzt worden. Einheitliche Nummernreihen innerhalb einer Gattung hat man wohl angestrebt, aber selten durchgehalten. Älteren Lokomotiven hat man oft höhere Bahnnummern gegeben, wenn man die niedrigere Nummer für eine Neubeschaffung brauchte, so daß manche Lokomotiven im Zeitraum ihres Betriebseinsatzes bis zu vier verschiedene Bahnnummern getragen haben.

Mecklenburgische Staatsbahn
Die erste Eisenbahn, die mecklenburgisches Gebiet durchquerte, war die Berlin-Hamburger Eisenbahn, die 1846 den durchgehenden Betrieb aufnahm. Das Großherzogtum Mecklenburg-Schwerin überließ den Eisenbahnbau privater Initiative und konzessionierte 1846 eine Bahn von Hagenow (an der Berlin-Hamburger Eisenbahn) nach Wismar mit Fortsetzung über Bützow nach Rostock. Der Streckenabschnitt Hagenow–Schwerin war bereits am 1. Mai 1847 fertiggestellt. Im Jahre 1850 waren Güstrow und Rostock an das Eisenbahnnetz angeschlossen. Erst 1873 entschloß sich der Staat, die als Friedrich-Franz-Eisenbahn benannte Bahn zu kaufen und führte sie als Großherzogliche Friedrich-Franz-Eisenbahn mit Direktionssitz Schwerin (vorher Malchin) jedoch nur zwei Jahre. Finanzielle Probleme führten unter anderen zum Verkauf der Aktien, so daß die Bahn wieder in Privatbesitz kam. In den Jahren zwischen 1880 und 1890 verdoppelte sich das Streckennetz, so daß die meisten mecklenburgischen Wirtschaftsgebiete an das Eisenbahnnetz angeschlossen waren. Bei der Vielzahl der bestehenden und entstehenden privaten Bahngesellschaften war der gesamtwirtschaftliche Nutzen hinter eigenen Interessen zurückgeblieben, so daß sich der Staat erneut zum Eingreifen veranlaßt sah und zwischen 1890 und 1894 die zweite Verstaatlichung begann. Die Großherzogliche Eisenbahn-Direktion hatte ihren Sitz wieder in Schwerin. Als Großherzogliche Mecklenburgische Friedrich-Franz-Eisenbahn (MFFE) bestand das Unternehmen bis 1918 und firmierte dann als Mecklenburgische Staatsbahn. Bis 1920 hatte das Streckennetz eine Ausdehnung von 1 184 km erlangt.
Geringes Verkehrsaufkommen, weitgehend ebene Strecken und leichter Oberbau ließen die mecklenburgischen Bahnen mit einfachen und leichten Lokomotiven auskommen. Ab 1884 sind fast ausschließlich Lokomotiven nach preußischem Vorbild beschafft worden, lediglich die Gattungen T 3 b und T 4 waren eigene Entwicklungen. Bis 1895 waren die Lokomotiven in Gattungen eingeteilt, die durch römische Ziffern unterschieden waren:

I bis VII	Reisezuglokomotiven
VIII bis X	Güterzuglokomotiven
XX	Güterzuglokomotiven
XI bis XVII	Tenderlokomotiven
XXI	Tenderlokomotiven
XVIII bis XIX	Schmalspurlokomotiven.

Bei der Einführung des neuen Nummernplanes im Jahre 1910 waren die Gattungen I bis IV, VIII, X bis XIV und XVIII bereits ausgemustert. Dieser Plan teilte die Lokomotiven nach preußischem Muster in Gattungen entsprechend ihrem Verwendungszweck ein. Die Betriebsnummern blieben unverändert. Die Gattungsbezeichnung bestand aus einem Buchstaben (P, G und T) und einer arabischen Ziffer. Einfache Dampfdehnung ist durch die Hochzahl 1, Verbundwirkung durch die Hochzahl 2 dargestellt. Die nach 1919 erworbenen oder zugewiesenen preußischen Lokomotiven behielten die preußische Gattungsbezeichnung, bekamen aber eine Bahnnummer nach mecklenburgischem Muster, so z. B. die P 8 die Bahnnummern 264 bis 266, die G 7^3 die Bahnnummern 474 bis 478. Auch die schon zur DRG-Zeit weiterbeschafften Tenderlokomotiven der Gattung T 4 erhielten mecklenburgische Bahnnummern.

Oldenburgische Staatsbahn

Das Großherzogtum Oldenburg hat als letztes der deutschen Länder, die ihre Eisenbahnen 1920 in die DRG einbrachten, mit dem Eisenbahnbau begonnen. Das industriell unerschlossene Land ließ nur ein geringes Verkehrsaufkommen erwarten. Die zahlreichen Wasserläufe und Moorgebiete boten dem Bahnbau mehr Schwierigkeiten, als es sonst im flachen Land üblich war. Auch die Regierung hatte für den Eisenbahnbau weder Interesse noch finanzielle Mittel.

Es war das Königreich Preußen, das den Bahnbau in Oldenburg in Gang brachte. 1853 hatte das Großherzogtum Oldenburg dem Königreich Preußen ein Gebiet um die Ortschaft Heppens zum Bau eines Kriegshafens abgetreten, der natürlich auch einen Eisenbahnanschluß besitzen mußte. Als erstes Teilstück der Großherzoglich Oldenburgischen Eisenbahn (GOE) ist 1867 die Strecke Oldenburg–Bremen eröffnet worden. Im gleichen Jahr war auch die Verbindung zwischen Oldenburg und Heppens (später in Wilhelmshaven umbenannt) für den Betrieb verfügbar. Bis 1920 sind in Oldenburg nur 691 km Eisenbahnstrecken gebaut worden. Dem anfangs sehr bescheidenen Verkehrsaufkommen entsprachen auch Stückzahl und Beschaffenheit der Lokomotiven. Es waren einfache und leichte Maschinen, die z. T. in der Hauptwerkstätte der GOE entstanden und aus Sparsamkeitsgründen mit dem reichlich vorhandenen Torf gefeuert wurden. Die Lokomotiven erhielten Bahnnummern in der Reihenfolge ihrer Beschaffung und Namen, die jedoch von der Regierung genehmigt werden mußten. Die gegenüber anderen Bahnverwaltungen vergleichsweise geringe Zahl der Lokomotiven ließ eine sinnvolle Namensgebung zu. Die Schnellzuglokomotiven erhielten Namen germanischer Götter, die Personenzuglokomotiven (2'B n2v) Namen der Planeten unseres Sonnensystems, dreifach gekuppelte Tenderlokomotiven die Namen von Singvögeln (AMSEL, DROSSEL, FINK, STAR), die kleinen zweifach gekuppelten Tenderlokomotiven einsilbige Namen wie FLOTT, FLINK, SCHNIPP, SCHNAPP, HIN und HER. Mit dieser sinnvollen Namensgebung erübrigte sich die Einteilung in besonders numerierte Gattungen, die Namensgruppen waren selbst Gattungsbezeichnungen.

Die Lokomotivnamen waren zu beiden Seiten des Langkessels angebracht, bei Tenderlokomotiven am Wasserkasten. Die Bahnnummer war am oberen Teil der Rauchkammer angeschraubt. Das Eigentumsmerkmal, das Staatswappen mit den Buchstaben G.O.E., befand sich an den beiden Seitenwänden des Führerhauses.

Die GOE hat ihre Lokomotiven z. T. selbst gebaut oder nach bewährten preußischen Vorbildern beschafft. Erst unter Baurat Heinrich Ranafier kam es zu Eigenentwicklungen wie der 1'C1' h2-Schnellzuglokomotive (DRG 16^0) oder der D n2v-Güterzuglokomotive (DRG 55^{62}). Oldenburgs einzige Schmalspurbahn (1 000 mm Spurweite) befand sich auf der ostfriesischen Insel Wangerooge. Erst unmittelbar vor der Übernahme durch die DRG sind für die Lokomotiven Gattungsbezeichnungen eingeführt worden, die im Prinzip den preußischen entsprachen: S, P, G und T. Die Schmalspurlokomotiven erhielten keine Gattungsbezeichnung. Bis 1918 hatte die GOE die Bahnnummern 1 bis 276 vergeben (Doppelbesetzungen gab es nicht). Von der Oldenburgischen Staatsbahn (ab 1919) sind die Bahnnummern 277 und 278 in Dienst gestellt worden, von der Rbd Oldenburg in den Jahren 1921 und 1922 noch die Lokomotiven mit den Bahnnummern 279 bis 284.

Deutsche Reichsbahn-Gesellschaft

Die DRG hatte von den deutschen Länderbahnen etwa 400 verschiedene Dampflokomotiv-Baureihen übernommen und sich entschlossen, bei der Neubeschaffung einheitliche Baugrundsätze anzuwenden, die den **Einheitslokomotiven** ihren Namen gaben. Eine einheitliche Bezeichnung der Lokomotiven war also eine der dringlichsten Aufgaben für Verwaltung, Betriebs- und Werkstättendienst.

Der 1925 erarbeitete und im Februar 1926 in Kraft getretene sog. dritte Umzeichnungsplan hatte bis zum Ende der Dampflokära bei der Deutschen Bundesbahn und der Deutschen Reichsbahn Bestand.

Hauptordnungsprinzip bei der Aufstellung des neuen Nummernplanes war die Achsfolge. Außerdem sind die Lokomotiven entsprechend ihrem Verwendungszweck in Gattungen eingeteilt worden, so daß Reisezug- und Güterzuglokomotiven bei gleicher Achsfolge unterschiedliche Baureihenbezeichnungen erhielten. Für die Hauptbaureihen vergab die DRG zweistellige Ziffern:

01 bis 19	Schnellzuglokomotiven (Gattungszeichen **S**)
20 bis 39	Personenzuglokomotiven (Gattungszeichen **P**)
40 bis 59	Güterzuglokomotiven (Gattungszeichen **G**)
60 bis 79	Personenzug-Tenderlokomotiven (Gattungszeichen **Pt**)
80 bis 96	Güterzug-Tenderlokomotiven (Gattungszeichen **Gt**)
97	Zahnradlokomotiven (Gattungszeichen **Z**)
98	Lokalbahnlokomotiven (Gattungszeichen **L**)
99	Schmalspurlokomotiven (Gattungszeichen **K**).

Die erste Dekade innerhalb einer Gattung war für die neu zu bauenden Einheitslokomotiven vorgesehen, die zweite Dekade für die vorhandenen Länderbahnlokomotiven. Auch bei diesem System gab es Ausnahmen. Die im Rahmen des Einheitslokprogramms entstandene Dampfmotor-Versuchslokomotive der Achsfolge 1' Do1' ist mit der Betriebsnummer 19 1001 in die den Länderbahnlokomotiven vorbehaltene zweite Dekade der Baureihennummern für Schnellzuglokomotiven eingeordnet worden.

Jeder Baureihennummer ist eine drei- oder vierstellige Ordnungsnummer zugeteilt worden. Die erste Ziffer der dreistelligen und die ersten beiden Ziffern der vierstelligen Ordnungsnummer gaben die Unterbaureihe an. So sind von verschiedenen Länderbahnen 2'C-Personenzuglokomotiven in die DRG eingebracht worden, die alle die Baureihenbezeichnung 38 erhielten, aber durch die in der Ordnungsnummer enthaltene Unterbaureihe zu unterscheiden waren. In der Kurzform konnte die Unterbaureihe auch als Hochzahl zur Baureihennummer angegeben werden:

bay. 2'C-Personenzuglok (Naßdampf)	ab 38 001 (38^{0})
sä. 2'C-Personenzuglok	ab 38 201 (38^{2-3})
bay. 2'C-Personenzuglok (Heißdampf)	ab 38 401 (38^{4})
pr. 2'C-Personenzuglok	ab 38 1001 (38^{10-40})
bad. 2'C-Personenzuglok	ab 38 7001 (38^{70}).

Bei vierstelliger Ordnungsnummer wären 9 999 Lokomotiven pro Baureihe unterzubringen gewesen, was aber in keinem einzigen Fall ausgeschöpft worden ist. Es gab auch Zweitbesetzungen von Baureihen, wenn bei Neubauten von Einheitslokomotiven die Länderbahnlokomotiven, die diese Baureihe besetzt hatten, ausgemustert waren. Nach dem Ausscheiden der Lokomotiven der BR 89^{0} (pr. T 8) ist diese Baureihe mit den Einheitslokomotiven neu besetzt worden. Gleiches trifft für die Baureihe 70^{0} zu. Als mit der Übernahme von Privatbahnen wie der LAG und der MFWE wieder pr. T 8 in den Bestand der DRG kamen, erhielten sie die Baureihenbezeichnung 89^{10}. Das Nummernschema der DRG war variabel genug, nicht nur die Lokomotiven der zwischen 1930 und 1943 verstaatlichten deutschen Privatbahnen aufzunehmen, sondern auch die Lokomotiven der ČSD, des Sudetenlandes und die rückgeführten polnischen Lokomotiven aus den Reparationsabgaben des ersten Weltkriegs. Einzelheiten über die Nummerungssysteme bei deutschen Bahnen, die in diesem Rahmen nicht behandelt werden können, findet der interessierte Leser im **Verzeichnis aller Lokomotiven und Triebwagen** (Band 1) von Wolfgang Valtin, das im gleichen Verlag erschienen ist.
Das Nummernschild mit Baureihen- und Ordnungsnummer (der Betriebsnummer) war vierfach an der Lokomotive angebracht: zu beiden Seiten an der Führerhausseitenwand, an der Rauchkammertür, am Kohlekasten (bei Tenderlokomotiven) bzw. an der Tenderrückwand bei Schlepptenderlokomotiven. Außer dem Eigentumsmerkmal (Deutsche Reichsbahn) und dem Gattungszeichen, über das in der Einführung berichtet worden ist, waren Heimatdirektion und Heimat-Bw als Schilder angeschraubt. Die letztgenannten jedoch nur an der Führerhausseitenwand.

Deutsche Bundesbahn und Deutsche Reichsbahn
Deutsche Bundesbahn und Deutsche Reichsbahn haben den Nummernplan der DRG beibehalten und Nachkriegslieferungen, Neubauten und Umbauten im Sinne des DRG-Nummernplanes eingeordnet. Bei den Nachkriegslieferungen (z. B. BR 44 und 52) waren die Betriebsnummern der Lokomotiven bereits bei Auftragserteilung an die Lokomotivbauanstalt im Kriege festgelegt. Bei Neubauten vergaben beide Bahnverwaltungen Baureihennummern, die sinnfällig in den DRG-Nummernplan paßten. Weil der Bedarf an bestimmten Lokomotivgattungen bei beiden Bahnverwaltungen gleich war, sind auch gleiche Baureihennummern vergeben worden. Die bereits vor Kriegsende mit zwei Baumusterlokomotiven der Einheitsbauart erschienene BR 23 ist bei beiden deutschen Bahnverwaltungen als Neubau verwirklicht worden. Weil die DB keine der beiden Baumusterlokomotiven 23 001 und 23 002 besaß, bezeichnete sie ihre Neubauten als 23 001 bis 105. Die später entwickelten 1'C 1' h2-Lokomotiven der DR erhielten, weil man noch über die beiden Baumuster verfügte und sich von der DB abgrenzen wollte, die Baureihenbezeichnung 23^{10}. Ähnlich verlief die Entwicklung bei der 1'D 2'-Personenzug-Tenderlokomotive, die von beiden Bahnverwaltungen neu geschaffen worden ist. Die eher entstandenen DB-Lokomotiven trugen Betriebsnummern ab 65 001, die später entstandenen DR-Lokomotiven Betriebsnummern ab 65 1001. Bis auf die Baureihe 50^{40} (bei der DB Umbau der BR 50 in Franco-Crosti, bei der DR Neubau) gab es keine Lokomotiven mit gleichen Betriebsnummern bei beiden deutschen Bahnverwaltungen. Die DR ist bei Neubauten und Umbauten vorsorglich schon auf 1 000er Ordnungsnummern gegangen, so bei den Nebenbahn-Tenderlokomotiven der BR 83^{10} (Neubau) und bei der Einnummerung der beiden französischen Schnellzuglokomotiven als 07 1001 und 08 1001. Die geplante Nachfolgerin der BR 01 sollte die Baureihenbezeichnung 01^{20}erhalten. Die beiden von der DB neugebauten Schnellzuglokomotiven sind als Baureihe 10 eingeordnet worden. Die Baureihe 09 sparte man, wohl aus Respekt vor der bei der DRG geplanten Turbinenlokomotive T 09, aus. Die DR vergab an ihre Rekolokomotiven, d. h. an Lokomotiven, die zum Zweck der Leistungssteigerung mit neuen Verbrennungskammerkesseln ausgerüstet und den Einheits- bzw. Neubaulokomotiven weitgehend angeglichen waren, z. T. neue Baureihennummern (aus der rekonstruierten BR 39 wurde die BR 22), z. T. neue Unterbaureihen (z. B. 01^{5}, 50^{35-37}, 52^{80}, 58^{30}) oder behielt, wie bei den BR 03, 03^{10} und 41, die bisherige Baureihenbezeichnung bei. Umbaulokomotiven der DB behielten, auch wenn sie Hochleistungskessel mit Verbrennungskammer erhielten, ihre bisherige Betriebsnummer. Eine Ausnahme bilden die neubekesselten bay. S $^{3}/_{6}$, die im Anschluß an die Baureihe 18^{5} zur Baureihe 18^{6} wurden.

Die Einführung EDV-gerechter Betriebsnummern bei DB und DR

Die Deutsche Bundesbahn führte am 1. Januar 1968, die Deutsche Reichsbahn am 1. Juli 1970 neue Betriebsnummern für Triebfahrzeuge ein, die in elektronischen Datenverarbeitungsanlagen bearbeitet werden konnten. Zu diesem Zeitpunkt hörte bei beiden deutschen Bahnverwaltungen die Einheit im Nummernsystem auf. Wir können aus Platzgründen hier nur die Grundzüge dieser Nummernsysteme erläutern. Detaillierte Informationen findet der interessierte Leser im bereits erwähnten Buch von Wolfgang Valtin **Verzeichnis aller Lokomotiven und Triebwagen, Band 1 Numerierungssysteme bei den deutschen Bahnen,** das 1992 im gleichen Verlag erschien.
Die DB entschied sich für zwei dreistellige Nummerngruppen und setzte der Baureihennummer der Dampflokomotiven zur Kennzeichnung dieser Triebfahrzeugart eine Null vor. Bei ursprünglich dreistelligen Ordnungsnummern war die Herkunft weiterhin erkennbar, bei vierstelligen nicht mehr. Eine gewisse Ausnahme bildeten die Lokomotiven der Baureihe 50, bei der man, weil Lokomotiven der Baureihe 52 bereits ausgemustert waren, die erste Ziffer der Ordnungsnummern in die Baureihenbezeichnung übernahm, also nun über die Baureihen 050 bis 053 verfügte. Änderungen des Feuerungssystems, also die Einführung der Ölhauptfeuerung, hatten auch eine Änderung der Baureihenbezeichnung zur Folge. Kohlegefeuerte Dreizylinder-Schnellzuglokomotiven (BR 01^{10}) waren die BR 011, ölgefeuerte die BR 012. Analog verfuhr man bei der BR 41 (Kohle = 041, Öl = 042) und der Baureihe 44 (Kohle = 044, Öl = 043).
Die Deutsche Reichsbahn, die zum Zeitpunkt der Umstellung auf EDV-Betriebsnummern noch über wesentlich mehr Dampflokomotiven verfügte als die Deutsche Bundesbahn, bemühte sich, die Umnummerung auf ein Minimum zu beschränken. Zwar wurde die Betriebsnummer auch sechsstel-

lig (plus Selbstkontrollziffer wie bei der DB), doch behielt man, von wenigen Ausnahmen abgesehen, die zweistellige Baureihenbezeichnung bei und führte eine vierstellige Ordnungsnummer ein. Weil Diesellokomotiven die Kennzahl 1 bekamen, Elektrolokomotiven die Kennzahl 2, mußten nur wenige Baureihen „geräumt“ werden. Das betraf bei den Schnellzuglokomotiven die Baureihe 18, die zur 02 wurde und die Baureihe 19, die zur 04 wurde. Bei den Personenzuglokomotiven betraf es die Baureihen 22 (nun wieder BR 39 wie vor der Rekonstruktion), 23^{10} (jetzt 35) und 24 (jetzt 37). Bei bisher dreistelligen Ordnungsnummern wurde eine Füllziffer eingeführt, um eine sechsstellige Betriebsnummer zu erzielen. Ölhauptfeuerung wurde durch eine 0 in der ersten Ziffer der Ordnungsnummer angezeigt, Kohlenstaubfeuerung durch eine 9. Zur Kennzeichnung der Rostfeuerung standen die Ziffern 1 bis 8 zur Verfügung. Sowohl bei der DR als auch bei der DB war teilweise die Vergabe neuer Ordnungsnummern erforderlich, weil sich bei ehemals drei- und vierstelligen Ordnungsnummern, bei denen drei Ziffern identisch waren, gleiche dreistellige neue Ordnungsnummern ergeben hätten.
Per 1. Januar 1992 sind die Lokomotiven der Deutschen Reichsbahn dem Nummernschema der Deutschen Bundesbahn angeglichen worden. Die Deutsche Reichsbahn hatte zu diesem Zeitpunkt nur noch schmalspurige Dampflokomotiven im Betriebspark, die die Baureihenbezeichnung 099 erhielten, aus weitgehend unverständlichen Gründen aber auch neue Ordnungsnummern bekamen. Bei Redaktionsschluß gab es amtlicherseits noch keine Unterscheidung in der Betriebsnummer zwischen rost- und ölgefeuerten Schmalspurdampflokomotiven.

Elektrolokomotiven

Als zu Beginn des 20. Jahrhunderts die Staatseisenbahnen in Baden, Bayern und Preußen begannen, elektrische Fernbahnlokomotiven zu beschaffen, verwendeten sie zur Unterscheidung der Maschinen ein in der Handhabung bei den Dampflokomotiven analoges Bezeichnungssystem mit dem Begriff „Gattung“ und einer Betriebsnummer.

Badische Staatsbahn

Die Großherzogliche Badische Staatseisenbahn verwendete als Gattungsbezeichnung für ihre Elektrolokomotiven ein A mit einer halbhochgesetzten Zahl, die der Reihenfolge der Beschaffung der Gattungen entsprach. Bei mehr als einer Lokomotive je Gattung wurden, mit 1 beginnend, fortlaufende Betriebsnummern vergeben. Es gab die Bezeichnungen $A^{\underline{A}}$, $A^{\underline{2}}$ 1 bis $A^{\underline{2}}$ 9 sowie $A^{\underline{3}}$ 1 und $A^{\underline{3}}$ 2.

Bayerische Staatsbahn

Die Elektrolokomotiven der Königlich Bayerischen Staatseisenbahn erhielten eine Gattungsbezeichnung, aus der analog den Dampflokomotiven der Verwendungszweck, die Anzahl der angetriebenen und aller Radsätze der Maschine erkennbar war, und eine fünfstellige Betriebsnummer. Die Personenzuglokomotiven wurden bezeichnet als
EP 3/5 20 001 bis 20 005
EP 3/6 20 101 bis 20 104
EP 3/6 20 121 bis 20 124
und die Güterzuglokomotiven als
EG 4×1/1 20 201 und 20 202
EG 2×2/2 20 221 und 20 222.
Im Jahre 1920 vereinfachte die Gruppenverwaltung Bayern der DRG die Gattungsbezeichnungen der bayerischen Elektrolokomotiven. Die Betriebsnummern der vorhandenen Maschinen wurden beibehalten, und Neubeschaffungen bekamen ebenfalls fünfstellige Betriebsnummern. Als Gattungsbezeichnungen kamen zur Anwendung:
Schnellzuglokomotiven
ES 1
Personenzuglokomotiven
EP 1 ex. EP 3/5
EP 2
EP 3 ex. EP 3/6
EP 4 ex. EP 3/6
EP 5
Güterzuglokomotiven
EG 1 ex. EG 4×1/1
EG 2 ex. EG 2×2/2
EG 3
EG 4
EG 5

Localbahn AG München

Die Elektrolokomotiven der Localbahn AG in München für die Strecke Murnau–Oberammergau wurden mit der Eigentumskennzeichnung LAG und mit einer ab 1 beginnenden Betriebsnummer in der Reihenfolge der Beschaffung der Maschinen bezeichnet. Vergeben wurden die Bezeichnungen LAG 1 bis LAG 5, davon die LAG 4 doppelt.

Preußische Staatsbahn

Die Preußisch-Hessischen Staatsbahnen kennzeichneten jede Wechselstromlokomotive mit einer aus drei Buchstaben bestehenden Gattungsbezeichnung, die Schnell- und Personenzugmaschinen als „**W**echselstrom-**S**chnellzug-**L**okomotive“ (WSL), die Güterzugmaschinen als „**W**echselstrom-**G**üterzug-**L**okomotive“ (WGL), und mit einer fünfstelligen Betriebsnummer. Die WSL erhielten Nummern ab 10501 und die WGL ab 10201, fortlaufend in der Reihenfolge ihrer Beschaffung.
Ab 1. Januar 1912 verwendeten die Preußisch-Hessischen Staatsbahnen ein neues Bezeichnungssystem, und zwar
Schnellzuglokomotiven
ES 1 und folgende
Personenzuglokomotiven
EP 201 und folgende
Güterzuglokomotiven
EG 501 und folgende
Rangierlokomotiven
EV 1 und folgende
Triebgestelle (führerstandslose Elektrolokomotiven)
EB 1 und folgende.
Elektrolokomotiven, die aus zwei selbständig verfahrbaren Teilen bestanden, erhielten Doppelnummern, beispielsweise EG 551/552. Zwei-und dreiteilige Elektrolokomotiven bekamen zur Betriebsnummer kleine Buchstaben zugesetzt, beispielsweise EG 538 abc.

Deutsche Reichsbahn-Gesellschaft

Ab August 1926 verwendete die DRG für die von den Länderbahnen übernommenen und für künftig zu beschaffende Elektrolokomotiven ein Bezeichnungssystem, das analog dem von 1923 für die Dampflokomotiven aufgebaut war. Die Betriebsnummer einer Maschine bestand aus einem E als allgemeinem Kennzeichen für die Elektrolokomotive und einer Stammnummer, die zugleich Gattungsbezeichnung war. Die Gattung in Verbindung mit dem E wurde als Baureihenbezeichnung verwendet. Die Baureihen waren entsprechend der Höchstgeschwindigkeit untergliedert in

E 00 bis E 29 = Lokomotiven mit v_{max} über 90 km/h
E 30 bis E 59 = Lokomotiven mit v_{max} 65 bis 90 km/h
E 60 bis E 103 = Lokomotiven mit v_{max} bis 65 km/h.

Weiterhin bekamen die Maschinen jeder Baureihe eine Ordnungsnummer, anfangs zweistellig, ab den dreißiger Jahren wegen größerer Lieferserien auch dreistellig, die zusammen mit der Baureihenbezeichnung die Betriebsnummer bildete. Bei der Zuordnung der Gattungsbezeichnungen und Ordnungsnummern wurden die Anzahl der angetriebenen und der gesamten Radsätze, die Rahmenbauweise, die Antriebsart, die Größe, die Leistung und die betriebsführende bzw. beschaffende Direktion berücksichtigt. So bekamen bei gleicher Bauart die für die Gruppenverwaltung Bayern oder die RBD Karlsruhe beschafften Maschinen die niedrigeren, die Maschinen für die RBD Altona, Breslau, Halle und Magdeburg die höheren Ordnungsnummern, beispielsweise E 75, 01 bis 12 für Bayern, 51 bis 69 für Mitteldeutschland.

Bei der Vergabe der Ordnungsnummern für die Länderbahnlokomotiven wurden die beiden letzten Ziffern ihrer bisherigen Betriebsnummer übernommen, beispielsweise EG 581 bis EG 594 wurden E 91 81 bis E 91 94 und EP 4 20 121 bis 20 124 wurden E 36 21 bis E 36 24. Einzige Ausnahme war die badische A$^{\underline{2}}$ 4, die wegen ihres abweichenden Antriebs die Betriebsnummer E 61 14 statt E 61 04 erhielt. Durch diese Verfahrensweise bedingt, blieben bei einigen Baureihen Ordnungsnummern unbesetzt, z. B. E 32 01 bis E 32 05 und E 71 01 bis E 71 10.

Zu Beginn der dreißiger Jahre erweiterte die DRG das Bezeichnungssystem für Elektrolokomotiven. Zur Unterscheidung von Unterbaureihen wurden der jeweiligen Baureihenbezeichnung bei zwei- und dreistelligen Ordnungsnummern die erste Ziffer, bei vierstelligen Ordnungsnummern die ersten beiden Ziffern der Stammnummer als Hochzahl zugesetzt, z. B. E 36 21 bis E 36 24 = E 36^2. Eine Ausnahme war die E 16 101, die als Unterbaureihe E 16^5 bezeichnet wurde, weil die Unterbaureihe E 16^1 bereits an die E 16 18 bis E 16 21 vergeben war. Die Unterbaureihe E 44^2 für die E 44 201 wurde beibehalten, als 1938 die Maschine die neue Betriebsnummer E 44 2001 bekam.

Zur Berücksichtigung von Elektrolokomotiven für andere Stromsysteme als Einphasenwechselstrom 16 $^2/_3$ oder 25 Hz legte die DRG folgende Nummerngruppen für die Baureihenbezeichnungen fest:

E 00 bis E 100 = Lokomotiven für Einphasenwechselstrom 16 $^2/_3$ Hz oder 25 Hz
E 101 bis E 200 = Lokomotiven für Gleichstrom
E 201 bis E 300 = Lokomotiven für Einphasenwechselstrom 50 Hz
E 301 bis E 400 = Lokomotiven für zwei Stromsysteme
E 401 bis E 500 = Lokomotiven für mehr als zwei Stromsysteme.

Das Bezeichnungssystem der DRG für Elektrolokomotiven wurde nach dem zweiten Weltkrieg von der Deutschen Bundesbahn und der Deutschen Reichsbahn weiterhin angewendet.

Deutsche Bundesbahn

Mitte der sechziger Jahre empfahlen UIC und OSShD für die Triebfahrzeuge ihrer Mitgliedsbahnverwaltungen ein analog der Bezeichnung für die Eisenbahnwagen aufgebautes, rein numerisches Bezeichnungssystem. Die 12stellige Kennzeichnung setzt sich aus folgenden Elementen zusammen:

- Kennzeichnung der Fahrzeugart, Triebfahrzeug = 9
- Ergänzungsziffer zur Fahrzeugart, 1stellig
- Kennzeichnung der Bahnverwaltung, DB = 80
- Kennzeichnung der Triebfahrzeugart, Lokomotive = 0
- Kennzeichnung der Traktionsart, bei DB: Dampf = 0, Elektro = 1, Diesel = 2
- Kennzeichnung der Baureihe, DB = 2stellig
- Ordnungsnummer des Fahrzeuges innerhalb der Baureihe, 3stellig, 001 bis 999, bei größerer Anzahl Übergang zur nächstniedrigeren oder höheren Baureihenbezeichnung
- Kontrollziffer, von der Triebfahrzeugnummer durch Bindestrich getrennt.

Die Kontrollziffer wird wie folgt ermittelt:

Unter die 6stellige Baureihen- und Ordnungsnummer wird die Ziffernfolge 121212 geschrieben, und die untereinanderstehenden Ziffern werden miteinander multipliziert, beispielsweise

110 200
<u>121 212</u>
120 400.

Die Quersumme des Ergebnisses 120 400 = 7 von der nächsten Dekade 10 subtrahiert, ergibt die Kontrollziffer 3. Die Lokomotive hat die Betriebsnummer 110 200 – 3. Die 12stellige UIC-Kennzeichnung der Elektrolokomotive lautet 90 80 0 110 200 – 3. Im innerstaatlichen Verkehr genügt das Anschreiben des Elemente 6 bis 12 am Fahrzeug.

Nach diesen Grundsätzen bezeichnet die DB ihre Elektrolokomotiven seit dem 1. Januar 1968. Die zu diesem Zeitpunkt vorhandenen Baureihen bekamen folgende neue Bezeichnungen:

E 04	= 104	E 52	= 152
E 10	= 110	E 60	= 160
E 10^1	= 110.1	E 63	= 163
E 16	= 116	E 69	= 169
E 16^1	= 116	E 75	= 175
E 17	= 117	E 91	= 191
E 18	= 118	E 91^9	= 191
E 19	= 119	E 93	= 193
E 19^1	= 119	E 94	= 194
E 32	= 132	E 94^2	= 194.5
E 32^1	= 132	E 310	= 181
E 40^{11}	= 139	E 320	= 182
E 40	= 140	E 344	= 183
E 41	= 141	E 410	= 184
E 44	= 144		
E 44^5	= 144.5		
E 50	= 150		

Die bisherigen Ordnungsnummern wurden, wenn sie dreistellig waren, beibehalten, den zweistelligen wurde eine Null vorangesetzt. So erhielt beispielsweise die E 91 10 die neue Betriebsnummer 191 010-8. Alle nach 1968 von der DB beschafften Elektrolokomotiven bekamen eine Baureihenbezeichnung nach diesem System, z. B. 111, 120.1, 181.2.

Deutsche Reichsbahn

Die Deutsche Reichsbahn führte für ihre Triebfahrzeuge ab 1. Juli 1970 ein nach der gleichen UIC/OSShD-Empfehlung aufgebautes, rein numerisches Bezeichnungssystem ein. Im Gegensatz zur DB erhielten die Elektrolokomotiven als Kennziffer der Traktionsart die 2. Die zum Einführungszeitpunkt vorhandenen Ellokbaureihen erhielten folgende neue Bezeichnung:

E 04 = 204	E 44 = 244
E 11 = 211	E 94 = 254
E 18 = 218	E 251 = 251
E 42 = 242	

Die bisherigen dreistelligen Ordnungsnummern wurden ebenfalls beibehalten und den zweistelligen eine Null vorangestellt, z. B. E 18 31 = 218 031-3.
Nach 1970 beschaffte neue Elektrolokomotiven bekamen eine Baureihenbezeichnung nach diesem System (212, 243, 250). Nach der deutschen Vereinigung bekamen die Elektrolokomotiven der DR ab 1. Januar 1992 eine dem Bezeichnungssystem der DB angepaßte Baureihenbezeichnung und zwar:
211 = 109
212 = 112
230 = 180
242 = 142
243 = 143
250 = 155
251 = 171
252 = 156

Diesellokomotiven

Deutsche Reichsbahn-Gesellschaft
Motorlokomotiven bzw. Diesellokomotiven spielten bei der DRG noch eine untergeordnete Rolle. Die Preußisch-Hessische Staatsbahn hatte mit der Diesel-Klose-Sulzer-Thermolokomotive nur eine Diesellok im Bestand, die aber weder eine Baureihenbezeichnung noch eine Betriebsnummer besaß.
Das erste Nummerungssystem für Lokomotiven mit Verbrennungsmotoren, das die DRG einführte, bestand aus dem Stammbuchstaben V (für Verbrennungsmotorlokomotive) und einer vier- oder fünfstelligen Ordnungsnummer. Davon waren die beiden ersten Ziffern zur Kennzeichnung der Baureihe bestimmt, die beiden (oder drei) letzten für die fortlaufende Numerierung. Weil dieses Bezeichnungssystem keine Informationen über Leistung und Dienstart vermittelte, erhielten die Lokomotiven wie die Dampflokomotiven zusätzliche Gattungszeichen. So besaß die V 3201 das Gattungszeichen P 37.18, sie war also eine Personenzuglokomotive mit drei gekuppelten und insgesamt sieben Radsätzen bei einer mittleren Kuppelradsatzfahrmasse von 18 t. Über die Motornennleistung von 1 200 PS gab diese Betriebsnummer keine Auskunft.
So ist denn schon 1930 dieses System durch ein besseres ersetzt worden, das im Grundprinzip auch bei DB und DR bis zur Einführung EDV-gerechter Lokomotivnummern Gültigkeit hatte. Der Kennbuchstabe V für Verbrennungsmotorlokomotiven wurde beibehalten. Die Betriebsnummer setzte sich aus einer dreistelligen Baureihenbezeichnung und einer dreistelligen Ordnungsnummer zusammen. Die Baureihennummer entsprach etwa einem Zehntel der installierten Nennleistung. So erhielt die oben zitierte V 3201 die neue Baureihenbezeichnung V 120 001 (entsprechend ihrer Motorleistung von 1 200 PS). Nach diesem Schema bezeichnete auch die Deutsche Reichsbahn ihre Neubaulokomotive mit 2 × 900 PS Leistung als V 180.
Mit der Einführung des neuen Nummernsystems von 1930 entstand auch der Begriff *Kleinlokomotive* für eine Lokomotive mit einer Leistung unter 75 PS (55 kW). Die Leistungsgrenze ist später auf 149 PS (110 kW) angehoben worden. Die Baureihenbezeichnung der Kleinlokomotiven setzte sich aus dem Kennbuchstaben K und ein oder zwei Zusatzbuchstaben zusammen, die Aufschluß über Antriebsart und Kraftübertragung gaben.
Erster Kleinbuchstabe:
ö **Ö**lmotor (= Dieselmotor)
b **B**enzinmotor (= Vergasermotor)
d **D**ampfmotor oder Dampfmaschine
s **S**peicherantrieb (= Akkumulator).
Zweiter Kleinbuchstabe:
f **F**lüssigkeitsgetriebe (hydraulische Leistungsübertragung)
e **e**lektrische Leistungsübertragung.
Ohne zweiten Kleinbuchstaben:
– mechanische Leistungsübertragung.
Entsprechend der installierten Motorleistung sind die Kleinlokomotiven in zwei Leistungsgruppen unterteilt worden: Leistungsgruppe I bis 39 PS (29 kW), Leistungsgruppe II von 40 bis 149 PS (29 bis 110 kW). Die DB führte noch eine Leistungsgruppe III für Lokomotiven über 150 PS (110 kW) Motorleistung ein. Listenmäßig war jetzt zwischen einer Kö I (Antrieb durch Dieselmotor und mechanische Leistungsübertragung, Leistung bis 39 PS) und einer Köf II (Antrieb durch Dieselmotor und hydraulische Leistungsübertragung, Leistung zwischen 40 und 149 PS) zu unterscheiden. Weil die Leistungsgruppen aber nicht an der Lokomotive angeschrieben waren, machte man die Leistungsbereiche durch die Ordnungsnummer kenntlich:
Leistungsgruppe I 0001 bis 3999
Leistungsgruppe II 4000 bis 9999.

Deutsche Bundesbahn
Die DB führte 1955 eine neue Einteilung der Kleinlokomotiven ein. Zu den genannten Leistungsgruppen I und II, deren Nummern beibehalten wurden, kam die Leistungsgruppe III mit einer Motorleistung über 150 PS (110 kW), für die die Nummern zwischen 10 000 und 20 000 vorgesehen waren. Schmalspur-Kleinlokomotiven erhielten die Betriebsnummern 99 501 bis 99 999. 1960 ist die Bezeichnung für Kleinlokomotiven mit elektrischem Speicherantrieb von Ks in Ke geändert worden.
Am 1. Januar 1968 trat auch für Diesellokomotiven ein neuer Nummernplan in Kraft. Diesellokomotiven erhielten die Kennziffer 2, Kleinlokomotiven die Kennziffer 3. Die neue Betriebsnummer bestand aus zwei dreistelligen Zifferngruppen, von denen die erste die Baureihenbezeichnung, die zweite die Ordnungsnummer darstellte. Der zweiten Zifferngruppe folgte, nach einem Trennungsstrich, die Kontrollziffer. Die bisherigen Ordnungsnummern sind, so weit das möglich war, erhalten worden. Der Buchstabe V als Kennzeichen für Verbrennungsmotorlokomotiven entfiel, diese Kennzeichnung erfolgte jetzt durch die Triebfahrzeug-Kennziffer als erste Ziffer in der sechsstelligen Betriebsnummer. Die ursprüngliche Bezeichnung der Lokomotiven war nun in den meisten Fällen nicht mehr erkennbar. So wurden aus:
V 200 alt 220 neu
V 200.1 alt 221 neu
V 160 alt 216 neu
V 162 alt 217 neu
V 169 alt 219 neu.
Kleinlokomotiven erhielten die Tfz-Kennziffer 3:
311 Kleinlok mit Verbrennungsmotor (Leistungsgruppe I)
321 Kleinlok mit Verbrennungsmotor (Leistungsgruppe II) v_{max} = 30 km/h, mechanische Bremse
322 Kleinlok mit Verbrennungsmotor (Leistungsgruppe II) v_{max} = 30 km/h, Druckluftbremse
323/324 Kleinlok mit Verbrennungsmotor (Leistungsgruppe II) v_{max} = 45 km/h, Druckluftbremse
329 Kleinlok mit Verbrennungsmotor (Leistungsgruppe II) Schmalspur

331 Kleinlok mit Verbrennungsmotor (Leistungsgruppe III) v_{max} = 30 km/h, Kettenantrieb
332 Kleinlok mit Verbrennungsmotor (Leistungsgruppe III) v_{max} = 45 km/h, Kettenantrieb
333 Kleinlok mit Verbrennungsmotor (Leistungsgruppe III) v_{max} = 45 km/h, Gelenkwellenantrieb
381 Akku-Kleinlok, ältere Bauarten
382 Akku-Kleinlok, Nachkriegsbauarten.

Deutsche Reichsbahn

Die DR führte am 1. Juli 1970 auch für Diesellokomotiven EDV-gerechte Betriebsnummern ein, wählte aber im Gegensatz zur DB als Kennziffer für Diesellokomotiven die Ziffer 1 (Ziffer 2 für elektrische Lokomotive). Die Betriebsnummer bestand aus zwei dreistelligen Zifferngruppen und einer durch einen Strich getrennten Kontrollziffer. Die erste Ziffer der ersten Dreiergruppe gab die Triebfahrzeugart (1 = Verbrennungsmotor) an, die zweite und dritte die Baureihe. Die drei Ziffern der zweiten Gruppe bildeten die Ordnungsnummer, wobei die erste Ziffer der zweiten Gruppe auch zur Kennzeichnung einer Unterbaureihe dienen konnte. Der Buchstabe V entfiel.

Bei der Bildung der neuen Nummern verwendete man von der alten Nummer, wenn sie dreistellig war, die ersten beiden Ziffern und setzte die 1 als Kennzeichnung der Triebfahrzeuggattung vor:
V 180 wurde zur 118
V 200 wurde zur 120
V 300 wurde zur 130.

War die bisherige Baureihennummer zweistellig (V 23, V 60), so wurde vor die erste Ziffer die Triebfahrzeug-Kennziffer und eine Null gesetzt, die letzte Ziffer der alten Betriebsnummer entfiel:
V 23 wurde zur 102
V 60 wurde zur 106.

Jetzt besaßen z. B. die Baureihen V 15^{10} und V 15^{20-23} die gleiche Baureihenbezeichnung 101, so daß zur Unterscheidung die erste Ziffer der Ordnungsnummer herangezogen werden mußte. Lokomotiven der BR V 15^{10} erhielten als erste Ziffer der Ordnungsnummer eine Null (geschrieben 101.0), Lokomotiven der BR V 15^{20-23} die Ziffern 1 bis 3 (geschrieben 101.1–3). Die in unterschiedlicher Ausführung gelieferten sowjetischen Streckendiesellokomotiven mit 3 000 PS Motorleistung wurden wie folgt eingeordnet:
BR 130 v_{max} = 140 km/h, keine elektrische Zugheizung
BR 131 v_{max} = 100 km/h, keine elektrische Zugheizung
BR 132 v_{max} = 120 km/h, elektrische Zugheizung.

In ähnlicher Weise sind die aus der V 100 (neu BR 110) entstandenen Unterbauarten gekennzeichnet worden, die sich durch unterschiedliche Motortypen und Motorleistung, unterschiedliche Getriebe und unterschiedliche Hilfsbetriebe auszeichneten (BR 108, 110, 111, 112, 114). Bis auf die BR 111, die als Neubaulok eigene Ordnungsnummern hatte, behielten die aus der BR 110 entstandenen Lokomotiven ihre ursprüngliche Ordnungsnummer.

Bei den leistungsgesteigerten Lokomotiven der BR 118 sind die Ordnungsnummern erhöht worden. Zu den Ordnungsnummern der BR 118.0 wurde nach dem Einbau von 736-kW-Motoren die Zahl 500 addiert, so daß die Unterbaureihe 118.5 entstand. Bei Lokomotiven der BR 118.2–4, die Dieselmotoren mit 883 kW installierter Leistung erhielten, ist zur Ordnungsnummer die Zahl 400 addiert worden, womit die Unterbaureihen 118.6–8 entstanden.

Die Kleinlokomotiven der Leistungsgruppe I erhielten die Baureihenbezeichnung 100.0, die der Leistungsgruppe II mit mechanischem Getriebe die Bezeichnung 100.1 bis 100.7 und die der Leistungsgruppe II mit hydraulischem Getriebe die Bezeichnung 100.8 bis 100.9. Im Jahre 1973 bezeichnete man die für Schmalspurlokomotiven vorgesehene Unterbaureihe 100.9 als Baureihe 199.

Ein Nachteil dieses Nummernschemas war die Tatsache, daß nur 999 Lokomotiven innerhalb einer Baureihe unterzubringen waren. Als bei der Baureihe 106 die Ordnungsnummer 999 erreicht war, mußte für weitere baugleiche Lieferungen eine neue Baureihe belegt werden. Weil die Baureihe 107 bereits besetzt war, wurden die Lokomotiven als BR 105 bezeichnet.

Am 1. Januar 1992 trat bei der Deutschen Reichsbahn wieder ein neuer Nummernplan in Kraft, mit dem die Triebfahrzeugnummern denen der Deutschen Bundesbahn angeglichen worden sind. In manchen Fällen trat an die erste Stelle der Betriebsnummer nur die neue Kennziffer 2 anstelle der 1, so daß aus der BR 119 die BR 219 wurde, aus der BR 132 die BR 232. Weil auf bereits bei der DB belegte Baureihen Rücksicht zu nehmen war, entstand aus der BR 110 die neue BR 201, aus der BR 112 die neue BR 202, und die BR 114 wurde zur BR 204. Die Lokomotiven der BR 106 und 105 stufte man als Kleinlokomotiven ein und gab ihnen die Baureihenbezeichnung 346 und 345.

In diesem neuen Nummernplan fanden sich, kaum daß er in Kraft war, Anfang 1992 bereits Baureihen, die es bis 31. Dezember 1991 noch nicht gegeben hatte. Lokomotiven der BR 119 (alt), die bei Krupp remotorisiert worden sind, verließen die Werkhallen als BR 229 (die nicht umgebauten Lokomotiven wurden zur BR 219). Die vom Raw Cottbus auf v_{max} = 140 km/h umgebauten Lokomotiven der BR 232 (alt 132) werden als Baureihe 234 geführt.

Verzeichnis der Abkürzungen

Bahnverwaltungen

AL	Chemins de Fer d'Alsace et de Lorraine (1918–1938) (Eisenbahn in Elsaß-Lothringen)
CFL	Chemins de Fer Luxembourgeois des Société Nationale (Luxemburgische Eisenbahnen)
ČSD	Československé Státni Dráhy (Tschechoslowakische Staatsbahnen)
DB	Deutsche Bundesbahn (ab 1949)
DR	Deutsche Reichsbahn (ab 1945)
DRG	Deutsche Reichsbahn-Gesellschaft (1920 bis 1945)
MÁV	Magyar Államvatustak (Ungarische Staatseisenbahn)
NS	Nederlandse Spoorwegen (Niederländische Staatsbahnen)
ÖBB	Österreichische Bundesbahn
PHS	Preußisch-Hessische Staatsbahn
PKP	Polskie Koleje Panstwowe (Polnische Staatsbahnen)
SJ	Statens Järnvagar (Schwedische Staatsbahnen)
SNCB	Société Nationale des Chemins de Fer Belges (Belgische Staatsbahnen)
SNCF	Société Nationale des Chemins de Fer Francais (Französische Staatsbahnen)

Lokomotivhersteller

AEG	Allgemeine Elektrizitäts-Gesellschaft, Berlin AEG-Telefunken AEG-Westinghouse Berlin
BBC	Brown, Boveri & Cie., Mannheim
Beuchelt	Beuchelt Stahlbau und Maschinenfabrik, Grünberg
BEW	Bergmann-Elektrizitätswerke AG, Berlin-Rosental
BMAG	Berliner Maschinenbau AG (vorm. Louis Schwartzkopff)
Borsig	Borsig-Lokomotivwerke, Berlin-Tegel
FGL	Felten & Guilleaume AG
Hanomag	Hannoversche Maschinenbau AG
Henschel	Henschel-Werke AG, Kassel (Rheinstahl)
Humboldt	Maschinenbauanstalt Humboldt AG, Köln-Kalk
ISTH	Industrie- und Stahlbau Thyssen-Henschel (zuvor Rheinstahl Transporttechnik Henschel, Kassel)
Kat	Katharinenhütte, Rohrbach/Pfalz
KL	Krupp-Garbe-Lahmeyer AG
KM	Krauss-Maffei AG, München-Allach
Krauss	Lokomotivfabrik Krauss & Co, München
Krupp	Friedr. Krupp AG, Maschinenfabriken, Essen
LEW	Kombinat VEB Lokomotivbau-Elektrotechnische Werke „Hans Beimler", Hennigsdorf (seit 1990 LEW Hennigsdorf GmbH)
LHW	Linke-Hofmann-Werke AG, Breslau
LKM	Lokomotivbau „Karl Marx" Babelsberg
Maffei	J. A. Maffei Lokomotivfabrik, München
MGB	Maschinenbau-Gesellschaft Heilbronn
MBGK	Maschinenbau-Gesellschaft Karlsruhe
MSW	Maffei-Schwartzkopff-Werke GmbH, Wildau
Pöge	Pöge-Elektrizitäts AG, Chemnitz
Škoda	Škoda-Werke Plzen
SMF	Sächsische Maschinenfabrik, vorm. Richard Hartmann AG, Chemnitz
SSW	Siemens-Schuckert-Werke AG, Berlin (bis 1966)
Siemens	Siemens AG (ab 1967), Erlangen/München
UGK	Union-Gießerei, Königsberg
Vulcan	Stettiner Schiffs- und Maschinenbau AG Vulcan, Stettin
Wasseg	Liefergemeinschaft AEG und SSW

Sonstige Abkürzungen

AW	Ausbesserungswerk (DB)
BD	Bundesbahndirektion (DB)
Bf	Bahnhof
BMV	Bundesministerium für Verkehr
BZA	Bundesbahn-Zentralamt
Bw	Bahnbetriebswerk
DDM	Deutsches Dampflok-Museum, Neuenmarkt-Wirsberg
DGEG	Deutsche Gesellschaft für Eisenbahngeschichte
DLA	Deutsches Lokomotivbild-Archiv, Darmstadt
DMM	Deutsches Museum München
DVA	Deutsche Verkehrsausstellung München (1925)
ED	Eisenbahn-Direktion
EMW	Eisenbahn-Museum Wien
FVA	Fahrzeug-Versuchsanstalt, Halle (Saale)
IC	InterCity-Zug
IR	InterRegio-Zug
IVA	Internationale Verkehrsausstellung München (1965)
Indusi	Induktive Zugsicherung
LüP	Länge über Puffer
KED	Königliche Eisenbahn-Direktion (PHS bis 1918)
Raw	Reichsbahn-Ausbesserungswerk
RBD/Rbd	Reichsbahndirektion (DRG/DR)
RVM	Reichsverkehrsministerium (bis 1945)
SBZ	Sowjetische Besatzungszone Deutschlands
SDAG	Sowjetisch-Deutsche Aktiengesellschaft
SMAD	Sowjetische Militär-Administration in Deutschland
Sifa	Sicherheitsfahrschaltung
TEE	Trans-Europa-Expreß
ÜK	Übergangs-Kriegslokomotive
VES-M	Versuchs- und Entwicklungsstelle für die Maschinenwirtschaft (DR)
VMD	Verkehrsmuseum Dresden
VMN	Verkehrsmuseum Nürnberg

01^{0-1}
Zulässige Geschwindigkeit: 130 km/h
Treib- und Kuppelraddurchmesser: 2 000 mm
Laufraddurchmesser vorn/hinten:
1 000*)/1 250 mm
Kesseldruck: 16 bar
Indizierte Leistung: 2 450 PS
Dienstmasse Lok: 111,1 t
LüP mit Tender 2′2′ T 34: 23 940 mm
***) 01 042, 046 = 850 mm**

01^{1-2}
Zulässige Geschwindigkeit: 130 km/h
Treib- und Kuppelraddurchmesser: 2 000 mm
Laufraddurchmesser vorn/hinten:
1 000/1 250 mm
Kesseldruck: 18 bar
Effektive Leistung: 2 230 PS
Dienstmasse Lok: 108,3 t
LüP mit Tender 2′2′ T 34: 23 940 mm

01^{0-2}

Einheitslok
2′C1′ h2
S 36.20
Einsatzzeitraum 1926 bis 1982

Im 1. Typisierungsplan der DRG war der Neubau von zwei Schnellzuglokomotivgattungen vorgesehen: der BR 01 mit Zwillingstriebwerk und der BR 02 mit Vierzylinder-Verbundtriebwerk. Bei je zehn Baumusterlokomotiven sollte im direkten Vergleich die wirtschaftlichere Bauart ermittelt und dann weiter beschafft werden. Wegen einer schlecht durchkonstruierten Dampfmaschine konnte die BR 02 keine ständige Überlegenheit beweisen und wurde ab 1937 in Zwillingslokomotiven der BR 01 umgebaut.
Die ersten beiden Baulose (01 001 bis 010 und 01 012 bis 076) bekamen Kessel mit 5 800 mm Rohrlänge. Ab 3. Serie (01 077 bis 101) ist der Wagnersche Langrohrkessel (6 800 mm) eingebaut und der Zylinderdurchmesser von 650 mm auf 600 mm verringert worden. Lokomotiven der 4. Serie (01 102 bis 190) bekamen 1 000 mm Laufraddurchmesser im Drehgestell und doppelseitig wirkende Kuppelrad-Scherenbremse. Nach dem Krieg waren bei der DB 165, bei der DR 65 Lokomotiven im Erhaltungsbestand. Die DB modernisierte einen Teil ihres Bestandes durch Einbau neuer Hinterkessel oder neuer Hochleistungskessel mit Verbrennungskammer. Die letzten Maschinen sind 1973 beim Bw Hof ausgemustert worden. Die DR rekonstruierte 35 Lokomotiven zur BR 01^5 und rüstete einen Teil der nicht rekonstruierten mit neuen geschweißten Drehgestellen (1 000 mm Laufraddurchmesser) und Ersatzzylindern in Stahlschweißkonstruktion aus. Im Gegensatz zu den DB-Maschinen behielten die DR-01 (außer 01^5) ihre großen Windleitbleche. Die letzten DR-Maschinen sind Anfang der 80er Jahre ausgemustert worden. Erhalten blieben: DB 01 118, 01 150, 01 204, 01 509 (z. T. Privat- oder Vereinsbesitz), DR 01 005 und 01 137.

01 091, Foto: Slg. Weisbrod

01^{0-1}

Umbaulok DB
2′C1′ h2
S 36.20
Einsatzzeitraum 1950 bis 1968

Um die Wärmewirtschaftlichkeit und das Leistungsvermögen der 01-Lokomotiven zu verbessern, erhielten anläßlich ihrer fälligen Hauptuntersuchung die Lokomotiven 01 042, 046, 112, 154 und 192 in den AW Braunschweig und Nied neue Hinterkessel mit Verbrennungskammer. Damit änderte sich das Verhältnis Strahlungsheizfläche: Rohrheizfläche zugunsten der hochwertigen Strahlungsheizfläche, und die Kessel waren höher belastbar.
Zugleich sind diese Lokomotiven mit Mischvorwärmern Bauart Henschel MVR ausgerüstet worden, um den Brennstoffverbrauch durch das Einspeisen vorgewärmten Wassers zu senken. Der Mischkasten war in der Rauchkammer untergebracht und ragte vor dem Schornstein aus der Rauchkammer heraus. Die Kesselspeisung erfolgte durch eine nichtsaugende Turbospeisepumpe VTP-B 250, die, wie die Doppelverbundluftpumpe, an einem besonderen Pumpenträger in Fahrzeugmitte montiert war. Es blieb beim Umbau dieser fünf Lokomotiven, weil der Einbau eines Ersatzkessels wirtschaftlicher war.
Die 01 042 ist schon im August 1957 nach einem Unfall ausgemustert worden. Zwischen 1966 und 1968 schieden auch die 01 046, 112 und 154 aus. Die 01 192 bekam 1958 bei einer Hauptuntersuchung einen Neubau-Ersatzkessel und blieb beim Bw Hof noch einige Jahre länger in Betrieb.

01 112, Foto: Slg. Weisbrod

01$^{0-2}$ (Einheitslok)
Zulässige Geschwindigkeit: 130 (120) km/h
Treib- und Kuppelraddurchmesser: 2 000 mm
Laufraddurchmesser vorn/hinten:
1 000 (850)/1 250 mm
Kesseldruck: 16 bar
Indizierte Leistung: 2 240 PS
Dienstmasse Lok: 111,1 t
LüP mit Tender 2′2′ T 34: 23 940 mm
(Klammerwerte 01 001 bis 101)

01$^{0-2}$ (Umbau DB)
Zulässige Geschwindigkeit: 130 km/h
Treib- und Kuppelraddurchmesser: 2 000 mm
Laufraddurchmesser vorn/hinten:
850, 1 000/1 250 mm*)
Kesseldruck: 16 bar
Effektive Leistung: 2 240 PS
Dienstmasse Lok: 111,1 t
LüP mit Tender 2′2′ T 34: 23 940 mm
***) 1 000 mm vorn ab 01 102**

01$^{1-2}$

Umbaulok DB
2′C1′ h2
S 36.20
Einsatzzeitraum 1958 bis 1973

1957 entschied die Deutsche Bundesbahn, 80 Einheitslokomotiven der Baureihe 01 zu modernisieren, weil man diese Lokomotiven noch mindestens zehn Jahre im Einsatzbestand benötigte. Der Umbau erstreckte sich im wesentlichen auf den Einbau neuer Kessel. Der vollständig geschweißte Neubau-Ersatzkessel mit Verbrennungskammer ist in zwei nach gleichen Konstruktionsprinzipien gebauten Varianten gefertigt worden: für die BR 01 und BR 01^{10} und für die BR 03, 03^{10} und 41. Mit der 1 122 mm langen Verbrennungskammer standen 22,0 m^2 Strahlungsheizfläche gegenüber 17,0 m^2 beim Einheitskessel zur Verfügung. Der Neubaukessel erzielte bei geringerer Gesamtheizfläche mit 14,47 t/h Dampf etwas mehr als der Einheitskessel (14,09 t/h), war aber für eine spezifische Heizflächenbelastung von 75 kg/m^2h ausgelegt und damit höher belastbar als der Einheitskessel (57 kg/m^2h). Das war vor allem beim Ausfahren von Leistungsspitzen von Bedeutung.
Entgegen ihren Plänen rüstete die DB von 1958 bis 1961 nur 50 Maschinen mit Ersatzkessel aus, jedoch nur ab Betriebsnummer 01 102 mit 1 000 mm Laufraddurchmesser im Drehgestell. Nachträglich bekam die 01 131 als 51. Lok den Kessel der verunglückten 01 122. Der Neubaukessel war für 18 bar Kesseldruck ausgelegt, besaß eine Mischvorwärmeranlage Bauart 1957 in der Rauchkammer und mit dem Dampfdom nur einen Kesselaufbau. Die Sandkästen waren dezentral auf dem Laufblech befestigt. Äußerlich waren die Lokomotiven mit Ersatzkessel am weiten Schornstein und an den fehlenden vorderen Schrägblechen (Frontschürze) erkennbar. Die letzten Lokomotiven mit Neubau-Ersatzkessel sind 1973 beim Bw Hof ausgemustert worden.

01 122, Foto: Slg. Weisbrod

01$^{0-2}$

Umbaulok DB
2′C1′ h2
S 36.20
Einsatzzeitraum 1953 bis 1973

Die DB-Lokomotiven der Baureihe 01, die ihren Altbaukessel behielten, erfuhren einige Konstruktionsänderungen. Äußerlich sind die Maschinen den Neu- und Umbaulokomotiven angeglichen worden. Man entfernte die schräge Frontschürze zwischen Laufblech und Pufferbohle und den Rauchkammer-Zentralverschluß. Luft- und Kolbenspeisepumpe sind an einem besonderen Pufferträger in Fahrzeugmitte angebracht worden. Dadurch waren sie besser zugänglich, entlasteten das Drehgestell und vergrößerten die Reibungsmasse. Ab 1957 sind die Doppelverbundluftpumpen gegen schnellhubige Wülfel-Luftpumpen getauscht worden. Verschlissene Dampfzylinder ersetzte man durch neue mit angegossenen Ausströmkästen. Ein Teil der Lokomotiven erhielt anstelle der Karl-Schulz-Schieber federlose Druckausgleich-Kolbenschieber Bauart Müller. Bei allen Lokomotiven wurden zur schärferen Feueranfachung die Blasrohranlage geändert und ein engerer Schornstein eingebaut. Bei der 01 077 erprobte die DB anstelle der Saugzuganlage eine Saugzugturbine, bei der 01 222 Rollenlager in Treib- und Kuppelstangen. Die großen Wagner-Windleitbleche wurden durch Witte-Windleitbleche ersetzt. Die letzten DB-Lokomotiven mit Altbaukessel sind 1973 beim Bw Hof ausgemustert worden.

01 173, Foto: Obermayer

01^{5}
Zulässige Geschwindigkeit: 130 km/h
Treib- und Kuppelraddurchmesser: 2 000 mm
Laufraddurchmesser vorn/hinten: 1 000/1 250 mm
Kesseldruck: 16 bar
Indizierte Leistung: 2 400 PS
Dienstmasse Lok: 111,0 t
LüP mit Tender 2′2′ T 34: 24 350 mm

01^{5}

Rekolok DR
2′C1′ h2
S 36.20
Einsatzzeitraum 1962 bis 1982

Die DR mußte ihre schweren Schnellzuglokomotiven der BR 01 noch für einen längeren Zeitraum erhalten und beschloß Anfang der 60er Jahre, 01-Lokomotiven in das Rekonstruktionsprogramm aufzunehmen. Von 1962 bis 1965 sind im Raw Meiningen 35 Lokomotiven ab Betriebsnummer 01 102 zur Baureihe 01^{5} rekonstruiert worden. Kernstück der Rekonstruktion war die Ausrüstung mit einem geschweißten Hochleistungskessel mit Verbrennungskammer, der als leistungsfähigster deutscher Lokomotivkessel gilt. Zu weiteren Umbaumaßnahmen gehörte die Ausrüstung mit neuen Zylindern in Stahlschweißkonstruktion (33 Loks), drei Kesselsicherheitsventilen, neuen Führerhäusern, einer kegligen Rauchkammertür und einer bis zum Führerhaus durchlaufenden Domverkleidung. Einige Lokomotiven erhielten anstelle verschlissener Speichenradsätze Boxpok-Radsätze nach amerikanischem Vorbild, die jedoch wegen gießtechnischer Unzulänglichkeiten einen schlechten Massenausgleich hatten und wieder gegen neue Speichenradsätze getauscht wurden.
Ab 01 519 (1964) erhielten alle Maschinen bis 01 535 bereits bei der Rekonstruktion Ölhauptfeuerung, alle anderen Loks außer 01 506, 511, 512, 514, 515, 516 und 518 bekamen nachträglich Ölfeuerung. Die rostgefeuerten Maschinen waren beim Bw Berlin Osb stationiert und im Schnellzugdienst nach Dresden und Szczecin im Einsatz. Die ölgefeuerten Loks waren vor allem bei den Bw Erfurt und Wittenberge stationiert. Am 27. November 1977 zerknallte im Bahnhof Bitterfeld der Kessel der 01 516 wegen Wassermangels.
Die 01 509 und die 01 531 sind als betriebsfähige Lokomotiven erhalten geblieben.

01 0529, Foto: Weisbrod

01^{10}

Einheits-Stromlinienlok
2′C1′ h3
S 36.20
Einsatzzeitraum 1939 bis 1953

Für das im Ausbau begriffene Schnellverkehrsnetz benötigte die DRG leistungsfähige Lokomotiven mit 150 km/h Höchstgeschwindigkeit. Für die Beförderung schwerer Schnellzüge im Flachland bestellte man bei Schwartzkopff eine 2′C1′-Lokomotive mit Drillingstriebwerk und Stromlinienverkleidung nach dem Muster der Baureihe 05. Das Drillingstriebwerk mit Zweiachsantrieb sorgte für hohe Anfahrzugkraft und entsprechende Laufruhe bei hohen Drehzahlen. Die bestellten Baulose umfaßten 205 Lokomotiven, geliefert wurden 1939/40 jedoch nur 55 mit den Betriebsnummern 01 1001 sowie 01 1052 bis 1105. Die Aufträge für die Betriebsnummern 01 1002 bis 1051 und 01 1106 bis 1205 mußten wegen des Krieges storniert werden.
Die BR 01^{10}, bekam Stromlinienverkleidung. Triebwerk, Pumpen und Rauchkammer waren durch Jalousien und Klappen zugänglich. Aus betriebspraktischen Gründen wurde die Triebwerkverkleidung bis auf 225 mm über Kuppelachsmitte zurückgeschnitten. Die Höchstgeschwindigkeit ist von 150 auf 140 km/h reduziert worden. Ab Hersteller kamen die Maschinen zu den Bw Leipzig Hbf W, Halle P, Berlin Anb, Hannover Ost, Bebra, Erfurt, Dresden A, Frankfurt/O. Pbf, Würzburg und München und bewährten sich im schweren Schnellzugdienst. Bei einer Umverteilung des Bestandes 1942/43 erhielten auch Kattowitz und Breslau 01^{10}. Im Sommer 1944 konzentrierte man alle Lokomotiven bei den Bw Braunschweig Hbf, Hannover Ost, Kassel und Göttingen Pbf, wodurch sie nach 1945 zur DB kamen. Wegen des schlechten Zustandes mußte die 01 1067 schon 1948 ausgemustert werden. Alle anderen erhielten 1949 bis 1951 eine Hauptuntersuchung, bei der auch die Stromlinienverkleidung entfernt wurde.

01 1088, Foto: Slg. Weisbrod

01^{10} (Einheitslok)
Zulässige Geschwindigkeit: 140 km/h
Treib- und Kuppelraddurchmesser: 2 000 mm
Laufraddurchmesser vorn/hinten: 1 000/1 250 mm
Kesseldruck: 16 bar
Indizierte Leistung: 2 400 PS
Dienstmasse Lok: 114,3 t
LüP mit Tender 2'3 T 38 St: 24 130 mm

01^{10} (Umbau DB)
Zulässige Geschwindigkeit: 140 km/h
Treib- und Kuppelraddurchmesser: 2 000 mm
Laufraddurchmesser vorn/hinten: 1 000/1 250 mm
Kesseldruck: 16 bar
Effektive Leistung: 2 350/2 470*) PS
Dienstmasse Lok: 110,8/111,6*) t
LüP mit Tender 2'3' T 38: 24 130 mm
***) Ölhauptfeuerung**

02
Zulässige Geschwindigkeit: 130 km/h
Treib- und Kuppelraddurchmesser: 2 000 mm
Laufraddurchmesser vorn/hinten: 850/1 250 mm
Kesseldruck: 16 bar
Indizierte Leistung: 2 300 PS
Dienstmasse Lok: 113,5 t
LüP mit Tender 2'2' T 32: 23 750 mm

01^{10}

Umbaulok DB
2'C1' h3
S 36.20
Einsatzzeitraum 1953 bis 1975

Bis auf die 01 1067, die schon 1948 ausgemustert worden war, hat die DB alle anderen 54 Lokomotiven der Baureihe 01^{10} übernommen. Die aus dem Kesselbaustoff St 47 K hergestellten Kessel zeigten jedoch bald Ermüdungserscheinungen im Material und mußten ersetzt werden. Die neuen, geschweißten Hochleistungskessel mit Verbrennungskammer, die denen der Baureihe 01 (Umbau DB) entsprachen, fertigte Henschel. Der Einbau erfolgte 1953 bis 1957 im AW Braunschweig. Die Kessel wurden mit Mischvorwärmeranlagen der Bauart Heinl ausgerüstet. Die 01 1095 bekam erst im März 1962 den Neubaukessel, da sie 1953 den Kessel der 01 193 erhalten hatte, der aus alterungsbeständigem Stahl K 35 bestand.
Die neubekesselten Lokomotiven waren bei den Bw Hagen-Eckesey, Bebra, Kassel und Offenburg stationiert; ab 1955 sind die meisten Maschinen beim Bw Osnabrück konzentriert worden und lösten die Baureihe 03 ab. Zwischen 1956 und 1958 erhielten 34 Lokomotiven Ölhauptfeuerung. Nach dem EDV-Nummernplan 1968 bekamen die rostgefeuerten Lokomotiven die Baureihenbezeichnung 011, die ölgefeuerten die Bezeichnung 012. Mit fortschreitender Elektrifizierung beheimatete man die BR 011 nach Rheine, die BR 012 nach Hamburg-Altona um. Auslauf-Bw für alle noch verbliebenen 01^{10}-Lokomotiven wurde Rheine. Der Einsatz endete 1975/76. Die 01 1100 ist betriebsfähig beim Verkehrsmuseum Nürnberg erhalten.

01 1001, Foto: Slg. Weisbrod

02

Einheitslok
2'C1' h4v
S 36.20
Einsatzzeitraum 1925 bis 1942

Die Baureihe 02 ist mit zehn Lokomotiven parallel zur Baureihe 01 gebaut worden und war die erste abgelieferte Einheitslokomotive. Im direkten Vergleich mit den Zwillingslokomotiven der Baureihe 01 sollte ermittelt werden, welche der beiden Bauarten wirtschaftlich vorteilhafter war. Beide Baureihen waren bis auf Dampfmaschine und Triebwerk baugleich und konnten in die jeweils erfolgreichere Variante umgebaut werden. Durch ungünstige Bemessung von Dampfkanälen und Steuerorganen ließen sich mit der Baureihe 02 erst bei Leistungen oberhalb 1 000 PS Dampfersparnisse gegenüber der Baureihe 01 erzielen. Diese Ergebnisse des Lokomotiv-Versuchsamtes Grunewald bestätigten die Bw Erfurt, Hamm und Hof, bei denen BR 01 und 02 in gleichen Dienstplänen liefen. Die DRG entschloß deshalb zum alleinigen Weiterbau der in Beschaffung und Unterhaltung günstigeren Baureihe 01 und konzentrierte die zehn Lokomotiven der Baureihe 02 beim Bw Hof. Dort bewährten sie sich auf den Mittelgebirgsstrecken Regensburg–Hof–Leipzig, München–Berlin und Hof–Dresden–Breslau. Alle zehn Maschinen sind dennoch in den Jahren 1937 bis 1942 im Raw Meiningen in Zweizylinder-Lokomotiven der Baureihe 01 umgebaut worden und erhielten die Betriebsnummern 01 011 und 01 233 bis 241.

02 010, Foto: Slg. Weisbrod

03^{0-2} (Einheitslok)
Zulässige Geschwindigkeit: 130 km/h
Treib- und Kuppelraddurchmesser: 2 000 mm
Laufraddurchmesser vorn/hinten:
1 000*)/1 250 mm
Kesseldruck: 16 bar
Indizierte Leistung: 1 980 PS
Dienstmasse Lok: 100,3 t
LüP mit Tender 2′2′T 34: 23 905 mm
***) 03 001 bis 162 850 mm**

03^{0-2} (Umbau DR)
Zulässige Geschwindigkeit: 130*) km/h
Treib- und Kuppelraddurchmesser: 2 000 mm
Laufraddurchmesser vorn/hinten:
1 000/1 250 mm
Kesseldruck: 16 bar
Leistung:
Dienstmasse Lok: 101,3 t
LüP mit Tender 2′2′T 34: 23 905 mm
***) ab 03 163**

03^{10} (Einheitslok)
Zulässige Geschwindigkeit: 140 km/h
Treib- und Kuppelraddurchmesser: 2 000 mm
Laufraddurchmesser vorn/hinten:
1 000/1 250 mm
Kesseldruck: 16 bar
Effektive Leistung: 1 790 PS
Dienstmasse Lok: 103,04 t
LüP mit Tender 2′2′T 34 St: 23 905 mm

03^{0-2}

Einheitslok
2′C1′ h2
S 36.18
Einsatzzeitraum 1930 bis 1980

Im ersten Typisierungsplan der DRG waren als Einheitsschnellzuglokomotiven nur die Baureihen 01 und 02 mit 20 t Achsfahrmasse vorgesehen. Da der Ausbau der Strecken für diese Achsfahrmasse nur langsam vorankam, forderten die norddeutschen Direktionen eine leistungsfähige Schnellzuglokomotive für ihre 17,5-t-Strecken, die die zu schwachen und überalterten Lokomotiven der pr. S 10-Familie ablösen konnte.
Diese Lokomotive, als Baureihe 03 geplant, war ursprünglich als Vierzylinder-Verbundlokomotive vorgesehen, doch entschied man sich für die günstigere Zweizylinder-Ausführung. Borsig lieferte die erste der drei Baumusterlokomotiven am 8. Juli 1930, die noch 14 bar Kesseldruck und 600 mm Zylinderdurchmesser besaßen. Die Serie ab 03 004 hatte 16 bar Kesseldruck und 570 mm Zylinderdurchmesser. Von 1930 bis 1938 sind von den Firmen Borsig, Henschel, Krupp und Schwartzkopff 298 Lokomotiven der Baureihe 03 gebaut worden. Ab 03 123 ist anstelle der kupfernen eine stählerne Feuerbüchse verwendet worden. Luft- und Speisepumpe wurden von den Rauchkammernischen in Fahrzeugmitte verlegt. Ab 03 163 erhielten das Drehgestell 1 000 mm Laufraddurchmesser und die Kuppelradsätze Scherenklotzbremsen.
Versuchsausführungen: 03 081 und 082 zeitweise mit Friedmann-Abdampfinjektor statt Oberflächenvorwärmer und Kolbenspeisepumpe, 03 175 zeitweise mit Lentz-Ventilsteuerung statt Kolbenschiebern, 03 194 und 195 zeitweise mit Kylchap-Sauganlage statt Regelblasrohr, 03 154 mit teilweiser Stromlinienverkleidung und parabolischer Rauchkammertür, 03 193 mit Stromlinienvollverkleidung für Lok und Tender wie BR 05, 03 204 zeitweise mit Triebwerksverkleidung.

03 072, Foto: Weisbrod

03^{0-2}

Umbau- und Rekolok DR
2′C1′ h2
S 36.18
Einsatzzeitraum 1960/69 bis 1980

Die DR verfügte bei Kriegsende über 85 03-Lokomotiven, von denen 5 mit Kriegsschäden ausgemustert und 2 an die PKP abgegeben werden mußten. Eine Rekonstruktion wurde 1959 vom Lokausschuß wegen des guten Zustandes der Kessel abgelehnt. So erhielten ab 1960 51 Lokomotiven Mischvorwärmeranlagen Bauart IfS und 19 Lokomotiven neue Aschkästen Bauart Stühren mit Luftzufuhr direkt unter den Bodenring. Bis auf die 03 098, 121 und 153 bekamen die Lokomotiven Witte-Windleitbleche anstelle der großen Wagner-Bleche.
Ab 1962 sind bei 5 Lokomotiven (03 001, 083, 096, 176, 242) neue geschweißte Hinterkessel, bei 2 Lokomotiven (03 162, 172) Nachbaukessel in Schweißausführung eingebaut worden. Das Projekt einer Rekonstruktion von 12 Lokomotiven der Baureihe 03 zur Baureihe 03^{5} für den Einsatz bei den Direktionen Schwerin und Greifswald ist nicht verwirklicht worden.
1968 mußte die DR eine strategische Dampflokreserve mit u. a. 45 Lokomotiven der BR 03 anlegen. Die von 1958 bis 1962 rekonstruierten 85 Lokomotiven der BR 22 (ex BR 39^{0-2}–pr. P 10) waren durch Elektrifizierung und Diesellok-Importe weitgehend überflüssig und abgestellt worden, besaßen aber noch neuwertige Rekokessel. So sind von 1969 bis 1974 45 03-Lokomotiven im Raw Meiningen mit Kesseln der BR 22 rekonstruiert worden. 1975 wurden weitere 7 Maschinen in das Reko-Programm aufgenommen, so daß insgesamt 52 Loks der BR 03 rekonstruiert worden sind.
Bis 1982 waren alle 03 bei der DR ausgemustert oder zu Dampfspendern umgebaut.

03 2002, Foto: Weisbrod

03^{10} (Rekolok DR)
Zulässige Geschwindigkeit: 140 km/h
Treib- und Kuppelraddurchmesser: 2 000 mm
Laufraddurchmesser vorn/hinten: 1 000/1 250 mm
Kesseldruck: 16 bar
Indizierte Leistung: 1 990 PS
Dienstmasse Lok: 104,0 t
LüP mit Tender 2′2′T 34: 23 905 mm

03^{10}

Einheitslok
2′C1′ h3
S 36.18
Einsatzzeitraum 1939 bis 1959

Für die Beförderung schnellfahrender Züge auf Strecken, die nur für 18 t Achsfahrmasse zugelassen waren, entwickelte die DRG eine Drillingslokomotive mit Stromlinienverkleidung, die Baureihe 03^{10}. Geplant war der Bau von 140 Lokomotiven, ausgeführt wurden jedoch nur 60 Stück. Die Betriebsnummern 03 1023 bis 1042, 03 1061 bis 1072 und 03 1092 bis 1140 blieben unbesetzt, weil die Aufträge storniert werden mußten. Die BR 03^{10} war eine Weiterentwicklung der Baureihe 03, bei der die Versuchsergebnisse des LVA Grunewald mit unverkleideten 03-Lokomotiven, der teilverkleideten 03 154 und der vollverkleideten 03 193 berücksichtigt worden waren. Die Lokomotiven erhielten ein Dreizylinder-Triebwerk mit Zweiachsantrieb, wobei der Innenzylinder den 1. Kuppelradsatz, die Außenzylinder den 2. Kuppelradsatz antrieben.
Am Bau waren die Firmen Borsig, Krupp und Krauss-Maffei beteiligt. Die Baulose Krupp und Krauss-Maffei besaßen vollständige Triebwerksverkleidung wie die BR 05, das Baulos Borsig hatte die Triebwerksverkleidung bis über Kuppelachsmitte ausgeschnitten. Die Lokomotiven der BR 03^{10} waren ursprünglich für 150 km/h zugelassen; 1941 setzte man die Geschwindigkeit auf 140 km/h herab.
1942 waren die meisten Maschinen bei den Bw Breslau, Posen, Kattowitz und Stargard beheimatet. Gegen Kriegsende konnten viele nach Westen abgefahren werden, wobei 26 in den Bestand der DB, 19 in den Bestand der DR kamen. Mindestens 9 Maschinen kamen zur PKP. DB und DR entfernten die verschlissene und nutzlos gewordene Stromlinienverkleidung. Der Zustand der aus Kesselbaustoff St 47 K gefertigten Kessel zwang beide deutsche Bahnverwaltungen, ab 1957/58 die Lokomotiven mit neuen Kesseln auszurüsten.

03 1002, Foto: Borsig

03^{10}

Rekolok DR
2′C1′ h3
S 36.19
Einsatzzeitraum 1959 bis 1980

Wie die DB, mußte auch die DR Ende der 50er Jahre die aus nicht alterungsbeständigem Stahl St 47 K bestehenden Kessel der BR 03^{10} ersetzen. Die DR besaß bei Kriegsende 19 dieser Lokomotiven. Die 03 1079 mußte wegen Kriegsschäden ausgemustert werden, die 03 1077 und 1088 hatten bereits 1957 Nachbaukessel in Schweißausführung erhalten, weil der Rekokessel Typ 39 E, den auch die BR 22 und 41 sowie die 18 201 und 18 314 bekamen, noch nicht verfügbar war. Ab 1959 wurden im Raw Meiningen die anderen 16 Lokomotiven mit Rekokessel und Mischvorwärmer ausgerüstet. Lediglich die 03 1010 und 1974 behielten Oberflächenvorwärmer, weil sie, mit Riggenbach-Gegendruckbremse ausgerüstet, als Bremsloks im Dienst der VES-M Halle standen. Die 03 1010 besaß außerdem Giesl-Flachejektor. Die 03 1087 erhielt 1952 im Raw Chemnitz Kohlenstaubfeuerung System Wendler und 1959 bei der Rekonstruktion im Raw Meiningen wieder Rostfeuerung.
Seit den 50er Jahren waren alle Lokomotiven der BR 03^{10}, die bei der VES-M Halle eingesetzten ausgenommen, beim Bw Stralsund für den Schnellzugdienst Stralsund–Berlin konzentriert. Ab 1965 erhielten alle Lokomotiven (außer 03 1087) Ölhauptfeuerung (03 1020 und 1046 erst 1972). Die ölgefeuerten 03^{10} gehörten zu den leistungsstärksten Schnellzuglokomotiven der DR und erbrachten monatliche Laufleistungen von 15 000 bis 22 000 km. Wegen zunehmender Verdieselung, schlechten Gesamtzustands und fehlender Ersatzteile sind sie zwischen 1977 und 1980 ausgemustert worden. Die 03 1010 blieb als betriebsfähige Traditionslok erhalten.

03 0059, Foto: Weisbrod

03^{10} (Umbau DB)
Zulässige Geschwindigkeit: 140 km/h
Treib- und Kuppelraddurchmesser: 2 000 mm
Laufraddurchmesser vorn/hinten:
1 000/1 250 mm
Kesseldruck: 16 bar
Indizierte Leistung: 1 870 PS
Dienstmasse Lok: 104,2 t
LüP mit Tender 2′2′ T 34: 23 905 mm

03 1014, Foto: Slg. Weisbrod

05 003
Zulässige Geschwindigkeit: 175 km/h
Treib- und Kuppelraddurchmesser: 2 300 mm
Laufraddurchmesser vorn/hinten:
1 100/1 100 mm
Kesseldruck: 20 bar
Effektive Leistung: 2 400 PS
Dienstmasse Lok: 129,5 t
LüP mit Tender 2′3 T 35 St: 27 000 mm
2′3 T 38,5: 26 725 mm

03^{10}

Umbaulok DB
2′C1′ h3
S 36.19
Einsatzzeitraum 1957 bis 1966

Die DB besaß nach Kriegsende 26 Lokomotiven der BR 03^{10}, bei denen zwischen 1948 und 1950 die Stromlinienverkleidung entfernt wurde. 1950 erhielten alle Lokomotiven bei Henschel eine Hauptuntersuchung und kamen dann zu den Bw Dortmund Bbf, Offenburg und Ludwigshafen.
Sie waren die Maschinen mit der höchsten täglichen Laufleistung bei der DB (Langläufe Hamburg–Köln–Frankfurt/M.). Wie auch bei den DR-03^{10} wurden ab Mitte der 50er Jahre die aus St 47 K bestehenden Kessel schadhaft, so daß die DB die Neubekesselung anordnete. Alle 26 Lokomotiven erhielten zwischen 1957 und 1961 im AW Braunschweig Neubau-Ersatzkessel mit Verbrennungskammer in Schweißkonstruktion. Krupp hatte 27 Kessel gefertigt, die nach den gleichen Konstruktionsprinzipien wie die $01/01^{10}$-Ersatzkessel entwickelt worden waren. 25 dieser Kessel kamen auf 03^{10}, 2 auf Loks der BR 41, die 26. 03^{10} erhielt einen Kessel aus Esslinger Fertigung.
Gleichzeitig mit der Neubekesslung bekamen die Maschinen Mischvorwärmer Bauart 1957, Heißdampfregler (außer 03 1021), Rollenlager in Treib- und Kuppelstangen, z. T. Vollscheibenräder im Drehgestell und Abdeckklappen für den Kohlekasten. Die umgebauten Maschinen sind den Bw Dortmund Bbf, Altona, Ludwigshafen und Paderborn zugeteilt worden, erreichten aber nicht wieder die Leistungen der Jahre 1953 bis 1957. Bereits 1958 kamen alle Loks zum Bw Hagen-Eckesey und bedienten die von dort abgehenden Hauptstrecken. Mit zunehmender Elektrifizierung wurde ihr Aktionsradius kleiner. In drei Gruppen ist der gesamte Bestand 1966 ausgemustert worden. Die 03 1001 stand noch bis 1972 in Hagen, fand aber keinen Interessenten, der sie vor der Verschrottung bewahrt hätte.

04

Einheitslok (Versuch)
2′C1′ h4v
S 36.18
Einsatzzeitraum 1932 bis 1939

Im Rahmen des Versuchsprogramms für Lokomotiven mit 25 bar Kesseldruck entstanden 1932 bei Krupp zwei Vierzylinder-Verbundlokomotiven, die die Baureihenbezeichnung 04 bekamen. Die 04 001 hatte einen Kessel aus Kupfer-Mangan-Stahl und 5 800 mm Rohrlänge, die 04 002 einen Kessel aus Chrom-Molybdän-Stahl und 6 800 mm Rohrlänge. Beide Maschinen hatten Feuerbüchswasserkammern. Von Dampfmaschine, Triebwerk und Kesselbaustoff abgesehen, entsprachen die Lokomotiven der Baureihe 03, hatten auch deren Leistungsprogramm.
Nach der Ablieferung beim LVA Grunewald erprobt, gab es dort schon Probleme wegen Undichtigkeiten in der Feuerbüchse. Vom Hersteller wurden die Feuerbüchswasserkammern ausgebaut. Die 04 001 erreichte kaum die Leistung der BR 03, die 04 002 kam fast an die Leistung der BR 01 heran.
1935 sind beide Lokomotiven als Untergattung der BR 02 in 02 101 und 102 umgezeichnet worden. Nach Ende der Grunewalder Versuche erhielt das Bw Altona die Maschinen, kam aber damit nicht zurecht, so daß sie 1936 dem Bw Hof überstellt wurden. Um die Störanfälligkeit zu senken, ist der Kesseldruck auf 20 bar reduziert worden. Infolge Wassermangels (Bedienfehler) zerknallte am 3. April 1939 der Kessel der 02 102 bei Rotenstadt (Oberpf.). Die Lokomotive ist nicht wieder aufgearbeitet worden. Auch die 02 101 wurde abgestellt und ausgemustert.

04 001, Foto: Slg. Weisbrod

04
Zulässige Geschwindigkeit: 130 km/h
Treib- und Kuppelraddurchmesser: 2 000 mm
Laufraddurchmesser vorn/hinten:
1 000/1 250 mm
Kesseldruck: 20 bar
Effektive Leistung: 2 200 PS (04 002)
Dienstmasse Lok: 105,7/106,3 t
LüP mit Tender 2'2' T 32: 23 905 mm

05
Zulässige Geschwindigkeit: 175 km/h
Treib- und Kuppelraddurchmesser: 2 300 mm
Laufraddurchmesser vorn/hinten:
1 100/1 100 mm
Kesseldruck: 20 bar
Indizierte Leistung: 3 400 PS
Dienstmasse Lok: 129,9 t
LüP mit Tender 2'3 T 38 St: 26 265 mm

05

Einheits-Stromlinienlok
2'C2' h3
S 37.19
Einsatzzeitraum 1935 bis 1958

Die von der DRG 1932 geplante Schnellfahrlokomotive war für die Erprobung von Reisezugwagen, aber auch für den planmäßigen Streckendienst vorgesehen und sollte der Konkurrenz der Schnelltriebwagen begegnen.
Die BLW erhielten 1933 den Auftrag zum Bau von zwei 2'C2' h3-Schnellfahrlokomotiven. Borsig befürwortete eine komplette Stromlinienverkleidung für Lok und Tender, führte Modellversuche in den Windkanälen der TH Charlottenburg und der Universität Göttingen durch und erprobte Stromlinienverkleidungen an den 03 154 und 03 193.
Die im März und Mai 1935 abgelieferten Stromlinienlokomotiven 05 001 und 002 besaßen 2 300 mm Kuppelraddurchmesser, ein Drillingstriebwerk mit Zweiachsantrieb für guten Massenausgleich und hohe Anfahrbeschleunigung. Im Rahmen der leistungstechnischen Untersuchungen durch das LVA Grunewald fuhr die 05 002 am 11. Mai 1936 zwischen Hamburg und Berlin mit 200,4 km/h Weltrekord für Dampflokomotiven. Beide Maschinen sind 1936 dem Bw Altona für den Plandienst vor dem FD 23/24 Hamburg–Berlin zugewiesen worden. Mit Kriegsbeginn waren der Schnellverkehr eingestellt und die Lokomotiven, von Gelegenheitsarbeiten abgesehen, abgestellt worden. 1950 hat die Firma Krauss-Maffei beide Maschinen der Stromschale entkleidet und aufgearbeitet. Der Kesseldruck mußte auf 16 bar reduziert werden. Die Lokomotiven, 1951 fertiggestellt, liefen beim Bw Hamm im FD-Dienst und sind am 14. Juli 1958 ausgemustert worden. Unter Mitwirkung ihres Chefkonstrukteurs Adolf Wolff erhielt die 05 001 wieder halbseitig Stromlinienverkleidung und einen Ehrenplatz im Verkehrsmuseum Nürnberg.

05 002, Foto: Borsig

05 003

Kohlenstaub-Stromlinienlok
2'C2' h3
S 37.19
Einsatzzeitraum 1937 bis 1939; 1950 bis 1958

Um dem Personal bei Geschwindigkeiten von 175 km/h eine bessere Streckensicht zu ermöglichen, beauftragte die DRG die BLW, eine dritte 05-Lokomotive mit Frontführerstand zu bauen. Weil Lokführer und Heizer bei der Dienstausübung nicht getrennt werden sollten, schied Steinkohlenfeuerung aus, denn die Lokomotive mußte in der Hauptfahrtrichtung rückwärts, also mit dem Stehkessel voraus laufen. Der Tender lief hinter der Rauchkammer. Die DRG forderte Steinkohlenstaubfeuerung, weil Ölfeuerung aus Rohstoffmangel nicht in Betracht kam.
Die im Herbst 1937 abgelieferte Lokomotive ist zunächst erfolgreich mit Braunkohlenstaubfeuerung erprobt worden, wobei sie jedoch nicht ihre volle Leistung erreichte. Versuche mit Steinkohlenstaub mißglückten, weil die Druckverluste in den nicht in einer Flucht zu verlegenden Rohren zu groß waren. Standversuche bei den BLW 1939/40 brachten keine Besserung, so daß die DRG den Umbau in eine stückkohlegefeuerte Stromlinienlokomotive verfügte. Auf Vorschlag des BLW-Chefkonstrukteurs Adolf Wolff blieb die Lokomotive unverkleidet, konnte aber erst im März 1945, nun wieder mit der Rauchkammer voraus fahrend, abgeliefert werden. Die Lokomotive kam zum Bw Altona und erhielt einen Tarnanstrich. Von den 05 001 und 002 unterschied sie sich durch das hintere Drehgestell mit Innenrahmen. Sie hatte mit dem 2'3 T 38,5 (12 t Kohle) den größten von der DRG erbauten Tender.
Nach einer Hauptuntersuchung bei Krauss-Maffei (1950) wurden die Witte-Bleche angebaut und der Kesseldruck auf 16 bar reduziert. Die 05 003 lief zusammen mit der 05 001 und 002 beim Bw Hamm im FD-Zugdienst bis zu ihrer Ausmusterung am 14. Juli 1958.

Foto: Borsig

07 1001
Zulässige Geschwindigkeit: 140 km/h
Treib- und Kuppelraddurchmesser: 1 950 mm
Laufraddurchmesser vorn/hinten:
960/1 150 mm
Kesseldruck: 16 bar
Indizierte Leistung:
Dienstmasse Lok: 101,8 t
LüP mit Tender 2′2′ T 28 Kst: 22 880 mm

06
Zulässige Geschwindigkeit: 140 km/h
Treib- und Kuppelraddurchmesser: 2 000 mm
Laufraddurchmesser vorn/hinten:
1 000/1 000 mm
Kesseldruck: 20 bar
Indizierte Leistung: 3 500 PS
Dienstmasse Lok: 141,8 t
LüP mit Tender 2′3 T 38 St: 26 520 mm

06

Einheits-Stromlinienlok
2′D2′ h3
S 48.18/20
Einsatzzeitraum 1939 bis 1945

Die BR 06 gehört wie die BR 41 und 45 zur Typenreihe der Einheitslokomotiven mit veränderlicher Achsfahrmasse, die wahlweise auf 18 oder 20 t eingestellt werden konnte. Die beiden Baumusterlokomotiven 06 001 und 002 lieferte Krupp erst im Frühjahr bzw. Sommer 1939, während die mit gleichem Kessel ausgerüstete Güterzuglokomotive der BR 45 von Henschel schon zwei Jahre früher fertiggestellt worden war.
Die BR 06 war für den Schnellzugdienst im Hügelland bestimmt und sollte Züge von 650 t Masse in der Ebene mit 120 km/h, auf Steigungen 1:100 mit 60 km/h befördern. Wie die Lokomotiven der BR 01^{10}, 03^{10} und 05 bekam sie Drillingstriebwerk mit Zweiachsantrieb und Stromlinienverkleidung. Mit vier gekuppelten Radsätzen und einem Kessel mit 7 500 mm Rohrlänge war sie die größte deutsche Schnellzuglokomotive. Um die Maschinen mit 6 750 mm Kuppelachsstand noch durch Weichen und Gleisbögen von 180 m Radius fahren zu können, war bei der 06 001 der 3. Kuppelradsatz spurkranzlos, bei der 06 002 waren die Spurkränze des 2. und 3. Kuppelradsatzes geschwächt und der 3. Kuppelradsatz ± 10 mm seitenverschiebbar. Beide Maschinen waren in den Kriegsjahren beim Bw Frankfurt/M. 1 stationiert und auf der Strecke nach Erfurt im Einsatz. Sie bewährten sich nicht im erhofften Maße, weil häufig Schäden an den überbeanspruchten Feuerbüchsen auftraten, die im Verhältnis zur Rohrheizfläche zu klein waren. Bei Kriegsende erhielt die 06 002 einen Bombentreffer, auch die 06 001 wurde abgestellt, Nach Kriegsende bestand kein Bedarf an diesen Riesenlokomotiven, so daß sie 1951 ausgemustert worden sind.

06 001, Foto: Slg. Weisbrod

07 1001

Umbaulok DR (SNCF 231 E 18)
2′C1′ h4v
S 36.19
Einsatzzeitraum 1952 bis 1958

Auf dem Gebiet der sowjetischen Besatzungszone waren nach Kriegsende verschiedene Lokomotiven ausländischer Bahnverwaltungen stehengeblieben, die von der DRG als „Leihlokomotiven“ benutzt worden waren. Eine davon war die Bahnnummer 231 E 18 der SNCF. Diese Lokomotive entstammte einer Serie von 70 2′C1′ h4v-Lokomotiven der Paris-Orléans-Bahn (PO), die zwischen 1909 und 1914 gebaut wurden. 28 dieser Maschinen sind Anfang der 30er Jahre an die Französische Nordbahn (NORD) abgegeben worden. Zuvor waren sie in der Werkstatt Tours neu bekesselt worden, erhielten Houlet-Vorwärmer und Kylchap-Blasrohr. Die zur DR gekommene Lokomotive trug bei der Nordbahn die Nummer NORD 3.1188, ab 1938 bei der SNCF die Nummer 231 E 18. Diese Lokomotive ist 1952 im Raw Stendal auf Kohlenstaubfeuerung System Wendler umgebaut worden. Die Gründe für den Umbau waren das gute Lauf- und Leistungsverhalten der Lokomotiven dieser Baureihe, die unter André Chapelon entstanden war, die für die Verbrennung von Braunkohlenstaub gut geeignete lange Feuerbüchse und der allgemeine Lokomotivmangel der DR. Die Lokomotive blieb nach dem Umbau im wesentlichen in ihrer ursprünglichen Form erhalten. sie bekam ein Einheitsführerhaus und deutsche Führerstandarmaturen. Der Arbeitsplatz des Lokführers und damit die Steuerung wurden auf die rechte Seite verlegt. Die Dabeg-Ventilsteuerung blieb erhalten. Erst später ist der Kylchap-Doppelschornstein durch einen zylindrischen der BR $58^{10\text{-}21}$ ersetzt worden. Die Maschine wurde beim Bw Dresden A stationiert und lief im Schnellzugdienst Dresden–Berlin. Als Einzelgänger und Fremdling im Betriebspark wurde sie schon am 4. Februar 1958 ausgemustert.

Foto: Slg. Weisbrod

08 1001
Zulässige Geschwindigkeit: 110 km/h
Treib- und Kuppelraddurchmesser: 1 950 mm
Laufraddurchmesser vorn/hinten:
920/1 080 mm
Kesseldruck: 16 bar
Indizierte Leistung:
Dienstmasse Lok: 122,51 t
LüP mit Tender 2'2' T 28 Kst: 24 800 mm

10
Zulässige Geschwindigkeit: 140 km/h
Treib- und Kuppelraddurchmesser: 2 000 mm
Laufraddurchmesser vorn/hinten:
1 000/1 000 mm
Kesseldruck: 18 bar
Indizierte Leistung: 2 500 PS
Dienstmasse Lok: 118,9 t
LüP mit Tender 2'2' T 40: 26 503 mm

08 1001

Umbaulok DR (SNCF 241 A 21)
2'D1' h4v
S 47.19
Einsatzzeitraum 1952 bis 1958

Bei der Rbd Greifswald befand sich 1945 die Lokomotive 241 A 21 der SNCF, eine leistungsfähige Vierzylinder-Verbund-Schnellzuglokomotive mit de-Glehn-Triebwerk, wie sie ab 1931 von der Französischen Ostbahn beschafft worden war. Die Lokomotive kam 1952 zur Aufarbeitung und zum Umbau auf Kohlenstaubfeuerung System Wendler ins Raw Zwickau. Hauptgrund für den Umbau war der Mangel der DR an leistungsfähigen Schnellzuglokomotiven. Kohlenstaubfeuerung wählte man deshalb, weil keine Steinkohle zur Verfügung stand und der Verbrennungskammerkessel der Lok für die Verbrennung von Kohlenstaub gut geeignet war. Der Einbau der Kohlenstaubfeuerung bereitete keine Probleme. Die Lokomotive erhielt eine zweite Doppelverbundluftpumpe für die pneumatische Staubaustragung. Weiterhin wurden u. a. die Führerseite auf die rechte Seite verlegt, die ACFI-Mischvorwärmanlage gegen einen Oberflächenvorwärmer Bauart Knorr mit Verbundspeisepumpe Bauart Nielebock-Knorr getauscht, der französische Überhitzer durch einen der Bauart Schmidt ersetzt. Dadurch verringerte sich die Überhitzerheizfläche von 92,5 auf 53,5 m². Der Kesseldruck mußte von 20 auf 16 bar reduziert werden. Nach diesen Umbauten erreichte die Lokomotive, die als 08 1001 eingenummert wurde, nicht die Leistung der BR 01. Auch fehlten die langen Strecken, wo man die Verbundmaschine hätte rentabel einsetzen können. Nach der Erprobung bei der VES-M Halle kam die Lok zum Bw Dresden A für den Schnellzugdienst nach Berlin, ist aber als ungeliebter Fremdling im Betriebspark zusammen mit der 07 1001 schon im Februar 1958 ausgemustert worden.

Foto: Slg. Weisbrod

10

Neubaulok DB
2'C1' h3
S 36.22
Einsatzzeitraum 1956 bis 1967

Die von der DB entwickelte BR 10 sollte die Baureihen 01^{10} und 03^{10} im Schnellzugdienst ablösen. 1956 lieferte die Friedrich Krupp AG zwei Baumusterlokomotiven mit den Betriebsnummern 10 001 und 10 002, von denen die 10 001 Rostfeuerung mit Ölzusatzfeuerung, die 10 002 Ölhauptfeuerung hatte. Die Lokomotiven sollten Schnellzüge mit 300 t Masse in der Ebene mit 140 km/h befördern. Die hohe Achsfahrmasse von 22 t engte ihren Aktionsradius ein; außerdem waren nicht alle Strecken für 140 km/h zugelassen.
Der Verbrennungskammerkessel war nach dem Muster des $01/01^{10}$-Neubaukessels entstanden, hatte jedoch 5 500 mm Rohrlänge und war mit diesem nicht tauschbar. Das Drillingstriebwerk mit Zweiachsantrieb besaß für jede Dampfmaschine eine eigene Heusinger-Steuerung. Die Steuerung des Innenzylinders wurde vom 3. Kuppelradsatz über Gegenkurbel und Schwinge angetrieben. Achslager, Treib- und Kuppelstangenlager und die Stangenlager der Steuerung besaßen Wälzlager. Um einen kräftigen Saugzug zu erzielen, hatten die Lokomotiven Doppelblasrohr und Doppelschornstein. Bei der ersten Zwischenausbesserung 1959 ist die 10 001 im AW Braunschweig auf Ölhauptfeuerung umgebaut worden. Beide Lokomotiven besaßen eine strömungsgünstige Verkleidung, die die Zylinderpartie umschloß, eine schmale Triebwerksschürze und eine keglige Rauchkammertür. Es blieb bei den beiden Einzelstücken, weil durch den voranschreitenden Traktionswechsel kein weiterer Bedarf bestand. Die Maschinen waren zunächst beim Bw Bebra stationiert, dann beim Bw Kassel. Wegen häufiger Triebwerksschäden und fehlenden Einsatzmöglichkeiten sind sie 1967 ausgemustert worden.

10 001, Foto: Slg. Weisbrod

13^0
Zulässige Geschwindigkeit: 100 km/h
Treib- und Kuppelraddurchmesser: 1 980 mm
Laufraddurchmesser vorn/hinten: 1 000/– mm
Kesseldruck: 12 bar
Leistung:
Dienstmasse Lok: 50,5 t
LüP mit Tender pr. 2'2' T 21,5: 17 561 mm

13 001^II
Zulässige Geschwindigkeit: 100 km/h
Treib- und Kuppelraddurchmesser: 1 980 mm
Laufraddurchmesser vorn/hinten: 1 000/– mm
Kesseldruck: 12 bar
Leistung:
Dienstmasse Lok: t
LüP mit Tender LBE 3 T 12: 16 711 mm

13^0

pr. S 3
2'B n2v
S 24.15
Einsatzzeitraum 1893 bis 1929

Die Lokomotiven der Gattung S 3 waren die Schnellzuglokomotiven Preußens in den 90er Jahren und im ersten Jahrzehnt des 20. Jahrhunderts. 1890 und 1891 hatten sowohl die Direktion Hannover als auch die Direktion Erfurt probeweise 2'B-Lokomotiven in Zwillings- und Verbundausführung bauen lassen. Diese Lokomotiven sind in die Gattung S 2 eingeordnet worden. 1892 entwarf August v. Borries mit der Hanomag eine neue 2'B-Schnellzuglokomotive, die den Kessel der Erfurter Bauart, Lauf- und Triebwerk in verbesserter Ausführung von der Bauart Hannover bekam. Weil auf den Wendestationen der Hauptstrekken Drehscheiben mit 16 m Durchmesser gebaut wurden, bestanden keine Zwänge bei der Längenausdehnung wie bei der S 2. Das hannoversche Drehgestell, 1900 im Achsstand von 2 000 auf 2 200 mm vergrößert, ist in seiner Grundform bis zum Ende der Dampflokzeit verwendet worden.

Die pr. S 3 ist mit 1 027 Exemplaren bis 1904 gebaut worden und war bei nahezu allen preußisch-hessischen Betriebswerkstätten beheimatet. Die Maschine zog in der Ebene 200 t mit 90 km/h, auf der Steigung 1:200 noch 165 t mit 70 km/h. Für die S 3 war das Musterblatt III 2b verbindlich. Nach dem ersten Weltkrieg verblieben über 100 Maschinen bei den Polnischen (Reihe Pd 1) und Litauischen Staatsbahnen. In Polen sind S 3 noch in den 40er Jahren im Betriebsdienst gewesen. Auch die Reichseisenbahnen in Elsaß-Lothringen (41) und die Oldenburgische Staatsbahn (6) beschafften S 3-Lokomotiven. Die DRG übernahm 1925 nur noch 27 Lokomotiven der Gattung S 3 mit den Betriebsnummern 13 002 bis 13 028. Die 13 001 ist eine auf Verbundwirkung umgebaute S 2 Bauart Erfurt gewesen, die Schwartzkopff 1892 geliefert hatte.

STETTIN 41, Foto: Slg. Weisbrod

13 001^II

LBE S 5^2
2'B n2v
S 24.16
Einsatzzeitraum 1911 bis 1944

Die Lübeck-Büchener Eisenbahn (LBE), eine der bedeutendsten deutschen Privatbahnen, die am 1. Januar 1938 verstaatlich wurde, beschaffte zwischen 1907 und 1911 für den Schnellzugdienst sieben Lokomotiven nach dem Vorbild der pr. S 5^2. Drei Maschinen lieferte Schwartzkopff, vier Maschinen kamen von Linke-Hofmann. Alle Lokomotiven trugen neben der Bahnnummer noch einen Namen: 1 NECKAR, 2 MAIN, 3 MOSEL, 4 LAHN, 5 AHR, 6 SIEG und 7 WUPPER.
Gegenüber der pr. S 5^2 wiesen die LBE-Maschinen eine etwas geringere Leistung auf. So zogen sie in der Ebene 325 t mit 80 km/h. Für das Streckennetz der LBE war ein dreiachsiger Tender mit 12 m^3 Wasser und 5 t Kohle ausreichend. Sechs der sieben LBE-Lokomotiven sind zwischen 1926 und 1931 ausgemustert worden, lediglich die Bahnnummer 7 WUPPER wurde 1938 noch von der DRG übernommen und erhielt die Betriebsnummer 13 001 in zweiter Besetzung (die 13 001 in erster Besetzung war eine zur S 3 umgebaute S 2). Die LBE-Lokomotive ist erst nach 33 Dienstjahren am 6. April 1944 abgestellt worden.

Foto: Slg. Weisbrod

13⁵
Zulässige Geschwindigkeit: 100 km/h
Treib- und Kuppelraddurchmesser: 1 980 mm
Laufraddurchmesser vorn/hinten: 1 000/– mm
Kesseldruck: 12 bar
Indizierte Leistung: 1 000 PS
Dienstmasse Lok: 55,2 t
LüP mit Tender pr. 2′2′ T 16: 18 210 mm

13⁶⁻⁸
Zulässige Geschwindigkeit: 100 km/h
Treib- und Kuppelraddurchmesser: 1 980 mm
Laufraddurchmesser vorn/hinten: 1 000/– mm
Kesseldruck: 12 bar
Indizierte Leistung: 800 PS
Dienstmasse Lok: 55,2 t
LüP mit Tender 2′2′ T 21,5: 17 761 mm

13^5

pr. S 4
2′B h2
S 24.16
Einsatzzeitraum 1902 bis 1927

Die Gattung S 4 ist die erste serienmäßig beschaffte Heißdampf-Schnellzuglokomotive der Preußisch-Hessischen Staatsbahn gewesen, von der Borsig 1902 die ersten sechs Maschinen lieferte. Der Erfinder des Heißdampfverfahrens, Wilhelm Schmidt (1858 bis 1924), hatte das Prinzip bei ortsfesten Dampfmaschinen erprobt und für den Lokomotivbetrieb empfohlen. Versuchsweise ließ die Preußische Staatsbahn bei Vulcan eine S 3 und bei Henschel eine P 4 mit Schmidtschem Flammrohrüberhitzer ausrüsten. Die von Vulcan am 12. April 1898 als HANNOVER 74 abgelieferte Lokomotive war die erste Heißdampflokomotive der Welt.
Dichtigkeits- und Unterhaltungsprobleme beim Flammrohrübersitzer veranlaßten W. Schmidt zur Entwicklung des Rauchkammerüberhitzers, mit dem zwei weitere, auf der S 3 basierende Lokomotiven ausgerüstet worden sind. Die serienmäßig ab 1902 gebaute Heißdampflok war eine eigenständige Konstruktion mit zweischüssigem Langkessel und Rauchkammerüberhitzer. Das für sie aufgestellte Musterblatt trug die Bezeichnung XIV 2. Die S 4 zog in der Ebene 380 t mit 95 km/h und übertraf damit sie S 3 um ca. 30 %. Bis zum Jahre 1909 sind 104 S 4-Lokomotiven von den Firmen Henschel, Borsig und Humboldt gebaut worden. Dann stellte man die Beschaffung zugunsten der stärkeren S 6 ein. Die Lieferungen ab 1906 hatten schon Rauchrohrüberhitzer. In den endgültigen Umzeichnungsplan von 1925 kamen nur noch vier Lokomotiven, die die Betriebsnummern 13 501 bis 13 504 erhielten.

13 530, Foto: Slg. Weisbrod

13^{6-8}

pr. S 5²
2′B n2v
S 24.16
Einsatz 1905 bis 1930 (1955)

Die nach der Jahrhundertwende weiter gestiegenen Zugmassen und der Wunsch nach höheren Reisegeschwindigkeiten überforderten die S 3 im schweren Schnellzugdienst. Die 1900 und 1902 entstandenen Vierzylinder-Verbundlokomotiven der Gattung S 5¹ (Bauarten Grafenstaden und Hannover) erfüllten nicht die Erwartungen, so daß man beschloß, die im Prinzip ausgezeichnete S 3 in einer leistungsstärkeren Version zu bauen, zumal die Hauptstrecken inzwischen für 16 t Achsfahrmasse ausgebaut waren. Die Überarbeitung der Konstruktion erfolgte bei der Stettiner Firma Vulcan. Die zunächst als verstärkte S 3 bezeichnete Lokomotive erhielt einen größeren Kessel mit größerer Heizfläche, aber gleicher Rostfläche wie die S 3. Die Rohrheizfläche war um 10 %, die Feuerbüchsheizfläche um 17 % größer. Der höher liegende Kessel (2 500 mm über SO) erlaubte die Durchbildung einer Heusinger-Steuerung mit Kuhnscher Schleife. Die verstärkte S 3, ab 1911 als S 5² bezeichnet, war der S 3-Normalbauart nach Musterblatt III 2b um 10 bis 15 % in der Leistung überlegen. Für sie galt das Musterblatt III 2c. Von der S 5² sind 367 Lokomotiven gebaut worden, die von den Firmen Vulcan und Schichau stammten. Außer bei den Direktionen Berlin, Breslau, Erfurt, Münster und Posen waren S 5² bei allen preußisch-hessischen Direktionen im Einsatz, die meisten bei der Direktion Hannover.
Nach dem ersten Weltkrieg mußten S 5² an die Polnische (32), Litauische (3), Lettische (6) und Belgische Staatsbahn (9) abgegeben werden. Die DRG übernahm 1925 noch 200 Lokomotiven mit den Betriebsnummern 13 651 bis 13 850, verfügte aber am 1. April 1928 die Ausmusterung, so daß die Maschinen bis 1930 aus dem Betriebsdienst ausgeschieden waren.

13 820, Foto: Slg. Weisbrod

13^{18}	S 3	$S\,5^2$	
Zulässige Geschwindigkeit:	95	100	km/h
Treib- und Kuppelraddurchmesser:	1 980	1 980	mm
Laufraddurchmesser vorn/hinten:	1 000/–	1 000/–	mm
Kesseldruck:	12	12	bar
Leistung:			
Dienstmasse Lok:	52,2	53,4	t
LüP mit Tender 2′2′ T 16:	17 461	17 661	mm

13^{18}

old. S 3, $S\,5^2$
2′B n2v
S 24.15/16
Einsatzzeitraum 1903/09 bis 1927

S 3
Die Oldenburgische Staatsbahn besaß zwar nur eine Schnellzugstrecke (Wilhelmshaven–Oldenburg–Bremen), doch auch hier waren die Lokomotiven der Gattung $P\,4^1$ mit nur 1 750 mm Treibraddurchmesser bald überfordert. So bestellte die Bahnverwaltung bei der Hanomag sechs S 3-Lokomotiven nach preußischem Vorbild, die in den Jahren 1903/04 mit den Bahnnummern 151 bis 154 sowie 160 und 161 und den Namen WODAN, ODIN, DONAR, THOR, BALDUR und HEIMDALL geliefert wurden. Gegenüber dem preußischen Vorbild nach Musterblatt III 2b gab es einige für Oldenburg spezifische Zutaten: den Verbinderdampftrockner Bauart Ranafier und die Rauchverbrennungsanlage Bauart Staby, letztere erkennbar am kleinen Dom unmittelbar vor dem Ramsbottom-Sicherheitsventil. Die Lokomotiven zogen in der Ebene 320 t mit 75 km/h.
Die DRG übernahm 1925 alle sechs Lokomotiven mit den Betriebsnummern 13 1801 bis 13 1806, musterte sie aber zwischen 1926 und 1927 aus.
$S\,5^2$
Auch von der verstärkten Ausführung der S 3, der Gattung $S\,5^2$, beschaffte die Oldenburgische Staatsbahn zwischen 1909 und 1913 von der Hanomag elf Maschinen, die Namen germanischer Göttinnen erhielten.
Die old. $S\,5^2$ hatten einen höher liegenden Umlauf als die preußischen Maschinen, so daß keine Radschutzkästen mehr erforderlich waren. Anstelle der Schiebersteuerung besaßen sie Lentz-Ventilsteuerung und statt des Dultzschen Wechselventils die Anfahrvorrichtung Bauart Ranafier. Die Lokomotiven zogen in der Ebene 360 t mit 80 km/h. Die DRG übernahm alle elf Maschinen und gab ihnen die Betriebsnummern 13 1851 bis 13 1861. 1926 und 1927 sind sie ausgemustert worden.

154 THOR, Foto: Slg. Weisbrod

$13^{10\text{-}12}$
Zulässige Geschwindigkeit: 110 km/h
Treib- und Kuppelraddurchmesser: 2 100 mm
Laufraddurchmesser vorn/hinten: 1 000/– mm
Kesseldruck: 12 bar
Indizierte Leistung: 1 160 PS
Dienstmasse Lok: 60,6 t
LüP mit Tender 2′2′ T 21,5: 18 350 mm

$13^{10\text{-}12}$

pr. S 6
2′B h2
S 24.17
Einsatzzeitraum 1906 bis 1929

Mit den Vierzylinder-Verbund-Naßdampflokomotiven der Gattung S 7 (Bauarten v. Borries und de Glehn) waren Lokomotiven entstanden, die der Heißdampf-S 4 ebenbürtig oder überlegen waren. Die Weiterentwicklung der S 4 war durch ein Preisausschreiben des Vereins Deutscher Ingenieure (VDI) inspiriert worden, das eine Lokomotive forderte, die 180 t Zugmasse mit 120 km/h befördern konnte. Einer der von Robert Garbe eingereichten Entwürfe sah eine 2′B h2-Lokomotive mit 2 200 mm Kuppelraddurchmesser vor, den die Maschinenbauanstalt Breslau ausgearbeitet hatte. Der Lokausschuß empfahl den Entwurf zur Ausführung, hielt aber 2 100 mm Kuppelraddurchmesser für ausreichend. Die vorgegebene Achsfahrmasse von 16 t zwang zur Gewichtseinsparung. Die ersten Versuchsfahrten fielen nicht zufriedenstellend aus, doch erst als 1910 die Hauptstrecken für 17 t Achsfahrmasse ausgebaut waren, konnten an der S 6 die erforderlichen Verstärkungen vorgenommen werden. Die S 6 besaß, von den zuerst gelieferten Maschinen abgesehen, Rauchrohrüberhitzer Bauart Schmidt. Einige Lokomotiven erhielten ab 1913 Speiswasservorwärmer. Die S 6, für die das Musterblatt XIV 2a galt, war die letztgebaute und größte 2′B-Reisezuglokomotive Deutschlands und auch eine Zeitlang die wirtschaftlichste Maschine der Preußischen Staatsbahn. Bis 1913 sind 584 Lokomotiven gebaut worden, von denen die DRG 286 Stück als 13 1001 bis 13 1286 in den endgültigen Umzeichnungsplan übernahm. Die Ausmusterung war bis zum Ende der 20er Jahre abgeschlossen.

Cöln 606, Foto: Slg. Weisbrod

13^{15}, 13^{71}
Zulässige Geschwindigkeit: 100 km/h
Treib- und Kuppelraddurchmesser: 1 905 mm
Laufraddurchmesser vorn/hinten:
1 065/– mm
Kesseldruck: 13 (12) bar
Indizierte Leistung:
Dienstmasse Lok: 56,8 (52,0) t
LüP mit Tender 3 T 15: 16 765 mm
Klammerwerte für 13 7101 bis 7112

13^{16}
Zulässige Geschwindigkeit: 100 km/h
Treib- und Kuppelraddurchmesser: 1 800 mm
Laufraddurchmesser vorn/hinten:
850/– mm
Leistung:
Dienstmasse Lok: 50,2 t
LüP mit Tender wü. 2 T 10: 15 437 mm

13^{15} 13^{71}

sä. VIII V 1
2'B n2v
S 24.16 (15)
Einsatzzeitraum 1896 bis 1930

Die ersten eigenen Schnellzuglokomotiven hatte die Sächsische Staatsbahn 1891 bei Hartmann bauen lassen. Diese als Gattung VIII 2 bezeichneten Lokomotiven (BR 13^{70}) genügten nur wenige Jahre den Anforderungen, so daß man sich 1896 entschloß, das Verbundsystem bei Schnellzuglokomotiven einzuführen. Ab 1896 lieferte Hartmann 32 Stück 2'B n2v-Schnellzuglokomotiven, die das Gattungszeichen VIII V 1 erhielten. Den 10 Lokomotiven des 1. Bauloses aus dem Jahre 1896 folgte 1897 das 2. Baulos mit ebenfalls 10 Maschinen und 1900 das 3. mit den restlichen 12 Lokomotiven. Die Maschinen hatten zwischen den Rahmen eingezogene Belpaire-Feuerbüchsen und außenliegende Heusinger-Steuerung. Die Lokomotiven des 3. Bauloses waren etwas leistungsstärker als ihre Vorgänger. Sie hatten 13 bar Kesseldruck (Baulose 1 und 2 = 12 bar), größere Feuerbüchs- und Rohrheizflächen und eine um 100 mm höhere Kesselmitte. Das Führerhausdach war nach hinten verlängert und überdeckte die Tenderbrücke. Weil die Räder des 2. Kuppelradsatzes bis in das Führerhaus reichten, war die Führerhausseitenwand zur Hälfte bis zum Laufblech hochgeschnitten, um das Kuppelstangenlager zugänglich zu machen. Die Lokomotiven der Baulose 1 und 2 (Bahnnummern 121 bis 130 und 131 bis 140) waren mit dem Tender sä. 3 T 12 gekuppelt, die des 3. Bauloses (Bahnnummern 141 bis 152) mit dem sä. 3 T 15. Die leistungsstärkeren Maschinen zogen in der Ebene einen Schnellzug von 210 t Masse mit 90 km/h, auf 5 ‰ Steigung 180 t mit 70 km/h. Die DRG übernahm 11 Lokomotiven des 3. Bauloses mit den Betriebsnummern 13 1501 bis 1511. Von den Baulosen 1 und 2 wurden 12 Maschinen mit den Betriebsnummern 13 7101 bis 7112 übernommen.

13 7108, Foto: Slg. Weisbrod

13^{16}

wü. AD
2'B n2v
S 24.14
Einsatzzeitraum 1899 bis 1928

Die Staatsbahn im Königreich Württemberg hatte durch ihre Rückkehr zur 1 B-Steifrahmenlokomotive den Anschluß an die Entwicklung bei den anderen deutschen Staatsbahnen verloren. Erst als gegen Ende des 19. Jahrhunderts die Zugmassen und die Reisegeschwindigkeiten anstiegen, war Württemberg gezwungen, leistungsstärkere Lokomotiven für den Reisezugdienst zu beschaffen. 1899 entstand eine 2'B n2v-Schnellzuglokomotive, für die die Maschinenfabrik Esslingen verantwortlich zeichnete.
Die Lokomotiven, als Klasse AD bezeichnet, besaßen 1 800 mm Kuppelraddurchmesser, außenliegende Heusinger-Steuerung und bei den Bahnnummern 441 bis 500 entlastete Flachschieber.
Ab der 2. Lieferserie der Jahre 1903 bis 1907 sind bei den Lokomotiven mit den Bahnnummern 1501 bis 1538 geneigt angeordnete Kolbenschieber eingebaut worden. Charakteristisch für die Klasse AD war das Verbindungsrohr zwischen beiden Dampfdomen, um einigermaßen trockenen Dampf entnehmen zu können. Bemerkenswert war auch, daß die Lokomotiven keinen zentralen Sandkasten besaßen, sondern je einen rechts und links auf dem Laufblech, der den Treibradsatz von vorn besandete. Von den bis 1907 gebauten 98 Lokomotiven übernahm die DRG noch 24 Maschinen mit den Betriebsnummern 13 1601 bis 13 1624.

Nr. 1540, Foto: Slg. Weisbrod

13¹⁷
Zulässige Geschwindigkeit: 100 km/h
Treib- und Kuppelraddurchmesser: 1 800 mm
Laufraddurchmesser vorn/hinten: 850/– mm
Kesseldruck: 12 bar
Indizierte Leistung:
Dienstmasse Lok: 51,4 t
LüP mit Tender wü. 2 T 10: 15 427 mm

13⁷⁰
Zulässige Geschwindigkeit: 100 km/h
Treib- und Kuppelraddurchmesser: 1 905 mm
Laufraddurchmesser vorn/hinten: 1 065/– mm
Kesseldruck: 12 bar
Indizierte Leistung:
Dienstmasse Lok: 49,4 t
LüP mit Tender sä. 3 T 12: 16 482 mm

13¹⁷

wü. ADh
2'B h2
S 24.15
Einsatzzeitraum 1907 bis 1932

Die Württembergische Staatsbahn hatte erst die Versuche und Betriebserprobungen mit Heißdampflokomotiven bei den anderen deutschen Bahnverwaltungen beobachtet, ehe sie an eigene Versuche dachte. Erst 1907, als z. B. bei der Preußischen Staatsbahn schon mehrere Lokomotivbaureihen nach dem Heißdampfprinzip arbeiteten, entschloß sich Württemberg, zwei Lokomotiven der Klasse AD versuchsweise auf Heißdampf umzubauen. Da der Leistungsgewinn 20 % betrug, wurden künftig die 2'B-Schnellzuglokomotiven nur noch als Heißdampflokomotiven gebaut und als Klasse ADh bezeichnet. Bis zum Erscheinen der Klasse C (2'C1' h4v–BR 18¹) im Jahre 1909 wurden 17 Lokomotiven der Klasse ADh in Dienst gestellt, die alle von der Maschinenfabrik Esslingen stammten. In den Hauptabmessungen bestanden kaum Unterschiede zwischen den Klassen AD und ADh. Bei der Heißdampflokomotive hatte man den Kesseldruck von 14 auf 12 bar verringert, die beiden Außenzylinder hatten 490 mm Durchmesser (AD: 450/670 mm). In der Ebene zog die ADh 190 t mit 100 km/h, auf 10 ‰ Steigung noch mit 50 km/h. Die DRG übernahm 1925 14 Lokomotiven mit den Betriebsnummern 13 1701 bis 13 1714. 1932 sind die letzten Lokomotiven der Klasse ADh ausgemustert wurden.

13 1711, Foto: Slg. Weisbrod

13⁷⁰

sä. VIII 2
2'B n2
S 24.14
Einsatzzeitraum 1891 bis 1928

Die Maschinen der Gattung VIII 2 waren die ersten in Sachsen gebauten 2'B-Schnellzuglokomotiven. Die bisher eingesetzten 2'B-Schnellzuglokomotiven hatte 1870 die Maschinenfabrik Esslingen geliefert. Die Sächsische Maschinenfabrik (Hartmann) lieferte 1891 als 1. Baulos 10 Maschinen mit 10 bar Kesseldruck (Bahnnummern 101 bis 110), 1894 als 2. Baulos weitere 10 Maschinen mit 12 bar Kesseldruck (Bahnnummern 111 bis 120). Die Bahnnummer 111 war die 2 000. von Hartmann gebaute Lokomotive und bekam auch den Namen ZWEITAUSEND. Die anderen Lokomotiven trugen Namen europäischer Haupt- und Großstädte, nur die Bahnnummer 119 wurde auf den Namen PRIESTEWITZ getauft. Das ist eine kleine Bahnstation zwischen Riesa und Dresden, auf der Professor Andreas Schubert 1839 mit der SAXONIA durch falsche Weichenstellung einen Unfall hatte.
Die Lokomotiven der Gattung VIII 2 hatten ein Naßdampf-Zwillingstriebwerk und ein zweiachsiges führendes Drehgestell mit Kugelzapfen und Wiege Erfurter Bauart. Typisch für die sächsischen Lokomotiven dieser Epoche war die Anordnung der Treibstange am Kurbelzapfen hinter den Kuppelstangen. Dadurch konnten die Zylinder dichter an den Rahmen gesetzt werden. Die Lokomotiven waren mit dem Tender sä. 3 T 12 gekuppelt. Die DRG übernahm 12 Lokomotiven in den endgültigen Umzeichnungsplan, 7 aus dem 1., 5 aus dem 2. Baulos. Die über 30 Jahre alten Lokomotiven waren schon nach der Jahrhundertwende von der Sächsischen Staatsbahn nicht mehr im Schnellzugdienst eingesetzt worden. Bei der DRG kamen sie in untergeordnete Dienste (Bauzüge) und erhielten, da sie zur baldigen Ausmusterung vorgesehen waren, 7 000er Ordnungsnummern (13 7001 bis 7012).

Nr. 869, Foto: Slg. Weisbrod

14⁰
Zulässige Geschwindigkeit: 110 km/h
Treib- und Kuppelraddurchmesser: 1 980 mm
Laufraddurchmesser vorn/hinten: 1 000/1 250 mm
Kesseldruck: 14 bar
Leistung:
Dienstmasse Lok (hv4): 79,0 t
LüP mit Tender pr. 2′2′ T 30: 21 858 mm

14¹ (pfälz. P 3¹)
Zulässige Geschwindigkeit: 100 km/h
Treib- und Kuppelraddurchmesser: 1 980 mm
Laufraddurchmesser vorn/hinten: 950/950 mm
Kesseldruck: 13 bar
Leistung:
Dienstmasse Lok: 59,6 t
LüP mit Tender bay. 3 T 16: 19 070 mm

14⁰

pr. S 9 (S 8)
2′B1′ n4v (h4v)
S 25.17
Einsatzzeitraum 1908 bis 1926

Zu einem Zeitpunkt, als die süddeutschen Bahnverwaltungen bereits dreifach gekuppelte Heißdampf-Schnellzuglokomotiven mit Verbundtriebwerk in Dienst stellten, baute die Preußische Staatsbahn noch eine zweifach gekuppelte Naßdampf-Verbundlokomotive mit der Achsfolge 2′B1′, von der die Hanomag 1908 die ersten zehn Maschinen lieferte. Als mit Änderung der Eisenbahn-Bau- und Betriebsordnung von 1904 Schnellzüge 44 Achsen, beim Einstellen sechsachsiger Wagen sogar 52 Achsen haben durften, die Grundgeschwindigkeit auf 90 km/h angehoben wurde, waren die S 7-Lokomotiven vielfach überfordert. Bis 1910 lieferte die Hanomag 99 Lokomotiven. Die beiden Baumusterlokomotiven wurden noch als S 7 bezeichnet und hatten Windschneidenführerhäuser wie die ersten S 6 und P 8. Ab der Serienlieferung 1908 galten die Gattungsbezeichnung S 9 und das Musterblatt III 2g. Man hatte sich zwar bemüht, eine Lokomotive zu bauen, die den Heißdampflokomotiven S 4 und S 6 ebenbürtig oder überlegen war, was gegenüber der S 4 gelang, gegenüber der S 6 aber nur teilweise. Der leistungsfähige Kessel besaß mit 4,0 m² die größte Rostfläche aller preußischen Lokomotiven, doch konnten die zu kleinen Hochdruckzylinder die erzeugte Dampfmenge nicht verarbeiten. Zwei Lokomotiven (HANNOVER 903 und 905) erhielten 1913/14 Ersatzkessel mit Rauchrohrüberhitzer und wurden als Heißdampflokomotiven als Gattung S 8 bezeichnet. Nach 1919 wurden 17 Maschinen an Belgien und 4 an die französische Nordbahn abgeliefert. Die DRG übernahm 1925 nur die beiden Heißdampflokomotiven als 14 001 und 002 und eine Naßdampf-S 9 (ESSEN 907) als 14 031. 1926 sind alle drei ausgemustert worden.

HANNOVER 947, Foto: Slg. Weisbrod

14¹

pfälz. P 3¹ (Umbau)
2′B1′ n4v
S 25.15
Einsatz (1898) 1913 bis 1926

Als die Pfalzbahn gegen Ende des 19. Jahrhunderts ihre 1′B1 n2-Schnellzuglokomotiven der Gattung P 2¹ durch eine leistungsstärkere Bauart ersetzen mußte, entschied man sich für den 2′B1′-Entwurf der Lokomotivfabrik Krauss. Die Lokomotive, als P 3¹ bezeichnet, hatte ein Naßdampf-Zwillingstriebwerk mit innenliegenden Zylindern und innenliegender Joy-Steuerung. Augenfällig war der zusätzlich zum Blechinnenrahmen vorhandene Blechaußenrahmen mit Ausschnitten zur Kontrolle der Kuppelachslager. In den Jahren 1898 und 1899 lieferte Krauss elf Lokomotiven, im Jahre 1904 eine zwölfte mit Pielock-Überhitzer als Heißdampflokomotive. Obwohl die P 3¹ ihr Leistungsprogramm von 220 t in der Ebene mit 90 km/h erfüllten, waren sie doch vor längeren Schnellzügen bald überfordert.
Die Bahnverwaltung entschloß sich zum Umbau in eine Vierzylinder-Verbund-Maschine durch Zugabe zweier Außenzylinder. Dieser ungewöhnliche Schritt war erfolgreich. Das vorhandene Innentriebwerk wurde zur Hochdruckmaschine, die Flachschieber ersetzte man durch Kolbenschieber, das Drehgestell mußte etwas nach vorn gerückt werden. Leistung und Zugkraft der umgebauten Lokomotiven waren spürbar größer, der Brennstoffverbrauch durch die bessere Dampfausnutzung um 15 % geringer. Die Maschinen zogen in der Ebene 250 t mit 100 km/h. Die DRG übernahm 1925 noch fünf der zwölf umgebauten Lokomotiven mit den Betriebsnummern 14 101 bis 14 105, musterte aber die doch recht unterhaltungsaufwendigen Maschinen schon 1926 aus.

223 INN, Foto: Slg. Weisbrod

14^1 (bay. S $^2/_5$)
Zulässige Geschwindigkeit: 110 km/h
Treib- und Kuppelraddurchmesser: 2 000 mm
Laufraddurchmesser vorn/hinten: 950/1 206 mm
Kesseldruck: 16 bar
Leistung:
Dienstmasse Lok: 68,6 t
LüP mit Tender bay. 2′2′ T 22: 19 275 mm

14^1

bay. S $^2/_5$
2′B1 n4v
S 25.16
Einsatzzeitraum 1904 bis 1927

Bei der Firma J. A. Maffei in München entstand 1904 die erste deutsche Schnellzuglokomotive mit durchgehendem Barrenrahmen, die bay. S $^2/_5$. Unter dem Konstrukteur Anton Hammel begann bei Nutzung amerikanischer Vorbilder eine Lokomotiventwicklung, die mit der bay. S $^3/_6$ und der bad. IV h den krönenden Abschluß fand.
Die bay. S $^2/_5$ ist zusammen mit der dreifach gekuppelten Schnellzuglokomotive S $^3/_5$ entwickelt worden, wobei man Wert auf Baugleichheit vieler Baugruppen legte. Die S $^2/_5$, für leichte und schnellfahrende Züge bestimmt, zog in der Ebene 250 t mit 110 km/h und erhielt, [illegible] chend von der bayer[illegible] (1 870 mm) 2 000 mm [illegible] raddurchmesser. Kuppelradsätze und hinterer Laufradsatz waren fest im Rahmen gelagert. Das Vauclain-Triebwerk übernahm man nicht, sondern wählte ein Vierzylinder-Verbund-Naßdampftriebwerk mit innenliegenden HD-, außenliegenden ND-Zylindern und Einachsantrieb auf den 1. Kuppelradsatz nach der Bauart v. Borries. Weil man durchgehende Rahmenwangen für den Barrenrahmen noch nicht walzen konnte, wurde er geschmiedet. Die zehn Lokomotiven der Gattung S $^2/_5$ sind 1904 beim Bw München I in Dienst gestellt worden und bespannten u. a. so renommierte Züge wie den „Orient-Expreß“ und den „Nord-Süd-Expreß“. Bei Versuchsfahrten erreichte die Bahnnummer 3007 135 km/h. Bayern hatte aber zu wenig Flachlandstrecken für den Einsatz dieser Lokomotiven, außerdem reichte die Reibungsmasse für die schwerer werdenden Züge bald nicht mehr [illegible]. 1911 gab München die [illegible]komotiven an das linksrheinische (pfälz.) Netz zum Bw Ludwigshafen ab. Die DRG hatte 1925 noch fünf Maschinen mit den Betriebsnummern 14 141 bis 14 145 übernommen. Auslauf-Bw war Augsburg.

Nr. 3007, Foto: Slg. Weisbrod

14^2

sä. X V
2′B1′ n4v
S 25.16
Einsatzzeitraum 1902 bis 1926

Die Lokomotiven der sä. Gattung X V gehörten zu den ersten Atlantik-Lokomotiven (Achsfolge 2′B1′) in Mitteleuropa und waren die bis dahin größten und ersten fünfachsigen Lokomotiven Sachsens. Die erste X V stand 1900 auf der Weltausstellung in Paris. Bis 1903 lieferte Hartmann weitere 14 Lokomotiven an die Sächsische Staatsbahn, die vor allem auf der Strecke Leipzig–Dresden den Schnellzugdienst übernehmen sollten. Um die geforderte Spitzengeschwindigkeit von 100 bis 120 km/h zu erreichen, war der Kuppelraddurchmesser auf 1 980 mm vergrößert worden. Das Führerhaus hatte eine strömungsgünstige Windschneide erhalten, die allerdings bei diesen Geschwindigkeiten noch wenig Nutzen brachte. Bei der Pariser Ausstellungslokomotive, die den Grand Prix erhalten hatte, besaßen alle Laufradsätze den gleichen Durchmesser. Die anderen 14 Lokomotiven hatten das in Sachsen seinerzeit übliche Maß von 1 065 mm (vorn) und 1 260 mm. Die Lokomotiven hielten bei weitem nicht, was man von ihnen erwartete. Bei der zur Verfügung stehenden Länge hätten Feuerbüchse und Kessel größer bemessen werden können. Von den 69,4 t Dienstmasse waren nur 31,4 t als Reibungsmasse genutzt. Die Lokomotiven hatten de-Glehn-Triebwerk (HD-Zylinder außen, ND-Zylinder innen) mit äußerer Heusinger-Steuerung und innerer Joy-Steuerung. Wirtschaftlichkeit und Laufruhe der Lokomotiven waren gut, aber die Leistung zu schwach. In der Ebene wurden mit 100 km/h im Schnellzugdienst lediglich 170 t bewältigt. Anfang der 20er Jahre waren die Maschinen auf der Strecke Dresden–Bodenbach im Einsatz, wanderten aber bald in den Personenzugdienst ab. Die DRG übernahm alle 15 Lokomotiven als 14 201 bis 215, musterte aber schon 1926 die letzten aus.

Nr. 181, Foto: Slg. Weisbrod

14^2
Zulässige Geschwindigkeit: 100 km/h
Treib- und Kuppelraddurchmesser: 1 980 mm
Laufraddurchmesser vorn/hinten:
1 065/1 260 mm
Kesseldruck: 15 bar
Indizierte Leistung:
Dienstmasse Lok: 69,4 t
LüP mit Tender sä. 2′2′ T 18: 19 565 mm

14^3
Zulässige Geschwindigkeit: 100 km/h
Treib- und Kuppelraddurchmesser: 2 000 mm
Laufraddurchmesser vorn/hinten:
1 065/1 260 mm
Kesseldruck: 12 bar
Indizierte Leistung:
Dienstmasse Lok: 70,1 t
LüP mit Tender sä. 2′2′ T 21: 19 695 mm

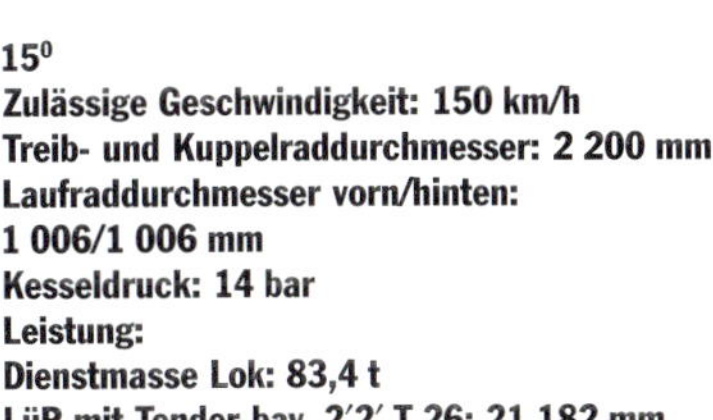
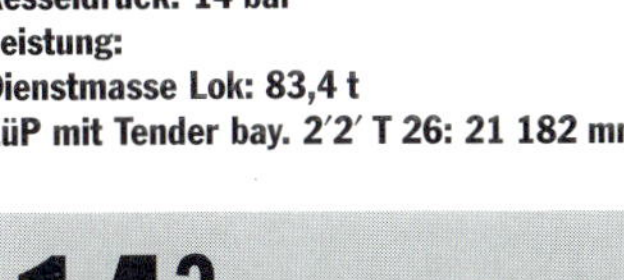

15^0
Zulässige Geschwindigkeit: 150 km/h
Treib- und Kuppelraddurchmesser: 2 200 mm
Laufraddurchmesser vorn/hinten:
1 006/1 006 mm
Kesseldruck: 14 bar
Leistung:
Dienstmasse Lok: 83,4 t
LüP mit Tender bay. 2′2′ T 26: 21 182 mm

14^3

sä. X H1
2′B 1 h2
S 25.15
Einsatzzeitraum 1909 bis 1929

Die Sächsische Staatsbahn hatte in den Jahren 1906 bis 1909 drei Varianten einer 2′C-Schnellzuglokomotive entwikkelt (BR 17^6, 17^7, 17^8) und mit der Vierzylinder-Verbund-Heißdampflokomotive der Gattung XII HV (BR 17^7) in Leistung und Stückzahl Lokomotiven zur Verfügung, die über längere Zeit allen Aufgaben gewachsen waren. Trotzdem ließ man 1909 noch eine zweifach gekuppelte Schnellzuglokomotive des Atlantik-Typs entwickeln, die aber mit der de-Glehn-Lokomotive der Gattung X V kaum Gemeinsamkeiten besaß. Den Kessel übernahm man von der Gattung XII H1 (BR 17^8) und rüstete die Lokomotive mit einem Heißdampf-Zwillingstriebwerk aus. Der auf 2 000 mm vergrößerte Kuppelraddurchmesser wies die Lokomotive für den Flachlandeinsatz auf den Strecken von Dresden nach Leipzig und Berlin aus. Alle Kuppelradsätze und auch der Schleppradsatz waren fest im Rahmen gelagert. Beim führenden Drehgestell besaß die 1. Achse ± 61 mm, die 2. Achse ± 17 mm Seitenverschiebbarkeit; am Drehzapfen konnte das Drehgestell ± 74 mm ausschwenken.
Hartmann lieferte 1909 13 Lokomotiven (Bahnnummern 81 bis 93), 1913 weitere fünf (Bahnnummern 94 bis 98). Weitere Beschaffungen unterblieben, weil eine zweifach gekuppelte Lokomotive den gestiegenen Anforderungen nicht mehr genügen konnte. Die Lokomotiven der Gattung X H1 konnten einen Schnellzug von 440 t Masse in der Ebene mit 100 km/h befördern. Damit war die X H1 eine der stärksten deutschen Atlantik-Lokomotiven. Die DRG übernahm 17 Lokomotiven als 14 301 bis 317, musterte sie aber schon zwischn 1926 und 1929 aus.

14 315, Foto: Slg. Weisbrod

15^0

bay. S $^2/_6$
2′B2′ h4v
S 26.16
Einsatzzeitraum 1906 bis 1925

Auch die Bayerische Staatsbahn ließ sich von den Schnellfahrversuchen, die nach der Jahrhundertwende von verschiedenen deutschen Bahnverwaltungen unternommen worden sind, inspirieren und bestellte Ende 1905 bei Maffei eine Schnellfahrlokomotive für 150 km/h. Die Lokomotive ist in unglaublich kurzer Zeit konstruiert und gebaut worden. Bereits am 3. Mai 1906 lieferte sie Maffei mit der Bahnnummer 3201 an die Staatsbahn ab. Der Konstrukteur Anton Hammel hatte alle Erkenntnisse modernen Lokomotivbaus genutzt: Barrenrahmen, Vierzylinder-Verbund-Heißdampftriebwerk mit Einachsantrieb nach v. Borries und Rauchrohrüberhitzer Bauart Schmidt. Zur Verminderung des Luftwiderstands bei hohen Geschwindigkeiten bekam die Maschine Windschneiden an Rauchkammer, Schornstein, Frontschürze und Führerhaus und eine Domverkleidung. Im Juli 1907 fuhr die Maschine auf der Strecke München–Augsburg mit 154,5 km/h deutschen Rekord für Dampflokomotiven.
Gegenüber der S $^2/_5$ war der Kuppelraddurchmesser nochmals um 200 mm auf 2 200 mm vergrößert worden. Nachteilig beim Anfahren der für damalige Zeiten schweren Züge von 360 t war das Mißverhältnis zwischen Dienst- und Reibungsmasse von 83,4:32,0 t. 1910 kam die S $^2/_6$ zum Bw Ludwigshafen, lief auf den Strecken nach Straßburg und Bingerbrück. 1922 ist sie wieder ins rechtsrheinische bayerische Netz umgesetzt worden und erhielt 1925 formell die Betriebsnummer 15 001. Im gleichen Jahr übergab man sie dem …museum Nürnberg, wo …eute neben der …ht.

Nr. 3201, Foto: Slg. Weisbrod

16^0
Zulässige Geschwindigkeit: 100 km/h
Treib- und Kuppelraddurchmesser: 1 980 mm
Laufraddurchmesser vorn/hinten: 1 100/1 100 mm
Kesseldruck: 14 bar
Indizierte Leistung: 1 130 PS
Dienstmasse Lok: 73,9 t
LüP mit Tender old. 2'2' T 20: 20 610 mm

17^{0-1}
Zulässige Geschwindigkeit: 110 km/h
Treib- und Kuppelraddurchmesser: 1 980 mm
Laufraddurchmesser vorn/hinten: 1 000/– mm
Kesseldruck: 14 bar
Indizierte Leistung: 1 200 PS
Dienstmasse Lok: 77,2 t
LüP mit Tender pr. 2'2' T 31,5: 20 750 mm

16^0

old. S 10
1'C1' h2
S 35.15
Einsatzzeitraum 1917 bis 1926

Der preußische Marinestützpunkt Wilhelmshaven an der Nordsee war auf dem Schienenweg von Preußen aus nur auf der Strecke Bremerhaven–Oldenburg–Wilhelmshaven zu erreichen, die auch die einzige Schnellzugstrecke Oldenburgs war. Die Oldenburgische Staatsbahn besaß als Schnellzuglokomotiven nur Maschinen nach den preußischen Vorbildern S 3 und S 5^2. Mit diesen Lokomotiven war der sprunghaft im ersten Weltkrieg angestiegene Verkehr nach Wilhelmshaven nicht mehr zu bewältigen. Preußische Lokomotiven hatten für oldenburgische Strecken eine zu hohe Achsfahrmasse. So mußten schnellstens leistungsstärkere Schnellzuglokomotiven beschafft werden, und Oldenburg bestellte bei der Hanomag drei dreifach gekuppelte Heißdampf-Schnellzuglokomotiven mit 15 t Kuppelachsfahrmasse, 190 m^2 Heizfläche und 3 m^2 Rostfläche, die in der Ebene 300 t mit 100 km/h ziehen konnten.

Die Lokomotiven wurden mit der für deutsche Bahnen seltenen Achsfolge 1'C1' Anfang 1917 geliefert und besaßen, wie in Oldenburg üblich, Lentz-Ventilsteuerung. Die drei Lokomotiven BERLIN, MÜNCHEN und DRESDEN erfüllten zwar das geforderte Leistungsprogramm, fielen aber durch Undichtigkeiten an der Feuerbüchsrohrwand häufig aus. Ungewöhnlich war auch das im Verhältnis zum Kessel sehr lange Laufwerk, das man zur Einhaltung der Achsfahrmassen wählen mußte. Als nach dem ersten Weltkrieg die Strecken in Oldenburg für 17 t Achsfahrmasse ausgebaut worden waren und das Bw Oldenburg 1921 pr. P 8 erhielt, erlosch das Interesse an den störanfälligen S 10-Lokomotiven. Die DRG gab ihnen zwar noch die Betriebsnummern 16 001 bis 16 003, musterte sie aber 1926 aus.

266 BERLIN, Foto: Slg. Weisbrod

17^{0-1}

pr. S 10
2'C h4
S 35.17
Einsatzzeitraum 1911 bis 1935

Vom maschinentechnischen Dienst der Direktionen Cassel, Elberfeld, Erfurt und Frankfurt der Preußisch-Hessischen Staatsbahn war 1909 eine leistungsstärkere Schnellzuglokomotive gefordert worden. Die Preußische Staatsbahn entschloß sich zum Bau einer dreifach gekuppelten Lokomotive mit führendem Drehgestell. Die Firma Schwartzkopff lieferte 1910 zwei Probelokomotiven, die zunächst das Gattungszeichen S 8 (ab 1912 S 10) erhielten. Die Lokomotiven erfüllten nicht die Erwartungen, so daß die Konstruktion überarbeitet wurde. Statt des Blechrahmens wurde ein kombinierter Barren-/Blechrahmen verwendet, um das Innentriebwerk besser zugänglich zu machen. Erst nach zwei weiteren Konstruktionsänderungen (Vergrößerung der Rostfläche und Erhöhung des Kesseldrucks von 12 auf 14 bar) brachte die Lokomotive eine zufriedenstellende Leistung. Für sie galten das Musterblatt XIV 2b und ab 1911 das Gattungszeichen S 10. Die S 10 beförderte im Schnellzugdienst 390 t in der Ebene mit 100 km/h und auf 10 ‰ Steigung 360 t mit 50 km/h. Insgesamt wurden 200 Lokomotiven gebaut, die den hochwertigen Schnellzugdienst auf den Hauptstrecken versahen. 64 Lokomotiven mußten nach dem ersten Weltkrieg an die Siegermächte abgegeben werden, eine Maschine war 1924 verunglückt und mußte ausgemustert werden. Die DRG übernahm 135 Lokomotiven mit den Betriebsnummern 17 001 bis 17 135. Die S 10 zählte wegen ihres hohen Kohleverbrauchs zu den unwirtschaftlichsten preußischen Heißdampflokomotiven und wurde bis 1935 ausgemustert. Lediglich die drei Bremslokomotiven des LVA Grunewald (17 039, 102 und 107) wurden Ende der 40er/Anfang der 50er Jahre ausgemustert.

17 076, Foto: Slg. Weisbrod

17 141 bis 143
Zulässige Geschwindigkeit: 110 km/h
Treib- und Kuppelraddurchmesser: 1 980 mm
Laufraddurchmesser vorn/hinten:
1 000/– mm
Kesseldruck: 12 bar
Leistung:
Dienstmasse Lok: 71,7 t
LüP mit Tender LBE 3 T 16: 18 650 mm

17²
Zulässige Geschwindigkeit: 110 km/h
Treib- und Kuppelraddurchmesser: 1 980 mm
Laufraddurchmesser vorn/hinten:
1 000/– mm
Kesseldruck: 14 bar
Indizierte Leistung: 1 200 PS
Dienstmasse Lok: 80,9 t
LüP mit Tender pr. 2′2′ T 31,5: 21 200 mm

17 141 bis 143

LBE S 10
2′C h4
S 35.16
Einsatzzeitraum 1912 bis 1950

Die Lübeck-Büchener Eisenbahn (LBE) bestellte bei Henschel & Sohn fünf Lokomotiven nach dem Muster der pr. S 10, von denen drei im Jahre 1912, zwei weitere ein Jahr später geliefert worden sind. Die Maschinen erhielten bei der LBE die Bahnnummern und Namen 11 WEICHSEL, 12 ODER, 13 ELBE, 15 WESER und 16 RHEIN.
Die LBE-S 10 waren schwächer dimensioniert als das preußische Vorbild. Die Rauch- und Heizrohre waren um 200 mm kürzer, die Verdampfungsheizfläche um 10 % kleiner. Der Kesseldruck betrug nur 12 bar. Demzufolge war auch die Leistung geringer: Die LBE-S 10 zog in der Ebene 330 t mit 100 km/h.
Auch bei den Kesselaufbauten gab es Unterschiede zum preußischen Vorbild. Die LBE-Lokomotiven hatten einen Dampf- und einen Speisedom, zwischen beiden den Sandkasten. Für das Streckennetz der LBE war der Tender 3 T 16 ausreichend.
Die LBE ließ 1920 die Bahnnummern 15 WESER und 16 RHEIN in Drillingslokomotiven umbauen (s. 17 301 und 302), weil die Vierzylinder-Lokomotiven einen zu hohen Brennstoffverbrauch hatten.
Bei der Verstaatlichung der LBE 1938 übernahm die DRG die drei verbliebenen Vierzylinder-Lokomotiven mit den Betriebsnummern 17 141 bis 17 143. Die 17 141 ist 1950 bei der DR ausgemustert worden, die beiden anderen Maschinen kamen in den Bestand der PKP.

LBE Nr. 12, Foto: Slg. Weisbrod

17²

pr. S 10²
2′C h3
S 35.17
Einsatzzeitraum 1914 bis 1948

Nachdem die Preußisch-Hessisch Staatsbahn im Jahre 1911 die Vierzylinder-Lokomotive der Gattung S 10, im gleichen Jahr die Vierzylinder-Verbundmaschine der Gattung S 10¹ und diese 1914 in verbesserter Ausführung gebracht hatte, ließ man 1914 eine dritte Variante der 2′C-Schnellzuglokomotive mit Drillingstriebwerk bauen. Diese wurde als Gattung S 10² bezeichnet.
Als Grund für die Entwicklung der Drillingslokomotive wurde die Bruchanfälligkeit der doppelt gekröpften Treibachswellen bei den Vierzylindermaschinen angegeben. Es war damals noch nicht möglich, die Achswellen in erforderlichem Maße durchzuschmieden, so daß die Achswellen aller 100 000 km ausgebaut und auf Anrisse untersucht werden mußten. Für die Drillingslokomotive sprachen die geringeren Beschaffungskosten, die geringere Zahl beweglicher Teile, die geringeren Reibungsverluste, die bessere Feueranfachung und das gleichmäßigere Drehmoment. In diesen Punkten war die S 10² der Vierlings-S 10 auch überlegen, doch das Leistungsvermögen der Verbund-S 10¹ erreichte sie nicht.
Von den Firmen Vulcan, Hanomag und Schwartzkopff sind 124 S 10²-Lokomotiven gebaut worden, von denen 28 nach dem Versailler Vertrag abgegeben wurden. Die DRG übernahm 1925 96 Lokomotiven mit den Betriebsnummern 17 201 bis 17 296.
Die S 10² hatte, wie die S 10, Einachsantrieb. Drei Maschinen des Baujahres 1914 erhielten versuchsweise Gleichstromzylinder Bauart Stumpf und Zweiachsantrieb. Sie wurden in Normalausführung umgerüstet und als 17 203 und 17 204 mit Zweiachsantrieb eingenummert. Eine Maschine der Stumpfschen Zweiachsausführung kam zur PKP.
Die 88 nach dem zweiten Weltkrieg vorhandenen S 10²-Lokomotiven kamen zur DB.

17 203, Foto: Slg. Weisbrod

H17 206

pr. S 10^2 (Hochdruck)
2'C h3v
S 35.20
Einsatzzeitraum 1925 bis 1929

Mitte der 20er Jahre unternahm die DRG eine Vielzahl von Versuchen, um die Wärmewirtschaftlichkeit der Dampflokomotive zu verbessern. Eine Möglichkeit dazu sah man in der Erhöhung des Kesseldrucks, um den höheren Energiegehalt hochgespannten Dampfes zu nutzen. Als Versuchsträger wurde 1925 die 17 206 bestimmt, die bereits ein Mehrzylinder-Triebwerk besaß und bei der nächsten L 4 ohnehin mit neuem Kessel und neuem Innenzylinder ausgerüstet werden mußte. Ein von der Schmidtschen Heißdampfgesellschaft entwickelter Zweidruckkessel Bauart Schmidt-Hartmann erzeugt einen Dampfdruck im Hochdruckteil von 60 bar. Mit dem Dampf des Niederdruckkessels (14 bar) wurde der Hochdruckkessel beheizt, der einen auf 440 °C überhitzten Dampf lieferte. Für den mittleren HD-Zylinder, der Dampf von 60 bar Druck erhielt, genügte ein Durchmesser von 290 mm, die Außenzylinder als ND-Zylinder behielten ihren Durchmesser von 500 mm. Im Verbinder wurde dem teilweise entspannten Dampf des HD-Zylinders noch hochüberitzter Dampf aus dem Niederdruckkessel zur Vergrößerung der Maschinenleistung zugesetzt. Versuche des LVA Grunewald in den Jahren 1927/28 erbrachten keine zufriedenstellenden Ergebnisse. Dem hohen Kohleverbrauch stand nur eine Leistung gegenüber, die zwischen der S 10^2 und der 03 lag und den Mehraufwand nicht rechtfertigte. Die Maschine wurde 1929 in Normalausführung zurückgebaut und schon 1936 ausgemustert.

17 206, Foto: Slg. Weisbrod

17^2

pr. S 10^2 Mitteldruck
2'C h3v
S 35.18
Einsatzzeitraum 1933 bis 1948

Im Rahmen der Versuchsreihe mit Mitteldrucklokomotiven bis 25 bar Kesseldruck ließ die DRG außer den Einheitslokomotiven 04 001/002, 24 069/070 und 44 011/012 auch die beiden S 10^2-Lokomotiven 17 236 und 17 239 mit neuen Kesseln und neuem Innenzylinder ausrüsten. Nach dem Scheitern der Versuche mit Hochdrucklokomotiven (s. H 17 206) versprach man sich vom besser beherrschbaren Druck von 25 bar wärmewirtschaftliche Vorteile für den Lokomotivbetrieb durch Ausnutzung des höheren Druckgefälles. Die beiden S 10^2 erhielten 1933 im Raw Braunschweig neue von Schwartzkopff gelieferte Kessel aus Molybdänstahl, neue Feuerbüchsen aus Nickelstahl und einen neuen Innenzylinder als HD-Zylinder. Die beiden äußeren Zylinder blieben in den Abmessungen gleich und wurden zu ND-Zylindern. Versuchsfahrten des LVA Grunewald ergaben, daß die Mitteldruck-S 10^2 in der Leistung an die BR 03 heranreichten, im Brennstoffverbrauch aber wesentlich sparsamer als die Normalausführung der S 10^2 waren. Die beiden Maschinen kamen zum Bw Hannover-Ost und liefen mit der BR 03 in einem Dienstplan. Der Kesseldruck mußte später, um Schäden an den Kesseln vorzubeugen, auf 16 bar reduziert werden. Erst 1948 sind beide Lokomotiven bei der DB ausgemustert worden.

17^2 (Mitteldruck) (ohne Abb.)
Zulässige Geschwindigkeit: 120 km/h
Treib- und Kuppelraddurchmesser: 1 980 mm
Laufraddurchmesser vorn/hinten: 1 000/– mm
Kesseldruck: 25 bar
Effektive Leistung: 1 175 PS
Dienstmasse Lok: 85,5 t
LüP mit Tender pr. 2′2′ T 31,5: 21 200 mm

H 17 206
Zulässige Geschwindigkeit: 120 km/h
Treib- und Kuppelraddurchmesser: 1 980 mm
Laufraddurchmesser vorn/hinten: 1 000/– mm
Kesseldruck: 60/14 bar
Effektive Leistung: 1 150 PS
Dienstmasse Lok: 93,6 t
LüP mit Tender pr. 2′2′ T 31,5: 21 200 mm

17^3
Zulässige Geschwindigkeit: 90 km/h
Treib- und Kuppelraddurchmesser: 1 870 mm
Laufraddurchmesser vorn/hinten: 950/– mm
Kesseldruck: 14 bar
Indizierte Leistung: 1 200 PS
Dienstmasse Lok: 66,2 t
LüP mit Tender bay. 2′2′ T 21: 18 840 mm

17 301 und 302
Zulässige Geschwindigkeit: 110 km/h
Treib- und Kuppelraddurchmesser: 1 980 mm
Laufraddurchmesser vorn/hinten: 1 000/– mm
Kesseldruck: 12 bar
Leistung:
Dienstmasse Lok: 71,7 t
LüP mit Tender LBE 3 T 16: 19 098 mm

17^3

bay. C V
2′C n4v
S 35.15
Einsatzzeitraum 1899 bis 1930

Die bayr. 2′C n4v-Schnellzuglokomotive der Gattung C V hat ihren Ursprung in einer Lokomotive, die Maffei auf eigene Rechnung baute und auf der Bayerischen Landesausstellung 1896 in Nürnberg präsentierte. Der Kuppelraddruchmesser von 1 640 mm wies die Maschine als Mehrzwecklokomotive für Reise- und Güterzugdienst aus. Die Bayerische Staatsbahn erwarb die Ausstellungslokomotive und unterzog sie ausgiebigen Untersuchungen. Als deren Ergebnis erging eine Bestellung an Maffei, diese Lokomotive in geänderter und verstärkter Ausführung zu bauen. Von 1899 bis 1901 lieferte Maffei 42 Lokomotiven, die jedoch 1 870 mm Kuppelraddurchmesser besaßen. Die Maschinen hatten de-Glehn-Triebwerk. Die unter der Rauchkammer liegenden HD-Zylinder trieben den 1. Kuppelradsatz, die weiter hinten liegenden Außenzylinder den 2. Kuppelradsatz an. Die Schieber, anfangs Flachschieber, später wurden auch Kolbenschieber eingebaut, wurden von einer außenliegenden Heusinger-Steuerung mit Kuhnscher Schleife angetrieben.
Die C V zog in der Ebene 160 t mit 90 km/h, was nach der Jahrhundertwende für den Schnellzugdienst kaum noch ausreichend war. Die Maschinen wurden von den Gattungen $S^2/_5$ und $S^3/_5$ in den Personenzugdienst abgedrängt. Nach dem ersten Weltkrieg mußten von den 43 Lokomotiven (Prototyp und 42 Serienlokomotiven) 17 Maschinen an Frankreich abgegeben werden. Die DRG übernahm 1925 22 Maschinen mit den Betriebsnummern 17 301 bis 17 322 und hat 1930 die letzte dieser Baureihe ausgemustert.

Nr. 2343, Foto: Slg. Weisbrod

17 301 und 302

LBE S 10^2
2′C h3
S 35.16
Einsatzzeitraum 1920 bis 1948

Die Lübeck-Büchener Eisenbahn (LBE) ließ 1920 bei Henschel zwei ihrer fünf Vierlings-S 10 in Dreizylinder-Lokomotiven umbauen. Es waren dies die Bahnnummern 14 WESER und 15 RHEIN. Der Grund für den Umbau war der unwirtschaftliche Betrieb der Vierzylinder-Lokomotiven infolge zu hohen Brennstoffverbrauchs. 1933 bekam die Bahnnummer 15 bei Henschel einen Ersatzkessel mit geändertem Rohrspiegel, der eine geringere Verdampfungs-, aber eine größere Überhitzerheizfläche und damit einen besseren Wirkungsgrad hatte. Die beiden umgebauten Lokomotiven hatten einen Zylinderdurchmesser von 3 × 500 mm und Einachsantrieb des 1. Kuppelradsatzes. Die DRG übernahm beide Lokomotiven mit den Betriebsnummern 17 301 und 17 302. Nach dem zweiten Weltkrieg kamen die Maschinen zur DB und wurden 1948 ausgemustert.

LBE Nr. 14, Foto: Slg. Weisbrod

17 303 und 304
Zulässige Geschwindigkeit: 110 km/h
Treib- und Kuppelraddurchmesser: 1 980 mm
Laufraddurchmesser vorn/hinten:
1 000/– mm
Kesseldruck: 14 bar
Leistung:
Dienstmasse Lok: 71,7 t
LüP mit Tender LBE 3 T 16: 19 048 mm

17 305 bis 312
Zulässige Geschwindigkeit: 110 km/h
Treib- und Kuppelraddurchmesser: 1 980 mm
Laufraddurchmesser vorn/hinten:
1 000/– mm
Kesseldruck: 14 bar
Leistung:
Dienstmasse Lok: 77,9/80,0 t
LüP mit Tender LBE 3 T 16: 19 048 mm

17 303 und 304

LBE S 10^2
2'C h3
S 35.18
Einsatzzeitraum 1919 bis 1948

Nach dem Vorbild der pr. S 10^2 bestellte die Lübeck-Büchener Eisenbahn (LBE) bei Henschel zwei Drillingslokomotiven, die jedoch keine Nachbauten der pr. S 10^2, sondern eigenständige Entwicklungen für den Bedarf der LBE waren. Die LBE-S 10^2 hatten eine um 200 mm kürzere Rohrlänge, eine etwas kleinere Verdampfungs- und Überhitzerheizfläche, eine um 200 mm geringere Länge (ohne Tender) und einen kürzeren Achsstand. Die LBE-Maschinen besaßen bereits ab Werk Speisewasserreiniger, also mit Dampfdom und Sandkasten drei Kesselaufbauten. Die DRG übernahm 1938 beide Lokomotiven mit den Betriebsnummern 17 303 und 17 304. Sie kamen nach Kriegsende zur DB und sind 1948 ausgemustert worden.

LBE Nr. 17, Foto: Slg. Weisbrod

17 305 bis 312

LBE S 10^2
2'C h3
S 35.17/18
Einsatzzeitraum 1922 bis 1948

Die guten Erfahrungen, die die LBE mit den Dreizylinder-Lokomotiven der Bahnnummern 16 und 17 (17 303 und 304) und den zu Dreizylinder-Lokomotiven umgebauten Bahnnummern 14 und 15 gemacht hatte, veranlaßten sie zu weiteren Beschaffungen. So lieferte Henschel zwischen 1922 und 1932 weitere acht Lokomotiven, die die Bahnnummern 18 bis 25 erhielten. Im Erscheinungsbild der Lokomotiven gab es kaum Unterschiede, jedoch stimmten die Bahnnummern 14 bis 25 nur in den Zylinder- und Raddurchmessern, im Kesseldruck und in der zulässigen Höchstgeschwindigkeit überein. Die Lokomotiven 18 bis 21 hatten, wie die 16 und 17, Kessel mit 4 700 mm Rohrlänge. Ab Bahnnummer 22 sind Kessel mit 4 900 mm Rohrlänge verwendet worden. Innerhalb der Lieferserien ergaben sich durch den Einsatz von Rohren unterschiedlicher Durchmesser Unterschiede in den Massen. Die Bahnnummern 22 bis 25 besaßen wegen des längeren Kessels 18 t Achsfahrmasse.
Die LBE verfügte mit ihren 12 Drillingsmaschinen über einen leistungsfähigen Park an Schnellzuglokomotiven, der bis zur Verstaatlichung 1938 allen Anforderungen gewachsen war. Die DRG übernahm die Maschinen mit den Betriebsnummern 18 bis 25 als 17 305 bis 17 312. Alle Lokomotiven kamen nach dem zweiten Weltkrieg zur DB und sind 1948 als Splittergattung ausgemustert worden.

LBE Nr. 22, LBE Nr. 24,
Fotos: Slg. Weisbrod

17^4
Zulässige Geschwindigkeit: 110 km/h
Treib- und Kuppelraddurchmesser: 1 870 mm
Laufraddurchmesser vorn/hinten: 950/– mm
Kesseldruck: 14/16 bar
Indizierte Leistung: 1 100 PS
Dienstmasse Lok: 69,8 t
LüP mit Tender bay 2'2' T 21: 19 325 mm

17^5
Zulässige Geschwindigkeit: 110 km/h
Treib- und Kuppelraddurchmesser: 1 870 mm
Laufraddurchmesser vorn/hinten: 950/– mm
Kesseldruck: 16 bar
Indizierte Leistung: 1 260 PS
Dienstmasse Lok: 71,9 t
LüP mit Tender bay. 2'2' T 21: 19 325 mm

17^4

bay. $S^3/_5$ N
2'C n4v
S 35.15
Einsatzzeitraum 1903 bis 1948

Parallel zur zweifach gekuppelten $S^2/_5$ entwickelte Maffei eine dreifach gekuppelte Schnellzuglokomotive, die Gattung $S^3/_5$. Die Hauptbaugruppen beider Gattungen stimmten überein.
Maffei lieferte in drei Bauserien von 1903 bis 1907 40 Lokomotiven der Gattung $S^3/_5$ mit Vierzylinder-Verbund-Naßdampftriebwerk und Einachsantrieb auf den 1. Kuppelradsatz. Die Maschinen zogen in der Ebene einen Schnellzug mit 300 t Masse mit 100 km/h und auf 5 ‰ Steigung mit 70 km/h. 33 Lokomotiven erhielt das Bw München I, sieben das Bw Nürnberg. Ab der 2. Lieferserie (Bahnnummer 3314, Baujahr 1904) kürzte man die Heizrohre von 4 850 auf 4 500 mm und erhöhte den Kesseldruck von 14 auf 16 bar, womit die Leistung des Kessels erhalten blieb. Der Durchmesser der HD-Zylinder wurde von 335 auf 340 mm vergrößert.
1906 erhielt die Bahnnummer 3329 (Maffei 1906/2520) versuchsweise Rauchrohrüberhitzer und wurde damit zur ersten Heißdampflokomotive der Gattung $S^3/_5$. Die zufriedenstellenden Erprobungen mit dieser Lokomotive veranlaßten die Bayerische Staatsbahn, ab 1908 die $S^3/_5$ nur noch als Vierzylinder-Verbund-Heißdampflokomotive zu beschaffen. Von den 39 Naßdampflokomotiven mußten 1919 13 Stück an Frankreich (Reihe EST XI), fünf an die AL und eine an die PKP abgegeben werden. Die DRG übernahm 1925 20 Lokomotiven mit den Betriebsnummern 17 401 bis 17 420. Nach den bis 1928 erfolgten Ausmusterungen bei der DRG kamen noch acht Lokomotiven in den Bestand der DB, die zwischen 1946 und 1948 in Augsburg ausgemustert worden sind.

17 417, Foto: Slg. Weisbrod

17^5

bay. $S^3/_5$ H
2'C h4v
S 35.16
Einsatzzeitraum 1908 bis 1948

Der erste bay. $S^3/_5$ H war die Bahnnummer 3329 (Maffei 1906/2520), die auf der Bayerischen Landesausstellung in Nürnberg gezeigt wurde. Ab 1908 bezog die Bayerische Staatsbahn von Maffei nur noch die Heißdampfausführung der Gattung $S^3/_5$, deren Rohrheizfläche auf 263 m^2 verringert und deren Zylinderdurchmesser auf 360/590 mm vergrößert worden war. Die Überhitzerheizfläche betrug 33,9 m^2.
Die wesentlich leistungsfähigere Heißdampflokomotive zog in der Ebene einen Schnellzug mit 450 t Masse mit 100 km/h und 370 t auf der Steigung 1:100 mit 50 km/h.
Von den 30 Lokomotiven der Heißdampfausführung, das Baumuster mit der Bahnnummer 3329 eingeschlossen, die zwischen 1908 und 1911 an die Bayerische Staatsbahn geliefert wurden, kamen nach 1919 vier Maschinen an Frankreich und zwei an Belgien. Die DRG übernahm 1925 24 Lokomotiven mit den Betriebsnummern 17 501 bis 17 524. Die DB übernahm noch 21 Lokomotiven, die bis 1948 ausgemustert worden sind.

17 505, Foto: Slg. Weisbrod

17⁶
Zulässige Geschwindigkeit: 100 km/h
Treib- und Kuppelraddurchmesser: 1 905 mm
Laufraddurchmesser vorn/hinten: 1 065/– mm
Kesseldruck: 12 bar
Zugkraft: 89 kN
Dienstmasse Lok: 73,3 t
LüP mit Tender sä. 2'2' T 21: 20 545 mm

17⁷
Zulässige Geschwindigkeit: 100 km/h
Treib- und Kuppelraddurchmesser: 1 905 mm
Laufraddurchmesser vorn/hinten: 1 065/– mm
Kesseldruck: 15 bar
Zugkraft: 93 kN
Dienstmasse Lok (Bahnnr. 51 bis 55): 78,3 t
LüP mit Tender sä. 2'2' T 28: 20 780 mm

17⁶

sä. XII H
2'C h4
S 35.16
Einsatzzeitraum 1906 bis 1928

Nach der Jahrhundertwende reichten bei der Sächsischen Staatsbahn die ausschließlich zweifach gekuppelten Reisezuglokomotiven nicht mehr aus, so daß der Schritt zur dreifach gekuppelten Lokomotive mit leistungsfähigerem Kessel und höherer Reibungsmasse getan werden mußte. Mit diesen neuen 2'C-Lokomotiven erfolgte auch die Abkehr vom Naßdampf, und es war zu ermitteln, welche Triebwerksbauart am wirtschaftlichsten war. So entstanden innerhalb von drei Jahren die Gattungen XII H mit Vierlingstriebwerk, die XII HV mit Vierzylinder-Verbundtriebwerk und die XII H1 mit Zwillingstriebwerk.
1905 bestellte die Sächsische Staatsbahn bei Hartmann sechs 2'C h4-Lokomotiven der Gattung XII H, die 1906 mit den Bahnnummern 1 bis 6 geliefert wurden. Charakteristisch für diese Lokomotiven waren das Windschneiden-Führerhaus, die windschnittige Verkleidung von Rauchkammer, Pufferbohle und Drehgestell und das auf dem Kessel liegende Verbindungsrohr beider Dampfdome. Alle vier Zylinder arbeiteten auf den 1. Kuppelradsatz. Im Vergleich mit den beiden anderen 2'C-Schnellzuglokbauarten hatte die Gattung XII H den höchsten Dampfverbrauch und wurde deshalb nicht weiterbeschafft.
Die DRG übernahm noch alle sechs Lokomotiven mit den Betriebsnummern 17 601 bis 606, musterte sich aber schon zwischen 1926 und 1928 aus. Die 17 604 überlebte als Heizlok sogar den zweiten Weltkrieg und ist erst 1956 im Bw Dresden-Pieschen verschrottet worden.

Nr. 1, Foto: Slg. Weisbrod

17⁷

sä. XII HV
2'C h4v
S 35.16 (17)
Einsatzzeitraum 1908 bis 1936

Die Gattung XII HV war die zweite Variante der neuen 2'C-Schnellzuglokomotive, die die Sächsische Staatsban ab 1908 von der Sächsischen Maschinenfabrik (Hartmann) in Chemnitz bezog. Die Lokomotiven besaßen ein Vierzylinder-Heißdampf-Verbundtriebwerk nach v. Borriesscher Anordnung (innenliegende HD-, außenliegende ND-Zylinder, Einachsantrieb auf den 1. Kuppelradsatz). In den einzelnen Jahren lieferte Hartmann folgende Stückzahlen: 1908 = 8, 1911 = 5, 1912 = 9, 1913 = 9 und 1914 = 11 Lokomotiven.
Die Maschinen bekamen die Bahnnummern 7 bis 14 und 22 bis 55. Bei einigen Lokomotiven sind verschiedene Baugruppen und Aggregate erprobt worden. So bekam die Bahnnummer 34 Ölzusatzfeuerung, die Bahnnummern 41 bis 47 und 48 bis 55 hatten Rauchverbrennung nach Marcotty bzw. Körting, die Bahnnummern 51 bis 55 Speisewasservorwärmer Bauart Atlas. Der größte Teil der Lokomotiven war mit Gasbeleuchtung ausgerüstet. Als Reparationsleistungen mußten die Bahnnummern 12 an die SNCB, 44 an die Französische Ostbahn und 49 an die AL abgegeben werden.
Die DRG übernahm die verbliebenen 93 Lokomotiven und gab ihnen die Betriebsnummern 17 701 bis 734 (S 35.16) und 17 751 bis 755 (S 35.17). Ab 1932 besaß die 17 717 als einzige Lokomotive dieser Baureihe Windleitbleche. In den Jahren ab 1925 sind die Maschinen kontinuierlich bis 1936 ausgemustert worden.

17 709, Foto: Slg. Weisbrod

17^8
Zulässige Geschwindigkeit: 100 km/h
Treib- und Kuppelraddurchmesser: 1 905 mm
Laufraddurchmesser vorn/hinten: 1 065/– mm
Kesseldruck: 12 bar
Zugkraft: 89 kN
Dienstmasse Lok: 72,2 t
LüP mit Tender sä. 2′2′ T 21: 19 803 mm

17^{10-11}
Zulässige Geschwindigkeit: 120 km/h
Treib- und Kuppelraddurchmesser: 1 980 mm
Laufraddurchmesser vorn/hinten: 1 000/– mm
Kesseldruck: 15 bar
Indizierte Leistung: 1 420 PS
Dienstmasse Lok: 83,1 t
LüP mit Tender pr. 2′2′ T 31,5: 20 910 mm

17^8

sä. XII H1
2′C h2
S 35.16
Einsatzzeitraum 1909 bis 1929

Die sä. XII H1 ist die dritte Bauform der 2′C-Heißdampf-Schnellzuglokomotiven, die die Sächsische Staatsbahn zwischen 1906 und 1909 beschafft, um im Vergleich die wirtschaftlichste Lokomotivgattung zu ermitteln. Der Gattung XII H1 mit Zwillingstriebwerk waren die XII HV mit Vierzylinder-Verbundtriebwerk und die Gattung XII H mit Vierzylindertriebwerk vorausgegangen. Hartmann lieferte 1909 sieben Maschinen der Gattung XII H1, die die Bahnnummern 15 bis 21 erhielten.
Im Vergleich der drei Gattungen erzielte die Verbundlokomotive die niedrigsten Verbrauchswerte bei Wasser und Brennstoff vor der Zwillings- und der Vierlingslokomotive. Von den Lokomotiven der Gattungen XII H und XII H1 sind daraufhin keine weiteren Exemplare gebaut worden. Die Vergleiche im Betriebsdienst benachteiligten die Gattungen XII H und XII H1 insofern, als ihnen nur 12 bar Kesseldruck zur Verfügung stand, der Verbundlokomotive jedoch 15 bar. Die XII H1 hatte von allen drei 2′C-Varianten die größte Rostfläche und die größten Verdampfungs- und Überhitzerheizflächen. Wie die XII HV besaßen auch die XII H1 keglige Rauchkammertüren. Ursprünglich erfolgte die Kesselspeisung durch zwei Friedmann-Injektoren. Nach 1918 erhielten die Lokomotiven Oberflächenvorwärmer Bauart Knorr und Kolbenspeisepumpe. Nach dem ersten Weltkrieg mußten die Lokomotiven mit den Bahnnummern 15, 16 und 21 an Frankreich abgeliefert werden. Die DRG übernahm die verbliebenen vier Maschinen und gab ihnen die Betriebsnummern 17 801 bis 804. Nach der Ausmusterung 1929 dienten die 17 801 und 17 802 als Heizloks in den Bw Leipzig Bayerischer Bahnhof und Leipzig Hbf Süd.

Nr. 17, Foto: Slg. Weisbrod

17^{10-11}

pr. S 10¹ (1911)
2′C h4v
S 35.17
Einsatzzeitraum 1911 bis 1963

Noch während des Produktionsanlaufs der Vierlings-S 10 verhandelte das preußische Eisenbahn-Zentralamt mit der Firma Henschel über den Bau einer Vierzylinder-Verbundlokomotive. Die Vorzüge des Verbundverfahrens bei Heißdampflokomotiven waren in Süddeutschland überzeugend nachgewiesen worden, und es waren vor allem die Direktionen, die lange Anfuhrwege für Dienstkohle hatten, die an der sparsameren Verbundlokomotive interessiert waren. Auch die Direktion Halle forderte für ihre Leistungen nach Nürnberg eine entsprechende Lokomotive, denn der bay. S $^3/_6$ hatte man für die Gegenleistung nur die P 8 entgegenzusetzen.
Der Chefkonstrukteur für Staatsbahnlokomotiven, Georg Heise, entwickelte eine Lokomotive mit de-Glehn-Triebwerk, wobei die inneren Niederdruckzylinder den 1. Kuppelradsatz, die außenliegenden, etwas nach hinten versetzten Hochdruckzylinder den 2. Kuppelradsatz antrieben. Henschel benötigte nur ein halbes Jahr von der Entwurfsbestätigung bis zur Lieferung der ersten zehn Lokomotiven im Oktober 1911, von denen je drei an die Direktionen Halle und Stettin, je zwei an Bromberg und Posen gingen. Um die zulässige Achsfahrmasse von 17 t nicht zu überschreiten, konnte die Bauart 1911 keinen Speisewasser-Vorwärmer erhalten. Die Lokomotiven sind später damit nachgerüstet worden. Die S 10¹ (Bauart 1911) ist ausschließlich von Henschel geliefert worden. Nach dem Musterblatt XIV 2c entstanden 135 Lokomotiven, von denen die DRG 1925 132 Stück mit den Betriebsnummern 17 1001 bis 17 1123 und 17 1145 bis 17 1153 übernahm. Drei Maschinen waren Reparationsabgaben.

17 1001, Foto: Slg. Weisbrod

17^{11-12}
Zulässige Geschwindigkeit: 120 km/h
Treib- und Kuppelraddurchmesser: 1 980 mm
Laufraddurchmesser vorn/hinten: 1 000/– mm
Kesseldruck: 15 bar
Indizierte Leistung: 1 440 PS
Dienstmasse Lok: 82,2 t
LüP mit Tender pr. 2′2′ T 31,5: 21 110 mm

18^1
Zulässige Geschwindigkeit: 100 km/h
Treib- und Kuppelraddurchmesser: 1 800 mm
Laufraddurchmesser vorn/hinten: 1 000/1 250 mm
Kesseldruck: 15 bar
Indizierte Leistung: 1 840 PS
Dienstmasse Lok: 87,8 t
LüP mit Tender wü. 2′2′ T 31,5: 21 935 mm

17^{11-12}

pr. S 10^1 (1914)
2′C h4v
S 35.17
Einsatzzeitraum 1914 bis 1964

1913 überarbeitete Georg Heise bei Henschel im Auftrag des Eisenbahn-Zentralamtes die Konstruktion der S 10^1 mit dem Ziel, Masse einzusparen, um einen Speisewasser-Vorwärmer unterzubringen. Bei der als S 10^1 (Bauart 1914) bezeichneten Lokomotive lagen Innen- und Außenzylinder in einer Ebene, d. h. die Außenzylinder nicht mehr am Drehgestellende, sondern zwischen den Drehgestellradsätzen. Der höher liegende Umlauf machte die Radkästen entbehrlich und erweckte den Eindruck einer höheren Kessellage, doch die Kesselmitte war mit 2 900 mm über SO unverändert geblieben. Der Zweiachsantrieb nach de Glehn war beibehalten worden, aber der nun als Barrenrahmen ausgebildete vordere Rahmenteil erleichterte den Zugang zum Innentriebwerk. Von der Bauart 1914 wurden 102 Maschinen gebaut. Es galt ebenfalls das Musterblatt XIV 2c (2. Auflage).
Die beiden S 10^1-Bauarten übernahmen den schweren Schnellzugdienst auf allen Hauptstrekken. Das Leistungsprogramm sah die Beförderung von 450 t Masse im Schnellzugdienst mit 100 km/h in der Ebene vor. Bei Versuchsfahrten wurden 152 km/h bei guter Laufruhe erzielt. Mit dem Erscheinen der BR 01 wurden die S 10^1 bevorzugt in Norddeutschland eingesetzt, nach Indienststellung der BR 03 wanderten sie in den Eilzug- und Personenzugdienst ab.In den 30er Jahren mußten die über 20 Jahre hochbeanspruchten Maschinen größtenteils neu bekesselt werden, weil der Bestand an Einheitslokomotiven noch nicht ausreichend war. Bei der DR erhielten 15 S 10^1-Lokomotiven, davon zwei der Bauart 1914, Kohlenstaubfeuerung System Wendler. Die letzte Maschine wurde 1964 ausgemustert. Die 17 1055 (ex OSTEN 1135) ist beim Verkehrsmuseum Dresden erhalten.

17 1144, Foto: Slg. Weisbrod

18^0

sä. XVIII H
2′C1′ h3
S 36.17
Einsatzzeitraum 1917 bis 1965

Als Nachfolger für die Lokomotiven der Gattung XII H ließ die Sächsische Staatsbahn bei Hartmann in Chemnitz eine 2′C1′-Schnellzuglokomotive entwickeln, nachdem Verhandlungen mit der Münchener Firma J. A. Maffei über einen Lizenzbau der bay. S $^3/_6$ keinen Erfolg gebracht hatten. Das Drillingstriebwerk garantierte einen guten Massenausgleich und sorgte für eine zügige Beschleunigung. Die Lokomotiven der Gattung XVIII H waren eine Synthese aus bayerischem und preußischem Lokomotivbau. Nach süddeutschem Vorbild war der breite, über den Rahmen hinausragende Hinterkessel mit großem Rost, nach preußischem Vorbild das Drillingstriebwerk und der kombinierte Blech-/Barrenrahmen (vgl. BR 17^2). Die geforderte Leistung, einen Schnellzug von 430 t in der Ebene mit 100 km/h zu befördern, überbot die XVIII H mühelos, so daß die DRG die Zugmasse bei 100 km/h auf 550 t erhöhen konnte. Auch die zulässige Geschwindigkeit wurde von 100 km/h auf 120 km/h heraufgesetzt.
Die DRG übernahm alle zehn Lokomotiven, die bei der Sächsischen Staatsbahn die Bahnnummern 196 bis 205 getragen hatten, als 18 001 bis 18 010. Die Maschinen waren zur DRG-Zeit auf den von Dresden ausgehenden Strecken nach Berlin, Leipzig, Cottbus, Bodenbach und Breslau im Einsatz, auch auf der Strecke Chemnitz–Riesa, wofür die auf dieser Nebenbahn eingesetzten Lokomotiven Läutewerk erhielten. Eine große Zeit kam für die XVIII H nochmals in den 50er Jahren mit Langläufen Dresden–Magdeburg, Dresden–Seddin und Dresden–Güstrow. Die DR hatte alle Maschinen bis auf die im Krieg zerstörte 18 002 übernommen. Zwischen 1961 und 1965 sind die Maschinen abgestellt und bis 1968 ausgemustert worden.

18 001, Foto: Slg. Weisbrod

18⁰
Zulässige Geschwindigkeit: 120 km/h
Treib- und Kuppelraddurchmesser: 1 905 mm
Laufraddurchmesser vorn/hinten: 1 065/1 260 mm
Kesseldruck: 14 bar
Zugkraft: 104 kN
Dienstmasse Lok: 93,55 t
LüP mit Tender sä. 2'2 T 31: 22 150 mm

18²
Zulässige Geschwindigkeit: 100 km/h
Treib- und Kuppelraddurchmesser: 1 800 mm
Laufraddurchmesser vorn/hinten: 990/1 200 mm
Kesseldruck: 16 bar
Indizierte Leistung: 1 770 PS
Dienstmasse Lok: 88,3 t
LüP mit Tender bad. 2'2' T 20: 21 110 mm

18¹

wü. C
2'C1' h4v
S 36.16
Einsatzzeitraum 1909 bis 1955

Der zwar relativ junge, aber nicht besonders leistungsfähige Maschinenpark an Reisezuglokomotiven bei der Württembergischen Staatsbahn bedurfte nach der Jahrhundertwende einer Verstärkung. Lag doch auf württembergischen Gebiet die 6 km lange Geislinger Steige mit 23 ‰, bei der die Gattungen A, AD, ADh und E mit den gestiegenen Zugmassen überfordert waren. Die Maschinenfabrik Esslingen erhielt 1908 den Auftrag zum Bau einer 2'C1'-Lokomotive mit Vierzylinder-Verbund-Heißdampftriebwerk, die in der Ebene 350 t mit 100 km/h befördern konnte. Anfang 1909 wurden die ersten fünf Lokomotiven der Klasse C geliefert, die in mancher Hinsicht recht eigenwillige Konstruktionen darstellten. Weil die Maschinenfabrik Esslingen keine Barrenrahmen bearbeiten konnte, wurde ein Blechrahmen mit außenliegendem Hilfsrahmen gewählt. Die C erfüllte das Leistungsprogramm ohne Probleme und zog 478 t auf einer Steigung von 4 ‰ mit 90 km/h. Der ursprüngliche Tender wü. 2'2' T 20 ist bald gegen einen Nachbau des größeren pr. 2'2' T 31,5 getauscht worden. Von den 1921 gebauten 41 Lokomotiven mußten nach 1919 drei an Frankreich und eine an Polen abgegeben werden. Die DRG übernahm 1925 37 Lokomotiven mit den Betriebsnummern 18 101 bis 18 137. Die Lokomotiven der Klasse C sind, von Kriegseinsätzen im ersten Weltkrieg abgesehen, immer auf württembergischem Gebiet gelaufen. Nach dem zweiten Weltkrieg wurden alle einsatzfähigen Maschinen beim Bw Ulm stationiert. Einige Lokomotiven wurden 1953, als Ulm 03 und S $^3/_6$ bekam, nach Heilbronn abgegeben, wo 1955 mit den 18 133 und 18 136 die beiden letzten ausgemustert wurden. Die wü. C trug den Beinamen „Die schöne Württembergerin".

18 106, Foto: Slg. Weisbrod

18²

bad. IV f
2'C1' h4v
S 36.16
Einsatzzeitraum 1907 bis 1930

Die bad. IV f ist das Ergebnis eines Preisausschreibens der Badischen Staatsbahn, die eine Nachfolgebauart für die zu schwachen zweifach gekuppelten Schnellzuglokomotiven der Reihen II c und II d suchte. Die Münchener Firma J. A. Maffei gewann den Wettbewerb mit einer 2'C1' h4v-Lokomotive und erbaute davon selbst drei Maschinen. Die folgenden 32 Lokomotiven entstanden in drei Serien bei der Maschinenbau-Gesellschaft Karlsruhe.
Die bad. IV f wies eine Reihe für deutsche Bahnen neuer Baugrundsätze auf. Das waren ein durchgehender, zusammengeschweißter Barrenrahmen und die Achsfolge 2'C1', die in Nordamerika schon seit 1886 üblich war und die Bezeichnung „Pazifik" trug. Vom deutschen Lokomotivbau stammte das Vierzylinder-Verbund-Heißdampftriebwerk mit Einachsantrieb nach v. Borries. Weil die Lokomotive sowohl auf der ebenen Rheintalstrecke Mannheim–Karlsruhe–Basel als auch auf der steigungsreichen Schwarzwaldstrecke eingesetzt werden sollte, erhielt sie 1 800 mm Kuppelraddurchmesser. Die Architektur der Lokomotive verkörperte die Eleganz süddeutschen Lokomotivbaus, wie er von Maffei geprägt wurde: übersichtliches, filigranes Triebwerk, breiter, den Rahmen überragender Stehkessel, Windschneidenführerhaus, Verkleidung von Dom und Sandkasten, keglige Rauchkammertür. Der Betriebsdienst klagte jedoch über häufige Triebwerksschäden, weil die Drehzahl auf der Rheinstrecke wegen des kleinen Kuppelraddurchmessers zu groß war. So übernahm die DRG 1925 nur noch 22 der 35 gebauten Lokomotiven mit den Betriebsnummern 18 201 bis 18 256 (Nummern nichtdurchgängig besetzt). Der bad. IV f bleibt der Ruhm, die erste deutsche Pazifiklok und die erste Heißdampf-Pazifik Europas gewesen zu sein.

Nr. 757, Foto: Slg. Weisbrod

18^3
Zulässige Geschwindigkeit: 140 km/h
Treib- und Kuppelraddurchmesser: 2 100 mm
Laufraddurchmesser vorn/hinten:
990/1 200 mm
Kesseldruck: 15 bar
Indizierte Leistung: 1 950 PS
Dienstmasse Lok: 97,0 t
LüP mit Tender bad. 2′2′ T 29,6: 23 230 mm

18 201
Zulässige Geschwindigkeit: 180 km/h
Treib- und Kuppelraddurchmesser: 2 300 mm
Laufraddurchmesser vorn/hinten:
1 100/1 250 mm
Kesseldruck: 16 bar
Indizierte Leistung: 1 590 PS
Dienstmasse Lok: 113,6 t
LüP mit Tender 2′2′ T 34: 25 145 mm

18^4 (bay. S $^3/_6$)
Zulässige Geschwindigkeit: 120 km/h
Treib- und Kuppelraddurchmesser: 1 870 mm
Laufraddurchmesser vorn/hinten:
950/1 206 mm
Kesseldruck: 15 bar
Indizierte Leistung: 1 770 PS
Dienstmasse Lok: 88,3 t
LüP mit Tender bay. 2′2′ T 26,2: 21 936 mm

18 201

Rekolok DR
2′C1′ h3
S 36.20
Einsatzzeitraum 1961 bis heute

Nach dem Krieg war die Stromlinien-Tenderlokomotive 61 002 bei der DR verblieben. Sie war die zweite Zuglok für den Henschel-Wegmann-Zug gewesen, die Schnellverbindung zwischen Dresden und Berlin. Das Bw Dresden A hatte wenig Verwendung für den Einzelgänger und setzte sie meist im Personenzugdienst ein. Eine Zeitlang führte sie den Sonderzug des Verkehrsministers Kramer, verursachte aber häufig Zuglaufstörungen, so daß sie der FVA Halle überlassen wurde. Dort wurden dringend Lokomotiven mit einer Geschwindigkeit von mindestens 160 km/h gebraucht, um Reisezugwagen zu erproben. Unter Federführung der FVA Halle ist die Lok im Raw Meiningen rekonstruiert und zu einer Schlepptenderlokomotive umgebaut worden. Die Lok bekam den Rekokessel Typ 39 E, die Außenzylinder der H 45 024, von der auch der Schleppradsatz und das hintere Rahmenteil stammten, einen Innenzylinder in Stahlschweißkonstruktion, Giesl-Flachejektor, Riggenbach-Gegendruckbremse und eine windschnittige Verkleidung der Frontpartie und der Kesselaufbauten. Sie erhielt die Betriebsnummer 18 201 in zweiter Besetzung zur Erinnerung an die erste deutsche Pazifik-Lokomotive, eine bad. IV f, die 1907 mit der Bahnnummer 735 von Maffei geliefert wurde und 1925 von der DRG die Betriebsnummer 18 201 bekam. 1967 erhielt die neue 18 201 im Raw Meiningen Ölhauptfeuerung. Der Tender der 18 201 stammte von der 44 468.
Die 18 201, beim Bw Halle P beheimatet, diente der VES-M Halle als Bremslok, half aber auch gelegentlich im Plandienst des Bw Halle P aus. Seit 1980 wird sie im wesentlichen vor Traditions- und Sonderzügen eingesetzt. Die Lok ist mit 180 km/h die schnellste noch erhaltene Dampflokomotive der Welt.

Foto: Weisbrod

18^3

bad. IV h
2′C1′ h4v
S 36.17
Einsatzzeitraum 1918 bis 1948

Die Schnellzuglokomotive Reihe IV h der Badischen Staatsbahn entstand, wie ihre Vorgängerin, die Reihe IV f, im Ergebnis eines Preisausschreibens, das die Firma J. A. Maffei gewann. Der Bau der Reihe IV f war einer der bei deutschen Bahnen vorher und nachher mißlungenen Versuche, eine Universallokomotive zu bauen, die sowohl den Schnellzugdienst auf der flachen Rheintalstrecke als auch auf den 20-‰-Rampen des Schwarzwaldes erledigen sollte. Die Reihe IV h war mit 2 100 mm Kuppelraddurchmesser als Flachlandmaschine ausgewiesen und erhielt, um eine längere Lebensdauer der Kropfachsen zu erzielen, Zweiachsantrieb nach de Glehn. Das geforderte Leistungsprogramm, 525 t in der Ebene mit 100 km/h zu ziehen, wurde mit 650 t mühelos überboten. Insgesamt wurden bis 1920 20 Lokomotiven in drei Lieferserien beschafft, die beim Bw Offenburg stationiert waren und u. a. den FFD 101/102 „Rheingold“ bespannten. Mit dem Erscheinen der Einheitslokomotiven (BR 01) in Süddeutschland sind viele IV h abgestellt worden. Nach einer Untersuchung der 18 328 1933 im LVA Grunewald wurden bei allen Maschinen die Bremsen verstärkt und weichere Tragfedern eingebaut. Die zulässige Höchstgeschwindigkeit betrug fortan 140 km/h. Mitte der 30er Jahre sind viele Maschinen nach Norddeutschland zu den Bw Hamburg-Altona und Bremen umgesetzt worden. 1942 erhielten alle 20 Lokomotiven neue Feuerbüchsen und Einheitsarmaturen.
DIe DRG hatte 1925 die Maschinen aller drei Lieferserien mit den Betriebsnummern 18 301 bis 303, 18 311 bis 319 und 18 321 bis 328 übernommen. Die DB musterte sie 1948 als Splittergattung aus. Lediglich die 18 316, 319 und 323 überlebten als Bremslokomotiven beim Versuchsamt Minden.

18 302, Foto: Slg. Weisbrod

18 314
Zulässige Geschwindigkeit: 150 km/h
Treib- und Kuppelraddurchmesser: 2 100 mm
Laufraddurchmesser vorn/hinten: 990/1 200 mm
Kesseldruck: 16 bar
Indizierte Leistung: 1 950 PS
Dienstmasse Lok: 105,0 t
LüP mit Tender 2′2′ T 34: 23 630 mm

18 314

Rekolok DR
2′C1′ h4v
S 36.19
Einsatzzeitraum 1948 bis 1971

Die DR erhielt die 18 314, eine bad. IV h, die Maffei 1919 geliefert hatte, von der DB im Tausch gegen die 18 434 (bay. S $^3/_6$). Grund dieses Tauschs war der Bedarf der DR an Schnellfahrlokomotiven für die Erprobung von Reisezugwagen, denn die IV h hatte eine zulässige Geschwindigkeit von 140 km/h. Bis 1951 war die 18 314 als Kurierzuglokomotive für das Raw Stendal im Einsatz, dann kam sie zur FVA Halle. Dort wurde der verschlissene bad. Tender 2′2 T 29,6 gegen den französischen Tender der zur Kohlenstaublokomotive umgebauten 07 1001 getauscht. Bis 1958 war die 18 314 unverändert im Einsatz. Weil der Bedarf an Lokomotiven für die Reisezugwagenerprobung anstieg, entschloß sich die DR 1958, anläßlich einer planmäßigen Schadgruppe die Lokomotive im Raw Zwickau rekonstruieren zu lassen. Die Lok erhielt den Verbrennungskammerkessel Typ 39 E, allerdings mit um 220 mm verkürzten Rohren, um den Dampfsammelkasten in der Rauchkammer unterbringen zu können. Das Triebwerk blieb unverändert, das Laufwerk bekam Ausgleichhebel zwischen 2. und 3. Kuppelradsatz und zwischen beiden Seiten des 1. Laufradsatzes. Der Vorwärmer wurde in eine Rauchkammernische vor den Schornstein verlegt, die Pumpen waren an einem besonderen Pumpenträger zwischen 2. und 3. Kuppelradsatz montiert. Für ihren Einsatz als Schnellfahrlokomotive hatte die Maschine eine windschnittige Verkleidung von Frontpartie, Zylindern und Schlepptradsatz erhalten. Am 19. Dezember 1960 ging die Maschine wieder in Betrieb und hatte, wie die 18 201, einen grünen Anstrich von Kessel, Führerhaus, Verkleidung und Tender erhalten. 1968 erhielt die Maschine im Raw Meiningen Ölhauptfeuerung. Die Lok steht heute im Museum Auto + Technik in Sinsheim.

Foto: Weisbrod

18[4]

bay. S $^3/_6$
2′C1′ h4v
S 36.16
Einsatzzeitraum 1908 bis 1960

Maffeis Lieferung der Reihe IVf an die Badische Staatsbahn war für die Bayerische Staatsbahn Anlaß, für den schweren Schnellzugdienst ebenfalls eine Pazifik-Bauart zu beschaffen, weil der Verkehr auf Dauer nicht von der Heißdampfausführung der Gattung S $^3/_5$ zu bewältigen war. Die erste Lokomotive der neuen Gattung S $^3/_6$ ist von Maffei am 16. Juli 1908 geliefert worden. Für die Güte der Konstruktion und das Leistungsvermögen der Lokomotiven spricht die Tatsache, daß die S $^3/_6$ über 25 Jahre hin beschafft worden ist, also auch noch in der DRG-Zeit.
Die S $^3/_6$ besaß ein Vierzylinder-Verbund-Heißdampftriebwerk, das den 2. Kuppelradsatz antrieb. Der Kuppelraddurchmesser von 1 870 mm machte die Lokomotive für das Hügelland tauglich, gestattete aber auch im Flachland wegen des hervorragend ausgeglichenen Triebwerks eine ausreichend hohe Geschwindigkeit.
Den sieben Lokomotiven aus dem Jahre 1908 folgten bis 1911 die Bauserien a bis c mit 16 Lokomotiven. Die Bauserien d und e aus den Jahren 1912/13 hatten 2 000 mm Kuppelraddurchmesser. Die Serie f aus dem Jahre 1913 umfaßte nur drei Lokomotiven. Für das pfälzische Netz wurde 1914 die Serie g gebaut, die in einigen Abmessungen von den Serien a bis c und f abwich. Mit den Kriegsserien h und i (1914 bis 1918), die 35 Lokomotiven umfaßten, endete der erste Beschaffungszeitraum. Gemeinsames Merkmal aller Serien (ausgenommen d und e) war das Windschneidenführerhaus. Die DRG übernahm 1925 die Maschinen mit den Betriebsnummern 18 401 bis 18 478 (18 435 bis 440 sowie 18 459 und 460 unbesetzt). Viele Lokomotiven waren bei der DB noch bis 1960 im Einsatz.

18 418, Foto: Slg. Weisbrod

18^4 (bay. S $^3/_6$ d, e, g)	Serie d, e	Serie g	
Zulässige Geschwindigkeit:	120	120	km/h
Treib- und Kuppelraddurchmesser:	2 000	1 870	mm
Laufraddurchmesser vorn/hinten:	950/ 1 206	950/ 1 206	mm
Kesseldruck:	15	15	bar
Indizierte Leistung:	1 770	1 770	PS
Dienstmasse Lok:	91,6	89,7	t
LüP mit Tender:			mm
bay. 2′2 T 32,5	22 095		
bay. 2′2 T 26			

18^{4-5}
Zulässige Geschwindigkeit: 120 km/h
Treib- und Kuppelraddurchmesser: 1 870 mm
Laufraddurchmesser vorn/hinten: 950/1 206 mm
Kesseldruck: 16 bar
Indizierte Leistung: 1 830 PS
Dienstmasse Lok: 94,0 t
LüP mit Tender bay. 2′2 T 27,4: mm

18^4

bay. S $^3/_6$ (Serien d, e, g)
2′C 1′ h4v
S 36.16
Einsatzzeitraum 1912 bis 1960

Im Jahre 1912 beschaffte die Bayerische Staatsbahn mit den Serien d und e (jeweils 9 Lokomotiven) die S $^3/_6$ mit 2 000 mm Kuppelraddurchmesser. Diese Lokomotiven waren speziell für den Schnellzugdienst München–Nürnberg und München–Würzburg bestimmt. Sie hatten die gleichen Zylinderdurchmesser wie die Maschinen mit 1 870 mm Kuppelraddurchmesser, jedoch für HD- und ND-Zylinder auch den gleichen Kolbenhub von 670 mm. Der Radstand der Lokomotiven vergrößerte sich von 11 365 mm auf 11 420 mm, die Kesselmitte lag mit 2 920 mm um 65 mm höher. Das Führerhaus hatte keine Windschneide, dafür zierte ein Krempenschornstein die Lokomotiven, die mit dem neuen Tender bay. 2′ 2 T 32,5 gekuppelt waren. Alle 18 Lokomotiven kamen mit den Betriebsnummern 18 441 bis 18 449 und 18 450 bis 18 458 zur DRG. Eine weitere Sonderbauart war die Serie g von 1914. Diese Lokomotiven waren für das linksrheinische pfälzische Netz bestimmt und mußten um reichlich 150 mm kürzer ausfallen, damit sie auf den 19-m-Drehscheiben in pfälzischen Bw gewendet werden konnten. Sie waren mit dem Tender 2′2′ T 26,2 gekuppelt. Der feste Achsstand der Lokomotiven betrug 3 980 mm (Serien a bis c 4 020 mm), der Gesamtachsstand 11 190 mm (Serien a bis c 11 365 mm).
Die Serie g umfaßte 10 Lokomotiven (DRG 18 425 bis 18 434). Die 18 434 war nach dem zweiten Weltkrieg in Dresden stehengeblieben und wurde von der DR bei der DB gegen die 18 314 (bad. IV a) eingetauscht.

18 454, Foto: Slg. Weisbrod

18^{4-5}

bay. S $^3/_6$ (Serie k)
2′C 1′ h4v
S 36.17
Einsatzzeitraum 1923 bis 1960

Im Jahre 1923 begann die zweite Beschaffungsperiode der bay. S $^3/_6$. Im Rahmen der 1920 gegründeten DRG erhielt die Gruppenverwaltung Bayern die Genehmigung, die bewährte Baureihe weiter zu beschaffen, weil durch Kriegsverluste, Reparationsabgaben und steigendes Verkehrsaufkommen ein spürbarer Mangel an Schnellzuglokomotiven bestand. Die Einheitslokomotiven waren zu diesem Zeitpunkt noch nicht gebaut.
Die Firma J. A. Maffei lieferte in den Jahren 1923/24 die Bauserie k mit insgesamt 30 Maschinen, die nach 1925 die Betriebsnummern 18 479 bis 18 508 erhielten. Konstruktive Änderungen gegenüber vorangegangenen Serien waren beim Führerhaus vorgenommen worden, das keine Windschneide mehr besaß und im Bereich der Seitenfenster nach innen abgewinkelt war (wie später bei den Führerhäusern der Einheitslokomotiven). Die Überhitzerheizfläche war von 50 auf 62 m² vergrößert worden, und an die Stelle der beiden runden Feuerlöcher trat ein rechteckiges mit dreiteiliger Klapptür. Die letzte Maschine der Serie k, die 18 508, steht im Werksmuseum der Münchener Firma Krauss-Maffei AG.

18 508, Foto: Slg. Weisbrod

18^6
Zulässige Geschwindigkeit: 120 km/h
Treib- und Kuppelraddurchmesser: 1 870 mm
Laufraddurchmesser vorn/hinten:
950/1 206 mm
Kesseldruck: 16 bar
Indizierte Leistung: 2 300 PS
Dienstmasse Lok: 100,2 t
LüP mit Tender bay. 2′2 T 31,7: 22 862 mm

18^5
Zulässige Geschwindigkeit: 120 km/h
Treib- und Kuppelraddurchmesser: 1 870 mm
Laufraddurchmesser vorn/hinten:
950/1 206 mm
Kesseldruck: 16 bar
Indizierte Leistung: 1 830 PS
Dienstmasse Lok: 96,2 t
LüP mit Tender bay. 2′2 T 31,7: 22 862 mm

18^5

bay. $S^3/_6$ (Nachbau DRG)
2′C 1′ h4v
S 36.18
Einsatzzeitraum 1927 bis 1960

Weil die Beschaffung der Einheitslokomotiven aus finanziellen Gründen ebenso zögernd erfolgte wie der Ausbau der Strecken für 20 t Achsfahrmasse, die Baureihen 01 und 39 (pr. P 10) deshalb noch nicht freizügig eingesetzt werden konnten, bestellte die DRG bei Maffei weitere Lokomotiven der Gattung bay. $S^3/_6$, um leistungsfähige Schnellzuglokomotiven für die 18-t-Strecken verfügbar zu haben.
Maffei lieferte im Jahre 1927 die Bauserie l mit 12 Maschinen (18 509 bis 18 520) und 1927/28 die Serie m mit 8 Maschinen (18 521 bis 18 528). Die Lokomotiven waren weiter verstärkt und mit größerem Überhitzer ausgerüstet worden (76,3 m^2). Der Durchmesser der HD-Zylinder war von 425 auf 440 mm vergrößert worden. An die Stelle der Westinghouse-Bremse trat die Druckluftbremse Bauart Knorr mit Doppelverbundluftpumpe Bauart Nielebock-Knorr.

Von der Serie n konnte die Firma Maffei vor ihrem Konkurs nur noch die 18 529 und 18 530 liefern. Henschel übernahm in Lizenz den Weiterbau und lieferte 1930/31 die Serie o mit den restlichen 18 Lokomotiven (18 531 bis 18 548). Die 18 538 bis 18 548 erhielten ab Werk den neuentwickelten Tender bay. 2′2 T 31,7. Henschel setzte weichere Tragfedern bei den Lokomotiven ein und änderte die Sechspunkt- auf Vierpunktabstützung.
Die $S^3/_6$ sind auch außerhalb Bayerns in den Bahnbetriebswerken Mainz, Wiesbaden, Darmstadt, Halle, Osnabrück und Bingerbrück beheimatet gewesen, 1938 sogar im Bw Heidebreck der RBD Oppeln. Die 18 528 steht als Denkmal in München-Allach vor dem Verwaltungsgebäude der Krauss-Maffei AG.

18 542, Foto: Slg. Weisbrod

18^6

Umbaulok DB
2′C1′ h4v
S 36.18
Einsatzzeitraum 1953 bis 1965

Obwohl der DB der zahlenmäßig größere Teil des Schnellzuglokomotivparkes der DRG zugefallen war, bestand doch Anfang der 50er Jahre Mangel an leistungsfähigen Lokomotiven für den Reisezugdienst. So entschloß sich die DB, von den 40 Lokomotiven der Baureihe 18^5, die als Nachbau der Gattung $S^3/_6$ zwischen 1927 und 1930 beschafft worden waren, 30 Stück zu modernisieren, um ihr spezifisches Leistungsvermögen anzuheben. In den Jahren zwischen 1953 und 1956 bekamen die Lokomotiven in den AW München-Freimann und Ingolstadt neue geschweißte Verbrennungskammerkessel, moderne Führerhäuser und Mehrfachventil-Heißdampfregler. Durch den größeren Anteil an Strahlungsheizfläche konnte der neue Kessel bis zu 13,6 t/h Dampf erzeugen, ohne daß die Gefahr einer Überbeanspruchung bestand. Die als Baureihe 18^6 bezeichneten umgebauten Lokomotiven kamen an den Leistungsbereich der Baureihe 01 heran und waren die wirtschaftlichsten Dampflokomotiven der Deutschen Bundesbahn mit einem Gesamtwirkungsgrad von 9 bis 10 %. Leider war beim Umbau der Pumpenträger nicht am Rahmen, sondern am Kessel angeschweißt worden, was zu Rißbildungen im Kesselblech führte. Man war gezwungen, den Kesseldruck von 16 auf 12 bar zu senken, wodurch die Maschinen erheblich an Leistung einbüßten. Bis Ende 1961 gab es schon die ersten Ausmusterungen. Seit August 1961 waren alle betriebsfähigen 18^6 beim Bw Lindau konzentriert. Der verstärkte Einsatz von Diesellokomotiven der Baureihen V 200 und V 200^1 beendete auch den Einsatz der BR 18^6, deren letzte Vertreterin, die 18 622, am 29. Mai 1965 ausgemustert wurde.

18 601, Foto: Slg. Weisbrod

T181001
Zulässige Geschwindigkeit: 110 km/h
Treib- und Kuppelraddurchmesser: 1 650 mm
Laufraddurchmesser vorn/hinten:
1 000/1 250 mm
Kesseldruck: 15 bar
Effektive Leistung: 2 800 PS
Dienstmasse Lok: 113,7 t
LüP mit Tender 2′2′ T 19,5: 23 446 mm

T18 1002
Zulässige Geschwindigkeit: 120 km/h
Treib- und Kuppelraddurchmesser: 1 750 mm
Laufraddurchmesser vorn/hinten:
850/1 206 mm
Kesseldruck: 22 bar
Indizierte Leistung: 2 000 PS
Dienstmasse Lok: 104,0 t
LüP mit Tender 2′2′ T 24,3: 24 135 mm

T18 1001

Turbinenlokomotive Krupp
2′C1′
S 36.20
Einsatzzeitraum 1924 bis 1940

Mit der Einführung des Heißdampfbetriebes nach dem Verfahren von Wilhelm Schmidt hatte die Dampflokomotive Stephensonscher Bauart ihre höchste Entwicklungsstufe erreicht. Eine Verbesserung des Wirkungsgrades war nur mit der Erhöhung des Kesseldruckes oder der besseren Ausnutzung des Wärmegefälles durch vollständige Entspannung des Dampfes bis zum atmosphärischen Druck möglich, wie das bei der Dampfturbine erfolgte. Die Bahnverwaltungen in der Schweiz, in Schweden und Italien hatten auf diesem Gebiet bereits Erfahrungen gesammelt, die die DRG nutzen konnte.
Die Firma Krupp entwickelte eine Schnellzug-Turbinenlokomotive, die von einer Turbine der Schweizer Firma Escher-Wyss Co. angetrieben wurde. Das Turbinenaggregat, eine sechsstufige Vorwärtsturbine mit dreistufiger Rückwärtsturbine, war unter der Rauchkammer angeordnet und trieb über Vorgelege und Blindwelle die drei gekuppelten Achsen mit Stangen an. Der von der Turbine kommende Abdampf, auf atmosphärischen Druck entspannt, wurde in zwei Kondensatoren niedergeschlagen, die quer auf dem Rahmen unter dem Langkessel untergebracht waren. Das für die Kondensatoren erforderliche Kühlwasser wurde im Rieselkühler auf dem Kühltender zurückgekühlt, der außer den Vorräten an Wasser und Brennstoff noch die umfangreiche Kühlanlage aufzunehmen hatte. Nach verschiedenen Umbauten war eine sehr brauchbare Lokomotive entstanden, die gegenüber der BR 01 25 % und gegenüber der BR 39^{0-2} sogar 40 % weniger Brennstoff verbrauchte. Nach Abschluß der Versuchsfahrten und Umbauten lief die T18 1001 im Bw Hamm mit den Lokomotiven der Baureihen 01 und 39 in einem Dienstplan, bis sie 1940 durch einen Bombentreffer zerstört worden ist.

Foto: Slg. Weisbrod

T18 1002

Turbinenlokomotive Maffei
2′C 1′
S 36.20
Einsatzzeitraum 1929 bis 1943

Die DRG erteilte der Firma Maffei 1924 den Auftrag zum Bau einer zweiten Turbinenlokomotive, die nach ersten Planungen eine Hochdruckkolbendampfmaschine mit nachgeschalteter Niederdruckturbine erhalten sollte. Ausgeführt wurde die Lokomotive jedoch mit reinem Turbinenantrieb. Der auf 22 bar festgesetzte Kesseldruck gestattete den Einbau eines relativ kurzen Kessels mit 5 200 mm Rohrlänge, so daß Turbine und Vorgelege über dem Drehgestell untergebracht werden konnten. Im Gegensatz zur Turbinenlokomotive von Krupp befanden sich die Kondensatoren rechts und links in Längsrichtung unter dem Umlauf. Das Funktionsprinzip der Maffei-Maschine entsprach dem der Krupp-Lokomotive. Auch hier war die Rückkühleinrichtung für das Kühlwasser der Kondensatoren auf dem Tender untergebracht.
Meßfahrten des LVA Grunewald ergaben für die Maffei-Lokomotive trotz höheren Kesseldrucks einen geringeren Wirkungsgrad als bei der Krupp-Lokomotive. Ursache waren auch hier die Ventilationsverluste durch die leer mitlaufende Rückwärtsturbine, an deren Stelle dann eine Rangierturbine mit Wendegetriebe eingebaut worden ist. Die DRG übernahm die als T18 1002 bezeichnete Lokomotive am 18. März 1929 und setzte sie beim Bw München Hbf im Schnellzugdienst nach Würzburg und Lindau ein.
Die Maffei-Lokomotive erfüllte ihre Aufgaben bis zu ihrer Zerstörung bei einem Luftangriff im Jahre 1943 ohne Beanstandungen.

Foto: Slg. Weisbrod

19 1001
Zulässige Geschwindigkeit: 175 km/h
Treibraddurchmesser: 1 250 mm
Laufraddurchmesser vorn/hinten:
1 000/1 250 mm
Kesseldruck: 20 bar
Indizierte Leistung: 1 700 PS
Dienstmasse Lok: 109,3 t
LüP mit Tender 2′3 T 37 St: 23 775 mm

19⁰ (sä. XX HV)
Zulässige Geschwindigkeit: 120 km/h
Treib- und Kuppelraddurchmesser: 1 905 mm
Laufraddurchmesser vorn/hinten:
1 065/1 260 mm
Kesseldruck: 15 bar
Zugkraft: 114,3 kN
Dienstmasse Lok: 99,9 t
LüP mit Tender sä. 2′2 T 31: 22 632 mm

19^0

sä. XX HV
1′D1′ h4v
S 46.17
Einsatzzeitraum 1918 bis 1965

Die Lokomotiven der Gattung XX HV waren bei ihrer Indienststellung im Jahre 1918 die größten europäischen Schnellzuglokomotiven. Die erste Lokomotive lieferte Hartmann in Chemnitz am 8. März 1918 mit der Fabriknummer 4000 an die Sächsische Staatsbahn. Bis 1922 entstanden insgesamt 23 Maschinen. Als Leistungsprogramm waren 630 t in der Ebene mit 100 km/h und 495 t auf 10 ‰ Steigung mit 50 km/h vorgegeben, was ohne Probleme erfüllt worden ist. Nach ihrer Ablieferung sind die acht Lokomotiven des Bauloses 1922 je zur Hälfte bei den Bw Stuttgart-Rosenstein und Frankfurt/M. eingesetzt worden, kehrten aber 1925 wieder nach Dresden zurück. Auf den Strecken Dresden–Reichenbach–Hof und Hof–Reichenbach–Leipzig haben sie sich recht gut bewährt, wenngleich Unzulänglichkeiten bei der Konstruktion der Dampfmaschine bestanden. Die durch die sächsischen 20-m-Drehscheiben erforderliche Längenbeschränkung führte zu baulichen Zwängen in der Zylindergruppe. Für den Flachlandeinsatz waren die Maschinen wenig geeignet und fielen durch sehr hohen Brennstoffverbrauch auf.
Etwa die Hälfte des Bestandes war ständig beim Bw Reichenbach (Vogtl) beheimatet, von wo aus die Maschinen bis Regensburg, Bayreuth und Nürnberg kamen.
Die DRG hatte 1925 alle Lokomotiven mit den Betriebsnummern 19 001 bis 19 023 übernommen. Im Kriege wurde die 19 021 zerstört, die 19 002, 004, 006, 019, 020 und 023 sind mit Kriegsschäden nach 1945 nicht mehr in Betrieb genommen worden. Die 19 015, 017 und 022 kamen zur FVA Halle als Bremslokomotiven, wo die 19 015 und die 19 022 rekonstruiert worden sind. Die 19 017 blieb für das Verkehrsmuseum Dresden erhalten.

19 010, Foto: Slg. Weisbrod

19 1001

Versuchslok DRG
1′Do1′
S 46.18
Einsatzzeitraum 1941 bis 1944

Die als 19 1001 bezeichnete Stromlinien-Schnellfahrlokomotive, 1941 von Henschel mit der Fabriknummer 25 000 geliefert, war Höhepunkt und Abschluß der Dampflokomotiventwicklung bei der DRG. Die Lokomotive besaß, wie die Ellok-Baureihen E 04, E 16, E 17, E 18 und E 19, Einzelachsantrieb, allerdings durch zweizylindrige Dampfmotoren in V-Anordnung. Jede Treibachse der Lok hatte einen eigenen Antrieb, der bei den Achsen 1 und 3 links, bei den Achsen 2 und 4 rechts außerhalb der Radebene angeordnet war. Die Dampfmaschinen gehörten zum abgefederten Teil der Lokomotive. Die Relativbewegungen zwischen Radsatzachse und Motor, die durch das Federspiel bedingt waren, wurden durch Gelenkkupplungen ausgeglichen. Die mögliche Fahrgeschwindigkeit war nicht mehr vom Treibraddurchmesser abhängig, so daß man sich, wie bei modernen Elloks, mit 1 250 mm Durchmesser begnügen konnte, denn die Drehzahl des Motors war gleich der Drehzahl der Achswelle. Lokomotive und Tender hatten Stromlinienverkleidung erhalten, die Triebwerksverkleidung war bis über Achsmitte ausgespart. Das LVA Grunewald lobte die Laufruhe der Maschine, die bis 180 km/h ausgefahren wurde. Ausgedehnte Meßfahrten waren wegen des Krieges nicht möglich. Die Maschine kam 1943 in den planmäßigen Schnellzugdienst von Hamburg nach Berlin und Osnabrück. Im August 1944 erhielt sie einen Bombentreffer und mußte abgestellt werden. Auf Weisung der amerikanischen Besatzungsmacht mußte die Firma Henschel die Lok aufarbeiten. Anschließend wurde sie als Beutegut in die USA gebracht und ausgestellt. Weil die DB die Kosten für den Rücktransport nach Deutschland nicht aufbringen konnte, ist die Lokomotive 1952 verschrottet worden.

Foto: Slg. Weisbrod

22
Zulässige Geschwindigkeit: 110 km/h
Treib- und Kuppelraddurchmesser: 1 750 mm
Laufraddurchmesser vorn/hinten: 1 000/1 100 mm
Kesseldruck: 16 bar
Indizierte Leistung: 1 690 PS
Dienstmasse Lok: 107,5 t
LüP mit Tender 2′2′ T 34: 23 700 mm

19^{0}

Rekolok DR
1′D1′ h4v
S 46.18
Einsatzzeitraum 1964 bis 1976

Zur leistungstechnischen Untersuchung moderner Diesel- und Elektrolokomotiven benötigte die VES-M Halle stärkere Bremslokomotiven, als es die vorhandenen dreifach gekuppelten Schnellzuglokomotiven waren. Forderungen an eine stärkere Bremslokomotive waren Vierzylinder-Verbundtriebwerk, vierfache Kupplung der Radsätze und ausreichende Höchstgeschwindigkeit. Mit den drei Maschinen der Gattung sä. XX HV (19 015, 017, 022) standen der VES-M zwei vierfach gekuppelte Lokomotiven zur Verfügung, die jedoch die Grundmängel dieser Baureihe – zu schwache Kessel und schlecht durchgebildete Dampfmaschine – besaßen. Der gute Zustand von Rahmen und Laufwerk rechtfertigte eine Rekonstruktion, in die ursprünglich alle noch vorhandenen Lokomotiven einbezogen werden sollten, was jedoch wegen der Traktionsumstellung unterblieb. So sind nur die 19 015 und 19 022 nach Konstruktionsunterlagen der VES-M Halle ab 1961 im Raw Meiningen rekonstruiert worden. Die Lokomotiven bekamen den Verbrennungskammerkessel Typ 39 E und das Neubauführerhaus der BR 23^{10}. Wichtigste Arbeit im Rekonstruktionsprozeß waren die Neugestaltung von Zylindergruppe und Steuerung. Die beiden äußeren ND-Zylinder und der mittlere Zylinderblock mit den HD-Zylindern entstanden als Stahlschweißkonstruktion. Bei der Steuerung entfielen die inneren Voreilhebel. Die Bewegung der HD-Schieber wurde von den Schieberkreuzköpfen der ND-Schieber abgeleitet, was ein konstantes Füllungsverhältnis HD-/ND-Zylinder garantierte. Der Rahmen mußte vorn und hinten angeschuht werden. Anstelle der sächsischen kamen Laufradsätze der Einheitsbauart zum Einbau. Die 19 015 ging im Februar 1964 mit dem 2′3 T 38 in Betrieb, die 19 022 folgte im März 1965 mit dem 2′2′ T 34.

19 015, Foto: Slg. Weisbrod

22

Rekolok DR
1′D1′ h3
P 46.18
Einsatzzeitraum 1958 bis 1971

Die DR besaß nach dem zweiten Weltkrieg 85 Lokomotiven der BR 39^{0-2} (pr. P 10), von denen neun bis 1956 ausgemustert waren. Die PKP gab neun der zehn bei ihr verbliebenen Maschinen an die DR zurück, so daß weiterhin 85 Lokomotiven verfügbar waren. Weil die DR in absehbarer Zeit auf die leistungsfähige, aber abgewirtschaftete und wärmewirtschaftlich nicht überzeugende Baureihe nicht verzichten konnte, wurde sie in das Rekonstruktionsprogramm aufgenommen.
In den Jahren 1958 bis 1962 erhielten im Raw Meiningen 85 Lokomotiven einen geschweißten Hochleistungskessel mit Verbrennungskammer vom Typ 39 E, Mischvorwärmeranlage und Aschkasten Bauart Stühren. Anstelle des preußischen Führerhauses bekamen die Lokomotiven eines nach dem Muster der Neubaulokomotive BR 23^{10}. Erneuert wurden weiterhin die Kropfachswelle des Treibradsatzes und die Dampfzylinder (jetzt Stahlschweißkonstruktion). Die Kolbenschieber der preußischen Regelbauart wurden durch Druckausgleich-Kolbenschieber Bauart Trofimoff ersetzt.
Die rekonstruierten Lokomotiven erhielten die Betriebsnummern 22 001 bis 22 085. Die 22 001 bekam den Neubautender der 25 001 und 1959 anstelle der Mischvorwärmeranlage einen Oberflächenvorwärmer Bauart Knorr sowie Riggenbach-Gegendruckbremse für ihren Einsatz als Bremslokomotive.
Mit der Elektrifizierung des sächsischen Dreiecks Dresden–Reichenbach (Vogtl) – Leipzig ab 1968 wurden die meisten Maschinen entbehrlich. Auslauf-Bw war Saalfeld. Die 1971 noch im Einsatz befindlichen Lokomotiven bekamen im EDV-Nummernplan wieder die Baureihenbezeichnung 39. Die Kessel der BR 22 sind zum großen Teil für die Rekonstruktion der BR 03 verwendet worden.

39 1034, Foto: Weisbrod

19^0 (Rekolok DR)
Zulässige Geschwindigkeit: 120 km/h
Treib- und Kuppelraddurchmesser: 1 905 mm
Laufraddurchmesser vorn/hinten:
1 000/1 250 mm
Kesseldruck: 16 bar
Indizierte Leistung: 2 000 PS
Dienstmasse Lok: 107,7 t
LüP mit Tender 2′3 T 38: 24 210 mm

23 (Einheitslok/Rekolok DR)
Zulässige Geschwindigkeit: 110 km/h
Treib- und Kuppelraddurchmesser: 1 750 mm
Laufraddurchmesser vorn/hinten:
1 000/1 250 mm
Kesseldruck: 16 bar
Indizierte Leistung: 1 500 PS
Dienstmasse Lok: 88,32 t
LüP mit Tender 2′2′ T 26: 22 940 mm

23 (Neubaulok DB)
Zulässige Geschwindigkeit: 110 km/h
Treib- und Kuppelraddurchmesser: 1 750 mm
Laufraddurchmesser vorn/hinten:
1 000/1 250 mm
Kesseldruck: 16 bar
Indizierte Leistung: 1 785 PS
Dienstmasse Lok: 82,8 t
LüP mit Tender 2′2′ T 31: 21 325 mm

23

Einheitslok/Rekolok DR
1′C1′ h2
P 35.18
Einsatzzeitraum 1941 bis 1974

Von der BR 23 sind 1941 zwei Baumusterlokomotiven (23 001 und 002), gefertigt bei der Fa. Schichau in Elbing, der DRG übergeben worden. Die BR 23 sollte die pr. P 8 (BR 38^{10-40}) im Personenzugdienst ablösen. Parallel dazu wurde eine 1′E h2-Güterzuglokomotive, die BR 50, entwikkelt, die die pr. G 10 (BR 57^{10-35}) ersetzen sollte.
Der von Schwartzkopff für die BR 23 vorgeschlagene Verbrennungskammerkessel wurde nicht ausgeführt. Vielmehr bevorzugte die DRG für die BR 23 und 50 baugleiche Kessel, wie sie auch die P 8 und G 10 besaßen. Für die BR 23 und 50 wurde mit dem 2′2′ T 26 ein neuer Einheitstender mit Vorderwand zum Schutz des Personals bei Rückwärtsfahrten entwickelt. Von der BR 23 sollten 800 Stück beschafft werden. Kriegsbedingt blieb es bei den beiden Baumusterlokomotiven; nur die BR 50 ist weiter gebaut worden.
Die 23 001 und 002 verblieben nach 1945 bei der DR und waren bei verschiedenen Berliner Bw beheimatet. 1954 kamen die Maschinen zur FVA Halle. 1961 erhielt die 23 001 einen für die BR 50 entwickelten Rekokessel mit Verbrennungskammer. Allerdings behielt sie ihren Knorr-Oberflächenvorwärmer, da sie für den Einsatz als Bremslokomotive eine Riggenbach-Gegendruckbremse erhalten hatte. Anstelle der bei Rekolokomotiven üblichen Trofimoff-Schieber waren die Regelschieber mit Eckventilen geblieben. Dom und beide Sandkästen besaßen eine gemeinsame Verkleidung. Die Lok, 1970 umgenummert in 35 2001-2, ist 1974 ausgemustert worden. Auch die 23 002 sollte einen Rekokessel erhalten, doch wegen Schäden an Rahmen und Radsternen ist sie 1967 ausgemustert und im Raw Cottbus zerlegt worden.

35 2001, Foto: Weisbrod

23

Neubaulok DB
1′C1′ h2
P 35.17/19
Einsatzzeitraum 1951 bis 1975

Weil von der DRG außer den beiden Baumusterlokomotiven kein Ersatz für die pr. P 8 (BR 38^{10-40}) beschafft worden ist, waren DB und DR nach dem Krieg erneut mit diesem Problem konfrontiert. Ein Nachbau der in den Konstruktionsprinzipien 25 Jahre alten Einheitslok kam nicht in Betracht, man wendete vielmehr die bei der DB für Neubaulokomotiven erarbeiteten neuen Baugrundsätze an. Das bedeutete Verbrennungskammerkessel mit hoher spezifischer Belastbarkeit und Masseersparnis durch Schweißung.
Henschel lieferte 1950/51 die ersten 15 Lokomotiven, die geschweißte Kessel, Blechrahmen, geschlossene Führerhäuser und Heißdampfregler besaßen. Bis zur 23 052 hatten die Lokomotiven Oberflächenvorwärmer Bauart Knorr. Die 23 053 bis 23 092 bekamen Heinl-Mischvorwärmer, die 23 093 bis 23 105 Mischvorwärmer Bauart 1957. Bei den 23 024 und 025, die außerdem Henschel-Mischvorwärmer mit Speicher unter der Rauchkammer besaßen, wurden Rollenlager in Achsen und Stangen erprobt, die dann die 23 053 bis 23 105 serienmäßig bekamen. Die 23 024 besaß ab Hersteller eine Kylchap-Saugzuganlage, die aber durch eine normale Saugzuganlage ersetzt wurde. Bei allen Lokomotiven war die Achsfahrmasse auf wahlweise 17 oder 19 t einstellbar. Die Heißdampfregler sind bei fast allen Lokomotiven gegen Naßdampfregler getauscht worden. Die wichtigsten Dienststellen der im Reisezug- und auch im Güterzugdienst eingesetzten Maschinen waren Kempten, Hagen, Saarbrücken, Kaiserslautern und Crailsheim. Die am 4. Dezember 1959 von der Fa. Jung an die DB abgelieferte 23 105 war die letztgebaute Dampflok der DB. Am 23. Dezember 1975 ist mit der 23 023 die letzte Lok dieser Baureihe ausgemustert worden.

23 074, Foto: Slg. Weisbrod

23^{10}
Zulässige Geschwindigkeit: 110 km/h
Treib- und Kuppelraddurchmesser: 1 750 mm
Laufraddurchmesser vorn/hinten: 1 000/1 250 mm
Kesseldruck: 16 bar
Indizierte Leistung: 1 700 PS
Dienstmasse Lok: 87,2 t
LüP mit Tender 2′2′ T 28: 22 660 mm

24
Zulässige Geschwindigkeit: 90 km/h
Treib- und Kuppelraddurchmesser: 1 500 mm
Laufraddurchmesser vorn/hinten: 850/– mm
Kesseldruck: 14 bar
Indizierte Leistung: 920 PS
Dienstmasse Lok: 58,5 t
LüP mit Tender 3 T 16: 16 995 mm

23^{10}

Neubaulok DR
1′C1′ h2
P 35.18
Einsatzzeitraum 1956 bis 1976

Auch die DR mußte sich nach dem Kriege mit dem Projekt einer Ersatz-P 8 befassen. Ein Nachbau der BR 23 (Einheitslok) kam nicht in Betracht, weil moderne Baugrundsätze anzuwenden waren und die Feuerbüchse für die vorrangige Verbrennung von Braunkohlenbriketts ausgelegt sein mußte. Von der im Institut für Schienenfahrzeuge konstruierten Lokomotive fertigte LKM Babelsberg zwei Baumusterlokomotiven, die zum Jahreswechsel 1955/56 der VES-M Halle zur Erprobung übergeben werden konnten.
Die Neubauloks besaßen Blechrahmen und geschweißte Verbrennungskammerkessel mit Mischvorwärmeranlage. Gegenüber den beiden Baumustern waren die Änderungen für den Serienbau gering. Der Speisedom entfiel wegen der inneren Kesselspeisewasseraufbereitung, der Heißdampfregler wurde durch den kaum störanfälligen Naßdampfregler ersetzt, die Müller-Schieber durch Trofimoff-Schieber. Das äußere Erscheinungsbild entsprach den Einheitslokomotiven. Bis 1958 lieferte LKM Babelsberg 113 Lokomotiven mit den Betriebsnummern 23 1001 bis 23 1113. Parallel zur BR 23^{10} war mit der BR 50^{40} eine 1′E h2-Güterzuglokomotive als Ersatz-G 10 entwikkelt worden, die in vielen Teilen (Kessel, Rauchkammer, Führerhaus, Tender) mit der BR 23^{10} baugleich war. Für beide Baureihen entstand der neue Tender 2′2′ T 28 mit Vorderwand als hinterem Abschluß des Führerhauses.
Die Lokomotiven sind zunächst den Rbd Greifswald, Schwerin, Cottbus und Halle zugeteilt worden und waren anfangs im Schnellzugdienst eingesetzt. Vom Personal wurden sie wegen ihres Leistungsvermögens (580 t in der Ebene mit 90 km/h), ihrer Laufruhe und ihrer Anfahreigenschaften geschätzt.

23 1061, Foto: Weisbrod

24

Einheitslok
1′C h2
P 34.15
Einsatzzeitraum 1928 bis 1968

Im 1. Typisierungsplan der DRG waren keine Nebenbahnlokomotiven vorgesehen, weil der Bedarf an Hauptbahnlokomotiven dringlicher war. Das 1928 beschlossene Neubauprogramm sah drei Baureihen mit 15 t Achsfahrmasse vor: die Personenzuglokomotive BR 24 (1′C h2), die Personenzug-Tenderlokomotive BR 64 (1′C1′ h2) und die Güterzugtenderlokomotive BR 86 (1′D1′h2). Bei den BR 24 und 64 waren Kessel, Zylinder, Triebwerk und Radsätze baugleich. Bereits 1928 lieferten Schichau und Linke-Hofmann die ersten 37 Lokomotiven. Die 24 095 als zuletzt gebaute Maschine kam am 20. November 1940 zur DRG. Die bestellten 24 096 bis 24 115 sind storniert worden. Haupteinsatzgebiete der BR 24 waren Flachlandstrecken Nord- und Ostdeutschlands (wo sie auch den Spitznamen „Steppenpferd“ bekam), aber auch im Schwarzwald und in Niederbayern war sie erfolgreich im Einsatz. Nach Kriegsende befanden sich 48 Loks bei der DB und 5 bei der DR. 42 Maschinen kamen zu den PKP als Reihe Oi 2. Die letzten DR-Maschinen sind 1968 beim Bw Jerichow ausgemustert worden, die letzte DB-Maschine schied 1966 beim Bw Rheydt aus. Die 24 004 und 24 009 blieben erhalten.
Im Rahmen des DRG-Versuchsprogramms für Mitteldrucklokomotiven sind die 24 069 und 070 mit Kesseln für 25 bar Druck ausgerüstet worden. Die 24 069 besaß ein Zweizylinder-Heißdampf-Verbundtriebwerk, die 24 070 Gleichstromzylinder Bauart R. P. Wagner. Die 24 069 erreichte den niedrigsten Dampfverbrauch aller deutschen Kolbendampflokomotiven, die 24 070 war eine Fehlkonstruktion und wurde in 1′C h2v umgebaut. Bei beiden Loks mußte der Kesseldruck auf 20 bar reduziert werden. 1952 hat das AW Lingen beide Maschinen in normale Zwillingslokomotiven umgebaut.
24 033, Foto: Slg. Weisbrod

34^{73}
Zulässige Geschwindigkeit: 90 km/h
Treib- und Kuppelraddurchmesser: 1 750 mm
Laufraddurchmesser vorn/hinten:
1 150/– mm
Kesseldruck: 12 bar
Leistung:
Dienstmasse Lok: 36,5 t
LüP mit Tender 3 T 12: 14 778 mm

25 001 und 25 1001
Zulässige Geschwindigkeit: 100 km/h
Treib- und Kuppelraddurchmesser: 1 600 mm
Laufraddurchmesser vorn/hinten:
1 000/– mm
Kesseldruck: 16 bar
Indizierte Leistung:
Dienstmasse Lok: 86,1 (89,0) t
LüP mit Tender 2′2′ T 30: 23 300 mm
(mit Tender 2′2′ T 27,5 Kst: 23 835 mm)
***) Klammerwerte: 25 1001**

25 001 und 25 1001

Neubaulok DR
1′D h2
P 45.17 (18)*
Einsatzzeitraum 1954 bis 1968

Der desolate Zustand des Lokomotivparks, den die DR bei Kriegsende übernahm, ließ für das erste Neubauprojekt den Gedanken einer Universallokomotive aufkommen, um mit einer Lokomotivgattung sowohl den Reisezug- als auch den Güterzugdienst besorgen zu können. Die DR ließ bei LKM Babelsberg zwei 1′D-Probelokomotiven mit Zwillingstriebwerk bauen, die 1 600 mm Kuppelraddurchmesser und Krauss-Helmholtz-Lenkgestell hatten. Die gekuppelten Radsätze sollten für reinen Flachlandeinsatz gegen solche mit 1 750 mm Durchmesser tauschbar sein. Die 25 001 besaß einen Verbrennungskammerkessel mit Stokerfeuerung für Braunkohlenbriketts. Die zweite Lok, als 25 1001 bezeichnet, hatte eine lange, zwischen den Rahmenwangen eingezogene Feuerbüchse für Kohlenstaubfeuerung System Wendler. Der Stoker der 25 001 bewährte sich nicht, weil der Abrieb der Braunkohlenbriketts zu groß war. Die Lok wurde im Raw Meiningen auf Kohlenstaubfeuerung System Wendler umgebaut und als 25 1002 im Mai 1958 wieder in Dienst gestellt. Beide Lokomotiven liefen beim Bw Arnstadt im Personenzugdienst auf den Strecken nach Meiningen und Saalfeld. Im Hügelland konnten die Fahrzeiten der Schnellzüge, die auf die BR 03 abgestimmt waren, gehalten werden. Im Flachland waren die Lokomotiven wegen des zu kleinen Kuppelraddurchmessers auch ersatzweise nicht im Schnellzugdienst verwendbar. Zwischen 1960 und 1962 waren die 25 1001 und 25 1002 beim Bw Senftenberg beheimatet.
Die Lokomotiven waren weder universell verwendbar noch ein Ersatz für die pr. P 8. Weil bereits bei ihrer Ablieferung das Neubauprogramm der DR feststand, unterblieb ein Weiterbau. Beide Loks wurden 1968 ausgemustert und verschrottet.

25 001, Foto: Slg. Weisbrod

34^{73}

meckl. P 3^1
1B n2
P 23.13
Einsatzzeitraum 1888 bis 1930

Die Mecklenburgische Friedrich-Franz-Eisenbahn (MFFE) verzichtete bei der Beschaffung von Lokomotiven auf kostenaufwendige Eigenentwicklungen und übernahm bewährte Konstruktionen der Preußisch-Hessischen Staatsbahn. War bei fast allen anderen deutschen Länderbahnen die 1B-Lokomotive spätestens zur Jahrhundertwende am Ende ihres Leistungsvermögens, entsprach sie in Mecklenburg noch bis weit ins 20. Jahrhundert den Anforderungen.
Die Gattung P 3^1 ist von 1888 bis 1907 mit insgesamt 41 Stück beschafft worden. Die meckl. P 3^1 entsprach der pr. P 3^1, die ab 1884 als überarbeitete und verbesserte Auflage der P 2 (Normalbauart) erschienen war und für die das Musterblatt III 1 galt.
Der hinter den Zylindern liegende Laufradsatz war fest im Rahmen gelagert, wodurch sich ein fester Achsstand von 4 500 mm ergab. Die Dampfverteilung in den Zylindern besorgte eine innenliegende Allan-Steuerung.
Die meckl. P 3 erledigte den größten Teil des Personenzugdienstes bei der MFFE und beförderte bis 1903, bis zum Erscheinen der Gattung P 4^2, auch Schnellzüge auf der Strecke Neustrelitz–Warnemünde. Die DRG übernahm 8 Maschinen (P 23.12) mit den Betriebsnummern 34 7301 bis 34 7308 und 14 Maschinen (P 23.13) mit den Betriebsnummern 34 7351 bis 34 7364. Bis 1930 waren alle Lokomotiven ausgemustert.

34 7351, Foto: Slg. Weisbrod

34$^{77-78}$
Zulässige Geschwindigkeit: 70 km/h
Treib- und Kuppelraddurchmesser: 1 570 mm
Laufraddurchmesser vorn/hinten:
1 045/– mm
Kesseldruck: 10 bar
Zugkraft: 31,9 kN
Dienstmasse Lok: 35,79 t
LüP mit Tender 3 T 9: 13 854 mm
(gültig für 34 7701 und 34 7702)

34^{76}
Zulässige Geschwindigkeit: 70 km/h
Treib- und Kuppelraddurchmesser: 1 570 mm
Laufraddurchmesser vorn/hinten:
1 045/– mm
Kesseldruck: 8,5 bar
Zugkraft: 29,9 kN
Dienstmasse Lok: 37,17 t
LüP mit Tender 3 T 5,65: 13 035 mm

34^{76}

sä. III
1B n2
P 23.13
Einsatzzeitraum 1871 bis 1925

Die Lokomotiven der sä. Gattung III waren zweifach gekuppelte Personenzuglokomotiven mit Naßdampf-Zwillingstriebwerk und feststehendem vorderem Laufradsatz. Mit nur 8 428 mm Länge von den Puffertellern bis zum Kuppelkasten waren sie die kürzesten deutschen Personenzuglokomotiven dieser Bauart. In den Jahren 1871/72 lieferten die Firmen Richard Hartmann in Chemnitz 66 und Emil Keßler in Esslingen 21 Lokomotiven der Gattung III an die Sächsische Staatsbahn.
Die Gattung III hatte eine gegenüber dem Langkessel stark erhöhte Feuerbüchsdecke, eine sehr kurze Rauchkammer und die Zylinder vor dem Laufradsatz. Die Lokomotiven hatten nur 3 800 mm Gesamtachsstand und konnten damit problemlos die Strecken des Erzgebirges mit 170 m Radius durchfahren. Die Dampfzylinder trieben den 1. Kuppelradsatz an und wurden von einer innenliegenden Allan-Steuerung mit Flachschiebern mit Dampf beaufschlagt.
Die Gattung III waren sehr brauchbare Lokomotiven, die sich lange im Bestand der Sächsischen Staatsbahn hielten. Noch 1916 wurden 37 Maschinen von Hartmann und 4 von Keßler in den Listen geführt. Im vorläufigen Umzeichnungsplan der DRG waren noch 33 Lokomotiven der Gattung III enthalten, umgezeichnet worden ist 1925 jedoch nur noch eine Lokomotive (Bahnnummer 274 BRÜNN) als 34 7611, die aber auch noch 1925 ausgemustert worden ist.

KAMENZ Nr. 294, Foto: Slg. Weisbrod

34$^{77-78}$

sä. IIIb
1'B n2
P 23.12 (13)
Einsatzzeitraum 1873 bis 1930

In die Gattung IIIb der Sächsischen Staatsbahn sind sowohl von der Staatsbahn beschaffte als auch von verstaatlichten Privatbahnen stammende Lokomotiven aufgenommen worden, so die 1'B n2-Lokomotiven der Muldenthalbahn, der Zwickau-Falkensteiner Eisenbahn, der Zittau-Reichenberger Eisenbahn und der Chemnitz-Komotauer Eisenbahn. Die Lieferungen stammten von Schwartzkopff (1873 bis 1876), Keßler (1874), Henschel (1876) und Hartmann (1874 bis 1901). Der Beschaffungszeitraum erstreckte sich somit über 28 Jahre. Die Lieferungen von Keßler hatten nur 8,5 bar Kesseldruck, die der anderen Hersteller 10 bar. Der lange Beschaffungszeitraum und die verschiedenen Auftraggeber brachten es mit sich, daß in dieser Gattung IIIb eine Vielzahl von Bauartvarianten zusammengefaßt war, die in den Hauptabmessungen voneinander abwichen. So gab es Lokomotiven, die das Lauf- und Triebwerk der Gattung III mit 3 800 mm Achsstand hatten, aber auch Lokomotiven mit 4 330 mm Achsstand. Wesentlicher Unterschied zur Gattung III war der seitenverschiebbare Laufradsatz.
In den Bestandslisten der Sächsischen Staatsbahn wurden 1916 noch 206 Lokomotiven der Gattung IIIb geführt. Die DRG hat noch mehr als 80 Lokomotiven in ihren Bestand übernommen (34 7701 und 34 7702, 34 7721 bis 34 7807), wenngleich die meisten bereits kurz nach 1925 ausgemustert worden sind. Einige wenige Lokomotiven haben sich im untergeordneten Dienst aber bis 1929/30 gehalten.

Nr. 290, Foto: Slg. Weisbrod

34^{80}
Zulässige Geschwindigkeit: 85 km/h
Treib- und Kuppelraddurchmesser: 1 905 mm
Laufraddurchmesser vorn/hinten: 1 260/– mm
Kesseldruck: 12 bar
Zugkraft: 32 bis 35 kN
Dienstmasse Lok: 42,4 t
LüP mit Tender sä. 3 T 9: 14 123 mm

34^{79}
Zulässige Geschwindigkeit: 75 km/h
Treib- und Kuppelraddurchmesser: 1 590 mm
Laufraddurchmesser vorn/hinten: 1 260/– mm
Kesseldruck: 12 bar
Zugkraft: 38 kN
Dienstmasse Lok: 41,40 t
LüP mit Tender sä. 3 T 9: 13 996 mm

34^{79}

sä. IIIb V
1'B n2v
P 23.14
Einsatzzeitraum 1889 bis 1926

Die Lokomotiven der sä. Gattung IIIb V sind 1899 aus der Schnellzuglokomotive VIb (BR 34^{80}) entwickelt worden. Der Kessel lag 150 mm tiefer, der Kuppelraddurchmesser betrug nur 1 590 mm. Weil Rost- und Heizfläche bei der VIb V und IIIb V nahezu identisch waren, erbrachte die Personenzuglok die gleiche Leistung wie die Schnellzuglok und wurde deshalb auch im Schnellzugdienst auf den Mittelgebirgsstrecken eingesetzt.
Die Lokomotiven der Gattungen IIIb V und VIb V hatten eine innenliegende Allan-Steuerung. Ihr Antrieb erfolgte von Hubscheiben auf dem 1. Kuppelradsatz. Weil die Zylinder unmittelbar vor dem 1. Kuppelradsatz saßen, mußten die Schieberstangen aus Platzgründen von vorn in den Schieberkasten eingeführt werden. Der Treibradsatz lag direkt unter dem Führerhaus, wodurch das Personal starken Erschütterungen ausgesetzt war. Die vordere Laufachse Bauart Nowotny war seitenverschiebbar. Die Achslager waren durch einen um einen Mittelzapfen drehbaren Querträger verbunden.
Von der Gattung IIIb V sind nur 18 Lokomotiven gebaut worden; die Beschaffung wurde 1892 eingestellt. Trotzdem hielten sie sich noch etwa 30 Jahre im Betriebsdienst. Zwei von ihnen, die Bahnnummern 506 und 513, sind als 34 7901 und 34 7902 noch von der DRG übernommen worden.

Nr. 515, Foto: Slg. Weisbrod

34^{80}

sä. VIb V
1'B n2v
P 23.14
Einsatzzeitraum 1886 bis 1925

Die DRG hat die Lokomotiven der sä. Gattung VIb V als Personenzuglokomotiven eingeordnet, obwohl sie bei der Sächsischen Staatsbahn zu den Schnellzuglokomotiven zählten.
Mit der Einführung der 3. Wagenklasse in Sachsen mußten leistungsfähigere Reisezuglokomotiven beschafft werden, denn die bisher verwendeten 1'B- und 2'B-Lokomotiven mit 8 bis 9 bar Kesseldruck entwickelten nur eine Leistung von ca. 200 PS.
Bei Hartmann in Chemnitz entstanden 1886 zwei im Prinzip gleiche 1'B-Lokomotiven, von denen die Fabriknummer 1471 ein Zweizylinder-Verbundtriebwerk (Zylinderdurchmesser 420/600 mm) mit 12 bar Kesseldruck, die Fabriknummer 1472 ein Zwillingstriebwerk (420 mm Zylinderdurchmesser) und 10,5 bar Kesseldruck hatte. Nach halbjährigem Probebetrieb erwies sich die Verbundmaschine im Brennstoffverbrauch um 20 % sparsamer, so daß die Zwillingslok ebenfalls in Verbundausführung (Zylinderdurchmesser 420/650 mm) umgebaut worden ist. Hartmann lieferte 1888 weitere sechs Maschinen in Verbundausführung mit dem Zylinderdurchmesser der Baumusterlokomotive und 1890 nochmals sechs Maschinen mit 440/650 mm Zylinderdurchmesser. Die Zylinder lagen hinter dem vorderen Laufradsatz, um überhängende Massen zu vermeiden. Der Laufradsatz war als Nowotny-Lenkgestell mit ± 15 mm Seitenverschiebbarkeit ausgebildet. Die gedrungene Bauart der Lokomotive hatte zur Folge, daß die Treibachse unter dem Rost lief und die Treibräder in das Führerhaus ragten.
Die meisten Lokomotiven waren bis 1922/23 ausgemustert, nur die Bahnnummer 173 bekam noch die DRG-Betriebsnummer 34 8011, ist aber auch schon 1925 ausgeschieden.

Nr. 165, Foto: Slg. Weisbrod

34^{82}
Zulässige Geschwindigkeit: 80 km/h
Treib- und Kuppelraddurchmesser: 1 650 mm
Laufraddurchmesser vorn/hinten: 1 045/– mm
Kesseldruck: 14 bar
Leistung:
Dienstmasse Lok: 40,4 t
LüP mit Tender wü. 2 T 10: 14 092 mm

34^{81}
Zulässige Geschwindigkeit: 80 km/h
Treib- und Kuppelraddurchmesser: 1 650 mm
Laufraddurchmesser vorn/hinten: 1 045/– mm
Kesseldruck: 10/12[1]) bar
Leistung:
Dienstmasse Lok: 36,9/38,9 t[1])
LüP mit Tender wü. 2 T 10: 14 085 mm
[1]) 1. Angabe für 34 8101

34^{81}

wü. A
1B n2
P 23.13
Einsatzzeitraum 1878 bis 1926

Die Entwicklung der Konstruktion von Reisezuglokomotiven verlief im Königreich Württemberg in manchen Belangen entgegen den Tendenzen bei den anderen deutschen Staatsbahnen. So hatten die ersten, noch aus Nordamerika bezogenen Lokomotiven ein führendes Drehgestell, doch kehrte man Mitte der 60er Jahre des 19. Jahrhunderts zur 1B-Lokomotive mit drei fest im Rahmen gelagerten Radsätzen zurück. Begründet wurde dieser Schritt mit geringeren Kosten für Beschaffung und Unterhaltung. Man begann sogar, 2′B-Lokomotiven in 1B-Lokomotiven umzubauen.
Die in der Klasse A zusammengefaßten Lokomotiven mit 1 650 mm Kuppelraddurchmesser waren für den Schnellzugdienst bestimmt. Es waren zum Teil Neubauten, zum Teil Umbauten aus der alten Klasse Aa (13 Stück).
Charakteristisch für die Klasse A waren die tiefe Kessellage (Kesselmitte nur 2 000 mm über SO), der gegenüber dem Langkessel überhöhte Hinterkessel, der große Dampfdom mit Sicherheitsventil und die innenliegende Allan-Steuerung.
Von den 25 Lokomotiven der Klasse A kamen nur zwei in den endgültigen Umzeichnungsplan der DRG. Das waren die ehemaligen Bahnnummern 336 (1896 Umbau aus Klasse Aa) als 34 8101 und 363 (Neubau 1891) als 34 8102. Beide Lokomotiven sind kurz nach der Umzeichnung ausgemustert worden.

FEUERBACH, Foto: Slg. Weisbrod

34^{82}

wü. Ac
1B n2v
P 23.14
Einsatzzeitraum 1889 bis 1926

Die Staatsbahn im Königreich Württemberg entschloß sich erst dann zur Anwendung des Verbundprinzips, als das bei den Staatsbahnen in Preußen und Sachsen mit Erfolg eingeführt war. Zunächst entstanden auf der Basis der Klasse A im Jahre 1889 fünf Probelokomotiven mit Verbundtriebwerk und 12 bar Kesseldruck. Die erhoffte Kohleersparnis von 20 % gegenüber der Zwillingslokomotive stellte sich wegen des geringen Kesseldrucks nicht ein. Die Einsparung lag nur wenig über 5 %. Erst mit der Erhöhung des Kesseldrucks auf 14 bar waren Leistungssteigerung und gewünschte Brennstoffersparnis zu verzeichnen.
Bis 1897 sind insgesamt 31 Verbundlokomotiven beschafft worden, für die die Maschinenfabrik Esslingen als Hersteller verantwortlich zeichnete. Das Leistungsvermögen der Lokomotiven war bescheiden. Die Maschinen konnten in der Ebene 185 t mit 80 km/h bewältigen. Die pr. P 4^2 schaffte zum Vergleich mit 280 t fast 100 t mehr. Die DRG übernahm 1925 noch neun wü. Ac in ihren Bestand und gab ihnen die Betriebsnummern 34 8201 bis 34 8209, musterte sie aber schon kurz nach der Umzeichnung aus.

Nr. 345, Foto: Slg. Weisbrod

36^{0-4}
Zulässige Geschwindigkeit: 90 km/h
Treib- und Kuppelraddurchmesser: 1 750 mm
Laufraddurchmesser vorn/hinten: 1 000/– mm
Kesseldruck: 12 bar
Indizierte Leistung: 580 PS
Dienstmasse Lok: 51,0 t
LüP mit Tender pr. 2′2′ T 16: 17 611 mm

36^{6}
Zulässige Geschwindigkeit: 90 km/h
Treib- und Kuppelraddurchmesser: 1 750 mm
Laufraddurchmesser vorn/hinten: 1 000/– mm
Kesseldruck: 12 bar
Indizierte Leistung: 580 PS
Dienstmasse Lok: 49,0 t
LüP mit Tender 2′2′ T 16: 17 611 mm

36^{0-4}

pr. P 4^{2}
2′B n2v
P 24.15
Einsatzzeitraum 1898 bis 1959

Mit Zwillingstriebwerk ist die Gattung P 4 in gegenüber den Erfurter Versuchsmaschinen verbesserter Ausführung als Bauart Hannover bereits ab 1893 beschafft worden. Erst als mit dem Dultzschen Wechselventil eine brauchbare Anfahrvorrichtung vorhanden war, ließ man die Gattung P 4 auch als Verbundmaschine bauen. Der Bau der Zwillingslokomotive P 4^{1} wurde 1902 eingestellt. Die Verbundausführung P 4^{2} ist mit insgesamt 695 Lokomotiven bis 1910 gebaut worden. Hersteller waren die Firmen Henschel, Schwartzkopff, Humboldt, Hanomag und Linke-Hofmann.
Mehr als 100 Lokomotiven mußten nach 1919 an die Siegermächte des ersten Weltkriegs als Reparationsleistungen abgegeben werden, davon 97 allein an die PKP, die sie als Reihe Od 2 führten. Einige dieser Maschinen sind 1940 wieder von der der DRG übernommen worden. Die als DANZIG 238 geführte P 4^{2}, die bei den PKP als Od 2-26 lief, bekam 1940 die DRG-Betriebsnummer 36 457. Sie verblieb nach dem zweiten Weltkrieg bei der DR und wurde 1951 versuchsweise auf Kohlenstaubfeuerung System Wendler umgebaut. Als Besonderheit hatte sie einen Steifrahmentender 4 T 30 der Kriegsbauart mit Kohlezertrümmerungsanlage zur Kohlenstaubgewinnung. Die Lokomotive ist erst 1959 und damit als letzte der Gattung P 4^{2} ausgemustert worden.

HALLE 1933, Foto: Slg. Weisbrod

36^{6}

meckl. P 4^{2}
2′B n2v
P 24.14
Einsatzzeitraum 1903 bis 1930

Vor allem zur Beförderung der Schnellzüge auf der Strecke Neustrelitz–Warnemünde, die nach der Jahrhundertwende als Bäderzüge, aber auch durch die Kurswagen nach Kopenhagen an Bedeutung und an Zugmasse zunahmen, beschaffte die Mecklenburgische Friedrich-Franz-Eisenbahn (MFFE) ab 1903 zweifach gekuppelte Lokomotiven mit vorderem Drehgestell. Die Lokomotiven entsprachen der preußischen Gattung P 4^{2} nach dem Musterblatt III 1e. Die P 4^{2} konnten in der Ebene 280 t Zugmasse mit 80 km/h befördern. Der Beschaffungszeitraum der meckl. P 4^{2} erstreckte sich von 1903 bis 1912. Beschafft wurden von den Firmen Henschel, Humboldt und Linke-Hofmann insgesamt 32 Lokomotiven.
Nach dem Nummernplan der MFFE trugen die Maschinen die Bahnnummern 201 bis 232. Lediglich die Bahnnummer 232 war kein Neubau für die MFFE, sondern ein Ankauf von der Preußischen Staatsbahn. Ab 1906 übernahm die meckl. P 4^{2} auch den Schnellzugdienst auf der Strecke Strasburg–Lübeck, später sind die Maschinen auch bis Berlin und Stettin gefahren.
Die DRG übernahm 1925 alle 32 Lokomotiven und gab ihnen die Betriebsnummern 36 601 bis 36 632. Die meisten Maschinen sind bis Anfang der 30er Jahre, wenn auch in untergeordneten Diensten, im Einsatz gewesen.

36 620, Foto: Slg. Weisbrod

36^7
Zulässige Geschwindigkeit: 90 km/h
Treib- und Kuppelraddurchmesser: 1 870 mm
Laufraddurchmesser vorn/hinten:
1 006/– mm
Kesseldruck: 12 bar
Leistung:
Dienstmasse Lok: 50,4 t
LüP mit Tender bay. 2′2′ T 18: 16 985 mm

36^8 (bay. B XI Verbund)
Zulässige Geschwindigkeit: 90 km/h
Treib- und Kuppelraddurchmesser: 1 870 mm
Laufraddurchmesser vorn/hinten:
1 006/– mm
Kesseldruck: 13 bar
Leistung:
Dienstmasse Lok: 51,5 t
LüP mit Tender bay. 2′2′ T 18: 16 986 mm

Nr. 1228, Foto: Slg. Weisbrod

36^{12} (ohne Abb.)
Zulässige Geschwindigkeit: 90 km/h
Treib- und Kuppelraddurchmesser: 1 750 mm
Laufraddurchmesser vorn/hinten:
1 000/– mm
Kesseldruck: 12 bar
Leistung:
Dienstmasse Lok: 52,20 t
LüP mit Tender 2′2′ T 16: 17 461 mm

36^8 (bay. P $^2/_4$ Umbau)
Zulässige Geschwindigkeit: 90 km/h
Treib- und Kuppelraddurchmesser: 1 870 mm
Laufraddurchmesser vorn/hinten:
1 006/– mm
Kesseldruck: 13 bar
Leistung:
Dienstmasse Lok: 51,7 t
LüP mit Tender bay. 3 T 14,5: 16 552 mm

36^{12}

old. P 4^2
2′B n2v
P 24.14
Einsatzzeitraum 1907 bis 1929

Die Oldenburgische Staatsbahn orientierte sich an preußischen Vorbildern bei der Beschaffung ihrer Lokomotiven. So beschaffte die Bahnverwaltung in den Jahren 1907 und 1909 acht Lokomotiven nach dem Vorbild der preußischen Gattung P 4^2, also zweifach gekuppelte Personenzuglokomotiven mit Verbundtriebwerk und vorderem Drehgestell. Alle Lokomotiven stammten von der Hanomag, erhielten bei der Oldenburgischen Staatsbahn die Bahnnummern 174 bis 178 und 188 bis 190 und sind als die „Planetenlokomotiven“ in die Eisenbahngeschichte eingegangen, weil sie die Namen der Planeten MERCUR, VENUS, ERDE, MARS, JUPITER, SATURN, URANUS und NEPTUN trugen.
Die Lokomotiven wichen in einigen Baugruppen vom preußischen Vorbild nach dem Musterblatt III 1e ab. Alle Lokomotiven waren mit dem Verbinder-Dampftrockner Bauart Ranafier ausgerüstet, einem Röhrenbündel im Verbinder zwischen Hochdruck- und Niederdruckzylinder, das von Rauchgasen umspült wurde und den im HD-Zylinder teilweise entspannten Dampf wieder aufheizte und damit trocknete.
Die Lokomotiven des Baujahres 1907 (Bahnnummern 174 bis 178) besaßen eine normale Schiebersteuerung, die des Baujahres 1909 (Bahnnummern 188 bis 190) die Ventilsteuerung Bauart Lentz und die Anfahrvorrichtung Bauart Ranafier. Auffällig ist bei den old. P 4^2 ein domartiger Aufsatz vor dem Sicherheitsventil Bauart Ramsbottom auf dem Stehkesselscheitel. Dieser „Dom“ gehört zur Rauchverbrennungseinrichtung Bauart Staby, mit der alle Lokomotiven ausgerüstet waren. Die DRG übernahm 1925 alle acht Maschinen mit den Betriebsnummern 36 1251 bis 36 1258. Zwischen 1927 und 1929 sind sie ausgemustert worden.

36^7

bay. B XI Zwilling
2′B n2
P 24.14
Einsatzzeitraum 1892 bis 1926

Als Nachfolgegattung der bay. B X, einer 1′B-Schnellzuglokomotive mit Zweizylinder-Verbundtriebwerk, die schon kurz nach ihrer Indienststellung Anfang der 90er Jahre des vorigen Jahrhunderts an ihrer Leistungsgrenze angelangt war, beschaffte die Bayerische Staatsbahn im Jahre 1892 bei Maffei die Gattung B XI. Der größere und leistungsfähigere Kessel war nicht mehr auf drei Radsätzen unterzubringen, so daß an die Stelle des vorderen Laufradsatzes ein zweiachsiges Drehgestell trat. Wie bei der B X, so sind auch bei der B XI die Einströmrohre über dem Langkessel in einer Blechverkleidung verlegt worden.
Die Firma Maffei lieferte 1892 39 Lokomotiven der Zwillingsausführung, die die Bahnnummern 1201 bis 1239 bekamen. Der Kuppelraddurchmesser besaß mit 1 870 mm das in Bayern übliche Maß für Schnellzuglokomotiven. Die DRG, die 1925 lediglich acht Lokomotiven übernahm und ihnen die Betriebsnummern 36 701 bis 36 708 gab, ordnete die schon über 30 Jahre alten Maschinen den Personenzuglokomotiven zu und musterte sie bereits 1926 aus.

36^8

bay. B XI Verbund
2'B n2v
P 24.15
Einsatzzeitraum 1895 bis 1931

Drei Jahre nach Lieferung der Gattung B XI in Zwillingsausführung lieferten Maffei und Krauss die B XI in Zweizylinder-Verbundausführung. Bei einem Zylinderdurchmesser von 455/670 mm (Zwillingsausführung 430 mm) hatte sie einen von 12 auf 13 bar erhöhten Kesseldruck und einen um 40 mm höher liegenden Kessel. Die Anfahrvorrichtung Bauart Mallet schaltete beim Anfahren selbsttätig auf Zwillingsbetrieb, wenn die Steuerung auf 70 % Füllung ausgelegt war. Bis auf die Dampfmaschine und die dadurch bedingten Änderungen gab es kaum konstruktive Abweichungen von der Zwillingsbauart. Die Verbundausführung war wegen ihres höheren Kesseldrucks und der besseren Ausnutzung der im Dampf enthaltenen Energie leistungsfähiger als die Zwillingsbauart. In der Ebene zog sie 350 t mit 70 km/h und bewältigte dabei 80 t mehr als die Zwillingsmaschine. Die B XI Verbund ist mit insgesamt 100 Exemplaren (Bahnnummern 1240 bis 1339) bis zum Jahre 1900 beschafft worden. 13 der 100 Maschinen lieferte Krauss. Die DRG übernahm 1925 76 Verbundmaschinen mit den Betriebsnummern 36 751 bis 36 826, ordnete die einstigen Schnellzuglokomotiven also auch in die Gruppe der Personenzuglokomotiven ein, deren letzte Vertreterin bis 1931 im Dienst war.

36 767, Foto: Slg. Weisbrod

36^8

bay. P $^2/_4$ (Umbau)
2'B h2
P 24.15
Einsatzzeitraum 1896 bis 1933

Die von der DRG 1925 mit der Betriebsnummer 36 861 übernommene zweifach gekuppelte Heißdampf-Personenzuglokomotive der bay. Gattung P $^2/_4$ hat eine bemerkenswerte Entstehungsgeschichte. Sie war im Jahre 1907 durch Umbau der bay. AA I entstanden, die die seltene Achsanordnung 2'a A 1 hatte. Die Lokomotive besaß ein vorlaufendes Drehgestell, einen im Hauptrahmen festgelagerten Treibradsatz und einen ebenfalls festgelagerten Schleppradsatz. Weil das Anfahren eines Zuges mit nur einem Treibradsatz problematisch ist, bekam die Maschine einen zweiten, kleineren Treibradsatz, der von einer eigenen Dampfmaschine angetrieben und nur beim Anfahren zugeschaltet wurde. Ein zwischen den Rahmenwangen angeordneter Dampfzylinder preßte dann die Vorspannachse auf die Schienen, wodurch sich die Reibungsmasse von 14 t um weitere 14 t erhöhte. Der Haupttreibradsatz wurde von einer Zweizylinder-Verbundmaschine, der Vorspannradsatz von einer Zwillingsdampfmaschine angetrieben. Wenn der Zug seine Beharrungsgeschwindigkeit erreicht hatte, schaltete der Lokführer den Antrieb der Vorspannachse ab, die Achse wurde angehoben, wodurch sich auch der Laufwiderstand der Lokomotive verringerte.
Die mit der Bahnnummer 1400 eingestellte Lokomotive erwies sich im Brennstoffverbrauch um 11 % sparsamer als die Gattung B XI, in der Unterhaltung war sie jedoch wesentlich kostspieliger, so daß es bei dem einen gebauten Exemplar blieb. Nach dem Umbau, dem ein Unfall vorausging, war die Lokomotive noch bis 1933 im Einsatz.

Nr. 1400, Foto: Krauss-Maffei

36^{9-10}
Zulässige Geschwindigkeit: 80 km/h
Treib- und Kuppelraddurchmesser: 1 590 mm
Laufraddurchmesser vorn/hinten: 1 065/– mm
Kesseldruck: 13 bar
Zugkraft: 53 kN
Dienstmasse Lok: 54,5 t
LüP mit Tender sä. 2′2′ T 21: 17 791 mm

36^{12}
Zulässige Geschwindigkeit: 90 km/h
Treib- und Kuppelraddurchmesser: 1 750 mm
Laufraddurchmesser vorn/hinten: 1 000/– mm
Kesseldruck: 12 bar
Leistung:
Dienstmasse Lok: 45,2 t
LüP mit Tender old. 3 T 12: 15 213 mm

36^{70}
Zulässige Geschwindigkeit: 90 km/h
Treib- und Kuppelraddurchmesser: 1 750 mm
Laufraddurchmesser vorn/hinten: 1 000/– mm
Kesseldruck: 12 bar
Leistung:
Dienstmasse Lok: 48,4 t
LüP mit Tender pr. 2′2′ T 16: 17 511 mm

37^{0-1}
Zulässige Geschwindigkeit: 90 km/h
Treib- und Kuppelraddurchmesser: 1 600 mm
Laufraddurchmesser vorn/hinten: 1 000/– mm
Kesseldruck: 12 bar
Indizierte Leistung: 1 026 PS
Dienstmasse Lok: 57,1 t
LüP mit Tender pr. 2′2′ T 16: 17 608 mm

36^{9-10}

sä. VIII V2
2′B n2v
P 24.14
Einsatzzeitraum 1896 bis 1931

Die Sächsische Staatsbahn stellte ab 1896 die ersten 2′B-Personenzuglokomotiven mit Zweizylinder-Verbundtriebwerk in Dienst. Das 1. Baulos (Bahnnummern 519 bis 538), von Hartmann 1896/97 geliefert, besaß 440/650 mm Zylinderdurchmesser und den Tender 3 T 9. Bereits beim 2. Baulos von 1897, das zehn Lokomotiven umfaßte (Bahnnummern 539 bis 548) ist der Zylinderdurchmesser auf 460/680 mm vergrößerte worden, wodurch sich die Zugkraft um 5 kN erhöhte. Gekuppelt waren die Lokomotiven mit dem Tender 2′2′ T 16. Beim 3. Baulos (Bahnnummern 549 bis 568) aus dem Jahre 1899 hatten die Maschinen längere Führerhausseitenwände mit zwei Fenstern. Die Lokomotiven dieser drei Baulose trugen Namen deutscher Städte. Von diesen 50 Lokomotiven kam die Bahnnummer 528 MEUSELWITZ nach 1919 zu den PKP, die Bahnnummern 556 LÜBECK und 562 BADEN wurden vor 1925 ausgemustert. Die DRG übernahm 1925 47 Lokomotiven als Baureihe 36^{9} mit den Betriebsnummern 36 901 bis 36 948 (36 920 unbesetzt).
Weil weiterer Bedarf bestand, der die Kapazität der Sächsischen Maschinenfabrik überstieg, ist die VIII V2 ab 1900 auch von Schwartzkopff (10), Esslingen (10) und Linke-Hofmann (5) gebaut worden. Die Lokomotiven ab Baujahr 1900 waren mit dem Tender 2′2′ T 21 gekuppelt. Bis 1902 sind 118 Lokomotiven gebaut worden, die auf allen sächsischen Haupt- und Nebenstrecken eingesetzt waren. Von der ab 1910 gebauten Gattung XII H2 ist die VIII V2 allmählich auf Nebenstrecken und den Vorortverkehr verdrängt worden. Die verstärkte Ausführung ab Bahnnummer 569 bekam bei der DRG die Baureihenbezeichnung 36^{9-10} und die Betriebsnummern 36 951 bis 36 1014.

36 993, Foto: Slg. Weisbrod

36^{12}

old. P 4[1]
2′B n2
P 24.14
Einsatzzeitraum 1896 bis 1931

Die guten Erfahrungen der Preußisch-Hessischen Staatsbahn mit den Lokomotiven der Gattung P 4[1] veranlaßten die Oldenburgische Staatsbahn, diese Bauart ebenfalls für den Reisezugdienst zu beschaffen. Von 1896 bis 1902 lieferte die Hanomag 19 Lokomotiven, die jedoch in einigen Punkten vom preußischen Vorbild nach Musterblatt III 1 d abwichen. Die Rostfläche und damit auch die Feuerbüchse waren bei den old. P 4[1] kleiner, die Rohrlänge um 255 mm kürzer. Durch eine größere Zahl von Heizrohren erreichten die oldenburgischen Lokomotiven jedoch die gleiche Verdampfungsheizfläche wie die preußischen Lokomotiven. Ein Dampfdom war nicht vorhanden: Der Regler war in der Rauchkammer untergebracht.
Der gedrungene Eindruck, den die oldenburgischen Maschinen machten, resultierte aus einem kürzeren Gesamtachsstand von 6 300 mm (pr. P 4[1]: 7 400 mm) und einer um 1 148 mm kürzeren Gesamtlänge der Lokomotive. Für oldenburgische Betriebsverhältnisse reichte der dreiachsige Tender mit 12 m^3 Wasser. Alle 19 Lokomotiven trugen außer ihrer Bahnnummer Vogelnamen. Die DRG hat 1925 die oldenburgische Vogelschar komplett mit den Betriebsnummern 36 1201 bis 36 1219 übernommen. Die letzten Lokomotiven dieser Gattung sind 1931 ausgemustert worden.

36 1210, Foto: Slg. Weisbrod

36^{70}

pr. P 4^1
2'B n2
P 24.14
Einsatzzeitraum 1891 bis 1927

Ab dem Jahre 1980 mußte die Preußisch-Hessische Staatsbahn für den Personenzugdienst leistungsstärkere Lokomotiven beschaffen. An die Stelle der bisher eingesetzten dreiachsigen 1 B-Lokomotiven traten vierachsige Maschinen mit vorderem Drehgestell, damit ein größerer Kessel untergebracht werden konnte. Die Direktion Erfurt ließ bei Henschel acht Versuchslokomotiven bauen, je vier mit Zwillings- und Zweizylinder-Verbundtriebwerk und davon wieder je zwei mit 1 730 und 1 960 mm Kuppelraddurchmesser. Weil noch keine befriedigende Anfahrvorrichtung für die Verbundlokomotive entwickelt worden war, sind zunächst die Zwillingslokomotiven mit 1 730 mm Kuppelraddurchmesser als Gattung P 4 für den Personenzugdienst mit weiteren 55 Stück beschafft worden. Die Lokomotiven hatten eine innenliegende Allan-Steuerung.
Unbefriedigende Laufeigenschaften der Lokomotiven machten eine Überarbeitung der Konstruktion erforderlich. Man verwendete das Laufdrehgestell Bauart Hannover, das die beiden 1890 gebauten 2'B n2v-Schnellzuglokomotiven der Direktion Hannover (Gattung S 2) erhalten hatten, und die außenliegende Steuerung Bauart Heusinger. Für die überarbeitete Ausführung der 2'B n2-Lokomotive galt das Musterblatt III 1 d. In dieser Form sind von den Firmen Henschel, Grafenstaden, Schwartzkopff, Borsig, Hanomag und Linke-Hofmann 425 Lokomotiven geliefert worden. Die Königliche Militäreisenbahn hatte drei Lokomotiven nach Musterblatt III 1 d beschafft. Im Unterschied zu der später beschafften Verbundausführung (P 4^2) sind die Zwillingslokomotiven als Gattung P 4^1 bezeichnet worden. Die DRG übernahm 1925 lediglich neun Maschinen mit den Betriebsnummern 36 7001 bis 36 7009.

MAGDEBURG 614, Foto: Slg. Weisbrod

37^{0-1}

pr. P 6
1'C h2
P 34.15
Einsatzzeitraum 1903 bis ca. 1940

Zur Ablösung der an ihrer Leistungsgrenze angelangten zweifach gekuppelten Personenzuglokomotiven ist 1901 bei der Hohenzollern AG nach Vorschlägen von Robert Garbe eine dreifach gekuppelte Heißdampflokomotive entwickelt worden. Die Maschine sollte gleichermaßen für den Personen- und Güterzugdienst, aber auch für den Schnellzugdienst auf Gebirgsstrecken geeignet sein. Die Serienfertigung begann erst im Jahre 1903. An ihr waren die Firmen Hohenzollern, Henschel, Hanomag, Humboldt, Schwartzkopff und Karlsruhe beteiligt. Der Kuppelraddurchmesser betrug beim Baumuster 1 500 mm, bei der Serie 1 600 mm. Ab 1906 waren die Maschinen nicht mehr mit dem Rauchkammer-, sondern dem Rauchrohrüberhitzer ausgerüstet. Die P 6 war, wie alle preußischen Heißdampf-Zwillingslokomotiven, sparsam in Verbrauch und Unterhaltung und unkompliziert in der Bedienung. Eine Schönheit war sie jedoch nicht. Die Zylinder lagen hinter dem Laufradsatz. Die mit Winkelring an den Langkessel angenietete Rauchkammer, im Durchmesser größer als der Kessel, gehörte zu den überhängenden Massen. Obwohl vorderer Laufradsatz und 1. Kuppelradsatz zu einem Krauss-Helmholtz-Lenkgestell vereinigt waren, konnte die zulässige Höchstgeschwindigkeit wegen des unruhigen Laufes nicht ausgefahren werden. Insgesamt sind 275 Lokomotiven der Gattung P 6 gebaut worden, 272 für die Preußisch-Hessische Staatsbahn, drei für die Königliche Militäreisenbahn. Nach dem ersten Weltkrieg mußten 110 Lokomotiven an ausländische Bahnverwaltungen abgegeben werden. Die verbliebenen Maschinen sind bei der Direktion Königsberg stationiert worden. Zur DRG kamen 1925 noch 163 Lokomotiven mit den Betriebsnummern 37 001 bis 163.

37 107, Foto: Slg. Weisbrod

38⁴
Zulässige Geschwindigkeit: 90 km/h
Treib- und Kuppelraddurchmesser: 1 640 mm
Laufraddurchmesser vorn/hinten: 850/– mm
Kesseldruck: 15 bar
Indizierte Leistung: 1 200 PS
Dienstmasse Lok: 72,1 t
LüP mit Tender bay. 2'2 T 21,8: 19 439 mm

37 201 bis 206
Zulässige Geschwindigkeit: 70 (80) km/h
Treib- und Kuppelraddurchmesser: 1 400 (1 500) mm
Laufraddurchmesser vorn/hinten: 1 000/– mm
Kesseldruck: 12 bar
Leistung:
Dienstmasse Lok: 60,2 t
LüP mit Tender LBE 3 T 12: 16 850 mm

37²

LBE G 6 (P 6)
1'C h2
G 34.14 P 34.15
Einsatzzeitraum 1913 bis

Die Lübeck-Büchener Eisenbahn (LBE) beschaffte zwischen 1913 und 1919 sechs 1'C h2-Lokomotiven, die zwar nicht dem Musterblatt XIV 1 der Preußisch-Hessischen Staatsbahn für die Gattung P 6 entsprachen, ihr aber in vielem sehr ähnlich waren. Die Lokomotiven, von Linke-Hofmann geliefert, besaßen zunächst 1 400 mm Kuppelraddurchmesser (pr. P 6 = 1 600 mm) und waren für den Einsatz im Güterzugdienst bestimmt. Wie bei der pr. P 6 waren vorderer Laufradsatz und 1. Kuppelradsatz zu einem Krauss-Helmholtz-Gestell zusammengefaßt. Die Zylinder saßen hinter dem Laufradsatz, jedoch waren die überhängenden Massen geringer als bei der pr. P 6. Die Höchstgeschwindigkeit der Lokomotiven betrug nur 70 km/h. Für drei Maschinen, die 1927/28 Kuppelräder mit 1 500 mm Durchmesser erhielten, ist die zulässige Geschwindigkeit auf 80 km/h erhöht worden. Die Lokomotiven mit 1 400 mm Kuppelraddurchmesser sind bei der LBE als G 6, die mit 1 500 mm Kuppelraddurchmesser als P 6 geführt worden. Die DRG übernahm 1938 alle sechs Lokomotiven mit den Betriebsnummern 37 201 bis 37 206, ordnete sie also den Personenzuglokomotiven zu.

LBE Nr. 75, Foto: Slg. Weisbrod

38⁰

bay. P $^{3}/_{5}$ N
2'C n4v
P 35.14
Einsatzzeitraum 1905 bis 1938

Nach dem Vorbild der bay. S $^{3}/_{5}$ (siehe BR 17⁴) entwickelte die Firma J. A. Maffei eine 2'C-Personenzuglokomotive mit Vierzylinder-Verbund-Triebwerk, die Gattung P $^{3}/_{5}$ N. Die Lokomotive besaß einen Barrenrahmen, hatte 1 640 mm Kuppelraddurchmesser und einen etwas kleineren Kessel als die S $^{3}/_{5}$ (Verdampfungsheizfläche 165,5 m² gegenüber 205,5 m² bei der S $^{3}/_{5}$). Die Zylinderabmessungen bei S $^{3}/_{5}$ und P $^{3}/_{5}$ waren jedoch gleich. Maffei lieferte die ersten Maschinen bereits im Jahre 1905 und bis 1907 insgesamt 36 Stück. Das Leistungsprogramm sah die Beförderung von 350 t in der Ebene mit 80 km/h vor. Die Lokomotiven sind jedoch kaum im Personenzugdienst zum Einsatz gekommen. Weil in Bayern Mangel an leistungsfähigen Schnellzuglokomotiven herrschte, liefen die Maschinen über viele Jahre fast ausschließlich im Schnellzugdienst. Bis zum ersten Weltkrieg waren die P $^{3}/_{5}$ N in München I (8), Lindau (8), Kempten (12) und Schweinfurt (8) beheimatet. Sechs Maschinen sind im Krieg zerstört worden, zwölf mußten an Frankreich (ETAT) und fünf an die AL abgegeben werden. Die restlichen 13 Lokomotiven kamen in den endgültigen Umzeichnungsplan der DRG von 1925 als 38 001 bis 38 013. Bereits 1924 sind alle Maschinen auf Heißdampf umgebaut worden. Im Schnellzugdienst fanden sie nun keine Verwendung mehr. Die RBD Regensburg setzte die Lokomotiven bei den Bw Hof, Weiden, Eger, Schwandorf und Kirchenlaibach im Personenzugdienst ein. 1932 begann die Ausmusterung, die 1938 mit der 38 003 abgeschlossen war.

38 008, Foto: Slg. Weisbrod

38^0
Zulässige Geschwindigkeit: 90 km/h
Treib- und Kuppelraddurchmesser: 1 640 mm
Laufraddurchmesser vorn/hinten:
850/– mm
Kesseldruck: 15 bar
Leistung:
Dienstmasse Lok: 64,6 t
LüP mit Tender bay. 2′2′ T 18,2: 18 524 mm

38^{2-3}
Zulässige Geschwindigkeit: 90 km/h
Treib- und Kuppelraddurchmesser: 1 590 mm
Laufraddurchmesser vorn/hinten:
1 065/– mm
Kesseldruck: 13 bar
Indizierte Leistung: 1 320 PS
Dienstmasse Lok: 73,3 t
LüP mit Tender sä. 2′2′ T 21: 18 972 mm

38^{2-3}

sä. XII H2
2′C h2
P 35.15
Einsatzzeitraum 1910 bis 1971

Ab 1910 mußte auch die Sächsische Staatsbahn im Personenzugdienst Ersatz für die 1′B- und 2′B-Lokomotiven beschaffen, mit denen im dicht besiedelten Sachsen bisher der Personenverkehr bestritten wurde. Bei Hartmann in Chemnitz wurde auf der Basis der Schnellzuglokomotive der Gattung XII H1 eine Heißdampf-Personenzuglokomotive entwikkelt, die Gattung XII H2. Im Gegensatz zu den Schnellzuglokomotiven der Reihe XII wurde der 2. Kuppelradsatz angetrieben. Die ersten zehn Maschinen lieferte Hartmann im Jahre 1910. Mit kurzen Unterbrechnungen ist die XII H2 auch während des ersten Weltkriegs bis zum Jahre 1922 gebaut worden. Die DRG ließ 1927 nochmals zehn Lokomotiven nachbauen, so daß insgesamt 169 Lokomotiven der Gattung XII H2 gebaut worden sind. Ab der Lieferung des Jahres 1916 (Bahnnummer 682) ist der Umlauf höher gelegt worden. In beiden Weltkriegen ist der Bestand an XII H2-Lokomotiven arg dezimiert worden. Nach 1919 mußten 25 Maschinen an Frankreich (ETAT) und vier an die Belgische Staatsbahn abgegeben werden. Als 1938 Deutschland das Sudetenland besetzte, kamen die Depots Aussig, Bodenbach, Tetschen und Komotau zur RBD Dresden. Weil die ČSD fast alle Lokomotiven ins Landesinnere abgefahren hatte, mußte der Bestand mit deutschen Lokomotiven aufgefüllt werden. So verblieben nach 1945 mindestens 51 Lokomotiven der Gattung XII H2 bei den ČSD, die teilweise wieder in Betrieb genommen worden sind (Reihe 365.5).
Die DR besaß 1967 noch 53 Maschinen, aber lediglich drei Lokomotiven bekamen 1970 noch ein EDV-Nummernschild. Als letzte ist die 38 308 als 38 5308-2 1972 ausgemustert worden. Erhalten blieb die 38 205 beim Verkehrsmuseum Dresden.

38 283, Foto: Slg. Weisbrod

38^4

bay. P $^3/_5$ H
2′C h4v
P 35.15
Einsatzzeitraum 1921 bis 1955

Die Gruppenverwaltung Bayern erhielt 1920 von der soeben gegründeten DRG die Genehmigung, 80 Reisezuglokomotiven zu beschaffen, um dem nicht zuletzt durch Krieg und Reparationsabgaben entstandenen Lokomotivmangel abzuhelfen.
Für eine Neuentwicklung fehlte die Zeit, so daß man die bewährte P $^3/_5$ weiterbaute, jedoch als Heißdampflokomotive. Rahmen und Laufwerk waren unverändert von der P $^3/_5$ übernommen worden. Der Kessel war geringfügig größer (50 mm längere Rohre) als bei der P $^3/_5$ N, hatte eine Verdampfungsheizfläche von 142,5 m^2 und 35,92 m^2 Überhitzerheizfläche. HD- und ND-Zylinder besaßen eine um 20 mm größere Bohrung.
Maffei lieferte 1921 alle 80 Lokomotiven der Gattung P $^3/_5$ H mit den Bahnnummern 3837 bis 3916.
Obwohl als Personenzuglokomotive konzipiert, sind die Maschinen sofort im schweren Schnellzugdienst eingesetzt worden und erwiesen sich als sehr leistungsfähig und sparsam im Brennstoffverbrauch. Nach den Leistungstafeln des Merkbuches von 1924 konnten von ihnen in der Ebene 400 t mit 90 km/h im Personenzugdienst und 300 t mit 100 km/h im Schnellzugdienst gefördert werden, obwohl die zulässige Geschwindigkeit nur mit 90 km/h angegeben war.
Die DRG hat 1925 den Lokomotiven die Betriebsnummern 38 401 bis 38 480 zugeteilt.
Alle Lokomotiven überstanden den zweiten Weltkrieg und kamen zur DB. Obwohl nicht zu den Splittergattungen zählend (bis 20 Lokomotiven), sind die P $^3/_5$ H schon zeitig ausgemustert worden. 1948 waren noch 38 Maschinen im Einsatz (Bw Ulm, Augsburg, Lindau). Mit der 38 432 schied am 12. Mai 1955 die letzte Maschine aus.

38 401, Foto: Slg. Weisbrod

38^{10-40}
Zulässige Geschwindigkeit: 100 km/h
Treib- und Kuppelraddurchmesser: 1 750 mm
Laufraddurchmesser vorn/hinten: 1 000/– mm
Kesseldruck: 12 bar
Indizierte Leistung: 1 300 PS
Dienstmasse Lok: 78,2 t
LüP mit Tender pr. 2′2′ T 21,5: 18 590 mm

T 38 3255
Zulässige Geschwindigkeit: 100 km/h
Treib- und Kuppelraddurchmesser: 1 750 mm (Tender 1 400 mm)
Laufraddurchmesser vorn/hinten: 1 000/– mm (Tender 850 mm)
Kesseldruck: 12 bar
Leistung:
Dienstmasse Lok: 78,2 t
LüP mit Tender: 22 917 mm

38^{10-40}

pr. P 8
2′C h2
P 35.17
Einsatzzeitraum 1906 bis 1974

Die pr. P 8 ist 1906 erstmals von Schwartzkopff nach Entwürfen von Robert Garbe gebaut worden, weil eine leistungsstärkere Heißdampflokomotive als die P 6 für den Reiseverkehr benötigt wurde. Nach Beseitigung der Kinderkrankheiten, die den Massenausgleich, die Steuerung und das Laufverhalten betrafen, ist die P 8 eine der erfolgreichsten und meistgebauten deutschen Dampflokomotiven geworden. In der Hoffnung, die Lokomotive werde für 110 km/h zugelassen und als Schnellzuglokomotive geführt, hatte Garbe ein Windschneidenführerhaus vorgeschlagen, mit dem aber wegen des fehlenden aerodynamischen Gewinns der nur für 100 km/h zugelassenen Lokomotive nur etwa 100 Maschinen ausgerüstet worden sind. Die P 8 zog im Personenzugdienst in der Ebene 400 t mit 90 km/h und im Schnellzugdienst 300 t mit 100 km/h.
Der Versailler Vertrag verpflichtete Deutschland zur Abgabe von 628 P 8-Lokomotiven; das waren damals etwa 25 % des Bestands. Die DRG beschaffte die P 8 noch bis 1923, um den Bestand wieder aufzufüllen. Für die Preußisch-Hessische Staatsbahn und die DRG sind 3 444 P 8-Lokomotiven gebaut worden. Ab 1911 war für sie das Musterblatt XIV 1 a verbindlich. Die DRG übernahm 1925 2 878 Maschinen in ihren Bestand, von denen nach 1945 ca. 1 200 zur DB und ca. 700 zur DR kamen. Es gab zur DRG-Zeit nur wenige Bahnbetriebswerke, bei denen keine P 8 beheimatet war. Die DR rüstete etwa 70 Lokomotiven mit Giesl-Flachejektor aus und erzielte damit eine Kohleersparnis bis zu 24 %. Die DB kuppelte viele P 8 mit dem Wannentender 2′2′ T 30 der Kriegsbauart. Bei der DR schied die letzte P 8 im Jahre 1972 aus, bei der DB im Jahre 1974 (038 772-0).
Das Verkehrsmuseum Dresden erhält die 38 1182 betriebsfähig.

38 4051, Foto: Slg. Weisbrod

T 38 3255

pr. P 8 mit Abdampfturbinen-
2′C h2 + 1B2′ Triebtender
P 35.17
Einsatzzeitraum 1927 bis 1937

Um die Wärmewirtschaftlichkeit der Dampflokomotive zu verbessern, beschritt die DRG zwei Wege. Einer bestand in der Erhöhung des Kesseldrucks (Hochdruck- und Mitteldruckprogramm), ein anderer, den Dampf bei normalem Kesseldruck bis zum atmosphärischen Druck in der Turbinenlokomotive zu entspannen. Der Vorschlag, der von der Firma Henschel und dem Turbinenspezialisten Zoelly der DRG unterbreitet wurde, einer normalen Kolbendampfmaschine eine Abdampfturbine nachzuschalten, war eine Variante des zweiten Weges. Als Versuchsträger wählte man eine pr. P 8, für die ein Abdampfturbinen-Triebtender entwickelt worden ist. Abdampfturbine, Kondensator, Rückkühler und die Vorräte an Wasser und Brennstoff waren auf dem Tender untergebracht. Der Triebtender hatte die Achsfolge 1B2′ und besaß eine dreistufige Vorwärtsturbine, die anlief, sobald die Kolbendampfmaschine Dampf abgab. Auf der gleichen Welle wie die Vorwärtsturbine saß die Rückwärtsturbine, die stets mitlief und Leistungsverluste durch Ventilationsarbeit erzeugte. Bei der T 38 3255 hat man die Rückwärtsturbine entfernt, weil die geringen Leistungen bei Rückwärtsfahrt auch von der Kolbenmaschine erbracht werden konnten. Die Lokomotive und der Triebtender liefen 1927 zur Erprobung beim LVA Grunewald. Dort wurde, nach Beseitigung vorhandener Mängel, eine Brennstoffersparnis gegenüber der normalen P 8 von etwa 30 % erzielt. Die T 38 3255 lief in den 30er Jahren beim Bw Kassel im Dienstplan mit P 10-Lokomotiven (BR 39^{0-2}) und erbrachte die gleichen Leistungen. Zunehmende Betriebsstörungen der doch recht komplizierten Maschine veranlaßten die DRG, 1937 die Lok in Normalausführung umzubauen. In dieser Form war die Maschine noch bis 1961 beim Bw Minden im Einsatz.

Foto: Slg. Weisbrod

38^{70}
Zulässige Geschwindigkeit: 75 km/h
Treib- und Kuppelraddurchmesser: 1 600 mm
Laufraddurchmesser vorn/hinten: 850/– mm
Kesseldruck: 13 bar
Indizierte Leistung: 810 PS
Dienstmasse Lok: 58,3 t
LüP mit Tender bad. 3 T 15,5: 16 960 mm

39^{0-2}
Zulässige Geschwindigkeit: 110 km/h
Treib- und Kuppelraddurchmesser: 1 750 mm
Laufraddurchmesser vorn/hinten: 1 000/1 100 mm
Kesseldruck: 14 bar
Effektive Leistung: 1 200 PS
Dienstmasse Lok: 110,4 t
LüP mit Tender pr. 2′2′ T 31,5: 22 980 mm

38 7001, Foto: Slg. Weisbrod

39 136, Foto: Slg. Weisbrod

38^{70}

bad. IVe^{2-6}
2′C h4v
P 35.14
Einsatzzeitraum 1894 bis 1932

Im Bereich der Badischen Staatsbahn zählte die Schwarzwaldbahn zu den Strecken, die die größten Anforderungen an die Lokomotiven stellten. In Zusammenarbeit mit der elsässischen Lokomotivfabrik Grafenstaden entwickelte die Badische Staatsbahn eine Lokomotive, mit der neue Maßstäbe im europäischen Lokomotivbau gesetzt wurden. Die als Gattung IVe bezeichneten Lokomotiven waren die ersten mit der Achsfolge 2′C in Deutschland und zusammen mit der pr. $S 5^1$ die ersten Vierzylinder-Verbund-Naßdampflokomotiven. Um Platz für die Innenzylinder des Zweiachsantriebs nach de Glehn zu finden, hatte das Drehgestell Außenrahmen erhalten. Die außenliegenden, ebenfalls geneigt angeordneten HD-Zylinder trieben den 2. Kuppelradastz an. HD- und ND-Steuerung waren getrennt ausgeführt, so daß in Verbindung mit einem Hilfsregler beim Anfahren alle vier Zylinder Frischdampf bekamen.
Die Lokomotive ist sehr ausführlich erprobt worden und gefiel durch ihre Laufruhe, ihr hohes Beschleunigungsvermögen und ihren sparsamen Dampfverbrauch. Wie in Baden üblich, ließ die Staatsbahn die ersten Maschinen von der Urheberfirma bauen (Grafenstaden lieferte acht Maschinen) und beauftragte dann die Maschinenbau-Gesellschaft Karlsruhe mit der Serienlieferung, die weitere 75 Lokomotiven umfaßte. Die DRG übernahm 1925 noch 35 Lokomotiven mit den Betriebsnummern 38 7001 bis 38 7073 (Nummern nicht durchgängig besetzt). Auf der Schwarzwaldbahn ist die IVe erst durch die P 8 abgelöst worden. Die letzten drei Maschinen musterte man 1932 aus.

39^{0-2}

pr. P 10
1′D1′ h3
P 46.19
Einsatzzeitraum 1922 bis 1967

Die schlechte wirtschaftliche Lage nach dem ersten Weltkrieg zwang auch die Preußisch-Hessische Staatsbahn, weniger, dafür aber längere Reisezüge zu fahren. Auf Mittelgebirgsstrecken war das ohne unwirtschaftliche Vorspannleistungen nicht mehr möglich, so daß eine leistungsstärkere Lokomotive als die P 8 beschafft werden mußte. Weil 17 t Achsfahrmasse einzuhalten waren, mußte der Kessel auf vier gekuppelten Radsätzen untergebracht werden. Gebaut wurde die 1′D1′-Lokomotive nach dem Borsig-Entwurf mit Dreizylinder-Triebwerk und Antrieb des 2. Kuppelradsatzes. Das geforderte Leistungsprogramm wurde von den als Gattung P 10 bezeichneten Lokomotiven mühelos erfüllt. Sie sollten in der Ebene 700 t mit 95 km/h und die gleiche Zugmasse auf 10 % Steigung mit 30 km/h befördern. Die ersten beiden Lokomotiven sind 1922 von Borsig geliefert worden. Weitere 20 Lokomotiven sind als 17 003 bis 17 022 in Dienst gestellt worden, die Baureihenbezeichnung des 2. vorläufigen Umzeichnungsplans. Im endgültigen Umzeichnungsplan bekamen die P 10 die Baureihenbezeichnung 39. Bis 1926 sind von Borsig, Henschel, Krupp, Hanomag, Linke-Hofmann und Karlsruhe 260 Lokomotiven gebaut worden. Mit 19 t mittlerer Kuppelachsfahrmasse war die Vorgabe von 17 t erheblich überschritten worden, so daß P 10-Lokomotiven kalt abgestellt werden mußten, bis die Strecken für 20 t ausgebaut waren. Mängel in der Luftzuführung zum Aschkasten und bei der Blasrohranlage verhinderten die volle Leistungsentwicklung der P 10 und brachten ihr den Ruf als Kohlenfresser ein. Die DR nahm deshalb 85 Lokomotiven in ihr Rekonstruktionsprogramm auf und rüstete sie u. a. mit neuen Verbrennungskammerkesseln aus (siehe BR 22).

41 (Einheitslok)
Zulässige Geschwindigkeit: 90 km/h
Treib- und Kuppelraddurchmesser: 1 600 mm
Laufraddurchmesser vorn/hinten: 1 000/1 250 mm
Kesseldruck: 20 bar
Indizierte Leistung: 1 900 PS
Dienstmasse Lok: 101,9 t
LüP mit Tender 2'2' T 34: 23 905 mm

41 (Umbau DB)
Zulässige Geschwindigkeit: 90 km/h
Treib- und Kuppelraddurchmesser: 1 600 mm
Laufraddurchmesser vorn/hinten: 1 000/1 250 mm
Kesseldruck: 16 bar
Indizierte Leistung: 2 050 (Kohle), 2 139 (Öl) PS
Dienstmasse Lok: 101,3 (Öl) t
LüP mit Tender 2'2' T 34: 23 905 mm

41

Einheitslok
1'D1' h2
G 46.18/20
Einsatzzeitraum 1936 bis 1984

Die Baureihe 41 gehört zu den Einheitslokomotiven mit veränderlicher Achsfahrmasse. Wie auch bei den BR 06 und 45 konnte die Kuppelradsatzfahrmasse wahlweise auf 18 oder 20 t eingestellt werden. Geplant war die BR 41 als 1'D-Lokomotive, die die pr. G 8^2 (BR 56^{20-29}) ablösen sollte. Um jedoch einen Kessel unterbringen zu können, der die erforderliche Leistungssteigerung gegenüber der G 8^2 und eine Geschwindigkeit von 90 km/h garantierte, entschied man sich für die von Schwartzkopff vorgeschlagene 1'D1'-Variante mit Zwillingstriebwerk. Die beiden Baumusterlokomotiven lieferte Schwartzkopff 1936. Sie wurden beim LVA Grunewald einer leistungstechnischen Untersuchung unterzogen und beim Bw Schneidemühl im Betriebsdienst erprobt. Bei der Serienlieferung ab 41 003 sind gegenüber den Baumustern einige Änderungen vorgenommen worden: seitliche Luftklappen am Aschkasten, breiterer Bodenring, Karl-Schulz-Schieber statt Regelschieber mit Eckventilen, breiteres Führerhaus, Hängeeisen statt Kuhnscher Schleife. Die Baumusterlokomotiven waren mit dem 2'2' T 32, die der Serie mit dem 2'2' T 34 gekuppelt. Die Lokomotiven der BR 41 besaßen den Kessel der BR 03, jedoch aus Stahl St 47 K und für 20 bar Druck ausgelegt.
Von 1936 bis 1941 sind 366 Lokomotiven gebaut worden, an deren Herstellung fast alle deutschen Lokomotivfabriken beteiligt waren. Weitere Bestellungen mußten wegen des Krieges storniert werden. Die Lokomotiven der BR 41 waren gelungene Konstruktionen und vielseitig im schnellen Güterverkehr, aber auch im Reisezugdienst im Hügelland verwendbar. Nach 1945 befanden sich 220 Maschinen bei der DB, 142 bei der DR.

41 166, Foto: Slg. Weisbrod

41

Umbaulok DB
1'D1' h2
G 46.18/20
Einsatz 1957 bis 1971 (1977)

Bereits nach dem Kriege mußten DB und DR den Kesseldruck für alle Lokomotiven der BR 41 auf 16 bar reduzieren, weil deren Kessel aus dem nichtalterungsbeständigen Stahl St 47 K bestanden. Von 1957 bis 1961 rüstete die DB 103 Lokomotiven mit Neubau-Ersatzkesseln aus, die vollständig geschweißt waren und eine Verbrennungskammer besaßen. Die Kessel waren dadurch höher belastbar und erbrachten eine größere Dampfleistung. Dieser Hochleistungskessel war für die Baureihen 03, 03^{10} und 41 vorgesehen. Von den 103 neubekesselten Lokomotiven erhielten 40 Maschinen Ölhauptfeuerung. Den Umbau nahm das AW Braunschweig vor, den Einbau der Ölfeuerung Henschel in Kassel.
Die ölgefeuerten Lokomotiven erzielten Heißdampftemperaturen von 480 °C, so daß die Gefahr der Verkokung des Schmieröls in den Zylindern bestand und durch Überhitzerkühlung die Heißdampftemperatur auf 440 °C gedrosselt werden mußte. Die indizierte Leistung der ölgefeuerten Lokomotiven lag auch um knapp 100 PS höher als die der kohlegefeuerten. Bei der Neubekesselung ist zugleich die Frontpartie geändert worden. Die Schrägbleche der Frontschürze schnitt man zurück und führte das Laufblech ab Zylinderende etwas tiefer bis zur Rauchkammer. Ein Rauchkammertrittblech verband beide Laufbleche. Im EDV-Nummernplan der DB bekamen die kohlegefeuerten Lokomotiven die Baureihenbezeichnung 041, die ölgefeuerten die 042. Die BR 041 ist bis 1971 ausgemustert worden. Auslauf-Bw für die 042 war Rheine, das die letzten Maschinen 1977 abgestellt hat.

41 052, Foto: Slg. Eickel

41 (Umbau/Rekolok DR)
Zulässige Geschwindigkeit: 90 km/h
Treib- und Kuppelraddurchmesser: 1 600 mm
Laufraddurchmesser vorn/hinten: 1 000/1 250 mm
Kesseldruck: 16 bar
Indizierte Leistung: 1 990 PS
Dienstmasse Lok: 103,2 t
LüP mit Tender 2'2' T 34: 23 905 mm

42
Zulässige Geschwindigkeit: 80 km/h
Treib- und Kuppelraddurchmesser: 1 400 mm
Laufraddurchmesser vorn/hinten: 850/– mm
Kesseldruck: 16 bar
Indizierte Leistung: 1 800 PS
Dienstmasse Lok: 96,9 t
LüP mit Tender K 2'2' T 30: 23 000 mm

41

Umbaulok/Rekolok DR
1'D1' h2
G 46.18/20
Einsatzzeitraum 1961 bis 1984

Die bei DR wie bei DB vorgenommene Reduzierung des Kesseldrucks von 20 auf 16 bar konnte die Schadanfälligkeit der St 47 K-Kessel nicht aufhalten, sondern nur verzögern. Noch ehe der neue Rekokessel verfügbar war, mußte die DR 21 Lokomotiven neu bekesseln und beschaffte vom Schwermaschinenbau „Karl Liebknecht" Magdeburg Nachbaukessel in Schweißausführung. Beim Nachbaukessel ist auf den Speisedom wegen der inneren Kesselspeisewasseraufbereitung verzichtet worden. Von diesen 21 Lokomotiven besaßen 20 Oberflächenvorwärmer Bauart Knorr und eine (41 288) eine Mischvorwärmeranlage. Weitere fünf Maschinen mit Altbaukessel bekamen Mischvorwärmeranlagen und waren, außer am Mischkasten, an den drei Kesselaufbauten erkennbar.
80 Lokomotiven sind in das Rekonstruktionsprogramm aufgenommen worden und erhielten ab 1961 in den Raw Zwickau und Karl-Marx-Stadt Neubaukessel in Schweißausführung mit Verbrennungskammer. Der DR-Rekokessel war mit 70 kg/m^{2}h zwar nicht so hoch belastbar wie der Hochleistungskessel der DB (75 kg/m^{2}h), lieferte bei gleicher Strahlungsheizfläche und größerer Rohrheizfläche jedoch 1,7 t/h Dampf mehr. Mit den neuen Kesseln hatten die DR- und DB-Maschinen wieder das Leistungsniveau der Ursprungsausführung mit 20 bar Kesseldruck erreicht, mußten dabei jedoch mit größeren Füllungen gefahren werden, weil die Zylinder aus Kostengründen unverändert blieben. Die BR 41 war eine der vielseitigsten Lokomotiven im Betriebspark der DR. Außer im Güterzugdienst wurde sie vor allem von den Bw Saalfeld und Oebisfelde auch im Reisezugdienst eingesetzt. Anfang der 80er Jahre, war, von Ausnahmen abgesehen, der Planeinsatz der BR 41 bei der DR beendet.

41 1038, Foto: Weisbrod

42

Kriegslok
1'E h2
G 56.17
Einsatzzeitraum 1944 bis 1969

Die Baureihe 42 ist als zweite Kriegsdampflokomotive (KDL 2) nach der BR 52 gebaut worden. Für die Strecken in Österreich und den besetzten Gebieten der UdSSR sollte eine Lokomotive mit 18 t Achsfahrmasse entwikkelt werden, die den Kessel der BR 44 und das Fahrwerk der BR 50 besaß. Von den 20 Angeboten der Lokomotivfabriken sind zwei Baurichtungen favorisiert worden: Lokomotiven mit Blechrahmen und Brotan-Kessel und Lokomotiven mit Barrenrahmen und Stehbolzenkessel. Die 1942 geplanten 8 000 Lokomotiven reduzierte man schnell auf 5 000 Einheiten und beschloß im April 1943, 2 500 Loks mit Stehbolzenkessel, 1 150 Loks mit Brotan-Kessel und 650 Loks mit Brotan-Kessel und Henschel-Kondenstender zu bauen. Zwei Probelokomotiven mit Brotan-Kessel (die von der Wiener Lokomotivfabrik stammten) lieferte Henschel 1943 mit den Fabriknummern 28 000 und 28 001 als 42 0001 und 42 0002. Im Januar 1944 lieferte Schwartzkopff die erste Lok mit Stehbolzenkessel als 42 501. Nur diese Ausführung ist in den Jahren 1944/45 mit 844 Stück weiterbeschafft worden. Westdeutsche Lokomotivfabriken lieferten von 1945 bis 1947 noch 14 Maschinen an die DB und eine für die Saarbahnen. Das Raw Stendal stellte aus vorhandenen Teilen 1948/49 noch drei Lokomotiven fertig, die die DR-Betriebsnummern 42 001 bis 42 003 (in 2. Besetzung) bekamen. Die DB hatte die beiden Brotan-Lokomotiven 42 0001 und 42 0002 in 42 001 und 42 002 umgezeichnet und der als 42 1067 vorgesehene Esslinger Lokomotive die Betriebsnummer 42 003 gegeben.
Nach 1945 besaß die DB 701, die DR 49 Maschinen der BR 42. Einige Maschinen der DB und der DR sind versuchsweise mit Misch- und Oberflächenvorwärmanlagen ausgerüstet worden.

42 506, Foto: Slg. Weisbrod

42⁹⁰
Zulässige Geschwindigkeit: 80 km/h
Treib- und Kuppelraddurchmesser: 1 400 mm
Laufraddurchmesser vorn/hinten: 850/– mm
Kesseldruck: 16 bar
Indizierte Leistung: 1 630 PS
Dienstmasse Lok: 98,7 t
LüP mit Tender K 2′2′ T 30: 22 975 mm

42^{90}

Umbaulok DB (Franco-Crosti)
1′E h2
G 56.18
Einsatzzeitraum 1951 bis 1960

Die Verteuerung der Kohle Anfang der 50er Jahre veranlaßte viele Bahngesellschaften, so auch die DB, nach Wegen zu suchen, die Wärmewirtschaft der Dampflokomotiven zu verbessern, um Brennstoff zu sparen. Der italienische Ingenieur Attilo Franco (1873 bis 1936) hatte 1926 ein Patent für einen Rauchgasvorwärmer erhalten. Nach seinem Tode wurde das Verfahren von seinem Mitarbeiter Piero Crosti weiterentwickelt und als Franco-Crosti-Rauchgasvorwärmer bekannt.
Die DB ließ 1951 bei Henschel die 52 893 und 52 894 mit Franco-Crosti-Rauchgasvorwärmer ausrüsten. Dieser Vorwärmer nutzt die Rauchgase zur Vorwärmung des Speisewassers. Durch Verkleinerung der Verdampfungsheizfläche des Langkessels von 177,6 auf 121,2 m² wurde das Temperaturgefälle in Richtung Vorwärmer (132,0 m²) verschoben. Die Rauchgase entwichen nicht durch den Schornstein, sondern wurden in der Rauchkammertür umgelenkt und in zwei Vorwärmertrommeln unter dem Langkessel geleitet. Um den Vorwärmer unterbringen zu können, war der Kessel angehoben worden (Kesselmitte von 3 050 auf 3 300 mm). Die Vorwärmertrommeln endeten in Rauchkammern mit je einem dreidüsigen Blasrohr. Durch je einen elliptischen Schornstein gelangten der Abdampf und die Rauchgase ins Freie.
Die Brennstoffeinsparung bei den beiden umgebauten Lokomotiven war mit 10 bis 15 % geringer als erwartet und rechtfertigte nicht den hohen Konstruktionsaufwand. Die mittlere Kupelachsfahrmasse war auf 18 t gestiegen, so daß beide Lokomotiven der Baureihe 42 zugeordnet werden mußten und die Betriebsnummern 42 9000 und 42 9001 bekamen. Die 42 9000 ist am 20. Juli 1959, die 42 9001 am 30. September 1990 ausgemustert worden.

42 9000, Foto: Slg. Weisbrod

43

Einheitslok
1′E h2
G 56.20
Einsatzzeitraum 1927 bis 1968

Die Baureihe 43 gehörte wie die Baureihe 44 zum 1. Typisierungsplan der DRG für neuzubauende Lokomotiven. Weil ermittelt werden sollte, ob die Zweizylinder- oder die Dreizylinder-Ausführung wirtschaftlich am günstigsten sei, sind zunächst zehn Lokomotiven beider Baureihen beschafft und im direkten Vergleich erprobt worden. 1927 lieferte Henschel die 43 001 bis 43 005, Schwartzkopff die 43 006 bis 43 010. Das Leistungsprogramm, in der Ebene 1 340 t mit 65 km/h und auf 4 ‰ Steigung 1 390 t mit 40 km/h zu befördern, wurde mühelos erfüllt.
Zunächst hat die DRG 1927/28 jedoch weitere 25 Maschinen der Baureihe 43 beschafft, die die Firmen Henschel und Schwartzkopff lieferten. Die Lokomotiven sind den Direktionen Dresden, Erfurt und Karlsruhe zugeteilt worden. Gegenüber den zehn Baumusterlokomotiven erfolgten bei der Serienlieferung nur geringfügige Änderungen. Es blieb bei 35 Lokomotiven, weil die DRG ab 1937 die Baureihe 44 weiterbeschaffte. Die hohen Kolbenkräfte der mit 720 mm Durchmesser größten Zylinder bei Einheitslokomotiven führten zu Schäden an Kreuzköpfen und Treibzapfen.
Nach dem Kriege verblieben alle 35 Lokomotiven bei der DR. Hier mußten die 43 023 schon 1950 und die 43 030 und 032 1965/66 ausgemustert werden. Die Lokomotiven waren beim Bw Lübbenau beheimatet und mit der Kohleabfuhr aus den Lausitzer Revieren beschäftigt. Berühmt wurde der „Transport-Rekord“ vom 24. Januar 1949, als die 43 031 einen Zug von 147 Wagen (4 500 t) von Senftenberg nach Berlin-Schöneweide beförderte. 1966 waren die Maschinen bei den Bw Cottbus, Rostock und Wittenberge beheimatet. Die 43 001 ist für das Verkehrsmuseum Dresden erhalten geblieben.

43 001, Foto: Weisbrod

44 (Einheitslok)
Zulässige Geschwindigkeit: 80 km/h
Treib- und Kuppelraddurchmesser: 1 400 mm
Laufraddurchmesser vorn/hinten: 850/– mm
Kesseldruck: 16 bar
Indizierte Leistung: 1 910 PS
Dienstmasse Lok: 109,8 t
LüP mit Tender 2′2′ T 34: 22 620 mm

44 (Mitteldruck)
Zulässige Geschwindigkeit: 80 km/h
Treib- und Kuppelraddurchmesser: 1 400 mm
Laufraddurchmesser vorn/hinten: 1 000/– mm
Kesseldruck: 25 bar
Indizierte Leistung: 2 540 PS
Dienstmasse Lok: 114,9 t
LüP mit Tender 2′2′ T 32: 22 655 mm

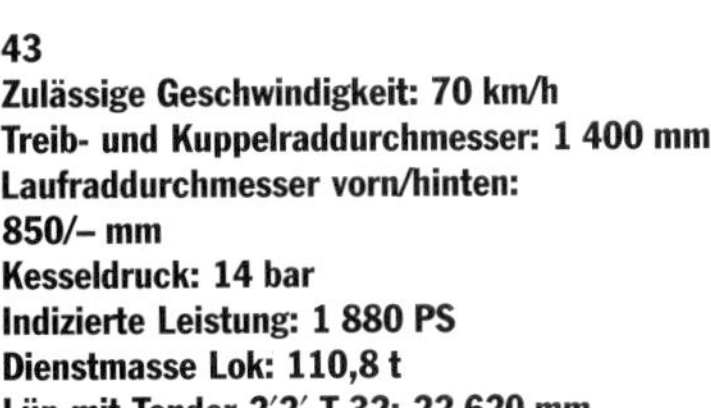

43
Zulässige Geschwindigkeit: 70 km/h
Treib- und Kuppelraddurchmesser: 1 400 mm
Laufraddurchmesser vorn/hinten: 850/– mm
Kesseldruck: 14 bar
Indizierte Leistung: 1 880 PS
Dienstmasse Lok: 110,8 t
Lüp mit Tender 2′2′ T 32: 22 620 mm

44

Einheitslok
1′E h3
G 56.20
Einsatzzeitraum 1927 bis 1982

Die Baureihen 43 und 44 gehörten zum 1. Typisierungsplan der DRG für Einheitslokomotiven und sind 1927 mit je zehn Maschinen beschafft worden. Wegen des geringeren Dampfverbrauchs ist zunächst nur die BR 43 weitergebaut worden. Erst als auch von Güterzügen höhere Geschwindigkeiten gefordert wurden, baute man ausschließlich die BR 44 mit Drillingstriebswerk weiter. Krupp, Henschel und Schwartzkopff lieferten 1937 die sogenannte Zwischenausführung (44 013 bis 44 065), die im Unterschied zu den Baumustern einen Kesseldruck von 16 bar und um 50 mm auf 550 mm Durchmesser verkleinerte Zylinder hatte. Anstelle der kupfernen wurde eine Stahlfeuerbüchse verwendet.
Mit der 44 066 begann die Lieferung der Standard-Ausführung. Hier war der Antrieb für die Steuerung des mittleren Zylinders geändert worden: Statt von einer Hubscheibe wurde die Steuerung von einer Kröpfung der Achswelle des 3. Kuppelradsatzes angetrieben.
Auch während des Krieges lief die Beschaffung weiter, wenngleich in vereinfachter Ausführung als Übergangs-Kriegslokomotive (ÜK). Im von deutschen Truppen besetzten Teil Frankreichs waren Lokomotivbauanstalten angewiesen worden, Lokomotiven der BR 44 zu bauen, jedoch gelangten durch die Befreiung Frankreichs 226 Maschinen nicht mehr in deutschen Besitz. LEW Hennigsdorf stellte 1949 aus vorhandenen Teilen noch zehn Lokomotiven fertig und lieferte sie als 44 1231 bis 44 1240 an die DR. Insgesamt sind also 1989 Lokomotiven gebaut worden, und mit einem Beschaffungszeitraum von 1927 bis 1949 ist die BR 44 die am längsten beschaffte Einheitslokomotive. Nach dem Kriege waren 1242 Lokomotiven im Bestand der DB, 335 im Bestand der DR.

44 109, Foto: Slg. Weisbrod

44

Einheitslok (Mitteldruck)
1′E h4v
G 56.20
Einsatzzeitraum 1933 bis 1962

Die DRG erprobte ab 1932 bei acht Lokomotiven verschiedener Baureihen mögliche Vorteile eines Kesseldrucks von 25 bar. In dieses sogenannte Mitteldruckprogramm waren auch die 44 011 und 44 012 einbezogen. Sie hatten jedoch, um den hohen Druck wirtschaftlich nutzen zu können, ein Vierzylinder-Verbundtriebwerk erhalten. Die Kessel bestanden aus St 52, bei den Feuerbüchsen sind jeweils unterschiedliche Stähle erprobt worden. Zur Beschleunigung des Wasserumlaufs in der Feuerbüchse waren beide Lokomotiven mit Feuerbüchswasserkammern Bauart Nicholson nach amerikanischem Vorbild ausgestattet. Noch während der Erprobung beim LVA Grunewald mußten die Wasserkammern wegen Ausbeulungen und Undichtigkeiten ausgebaut werden. Im Versuchsbetrieb erzielten die Lokomotiven beim Dampf- und Brennstoffverbrauch so niedrige Werte, wie sie bisher von keiner Lokomotive der DRG erreicht worden waren.
Die Versuche mit Mitteldrucklokomotiven brachten die Erkenntnis, daß mit 20 bar die Belastbarkeit des Röhrenkessels Stephensonscher Bauart erreicht war und ein höherer Kesseldruck einen unvertretbar hohen Unterhaltungsaufwand erforderte. Bei beiden Maschinen reduzierte man den Kesseldruck 1935 auf 20 bar, 1939 auf 16 bar.
Nach dem Kriege verblieb die 44 011 bei der DB und ist als Einzelgänger am 13. Dezember 1950 beim Bw Kornwestheim ausgemustert worden. Die 44 012 stand ab 1950 der FVA Halle als Bremslok zur Verfügung und schied am 14. März 1962 aus.

44 011, Foto: Henschel

44 (Umbau DB)
Zulässige Geschwindigkeit: 80 km/h
Treib- und Kuppelraddurchmesser: 1 400 mm
Laufraddurchmesser vorn/hinten: 850/– mm
Kesseldruck: 16 bar
Indizierte Leistung: 1 910 PS
Dienstmasse Lok: 110,0 t
LüP mit Tender 2′2′ T 34: 22 620 mm

44 (Umbau DR)
Zulässige Geschwindigkeit: 80 km/h
Treib- und Kuppelraddurchmesser: 1 400 mm
Laufraddurchmesser vorn/hinten: 850/– mm
Kesseldruck: 16 bar
Indizierte Leistung: 2 100 PS
Dienstmasse Lok (Kst.): 109,8 t
LüP mit Tender 2′2′ T 24 Kst: 23 202 mm

44

Umbaulok DB
1′E h3
G 56.20
Einsatzzeitraum 1950 bis 1968/73

Die DB hatte nach dem Kriege die Ausmusterung aller Splittergattungen verfügt. Gleichzeitig liefen Versuche, die vorhandenen Baureihen zu modernisieren und wärmewirtschaftlich effektiver zu nutzen. Bei diesen Versuchen sollten auch Erkenntnisse für die Neubekesselung verschiedener Baureihen gewonnen werden.
Im Rahmen eines Großversuchs erhielten 1950 die 44 239, 241, 242, 244 und 246 (Schwartzkopff 1939) neue Stehkessel in Schweißausführung mit einer 585 mm langen Verbrennungskammer und Mehrfachventil-Heißdampfregler. Außerdem sind die Maschinen als erste deutsche Lokomotiven mit mechanischer Rostbeschickung durch Standard-Stoker und Hulson-Schüttelrosten (US-Lizenzen) ausgerüstet worden. Der Stoker bedeutete eine wesentliche körperliche Entlastung für den Heizer. Zu hoher Brennstoffverbrauch verhinderte eine weitere Verbreitung des Stokers. Weitere fünf Maschinen (44 433, 475, 629, 1174 und 1210) bekamen 1950 ebenfalls bei Henschel neue, geschweißte Stehkessel mit Verbrennungskammer und Henschel-Mischvorwärmer MVR mit Turbospeisepumpe. Der Henschel-MVR ist zugleich auch bei fünf Lokomotiven der BR 01 erprobt worden, erlangte aber keine Serienreife.
Die Stoker-Lokomotiven sind zwischen 1964 und 1968 ausgemustert worden. Die 44 443 und 44 629 schieden im Jahre 1966 aus, die 44 1174 und 44 1210 erst 1973. Die 44 475 bekam 1955 als erste DB-Lokomotive Ölzusatzfeuerung, später Ölhauptfeuerung. Von 1958 bis 1960 sind weitere 31 Lokomotiven auf Ölhauptfeuerung umgebaut worden.
Vorzeitig ausgemusterte ölgefeuerte Lokomotiven sind 1973/74 durch Umbauten ersetzt worden.

043 315, Foto: Gingter

44

Umbaulok DR (Kohlenstaub- u. Ölhauptfeuerung)
1′E h3
G 56.20
Einsatzzeitraum 1951 bis 1975 (Kst.) 1961 bis 1981 (Öl)

Die DR nahm nach dem Kriege die Versuche mit Braunkohlenstaubfeuerung aus der Vorkriegszeit wieder auf und entwickelte unter der Leitung von Hans Wendler ein Verfahren zur pneumatischen Staubaustragung. Es war den Verfahren der AEG und der Stug überlegen, weil es keine unterhaltungsaufwendigen und störanfälligen mechanischen Einrichtungen zur Staubaustragung aus dem Tender besaß.
1951 erhielt die 44 506 im Raw Meiningen versuchsweise Kohlenstaubfeuerung System Wendler. Vergleichsfahrten mit der Rostlok 44 1416 ergaben bei gleichem Brennstoffverbrauch eine höhere Leistung der Kohlenstaublokomotive. Insgesamt sind 22 Lokomotiven der BR 44 mit Kohlenstaubfeuerung ausgerüstet worden und bei den Bw Halle G und Arnstadt im Einsatz gewesen. Die letzte Maschine ist 1975 beim Bw Arnstadt ausgemustert worden.
1959 erhielt die 44 195 als erste DR-Lokomotive versuchsweise Ölhauptfeuerung. Der Serienumbau begann im Oktober 1961 und endete 1967 mit der Auslieferung der 94. Lokomotive. Etwa die Hälfte der ölgefeuerten Lokomotiven hat beim Umbau einen Ersatzkessel in Schweißausführung bekommen.
Wegen der Verteuerung des Rohöls auf dem Weltmarkt verfügte die DR die Stillegung aller ölgefeuerten Lokomotiven zum Jahresende 1981. Das Raw Meiningen baute 1982/83 58 Lokomotiven auf Rostfeuerung zurück. Zwei dieser Maschinen, als Werklok beim Braunkohlenwerk Geiseltal eingesetzt, erhielten sogar anstelle der Ölfeuerung eine Kohlenstaubfeuerung. 17 Lokomotiven wurden provisorische mobile Heizanlagen (PmH), acht Lokomotiven Dampfspender (nur noch Kessel und Fahrgestell). Die 44 1093 (ex 44 0093) ist betriebsfähige Traditionslokomotive der DR.

44 9506, Foto: Weisbrod

45 (Einheitslok)
Zulässige Geschwindigkeit: 90 km/h
Treib- und Kuppelraddurchmesser: 1 600 mm
Laufraddurchmesser vorn/hinten: 1 000/1 250 mm
Kesseldruck: 20 bar
Indizierte Leistung: 3 000 PS
Dienstmasse Lok: 126,7 t
LüP mit Tender 2'3 T 38: 25 645 mm

45 (Umbau DB)
Zulässige Geschwindigkeit: 90 km/h
Treib- und Kuppelraddurchmesser: 1 600 mm
Laufraddurchmesser vorn/hinten: 1 000/1 250 mm
Kesseldruck: 16 bar
Indizierte Leistung: 3 000 PS
Dienstmasse Lok: 128,5 t
LüP mit Tender 2'3 T 38: 25 645 mm

45

Einheitslok
1'E1' h3
G 57.18/20
Einsatzzeitraum 1936 bis 1953

Zur weiteren Beschleunigung des schweren Güterverkehrs, zur Ablösung der G 12 und zur Ergänzung des Einsatzgebiets der BR 44 plante die DRG eine Güterzuglokomotive, die der BR 44 an Leistung und Geschwindigkeit überlegen war. Die Lokomotivfabriken boten Entwürfe einer 1'E1' h3-Maschine mit 20 bar Kesseldruck an. Entwürfe einer h4v-Maschine mit 25 bar Kesseldruck und eine Kohlenstaubversion wurden vom Lokausschuß abgelehnt.
Henschel lieferte 1936 und 1937 die beiden Baumusterlokomotiven 45 001 und 45 002 mit einem Kessel mit 7 500 mm (!) Rohrlänge. Der Kessel aus St 47 K war für 20 bar ausgelegt und entsprach dem der Schnellzuglokomotiven der BR 06. Die Serienlieferung erfolgte erst Ende 1940 und im Laufe des Jahres 1941. Statt der geplanten 130 Lokomotiven sind kriegsbedingt nur insgesamt 28 Maschinen gebaut worden. Die 45 001 ist vom LVA Grunewald leistungstechnisch untersucht worden (später auch 45 002, 003, 015 und 024). Die maximale Zughakenleistung der BR 45 überstieg die der BR 44 um 25,3 % (≙ 580 PS), womit diese Baureihe die stärkste (und zusammen mit der BR 41) auch die schnellste Güterzuglokomotive der DRG war. Alle Lokomotiven wurden beim Bw Würzburg konzentriert und liefen im schweren Güterzug- und Eilgüterzugdienst, konnten aber auch die BR 01 im Schnellzugdienst auf Hügellandstrecken ersetzen. Wegen der großen Rostfläche von 5,04 m² fuhren die Maschinen planmäßig mit zwei Heizern. Bei Kriegsende waren bis auf die 45 024 alle Maschinen bei der DB und bis auf drei betriebsunfähig abgestellt. Für das LVA Göttingen sind die 45 003, 004, 011 und 020 als Bremslokomotiven aufgearbeitet worden, die 45 020 dann anstelle der mit Zylinderriß abgestellten 45 011.

45 002, Foto: Slg. Weisbrod

45

Umbaulok DB
1'E1' h3
G 56.18/20
Einsatzzeitraum 1950 bis 1968

Die DB wollte auf die bei Kriegsende erst fünf Jahre alten Lokomotiven der BR 45, sofern sie von schweren Kriegsschäden verschont geblieben waren, nicht verzichten und entwickelte einen nach den neuen Baugrundsätzen gefertigten Hochleistungskessel mit Verbrennungskammer. Mit diesem Kessel sind ab 1950 die 45 010, 016, 019, 021 und 023 ausgerüstet worden. Nur neue Stehkessel mit Verbrennungskammer erhielten die 45 008, 009, 012, 014 und 022. Bei allen Feuerbüchsen war die Rostfläche auf 4,47 m² verkleinert worden. Alle zehn Lokomotiven waren mit mechanischer Rostbeschickung durch Standard-Stoker und Hulson-Schüttelrosten ausgestattet.
Die Lokomotiven waren beim Bw Würzburg beheimatet und liefen zusammen mit den Stoker-Lokomotiven der BR 44 in einem Dienstplan.
Waren es früher Kesselschäden, die die Lokomotiven auf das Abstellgleis zwangen, traten jetzt in vermehrtem Umfang Zylinderrisse auf. Im August 1954 ist die 45 021 abgestellt worden, im Januar 1955 folgten die 45 004 und 011 und 1962 die 45 016 mit den gleichen Schäden.
Das BZA Minden hatte nach und nach die 45 010, 012, 016, 019, 020 und 023 als Bremslokomotiven erhalten. 1958 sind bei allen noch im Betrieb befindlichen Maschinen die Stoker wieder ausgebaut worden. Die 45 023 kam 1965 zum Bw München und diente dem BZA München für Versuchsfahrten. 1968 sind mit der 45 010 und der 45 019 die letzten Maschinen abgestellt worden. Die 45 010 wird von der DGEG museal erhalten.

45 012, Foto: Slg. Weisbrod

50
Zulässige Geschwindigkeit: 80 km/h
Treib- und Kuppelraddurchmesser: 1 400 mm
Laufraddurchmesser vorn/hinten: 850/– mm
Kesseldruck: 16 bar
Indizierte Leistung: 1 700 PS
Dienstmasse Lok: 88,1 t
LüP mit Tender 2′2′ T 26: 22 940 mm

50^{35-37}
Zulässige Geschwindigkeit: 80 km/h
Treib- und Kuppelraddurchmesser: 1 400 mm
Laufraddurchmesser vorn/hinten: 850/– mm
Kesseldruck: 16 bar
Indizierte Leistung: 1 760 PS
Dienstmasse Lok: 88,2 t
LüP mit Tender 2′2′ T 26: 22 940 mm

H 45 024

Umbaulok DR (La Mont-Kessel)
1′E1′ h3v
G 57.20
Einsatzzeitraum: nicht eingesetzt

Auf der Leipziger Messe 1951 erregte eine Dampflokomotive Aufsehen, die nicht nur in der Form wegen ihres viereckigen Kessels, sondern auch wegen ihrer braunen Farbgebung von der Norm abwich. Diese Lokomotive besaß einen La-Mont-Zwangsumlaufkessel, der auf dem Fahrgestell der 45 024 aufgebaut war. Kondensationsanlage und Kohlenstaubvorrat nahm der vierachsige Kondenstender auf. Der La Mont-Kessel war eine U-förmige Wanne. Anstelle der üblichen Feuerbüchse besaß er einen Brennraum mit den Röhren des Verdampfers. Den Platz des Langkessels nahmen die Rohrbündel von Überhitzer und Speisewasservorwärmer ein. In der Rauchkammer waren Saugzuganlage, Gebläse, Antriebsturbine und Ausdampfbehälter sowie der Schornstein untergebracht. Die Lokomotive wurde mit Braunkohlenstaub nach dem System LOWA gefeuert. Der pneumatisch aus dem Tender ausgetragene Staub gelangte nicht direkt zu den Brennern, sondern nahm den Umweg über einen Zuteilungsbehälter an der Führerhausrückwand. Das Dreizylinder-Triebwerk mit Zweiachsantrieb war im Prinzip beibehalten, jedoch wegen des Kesseldrucks von 42 bar auf Verbundwirkung umgebaut worden. Der mittlere Zylinder (400 mm Durchmesser) war der HD-Zylinder; die beiden äußeren ND-Zylinder hatten jeweils 520 mm Durchmesser.
Nach umfangreichen Standversuchen erfolgten erst 1953 zwei Probefahrten. Beide mußten nach wenigen Kilometern wegen ungenügend abgestimmter Heizflächen und Mängel an der Kondensatanlage abgebrochen werden. Es gab zwar Vorschläge, jedoch keine Versuche, die Mängel zu beheben. Die DR hatte das Interesse an dem kostspieligen Experiment verloren. Die Lokomotive stand jahrelang im Raw Meiningen.

Foto: Slg. Weisbrod

50

Einheitslok (Umbaulok DB)
1′E h2
G 56.15
Einsatzzeitraum 1939 bis 1987

Im April 1937 beauftragte das Reichsverkehrsministerium das RZA, eine neue Güterzuglokomotive als Ersatz für die pr. G 10 (BR 57^{10-40}) zu beschaffen. Die vom RZA geplante 1′D-Lokomotive (BR 46) wurde sowohl vom Ministerium als auch vom Lokausschuß zugunsten einer 1′E-Lokomotive verworfen. Henschel lieferte 1939 die ersten zwölf Maschinen mit Stahlfeuerbüchse und Kessel aus Stahl St 47 K für 16 bar Kesseldruck. Der Kriegsausbruch brachte einen sprunghaften Anstieg des Bedarfs an Güterzuglokomotiven, so daß von der universell einsetzbaren BR 50 weit mehr Lokomotiven gebaut worden sind, als geplant war. Ab 1941 ist für die Kessel der BR 50 wieder Kesselbaustoff St 34 statt St 47 K verwendet worden. Ab 1942 sind die Maschinen in vereinfachter Ausführung als Übergangs-Kriegslokomotiven (BR 50 ÜK) gefertigt worden und entsprachen in vielen Bauteilen der Kriegslok BR 52. Deshalb sind 323 Lokomotiven, die als BR 50 geplant waren, als 52 007 bis 52 123 und 52 144 bis 52 349 geliefert worden. Die 50 2773 bis 50 2777 besaßen gewölbte Stehkesseldecke und wurden in 52 002 bis 52 006 umgenummert. Für die DRG sind 3 141 Maschinen der BR 50 gebaut worden. Die DB hat zur Anpassung an den technischen Fortschritt u. a. versuchsweise zwei Lokomotiven mit Ölzusatzfeuerung (50 2458, 2764), zehn mit Schüttelrost und eine (50 1503) mit Giesl-Flachejektor ausgerüstet. In 751 Tender 2′2′ T 26 der BR 50 baute man Zugführerkabinen ein. Schadhafte Kessel aus St 47 K sind durch Kessel von ausgemusterten Lokomotiven der BR 52 ersetzt worden. Die DR rüstete 128 Lokomotiven mit Giesl-Flachejektor aus.
Von der DB wird die 50 622, von der DR die 50 849 betriebsfähig erhalten.

50 1038. Foto: Slg. Weisbrod

H 45 024
Zulässige Geschwindigkeit: 100 km/h
Treib- und Kuppelraddurchmesser: 1 600 mm
Laufraddurchmesser vorn/hinten: 1 000/1 250 mm
Kesseldruck: 42 bar
Indizierte Leistung (theor.): 2 900 PS
Dienstmasse Lok: 127 t
LüP mit Tender 2′2′ T 10 Kond/Kst: 27 350 mm

50^{40} (Umbau DB)
Zulässige Geschwindigkeit: 80 km/h
Treib- und Kuppelraddurchmesser: 1 400 mm
Laufraddurchmesser vorn/hinten: 850/– mm
Kesseldruck: 16 bar
Indizierte Leistung: 1 540 PS
Dienstmasse Lok: 90,6 t
LüP mit Tender 2′2′ T 26: 22 940 mm

50^{35-37}

Rekolok DR
1′E h2
G 56.15
Einsatzzeitraum 1957 bis 1988

Etwa zwei Drittel der Lokomotiven der BR 50, die nach dem Kriege zur DR gekommen waren, besaßen einen Kessel aus dem nicht alterungsbeständigen Kesselbaustoff St 47 K. Beim Lokomotivmangel der DR war eine Ausmusterung dieser Lokomotiven ebenso ausgeschlossen wie ein Umsetzen von Kesseln der BR 52 auf das Fahrgestell der BR 50, wie das die DB praktizierte, weil die BR 52 ebenfalls im Einsatzbestand gehalten werden mußte. 1957 ist deshalb ein Ersatzkessel entwickelt worden, der den Kessel der Neubaulokomotive BR 23^{10} zum Vorbild hatte und für die Rekonstruktion der BR 50, 52 und 58^{10-12} verwendet worden ist. Stehkessel und Verbrennungskammer konnten übernommen, Langkessel und Rauchkammer mußten wegen anderer Fahrwerksabmessungen jedoch neu entworfen werden. Die Rohrlänge betrug 4 700 mm.
Die Rekonstruktion von 208 Lokomotiven der BR 50 erfolgte von 1957 bis 1962. Außer dem Rekokessel erhielten die Lokomotiven Aschkästen Bauart Stühren, Mischvorwärmeranlagen Bauart IfS mit neuem Pumpenträger für Luft- und Mischvorwärmerpumpe, Seitenzugregler und Witte-Windleitbleche. Mehr als 60 Maschinen erhielten zudem den Giesl-Flachejektor mit dem typischen flachovalen Schornstein. Die Rekoloks sind als 50 3501 bis 50 3708 umgenummert worden. Bis auf einige Maschinen sind zunächst alle Lokomotiven an die Rbd Magdeburg, einige an die Rbd Schwerin geliefert worden. In den 70er Jahren erfolgte allmählich eine Umbeheimatung vorzugsweise in den sächsischen Raum. Zusammen mit den Rekolokomotiven der BR 52^{80-81} beendeten die Rekoloks der BR 50 die Dampftraktion bei der Deutschen Reichsbahn. 72 Lokomotiven sind ab 1966 auf Ölhauptfeuerung umgebaut worden.

50 3522, Foto: Weisbrod

50^{40}

Umbaulok DB (Franco-Crosti)
1′E h2
G 56.15
Einsatzzeitraum 1958 bis 1967

Die DB mußte bei vielen Lokomotiven der BR 50 die aus St 47 K bestehenden Kessel ersetzen. In vielen Fällen sind Kessel von ausgemusterten Lokomotiven der BR 52 auf das Fahrgestell der BR 50 gesetzt worden, doch ließ sich damit die Wirtschaftlichkeit der Maschinen nicht verbessern. Die DB war an Einsparung und besserer Ausnutzung der teuren Lokomotivkohle interessiert und nahm deshalb nochmals Versuche mit dem Franco-Crosti-Rauchgasvorwärmer auf. Die Firma Henschel erhielt 1953 den Auftrag, für die BR 50 einen Franco-Crosti-Kessel zu entwikkeln. Die damit ausgerüstete 50 1412 war im Herbst 1954 fertiggestellt und kam zum Versuchsamt Minden zur Erprobung. Beim Franco-Crosti-Kessel von Henschel lagen zwei Kessel übereinander: oben der Verdampferkessel (1 452 mm Durchmesser im zylindrischen Schuß) mit Verbrennungskammer, darunter der Vorwärmerkessel. Die Rauchgase des Verdampferkessels wurden in der Rauchkammer um 90° gedreht und gelangten in eine zweite Rauchkammer im Rauchkammerträger. Nach einer weiteren Umlenkung um 90° durchströmten sie die Rohre des Vorwärmers bis zur dritten Rauchkammer und gelangten über einen auf der Heizerseite an den Langkessel angelehnten Schornstein ins Freie. Dem Blasrohr in der dritten Rauchkammer wurde der Maschinenabdampf zugeführt. Die Baumusterlokomotive 50 1412, 1958 in 50 4001 umgezeichnet, besaß Oberflächenvorwärmer Bauart Knorr. 1958/59 sind weitere 30 Lokomotiven mit Franco-Crosti-Kesseln ausgerüstet und in 50 4002 bis 50 4031 umgenummert worden. Diese Maschinen besaßen Mischvorwärmer Bauart 57. Die 50 4011 bekam versuchsweise Ölhauptfeuerung.

50 4019, Foto: Slg. Weisbrod

52 (Kriegslok)
Zulässige Geschwindigkeit: 80 km/h
Treib- und Kuppelraddurchmesser: 1 400 mm
Laufraddurchmesser vorn/hinten: 850/– mm
Kesseldruck: 16 bar
Indizierte Leistung: 1 620 PS
Dienstmasse Lok: 84,0 t
LüP mit Tender 2′2′ T 30: 22 975 mm

50^{40} (Neubau DR)
Zulässige Geschwindigkeit: 80 km/h[1)]
Treib- und Kuppelraddurchmesser: 1 400 mm
Laufraddurchmesser vorn/hinten: 850/– mm
Kesseldruck: 16 bar
Effektive Leistung: 1 300 PS
Dienstmasse Lok: 85,9 t
LüP mit Tender 2′2′ T 28: 22 600 mm
1) 70 für 50 4001 und 4002

50^{40}

Neubaulok DR
1′E h2
G 56.15
Einsatzzeitraum 1959 bis 1980

Im Neubauprogramm der Deutschen Reichsbahn war eine Güterzuglokomotive vorgesehen, die die überalterten Länderbahnbaureihen 55, 56, 57 und eventuell auch 58 ersetzen sollte. Bei der Frage nach der Achsfahrmasse der neuen Lokomotive entschieden sich außer Erfurt und Halle alle Direktionen für 15 t statt 18 t, so daß sich die Neubaulokomotive an den BR 50 und 52 und nicht an der BR 42 orientierte. Die Lokomotive ist parallel zur BR 23^{10} entwickelt worden.
Die beiden Baumusterlokomotiven 50 4001 und 50 4002 sind Ende 1956 an die VES-M Halle zur Erprobung geliefert worden. Sie besaßen u. a. Heißdampfregler, Speisedom und den IfS-Mischvorwärmer der älteren Ausführung (analog BR 83^{10}). Der Verbrennungskammerkessel war vollständig geschweißt. Das Fahrwerk entsprach dem der BR 50, besaß jedoch einen Blechrahmen. Bei der ab 1959 beginnenden Serienlieferung, die die Lokomotiven 50 4003 bis 50 4088 umfaßte, entfiel der Speisedom. Anstelle des Heißdampfreglers kam der Naßdampfregler Bauart Schmidt & Wagner zum Einbau, und die Mischvorwärmeranlage entsprach der neuen Bauart IfS. Die Lokomotiven sind ausschließlich bei den Direktionen Schwerin und Greifswald beheimatet gewesen, anfangs vor allem in den Bw Wittenberge, Neubrandenburg, Neustrelitz, Schwerin und Rostock. Der verdampfungswillige Kessel erfüllte alle Anforderungen, jedoch neigte der zu schwach ausgeführte Rahmen immer wieder zu Rißbildungen. Deshalb waren nach weniger als 20 Betriebsjahren die meisten Lokomotiven ausgemustert. Die letzten Vertreter der BR 50^{40} sind 1980 abgestellt worden. Für die BR 23^{10} und 50^{40} ist der Tender 2′2′ T 28 entwickelt worden, der dem Einheitstender 2′2′ T 26 ähnlich war, aber keine seitlichen Schutzwände besaß.

50 4033, Foto: Weisbrod

50^{50}

Rekolok DR (Öl)
1′E h2
G 56.15
Einsatzzeitraum 1966 bis 1981

Ab 1966 erhielten auch Lokomotiven der rekonstruierten BR 50^{35-37} Ölhauptfeuerung. Der Umbau erfolgte im Raw Stendal. Für die ölgefeuerten Lokomotiven ist kein eigenes Leistungsprogramm erarbeitet worden. Es galt das der BR 50^{35-37}. Danach konnten die Maschinen im Güterzugdienst in der Ebene 1 370 t mit 60 km/h und auf Steigungen von 5 ‰ noch 1 400 t mit 30 km/h bewältigen. Von Januar 1966 bis März 1967 sind 42 Maschinen umgebaut und als 50 5001 bis 50 5042 bezeichnet worden. Ab 1970 erhielten weitere 30 auf Ölfeuerung umgebaute Lokomotiven gleich ab Werk die EDV-Betriebsnummern 50 0043 bis 50 0072. Die höheren Heißdampftemperaturen der ölgefeuerten Lokomotiven brachten Schwierigkeiten mit den Karl-Schulz-Schiebern, die durch verkoktes Heißdampföl schadhaft wurden. Die HvM entschied deshalb, wo nötig, die Karl-Schulz-Schieber durch Regelkolbenschieber mit Winterthur-Druckausgleichern von ausgemusterten Lokomotiven der BR 52 zu ersetzen. Schlechteren Leerlauf nahm man zugunsten größerer Störfreiheit in Kauf. Vereinzelt sind auch Druckausgleichkolbenschieber Bauart Trofimoff von ausgemusterten Öl-Lokomotiven eingebaut worden.
Die ölgefeuerten Lokomotiven sind bei den Direktionen Schwerin und Greifswald vor allem bei den Bw Angermünde, Wittenberge, Rostock, Pasewalk und Wismar eingesetzt worden. Mit Verfügung der HvM, bis Jahresende 1981 alle ölgefeuerten Lokomotiven abzustellen, sind alle noch verbliebenen Maschinen der BR 50^{50} ausgeschieden.

50 0037, Foto: Weisbrod

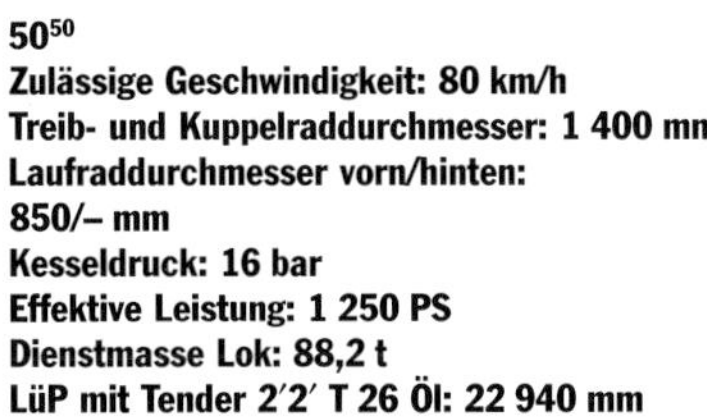

50^{50}
Zulässige Geschwindigkeit: 80 km/h
Treib- und Kuppelraddurchmesser: 1 400 mm
Laufraddurchmesser vorn/hinten: 850/– mm
Kesseldruck: 16 bar
Effektive Leistung: 1 250 PS
Dienstmasse Lok: 88,2 t
LüP mit Tender 2′2′ T 26 Öl: 22 940 mm

52 (Nachkriegslief. DB/Generalrep. DR)
Zulässige Geschwindigkeit: 80 km/h
Treib- und Kuppelraddurchmesser: 1 400 mm
Laufraddurchmesser vorn/hinten: 850/– mm
Kesseldruck: 16 bar
Indizierte Leistung: 1 620 PS
Dienstmasse Lok: 84,0 t
LüP mit Tender 2′2′ T 30: 22 975 mm

52

Kriegslok
1′E h2
G 56.15
Einsatzzeitraum 1942 bis 1980

Mit Ausbruch des Krieges hatte die DRG fast alle Lokomotivbestellungen storniert. Lediglich die Beschaffung der als kriegswichtig eingestuften Baureihen 44, 50 und 86 lief weiter. Die von der Wehrmacht geforderten Stückzahlen an Lokomotiven konnte die Industrie mit herkömmlichen Mitteln nicht liefern. Die Vereinfachungen der sogenannten ÜK-Ausführung brachten lediglich 10 % Zeitersparnis in der Fertigung. Außerdem erwiesen sich alle deutschen Lokomotiven bei Ausbruch des russischen Winters als unbrauchbar.
Im Dezember 1941 erging an die Lokomotivbauanstalten die Aufforderung, eine Kriegslokomotive zu entwickeln, die bei 15 t Kuppelachsfahrmasse 1 200 t in der Ebene mit 65 km/h ziehen konnte und mit wesentlich geringerem Aufwand als die BR 50 herzustellen war.
Im September 1942 hatte Borsig die als 52 001 bezeichnete Baumusterlokomotive fertiggestellt. Gegenüber der BR 50 sind 35 t Material weniger verbraucht (darunter 2,65 t Buntmetall) und über 6 000 Fertigungsstunden gespart worden. Die deutsche Lokomotivindustrie arbeitete nur noch für das Kriegslokprogramm. Von der BR 52 sind ca. 6 150 Lokomotiven gebaut worden, darunter 1 108 Maschinen mit erweitertem Frostschutz (Isolierung von Kessel und Tenderwasserkasten, Luftpumpe und Leitungen, Schornsteinklappe). Nur etwa 300 Lokomotiven bekamen noch einen Barrenrahmen aus vorhandenen Beständen, alle anderen erhielten Blechrahmen. Für die BR 52 sind der Leichtbautender 2′2′ T 30 als Wannentender und der Steifrahmentender 4 T 30 entwickelt worden. Die Lokomotiven 52 3620 bis 52 3623 besaßen versuchsweise Krauss-Wellrohrkessel, die 52 4915 ist als einzige von zehn bestellten Lokomotiven mit Lentz-Ventilsteuerung geliefert worden.
52 452, Foto: Verkehrsmuseum Dresden

52

Nachkriegslief. DB Generalrep. DR
1′E h2
G 56.15
Einsatzzeitraum 1945 bis 1985

Der Bestand an Lokomotiven der BR 52 im Bereich der späteren DB war mit 706 Maschinen relativ gering. Bis 1947 lieferten die Firma Henschel 26 Lokomotiven, die Firma Jung elf Lokomotiven aus, die sich bei Kriegsende schon im Bau befanden (Henschel: 52 1797, 1803 bis 1818, 2869, 2871, 2888 bis 2893; Jung: 52 3321 bis 3331). Im Auftrag des EZA Göttingen stellte Henschel aus angearbeiteten und vorhandenen Teilen von 1949 bis 1951 noch die Betriebsnummern 52 124 bis 52 143 und 52 875 bis 52 894 fertig. Diese 40 Lokomotiven werden als Nachkriegslieferung bezeichnet und dienten dazu, Erfahrungen für das Neubauprogramm zu sammeln. Die 52 878 bekam versuchsweise den Mehrfachventil-Heißdampfregler, die 52 893 und 894 erhielten Rauchgasvorwärmer Bauart Franco-Crosti und die Betriebsnummern 42 9000 und 9001. Vor allem aber dienten die Nachkriegslieferungen dazu, verschiedene Vorwärmerbauarten, vor allem Mischvorwärmer, zu erproben. Bis 1954 waren nahezu alle Lokomotiven der Kriegsausführung ausgemustert, und ab 1959 erhielt das AW Bremen nur noch Nachkriegslieferungen.
Die DR mußte die BR 52 noch über mehrere Erhaltungsabschnitte einsetzen. Deshalb erhielten die Lokomotiven der BR 52 ab 1958 eine Generalreparatur (GR), um kriegsbedingte Vereinfachungen und Mängel zu beseitigen. Alle GR-Lokomotiven erhielten Achsstellkeile, Speisewasservorwärmer und neue Stehkessel in Schweißausführung. 30 Lokomotiven, als 50 ÜK geplant, aber als BR 52 geliefert, erhielten keine neuen Stehkessel, aber alle anderen GR-Maßnahmen. Ab 1968 sind einige Lokomotiven mit Giesl-Flachejektor ausgerüstet worden. Die 52 6666 wird von der DR betriebsfähig als Traditionslokomotive erhalten.

52 1115, Foto: Weisbrod

52^{18-20}
Zulässige Geschwindigkeit: 80 km/h
Treib- und Kuppelraddurchmesser: 1 400 mm
Laufraddurchmesser vorn/hinten:
850/– mm
Kesseldruck: 16 bar
Indizierte Leistung: 1 520 PS
Dienstmasse Lok: 89,1 t
LüP mit Tender 3′2′ T 16 Kon.: 27 535 mm
mit Tender 2′2′ T 16,5 Kon.: 26 205 mm

52^{80}
Zulässige Geschwindigkeit: 80 km/h
Treib- und Kuppelraddurchmesser: 1 400 mm
Laufraddurchmesser vorn/hinten:
850/– mm
Kesseldruck: 16 bar
Indizierte Leistung: 1 600 PS
Dienstmasse Lok: 89,7 t
LüP: 22 975 mm

52^{18-20}

Kondenslok
1′E h2
G 56.16
Einsatzzeitraum 1943 bis 1950

Anfang 1943 hatte Henschel eine Sonderbauart der Kriegslok BR 52 fertiggestellt, die mit einem Kondensationstender gekuppelt war. Dem Tender wurde Abdampf von Dampf- und Lichtmaschine, von der Luftpumpe und einem Kesselsicherheitsventil zugeführt. Durch Rückkühlung kondensierte der Dampf und stand als hochwertiges (weil kesselsteinfreies), auf 90 °C erwärmtes Speisewasser wieder zur Verfügung. Mit dem Kondenstender konnten die Lokomotiven 1 000 bis 1 200 km ohne Wasserfassen durchfahren, womit ihr Aktionsradius siebenmal größer war als der der Normalausführung. Die Lokomotiven waren in den Steppengebieten der südlichen UdSSR und in Ostpreußen (Bw Königsberg) eingesetzt. Auch die Militärgeneraldirektion Brüssel setzte Kondenslokomotiven ein, weil die Militärzüge wegen fehlender Abdampffahne der Lokomotive für gegnerische Tiefflieger schwerer auszumachen waren.

Die Lokomotiven erhielten zunächst den 5achsigen Kondenstender 3′2′ T 16 Kon. mit 16 m^3 Rohwasser (zur Ergänzung der Abdampfverluste durch Heizung usw.) und 9 t Kohle. Mit einem Achsstand von 23 185 mm für Lok und Tender war das Wenden nur auf Gleisdreiecken möglich. Ab 52 1987 kam der 4achsige Tender 2′2′ T 13,5 Kon. zum Einsatz. Von den 240 bestellten Kondenslokomotiven sind nur 178 geliefert worden (52 1850 bis 2027), davon die 52 2022 bis 2027 in den Jahren 1945 bis 1947 als Nachkriegslieferung.
Die DR besaß nach dem Kriege 25 Kondenslokomotiven, die im Raum Cottbus stationiert waren und in Normalausführung umgebaut wurden. Die DB-Maschinen (116 Stück) hat man im Zuge der Ausmusterung von Kriegslokomotiven verschrottet.

52 1853, Foto: Henschel

52^{70}

sä. IIIb
1′B n2
G 23.13
Einsatzzeitraum 1874 bis 1926

Die Sächsische Staatsbahn hatte ab 1871 1B-Lokomotiven von Hartmann in Chemnitz und von Keßler in Esslingen beschafft. Bis 1874 lieferten Hartmann 66 und Keßler 21 Lokomotiven. Außer beim Kesseldruck (Hartmann-Lieferungen 10 bar, Keßler-Lieferungen 8,5 bar) bestanden auch äußerliche Unterschiede. Die Esslinger Maschinen hatten einen Umlauf und Radkästen für die Kuppelräder, die Chemnitzer nur Radkästen. Der Dom war bei den Hartmann-Maschinen mit halbkugliger Decke, bei den Keßler-Maschinen mit flacher Decke ausgeführt. Ab 1885 erhielten alle Lokomotiven anstelle der starr im Rahmen gelagerten, hinter den Zylindern angeordneten Laufachse das Einachsdrehgestell nach Nowotny-Klien mit Keilrückstellung. Eine Lokomotive der Esslinger Lieferung gelangte noch in den endgültigen Umzeichnungsplan der DRG von 1925 und erhielt die Betriebnummer 52 7001. Es war die Lok BRANDIS, 1874 mit der Fabriknummer 1329 geliefert und als Bahnnummer 434 (ab 1892: 287, ab 1916: 293) eingeordnet. Im vorläufigen Umzeichnungsplan von 1923 waren sogar noch sechs Maschinen als 52 7001 bis 52 7006 vorgesehen. Die 52 7001 ist kurz nach ihrer Umzeichnung ausgemustert worden.

Nr. 280, Foto: Slg. Weisbrod

52^{90}
Zulässige Geschwindigkeit: 80 km/h
Treib- und Kuppelraddurchmesser: 1 400 mm
Laufraddurchmesser vorn/hinten: 850/– mm
Kesseldruck: 16 bar
Indizierte Leistung: 1 600 PS
Dienstmasse Lok: 84,4 t
LüP: 22 975 mm

52^{70}
Zulässige Geschwindigkeit: 55 km/h
Treib- und Kuppelraddurchmesser: 1 570 mm
Laufraddurchmesser vorn/hinten: 1 045/– mm
Kesseldruck: 8,5 bar
Indizierte Leistung:
Dienstmasse Lok: 36,6 t
LüP mit Tender sä. 3 T 5,65: 13 035 mm

52^{80}

Rekolok DR
1'E h2
G 56.15
Einsatzzeitraum 1960 bis 1988

Bei vielen Lokomotiven der Baureihe 52, die bei der DR zur Generalreparatur vorgesehen waren, stellten sich auch Schäden am Langkessel heraus, deren Behebung einer Neubekesselung gleichgekommen wäre. Man prüfte die Verwendbarkeit des für die Baureihe 50 entwickelten Neubau-Ersatzkessels mit Verbrennungskammer, der eine kleinere Rostfläche, aber eine größere Strahlungsheizfläche aufwies. Der Kessel konnte für die Baureihe 52 verwendet werden, wenn alle Anpaßarbeiten am Rahmen vorgenommen wurden, um die freizügige Tauschbarkeit der Kessel zu erhalten. Die Rekonstruktion führte das Erhaltungs-Raw Stendal aus, das ab 1960 insgesamt 200 Lokomotiven der BR 52 (nur Maschinen mit Blechrahmen) mit Rekokesseln ausrüstete. Die Maschinen erhielten die neue Baureihenbezeichnung 52^{80} und die Betriebsnummern 52 8001 bis 52 8200. Die 52 8186 bis 52 8200 erhielten bereits bei der Rekonstruktion Giesl-Flachejektor, andere sind nachträglich damit ausgerüstet worden. Ab 1968 erhielten nur noch 52er mit Altbaukessel den Giesl-Ejektor. Beim Erreichen der Verschleißgrenze ist er aus allen Lokomotiven wieder ausgebaut worden.
Lokomotiven der BR 52^{80} waren bei den Direktionen Dresden, Cottbus, Halle, Magdeburg und Berlin im Einsatz. Das Bw Zittau verfügte noch 1992 über einige betriebsfähige Maschinen, die allerdings nicht mehr im Plandienst eingesetzt worden sind.

52 8050, Foto: Weisbrod

52^{90}

Umbaulok DR (Kohlenstaub)
1'E h2
G 56.15
Einsatzzeitraum 1951 bis 1977

Anfang der 50er Jahre ließ die Deutsche Reichsbahn in Ermangelung von Lokomotivkohle (Steinkohle) Lokomotiven der Baureihen 07^{10}, 08^{10}, 17^{10-12}, 44, 52 und 58 auf Braunkohlenstaubfeuerung System Wendler umbauen. Das Raw Stendal rüstete ab 1951 29 Lokomotiven der Baureihe 52 mit Kohlenstaubfeuerung aus. Anfangs liefen die Maschinen mit dem auf Kohlenstaubfeuerung umgebauten Tender pr. 2'2' T 31,5, wie ihn die Lokomotiven der BR 17^{10-12} besaßen, später bekamen alle Lokomotiven den für Kohlenstaubfeuerung ausgerüsteten Wannentender 2'2' T 24. Die Tender waren in den Raw Stendal, Meiningen, Brandenburg West, Zwickau und von LEW Hennigsdorf umgebaut worden. Beim System Wendler erfolgte die Staubaustragung nicht mechanisch, sondern pneumatisch. Die Lokomotiven erhielten deshalb eine zweite Doppelverbund-Luftpumpe, um den erforderlichen Überdruck auf dem Kohlenstaubspiegel zu erzeugen. Auch als wieder ausreichend Lokomotivkohle verfügbar war, behielt die DR die wirtschaftlich arbeitenden Kohlenstaublokomotiven im Güterzugdienst im Bestand, vor allem die Baureihen 44 und 52, reduzierte lediglich die Standorte, um lange Staubtransporte zu vermeiden. Die Kohlenstaublokomotiven der Baureihe 52 waren beim Bw Senftenberg beheimatet. Bis zur Einführung des EDV-Nummernplanes 1970 behielten die Lokomotiven ihre ursprüngliche Betriebsnummer. Nach dem EDV-Nummernplan bekamen sie als erste Ziffer der Ordnungsnummer eine 9, die die erste Ziffer einer vierstelligen Ordnungsnummer ersetzte, bei einer dreistelligen vorgesetzt wurde. Bis 1972 waren lediglich die 52 2199, 2467 und 6357 ausgemustert worden. Die restlichen Maschinen waren bis 1977 im Einsatz.

52 9762, Foto: Weisbrod

53^0
Zulässige Geschwindigkeit: 55 km/h
Treib- und Kuppelraddurchmesser: 1 340 mm
Leistung:
Dienstmasse Lok: 41,2 t
LüP mit Tender pr. 3 T 12: 15 131 mm

53^3
Zulässige Geschwindigkeit: 60 km/h
Treib- und Kuppelraddurchmesser: 1 350 mm
Kesseldruck: 12 bar
Leistung:
Dienstmasse Lok: 46,7 t
LüP mit Tender pr. 3 T 10,5: 15 100 mm

53^0

pr. G 4^2
C n2v
G 33.14
Einsatzzeitraum 1882 bis ca. 1927

Die Eisenbahn-Direktion Hannover stellte 1882 zwei dreifach gekuppelte Güterzuglokomotiven mit Verbundtriebwerk in Dienst, die im Prinzip den Zwillingslokomotiven G 3/G 4^1 glichen, aber von Anbeginn 12 bar Kesseldruck hatten. Weil die Verbundlokomotiven 10 % weniger Brennstoff verbrauchten als die Zwillingslokomotiven und eine um 3 % höhere Zugmasse bewältigen konnten, sind sie ab 1884 in Serie beschafft worden. Anfangs jedoch nur zögernd, weil eine funktionstüchtige Anfahrvorrichtung fehlte. Als ab 1897 das Dultzsche Wechselventil zur Verfügung stand, war die G 4^2 eine beliebte und leistungsfähige Lokomotive geworden. Auch die Werra-Bahn, die Ostpreußische Südbahn, die Königliche Militäreisenbahn und die Oldenburgische Staatsbahn beschafften diese Lokomotiven. Gekuppelt waren die Lokomotiven, für die das Musterblatt III3a galt, mit den Tendern 3 T 10,5 oder 3 T 12. Die G 4^2 ist von der Preußischen Staatsbahn bis 1899 mit insgesamt 744 Stück beschafft worden. Es gab die Lokomotiven mit außenliegender Heusinger-Steuerung (Baumuster von 1882), mit außenliegender Allan-Steuerung und als Regelausführung mit innenliegender Allan-Steuerung. Die DRG übernahm 1925 noch 25 Lokomotiven mit den Betriebsnummern 53 001 bis 53 025.

Nr. 866 HESSEN, Foto: Slg. Weisbrod

53^3

pr. G 4^3
C n2v
G 33.15
Einsatzzeitraum 1903 bis 1929

Im Jahre 1903 lieferte die Union-Gießerei in Königsberg die ersten beiden Lokomotiven einer verbesserten dreifach gekuppelten Naßdampf-Verbundlokomotive. Gegenüber den G 4^1-/G 4^2-Lokomotiven, die es zwar noch in ausreichender Stückzahl gab, die aber inzwischen zu schwach und zu langsam waren, konnte man die Fortschritte im Lokomotivbau erkennen. Die Scheu vor einer hohen Kessellage war überwunden, die Überhänge vorn und hinten waren deutlich geringer, und den 3. Kuppelradsatz hatte man zur Unterstützung des Hinterkessels herangezogen. Der Querausgleich lag jetzt über dem 1. Kuppelradsatz, Längsausgleichhebel verbanden die Federn des 1. und 2. und 2. und 3. Kuppelradsatzes. All das wirkte sich vorteilhaft auf die Laufeigenschaften aus, so daß die Höchstgeschwindigkeit erst auf 50 km/h, dann auf 60 km/h festgesetzt werden konnte. Trotz aller Verbesserungen, die die als Gattung G 4^3 (Musterblatt III 3 o) bezeichneten Lokomotiven gegenüber der G 4^2 erfahren hatten, kamen sie doch um Jahre zu spät, denn bereits 1902 war mit der G 8 eine vierfach gekuppelte Heißdampflokomotive erschienen, die die G 4^3 in der Reibungsmasse um 12 t übertraf. So sind bis 1907 auch nur 58 Stück gebaut worden, die fast ausnahmslos bei den Direktionen Danzig und Königsberg im Einsatz waren. Die DRG übernahm 1925 noch 27 Lokomotiven mit den Betriebsnummern 53 301 bis 53 327.

HALLE 3904, Foto: Slg. Weisbrod

53^{6-7}
Zulässige Geschwindigkeit: 45 km/h[1)]
Treib- und Kuppelraddurchmesser: 1 420 mm
Kesseldruck: 12 bar
Leistung:
Dienstmasse Lok: 43,4 t
LüP mit Tender sä. 3 T 7,5: 14 718 mm
[1)] ab 53 689 50 km/h

53^{8}
Zulässige Geschwindigkeit: 45 km/h
Treib- und Kuppelraddurchmesser: 1 230 mm
Kesseldruck: 14 bar
Leistung:
Dienstmasse Lok: 39,7 t
LüP mit Tender wü. 2 T 10: 14 102 mm

53^{6-7}

sä. V V
C n2v
G 33.14
Einsatzzeitraum 1895 bis 1931

Die ersten dreifach gekuppelten Güterzuglokomotiven hatte die Firma Richard Hartmann 1855 an die Albertbahn geliefert, die 1868 zur östlichen Staatsbahn kam. Dort sind die Dreikuppler als Gattung V a geführt worden. Diese Lokomotiven hatten anfangs noch kein Führerhaus. Ab 1859 bis 1886 ist die Gattung V geliefert worden, eine dreifach gekuppelte Naßdampf-Zwillingslokomotive, von der noch einige Maschinen als BR 53^{82} zur DRG kamen. Ab 1885 unternahm die Sächsische Staatsbahn Versuche mit einer dreifach gekuppelten Naßdampf-Verbundlokomotive, der Gattung V V, die im Prinzip auf der Gattung V basierte. Der Kesseldruck war auf 12 bar erhöht worden (Gattung V = 7,5 bzw. 8,5 bar), die Reibungsmasse stieg auf 42 t, womit die V V eine der schwersten deutschen Lokomotiven dieser Klasse war und nur von der bay. C IV Verbund annähernd erreicht wurde. Mit 45 km/h zog die V V in der Ebene 1 080 t, auf 5 ‰ Steigung noch 760 t mit 35 km/h. Gegenüber der Zwillingslokomotive der Gattung V verbrauchte die V V ca. 15 % Brennstoff weniger. Ursprünglich mit dem Anfahrventil Bauart v. Borries ausgerüstet, bekamen die Maschinen ab 1887 die Anfahrvorrichtung Bauart Lindner. Die Sächsische Staatsbahn beschaffte von 1885 bis 1901 insgesamt 164 Lokomotiven, von denen 153 von Hartmann in Chemnitz, 11 von Sigl in Wiener Neustadt stammten. Zur DRG kamen 1925 noch 129 Lokomotiven mit den Betriebsnummern 53 601 bis 53 729. Einzelgänger ist die 53 751, von Hartmann erst 1920 geliefert und aus den Resten einer Lieferung an die Türkische Staatsbahn entstanden. Diese Lokomotive mit der Bahnnummer 1000 wich in einigen Abmessungen von der Serienlieferung ab.

53 751, Foto: Slg. Weisbrod

53^{8}

wü. F c
C n2v
G 33.13
Einsatzzeitraum 1890 bis 1929

Als die Sächsische Staatsbahn aus der Zwillingslokomotive der Gattung V die Verbundlokomotive V V entwickelt hatte, entstand bei der Württembergischen Staatsbahn aus der Zwillingslokomotive der Klasse F die Verbundlokomotive der Klasse Fc. Die Maschinenfabrik Esslingen lieferte von 1890 bis 1909 insgesamt 117 Lokomotiven. Acht Lokomotiven entstanden von 1907 bis 1909 in den Staatsbahnwerkstätten in Esslingen, so daß der Bestand 125 Maschinen betrug. Bis 1896 hatten die Lokomotiven 12 bar Kesseldruck, der dann für die Bahnnummern 641 bis 735 auf 14 bar erhöht worden ist.
Wegen der größeren Zylindermasse der Verbundlokomotive hat man den Kessel und auch die Kuppelradsätze 2 und 3 zurückversetzt, womit sich mit 3 200 mm ein um 200 mm größerer Gesamtachsstand ergab. Die Lokomotiven zogen in der Ebene im Güterzugdienst 1 000 t mit 45 km/h und auf Steigungen von 10 ‰ 370 t mit 25 km/h. Die DRG übernahm 1925 noch 65 Lokomotiven der Klasse Fc mit den Betriebsnummern 53 801 bis 53 865.

53 850, Foto: Slg. Weisbrod

53^{10} (ohne Abb.)
Zulässige Geschwindigkeit: 45 km/h
Treib- und Kuppelraddurchmesser: 1 340 mm
Kesseldruck: 12 bar
Leistung:
Dienstmasse Lok: 41,7 t
LüP mit Tender old. 3 T 12: 15 131 mm

53^{76}
Zulässige Geschwindigkeit: 45 km/h
Treib- und Kuppelraddurchmesser: 1 340 mm
Kesseldruck: 12 bar
Leistung:
Dienstmasse Lok: 40,1 t
LüP mit Tender pr. 3 T 12: 15 375 mm

HALLE 3166, Foto: Slg. Weisbrod

53^{10}

old. G 4^2
C n2v
G 33.14
Einsatzzeitraum 1895 bis 1932

Der auch in Oldenburg in den 90er Jahren des vorigen Jahrhunderts gestiegene Güterverkehr machte die Beschaffung einer dreifach gekuppelten Güterzuglokomotive erforderlich, weil die zweifach gekuppelten Lokomotiven der Gattung G 1 am Ende ihres Leistungsvermögens waren. Die Bahnverwaltung entschied sich für eine Lokomotive nach dem Vorbild der pr. G 4^2. Die Hanomag lieferte von 1895 bis 1905 18 Lokomotiven, die sich in einigen Details von den preußischen Vorbildern unterschieden. Die Maschinen besaßen keinen Dampfdom, sondern ein Dampfsammelrohr im Langkessel und den Regler in der Rauchkammer. Das Ramsbottom-Sicherheitsventil saß nicht auf dem Stehkesselscheitel, sondern auf dem 3. Kesselschuß. Alle Lokomotiven trugen neben der Bahnnummer Namen französischer Städte. Die Bahnnummern 105 METZ, 106 STRASSBOURG und 166 AMIENS kamen 1925 mit den Betriebsnummern 53 1001 bis 53 1003 zur DRG. Die von der Hanomag von 1907 bis 1909 gelieferten neun Maschinen hatten Verbinder-Dampftrockner Bauart Ranafier, einen Dampfdom auf dem 3. Kesselschuß und das Ramsbottom-Sicherheitsventil auf dem Stehkesselscheitel. Von diesen etwas leistungsstärkeren Lokomotiven übernahm die DRG 1925 acht Lokomotiven mit den Betriebsnummern 53 1051 bis 53 1058.

53^{70-71}

pr. G 3
C n2
G 33.13
Einsatzzeitraum 1877 bis 1926

Die Übernahme der meisten Privatbahnen in Preußen durch die Staatsbahn erforderte eine einheitliche Verwaltung des Streckennetzes und einen einheitlichen Lokomotivpark. Ein ministerieller Erlaß von 1875 ordnete den Bau von Lokomotiven nach einheitlichen Zeichnungen, den sogenannten Normalien an. Die erste Normal-Güterzuglokomotive war eine dreifach gekuppelte Naßdampf-Maschine, die, je nach Wunsch der bestellenden Direktion, mit innen- oder außenliegender Allan-Steuerung gebaut worden ist. Die dafür verbindlichen Musterblätter trugen die Nummern 13 und 14 (1883: III2; 1890: III3). Die Lokomotiven besaßen 10 bar Kesseldruck und waren mit dem Tender 3 T 10,5 nach dem alten Musterblatt 17 oder mit dem 3 T 10,5 nach Musterblatt III 5 a gekuppelt; auch der 3 T 12 nach Musterblatt III 5 b war hinter den Maschinen zu finden.
Von der Gattung G 3 sind 2233 Lokomotiven gebaut worden, davon 2221 für die Preußische Staatsbahn und die auf Rechnung des Staates verwalteten Privatbahnen, neun für die Ostpreußische Südbahn und drei für die Militäreisenbahnen. Ab 1895 sind die Lokomotiven mit 12 bar Kesseldruck geliefert worden. Von den Direktionen sind die Lokomotiven mit 12 bar Kesseldruck z. T. in die G 3-Gruppe, z. T. in die G 4-Gruppe eingeordnet worden. Einige G 3-Lokomotiven besaßen Speisewasservorwärmer Bauart Kirchweger durch Vorwärmung des Tenderwassers mit Zylinderabdampf. Die DRG übernahm noch 157 Maschinen mit den Betriebsnummern 53 7001 bis 53 7157.

53^{70-71}
Zulässige Geschwindigkeit: 45 km/h
Treib- und Kuppelraddurchmesser: 1 340 mm
Kesseldruck: 10 (12) bar
Leistung:
Dienstmasse Lok: 40,1 t
LüP mit Tender 3 T 10,5: 15 176 mm

53^{70II}
Zulässige Geschwindigkeit: 45 km/h
Treib- und Kuppelraddurchmesser: 1 330 (1 340) mm
Kesseldruck: 12 bar
Leistung:
Dienstmasse Lok: 41,15 (39,75) t
LüP mit Tender pr. 3 T 10,5: 15 018 mm
mit Tender pr. 3 T 12: 15 362 mm

$53^{70\,II}$

BLE G 4^2
C n2v
G 33.14
Einsatzzeitraum 1922 bis 1945

Mit der Übernahme der Braunschweigischen Landeseisenbahn (BLE) am 1. Januar 1938 durch die DRG kamen auch vier pr. G 4^2 wieder in den Bestand der Reichsbahn, die sie 1922 an die BLE verkauft hatte. Die Lokomotiven erhielten 1938 die Betriebsnummern 53 7001^{II} bis 53 7004^{II}, sind also auf Betriebsnummern inzwischen ausgemusterter pr. G 3 gesetzt worden. Im einzelnen waren das die Lokomotiven:
BLE Nr. 3^{II} (Henschel 1897/4674) ex G 4^2 MAGDEBURG 3859 –53 7001^{II}
BLE Nr. 5^{II} (Henschel 1897/4678) ex G 4^2 MAGDEBURG 3863 –53 7002^{II}
BLE Nr. 9^{II} (Henschel 1890/3197) ex G 4^2 MAGDEBURG 3825 –53 7003^{II}
BLE Nr. 29 (Schwartzkopff 1892/1925) ex G 4^2 MAGDEBURG 3839 –53 7004^{II}.
Die BLE-Bahnnummern 3^{II} und 5^{II} besaßen 1 340 mm Kuppelraddurchmesser und den Dampfdom auf dem 3. Kesselschuß, die Bahnnummern 9^{II} und 29 hatten 1 330 mm Kuppelraddurchmesser und den Dampfdom auf dem 2. Kesselschuß. Diese beiden Lokomotiven waren auch mit dem preußischen Tender 3 T 10,5 gekuppelt, während die Bahnnummern 3^{II} und 5^{II} den pr. 3 T 12 besaßen.

53 7002, Foto: Slg. Weisbrod

53^{76}

pr. G 4^1
C n2
G 33.13
Einsatzzeitraum 1895 bis 1927

Als Gattung G 4^1 sind die Lokomotiven nach Musterblatt III3 geführt worden, die einen Kessel mit 12 bar Kesseldruck erhalten hatten. Diese Kesselbauart ist bereits 1890 und 1893 erprobt worden. Durch den Kesseltausch im Laufe der Jahre sind die Grenzen zwischen der G 3 und G 4^1 nicht exakt festzulegen. Es gab auch keinen Unterschied im Leistungsprogramm zwischen ihnen. Bei 40 km/h zogen die Maschinen auf 2 ‰ Steigung 460 t, auf 10 ‰ waren es mit 20 km/h noch 310 t. Viele Lokomotiven waren nach dem ersten Weltkrieg als Reparationsabgaben oder Kriegsverlust aus den Bestandslisten zu streichen. Zwei Ausmusterungswellen zwischen 1918/19 und 1922/25 dezimierten den Bestand an G 3- und G 4^1-Lokomotiven weiter. Die DRG übernahm 1925 17 Lokomotiven mit den Betriebsnummern 53 7601 bis 53 7617. Hiervon waren die 53 7601 bis 53 7606 ursprünglich G 3, die erst später einen Kessel mit 12 bar Druck erhalten hatten. Die 7000er Ordnungsnummern, die die G 3 und 4^1 erhielten, wiesen bereits auf die bevorstehende Ausmusterung hin, die dann auch bald erfolgte. Die G 4 SAARBRÜCKEN 3143 ist 1984 für das Verkehrsmuseum Nürnberg aufgearbeitet worden.

ELBERFELD 3619, Foto: Slg. Weisbrod

53^{80}

bay. C IV Zwilling
C n2
G 33.13
Einsatzzeitraum 1884 bis 1928

Die Anfang der 80er Jahre des 19. Jahrhunderts gestiegenen Anforderungen an den Güterverkehr veranlaßten die Bayerische Staatsbahn zur Beschaffung einer Güterzuglokomotive, die die im Einsatz befindlichen Maschinen der Gattungen C I bis C III an Leistung und Geschwindigkeit übertraf. Mit der Gattung C IV entstand 1884 zwar wieder ein Dreikuppler, jedoch mit dem besser zu versteifenden Innenrahmen, einem auf 11 bar erhöhten Kesseldruck (ab 1892 12 bar) und Kuppelrädern von 1 340 mm Durchmesser. Mit 3 200 mm war der Gesamtachsstand gegenüber der C III nur um 25 mm gestiegen, so daß sich vorn und hinten erhebliche Überhänge von ca. 2 700 mm ergaben. Bis 1893 haben die Firmen Maffei und Krauss insgesamt 87 Lokomotiven gebaut. Abzüglich der Reparationsabgaben und Kriegsverluste kamen die meisten Maschinen 1925 noch zur DRG (Betriebsnummern 53 8011 bis 53 8076), sind jedoch zwischen 1925 und 1928 ausgemustert worden.

Nr. 1456, Foto: Slg. Weisbrod

53^{80-81}

bay. C IV Verbund
C n2v
G 33.14
Einsatzzeitraum 1889 bis 1931

Ab 1889 ist die Gattung C IV, parallel zur Zwillingsmaschine, auch als Verbundlokomotive gebaut worden. Die von Krauss gelieferten Bahnnummern 911 RUPPERTSBURG und 912 WELTENBURG waren die ersten Verbundlokomotiven der Bayerischen Staatsbahn. Die ab 1892 gelieferte Serienausführung hatte gegenüber den beiden Baumusterlokomotiven einen von 12 auf 13 bar erhöhten Kesseldruck. Der Durchmesser des HD-Zylinders war von 486 auf 500 mm vergrößert worden. Um eine bessere Gewichtsverteilung wegen der schwereren Dampfmaschine zu erzielen, ist der Kessel um 200 mm nach hinten versetzt worden. Wie die C IV Zwilling, besaß auch die C IV Verbundmaschine eine außenliegende Allan-Steuerung. Die Verbundlokomotiven waren mit einem Anfahrhahn Bauart Lindner und einem vom HD-Kreuzkopf bewegten Unterbrecherschieber Bauart v. Helmholtz ausgerüstet, der in der Anfahrphase den Zutritt von Frischdampf zum Verbinder versperrte.
Die C IV Verbund zog in der Ebene einen Güterzug von 750 t Masse mit 50 km/h und auf 20 ‰ Steigung noch 220 t mit 20 km/h. An der Lieferung der insgesamt 100 Lokomotiven waren die Firmen Maffei und Krauss beteiligt. Die DRG übernahm 1925 noch 88 Lokomotiven mit den Betriebsnummern 53 8081 bis 53 8168. 1931 sind die letzten C IV Verbund ausgemustert worden.

Nr. 1515, Foto: Slg. Weisbrod

53^{80}
Zulässige Geschwindigkeit: 50 km/h
Treib- und Kuppelraddurchmesser: 1 340 mm
Kesseldruck: 11 (12) bar
Leistung:
Dienstmasse Lok: 40,6 (41,4) t
LüP mit Tender bay. 3 T 10,5: 14 630 mm

53^{83}
Zulässige Geschwindigkeit: 45 km/h
Treib- und Kuppelraddurchmesser: 1 230 mm
Kesseldruck: 12 bar
Leistung:
Dienstmasse Lok: 38,0 t
LüP mit Tender wü. 2 T 10: 14 055 mm

53^{82}
Zulässige Geschwindigkeit: 45 km/h
Treib- und Kuppelraddurchmesser: 1 400 mm
Laufraddurchmesser vorn/hinten:
Kesseldruck: 9 bar
Leistung:
Dienstmasse Lok: 37,3 bis 40,6 t
LüP mit Tender sä. 3 T 9: 14 721 mm

53^{80-81}
Zulässige Geschwindigkeit: 50 km/h
Treib- und Kuppelraddurchmesser: 1 340 mm
Kesseldruck: 13 bar
Leistung:
Dienstmasse Lok: 42,7 t
LüP mit Tender bay. 3 T 10,5: 15 040 mm

53^{82}

sä. V
C n2
G 33.13
Einsatzzeitraum 1859 bis 1927

Ab 1859 beschaffte zunächst die Westliche Staatsbahn Sachsens dreifach gekuppelte Naßdampf-Güterzuglokomotiven von Hartmann, ab 1861 sind auch die ersten sechs Maschinen für die Östliche Staatsbahn gebaut worden. Den großen Bedarf der Sächsischen Staatsbahn, der Leipzig-Dresdner Eisenbahn, der Sächsisch-Thüringischen Ostwestbahn und der Berlin-Dresdner Eisenbahn konnte die Sächsische Maschinenfabrik nicht befriedigen, so daß in der Gattung V auch Lokomotiven zu finden waren, die von Henschel, Schwartzkopff, Sigl und Esslingen stammten. Entsprechend vielfältig sind die Bauartunterschiede der bis 1887 beschafften 200 Lokomotiven. Die Achsstände lagen zwischen 3 150 mm und 3 400 mm, der Dampfdom war, je nach Lieferserie und Hersteller, auf dem 1., 2. oder 3. Kesselschuß angeordnet. Alle Lokomotiven trugen, wie in Sachsen üblich, Namen. Bis 1869 waren es Namen deutscher, insbesondere sächsischer Städte, ab dem Baulos Esslingen (1868) trugen die Lokomotiven meist Namen von Bergen und Gebirgen.

Elf Lokomotiven hat die DRG 1925 noch übernommen und ihnen die Betriebsnummern 53 8201 bis 53 8211 gegeben. Die 53 8201 stammte aus dem Jahre 1872, geliefert von Schwartzkopff mit der Fabriknummer 367 und dem Namen WENDELSTEIN. Aus diesem Baulos kamen insgesamt fünf Maschinen zur DRG. Von der einstigen Sächsisch-Thüringischen Ostwestbahn stammten die Betriebsnummern 53 8207 und 8208. Die letzten Lokomotiven sind 1927 ausgemustert worden.

Nr. 986, Foto: Slg. Weisbrod

53^{83}

wü. F 2
C n2
G 33.13
Einsatzzeitraum 1889 bis 1925

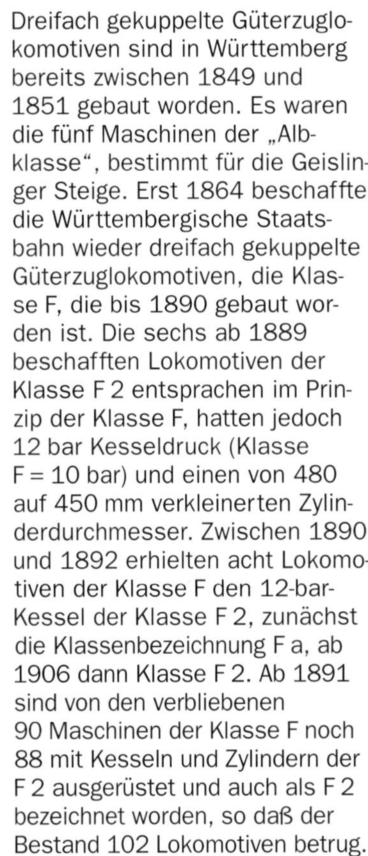

Dreifach gekuppelte Güterzuglokomotiven sind in Württemberg bereits zwischen 1849 und 1851 gebaut worden. Es waren die fünf Maschinen der „Albklasse“, bestimmt für die Geislinger Steige. Erst 1864 beschaffte die Württembergische Staatsbahn wieder dreifach gekuppelte Güterzuglokomotiven, die Klasse F, die bis 1890 gebaut worden ist. Die sechs ab 1889 beschafften Lokomotiven der Klasse F 2 entsprachen im Prinzip der Klasse F, hatten jedoch 12 bar Kesseldruck (Klasse F = 10 bar) und einen von 480 auf 450 mm verkleinerten Zylinderdurchmesser. Zwischen 1890 und 1892 erhielten acht Lokomotiven der Klasse F den 12-bar-Kessel der Klasse F 2, zunächst die Klassenbezeichnung F a, ab 1906 dann Klasse F 2. Ab 1891 sind von den verbliebenen 90 Maschinen der Klasse F noch 88 mit Kesseln und Zylindern der F 2 ausgerüstet und auch als F 2 bezeichnet worden, so daß der Bestand 102 Lokomotiven betrug.

Zur DRG kam 1925 nur noch eine Lokomotive mit der Betriebsnummer 53 8301. Es war die Bahnnummer 166 SCHUSSENRIED, 1867 von Esslingen mit der Fabriknummer 826 geliefert und 1891 in der Betriebswerkstätte Esslingen zur F 2 umgebaut. Die Maschine ist kurz nach der Umzeichnung ausgemustert worden.

Nr. 166 SCHUSSENRIED, Foto: Slg. Dr. Scheingraber

53^{85}
Zulässige Geschwindigkeit: 45 km/h
Treib- und Kuppelraddurchmesser: 1 220 mm
Kesseldruck: 12 bar
Leistung:
Dienstmasse Lok: 39,1 t
LüP mit Tender bad. 2 T 8: 14 835 mm

54^{2-3}
Zulässige Geschwindigkeit: 65 km/h
Treib- und Kuppelraddurchmesser: 1 350 mm
Laufraddurchmesser vorn/hinten:
1 000/– mm
Kesseldruck: 12 bar
Leistung:
Dienstmasse Lok: 51,1 t
LüP mit Tender pr. 3 T 12: 16 168 mm

53^{85}

bad. VII a/bad. VII c
C n2
G 33.13
Einsatzzeitraum 1866 bis 1930

Ab 1866 beschaffte die Badische Staatsbahn Lokomotiven der Gattung VII a, von der bis 1891 17 Unterbauarten entstanden. Die Lokomotiven hatten einen tiefliegenden Kessel (Kesselmitte 1 891 mm über SO), einen mächtigen Dampfdom mit Federwaag-Sicherheitsventil und einen Reglerdom. Die VII a^{1-3} wurden mit Crampton-Kessel, die VII a^{4-17} mit Belpaire-Kessel geliefert. Alle Lieferserien besaßen eine innenliegende Stephenson-Steuerung. Die ab 1891 gebauten Lokomotiven der Gattung VII c unterschieden sich von der VII a nur durch den größeren Zylinderdurchmesser.
Die Badische Staatsbahn bewältigte lange Jahre ihren Güterverkehr mit den 171 Lokomotiven der Gattung VII a^{1-17} und den vier Lokomotiven der Gattung VII c. Erst 1893 beschaffte man als Weiterentwicklung eine Verbundlokomotive, von der jedoch keine mehr zur DRG kam. Die DRG übernahm 1925 44 Lokomotiven der Gattung VII a mit den Betriebsnummern 53 8501 bis 53 8586 (Nummern nicht durchgehend besetzt) und drei der Gattung VII c mit den Betriebsnummern 53 8587, 8597 und 8598. Unter den übernommenen Maschinen der Gattung VII a befanden sich noch drei aus dem Jahre 1866, die 1925 schon ein Dienstalter von 59 Jahren hatten und somit die ältesten Lokomotiven im Dienst der DRG waren.

Nr. 163 ALBACH, Foto: Slg. Weisbrod

54^{0}

pr. G 5^1
1'C n2
G 34.13
Einsatzzeitraum 1892 bis 1930

Zur Beschleunigung des Güterverkehrs auf den Hauptstrecken, der nur mit etwa 30 km/h ablief, ließ die Preußische Staatsbahn bei der Firma Vulcan eine neue Lokomotive entwickeln. Die Maschine hatte wiederum drei gekuppelte Achsen, jedoch zur Verbesserung der Laufeigenschaften einen als Adamsachse ausgeführten vorderen Laufradsatz. Die höhere Kessellage (Kesselmitte 2 170 mm über SO) machte Radschutzkästen im Laufblech überflüssig. Gegenüber den G 4-Typen waren einige weitere konstruktive Verbesserungen zu verzeichnen: Verbund der Kesselschüsse durch waagerechte Laschenietung, eingeschraubte Deckenanker und als Drehtür ausgebildete Feuertür. Die Gegenmassestücke in den gekuppelten Rädern waren nicht mehr eingeschraubt, sondern eingeschweißt. Die Lokomotiven der Gattung G 5^1 waren die ersten deutschen 1'C-Lokomotiven; für sie galt das Musterblatt III 3 c. Einsatzgebiete der Lokomotiven waren der Güterverkehr, wenn sie Druckluftbremse besaßen auch der Eilgüter- und Personenverkehr, dieser vor allem an den Wochenenden. Ab 1896 ist der Kesseldruck auf 12 bar erhöht und der Zylinderdurchmesser von 450 auf 480 mm vergrößert worden. Die ab 1899 gebauten Lokomotiven hatten längere Führerhausdächer, die die Tenderbrücke überdeckten. Insgesamt beschaffte die Preußische Staatsbahn 264 G 5^1-Lokomotiven. Nur 71 Maschinen kamen noch zur DRG und erhielten die Betriebsnummern 54 001 bis 54 071.

ELBERFELD 4010, Foto: Slg. Weisbrod

54^0
Zulässige Geschwindigkeit: 65 km/h
Treib- und Kuppelraddurchmesser: 1 350 mm
Laufraddurchmesser vorn/hinten: 1 000/– mm
Kesseldruck: 10 (12) bar
Zugkraft: 96,4 kN
Dienstmasse Lok: 48,5 t
LüP mit Tender pr. 3 T 12: 15 990 mm

54^6
Zulässige Geschwindigkeit: 65 km/h
Treib- und Kuppelraddurchmesser: 1 350 mm
Laufraddurchmesser vorn/hinten: 1 000/– mm
Kesseldruck: 12 bar
Leistung:
Dienstmasse Lok: 54,1 t
LüP mit Tender pr. 3 T 12: 16 168 mm

54^{2-3}

pr. G 5^2
1'C n2v
G 33.14
Einsatzzeitraum 1895 bis 1931

Die Bewährung des Verbundprinzips bei der G 4^2 veranlaßte die Preußische Staatsbahn, auch von der 1'C-Güterzuglokomotive eine Verbundausführung zu beschaffen. 1894 erhielt die Hanomag den Auftrag, und 1895 waren die ersten Lokomotiven ausgeliefert. Bis auf die durch das Verbundprinzip bedingten Änderungen waren die als G 5^2 bezeichneten Verbundmaschinen mit den Zwillingslokomotiven baugleich, besaßen jedoch von Anfang an 12 bar Kesseldruck. Das Führerhaus mit längerem Dach bekamen sie erst 1897. Das für die G 5^2 verbindliche Musterblatt trug die Bezeichnung III 3 h. Die Verbundausführung ist vor allem von den Direktionen beschafft worden, die weit ab von den Kohlebasen lagen, weil die G 5^2 sparsamer im Brennstoffverbrauch war. In der Leistung übertraf die Verbundmaschine die Zwillingsausführung um 5 bis 10 %. Die G 5^2 ist bis 1901 mit 491 Exemplaren beschafft worden. Auch die Reichseisenbahnen in Elsaß-Lothringen und die Mecklenburgische Friedrich-Franz-Eisenbahn ließen Lokomotiven nach dem Vorbild der pr. G 5^2 bauen. Die DRG übernahm 1925 noch 167 Lokomotiven mit den Betriebsnummern 54 201 bis 54 367. Die Ausmusterung war Anfang der 30er Jahre abgeschlossen. 1940 übernahm die DRG von den PKP wieder 23 Lokomotiven G 5^2, die nach dem ersten Weltkrieg als Reparationsleistung nach Polen gekommen waren und dort als Ty 2 liefen, und gab ihnen die Betriebsnummern 54 701 bis 54 723.

54 217, Foto: Slg. Weisbrod

54^6

pr. G 5^3
1'C n2
G 34.14
Einsatzzeitraum 1903 bis 1949

Die Zwillings- und die Verbundausführung der Gattung G 5, die G 5^1 und G 5^2, waren mit vorlaufender Adamsachse ausgerüstet. Starke Spurkranzabnutzung auf krümmungsreichen Strecken und in Weichenstraßen sowie unruhiger Lauf im geraden Gleis bei höheren Geschwindigkeiten veranlaßten die Preußische Staatsbahn, eine Ausführung mit Lenkgestell Bauart Krauss zu beschaffen. Bereits 1901 war die 1'C-Verbundlokomotive als Gattung G 5^4 mit Krauss-Lenkgestell erschienen, 1903 folgte die von Schwartzkopff entwickelte Zwillingsmaschine G 5^3. Bis 1906 sind 206 Lokomotiven gebaut worden, für die das Musterblatt III 3 l galt. Gegenüber der G 5^1 war der Gesamtachsstand der Lokomotive um 300 mm auf 6 000 mm verringert worden, die Kesselmitte lag mit 2 300 mm um 140 mm höher. An die Stelle der innenliegenden Allan-Steuerung trat die außenliegende Heusinger-Steuerung.

Die DRG übernahm 1925 noch 71 Maschinen als 54 601 bis 54 671. 1941 bis 1943 sind von der DRG fünf G 5^3 von den PKP (Ti 3) und zwei von den JDŽ (Reihe 128) als 54 651 bis 54 654 und 54 657 bzw. als 54 655 und 54 656 eingenummert worden.

54 638, Foto: Slg. Weisbrod

54 908, Foto: Slg. Weisbrod

54^{8-10}

pr. G 5^4
1'C n2v
G 33.14
Einsatzzeitraum 1901 bis 1950

Bereits zwei Jahre bevor die Zwillingslokomotive der Gattung G 5 mit Krauss-Lenkgestell als G 5^3 geliefert wurde, erschien die Verbundausführung, ebenfalls mit Krauss-Lenkgestell, als Gattung G 5^4. Auch hier war der Gesamtachsstand gegenüber der G 5^2 um 300 mm auf 6 000 mm verkleinert worden und die innenliegende Allan-Steuerung einer außenliegenden Heusinger-Steuerung gewichen. Die G 5^4 ist von 1901 bis 1910 mit 750 Lokomotiven in wesentlich größerer Stückzahl als die G 5^3 beschafft worden. Das verbindliche Musterblatt trug die Bezeichnung III 3 k. Durch eine Vergrößerung der Zylinderdurchmesser von 480/680 mm (G 5^2) auf 500/700 mm war auch die Zugkraft gestiegen. In der Ebene zog die G 5^4 einen Güterzug von 590 t mit 40 km/h. Einige Henschel-Lokomotiven des Baujahres 1906 (Fabriknummern 7697 bis 7701) sind mit einem Zylinderdurchmesser von 480/680 mm geliefert worden.

Die DRG übernahm 1925 274 Lokomotiven der Gattung G 5^4 mit den Betriebsnummern 54 801 bis 54 982, 54 985 bis 54 1066 und 54 1070 bis 54 1079. 22 Lokomotiven sind zwischen 1923 und 1930 auf Heißdampf umgebaut worden. Zwischen 1939 und 1948 haben die DRG und die DR G 5^4-Lokomotiven von den Polnischen Staatsbahnen und der Litauischen Staatsbahn (ehemalige Reparationsabgaben) als 54 1101 bis 54 1223 eingenummert.

54^{10}

pr. G 5^5
1'C n2v
G 34.14
Einsatzzeitraum 1910 bis

Im Jahre 1910 haben Borsig und Humboldt nochmals ca. 20 bis 25 1'C-Verbundlokomotiven mit außenliegender Heusinger-Steuerung geliefert, die wieder eine Adamsachse besaßen (wie die G 5^1 und G 5^2) und als Gattung G 5^5 geführt wurden. Die genaue Angabe der Stückzahl ist aus heutiger Sicht schwierig, denn im Nummernplan der DRG von 1925 ist die G 5^5 nur mit acht Lokomotiven ausgewiesen. Es gab keine Unterbaureihe für diese Gattung, vielmehr sind die G 5^5 und G 5^4 am Ende der Liste mit 1000er Ordnungsnummern gemeinsam eingeordnet worden. Die Rückkehr zur Adamsachse war keineswegs ein Rückschritt, denn die Preußische Staatsbahn dürfte diese Möglichkeit genutzt haben, die verbesserte Ausführung der Adamsachse zu erproben. Die Achse war ±45 mm seitenverschiebbar, ihre Rückstellung erfolgte durch Schraubenfedern. Das für die G 5^5 verbindliche Musterblatt trug die Bezeichnung III 3 n. Mit Sicherheit sind die Betriebsnummern 54 1080 bis 54 1092 pr. G 5^5 gewesen.

54^{8-10}
Zulässige Geschwindigkeit: 65 km/h
Treib- und Kuppelraddurchmesser: 1 350 mm
Laufraddurchmesser vorn/hinten:
1 000/– mm
Kesseldruck: 12 bar
Leistung:
Dienstmasse Lok: 55,1 t
LüP mit Tender pr. 3 T 12: 16 168 mm

54^{10} (ohne Abb.)
Zulässige Geschwindigkeit: 65 km/h
Treib- und Kuppelraddurchmesser: 1 350 mm
Laufraddurchmesser vorn/hinten:
1 000/– mm
Kesseldruck: 12 bar
Leistung:
Dienstmasse Lok: 55,1 t
LüP mit Tender pr. 3 T 12: 16 168 mm

54^{12} (ohne Abb.)
Zulässige Geschwindigkeit: 60 km/h
Treib- und Kuppelraddurchmesser: 1 350 mm
Laufraddurchmesser vorn/hinten:
1 000/– mm
Kesseldruck: 12 bar
Leistung:
Dienstmasse Lok: 54,4 t
LüP mit Tender pr. 3 T 12: 16 168 mm

54^{13}
Zulässige Geschwindigkeit: 60 km/h
Treib- und Kuppelraddurchmesser: 1 340 mm
Laufraddurchmesser vorn/hinten:
1 006/– mm
Kesseldruck: 13 bar
Leistung:
Dienstmasse Lok: 55,2 t
LüP mit Tender bay. 2′2′ T 18: 17 435 mm

54^{12}

meck. G 5^4
1′C n2v
G 33.14
Einsatzzeitraum 1906 bis 1926

Zur Bewältigung des zunehmenden Güterverkehrs mußte die Mecklenburgische Friedrich-Franz-Eisenbahn (MFFE) Anfang des 20. Jahrhunderts stärkere und schnellere Lokomotiven beschaffen. Man entschied sich für die preußische 1′C-Verbundlokomotive mit außenliegender Heusinger-Steuerung und Adamsachse. Die Ausführung entsprach der pr. G 5^5 und hatte wie diese einen durchlaufenden Blechrahmen ohne Einzug im vorderen Teil. Bei der MFFE sind die Lokomotiven zunächst als Gattung XX, dann als G 5^4 geführt worden.
Linke-Hofmann lieferte von 1906 bis 1913 neun Lokomotiven, die die Bahnnummern 451 bis 459 bekamen. Die Bahnnummern 451, 452, 455, 457 und 459 mußten 1919 als Reparationsleistungen an die Belgische Staatsbahn abgegeben werden und liefen dort mit den Nummern B 7400 bis B 7404 noch bis 1940. Zur DRG kamen 1925 die Bahnnummern 454, 456 und 458 als 54 1201 bis 54 1203, jedoch sind die Maschinen kurz nach der Umzeichnung ausgemustert worden.

54^{13}

bay. C VI
1′C n2v
G 34.14
Einsatzzeitraum 1899 bis 1931

Obwohl die Bayerische Staatsbahn schon seit 1895/96 vierfach gekuppelte Güterzuglokomotiven (Klassen E I und BB I) besaß, ist zur Beschleunigung des Güterverkehrs auf Flachlandstrecken 1899 nochmals ein Dreikuppler mit Verbundtriebwerk und Krauss-Helmholtz-Lenkgestell beschafft worden. Bis 1905 bezog die Bayerische Staatsbahn von den Firmen Krauss und Maffei 83 Lokomotiven, die als Klasse C VI bezeichnet worden sind.
Die Maschinen waren den preußischen G 5 recht ähnlich, jedoch war der Achsstand zwischen vorderem Laufradsatz und 1. Kuppelradsatz mit 3 500 mm noch um 800 mm größer- Die außenliegende Heusinger-Steuerung arbeitete bis zur Bahnnummer 1559 (Baujahr 1900) mit gerader Schwinge, dann wurde die Pendelaufhängung durch eine gerade Schieberführung ersetzt. Charakteristisch für die C VI war der massive, genietete Steuerungsträger. Alle drei Kuppelradsätze waren, um eine gleichmäßige Masseverteilung auf alle Radsätze zu erzielen, eng zusammengerückt, so daß der feste Achsstand nur 1 580 mm betrug. Die Fahrwerkskonstruktion bewirkte einen verschleißarmen Lauf auch in engen Gleisbögen der Nebenstrecken. Als Reparationsleistungen sind 1919 acht Maschinen an die PKP und elf an Belgien gegangen. Die DRG übernahm 1925 64 Lokomotiven mit den Betriebsnummern 54 1301 bis 54 1364 und musterte die letzte 1931 aus.

54 1358, Foto: Slg. Weisbrod

54^{14}
Zulässige Geschwindigkeit: 60 km/h
Treib- und Kuppelraddurchmesser: 1 340 mm
Laufraddurchmesser vorn/hinten: 1 006/– mm
Kesseldruck: 13 bar
Leistung:
Dienstmasse Lok: 55,8 t
LüP mit Tender bay. 2′2′ T 18: 17 457 mm

54^{15-17}
Zulässige Geschwindigkeit: 65 km/h
Treib- und Kuppelraddurchmesser: 1 350 mm
Laufraddurchmesser vorn/hinten: 950/– mm
Kesseldruck: 13 bar
Indizierte Leistung: 1 040 PS
Dienstmasse Lok: 61,4 t
LüP mit Tender bay. 3 T 18,2: 17 500 mm

54^{14}

bay. G 3/4 N
1′C n2v
G 34.14
Einsatzzeitraum 1907 bis 1935

Im Jahre 1907, zwei Jahre nach Auslieferung der letzten bay. C VI, gab es eine Neuauflage der bewährten Maschine. Hersteller der bis 1909 beschafften 37 Lokomotiven war die Firma Krauss & Co. in München. Die nun als Gattung G 3/4 N bezeichneten Lokomotiven waren mit denen der Klasse C VI fast baugleich. Sie hatten lediglich einen um 20 mm längeren vorderen Überhang und damit auch eine um 20 mm größere LüP als die C VI. Mit ihrer Höchstgeschwindigkeit von 60 km/h vermochten die Lokomotiven in der Ebene 590 t zu ziehen. Auf Steigungen von 20 ‰ waren es noch 210 t mit 25 km/h. Als Reparationsleistungen mußten zwei Maschinen an Belgien und zwei an die PKP abgegeben werden. Die Bahnnummer 1661 (Krauss 1909/6109) ging im Krieg verloren. Die DRG übernahm noch 32 Lokomotiven mit den Betriebsnummern 54 1401 bis 54 1432 und hat die letzte Lokomotive dieser Baureihe 1935 ausgemustert.

54 1412, Foto: Slg. Weisbrod

54^{15-17}

bay. G 3/4 H
1′C h2
G 34.16
Einsatzzeitraum 1919 bis 1966

Während man in Preußen bereits 1906 mit der G 8 die erste Güterzug-Schlepptenderlokomotive in Heißdampfausführung in Dienst stellte, erfolgte in Bayern der Übergang von der Naßdampf-Verbundlokomotive zur Heißdampflokomotive nur zögerlich.
Die 1919 von Maffei entwickelte 1′C h2-Güterzuglokomotive war eine Weiterentwicklung der Gattungen C VI und G 3/4 N. Sie hatte einen Barrenrahmen, über dem eine breite Feuerbüchse stand. Der Kessel war ca. 20 % größer als bei den Vorgängertypen, auch lag die Kesselmitte mit 2 800 mm um 450 mm höher. Auf das Krauss-Helmholtz-Lenkgestell hat man zugunsten einer Adamsachse verzichtet. Alle drei Kuppelradsätze waren fest im Rahmen gelagert, womit sich ein fester Achsstand von 4 000 mm ergab.
Bis zum Jahre 1923 lieferten Maffei und Krauss 225 Lokomotiven der Gattung G 3/4 H, die in der Ebene 1 000 t mit 60 km/h zogen, also fast das Doppelte dessen, was die C VI/G 3/4 N bewältigen konnten. Auf Steigungen von 20 ‰ waren es noch 265 t mit 25 km/h. Alle 225 Lokomotiven kamen zur DRG und erhielten die Betriebsnummern 54 1501 bis 54 1725. Die meisten Maschinen verblieben bis zu ihrer Ausmusterung in süddeutschen Bahnbetriebswerken. Die 54 1507 und 54 1554 waren bis zum Jahre 1957 beim Bw Halle G im Einsatz und versahen anschließend noch Dienst als Werklokomotiven in Weißandt-Gölzau. Als letzte G 3/4 H ist 1966 bei der DB die 54 1632 ausgemustert worden.

54 1701, Foto: Slg. Weisbrod

55[0–6]
Zulässige Geschwindigkeit: 50 km/h
Treib- und Kuppelraddurchmesser: 1 250 mm
Kesseldruck: 12 bar
Indizierte Leistung: 820 PS
Dienstmasse Lok: 52,6 t
LüP mit Tender pr. 3 T 12: 16 613 mm

55 681 bis 683
Zulässige Geschwindigkeit: 45 km/h
Treib- und Kuppelraddurchmesser: 1 250 mm
Kesseldruck: 12 bar
Indizierte Leistung: 820 PS
Dienstmasse Lok: 53,5 t
LüP mit Tender LBE 3 T 12: 16 613 mm

55^{0-6}

pr. G 7[1]
D n2
G 44.13
Einsatzzeitraum 1893 bis 1966

Die Einführung der Güterwagen mit 15 t Lademasse Anfang der 90er Jahre des 19. Jahrhunderts veranlaßte die Preußische Staatsbahn zur Beschaffung einer leistungsfähigeren Güterzuglokomotive. Auf neigungs- und krümmungsreichen Strecken reichte die Reibungsmasse der 1'C-Lokomotiven der Gattung G 5 nicht mehr aus, weil die Güterzüge bei gleicher Achszahl schwerer geworden waren. Die größere Reibungsmasse erforderte vier gekuppelte Radsätze. Zur Ermittlung der günstigsten Bauart ließ die Preußische Staatsbahn drei Typen entwikkeln: eine D n2-Lokomotive (G 7[1]), die gleiche Maschine mit Zweizylinder-Verbundtriebwerk als D n2v (G 7[2]) und eine B'B n4v-Lokomotive der Bauart Mallet (G 9).
Urheber der Zwillingsbauart G 7[1] war die Stettiner Firma Vulcan, die 1893 die ersten vier Lokomotiven lieferte, ein Jahr später weitere 18. Die Maschinen wurden auf stark frequentierten Hauptstrecken eingesetzt, so im rheinisch-westfälischen Industriegebiet, auf der Moselstrecke und auf der Strecke Erfurt–Grimmenthal.
Bis 1910 sind 1 001 Lokomotiven der G 7[1]-Normalbauart (Musterblatt III 3 d) beschafft worden. 1916 erfolgte ein Nachbau von 200 Lokomotiven, die die Heeresfeldbahn erhielt. Zwei G 7[1]-Lokomotiven sind 1906 versuchsweise mit Brotan-Kessel geliefert worden. Kriegsverluste und Reparationsabgaben dezimierten den Bestand. Zur DRG kamen 1925 noch 660 Maschinen mit den Betriebsnummern 55 001 bis 55 660. Die DB musterte die letzte G 7[1] im Jahre 1957 aus, die DR erst 1966. Es waren das die 55 193 und 55 669 von der Strecke Erfurt–Nottleben. Die 55 669, eine ehemalige G 7[1] der SAAR, wird vom Verkehrsmuseum Dresden erhalten.

55 455, Foto: Slg. Weisbrod

55 681 bis 683

LBE G 7
D n2
G 44.13
Einsatz 1898 bis

Die Lübeck-Büchener Eisenbahn (LBE) beschaffte 1898 bei Schwartzkopff drei Lokomotiven nach dem Vorbild der pr. G 7[1].
Es waren das die ersten vierfach gekuppelten Lokomotiven der LBE. Die Maschinen sind mit den Bahnnummern 54 ÖSTERREICH, 55 UNGARN und 56 ITALIEN in Dienst gestellt und 1917 in 81 bis 83 umgezeichnet worden. Zuvor war 1915 der Name der Lokomotive ITALIEN in BULGARIEN geändert worden.
Die LBE-G 7 zogen in der Ebene 930 t mit 45 km/h, auf 5 ‰ Steigung 935 t mit 20 km/h. Die Lokomotiven waren zunächst ausschließlich im Güterzugdienst eingesetzt und wanderten nach der Beschaffung stärkerer Maschinen in den Rangierdienst ab. Für diesen Zweck erhielten sie zum Schutz des Personals bei Rückwärtsfahrten eine hölzerne Tendervorderwand mit einem das Führerhausdach überlappenden Dach. Die Deutsche Reichsbahn-Gesellschaft übernahm 1938 alle drei Lokomotiven mit den Betriebsnummern 55 681 bis 55 683.

LBE Nr. 82 (55 682), Foto: Slg. Weisbrod

55^{7-13}
Zulässige Geschwindigkeit: 45 km/h
Treib- und Kuppelraddurchmesser: 1 250 mm
Kesseldruck: 12 bar
Indizierte Leistung: 870 PS
Dienstmasse Lok: 54,5 t
LüP mit Tender pr. 3 T 12: 16 620 mm

55^{16-22}
Zulässige Geschwindigkeit: 55 km/h
Treib- und Kuppelraddurchmesser: 1 350 mm
Kesseldruck: 12 bar
Indizierte Leistung: 1 100 PS
Dienstmasse Lok: 58,5 t
LüP mit Tender pr. 3 T 16,5: 17 968 mm

55^{7-13}

pr. G 7^2
D n2v
G 44.13
Einsatzzeitraum 1895 bis 1948

Urheberfirma der Zweizylinder-Verbundausführung der Gattung G 7 war ebenfalls die Stettiner Vulcan-Werft, die 1895 die ersten Lokomotiven lieferte. Für die Verbundmaschine G 7^2 galt das Musterblatt III 3 i.
Die Abweichungen gegenüber der Zwillingsmaschine waren gering und betrafen vor allem die durch das Verbundprinzip bedingten Änderungen. Die Rohre waren mit 4 100 mm Länge um 400 mm kürzer als bei der Zwillingsmaschine, um die Masse der schwereren Dampfmaschine zu kompensieren. Die größeren Zylinder mußten 1:20 geneigt angeordnet werden, um die Lichtraumumgrenzung nicht zu überschreiten. Bis 1911 ist die G 7^2 mit 1642 Exemplaren gebaut worden. Vor allem die Direktionen Cassel, Erfurt, Frankfurt, Bromberg und Münster setzten sie in großen Stückzahlen ein. Vor Durchgangsgüterzügen auf längeren Strecken war die Verbundmaschine sparsamer im Brennstoffverbrauch als die Zwillingslok. Nach dem ersten Weltkrieg mußten erhebliche Stückzahlen an die PKP und die Litauische Staatsbahn abgegeben werden. Die DRG übernahm 1925 691 Lokomotiven G 7^2 Normalbauart mit den Betriebsnummern 55 702 bis 55 1392. Die 55 701 war keine G 7^2, sondern eine falsch eingeordnete G 7^3 (1'D n2v). Die 55 1291 und 55 1293 sind 1922 auf Heißdampf umgebaut worden. Die meisten Maschinen waren Ende der 30er Jahre bereits ausgemustert. 1940 hat die DRG in Zweitbesetzung von den PKP (Gattung Tp 2) 194 G 7^2(ehemalige Reparationsleistungen) übernommen und als 55 701 bis 55 894 eingenummert. DR und DB haben diese Lokomotiven, sofern sie den Krieg überstanden hatten, bald ausgemustert.

CASSEL 2096, Foto: Slg. Weisbrod

55^{16-22}

pr. G 8
D h2
G 44.14
Einsatzzeitraum 1902 bis 1969

Die G 8 war die erste Heißdampf-Güterzuglokomotive der Preußisch-Hessischen Staatsbahn. Die Konstruktionszeichnungen arbeitete die Stettiner Maschinenbau A.G. Vulcan nach Angaben von Robert Garbe aus und lieferte von 1902 bis 1904 die ersten 41 Lokomotiven. Ihr Einsatz erfolgte vor schweren Güterzügen auf der Moselbahn Koblenz–Trier und auf der Eifelbahn Köln–Euskirchen–Trier. In der Leistung übertraf die G 8 die G 7^1 und G 7^2 erheblich (1 350 t in der Ebene mit 50 km/h, 665 t auf 10 ‰ Steigung mit 25 km/h), doch war sie mit einer Reihe von Kinderkrankheiten behaftet, die eine Beschaffung in größeren Stückzahlen zunächst noch verhinderten. Es gab Probleme mit dem Rauchkammerüberhitzer (ab 1906 Rauchrohrüberhitzer) und den Kolbenschiebern, die noch breite, ungefederte Ringe besaßen. Um 14 t Achsfahrmasse nicht zu überschreiten, mußte an Masse gespart werden, wodurch viele Bauteile zu schwach ausgeführt waren.
1908 und 1911 sind insgesamt sieben Maschinen mit Gleichstromzylindern Bauart Stumpf und zehn Maschinen mit Lentz-Ventilsteuerung ausgerüstet worden, konnten aber gegenüber der Normalausführung keine Vorteile nachweisen.
Bis 1913 lieferten verschiedene Lokomotivfabriken 1054 Lokomotiven der Gattung G 8 nach Musterblatt XIV 3. Die DRG übernahm 1925 noch 656 Maschinen mit den Betriebsnummern 55 1601 bis 55 2256. Nach dem zweiten Weltkrieg kamen etwa 200 Lokomotiven zur DB, die bis 1955 ausgemustert waren. Von den etwa 50 Maschinen, die die DR im Bestand hatte, waren sogar noch zwei im EDV-Umzeichnungsplan von 1970 zu finden, sind aber vor der Umnummerung ausgemustert worden.

55 1998, Foto: Slg. Weisbrod

55^{23-24}
Zulässige Geschwindigkeit: 45 (55) km/h
Treib- und Kuppelraddurchmesser: 1 250 mm
Kesseldruck: 12 bar
Indizierte Leistung: 1 025 PS
Dienstmasse Lok: 59,0 (65,5) t
LüP mit Tender pr. 3 T 12: 16 758 mm
(Klammerwerte = Heißdampfausführung)

55^{25-56}
Zulässige Geschwindigkeit: 55 km/h
Treib- und Kuppelraddurchmesser: 1 350 mm
Kesseldruck: 14 bar
Indizierte Leistung: 1 550 PS
Dienstmasse Lok: 69,9 t
LüP mit Tender pr. 3 T 16,5: 18 290 mm

55^{23-24}

pr. G 9
D n2
G 44.15
Einsatzzeitraum 1908 bis 1961

Im Jahre 1893 hatte die Preußische Staatsbahn zur Ermittlung der am besten geeigneten Bauart einer vierfach gekuppelten Güterzuglokomotive neben den Gattungen G 7^1 und G 7^2 auch eine der Bauart Mallet von der Firma Grafenstaden beschafft, der bis 1898 weitere 26 folgten. Diese nach Musterblatt III 3 f gebauten Lokomotiven sind bis 1923 ausgemustert worden.
Die Anfangsschwierigkeiten mit der Heißdampflokomotive G 8 veranlaßten die Preußische Staatsbahn, 1908 nochmals eine leistungsfähige Naßdampflokomotive entwickeln zu lassen, die anfangs das Gruppenzeichen G 7, später G 9 erhielt (Musterblatt III 3 m). Die von Schichau entworfene Maschine basierte auf dem Fahrwerk der G 7^1. Die ersten zehn Lokomotiven hatten ebenfalls innenliegende Allan-Steuerung. Der Kessel hatte 200 m² Heizfläche, lag höher als bei der G 7^1, so daß ein breiterer Hinterkessel mit größerer Rostfläche untergebracht werden konnte. Die G 9 zog in der Ebene 2 140 t mit 40 km/h, auf 10 ‰ Steigung noch 789 t mit 18 km/h. Insgesamt sind 200 Lokomotiven gebaut und 1913/14 teilweise mit Speisewasservorwärmer ausgerüstet worden. Die DRG übernahm 1925 noch 143 Maschinen mit den Betriebsnummern 55 2301 bis 55 2443. Ab 1923 sind 36 Lokomotiven auf Heißdampf umgebaut worden, bekamen jedoch keine neuen Betriebsnummern. Die 55 2374 erhielt versuchsweise Lentz-Ventilsteuerung. 1944 sind die 55 2366, 2386, 2389 und 2425 an die Brandenburgische Städtebahn verliehen worden und dort verblieben. Die DB besaß nach dem Kriege 14 Maschinen, die bis 1949 ausgemustert waren. Von den fünf Maschinen, die zur DR gekommen sind, stand die 55 2461 bis 1961 im Dienst, ehe sie als Heizlok verkauft worden ist.

55 2351, Foto: Slg. Weisbrod

55^{25-56}

pr. G 8^1
D h2
G 44.17
Einsatzzeitraum 1913 bis 1970

Bei der ab 1902 gebauten G 8 konnte durch die zu geringe Reibungsmasse die volle Zugkraft oft nur mit Hilfe des Sandstreuers ausgenutzt werden. Außerdem traten an der in vielen Bauteilen zu schwach dimensionierten Lokomotive Schäden am Rahmen auf. Die im Bereich der Preußisch-Hessischen Staatsbahn ab 1910 vorgenommene Oberbauverstärkung gab die Möglichkeit, auch die G 8 in einer verstärkten Ausführung zu beschaffen. Die Pläne dazu waren bereits 1911 von der Firma Schichau ausgearbeitet worden. Ab 1913 sind die ersten Lokomotiven der „Verstärkten Normalbauart“, später als Gattung G 8^1 bezeichnet, in Dienst gestellt worden. Das verbindliche Musterblatt trug die Bezeichnung XIV 3 b. Für die G 8^1 ist mit dem 3 T 16,5 ein neuer Tender entwikkelt worden, der den Aktionsradius der Maschine vergrößerte. Die G 8^1 war eine der erfolgreichsten Konstruktionen Robert Garbes. Bis 1921 sind für die Preußische Staatsbahn und die DRG 4958 Lokomotiven beschafft worden, eine Stückzahl, die keine andere Länderbauart auch nur annähernd erreichte.
Die G 8^1 hatte ab der ersten Lokomotive Rauchrohrüberhitzer und bekam 1914 Speisewasservorwärmer. In der Ebene zog sie 1 500 t mit 60 km/h, auf 10 ‰ Steigung noch 900 t mit 23 km/h.
1914 sind versuchsweise drei Lokomotiven mit Wasserrohrkessel Bauart Stroomann ausgerüstet, 1919/20 aber auf Normalkessel umgebaut worden. Die DRG übernahm 1925 mehr als 3 000 G 8^1 mit den Betriebsnummern 55 2501 bis 55 5622, von denen über 1 000 den zweiten Weltkrieg überstanden. Mit Beginn der 70er Jahre waren bei beiden deutschen Bahnverwaltungen die letzten Maschinen ausgemustert.

55 3634, Foto: Slg. Weisbrod

55^{60}
Zulässige Geschwindigkeit: 45 km/h
Treib- und Kuppelraddurchmesser: 1 260 mm
Kesseldruck: 12 bar
Leistung:
Dienstmasse Lok: 60,0 t
LüP mit Tender sä. 3 T 9: 16 706 mm

55^{57} (ohne Abb.)
Zulässige Geschwindigkeit: 45 km/h
Treib- und Kuppelraddurchmesser: 1 250 mm
Kesseldruck: 12 bar
Indizierte Leistung: 780 PS
Dienstmasse Lok: 55,8 t
LüP mit Tender pr. 3 T 12: 16 620 mm

55^{58}
Zulässige Geschwindigkeit: 55 km/h
Treib- und Kuppelraddurchmesser: 1 350 mm
Kesseldruck: 14 bar
Indizierte Leistung: 1 550 PS
Dienstmasse Lok: 67,7 t
LüP mit Tender pr. 3 T 16,5: 18 290 mm

55^{59}
Zulässige Geschwindigkeit: 45 km/h
Treib- und Kuppelraddurchmesser: 1 250 mm
Kesseldruck: 14 bar
Leistung:
Dienstmasse Lok: 56,7 t
LüP mit Tender bay. 3 T 16: 17 396 mm

55^{57}

meck. G 7^2
D n2v
G 44.14
Einsatzzeitraum 1914 bis 1929

Die Mecklenburgische Friedrich-Franz-Eisenbahn (MFFE) beschaffte von 1914 bis 1916 von Linke-Hofmann elf Lokomotiven nach dem Vorbild der pr. G 7^2, die die Bahnnummern 466 bis 476 erhielten. Als die MFFE die Lokomotiven bestellte, hatte die Preußische Staatsbahn den Bau dieser Naßdampf-Verbundlokomotive schon drei Jahre zuvor eingestellt und war zum Heißdampf übergegangen.
Die MFFE-Lokomotiven sind bereits ab Werk mit dem flachen Abdampf-Vorwärmer Bauart Knorr geliefert worden, der seinen Platz auf dem Langkessel hinter dem Sandkasten hatte. Als Anfahrvorrichtung diente das bewährte Dultzsche Wechselventil. Die Maschinen zogen in der Ebene 1 400 t mit 40 km/h und auf 5 ‰ Steigung 690 t mit 30 km/h.
1919 mußten die Bahnnummern 466, 472, 473, 474 und 475 an Belgien, die Bahnnummer 470 an Frankreich als Reparationsleistung abgegeben werden. Die DRG übernahm 1925 die Bahnnummern 467, 468, 469, 471 und 476 (1919 in 472 umgezeichnet) mit den Betriebsnummern 55 5701 bis 55 5705, musterte sie aber noch in den 20er Jahren aus.

55^{58}

meck. G 8^1
D h2
G 44.17
Einsatzzeitraum 1918 bis ca. 1960

Die Mecklenburgische Friedrich-Franz-Eisenbahn (MFFE) hatte sich erst spät für den Einsatz von Heißdampf-Güterzuglokomotiven entschieden. 1918/19 beschaffte man von Linke-Hofmann (3), Humboldt (6) und Henschel (1) zehn G 8^1-Lokomotiven nach preußischem Muster, die die Bahnnummern 481 bis 490 bekamen. 1920 kaufte man von der Preußisch-Hessischen Staatsbahn noch zwei Hanomag-Lokomotiven des Baujahres 1917, die ehemaligen MÜNSTER 5346 und 5348. Alle Maschinen hatten flußeiserne Feuerbüchsen. Die übrige Ausrüstung entsprach dem preußischen Vorbild (Rauchrohrüberhitzer und Speisewasservorwärmer Bauart Knorr).
Die DRG übernahm 1925 die von der MFFE neu beschafften Lokomotiven mit den Betriebsnummern 55 5801 bis 55 5810 und die beiden von der Preußischen Staatsbahn gekauften Lokomotiven (Bahnnummern 491 und 492) mit den Betriebsnummern 55 5851 und 55 5852.

55 5801, Foto: Slg. Weisbrod

55 5905, Foto: Slg. Weisbrod

55^{59}

pfälz. G 5
D n2v
G 44.14
Einsatzzeitraum 1905 bis 1929

Nach den in den Jahren 1898/99 in Dienst gestellten D n2-Lokomotiven der Gattung $G\,4^1$ beschaffte die Pfalzbahn ab 1905 eine vierfach gekuppelte Naßdampf-Verbundlokomotive. Von den als Gattung G 5 geführten Lokomotiven lieferte Krauss in den Jahren 1905 und 1906 24 Stück. Wie die pr. $G\,7^1$/$G\,7^2$ hatten die Maschinen nur 1 250 mm Kuppelraddurchmesser, so daß die großvolumigen Zylinder (540/810 mm Durchmesser) stark geneigt angeordnet werden mußten. Die G 5 zog in der Ebene 1 380 t mit 45 km/h und auf 25 ‰ Steigung 170 t mit 30 km/h. Die ursprünglich vorhandene Dampfklotzbremse ist später gegen eine Druckluftbremse Bauart Westinghouse getauscht worden. Die pfälz. G 5 war die erste deutsche Naßdampflokomotive mit Kolbenschiebern.
Zwei Maschinen (Bahnnummern 84 MUTTERSTADT und 86 EDESHEIM) mußten 1919 als Reparationsleistung an die Paris-Orleans-Bahn abgegeben werden; die verbliebenen 22 Maschinen übernahm die DRG mit den Betriebsnummern 55 5901 bis 55 5922. 1929 ist die letzte pfälz. G 5 ausgemustert worden.

55^{60}

sä. I V
B'B n4v
G 44.15
Einsatzzeitraum 1898 bis 1926

Weil auf den steigungs- und krümmungsreichen Strecken des Erzgebirges mit den dreifach gekuppelten Lokomotiven der Gattungen V und V V nicht mehr die geforderten Leistungen erbracht werden konnten, beschaffte die Sächsische Staatsbahn ab 1898 von Hartmann 30 Mallet-Schlepptenderlokomotiven mit Vierzylinder-Verbundtriebwerk, die als Gattung I V geführt wurden. Die letzten fünf Maschinen lieferte Hartmann im Jahre 1903.
Den sächsischen Mallet-Lokomotiven war ebensowenig ein Erfolg beschieden wie den 1873 gebauten der Gattung VIII c der Badischen Staatsbahn oder den preußischen der Gattung G 9. Die Schleuderneigung der beiden Triebwerksgruppen verhinderte die Ausnutzung der Reibungsmasse von 60 t, so daß die von der wesentlich leichteren V V (42 t Reibungsmasse) bewältigten Zugmasse nicht immer erreicht wurde. So zog die I V in der Ebene mit 45 km/h nur 950 t, während die V V 1 080 t bewältigte. Auf 10 ‰ Steigung schaffte die Mallet-Lok 505 t mit 25 km/h, die V V 430 t mit der gleichen Geschwindigkeit.
Sieben Maschinen mußten nach 1919 als Reparationsleistung nach Frankreich abgegeben werden, 13 übernahm 1925 die DRG mit den Betriebsnummern 55 6001 bis 55 6013. Die letzten V V sind bereits 1926 ausgemustert worden.

Nr. 1251, Foto: Slg. Weisbrod

55 6211, Foto: Slg. Weisbrod

55^{62}
Zulässige Geschwindigkeit: 60 km/h
Treib- und Kuppelraddurchmesser: 1 350 mm
Kesseldruck: 12 bar
Leistung:
Dienstmasse Lok: 61,2 t
LüP mit Tender old. 3 T 16: 17 395 mm
(Angaben für Heißdampfausführung)

55^{72}
Zulässige Geschwindigkeit: 45 km/h
Treib- und Kuppelraddurchmesser: 1 250 mm
Kesseldruck: 12 bar
Leistung:
Dienstmasse Lok: 54,8 t
LüP mit Tender bay. 3 T 12: 16 970 mm
(2. Lieferung)

Nr. 219 ZEISKAM, Foto: Slg. Weisbrod

55^{62}

old. G 7
D n2v
G 44.14
Einsatzzeitraum 1912 bis 1935

Die Oldenburgische Staatsbahn verzichtete, von wenigen Ausnahmen abgesehen, auf eigene Lokomotivkonstruktionen und ließ sich von der Hanomag bewährte preußische Typen nachbauen. Verglichen mit anderen deutschen Bahnverwaltungen ging man erst spät zur vierfach gekuppelten Güterzuglokomotive über. Die ab 1912 von der Hanomag beschafften Maschinen hatten noch ein Zweizylinder-Naßdampf-Verbundtriebwerk, obwohl man in Preußen bereits vier- und fünffach gekuppelte Heißdampf-Güterzuglokomotiven baute. Die in Oldenburg als G 7 bezeichneten Lokomotiven waren aber keine Nachbauten der pr. G 7^2. Hiervon unterschieden sie schon der Kuppelraddurchmesser von 1 350 mm und die mit 2 820 mm um 620 mm höhere Lage der Kesselmitte über SO. Gemäß oldenburgischer Gepflogenheit hatte die Lokomotive eine äußere Heusinger-Steuerung, die eine Lentz-Ventilsteuerung für die Dampfverteilung antrieb. Statt der üblichen Bauart mit geschlossenem Ventilkasten waren die Ventile in vier einzelnen Töpfen an das Zylindergußstück angeschraubt. In der Ebene zog die old. G 7 1 575 t mit 45 km/h, auf 5 ‰ Steigung 700 t mit 35 km/h.
Die Hanomag lieferte von 1912 bis 1918 22 Lokomotiven, von denen nach 1919 neun als Reparationsleistung an Belgien abgegeben werden mußten. Die DRG übernahm 1925 13 Maschinen mit den Betriebsnummern 55 6201 bis 55 6213 und baute sie auf Heißdampf (D h2v) um. Die zulässige Geschwindigkeit erhöhte man von 45 km/h auf 60 km/h. 1935 waren bis auf die 55 6213 alle Maschinen ausgemustert.

55^{72}

pfälz. G 4^1
D n2
G 44.14
Einsatzzeitraum 1898 bis 1928

Nach Gelegenheitskäufen und unbefriedigenden Leistungen der ab 1896 beschafften vierfach gekuppelten Lokomotiven wandte sich die Pfalzbahn vom Verbundprinzip ab und beschaffte ab 1898 eine vierfach gekuppelte Zwillingslokomotive nach dem Vorbild der pr. G 7^1. Der Kesseldruck betrug 12 bar, der Kuppelraddurchmesser, wie bei der preußischen Ausführung, 1 250 mm, wodurch die Zylinder leicht geneigt angebaut werden mußten. Die Kesselmitte lag mit 2 250 mm um 50 mm höher als beim preußischen Vorbild.
Die Münchener Firma Krauss lieferte 1898 zwölf Maschinen, 1899 nochmals 15, bei denen der Abstand vordere Pufferbohle – 1. Kuppelachse um 200 mm größer war. Zwölf Lokomotiven mußten nach 1919 an die Eisenbahnen des Saarlandes abgegeben werden, 15 Maschinen übernahm 1925 die DRG mit den Betriebsnummern 55 7201 bis 55 7215. Die Ausmusterung erfolgte nach 1926 und dürfte bis 1928 abgeschlossen gewesen sein.

56^0
Zulässige Geschwindigkeit: 45 km/h
Treib- und Kuppelraddurchmesser: 1 250 mm
Laufraddurchmesser vorn/hinten: 1 000/– mm
Kesseldruck: 12 (14) bar
Indizierte Leistung: 680 PS
Dienstmasse Lok: 56,9 (59,6) t
LüP mit Tender pr. 3 T 12: 16 283 mm
(Klammerwerte: Baujahr 1917)

56 001II und 002II
Zulässige Geschwindigkeit: 45 km/h
Treib- und Kuppelraddurchmesser: 1 250 mm
Kesseldruck: 14 bar
Indizierte Leistung: 700 PS
Dienstmasse Lok: 59,6 t
LüP mit Tender pr. 3 T 16,5: 17 378 mm

56^0

pr. G 7³
1'D n2v
G 45.13
Einsatzzeitraum 1893 bis 1927

Als vierte Variante einer vierfach gekuppelten Güterzuglokomotive beschaffte die Preußische Staatsbahn nach Vorschlag von August v. Borries eine 1'D n2v-Lokomotive mit voranlaufender Adamsachse. Der mit 6,1 t nur wenig belastete Laufradsatz bot lauftechnisch bei der geringen Geschwindigkeit kaum Vorteile, aber bei schlechter Gleislage die Gefahr des Aufkletterns, zumal er nur eine Keilrückstellung besaß. Auch in der Kesselleistung war die als G 7³ bezeichnete Gattung den Gattungen G 7¹ und G 7² nicht überlegen, so daß nach der Beschaffung von 15 Maschinen 1894 der Bau eingestellt worden ist. Das für die G 7³ verbindliche Musterblatt trug die Bezeichnung III 3 e.
Der Lokomotivmangel im ersten Weltkrieg führte 1917 zu einer nochmaligen Beschaffung der G 7³ für die Deutsche Heeresbahn, weil man eine unkomplizierte Lokomotive mit niedriger Achsfahrmasse wünschte. Krauss, Maffei und Esslingen haben 70 Maschinen in leicht verbesserter Ausführung gebaut (14 bar Kesseldruck, Speisewasservorwärmer und Druckluftbremse Bauart Knorr). Die Ursprungsausführung war mit dem pr. 3 T 12 gekuppelt, die Nachbauten mit dem pr. 3 T 16,5.
Von den 1893/94 gebauten Lokomotiven, die alle von der Hanomag stammten, übernahm die DRG 1925 drei mit den Betriebsnummern 55 701 (falsch eingeordnet als G 7²), 56 001 und 56 002. Von den in Deutschland verbliebenen Lokomotiven des Baujahres 1917 kamen vier zur LBE, fünf zu MFFE. Die DRG übernahm 1925 von der Preußischen Staatsbahn drei Lokomotiven mit den Betriebsnummern 56 003 bis 56 005. Die Ausmusterung erfolgte bald nach der Umzeichnung.

WARSCHAU 64, Foto: Slg. Weisbrod

56 001II und 56 002II

LBE G 7³
1' n2v
G 45.13
Einsatz 1922 bis mind. 1947

Aus den Beständen der Deutschen Heeresbahn erwarb die Lübeck-Büchener Eisenbahn (LBE) 1922 und 1924 vier Lokomotiven der pr. Gattung G 7³, die 1917 mit 70 Stück von den Firmen Esslingen, Krauss und Maffei für den Kriegseinsatz nachgebaut worden waren. Sie erhielten die Bahnnummern 84 (Maffei 1917/4725), 85 (Krauss 1917/7268), 86 (Maffei 1917/4735) und 87 (Esslingen 1917/3812). Die LBE ersetzte die kriegsbedingt eingebauten stählernen Feuerbüchsen durch kupferne. Wegen ihrer niedrigen Achsfahrmasse von 13 t kamen die Maschinen vor allem beim Bedienen von Industriegleisanschlüssen zum Einsatz. Die Lokomotiven mit den Bahnnummern 84 und 86 sind bereits 1928 ausgemustert worden. Die DRG übernahm 1938 noch die Lokomotiven mit den Bahnnummern 85 und 87 und gab ihnen die Betriebsnummern 56 001 und 56 002 in zweiter Besetzung. In erster Besetzung waren diese Betriebsnummern an die G 7³ aus der Hanomag-Lieferung der Jahre 1893/94 vergeben worden, die aber 1938 bereits ausgemustert waren. Von der 56 001II weiß man, daß sie nach 1945 zur Jugoslawischen Staatsbahn (JŽ) als 24-101 kam und 1947 in 124-001 umgezeichnet worden ist. Von der 56 002II ist der Verbleib unbekannt.

LBE Nr. 85 (56 002II), Foto: Slg. Weisbrod

56^1
Zulässige Geschwindigkeit: 65 km/h
Treib- und Kuppelraddurchmesser: 1 400 mm
Laufraddurchmesser vorn/hinten: 1 000/– mm
Kesseldruck: 14 bar
Indizierte Leistung: 1 850 PS
Dienstmasse Lok: 84,3 t
LüP mit Tender pr. 3 T 20: 16 995 mm

56^2 (ohne Abb.)
Zulässige Geschwindigkeit: 45 km/h
Treib- und Kuppelraddurchmesser: 1 250 mm
Laufraddurchmesser vorn/hinten: 1 000/– mm
Kesseldruck: 14 bar
Indizierte Leistung: 700 PS
Dienstmasse Lok: 59,6 t
LüP mit Tender pr. 3 T 16,5: 17 352 mm

56^1

pr. G 8^3
1'D h3
G 45.17
Einsatzzeitraum 1919 bis 1965

Messungen der Reichseisenbahnen über Spurkranzabnutzungen hatten ergeben, daß es lauftechnisch und unterhaltungstechnisch günstiger sei, den 1. Kuppelradsatz von der Führungsarbeit im Gleis durch einen Laufradsatz zu entlasten. Für die Beschleunigung des Güterverkehrs waren schnellere Lokomotiven erforderlich. Die G 8^1 und G 10 erfüllten zwar leistungsmäßig noch die Anforderungen, doch im oberen Geschwindigkeitsbereich liefen sie sehr unruhig und hatten einen großen Spurkranzverschleiß am 1. Kuppelradsatz. Die Preußische Staatsbahn griff deshalb einen Vorschlag Württembergs aus dem Jahre 1917 wieder auf und ließ von Henschel aus der G 12 eine 1'D h3-Lokomotive entwikkeln. Ein entsprechend angepaßter Barrenrahmen, Drillingstriebwerk und Rohrspiegel stammten von der G 12, die Rohrlänge war um 700 mm gekürzt, die Rostfläche von 3,9 auf 3,4 m^2 verkleinert. Die G 8^3, so die Gattungsbezeichnung, war im Prinzip eine um einen Kuppelradsatz verkürzte G 12.
Henschel lieferte 1919 und 1920 85 Lokomotiven, die 1925 von der DRG die Betriebsnummern 56 101 bis 56 185 bekamen. In der Ebene zog die G 8^3 1 700 t mit 50 km/h, auf 10 ‰ Steigung 780 t mit 25 km/h. Parallel zur G 8^3 wurde die gleiche Bauart mit Zwillingstriebwerk (G 8^2) erprobt. Da sich keine Nachteile bei der Beanspruchung von Lagern und Zapfen ergaben, die Zwillingslokomotive im Dampfverbrauch aber sparsamer war als der Drilling, stellte man den Bau der G 8^3 zugunsten der G 8^2 ein. Bei der DR waren die letzten Maschinen bis etwa Mitte der 60er Jahre im Einsatz.

56 121, Foto: Slg. Weisbrod

56^2

meckl. G 7^3
1'D n2v
G 45.13
Einsatzzeitraum 1917 bis 1927

Der Aderlaß an Reparationsleistungen von elf Güterzuglokomotiven bewirkte nach 1919 bei der Mecklenburgischen Friedrich-Franz-Eisenbahn (MFFE) einen empfindlichen Lokomotivmangel im Güterzugdienst. Die MFFE erwarb deshalb aus den Beständen der Deutschen Heeresbahn fünf G 7^3-Lokomotiven aus der 70 Maschinen umfassenden Nachbauserie von 1917. Die Lokomotiven erhielten bei der MFFE die Bahnnummern 474 bis 478. Diese Nachbauten waren in einigen Punkten gegenüber der Ursprungsausführung von 1893/94 verbessert worden. Sie besaßen 14 bar Kesseldruck, Speisewasservorwärmer und Druckluftbremse. Die Adamsachse war jetzt mit 8,0 t statt bisher 6,1 t belastet.
Alle fünf Lokomotiven kamen 1925 zur DRG und erhielten die Betriebsnummern 56 201 bis 56 205, sind aber bald ausgemustert worden. Von diesen fünf Maschinen stammten die 56 201 bis 56 203 aus dem Baulos Maffei, die beiden anderen aus dem Baulos Krauss.

56^{2-8}
Zulässige Geschwindigkeit: 70 km/h
Treib- und Kuppelraddurchmesser: 1 350 mm
Laufraddurchmesser vorn/hinten: 850/– mm
Kesseldruck: 14 bar
Indizierte Leistung: 1 260 PS
Dienstmasse Lok: 74,6 t
LüP mit Tender pr. 3 T 16,5: 18 296 mm

56^4
Zulässige Geschwindigkeit: 60 km/h
Treib- und Kuppelraddurchmesser: 1 270 mm
Laufraddurchmesser vorn/hinten: 1 006/– mm
Kesseldruck: 12 bar
Leistung:
Dienstmasse Lok: 64,8 t
LüP mit Tender bay. 2′2′ T 18,2: 18 354 mm

56^{2-8}

pr. G 8^1 m. L.
1′D h2
G 45.16
Einsatzzeitraum 1934 bis 1970

Die DRG hatte von der leistungsfähigen G 8^1 größere Stückzahlen übernommen, von denen viele Anfang der 30er Jahre wegen Lokomotivüberschuß abgestellt waren. Wegen ihrer Achsfahrmasse von 17,5 t konnte die G 8^1 nur auf Hauptbahnen verkehren, dafür war sie aber mit 55 km/h Höchstgeschwindigkeit zu langsam. Von der RBD Breslau kam der Vorschlag, durch Einbau eines vorderen Laufradsatzes die mittlere Kuppelachsfahrmasse zu verringern und die zulässige Geschwindigkeit zu erhöhen. Gegen den Willen des Lokausschusses entschied sich das RZA für den Umbau. Die Zeichnungen fertigten die Borsig-Lokomotivwerke, die auch den Umbau der ersten zehn Maschinen vornahmen. Die anderen 681 Lokomotiven sind zwischen 1934 und 1941 in den zuständigen Ausbesserungswerken umgebaut worden. Der Rahmen wurde vorgeschuht, der Kessel um 720 mm nach vorn verschoben und um 80 mm angehoben. Das Bissel-Gestell entsprach dem der BR 24 und 64 und gab der Achse ± 100 mm Seitenverschiebbarkeit. Die mittlere Kuppelachsfahrmasse betrug jetzt 16 t, die zulässige Geschwindigkeit konnte auf 70 km/h heraufgesetzt werden. Als vierfach gekuppelte Lokomotiven mit Laufradsatz kamen die umgebauten G 8^1 in die Baureihe 56 und erhielten die Betriebsnummern 56 201 bis 56 891. Im Güter- und Reisezugdienst auf Nebenbahnen standen die Lokomotiven bis Ende der 60er Jahre bei beiden deutschen Bahnverwaltungen im Einsatz.

56 208, Foto: Slg. Weisbrod

56^4

bay. G $^4/_5$ N
1′D n2
G 45.14
Einsatzzeitraum 1905 bis 1929

Nach mehreren Versuchen mit vierfach gekuppelten Güterzuglokomotiven der Gattungen E I und BB I beauftragte die Bayerische Staatsbahn im Jahre 1904 die Firma Krauss mit der Entwicklung einer 1′D-Lokomotive, die gegenüber bisherigen Bauarten verstärkt und leistungsfähiger sein sollte. 1905 lieferte Krauss mit der Fabriknummer 5000 die erste Maschine der Gattung G $^4/_5$ N; bis 1906 folgten weitere sechs. Die Lokomotiven hatten Blechrahmen und eine Kesselmitte von 2650 mm über SO. Dadurch konnte eine breite, den Rahmen überragende Feuerbüchse untergebracht werden. Die hinter dem in einem Bissel-Gestell gelagerten Laufradsatz angeordneten Zylinder trieben den 3. Kuppelradsatz an. Der 2. und der 4. Kuppelradsatz waren ± 22 mm seitenverschiebbar. Der Antrieb der Kolbenschieber Bauart Carlquist erfolgte durch eine innenliegende Stephenson-Steuerung. Die leicht geneigte Anordnung der Zylinder war durch den geringen Kuppelraddurchmesser von 1 270 mm bedingt. Die G $^4/_5$ N zog in der Ebene 1 000 t mit 50 km/h und auf 20 ‰ Steigung noch 225 t mit 25 km/h.
Von den sieben Maschinen mußten nach 1919 die Bahnnummern 2134 und 2137 an die PKP, die Bahnnummer 2135 an die CFR abgegeben werden. Die DRG übernahm die restlichen vier Lokomotiven mit den Betriebsnummern 56 401 bis 56 404 und hat 1929 die letzten beiden ausgemustert.

Nr. 2131. Foto: Slg. Weisbrod

56^5
Zulässige Geschwindigkeit: 50 km/h
Treib- und Kuppelraddurchmesser: 1 260 mm
Laufraddurchmesser vorn/hinten: 1 065/– mm
Kesseldruck: 14 bar
Indizierte Leistung: 1 300 PS
Dienstmasse Lok: 72,0 t
LüP mit Tender sä. 3 T 9: 17 516 mm

56^7
Zulässige Geschwindigkeit: 65 km/h
Treib- und Kuppelraddurchmesser: 1 350 mm
Laufraddurchmesser vorn/hinten: 850/– mm
Kesseldruck: 16 bar
Leistung:
Dienstmasse Lok: 76,0 t
LüP mit Tender bad. 2′2′ T 20: 18 784 mm

56^5

sä. IX V
1′D n2v
G 45.15
Einsatz 1902 bis mind. 1930

Die nicht zufriedenstellenden Betriebsergebnisse mit der Mallet-Lokomotive der Gattung I V veranlaßten die Sächsische Staatsbahn, zum ungeteilten Triebwerk zurückzukehren. Gefordert wurde eine Lokomotive mit guter Bogenläufigkeit und niedriger Achsfahrmasse, um Oberbau und Brücken zu schonen. Hartmann lieferte 1902 zunächst zwei Baumusterlokomotiven der Achsfolge 1′D mit Naßdampf-Zwillingstriebwerk. Bemerkenswert an diesen Lokomotiven war das Laufwerk. Der Gesamtachsstand betrug 7 760 mm, allein der Kuppelachsstand maß 5 460 mm. Der 4. Kuppelradsatz war, um die erforderliche geringe Achsfahrmasse zu erzielen, bis zur Stehkesselrückwand nach hinten versetzt. Er war als Klien-Lindner-Hohlachse ausgebildet und besaß ± 70 mm Seitenverschiebbarkeit. Diese Achskonstruktion erforderte ab 3. Kuppelradsatz einen Außenrahmen. Der 2. Kuppelradsatz war ± 17 mm, der Laufradsatz (Adamsachse) ± 50 mm seitenverschiebbar. So konnten die Lokomotiven Gleisbögen bis 170 m Halbmesser befahren. Markantes Kennzeichen der IX V war das ca. 5 m lange Dampfsammelrohr auf dem Langkesselscheitel, das trockenen Dampf liefern sollte, wegen Dehnungsdifferenzen zum Langkessel aber oft undicht und bei Ersatzkesseln ins Kesselinnere verlegt wurde. Mit jeweils neun gelieferten Maschinen in den Jahren 1904 und 1906 war die Gesamtstückzahl von 20 erreicht. Alle Lokomotiven hatten Dampftrockner Bauart Klien in unterschiedlicher Ausführung. Die DRG übernahm 1925 16 Lokomotiven mit den Betriebsnummern 56 501 bis 56 516. Die Maschinen waren bis Ende der 20er Jahre und länger im Einsatz.

Nr. 753, Foto: Slg. Weisbrod

56^6

sä. IX HV
1′D h2v
G 45.15
Einsatz 1907 bis mind. 1930

In den Jahren 1907 und 1908 lieferte Hartmann die Lokomotiven der Gattung IX als Heißdampflokomotiven mit Zweizylinder-Verbundtriebwerk und der Gattungsbezeichnung IX HV an die Sächsische Staatsbahn. Die Maschinen mit den Fabriknummern 3124 bis 3153 und den Bahnnummern 771 bis 800 hatten Rauchrohrüberhitzer Bauart Schmidt, den gleichen Zylinderdurchmesser wie die Naßdampflokomotiven der Gattung IX V, jedoch 15 bar Kesseldruck. An die Stelle der Flachschieber traten Kolbenschieber. In der konstruktiven Durchbildung waren Naßdampf- und Heißdampfausführung weitgehend identisch. Die Gattung IX HV hatte das gleiche Laufwerk wie die Gattung IX V mit Klien-Lindner-Hohlachse und das große Dampfsammelrohr auf dem Langkesselscheitel. Die Lokomotiven der Gattung IX HV zogen in der Ebene 1670 (1310) t mit 50 km/h und auf 10 ‰ Steigung 700 (605) t mit 25 km/h. (Klammerwerte für die Gattung IX V).
Die DRG übernahm 1925 25 Lokomotiven mit den Betriebsnummern 56 601 bis 56 625 und rüstete sie mit Druckluftbremse Bauart Westinghouse, Speisewasservorwärmer und Kolbenspeisepumpe aus.

Nr. 773, Foto: Slg. Weisbrod

56^{6}
Zulässige Geschwindigkeit: 50 km/h
Treib- und Kuppelraddurchmesser: 1 260 mm
Laufraddurchmesser vorn/hinten: 1 065/– mm
Kesseldruck: 15 bar
Indizierte Leistung: 1 390 PS
Dienstmasse Lok: 72,0 t
LüP mit Tender sä. 3 T 12: 18 319 mm

56^{8-11}
Zulässige Geschwindigkeit: 60 km/h
Treib- und Kuppelraddurchmesser: 1 300 mm
Laufraddurchmesser vorn/hinten: 880/– mm
Kesseldruck: 16 bar
Leistung:
Dienstmasse Lok: 77,0 (56^{11}) t
LüP mit Tender bay. 3 T 20,2: 18 250 mm

56^{7}

bad. VIIIe$^{1-8}$
1'D n4v/h4v
G 45.16
Einsatzzeitraum 1908 bis 1931

Weil die vierfach gekuppelten Lokomotiven der Gattungen VIII a–d weder leistungsmäßig noch wirtschaftlich den gestiegenen Anforderungen entsprachen, entschloß sich die Badische Staatsbahn im Jahre 1907 zum Bau einer 1'D-Güterzuglokomotive. Die als Gattung VIII e bezeichneten Maschinen waren die ersten deutschen Güterzuglokomotiven mit durchgehendem Barrenrahmen. Bemerkenswert für die damalige Zeit waren die hohe Kessellage (Kesselmitte 2 790 mm über SO) und der hohe Kesseldruck von 16 bar. Im Laufe des Beschaffungszeitraums von 1908 bis 1915 sind verschiedene Veränderungen vorgenommen worden, gekennzeichnet durch die Unterbaureihen 1 bis 8. Die Reihen 1 bis 5 waren mit Dampftrocknern Bauart Clench ausgerüstet, die Reihen 6 bis 8 hatten Rauchrohrüberhitzer Bauart Schmidt. Die Dampftrockner, die sich nicht bewährten, baute man später wieder aus, so daß die Maschinen als Naßdampf-Verbundlokomotiven liefen.
Bis 1915 beschaffte die Badische Staatsbahn 80 Lokomotiven der Gattung VIII e$^{1-8}$, von denen die ersten fünf von Maffei und 75 von der Maschinenbau-Gesellschaft Karlsruhe stammten. Die Maschinen zogen in der Ebene 1 840 t mit 45 km/h und auf 20 ‰ Steigung 340 t mit 25 km/h. Die DRG übernahm 68 Lokomotiven mit den Betriebsnummern 56 701 bis 56 709, 56 711 bis 56 738, 56 751 bis 56 776 und 56 781 bis 56 785. 1931 sind die letzten VIII e ausgemustert worden.

Nr. 822, Foto: Slg. Weisbrod

56^{8-11}

bay. $G^4/_5$ H
1'D h4v
G 45.16
Einsatzzeitraum 1915 bis 1947

Obwohl die Bayerische Staatsbahn bereits über eine fünffach gekuppelte Güterzuglokomotive ($G^5/_5$) verfügte, beschaffte sie 1915 nochmals eine 1'D-Lokomotive für den Güterzug- und Reisezugdienst, allerdings mit Vierzylinder-Verbund-Heißdampftriebwerk. Zwischen 1915 und 1919 sind 230 Lokomotiven der Gattung $G^4/_5$ H in Dienst gestellt worden, von denen Maffei 210 und Krauss 20 Stück lieferten. Die Maschinen hatten im Gegensatz zur $G^4/_5$ N einen Barrenrahmen, der einen guten Zugang zum inneren Triebwerk gestattete. Alle vier Zylinder lagen in einer Ebene und arbeiteten auf den 2. Kuppelradsatz. Die inneren HD-Zylinder waren 1:6,34 geneigt, die äußeren ND-Zylinder 1:34. Obwohl in Bayern das Krauss-Helmholtz-Lenkgestell weit verbreitet war, hatte man sich hier für eine Adamsachse entschieden, die ± 70 mm seitenverschiebbar war. Der 4. Kuppelradsatz hatte ± 20 mm Seitenspiel, so daß sich ein fester Achsstand von 3 200 mm ergab. Die sehr leistungsfähigen Lokomotiven zogen in der Ebene 1 370 t mit 60 km/h und auf 20 ‰ Steigung 365 t mit 30 km/h. Eine große Stückzahl von $G^4/_5$ H ist nach ihrer Anlieferung den Militärgeneraldirektionen Brüssel und Warschau zugeteilt worden. Nach dem Versailler Vertrag mußten 1919 48 Lokomotiven an Frankreich und 14 an Belgien abgegeben werden. Die DRG übernahm 1925 169 Lokomotiven mit den Betriebsnummern 56 801 bis 56 809, 56 901 bis 56 1035 und 56 1101 bis 56 1125. Die meisten sind der Ausmusterungswelle von 1935 zum Opfer gefallen. Die nach dem zweiten Weltkrieg noch vorhandenen Maschinen musterte die DB 1947 aus.

56 967, Foto: Slg. Weisbrod

56^{20-29}
Zulässige Geschwindigkeit: 65 km/h
Treib- und Kuppelraddurchmesser: 1 400 mm
Laufraddurchmesser vorn/hinten:
1 000/– mm
Kesseldruck: 14 bar
Indizierte Leistung: 2 050 PS
Dienstmasse Lok: 83,5 t
LüP mit Tender pr. 3 T 20: 16 975 mm

56^{30}
Zulässige Geschwindigkeit: 65/75 km/h
Treib- und Kuppelraddurchmesser: 1 400 mm
Laufraddurchmesser vorn/hinten:
1 000/– mm
Kesseldruck: 14 bar
Leistung:
Dienstmasse Lok: 79,4 t
LüP mit Tender LBE 3 T 16,5: 18 645 mm

56^{20-29}

pr. G 8^2
1'D h2
G 45.17
Einsatzzeitraum 1919 bis 1970

Bereits 1916 hatten sich mehrere deutsche Länderbahnverwaltungen für die Beschaffung einer 1'D h2-Lokomotive anstelle der G 12 (1'E h3) ausgesprochen, jedoch ist das Projekt nicht weiter verfolgt worden. Erst als aus der G 12 eine verkürzte Ausführung in Form der G 8^3 entstand, beschloß man, zu Vergleichszwecken diese 1'D-Lokomotive auch mit Zwillingstriebwerk bauen zu lassen. Henschel lieferte Ende 1919 die ersten Maschinen der als G 8^2 bezeichneten Gattung. Ab 1921 bekam die G 8^2 anstelle des Speisewasserreinigers einen Speisedom mit Winkelrost-Schlammabscheider.
Die G 8^2 zog in der Ebene 1 850 t mit 50 km/h und auf 10 ‰ Steigung 720 t mit 25 km/h. Die Lokomotiven sind auch von der DRG weiterbeschafft worden. Bis 1928 entstanden für die Preußisch-Hessischen Staatsbahn und die DRG 846 Lokomotiven. Sie erhielten 1925 die Betriebsnummern 56 2001 bis 56 2485 und 56 2551 bis 56 2916. Die Nummern 56 2486 bis 2550 waren unbesetzt. In einer 1921 von der DRG an die Hanomag erteilten Bestellung über 61 G 8^2 waren auch fünf Maschinen für die ehemalige Oldenburgische Staatsbahn enthalten. Auf Wunsch Oldenburgs bekamen diese Lokomotiven Lentz-Ventilsteuerung und im Umzeichnungsplan von 1925 die Betriebsnummern 56 2276 bis 56 2280.
Von 1928 bis 1930 erhielten die 56 2130, 2801, 2906 und 2907 Kohlenstaubfeuerung System AEG, behielten aber ihre Betriebsnummer. Nach dem zweiten Weltkrieg waren bei der DB ca. 530, bei der DR ca. 60 G 8^2-Lokomotiven vorhanden. Die meisten DB-Maschinen waren bis Ende 1959 ausgemustert. Bei der DR waren die Lokomotiven noch etwa zehn Jahre länger im Einsatz.

CASSEL 4841, Foto: Slg. Weisbrod

56^{30}

LBE G 8^2
1'D h2
G 45.16/17
Einsatzzeitraum 1923 bis 1951

Anfang der 20er Jahre besaß die Lübeck-Büchener Eisenbahn (LBE) für den Güterzugdienst nur dreifach gekuppelte Heißdampflokomotiven (1'C h2) der Gattung G 6 und die älteren vierfach gekuppelten Naßdampflokomotiven der Gattungen G 7^1 und G 7^3. Weil die pr. G 8^2 eine der leistungsstärksten deutschen 1'D-Lokomotiven war und die LBE stärkere und schnellere Güterzuglokomotiven benötigte, erhielt die Firma Linke-Hofmann den Auftrag, acht Lokomotiven nach dem Vorbild der G 8^2 zu bauen. Es entstand aber kein Nachbau, sondern eine eigenständige Konstruktion, denn die LBE-Maschinen waren wegen ihres größeren Kuppelachsstands fast 2 000 mm länger als die preußischen. Die Lieferung der acht Lokomotiven, die bei der LBE die Bahnnummern 91 bis 98 erhielten, erstreckte sich von 1923 bis 1930. Die Bahnnummern 91 und 92 hatten 65 km/h Höchstgeschwindigkeit, die anderen Maschinen 75 km/h. Sie sind deshalb vor allem sonntags auch im Personenzugdienst eingesetzt worden und erhielten Windleitbleche.
Die Bahnnummer 97 besaß eine Feuerbüchs-Wasserkammer Bauart Nicholson und dadurch eine um ca. 2 m^2 größere Strahlungsheizfläche. Die LBE-Maschinen zogen in der Ebene 940 t mit 65 km/h und auf 5 ‰ Steigung 870 t mit 40 km/h. 1938 übernahm die DRG die Lokomotiven mit den Betriebsnummern 56 3001 bis 56 3008. Nach dem Kriege kamen bis auf die 56 3002 alle Maschinen zur DB, die sie 1950/51 ausmusterte und einige an Privatbahnen verkaufte. So blieb die 56 3007, Werklok einer Zeche, als CARL ALEXANDER erhalten. Die 56 3002 ist nach 1948 von der DR ausgemustert worden.

LBE Nr. 91 (56 3001), Foto: Slg. Weisbrod

57^0
Zulässige Geschwindigkeit: 50 km/h
Treib- und Kuppelraddurchmesser: 1 260 mm
Kesseldruck: 13 bar
Indizierte Leistung: 1 200 PS
Dienstmasse Lok: 74,2 t
LüP mit Tender sä. 3 T 13: 18 506 mm

57^1
Zulässige Geschwindigkeit: 50 km/h
Treib- und Kuppelraddurchmesser: 1 260 mm
Kesseldruck: 12 bar
Indizierte Leistung: 1 200 PS
Dienstmasse Lok: 69,6 t
LüP mit Tender sä. 3 T 12: 18 486 mm

57^0

sä. XI V
E n2v
G 55.15
Einsatzzeitraum 1905 bis 1933

Für den Güterzugdienst auf weniger krümmungsreichen Strecken plante die Sächsische Staatsbahn eine fünffach gekuppelte Lokomotive. Zur Ermittlung der günstigsten Triebwerksbauart sind drei Ausführungen der Dampfmaschine erprobt worden. 1905 lieferte Hartmann zwei Zweizylinder-Verbund-Naßdampflokomotiven (E n2v) der Gattung XI V, acht Zweizylinder-Heißdampflokomotiven (E h2) der Gattung XI H und zwei Zweizylinder-Heißdampf-Verbundlokomotiven (E h2v) der Gattung XI HV.
Die Naßdampflokomotiven hatten Dampftrockner Bauart Klien. Bei allen 1905 gebauten Lokomotiven waren der 1., 3. und 5. Kuppelradsatz seitenverschiebbar, der 4. Kuppelradsatz war Treibradsatz. Ab 1909 begann die Serienlieferung der XI V, die 1915 mit der 128. Lokomotive endete. Obwohl die Naßdampflokomotive die schwächste der drei Varianten war, erreichte sie die höchste Stückzahl, weil sich die Heißdampflokomotiven noch zu störanfällig zeigten. Ab der 3. gelieferten Lokomotive wählte man den 3. Kuppelradsatz als Treibradsatz und gab nur dem 1. und 5. Radsatz Seitenspiel; bei den 1913 gelieferten Maschinen waren die Radsätze 2 und 5 verschiebbar. Typisch für alle Ausführungen der Gattung XI war das Verbindungsrohr zwischen beiden Dampfdomen. Der Verbinder-Dampftrockner Bauart Klien ist wieder entfernt worden. 47 Lokomotiven der Gattung XI V sind von der DRG auf Heißdampf umgebaut worden. Die XI V zog in der Ebene 1 400 t mit 50 km/h und auf 10 ‰ Steigung 720 t mit 25 km/h. Die DRG übernahm 1925 76 Maschinen mit den Betriebsnummern 57 001 bis 57 014 und 57 021 bis 57 083. Die Betriebsnummern 57 015 bis 020 blieben unbesetzt.

57 005, Foto: Slg. Weisbrod

57^1

sä. XI H
E h2
G 55.14
Einsatzzeitraum 1905 bis ca. 1930

Die XI H gehört zu den drei Varianten fünffach gekuppelter Güterzuglokomotiven, die die Sächsische Staatsbahn 1905 zur Ermittlung der betrieblich günstigsten Bauart beschaffte. Hartmann lieferte 1905 acht Lokomotiven mit den Fabriknummern 2907 bis 2914, die die Bahnnummern 701 bis 708 bekamen. Die Maschinen hatten Rauchkammerüberhitzer Bauart Schmidt. Verursacht durch den Überhitzer und die Kolbenschieber kam es häufig zu Betriebsstörungen, so daß kein Weiterbau erfolgte. Die Staatsbahn gab der unkomplizierten Naßdampfmaschine (XI V) den Vorzug. Die Lokomotiven der Gattung XI H zogen in der Ebene 1 610 t mit 50 km/h und auf 10 ‰ Steigung 760 t mit 25 km/h.
Nach 1919 mußten die Lokomotiven mit den Bahnnummern 702, 703 und 705 nach Frankreich an die P.O. abgegeben werden. Die DRG übernahm 1925 fünf Lokomotiven und gab ihnen die Betriebsnummern 57 101 bis 57 105. 1930 erfolgte bei drei Lokomotiven eine Änderung am Laufwerk. Den 5. Radsatz legte man fest, die Räder des 3. und 4. Radsatzes bekamen Spurkranzschwächung, und nur der 1. Radsatz behielt seine Seitenverschiebbarkeit. Die Lokomotiven sind Anfang der 30er Jahre ausgemustert worden.

57 102, Foto: Slg. Weisbrod

57^2
Zulässige Geschwindigkeit: 50 km/h
Treib- und Kuppelraddurchmesser: 1 260 mm
Kesseldruck: 13 bar
Indizierte Leistung: 1 216 PS
Dienstmasse Lok: 71,8 t
LüP mit Tender sä. 3 T 12: 18 376 mm

57^3
Zulässige Geschwindigkeit: 45 km/h
Treib- und Kuppelraddurchmesser: 1 250 mm
Kesseldruck: 15 bar
Leistung:
Dienstmasse Lok: 76,2 t
LüP mit Tender wü. 3 T 15,5: 17 035 mm

57^2

sä. XI HV
E h2v
G 55.14
Einsatzzeitraum 1905 bis 1933

Neben der Gattung XI V (E n2v) und XI H (E h2) war die XI HV die dritte Version der fünffach gekuppelten Güterzuglokomotive, die die Sächsische Staatsbahn 1905 zur Ermittlung der wirtschaftlich günstigsten Bauart beschaffte. Hartmann lieferte 1905 mit den Fabriknummern 2905 und 2906 zunächst zwei Baumusterlokomotiven, die die Bahnnummern 709 und 710 bekamen. Die Lokomotiven hatten, wie die der beiden anderen Gattungen auch, den 4. Radsatz als Treibradsatz und die Radsätze 1, 3 und 5 seitenverschiebbar. Wie die Lokomotiven der Gattung XI H besaßen auch die beiden Baumuster der Gattung XI HV Rauchkammerüberhitzer. Weil bei der Verbundmaschine die gleichen Probleme mit dem Überhitzer und den Kolbenschiebern auftraten wie bei der Zwillingslokomotive, unterblieb der Weiterbau. Erst zehn Jahre später nahm man sich der XI HV wieder an und beschaffte bis 1918 weitere 29 Lokomotiven. Diese hatten jedoch Rauchrohrüberhitzer Bauart Schmidt, wobei die fünf Maschinen des Baujahres 1915 Kleinrohrüberhitzer, die ab 1916 gelieferten 24 Maschinen Großrohrüberhitzer erhielten. Angetrieben wurde der 3. Radsatz. Die Lieferungen des Jahres 1918 (Bahnnummern 888 bis 897) besaßen schon ab Werk Speisewasservorwärmer. Die XI HV war die leistungsstärkste Maschine der drei Bauformen und zog in der Ebene 1 730 t mit 50 km/h und auf 10 ‰ Steigung 780 t mit 25 km/h. 13 Lokomotiven fielen 1919 unter die Reparationsleistungen. Die DRG übernahm 18 Maschinen mit den Betriebsnummern 57 201 bis 57 218.

57 214, Foto: Slg. Weisbrod

57^3

wü. H
E n2v
G 55.15
Einsatzzeitraum 1905 bis 1935

Zur gleichen Zeit wie die Sächsische Staatsbahn beschaffte auch die Württembergische Staatsbahn fünffach gekuppelte Güterzuglokomotiven, bei denen die Bogenläufigkeit durch seitenverschiebbare Achsen nach dem Gölsdorf-Prinzip erreicht wurde. Die von der Maschinenfabrik Esslingen entwickelten Lokomotiven hatten ein Zweizylinder-Naßdampf-Verbundtriebwerk, dessen außenliegende Zylinder auf den 4. Kuppelradsatz arbeiteten. Die Radsätze 1, 3 und 5 waren ±26 mm (3. Radsatz ±20 mm) seitenverschiebbar. Eine überlange Treibstange vermied man durch Zurücksetzen des Kreuzkopfes, mußte aber der Kolbenstange eine zusätzliche Brillenführung geben. Schon bald nach der Anlieferung ersetzte man den Flachschieber der HD-Maschine durch einen Kolbenschieber. Der Kesseldruck betrug 15 bar, für die damalige Zeit ein bemerkenswerter Wert. Die beiden Dampfdome waren zur Gewinnung trockenen Dampfes durch ein Rohr verbunden. Als man die dezentrale Sandstreuanlage (Sandkästen auf dem Umlauf) durch einen zentralen Sandkasten zwischen beiden Domen ersetzte, führte das Dampfsammelrohr durch den Sandkasten.
Die Lokomotiven der Klasse H zogen in der Ebene 1 750 t mit 45 km/h und auf 10 ‰ Steigung 495 t mit 35 km/h. Bis 1909 lieferte Esslingen acht Lokomotiven, die die Bahnnummern 811 bis 818 erhielten. Die Maschinen mit den Bahnnummern 811 und 813 bis 815 fielen unter die Reparationsabgaben, die restlichen vier Maschinen übernahm 1925 die DRG mit den Betriebsnummern 57 301 bis 57 304. Zur DRG-Zeit sind sie auf Heißdampf umgebaut worden und liefen als E h2v.

57 302, Foto: Slg. Weisbrod

57⁴
Zulässige Geschwindigkeit: 45 km/h
Treib- und Kuppelraddurchmesser: 1 250 mm
Kesseldruck: 13 bar
Leistung:
Dienstmasse Lok: 73,8 t
LüP mit Tender wü. 3 T 15,5: 17 111 mm

57⁵
Zulässige Geschwindigkeit: 60 km/h
Treib- und Kuppelraddurchmesser: 1 270 mm
Kesseldruck: 16 bar
Indizierte Leistung: 1 650 PS
Dienstmasse Lok: 84,4 t (1924)
LüP mit Tender bay. 2′2′ T 21,8: 19 974 mm

57⁴

wü. Hh
E h2
G 55.15
Einsatzzeitraum 1909 bis 1935

Die gute Bewährung der E n2v-Lokomotiven der Klasse H, die ab 1905 beschafft worden waren, veranlaßte die Württembergische Staatsbahn, im Jahre 1909 zur Heißdampflokomotive überzugehen. Die von 1909 bis 1920 beschafften 26 Lokomotiven, alle von der Maschinenfabrik Esslingen geliefert, unterschieden sich von der Klasse H durch Kessel und Triebwerk. Gesamtheizfläche und Rostfläche waren verkleinert worden, den Kesseldruck hatte man aus heute unverständlichen Gründen auf 13 bar reduziert. Das Laufwerk blieb unverändert. Die Dampfmaschine war ein Zweizylinder-Triebwerk mit 620 mm Zylinderdurchmesser. Die letzten Lieferungen (Baujahr 1920) kamen ab Werk mit Speisewasservorwärmer und Kolbenspeisepumpe.
Trotz des geringeren Kesseldrucks war die Heißdampfmaschine der Verbundausführung im oberen Leistungsbereich deutlich überlegen. Sie zog in der Ebene 1 900 t mit 45 km/h und auf 20 ‰ Steigung, wie auch die Klasse H, 350 t mit 25 km/h. Von den mit den Bahnnummern 821 bis 846 eingeordneten Lokomotiven mußten 1919 sechs Stück als Reparationsleistung abgegeben werden. Die DRG übernahm 1925 noch 17 Lokomotiven mit den Betriebsnummern 57 401 bis 57 417. Die letzten wü. Hh sind 1935 bei der Rbd Stuttgart ausgemustert worden.

57 408, Foto: Slg. Weisbrod

57⁵

bay. G $^5/_5$
E h4v
G 55.15/16/17
Einsatzzeitraum 1911 bis 1950

Die bay. G $^5/_5$, erstmals von Maffei im Jahre 1911 gebaut, war die leistungsstärkste E- Güterzuglokomotive der deutschen Länderbahnen und den sächsischen, württembergischen und preußischen Bauarten erheblich überlegen. Sie war eine Heißdampflokomotive mit Vierzylinder-Verbund-Triebwerk und Barrenrahmen. Je ein innerer HD- und ein äußerer ND-Zylinder bildeten ein Gußstück, und beide Zylindergruppen waren in Lokomotivmitte miteinander verschraubt. Der für HD- und ND-Zylinder gemeinsame Kolbenschieber wurde von einer außenliegenden Heusinger-Steuerung mit Hängeeisen bewegt. Alle vier Zylinder arbeiteten auf den 3. Kuppelradsatz. Den Hauptmangel fast aller bayerischen Heißdampflokomotiven, den zu kleinen Überhitzer, korrigierte man im Verlauf des Lieferzeitraums. Dabei nahm die Masse der Lokomotive zu, so daß die Lieferung des Jahres 1920 das Gattungszeichen G 55.16, die des Jahres 1924 das Gattungszeichen G 55.17 trug. Die bay. G $^5/_5$ zog in der ebene 1 340 t mit 60 km/h und auf Steigungen von 20 ‰ 470 t mit 25 km/h. Maffei hatte 1911 die ersten 15 Maschinen geliefert, von denen sechs unter die Reparationsabgaben fielen und zwei im Krieg verlorengingen. Erst 1920 nahm man den Weiterbau auf, und Maffei lieferte bis 1924 weitere 80 Lokomotiven. Von der Lieferung des Jahres 1911 übernahm die DRG sieben Lokomotiven mit den Betriebsnummern 57 501 bis 57 507. Die Lieferungen von 1920 bis 1924 kamen mit den Betriebsnummern 57 511 bis 57 590 komplett zur DRG, sind aber größtenteils um 1935 ausgemustert worden. Einige Maschinen sind auch während des Krieges im Einsatz gewesen und schieden 1950 bei der DB aus.

57 501, Foto: Slg. Weisbrod

57^{10-35}
Zulässige Geschwindigkeit: 60 km/h
Treib- und Kuppelraddurchmesser: 1 400 mm
Kesseldruck: 12 bar
Indizierte Leistung: 1 100 PS
Dienstmasse Lok: 76,6 t
LüP mit Tender pr. 3 T 16,5: 18 910 mm

58^0
Zulässige Geschwindigkeit: 60 km/h
Treib- und Kuppelraddurchmesser: 1 400 mm
Laufraddurchmesser vorn/hinten: 1 000/– mm
Kesseldruck: 14 bar
Indizierte Leistung: 2 030 PS
Dienstmasse Lok: 98,8 t
LüP mit Tender pr. 2′2′ T 21,5: 20 340 mm

57^{10-35}

pr. G 10
E h2
G 55.15
Einsatzzeitraum 1910 bis 1970

Auf der Lokomotivverteilungskonferenz im September 1907 hatten die Direktionen Breslau, Cöln und Saarbrücken eine fünffach gekuppelte Güterzuglokomotive mit 15 t Kuppelachsfahrmasse gefordert. Die Direktionen Elberfeld und Erfurt hatten hierfür keinen Bedarf. Der von Robert Garbe vorgelegte Entwurf sah die Verwendung des P 8-Kessels auf einem Fahrwerk der T 16 vor, also Antrieb des 4. Kuppelradsatzes und Seitenverschiebbarkeit der Radsätze 1, 3 und 5. Nach Angaben des Lokausschusses und des Eisenbahn-Zentralamtes arbeitete Henschel die Werkzeichnungen aus. Danach wurde der 3. Radsatz als Treibradsatz gewählt, die Radsätze 1 und 5 waren ±28 mm seitenverschiebbar, die Spurkränze der Räder des Treibradsatzes um 5 mm geschwächt. Henschel lieferte 1910 die ersten Lokomotiven (noch mit langem Führerhaus). Im Verlauf des bis 1924 währenden Beschaffungszeitraumes hat es verschiedene konstruktive Änderungen gegeben. 1913/14: vierreihiger statt dreireihigem Überhitzer, Speisewasser-Vorwärmanlage; 1914: Druckluftbremse; 1918: Speisewasserreiniger und 2. Sandkasten; 1921: Speisedom mit Winkelrost-Schlammabscheider. Dadurch stieg die Dienstmasse von 69,5 t auf 76,6 t, womit aber immer noch der Einsatz auf Nebenbahnen möglich war. Die Preußisch-Hessische Staatsbahn und die DRG beschafften bis 1924 2 615 G 10-Lokomotiven. Die G 10 zog in der Ebene 1 380 t mit 50 km/h und 820 t auf 5 ‰ Steigung mit 35 km/h. Sie übertraf also nicht die pr. G 8[1]. 1925 übernahm die DRG die G 10 mit den Betriebsnummern 57 1001 bis 57 2725 und 57 2892 bis 57 3524. Die DB besaß nach dem zweiten Weltkrieg ca. 730 Maschinen, die DR ca. 110.

KATTOWITZ 5461, Foto: Slg. Weisbrod

58^0

pr. G 12[1]
1′E h3
G 56.17
Einsatzzeitraum 1915 bis 1935

Von der Eisenbahn-Direktion Breslau kam 1913 der Vorschlag, eine leistungsstärkere Güterzuglokomotive zu bauen, weil durch die Einführung von Güterwagen mit 20 t Lademasse Leistung und Geschwindigkeit der G 8[1] und G 10 nicht mehr in allen Fällen ausreichten. Ein größerer Kessel (es war mit 5 000 mm Rohrlänge der bisher größte bei der Preußischen Staatsbahn gebaute Kessel) bedingte einen zusätzlichen Radsatz, der als vorderer Laufradsatz im Bissel-Gestell ausgeführt worden ist. Die hohe Kessellage (Kesselmitte 2 920 mm über SO) hätte eine breite, den Rahmen überragende Feuerbüchse ermöglicht, jedoch wählte man die bisher übliche Bauform, die zwischen den Rahmenblechen eingezogen war. Dadurch ergab sich die enorme Rostlänge von 3 220 mm bei 1 020 mm Breite. Um ein gleichmäßiges Drehmoment zu erzielen und die Lager- und Zapfendrücke in Grenzen zu halten, bekam die Lokomotive ein Drillingstriebwerk, bei dem die beiden Außenzylinder auf den 3. Kuppelradsatz arbeiteten, der Innenzylinder den 2. Kuppelradsatz antrieb. Obwohl man bei den S 10-Lokomotiven wenigstens im vorderen Teil schon einen Barrenrahmen ausgeführt hatte, erhielt die G 12[1] noch einen Blechrahmen. Henschel lieferte 1915 die ersten Lokomotiven, für die das Musterblatt XIV 3 c galt. Wegen zu geringer Überhitzung in den langen Rohren bekamen die Maschinen ab 1916 einen fünfreihigen Überhitzer. In dieser Ausführung zogen sie in der Ebene 1 900 t mit 60 km/h und auf 10 ‰ Steigung 1 100 t mit 24 km/h. Weil die G 12 (Bauart 1917) bereits in Vorbereitung war, hat man nur 21 Lokomotiven beschafft. Die DRG übernahm 1925 15 Maschinen mit den Betriebsnummern 58 001 bis 58 015.

CASSEL 5551, Foto: Slg. Weisbrod

58^{1}
Zulässige Geschwindigkeit: 60 km/h
Treib- und Kuppelraddurchmesser: 1 400 mm
Laufraddurchmesser vorn/hinten: 1 000/– mm
Kesseldruck: 14 bar
Indizierte Leistung: 1 636 PS
Dienstmasse Lok: 101,1 t
LüP mit Tender sä. 2′2′ T 21: 20 703 mm

Nr. 1182, Foto: Slg. Weisbrod

58^{2-3}
Zulässige Geschwindigkeit: 65 km/h
Treib- und Kuppelraddurchmesser: 1 400 mm
Laufraddurchmesser vorn/hinten: 1 000/– mm
Kesseldruck: 14 bar
Indizierte Leistung: 1 540 PS
Dienstmasse Lok: 93,6 t
LüP mit Tender pr. 3 T 20: 18 475 mm

58 261, Foto: Weisbrod

58^{1}

sä. XIII H
1′E h3
G 56.17
Einsatzzeitraum 1917 bis 1951

Die ab 1905 von der Sächsischen Staatsbahn beschafften fünffach gekuppelte Güterzuglokomotiven der Gattung XI genügten etwa zehn Jahre den Anforderungen des Betriebs. Die Transportprobleme des ersten Weltkriegs zwangen dazu, möglichst schnell eine leistungsfähigere Lokomotive in Dienst zu stellen. Die Sächsische Staatsbahn übernahm die Zeichnungen der von Henschel entwickelten pr. G 12^{1} und ließ 1917 bei Hartmann 20 dieser Lokomotiven bauen, die sich jedoch in einigen Details vom preußischen Vorbild unterschieden. Die Gesamtheizfläche der als XIII H bezeichneten Gattung war mit 210,51 m^2 um 15 m^2 größer, die Überhitzerheizfläche um knapp 4 m^2. Durch Verstärkung einiger Bauteile überschritt die XIII H als erste deutsche Güterzuglokomotive in der Masse die 100-t-Grenze. Da ab 1917 bereits die pr. G 12 gebaut wurde, deren Konstruktion von einigen deutschen Länderbahnen, auch von Sachsen, übernommen wurde, blieb es bei 20 Lokomotiven, die die Bahnnummern 1165 bis 1184 bekamen. Sechs Lokomotiven mußten nach 1919 als Reparationsleistungen nach Frankreich abgegeben werden. Die DRG übernahm 1925 die restlichen Maschinen mit den Betriebsnummern 58 101 bis 58 114. Sie wurden bis etwa 1935 ausgemustert. Die sechs nach Frankreich abgegebenen Maschinen hat man 1941 zurückgeführt und dem Bw Zwickau zugeteilt. Dort sind sie bis 1951 im Einsatz gewesen.

58^{2-3}

bad. G 12^{1-7}
1′E h3
G 56.17
Einsatzzeitraum 1918 bis 1970

Die pr. G 12 war die erste Lokomotive, die außer von der Preußisch-Hessischen Staatsbahn auch von den Staatsbahnen Sachsens, Württembergs und Badens gebaut worden ist. Sie war noch keine Einheitslokomotive im Sinne der von der DRG ab 1925 gebauten Maschinen, aber ein erster Schritt dazu. Die Badische Staatsbahn beschaffte von 1918 bis 1921 diese Maschine, die auch die Gattungsbezeichnung G 12 und die Bahnnummer am Führerhaus angeschrieben hatte. Die einzelnen Lieferserien waren als G 12^{1-7} unterschieden. Zur Dekkung des Lokomotivbedarfs kaufte die Badische Staatsbahn von Preußen zehn G 12 (Bahnnummern 1037 bis 1046), die von Linke-Hofmann gebaut worden waren. Die Maschinenbau-Gesellschaft Karlsruhe lieferte die Maschinen mit den Bahnnummern 972 bis 996, 1017 bis 1036, 1059 bis 1081 und 1125 bis 1132. Von Brown-Boveri stammten die Lokomotiven mit den Bahnnummern 1047 bis 1058. Die DRG übernahm 1925 die bad. G 12 mit den Betriebsnummern 58 201 bis 58 318 (Nummern nicht durchgängig besetzt). Die 58 231 erhielt nach 1950 bei der DR Kohlenstaubfeuerung System Wendler. Das Verkehrsmuseum Dresden bewahrt die nicht mehr betriebsfähige 58 261 auf.

58 449, Foto: Slg. Weisbrod

58 501, Foto: Slg. Weisbrod

58^{4}

sä. XIII H
1'E h3
G 56.17
Einsatzzeitraum 1919 bis 1974

Die Sächsische Staatsbahn hat, wie Baden und Württemberg auch, die pr. G 12 nachgebaut. Von 1919 bis 1921 lieferte Hartmann 42 Lokomotiven. Sachsen übernahm jedoch nicht die preußische Gattungsbezeichnung, sondern ordnete die Maschinen in das eigene System als XIII H ein, unter der auch der Nachbau der pr. G 12^1 geführt wurde. Die Lokomotiven erhielten die Bahnnummern 1185 bis 1226. Die Maschinen des Baujahres 1919 hatten den Dom und zwei Sandkästen unter einer gemeinsamen Verkleidung. Die Lieferungen der Jahre 1920 und 1921 hatten freiliegende Sandkästen, wobei der 1. Sandkasten auf den vorderen Kesselschuß hinter die Rauchkammer gesetzt war.
1924 bestellte die DRG weitere 20 Lokomotiven der Gattung sä. XIII H, die gleichfalls Hartmann lieferte, die aber keine sächsischen Bahnnummern mehr bekamen. Alle sä. XIII H ab Baujahr 1919 erhielten die Betriebsnummern 58 401 bis 58 462. Als einzige deutsche Bahnverwaltung, die G 12 beschafften, verwendete Sachsen nicht den preußischen Tender 3 T 20, sondern den eigenen sä. 3 T 21. Nach 1945 verblieben drei Maschinen bei den PKP und eine bei den ČSD. Neun Lokomotiven sind von der DR nach 1950 auf Kohlenstaubfeuerung System Wendler umgebaut worden. Die 58 412 und 58 433 kamen in das Rekonstruktionsprogramm der DR, erhielten neue Verbrennungskammerkessel und die neuen Betriebsnummern 58 3056 und 58 3005. Die meisten sä. XIII H sind Ende der 60er Jahre ausgemustert worden, die letzten 1974.

58^{5}

wü. G 12
1'E h3
G 56.17
Einsatzzeitraum 1919 bis 1970

Die Württembergische Staatsbahn beschaffte, wie Baden und Sachsen auch, Lokomotiven nach dem Vorbild der pr. G 12. Erbauer der wü. G 12 war die Maschinenfabrik Esslingen, die 1919 34 Stück und 1922 nochmals acht lieferte. Die Lieferungen des Jahres 1919 erhielten die Bahnnummern 1901 bis 1925 und 1927 bis 1935. Die Maschinen des Baujahres 1922 bekamen die Bahnnummern 5761 bis 5768; das waren preußische Nummern des Direktionsbezirkes Cassel.
Bei der DRG erhielten die wü. G 12 die Betriebsnummern 58 501 bis 58 525 und 58 527 bis 58 543. Bei der DR ist die 58 541 nach 1949 auf Kohlenstaubfeuerung System Wendler umgebaut worden.

58^{6}
Zulässige Geschwindigkeit: 75 km/h
Treib- und Kuppelraddurchmesser: 1 450 mm
Laufraddurchmesser vorn/hinten:
1 000/– mm
Kesseldruck: 14 bar
Leistung:
Dienstmasse Lok: 95,2 t
LüP mit Tender 2′2′ T 21,5 poln.
Bauart: 20 065 mm

58^{4}
Zulässige Geschwindigkeit: 65 km/h
Treib- und Kuppelraddurchmesser: 1 400 mm
Laufraddurchmesser vorn/hinten:
1 000/– mm
Kesseldruck: 14 bar
Indizierte Leistung: 1 540 PS
Dienstmasse Lok: 96,5 t
LüP mit Tender sä. 3 T 21: 18 567 mm

58^{5}
Zulässige Geschwindigkeit: 65 km/h
Treib- und Kuppelraddurchmesser: 1 400 mm
Laufraddurchmesser vorn/hinten:
1 000/– mm
Kesseldruck: 14 bar
Indizierte Leistung: 1 540 PS
Dienstmasse Lok: 94,3 t
LüP mit Tender pr. 3 T 20: 18 475 mm

58^{10-21}
Zulässige Geschwindigkeit: 65 km/h
Treib- und Kuppelraddurchmesser: 1 400 mm
Laufraddurchmesser vorn/hinten:
1 000/– mm
Kesseldruck: 14 bar
Indizierte Leistung: 1 540 PS
Dienstmasse Lok: 95,7 t
LüP mit Tender pr. 3 T 20: 18 495 mm

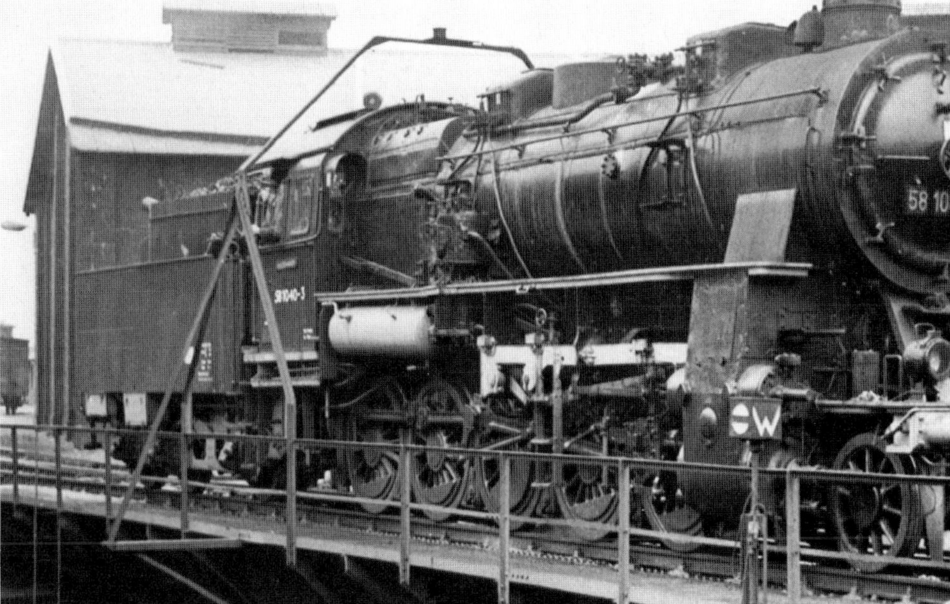

58^{6}

LBE
1′E h2
G 56.17
Einsatzzeitraum 1935 bis

Im Jahre 1935 kaufte die Lübeck-Büchener Eisenbahn (LBE) zwei 1′E h2-Güterzuglokomotiven von der Fa. Schwartzkopff, die die Bahnnummern 99 und 100 erhielten. Die Lokomotiven waren bereits 1924 von Schwartzkopff gebaut worden, denn die Firma hatte 1923 davon 15 Stück an die PKP geliefert. Vermutlich sind die beiden elf Jahre später von der LBE gekauften Maschinen von Schwartzkopff in Erwartung weiterer Aufträge der PKP auf Verdacht gebaut worden. In Polen liefen diese Lokomotiven als Reihe Ty 23.
Mit der pr. G 12 hatten die beiden LBE-Maschinen nur den Barrenrahmen und den Belpaire-Kessel gemeinsam. Die Kesselmitte lag mit 3 100 mm über SO sogar noch 100 mm höher als bei der G 12. Im Gegensatz zur G 12 hatten die Maschinen ein Zwillingstriebwerk. Sie zogen in der Ebene mit 70 km/h 1 105 t und auf 4 ‰ Steigung noch 1 000 t mit 50 km/h.

Bei Übernahme der LBE durch die DRG im Jahre 1938 bekamen die Lokomotiven die Betriebsnummern 58 601 und 58 602. Im Jahre 1941 sind sie in 58 2301 und 58 2302 umgezeichnet worden.

LBE Nr. 100, Foto: Slg. Weisbrod

58^{10-21}

pr. G 12
1′E h3
G 56.17
Einsatzzeitraum 1917 bis 1976

Ausgangspunkt für die Beschaffung der pr. G 12 war die komplizierte Situation der Deutschen Heeresfeldbahn im ersten Weltkrieg. Der aus den Beständen aller deutschen Länderbahnen zusammengesetzte Lokomotivpark führte zu Problemen bei der Bedienung der Lokomotiven und zu erheblichen Ersatzteilschwierigkeiten. Bereits 1915 hatte man erwogen, eine Kriegslokomotive zu bauen, die von allen deutschen Länderbahnen beschafft werden sollte. Aus Mangel an Entwürfen waren zunächst die Naßdampflokomotiven der preußischen Gattungen G 7^1 und G 7^3 nachgebaut worden.
Henschel erhielt Anfang 1917 den Auftrag zum Bau einer 1′E-Heißdampf-Güterzuglokomotive. Zu dieser Zeit war bei Henschel eine 1′E h3-Lokomotive für die Kaiserlich Ottomanische Generaldirektion der Militäreisenbahnen (C.F.O.A.) im Bau. Aus dieser Maschine und den Erfahrungen beim Bau der pr. G 12^1 entstand nach Musterblatt XIV 3d die pr. G 12. Sie brach mit den Traditionen des preußischen Lokomotivbaus. Als erste Lokomotive hatte sie einen durchgehenden Barrenrahmen und einen Hinterkessel Bauart Belpaire mit breiter, großer Rostfläche, um auch minderwertige Kohle verfeuern zu können. Die G 12 zog in der Ebene 1 330 t mit 65 km/h und auf 10 ‰ Steigung 1 000 t mit 25 km/h. Bis 1921 sind 1168 G 12 gebaut worden, die 1925 von der DRG die Betriebsnummern 58 1002 bis 58 2143 erhielten. Die 58 1001 war keine pr. G 12, sondern eine in Deutschland verbliebene Lok für die C.F.O.A. Auch die Staatsbahnen Badens, Sachsens und Württembergs bauten G 12, lediglich Bayern schloß sich aus. 1930 erhielten die 58 1416 und 58 1894 Kohlenstaubfeuerung System AEG, die 58 1353, 1677, 1722 und 1794 von 1928 bis 1930 System Stug.

58 1040, Foto: Weisbrod

$58^{2,\,4,\,5,\,10-21}$
Zulässige Geschwindigkeit: 65 km/h
Treib- und Kuppelraddurchmesser: 1 400 mm
Laufraddurchmesser vorn/hinten: 1 000/– mm
Kesseldruck: 14 bar
Indizierte Leistung: 1 700 PS
Dienstmasse Lok: 95,7 t
LüP mit Tender 2′2′ T 23 Kst.: 20 435 mm

58^{30}
Zulässige Geschwindigkeit: 70 km/h
Treib- und Kuppelraddurchmesser: 1 400 mm
Laufraddurchmesser vorn/hinten: 1 000/– mm
Kesseldruck: 16 bar
Effektive Leistung: 1 500 PS
Dienstmasse Lok: 97,2 t
LüP mit Tender 2′2′ T 28: 22 110 mm

$58^{2,\,4,\,5,\,10–21}$

Umbaulok DR **Kohlenstaub**
1′E h3
G 56.17
Einsatzzeitraum 1953 bis 1972

Die Deutsche Reichsbahn war nach dem zweiten Weltkrieg von den Steinkohlevorkommen Schlesiens, des Ruhrgebiets und des Saargebiets abgeschnitten und mußte Lokomotiven mit Braunkohlenbriketts feuern. So war es naheliegend, die von der DRG 1928 bis 1930 vorgenommenen Versuche mit Braunkohlenstaubfeuerung wieder aufzunehmen. Die Systeme der AEG und der Stug waren zwar im Prinzip betriebsreif, doch durch die mechanische Staubaustragung mittels Förderschnecke störanfällig. Die DR entwickelte unter Leitung von Hans Wendler ein System zur ausschließlich pneumatischen Staubaustragung aus dem Tender, das nach einer Vielzahl von Versuchsreihen voll betriebstauglich war. Der Kohlenstaubbehälter des Tenders war in drei Kammern unterteilt, deren Trennwände nicht bis zum Boden reichten, so daß sie getrennt entleert werden konnten. Die Lokomotive erhielt eine zweite Luftpumpe und einen zusätzlichen Hauptluftbehälter zur Erzielung des erforderlichen Überdrucks auf dem Kohlenstaubspiegel. Feuerbüchse und Aschkasten waren als Brennraum ausgemauert. Die Kohlenstaub-G 12 waren mit einem Kohlenstaubtender gekuppelt, der durch Umbau des preußischen Fachwerktenders 2′2′ T 31,5 entstanden war. Insgesamt hat die DR 55 bad., sächs., wü. und pr. G 12 auf Kohlenstaubfeuerung System Wendler umgebaut, die bis Anfang der 70er Jahre auf schwierigen Strecken Sachsens und Thüringens im Einsatz waren.

58 1321, Foto: Ebermann

58^{30}

Rekolok DR
1′E h3
G 56.17
Einsatzzeitraum 1958 bis 1985

Die pr. G 12 hatte einige Mängel, die den Betrieb erschwerten. So war die Dampfleistung des Kessels nur ungenügend auf die Zylinderleistung abgestimmt, der Leerlauf war unbefriedigend, und die vielteilige Steuerung des Innenzylinders führte mit zunehmendem Verschleiß zu ungenauer Dampfverteilung. Weil die DR noch über größere Stückzahlen der leistungsfähigen und mit 17 t Achsfahrmasse auch auf Nebenbahnen einsetzbaren Lokomotiven verfügte, entschloß man sich, einen Teil des Bestands zu rekonstruieren. Die Lokomotiven erhielten im Raw Zwickau den für die Neubaulokomotiven der BR 23^{10} und 50^{40} entwickelten Verbrennungskammerkessel, neue Führerhäuser nach dem Muster der BR 23^{10} und Druckausgleichkolbenschieber Bauart Trofimoff. Der Antrieb der Steuerung des Innenzylinders erfolgte jetzt vom 5. Kuppelradsatz mittels Schwinge und Übertragungswelle. Wegen der Länge des Kessels mußte der Rahmen vorgeschuht werden. Der Achsstand zwischen Laufradsatz und 1. Kuppelradsatz vergrößerte sich um 300 mm auf 2 800 mm, die zulässige Geschwindigkeit konnte auf 70 km/h erhöht werden. Die mit Mischvorwärmer ausgerüsteten Reko-G 12, jetzt als BR 58^{30} bezeichnet, verbrauchten 15 bis 25 % Brennstoff weniger als die pr. G 12 und waren durch den höheren Kesseldruck auch im Dampfverbrauch sparsamer. In der Zugkraft kam die BR 58^{30} in Bereiche der BR 44. Die Rekolok war mit dem Einheitstender 2′2′ T 26, dem Wannentender 2′2′ T 30, dem Neubautender 2′2′ T 28 oder dem pr. 2′2′ T 31,5 gekuppelt. Von 1958 bis 1963 sind in Zwickau 56 G 12 rekonstruiert worden (58 3001 bis 58 3056). Ihre Einsatzgebiete waren der sächsische und der thüringische Raum. Die 58 3047 war bis 1991 betriebsfähig.

58 3017, Foto: Weisbrod

59^0
Zulässige Geschwindigkeit: 60 km/h
Treib- und Kuppelraddurchmesser: 1 350 mm
Laufraddurchmesser vorn/hinten: 943/– mm
Kesseldruck: 15 bar
Indizierte Leistung: 1 920 PS
Dienstmasse Lok: 108,0 t
LüP mit Tender wü. 2′2′ T 20: 20 190 mm

60^0
Zulässige Geschwindigkeit: 120 km/h
Treib- und Kuppelraddurchmesser: 1 980 mm
Laufraddurchmesser vorn/hinten: 1 000/1 000 mm
Kesseldruck: 16 bar
Leistung:
Dienstmasse Lok: 69,0 (72,85) t
LüP: 12 380 mm
(Klammerwert: 60 003)

59^0

wü. K
1′F h4v
G 67.16
Einsatzzeitraum 1917 bis 1953

Die Württembergische Staatsbahn war durch ihre Streckenverhältnisse gezwungen, unter den deutschen Länderbahnen eine Vorreiterrolle beim Bau leistungsfähiger Gebirgsmaschinen einzunehmen. So waren 1892 ein Fünfkuppler mit Klose-Triebwerk und 1905 ein Fünfkuppler mit Steifrahmen und seitenverschiebbaren Achsen nach Gölsdorf entstanden. Eine weitere Leistungssteigerung war nur mit einem größeren Kessel möglich, der jedoch bei einer zulässigen Achsfahrmasse von nur 16 t auf fünf gekuppelten Radsätzen nicht mehr unterzubringen war. Die Bahnverwaltung entschied sich für eine sechsfach gekuppelte Steifrahmenlokomotive mit Seitenverschiebbarkeit des 1. und 6. Kuppelradsatzes. Die Spurkränze der Räder des 3. und 4. Kuppelradsatzes waren um 15 mm geschwächt. Um mit der Lokomotive die maximal mögliche Leistung bei wirtschaftlichem Betrieb zu erzielen, erhielt sie ein Vierzylinder-Verbund-Heißdampftriebwerk, einen Überhitzer mit 80 m² Heizfläche und eine Speisewasser-Vorwärmanlage.
Beim Zweiachsantrieb nach de Glehn arbeiteten die äußeren ND-Zylinder auf den 4. Kuppelradsatz, die innenliegenden HD-Zylinder auf den 3. Kuppelradsatz, der eine doppelt gekröpfte Achswelle besaß. Um mit den inneren Treibstangen über die Achswelle des 2. Kuppelradsatzes hinwegzukommen, mußte auch diese gekröpft werden. Die wü. K zog in der Ebene 2 600 t mit 50 km/h und auf 25 ‰ Steigung 420 t mit 25 km/h. Bis zur Elektrifizierung der Geislinger Steige 1933 taten sie dort, dann auf anderen Strecken Württembergs Dienst. 1942 kamen sie nach Österreich an den Semmering, während des Krieges auch bis nach Ungarn und Jugoslawien. Die an die DB zurückgegebenen Lokomotiven wurden 1953 ausgemustert.

Nr. 1810, Foto: Slg. Weisbrod

60^0

LBE
1′B1′ h2
St 24.18/19
Einsatzzeitraum 1936 bis 1962

Für einen attraktiven Personen-Schnellverkehr zwischen Hamburg–Lübeck–Travemünde, der mit dem Kraftverkehr konkurrieren konnte, ließ die Lübeck-Büchener Eisenbahn (LBE) bei Henschel zwei stromlinienverkleidete 1′B1′ h2-Tenderlokomotiven und bei den Firmen Linke-Hofmann und der WUMAG Doppelstock-Reisezugwagen entwickeln. Die beiden Tenderlokomotiven lieferte Henschel im Frühjahr 1936. Sie bekamen bei der LBE die Bahnnummern 1 und 2 in zweiter Besetzung. Die Räder der beiden gekuppelten Radsätze hatten 1 980 mm Durchmesser, die in Bissel-Gestellen gelagerten Laufradsätze 1 000 mm Durchmesser. Lokomotive und Wagenzug wurden im Endbahnhof nicht getrennt, so daß die Gegenrichtung im Schiebebetrieb gefahren wurde, wobei der Lokführer im Steuerabteil saß. Die Lokomotive beschleunigte den Zug (94 t Dienstmasse) in 5,5 min auf 120 km/h und bewältigte die 84 km zwischen Hamburg und Travemünde mit Halt in Lübeck in 60 min. 1937 lieferte Henschel eine dritte Lokomotive mit etwas größerem Kessel und größerem Wasserbehälter (Bahnnummer 3), die bei zwei angehängten Doppelstockeinheiten auf Wasserhalt in Lübeck verzichten konnte. Nach Übernahme der LBE durch die DRG erhielten die Lokomotiven die Betriebsnummern 60 001 bis 60 003. Mit Kriegsbeginn verfügte das Reichsverkehrsministerium die Einstellung des Schnellverkehrs, die Ausmusterung der drei Lokomotiven und ihre Weiterverwendung als Heizlokomotiven. Das ist nur bei der 60 001 erfolgt, die im November 1942 ausgemustert worden ist. Die 60 002 und 003 kamen nach 1945 zur DR. Die 60 002 versah bis 1958 Dienst im Berliner Nahverkehr (1962 außer Dienst gestellt), die 60 003 war bis 1954 beim Bw Stralsund im Einsatz.
LBE Nr. 1 (60 001), Foto: Slg. Weisbrod

61
Zulässige Geschwindigkeit: 175 km/h
Treib- und Kuppelraddurchmesser: 2 300 mm
Laufraddurchmesser vorn/hinten: 1 100/1 100 mm
Kesseldruck: 20 bar
Indizierte Leistung: 1 450 PS
Dienstmasse Lok: 129,1 (146,3) t
LüP: 18 475 (18 825) mm
(Klammerwerte: 61 002)

62
Zulässige Geschwindigkeit: 100 km/h
Treib- und Kuppelraddurchmesser: 1 750 mm
Laufraddurchmesser vorn/hinten: 850/850 mm
Kesseldruck: 14 bar
Indizierte Leistung: 1 680 PS
Dienstmasse Lok: 123,6 t
LüP: 17 140 mm

61

Einheitslok **Stromlinienverkl.**
2′C2′ h2 **2′C3′ h3**
St 37.18 **St 38.18**
Einsatzzeitraum 1935 bis 1956

Für den leichten Stromlinienzug der Waggonfabrik Wegmann lieferte Henschel eine 2′C2′-Stromlinien-Tenderlokomotive, die mit Zwillingstriebwerk und 20 bar Kesseldruck den 130 t schweren Vierwagenzug auf 175 km/h beschleunigen konnte. Weil Drehzahl und Kolbengeschwindigkeit des Triebwerks nicht beliebig gesteigert werden konnten, wählte man einen Kuppelraddurchmesser von 2 300 mm. Die als 61 001 bezeichnete Lokomotive kam Mitte 1935 zunächst zu Meßfahrten zum LVA Grunewald, 1936 mit dem Henschel-Wegmann-Zug in den Plandienst zwischen Dresden und Berlin, wo sie die 176 km in 100 min bewältigte. Mängel der 61 001 waren der zu geringe Wasservorrat und die nur befriedigende Laufruhe bei 160 km/h. 1939 lieferte Henschel eine zweite Lokomotive (61 002) mit Drillingstriebwerk und nachlaufendem dreiachsigem Drehgestell, das den von 17 auf 21 m^3 vergrößerten Wasserkasten trug. Beide Stromlinienlokomotiven konnten ihre Höchstgeschwindigkeit vorwärts und rückwärts entwickeln, mußten also an den Endbahnhöfen nicht gedreht werden. Die 61 002 kam kaum noch zum Einsatz im Schnellverkehr, der mit Kriegsausbruch 1939 eingestellt wurde. Die 61 001 war bei Kriegsende im Raw Braunschweig und wurde nach einer Zwischenausbesserung bei der DB im Triebwagenersatzverkehr bei den Bw Hannover und Bielefeld eingesetzt. 1952 ist sie nach einem Unfall ausgemustert worden. Die 61 002 war Zuglok des Sonderzugs von Verkehrsminister Kramer, der sie dann der FVA Halle zur Verfügung stellte. Im Raw Meiningen ist sie für die Versuchsanstalt 1961 in eine 2′C1′ h3-Schlepptenderlokomotive umgebaut und mit der Betriebsnummer 18 201 als Schnellfahr- und Bremslokomotive eingesetzt worden.

61 001, Foto: Slg. Weisbrod

62

Einheitslok
2′C2′ h2
Pt 37.20
Einsatzzeitraum 1927 bis 1971

Die Baureihe 62 gehörte zum 1. Typisierungsplan der DRG für Lokomotiven mit 20 t Achsfahrmasse. Sie sollten, wie die Baureihen 24 und 64 für 15 t Achsfahrmasse, in allen wesentlichen Teilen baugleich sein. Die Baureihe 62 sollte Schnell- und Personenzüge auf kurzen Hauptstrecken befördern, wo der Einsatz von Schlepptenderlokomotiven wegen des Wendens unwirtschaftlich gewesen wäre. 1927 sind bei Henschel zwei Maschinen bestellt worden, die im Juni 1928 fertiggestellt waren. Die Achsfolge 2′C2′ erlaubte bei 1 750 mm Kuppelraddurchmesser eine Höchstgeschwindigkeit von 100 km/h in beiden Fahrtrichtungen. Die Lokomotiven hatten keine seitlichen Wasserkästen, sondern die Vorräte hinter dem Führerhaus. Dadurch war die Streckensicht nicht eingeschränkt, und die Reibungsmasse verringerte sich nicht bei Abnahme der Vorräte. Die DRG hatte offensichtlich kaum Bedarf an den Lokomotiven, denn die restlichen 13 der bestellten 15 Lokomotiven sind erst Ende 1931/Anfang 1932 angekauft worden. Das Bw Düsseldorf Abstellbahnhof bekam die 62 003 bis 62 005, nach Abschluß der Grunewalder Meßfahrten auch die 62 001 und 62 002. Zum Bw Saßnitz kamen die 62 006 bis 62 009, zum Bw Meiningen die 62 010 bis 62 015. Nach Kriegsende besaß die DR acht, die DB sieben Maschinen. Die DB-Maschinen fuhren den Ruhr-Schnellverkehr Hamm–Köln und die Eilzüge Dortmund–Köln. Letztes Heimat-Bw war Krefeld. Nach dem Ausmusterungsbescheid vom Dezember 1955 waren bis Mitte 1956 alle Maschinen abgestellt. Die DR-Maschinen kamen 1961 vom Bw Meiningen zum Bw Berlin Ostbahnhof, wo sie die sog. Sputnik-Züge nach Potsdam und Frankfurt/O. beförderten. Ab 1965 führten sie Wendezüge zwischen Rostock und Warnemünde.

62 001, Foto: Henschel

64
Zulässige Geschwindigkeit: 90 km/h
Treib- und Kuppelraddurchmesser: 1 500 mm
Laufraddurchmesser vorn/hinten: 850/850 mm
Kesseldruck: 14 bar
Indizierte Leistung: 950 PS
Dienstmasse Lok: 74,9 t
LüP: 12 400 (ab 64 368 = 12 500)

65
Zulässige Geschwindigkeit: 85 km/h
Treib- und Kuppelraddurchmesser: 1 500 mm
Laufraddurchmesser vorn/hinten: 850/850 mm
Kesseldruck: 14 bar
Indizierte Leistung: 1 480 PS
Dienstmasse Lok: 107,6 t
LüP: 15 475 mm

64

Einheitslok
1'C1' h2
Pt 35.15
Einsatzzeitraum 1928 bis 1974

Die Baureihe 64 gehörte zusammen mit den Baureihen 24 und 86 zum 1. Typisierungsplan der DRG für Lokomotiven mit 15 t Achsfahrmasse. War die Schlepptenderlok der BR 24 für den Einsatz auf längeren Nebenbahnstrecken mit Wendemöglichkeit am Zielbahnhof gedacht, so sollten die Baureihen 64 und 86 auf kürzeren Nebenbahnstrecken ohne Wendemöglichkeit eingesetzt werden. Die Achsfolge 1'C1' bzw. 1'D1' sicherte gleichgute Laufeigenschaften in beiden Fahrtrichtungen.
Die ersten Lokomotiven sind von Henschel bereits 1928 geliefert worden, und die Beschaffung der insgesamt 520 Lokomotiven erstreckte sich bis zum Jahre 1940. Kriegsbedingt sind weitere Baulose (64 521 bis 64 560 von Jung und 64 561 bis 64 610 von O & K) storniert worden. Die Lokomotiven 64 001 bis 64 383 hatte vorn und hinten Bissel-Achsen, keine Laufradbremse und einseitig von vorn wirkende Kuppelradbremsen. Mit Kuppelrad-Scherenbremse und Laufradbremse waren die 64 384 bis 64 421 ausgerüstet. Ab 64 422 blieb die Laufradbremse, aber die Kuppelräder wurden wieder nur einseitig gebremst. Die 64 511 bis 64 520 bekamen statt der Bissel-Achsen Krauss-Helmhotz-Lenkgestelle. An Sonderausführungen sind zu nennen: 64 020 mit Winterthur-Steuerung, 64 293 mit Ventilsteuerung Bauart Esslingen, 64 233 und 64 234, 64 243 bis 64 257 und 64 273 bis 64 282 mit Friedmann-Abdampfinjektor anstelle des Oberflächenwärmers.
Nach dem Krieg verblieben ca. 280 Maschinen bei der DB und ca. 115 bei der DR. Bei beiden Bahnverwaltungen begann etwa ab 1970 die Ausmusterung. Bei der DB waren die letzten 64er in Süddeutschland, bei der DR im nördlichen Teil zu finden.

64 024, Foto: Slg. Weisbrod

65

Neubaulok DB
1'D2' h2
Pt 47.17
Einsatzzeitraum 1951 bis 1972

Zusammen mit den Baureihen 23 und 82 gehört die Baureihe 65 zu den ersten Neubaulokomotiven der Deutschen Bundesbahn. Sie war nach den neuen Baugrundsätzen der DB konstruiert, d. h., sie besaß einen geschweißten Verbrennungskammerkessel und einen geschweißten Blechrahmen. Die BR 65 sollte die Länderbahnbaureihen 78^{0-5} und $93^{0-4, 5-12}$ ersetzen, wozu sie leistungsmäßig durchaus in der Lage war. Sie zog in der Ebene 800 t mit 85 km/h und auf 10 ‰ Steigung 400 t mit 50 km/h. Die Krauss-Maffei AG, Urheberfirma und alleiniger Hersteller der BR 65, lieferte im März 1951 die Baumusterlokomotiven 65 001 und 65 002 und bis Juni 1951 weitere 11 Maschinen. Bis zur 65 012 waren die Lokomotiven mit Oberflächenvorwärmern Bauart Knorr ausgerüstet, die 65 013 besaß Mischvorwärmer Bauart Henschel MVT. Auch die 1955 nachbestellten fünf Maschinen (65 014 bis 65 018) besaßen diesen Henschel-Mischvorwärmer. Unbefriedigende Laufruhe zwischen 50 und 85 km/h führten bei der 65 018 zur Entwicklung eines Leichtbautriebwerks, bei dem die hin- und hergehenden Massen zu 29 % ausgeglichen waren.
Die Lokomotiven kamen vor allem im westdeutschen Raum zum Einsatz und besorgten den Personennahverkehr, wozu die 65 012 bis 65 018 Wendezugsteuerung erhielten. Der Traktionswechsel machte die Lokomotiven bald entbehrlich, vielerorts wurden sie durch die Reihe V 100 abgelöst. Letzte Einsatzgebiete waren die Bw Aschaffenburg und Limburg und die Odenwaldstrecke. Mit der 65 018 ist 1972 die letzte Maschine ausgeschieden.

65 004, Foto: Slg. Weisbrod

66
Zulässige Geschwindigkeit: 100 km/h
Treib- und Kuppelraddurchmesser: 1 600 mm
Laufraddurchmesser vorn/hinten: 1 000/850 mm
Kesseldruck: 16 bar
Indizierte Leistung: 1 170 PS
Dienstmasse Lok: 93,9 t
LüP: 14 798 mm

65^{10}
Zulässige Geschwindigkeit: 90 km/h
Treib- und Kuppelraddurchmesser: 1 600 mm
Laufraddurchmesser vorn/hinten: 1 000/1 000 mm
Kesseldruck: 16 bar
Indizierte Leistung: 1 500 PS
Dienstmasse Lok: 121,7 t
LüP: 17 500 mm

65^{10}

Neubaulok DR
1′D2′ h2
Pt 47.17
Einsatzzeitraum 1954 bis 1979

Die Baureihe 65^{10} war die erste Großserienlokomotive, die von der DR nach dem Kriege beschafft worden ist. Die Forderungen nach großer Anfahrbeschleunigung und hoher Endgeschwindigkeit erfüllte man mit Kuppelrädern von 1 600 mm Durchmesser. Für das Durchfahren größerer Strecken sorgten die für eine Tenderlokomotive extrem großen Vorräte von 16 m^3 Wasser und 9 t Kohle. Die Masse der Vorräte ruhte auf dem nachlaufenden zweiachsigen Drehgestell, so daß die Abnahme der Vorräte die Reibungsmasse nicht beeinträchtigte. Die beiden seitlichen Wasserkästen reichten vom 1. Kuppelradsatz bis zur Achsmitte des 3. Kuppelradsatzes.
Die Fertigung der Baumusterlokomotiven 65 1001 und 65 1002 erfolgte bei LEW Hennigsdorf, die Lieferung der folgenden 86 Serienlokomotiven übernahm LKM Babelsberg. Die zehnjährige Zwangspause im Lokomotivbau und das Bemühen, wieder Anschluß an das internationale Niveau zu bekommen, nötigte zum Einsatz neuer Baugruppen, die nicht oder nur unzureichend erprobt werden konnten, so daß es mit den ersten Maschinen erhebliche Probleme gab. Die beiden Baumuster hatten je zwei seitliche Sandkästen über dem Laufblech. Bei der Serie kehrte man zum zentralen Sandkasten auf dem Kesselscheitel zurück. Der Heißdampfbetrieb der Hilfsmaschinen wurde wieder auf Naßdampf umgestellt, und ab 1966 ersetzte man die Heißdampf- durch Naßdampfregler. Die 65 1004 erhielt versuchsweise als einzige deutsche Tenderlok Kohlenstaubfeuerung System Wendler (bis 1962). Ab 1967 bekamen alle Lokomotiven Giesl-Flachejektoren. Nach Behebung der Kinderkrankheiten war die 65^{10} eine beliebte und leistungsfähige Lokomotive. Die 65 1049 ist betriebsfähig erhalten.

65 1072, Foto: Slg. Weisbrod

66

Neubaulok DB
1′C2′ h2
Pt 36.15
Einsatzzeitraum 1955 bis 1967

Von der Baureihe 66, der vierten Neubaulokreihe der DB, sind nur zwei Lokomotiven gebaut worden, die Henschel im Oktober 1955 als 66 001 und 66 002 lieferte. Diese Lokomotiven, ebenfalls nach den neuen Baugrundsätzen konstruiert und gefertigt, zählten zu den modernsten Dampflokkonstruktionen der DB, jedoch wurden sie bereits bei ihrer Auslieferung, bedingt durch den Traktionswandel, nicht mehr benötigt. Der Baureihe 66 war der leichte Personen- und Eilgüterzugdienst auf Haupt- und Nebenbahnen zugedacht. Mit 15 t Kuppelachsfahrmasse war sie auf Nebenbahnen uneingeschränkt einsetzbar, mit 100 km/h Höchstgeschwindigkeit schnell genug für die Hauptbahnen. Wie die Lokomotiven der Baureihe 65, hatten sie einen geschweißten Hochleistungskessel mit Verbrennungskammer, einen geschweißten Blechrahmen und ein allseitig geschlossenes Führerhaus. Achs- und Stangenlager und die Steuerung liefen in Wälzlagern. Auf dem Langkessel saß nur der Dampfdom. Je zwei Sandkästen hinter den seitlichen Wasserkästen konnten alle gekuppelten Räder bei Vor- und Rückwärtsfahrt sanden. Das Leistungsprogramm sah die Beförderung von 400 t in der Ebene mit 100 km/h und von 200 t auf 10 ‰ Steigung mit 60 km/h vor. Nach ihrer Anlieferung waren die beiden Maschinen beim Bw Frankfurt/M. beheimatet und fuhren nach Mannheim, Darmstadt, Aschaffenburg und Wiesbaden. 1960 bekam sie das Bw Gießen für den Einsatz nach Frankfurt/M., Marburg und Limburg. Die 61 001 ist 1966 nach einem Triebwerksschaden abgestellt und 1967 ausgemustert worden. Die 66 002 schied 1968 aus und wird von der DGEG museal erhalten.

66 001, Foto: Slg. Weisbrod

70^1
Zulässige Geschwindigkeit: 65 (70) km/h
Treib- und Kuppelraddurchmesser: 1 260 (1 250) mm
Laufraddurchmesser vorn/hinten: 850/– mm
Kesseldruck: 12 (14) bar
Indizierte Leistung: 460 PS
Dienstmasse Lok: 42,0 (45,1) t
LüP: 9 225 (9 640) mm
(Klammerwerte: Nachbau DRG)

70^0
Zulässige Geschwindigkeit: 65 km/h
Treib- und Kuppelraddurchmesser: 1 250 mm
Laufraddurchmesser vorn/hinten: 850/– mm (ab 1915: 1006 mm)
Kesseldruck: 12 bar
Indizierte Leistung: 460 PS
Dienstmasse Lok: 39,5 t
LüP: 9 165 mm

70^0

bay. Pt $^2/_3$
1B h2
Pt 23.14
Einsatzzeitraum 1909 bis 1963

Die Achsfolge 1B war vor allem bei älteren Lokomotiven der deutschen Länderbahnen nichts Seltenes. Bayern selbst hatte mit der Gattung D IX zwischen 1888 und 1899 solche Lokomotiven gebaut. Die beiden 1B-Tenderlokomotiven, die Krauss 1909 an die Bayerische Staatsbahn lieferte, hatten jedoch in der Fahrwerksausbildung nichts Vergleichbares. Der Achsstand zwischen Laufradsatz und 1. Kuppelradsatz betrug 4 000 mm, der Kupelachsstand nur 1 450 mm. Laufradsatz und 1. Kuppelradsatz waren fest im Rahmen gelagert, der 2. Kuppelradsatz besaß ± 20 mm Seitenverschiebbarkeit. Die als Gattung Pt $^2/_3$ bezeichneten Lokomotiven sollten im Personenzugdienst auf Nebenbahnen der Konkurrenz aufkommender Triebwagen begegnen. Die keine 10 m langen Maschinchen waren Heißdampflokomotiven mit außerordentlich günstiger Bemessung von Strahlungs- und Überhitzerheizfläche und einem beachtlichen Wasservorrat von 6 m³. Mit ihrer Höchstgeschwindigkeit von 65 km/h konnten sie in der Ebene 375 t befördern. Auf 6 ‰ Steigung waren es noch 225 t mit 45 km/h. Bis zum Jahre 1916 sind 97 Lokomotiven der Gattung Pt $^2/_3$ gebaut worden, die 1925 von der DRG die Betriebsnummern 70 001 bis 70 097 bekamen. Die DRG hat zwischen 1934 und 1937 etwa 50 Maschinen in 1'B-Loks umgebaut, indem der Laufradsatz in einem Bissel-Gestell gelagert und der 2. Kuppelradsatz festgelegt worden ist. Fast alle Lokomotiven überstanden den zweiten Weltkrieg. Die 70 072 war schon 1935 ausgeschieden. Vier Maschinen verblieben bei den ÖBB (dort Reihe 770) und sind 1968 außer Dienst gestellt worden. Die 89 Lokomotiven der DB waren alle bei bayerischen Direktionen im Einsatz, von denen mit der 70 083 die letzte im Jahre 1963 ausschied.

70 096, Foto: Slg. Weisbrod

70^1

bad. I g^{1-2} **Nachbau DRG**
1B h2t
Pt 23.14 (15)
Einsatzzeitraum 1914 bis 1955

Die Badische Staatsbahn hatte die Bewährung der bay. Pt $^2/_3$ aufmerksam verfolgt und für leichte Reisezüge ebenfalls die Beschaffung dieser Lokomotiven beschlossen. Die Maschinenbau-Gesellschaft Karlsruhe lieferte 1914 fünf Maschinen (Reihe I g^1) und 1916 15 Maschinen (Reihe I g^2). Bei der DRG erhielten die Lokomotiven der Reihe I g^1 1925 die Betriebsnummern 70 101 bis 70 105, die der Reihe I g^2 die Nummern 70 111 bis 70 125.
Für die DRG lieferte die MBG Karlsruhe 1927/28 nochmals acht Lokomotiven als Nachbau der I g^{1-2} mit den Betriebsnummern 70 126 bis 70 133. Die konstruktive Ausführung entsprach im Prinzip der bay. Pt $^2/_3$, jedoch hatte die Reihe I g^2 bereits Speisewasservorwärmer. Bei den Nachbauten war auch der 2. Kuppelradsatz bei Spurkranzschwächung oder spurkranzlosen Rädern des Treibradsatzes fest im Rahmen gelagert, so daß sich ein fester Achsstand von 5 450 mm ergab. Die zulässige Geschwindigkeit konnte auf 70 km/h erhöht werden. Die Nachbauten besaßen außerdem 14 bar Kesseldruck, Druckluftbremse und -Sandstreuer sowie elektrische Beleuchtung. Die bad. I g^{1-2} war bei der RBD Karlsruhe eingesetzt, die Nachbauten bei den Direktionen Trier und Münster. Der Nachkriegsbestand der DB betrug 23 Lokomotiven, die 70 125 hatte es zum Bw Seddin verschlagen. Nach Diensten als Werklok bei LKM Babelsberg ist sie 1955 verschrottet worden. Der größte Teil der DB-Maschinen wurde 1953 ausgemustert, als letzte 1955 die 70 122 des Bw Trier.

70 126, Foto: Slg. Weisbrod

70 7126, Foto: Slg. Weisbrod

71
Zulässige Geschwindigkeit: 75 km/h
Treib- und Kuppelraddurchmesser: 1 600 mm
Laufraddurchmesser vorn/hinten:
1 000/1 000 mm
Kesseldruck: 12 bar
Indizierte Leistung: 510 PS
Dienstmasse Lok: 53,2 t
LüP: 11 685 mm

70^2 (ohne Abb.)
Zulässige Geschwindigkeit: 75 km/h
Treib- und Kuppelraddurchmesser: 1 600 mm
Laufraddurchmesser vorn/hinten:
975/– mm
Kesseldruck: 12 bar
Leistung:
Dienstmasse Lok: 42,0 t
LüP: 10 010 mm

70^{71}
Zulässige Geschwindigkeit: 65 km/h
Treib- und Kuppelraddurchmesser: 1 320 mm
Laufraddurchmesser vorn/hinten:
1 030/– mm
Kesseldruck: 12 bar
Leistung:
Dienstmasse Lok: 34,0 t
LüP: 8 440 mm

71^{II}
Zulässige Geschwindigkeit: 90 (100) km/h
Treib- und Kuppelraddurchmesser: 1 500 (1 600) mm
Laufraddurchmesser vorn/hinten:
850/850 mm
Kesseldruck: 20 bar
Indizierte Leistung: 570 PS
Dienstmasse Lok: 58,6 t
LüP: 11 800 mm
(Klammerwerte: 71 003 bis 71 006)

70^2

ELE
1'B n2t
Pt 23.15
Einsatzzeitraum 1909 bis

Die Eutin-Lübecker Eisenbahn (ELE) bewältigte bis zur Jahrhundertwende und auch später ihren Reisezug- und Güterverkehr mit 1B-Tenderlokomotiven. Zwischen 1892 und 1909 sind von Henschel nochmals acht 1'B-Tenderlokomotiven mit Naßdampf-Zwillingstriebwerk beschafft worden, die der pr. T 4^1 entsprachen. Der als Adams-Achse ausgebildete Laufradsatz lag hinter den Zylindern, so daß sich vorn und auch hinten erhebliche Überhänge ergaben. Während die meisten Maschinen zwischen 1921 und 1928 ausgemustert worden sind, ist die Bahnnummer 4^{II} (Henschel 9225/1909) im Jahre 1924 bei Henschel auf Heißdampf (1'B h2t) umgebaut worden. Die Lokomotive ist 1941 bei Verstaatlichung der ELE von der DRG noch mit der Betriebsnummer 70 201 übernommen worden.

70^{71}

bay. D IX
1B n2t
Pt 23.12
Einsatzzeitraum 1888 bis 1932

Für den leichten Personenzugdienst, u. a. auf der Strecke Reichenhall–Freilassing–Salzburg, beschaffte die Bayerische Staatsbahn von der Firma J. A. Maffei von 1888 bis 1899 in mehreren Baulosen 55 1B-Tenderlokomotiven mit vorderem, aber starr im Rahmen gelagertem Laufradsatz. Auch die beiden Kuppelradsätze lagen fest im Rahmen, so daß sich ein fester Achsstand von 4 000 mm ergab. Die Leistung der Lokomotiven war recht bescheiden. Sie zogen in der Ebene 170 t mit 65 km/h und auf Steigungen von 20 ‰ 95 t mit 20 km/h. Die Maschinen sind deshalb bald ins Flachland zum Einsatz im Vorortverkehr der Städte München, Nürnberg und Augsburg umbeheimatet worden. Die DRG übernahm 1925 54 Lokomotiven mit den Betriebsnummern 70 7101 bis 70 7154. Die Ausmusterung der letzten Maschinen erfolgte 1932.

71

pr. T 5^1
1'B 1' n2t
Pt 24.15
Einsatzzeitraum 1895 bis 1930

Mitte der 90er Jahre des 19. Jahrhunderts mußte die Preußische Staatsbahn die B1- und 1B-Lokomotiven im Berliner Vorortverkehr durch leistungsfähigere Maschinen ablösen. Zwar reichte die Reibungsmasse zweifach gekuppelter Lokomotiven, jedoch Kesselleistung und Laufeigenschaften der älteren Typen entsprachen nicht mehr den Erfordernissen. Mit der Achsfolge 1'B1' konnte man auf einem Laufwerk mit zwei gekuppelten Radsätzen einen größeren Kessel unterbringen und erzielte in beiden Fahrtrichtungen gleichgute Laufeigenschaften. 1895 lieferte Henschel zwei Vorauslokomotiven. Im gleichen Jahr begann die Serienlieferung, die bis 1905 345 Lokomotiven umfaßte. Charakteristisch für die als T 5^1 (Musterblatt III 4 i) bezeichnete Gattung war der Verzicht auf seitliche Wasserkästen zur besseren Streckensicht. Der Wasservorrat (5,7 m^3) war im Rahmenwasserkasten untergebracht. Die beiden Laufradsätze waren als Adams-Achsen ausgebildet, die Kuppelradsätze fest im Rahmen gelagert. Der feste Achsstand betrug nur 2 000 mm, was bei höheren Geschwindigkeiten einen unruhigen Lauf zur Folge hatte. Gegenüber den Baumusterlokomotiven, die nur einen Regleraufsatz hatten, besaß die Serienlieferung einen Dampfdom auf dem 1. Kesselschuß und einen längeren Rahmen. Die T 5^1, die ausschließlich von Henschel geliefert wurde, zog in der Ebene 470 t mit 60 km/h. Die DRG übernahm 1925 nur noch 26 Lokomotiven mit den Betriebsnummern 71 001 bis 71 026, die bis 1930 ausgemustert waren, so daß die Baureihennummer mit den 1'B1'-Einheitslokomotiven wieder besetzt werden konnte.

HANNOVER 6601, Foto: Slg. Weisbrod

71^{II}

Einheitslok
1'B1' h2t
Pt 24.15
Einsatzzeitraum 1934 bis 1956

Die ursprünglich von der pr. T 5^1 besetzte Baureihe 71 wurde 1930 durch Ausmusterung dieser Lokomotiven wieder frei, so daß die DRG 1934 diese Baureihennummer an die 1'B1'-Einheitslokomotiven vergab. Schwartzkopff lieferte die 71 001 und 71 002, Krupp und Borsig 1936 die 71 003 bis 71 006 mit jeweils zwei Maschinen. Die Maschinen der Baureihe 71 wichen in einigen Punkten von den bisher gebauten Einheitslokomotiven ab. Sie waren die ersten Maschinen mit 20 bar Kesseldruck und hatten anstelle des üblichen Barrenrahmens einen Blechrahmen.

Die Lokomotiven sollten die schnelle Beförderung von Personenzügen auf Nebenbahnen und einen triebwagenähnlichen Verkehr auf Hauptbahnen übernehmen. Gegenüber den Triebwagen besaßen sie den Vorteil eines variablen Platzangebots und die Möglichkeit, auch Güterwagen zu befördern. Die Maschinen hatten 3 000 mm Kuppelachsstand, und die Laufradsätze waren in Bissel-Gestellen gelagert. Die beiden Baumusterlokomotiven hatten 1 500 mm Kuppelraddurchmesser, die vier Maschinen des Baujahrs 1936 1 600 mm. Die errechneten und erhofften Dampfverbrauchswerte sind nicht annähernd erreicht worden. Auch begrenzte die zu kleine Rostfläche von nur 1,38 m^2 die Kesselleistung. Alle Lokomotiven hatten mechanische Rostbeschickung, die Einmann-Betrieb durch den Lokführer zuließ. Der Kesseldruck mußte auf 16 bar reduziert werden. Die beiden Baumusterlokomotiven waren bis 1938 beim Bw Bamberg beheimatet, ab 1944 bis 1952 gehörten alle sechs Lokomotiven zum Bw Nürnberg. Die letzten vier Maschinen sind 1956 beim Bw Landau ausgemustert worden.

71 003, Foto: BLW

71²
Zulässige Geschwindigkeit: 75 km/h
Treib- und Kuppelraddurchmesser: 1 546 mm
Laufraddurchmesser vorn/hinten: 1 006/1 006 mm
Kesseldruck: 12 bar
Leistung:
Dienstmasse Lok: 60,0 t
LüP: 10 700 mm

71³
Zulässige Geschwindigkeit: 75 km/h
Treib- und Kuppelraddurchmesser: 1 590 mm
Laufraddurchmesser vorn/hinten: 1 065/1 065 mm
Kesseldruck: 12 bar
Leistung:
Dienstmasse Lok: 60,1 t
LüP: 11 770 mm

71²

bay. Pt 2/4 H
1'B1' h2t
Pt 24.16
Einsatzzeitraum 1906 bis 1948

Die Firma Krauss & Co. präsentierte auf der Bayerischen Jubiläums-Landesausstellung von 1906 eine für die Staatsbahn bestimmte 1'B1'-Heißdampf-Tenderlokomotive, die für den Einsatz vor Personenzügen auf Haupt- und Nebenbahnen vorgesehen war. Bemerkenswert an dieser Lokomotive war die Möglichkeit der Einmann-Bedienung im Nebenbahnbetrieb, wozu ein entsprechend ausgebildeter Zugführer auf der Maschine mitfuhr, der während des Heizens Strecke und Signale beobachtete und auch in der Lage war, bei plötzlicher Dienstunfähigkeit des Lokführer den Zug anzuhalten.
Vorderer Laufrad- und 1. Kuppelradsatz waren zu einem Krauss-Helmholtz-Lenkgestell zusammengefaßt. Der hintere Laufradsatz war, eine Neuheit bei der Bayerischen Staatsbahn, als freie Lenkachse Bauart Klose mit ± 25 mm Seitenverschiebbarkeit ausgebildet. Im Bereich der Feuerbüchse war der Rahmen um 80 mm abgesenkt, damit die Feuerbüchse auf dem Rahmen stehend ausgebildet werden konnte. In dieser Ausführung sind nach der Baumusterlokomotive von 1906 (Bahnnummer 5001) im Jahre 1907 acht weitere Maschinen (Bahnnummern 5002 bis 5009) von Krauss geliefert worden. Bei den letzten drei Maschinen (Bahnnummern 5010 bis 5012) war die Feuerbüchse zwischen den Rahmenwangen eingezogen, die Stehkesselrückwand stark geneigt und die Kesselmitte um 300 mm auf 2 300 mm über SO abgesenkt. Das Leistungsprogramm, das die Beförderung von 180 t in der Ebene mit 75 km/h und mit 35 km/h auf 10 ‰ Steigung vorsah, wurde mühelos erfüllt. Bei der DRG erhielten die Maschinen die Betriebsnummern 71 201 bis 71 212. Die letzten Exemplare sind 1948 ausgemustert worden.

71 202, Foto: Slg. Weisbrod

71³

sä. IV T
1'B1' n2t
Pt 24.15
Einsatzzeitraum 1897 bis 1955

Zur Bewältigung des Personennahverkehrs in den sächsischen Ballungsgebieten beschaffte die Sächsische Staatsbahn eine 1'B1'-Tenderlokomotive, die sehr deutlich die pr. T 5¹ zum Vorbild hatte. Die als Gattung IV T bezeichnete sächsische Maschine entsprach in allen Hauptabmessungen der preußischen und hatte auch den gleichen Nachteil: schlechte Laufeigenschaften bei höheren Geschwindigkeiten. Die sächsischen Maschinen hatten anfangs jedoch zwei Sandkästen auf dem Langkesselscheitel. Hartmann lieferte 1897 und 1898 jeweils zwölf Lokomotiven, die noch Namen sächsischer Städte und Gemeinden trugen. Bis zum Jahre 1909 lieferte Hartmann 91 Lokomotiven, ab Baujahr 1902 nur noch mit einem Sandkasten und verstärktem Rahmen. Bei den Lokomotiven ab Baujahr 1902 sind nachträglich seitliche Wasserkästen angebracht worden, die Lieferungen ab Baujahr 1906 hatten sie ab Werk. Dadurch vergrößerte sich der Wasservorrat von 5,5 auf 7,5 m³. Die Maschinen zogen in der Ebene 150 t mit 75 km/h, auf Steigungen von 10 ‰ 155 t mit 40 km/h. Die DRG übernahm 1925 85 Lokomotiven mit den Betriebsnummern 71 301 bis 71 385. Die meisten sind in den 30er Jahren ausgemustert worden. Neun Lokomotiven kamen noch zur DR und schieden zwischen 1951 und 1955 aus.

71 325, Foto: Slg. Weisbrod

71^4
Zulässige Geschwindigkeit: 75 km/h
Treib- und Kuppelraddurchmesser: 1 600 mm
Laufraddurchmesser vorn/hinten:
1 000/1 000 mm
Kesseldruck: 12 bar
Indizierte Leistung: 510 PS
Dienstmasse Lok: 54,8 t
LüP:.11 685 mm

72^0
Zulässige Geschwindigkeit: 75 km/h
Treib- und Kuppelraddurchmesser: 1 600 mm
Laufraddurchmesser vorn/hinten:
850/– mm
Kesseldruck: 12 bar
Indizierte Leistung: 590 PS
Dienstmasse Lok: 56,4 t
LüP: 10 856 mm

71^4

old. T 5^1
1'B1' n2t
Pt 24.15
Einsatzzeitraum 1911 bis 1930

Als die Oldenburgische Staatsbahn nach der Jahrhundertwende schnellere Lokomotiven für den Personenverkehr brauchte, vor allem auf Strekken, wo keine Wendemöglichkeit vorhanden war, entschloß sie sich, 1'B1'-Tenderlokomotiven nach dem Vorbild der pr. T 5^1 zu beschaffen. Die Hanomag lieferte 1907 drei, 1909 weitere zwei Lokomotiven. Bei den späteren Lieferungen (bis 1921 sind insgesamt 20 Lokomotiven beschafft worden) hat man versucht, die Mängel der preußischen Bauart abzustellen. Der Kuppelachsstand wurde um 50 mm auf 2 050 mm vergrößert, die Kesselmitte um 245 mm angehoben, der Achsstand vorderer Laufradsatz – 1. Kuppelradsatz um 150 mm vergrößert und der Rahmenwasserkasten vorn um 180 mm gekürzt. Der größere Kuppelachsstand erlaubte es, die Bremsklötze auf Achsmitte anzuordnen, wodurch das für die preußischen Maschinen typische Überbremsen der Kuppelräder bei abnehmenden Vorräten wegfiel. Die Laufeigenschaften der Maschinen haben sich bei höheren Geschwindigkeiten kaum verbessert.
Die DRG übernahm 1925 alle oldenburgischen T 5^1 mit den Betriebsnummern 71 401 bis 71 420, hat sie jedoch, wie auch die preußischen, bis 1930 ausgemustert.

71 420, Foto: Slg. Weisbrod

72^0

pr. T 5^2
2'B n2t
Pt 24.16
Einsatzzeitraum 1899 bis 1930

Die unbefriedigenden Laufeigenschaften der pr. T 5^1 bei höheren Geschwindigkeiten traten besonders auf der Wannseebahn von Berlin Potsdamer Bf über Wannsee nach Potsdam nachteilig hervor, weil hier bis Neubabelsberg mit 60 km/h ohne Halt gefahren werden mußte. Die Firma Henschel erhielt deshalb den Auftrag, eine 2'B-Tenderlokomotive mit vorlaufendem Drehgestell Bauart Hannover zu entwickeln. Bis zum Jahre 1900 lieferten Henschel (36) und Grafenstaden (6) insgesamt 42 Lokomotiven, die in der Ebene 550 t mit 60 km/h und auf 6 ‰ Steigung 325 t mit 40 km/h befördern konnten. Der Kuppelachsstand betrug 2 600 mm, also 600 mm mehr als bei der T 5^1. Wegen des Drehgestells mußte auf den Wasserkastenrahmen verzichtet werden. Die beiden seitlichen Wasserkästen (6 m^3 Inhalt) waren zur besseren Streckensicht vorn abgeschrägt. Der Kessel war in der Strahlungs- und Rohrheizfläche größer als der der T 5^1. Entsprechend ihrem Einsatzgebiet wurden die als Gattung T 5^2 geführten Lokomotiven als Wannsee-Typ bezeichnet. Ihnen lag das Musterblatt III 4 n zugrunde. Die DRG übernahm 1925 nur noch zwei Lokomotiven mit den Betriebsnummern 72 001 und 72 002, die bis 1930 ausgemustert waren.

BERLIN 2064,
Foto: Slg. Weisbrod

73^{0}
Zulässige Geschwindigkeit: 90 km/h
Treib- und Kuppelraddurchmesser: 1 640 mm
Laufraddurchmesser vorn/hinten:
1 006/1 006 mm
Kesseldruck: 12 bar
Leistung:
Dienstmasse Lok: 68,5 t
LüP: 11 928 mm

73^{0-1}
Zulässige Geschwindigkeit: 90 km/h
Treib- und Kuppelraddurchmesser: 1 640 mm
Laufraddurchmesser vorn/hinten:
1 006/1 006 mm
Kesseldruck: 13 (ab 1898: 12) bar
Leistung:
Dienstmasse Lok: 68,8 (ab 1898: 67,8) t
LüP: 11 844 (ab 1898: 11 628) mm

72^{1}
Zulässige Geschwindigkeit: 65 km/h
Treib- und Kuppelraddurchmesser: 1 250 mm
Laufraddurchmesser vorn/hinten:
800/– mm
Kesseldruck: 12 bar
Leistung:
Dienstmasse Lok: 39,0 t
LüP: 9 065 mm

72^{0} II
Zulässige Geschwindigkeit: 80 (90) km/h
Treib- und Kuppelraddurchmesser: 1 600 mm
Laufraddurchmesser vorn/hinten:
850/– mm
Kesseldruck: 12 bar
Indizierte Leistung: 590 PS
Dienstmasse Lok: 56,7 t
LüP: 10 856 mm

72^{0} II

ELE
2′B n2t (h2t)
Pt 24.16
Einsatzzeitraum 1911 bis 1955

Die Eutin-Lübecker Eisenbahn (ELE) informierte 1910 das die Bahnaufsicht führende Lübeckische Eisenbahn-Kommissariat über die geplante Beschaffung von zwei 2′B-Tenderlokomotiven (nach dem Muster der pr. T 5^{2}), weil die vorhandenen Lokomotiven nicht mehr den Anforderungen entsprachen. Das Kommissariat erteilte die Auflage, erst den Oberbau für 16 t Achsfahrmasse zu verstärken. Im Sommer 1911 ist die Betriebsgenehmigung für die beiden von Henschel gelieferten Lokomotiven erteilt worden, die die Bahnnummern 5 und 6 in zweiter Besetzung erhielten.
1924 ließ die ELE die Lokomotive mit der Bahnnummer 5^{II} bei Henschel auf Heißdampf umbauen. Nach guten Betriebsergebnissen der Maschine ist 1930 auch die Bahnnummer 6^{II} umgebaut worden. Das bewahrte sie vor der Ausmusterung, und die DRG übernahm 1941 mit der ELE auch die beiden Lokomotiven und gab ihnen die Bahnnummern 72 001 und 72 002 in zweiter Besetzung. Schon 1942/43 sind die Lokomotiven an Privatfirmen verkauft worden. Die Bahnnummer 5^{II} tauchte nach dem Kriege im Bestand der DR auf, ist bei LEW Hennigsdorf aufgearbeitet worden und erhielt wieder ihre Betriebsnummer 72 001. Das Bw Berlin-Lichtenberg hat sie 1955 ausgemustert.

ELE Nr. 5^{II} (72 001), Foto: Slg. Bergmann

72^{1}

bay. Pt $^{2}/_{4}$ N
2′C n2t
Pt 24.13
Einsatzzeitraum 1909 bis 1928

Zu Vergleichszwecken mit der Gattung Pt $^{2}/_{3}$ H (BR 70^{0}) beschaffte die Bayerische Staatsbahn 1909 zwei 2′B-Naßdampf-Tenderlokomotiven, deren Kessel, vom Überhitzer abgesehen, mit dem der 1′B-Lokomotive weitgehend identisch war. Es ist aus heutiger Sicht schwer verständlich, warum man der bewährten Heißdampflokomotive noch eine Naßdampfausführung folgen ließ. Da jeder Radsatz im Drehgestell nur mit 6,5 t belastet war, hätte zur Aufnahme der Lokomotivmasse auch ein Laufradsatz genügt. Bei 12 bar Kesseldruck und 350 mm Zylinderdurchmesser waren auch die Leistungen bescheiden. Die Maschinen zogen in der Ebene 110 t mit 50 km/h, wesentlich weniger als die Gattungen Pt $^{2}/_{3}$ H und Pt $^{2}/_{4}$ H. Es blieb bei den beiden von Krauss gelieferten Maschinen, die 1925 von der DRG die Betriebsnummern 72 101 und 72 102 bekamen und schon 1928 ausgemustert worden sind.

Nr. 6502, Foto: Slg. Weisbrod

73^{0}

pfälz. P 2^{II}
1'B2' n2t
Pt 25.15
Einsatzzeitraum 1900 bis 1935

Die gute Bewährung der bay. D XII veranlaßte die Pfalzbahn, ebenfalls Lokomotiven dieses Typs zu beschaffen. Für die kurzen Strecken in der Pfalz waren die wendigen Maschinen hervorragend geeignet und sind im Eilzug- und Personenzugdienst eingesetzt worden. In den Jahren 1900 und 1901 lieferte Krauss 21 Lokomotiven, im Jahre 1902 Maffei nochmals zehn, die alle als Gattung P 2^{II} geführt wurden. Außer der Bahnnummer trugen sie Namen pfälzischer Ortschaften. Die Unterschiede zur bayerischen Ausführung waren gering. Der Schornstein saß etwas weiter vorn, um den Funkenfänger Bauart Sturm unterbringen zu können, und das Führerhaus hatte nur je ein verglastes Seitenfenster.
Die Bahnnummern 94, 270 und 283 mußten 1921 an die Saarbahnen abgegeben werden. Die DRG übernahm 1925 die verbliebenen 28 Lokomotiven mit den Betriebsnummern 73 001 bis 73 028. Die Ausmusterung war in den Jahren zwischen 1930 und 1935.

73 007, Foto: Slg. Weisbrod

73^{0-1}

bay. D XII
1'B2' n2t
Pt 25.15
Einsatzzeitraum 1897 bis 1948

Die Münchener Lokomotivfabrik Krauss & Co. lieferte von 1897 bis 1904 insgesamt 96 1'B2'Naßdampf-Tenderlokomotiven an die Bayerische Staatsbahn, die durch die Gestaltung des Laufwerks bemerkenswert waren. Vorderer Laufradsatz und 1. Kuppelradsatz der zweifach gekuppelten Lokomotiven waren zu einem Krauss-Helmholtz-Lenkgestell zusammengefaßt. Der Treibradsatz war fest im Rahmen gelagert, das Führerhaus ruhte auf einem zweiachsigen Drehgestell. Die Lokomotiven hatten keinen festen Achsstand, aber eine große geführte Länge von 8 800 mm und in beiden Fahrtrichtungen gleichgute Laufeigenschaften. Weil ein großer Teil der Vorräte auf dem Drehgestell ruhte, blieb die Reibungsmasse auch bei abnehmenden Vorräten erhalten. Das gleiche Konstruktionsprinzip ist nach dem zweiten Weltkrieg von beiden deutschen Bahnverwaltungen bei den BR 65, 65^{10}, 66 und 83^{10} erfolgreich aufgegriffen worden.

Die Lokomotiven der als D XII bezeichneten Gattung waren anfangs in München beheimatet und bedienten die ins Gebirge führenden Stichbahnen. Später waren sie auch in Nürnberg, Lindau, Aschaffenburg und anderen Bahnbetriebswerken zu finden. Zwei Maschinen (Bahnnummern 2240 und 2252) kamen 1916 zur Pfalzbahn und von dort 1921 als T 5 zu den Saarbahnen. Die DRG übernahm 1925 94 Lokomotiven mit den Betriebsnummern 73 031 bis 73 124. Die meisten Maschinen sind zwischen 1931 und 1935 ausgemustert worden, die letzten 1948 bei der DB.

73 064, Foto: Slg. Weisbrod

73¹
Zulässige Geschwindigkeit: 90 km/h
Treib- und Kuppelraddurchmesser: 1 640 mm
Laufraddurchmesser vorn/hinten: 1 006/1 006 mm
Kesseldruck: 12 bar
Leistung:
Dienstmasse Lok: 68,5 t
LüP: 11 938 mm

73¹

bay. Pt $^2/_5$ N
1′B2′ n2t
Pt 25.15
Einsatzzeitraum 1907 bis 1935

Nach der wenig erfolgversprechenden Heißdampfausführung der D XII, der Gattung Pt $^2/_5$ H von 1906, beschaffte die Bayerische Staatsbahn im Jahre 1907 von Krauss nochmals neun Naßdampflokomotiven dieses Typs, die jedoch jetzt als Pt $^2/_5$ N bezeichnet wurden. Einziger Unterschied zur D XII des Baujahres 1904 war die um 10 mm größere Länge über Puffer. Die DRG übernahm 1925 die neun Lokomotiven mit den Betriebsnummern 73 131 bis 73 139 und hat sie bis 1935 ausgemustert.

73 139, Foto: Maey

73²

bay. Pt $^2/_5$ H
1′B2′ h2t
Pt 25.16
Einsatzzeitraum 1906 bis 1933

Auf der Bayerischen Jubiläums-Landesausstellung von 1906 zeigte die Firma Krauss & Co. neben der 1′B1′-Tenderlokomotive (Gattung Pt $^2/_4$ H) auch eine Heißdampfausführung der D XII als Gattung P $^2/_5$ H (Bahnnummer 5201). Die Rohrlänge des Kessels, die Rostfläche und der Kesseldruck blieben gegenüber der D XII unverändert. An die Stelle der 200 Heizrohre traten 125 Heiz- und 14 Rauchrohre und ein Überhitzer mit bescheidenen 20,19 m². Das Laufwerk blieb unverändert. Beim Triebwerk war der Zylinderdurchmesser bei gleichem Kolbenhub von 450 auf 500 mm vergrößert worden. Statt der Flachschieber sorgten Kolbenschieber mit innerer Einströmung für die Dampfverteilung in den Zylindern. Weil man erkannte, daß bei der geringen Reibungsmasse auch die Überhitzung des Dampfes keine wirtschaftlichen Vorteile brachte, blieb es bei diesem Einzelgänger, den die DRG 1925 mit der Betriebsnummer 73 201 übernahm und 1933 beim Bw Nürnberg ausmusterte.

73 201, Foto: Slg. Weisbrod

74^{0-3}
Zulässige Geschwindigkeit: 80 km/h
Treib- und Kuppelraddurchmesser: 1 500 mm
Laufraddurchmesser vorn/hinten: 1 000/– mm
Kesseldruck: 12 bar
Indizierte Leistung: 645 PS
Dienstmasse Lok: 62,6 t
LüP: 11 190 mm

74^3
Zulässige Geschwindigkeit: 70 km/h
Treib- und Kuppelraddurchmesser: 1 400 mm
Laufraddurchmesser vorn/hinten: 1 000/– mm
Kesseldruck: 12 bar
Indizierte Leistung: 650 PS
Dienstmasse Lok: 60,4 (58,8) t
LüP: 10 415 mm

73^2
Zulässige Geschwindigkeit: 90 km/h
Treib- und Kuppelraddurchmesser: 1 640 mm
Laufraddurchmesser vorn/hinten: 1 006/1 006 mm
Kesseldruck: 12 bar
Leistung:
Dienstmasse Lok: 70,7 t
LüP: 11 938 mm

74^{0-3}

pr. T 11
1'C n2t
Pt 34.16
Einsatzzeitraum 1903 bis 1958

Die Eisenbahn-Direktion Frankfurt forderte für den angestiegenen Personenverkehr nach Hanau und Friedberg eine leistungsfähigere und vor allem schnellere Lokomotive. Die zweifach gekuppelten Maschinen der Gattung T 5 waren zu schwach, die dreifach gekuppelten Maschinen der Gattung T 9 zu langsam. Die neue Lokomotive sollte eine Reisegeschwindigkeit von 65 km/h ermöglichen. Die Union-Gießerei in Königsberg erhielt den Auftrag, diese Lokomotive zu entwickeln. Das erfolgte auf der Basis der T 9^3. Die neue, als T 11 bezeichnete Lokomotive bekam 1 500 mm Kuppelraddurchmesser und ein Krauss-Helmholtz-Lenkgestell. Alle vier Radsätze waren mit ca. 16 t gleichmäßig belastet. Rostfläche, Heizfläche und Zylinderdurchmesser wurden vergrößert. In die Normalien nahm man die Lokomotive mit der Musterblattzeichnung III 4 o auf. Die Lokomotive zog in der Ebene 165 t mit 75 km/h und auf Steigungen von 6 ‰ 270 t mit 45 km/h. Bis 1909 sind 470 T 11-Lokomotiven gebaut worden. Einsatzgebiet war der Personennahverkehr in den Ballungsgebieten großer Städte, vor allem der S-Bahn-Verkehr in Berlin. Die DRG übernahm 1925 noch 358 Maschinen mit den Betriebsnummern 74 001 bis 74 358. Ab 1923 sind 16 Lokomotiven auf Heißdampf umgebaut worden und erhielten Kleinrohrüberhitzer und Kolbenschieber. Sie behielten ihre Betriebsnummern. Der Nachkriegsbestand betrug bei der DB ca. 65, bei der DR ca. 55 Lokomotiven. Die DB-Maschinen sind fast alle per 14. August 1950 ausgemustert worden, die letzten T 11 bei der DR waren bis etwa 1958 im Dienst. Letztes Einsatzgebiet nach der Ausmusterung war die Industriebahn Erfurt, wo zwei Maschinen (74 231 und 74 240) bis 1974 liefen.

74 249, Foto: Slg. Weisbrod

74^3

LBE T 10
1'C n2t
Pt 34.15 (14)
Einsatzzeitraum 1911 bis 1954

Die Lübeck-Büchener Eisenbahn (LBE) beschaffte 1911 und 1912 von Linke-Hofmann fünf 1'C-Naßdampf-Tenderlokomotiven, die die pr. T 9^3 zum Vorbild hatten. Allerdings hatten die LBE-Maschinen mit 1 400 mm einen um 50 mm größeren Kuppelraddurchmesser. Die Lokomotiven waren im Güterzugdienst eingesetzt, halfen aber auch sonntags im Ausflugsverkehr aus. Das Krauss-Helmholtz-Lenkgestell, zu dem Laufradsatz und 1. Kuppelradsatz zusammengefaßt waren, garantierte auch bei Höchstgeschwindigkeit gute Führung im Gleis. Die als Gattung T 10 bezeichneten Lokomotiven zogen in der Ebene 250 t mit 70 km/h und auf 5 ‰ Steigung 260 t mit 50 km/h. Mit Übernahme der LBE durch die DRG im Jahre 1938 erhielten die Lokomotiven die Betriebsnummern 74 361 und 74 362 (Pt 34.15) sowie 74 363 und 74 364 (Pt 34.14). Die DRG hat sie als Personenzug-Tenderlokomotiven eingeordnet. Nach dem Krieg kamen alle vier Maschinen zur DB und sind zwischen 1950 und 1954 ausgemustert worden.

LBE Nr. 120 SCHLUTUP, Foto: Slg. Dr. Scheingraber

74^{4-13}
Zulässige Geschwindigkeit: 80 km/h
Treib- und Kuppelraddurchmesser: 1 500 mm
Laufraddurchmesser vorn/hinten: 1 000/– mm
Kesseldruck: 12 bar
Indizierte Leistung: 1 100 PS
Dienstmasse Lok: 67,1 t
LüP: 11 800 mm

74^{4-13}

pr. T 12
1'C h2t
Pt 34.17
Einsatzzeitraum 1902 bis 1966

Die Heißdampfausführung der 1'C-Personenzug-Tenderlokomotive, noch als Gattung T 10 bezeichnet, war bereits ein Jahr vor der Naßdampf-Ausführung (T 11) bei der Union in Königsberg fertiggestellt. Diese 1902 gelieferten vier Heißdampflokomotiven, später als T 12 bezeichnet, kamen zu Vergleichsfahrten mit der T 6 und T 11 zur Berliner Stadtbahn. Ein Weiterbau erfolgte erst 1905. Die bis 1907 gelieferten Maschinen besaßen Rauchkammerüberhitzer und eine entsprechend verlängerte Rauchkammer. Ab 1907 ist der Rauchrohrüberhitzer verwendet, die Rauchkammer verkürzt und der Schornstein vom hinteren auf den vorderen Teil der Rauchkammer versetzt worden. Die endgültige Bauform war mit der Ausführung ab 1913 gefunden worden. Der Umlauf war nicht mehr im Bereich der Steuerung nach oben abgesetzt, sondern lief vom Führerhaus bis zur Rauchkammer durch. Gleichzeitig ist der Überhitzer vergrößert und ein Teil der Maschinen mit Speisewasservorwärmer ausgerüstet worden. Für die T 12 galt das Musterblatt XIV 4 a. Die Maschinen zogen in der Ebene 295 t mit 75 km/h, auf 6 ‰ Steigung 285 t mit 50 km/h. Die T 12 beherrschte vor allem den Verkehr auf der Berliner Stadt-, Ring- und Vorortbahn. Die Direktion Berlin hatte über 500 T 12 im Bestand. 1921 hatte Borsig nochmals 40 Maschinen nachbauen müssen, weil der Bestand zu gering war. Nach Elektrifizierung der Berliner S-Bahn wanderten die Lokomotiven in den Personen-, Güterzug- und Rangierdienst ab. Die DRG übernahm 1925 899 Lokomotiven mit den Betriebsnummern 74 401 bis 74 543 und 74 545 bis 74 1300. Die als 74 544 vorgesehene Lokomotive mußte 1925 an Belgien abgegeben werden. Etwa um 1966 waren die letzten T 12 bei beiden deutschen Bahnverwaltungen ausgemustert. Die DR hat die 74 1230 betriebsfähig erhalten.

BERLIN 7779,
Foto: Slg. Weisbrod

74^{13}

LBE T 12
1'C h2t
Pt 34.17
Einsatzzeitraum 1914 bis 1965

Die guten Leistungen der pr. T 12 auf der Berliner Stadtbahn veranlaßten die Lübeck-Büchener Eisenbahn (LBE), sich 1914 von Linke-Hofmann zunächst eine Probelokomotive dieser Gattung bauen zu lassen. Sie bestellte im gleichen Jahr vier weitere Maschinen (Bahnnummern 132 bis 136). Die LBE-Lokomotiven entsprachen dem preußischen Vorbild, hatten lediglich den Vorwärmer nicht auf dem Langkessel, sondern rechts auf dem Umlauf. 1920 lieferte Linke-Hofmann drei weitere Lokomotiven (Bahnnummern 137 bis 139), die Speisewasserreiniger besaßen. Die letzten drei Maschinen (Baujahr 1923) mit den Bahnnummern 140 bis 142 hatten einen Speisedom mit Winkelrost-Schlammabscheider, der zusammen mit dem Dampfdom verkleidet war. Die guten Erfahrungen mit den 1'B1'-Stromlinienlokomotiven (Bahnnummern 1 bis 3) für den Schnellverkehr mit Doppelstockwagen zwischen Hamburg und Travemünde bewogen die LBE, die T 12-Lokomotiven mit den Bahnnummern 138 bis 142 ebenfalls mit Wendezugsteuerung und Stromlinienverkleidung ausrüsten. Sie waren auf der Strecke Hamburg–Ahrensburg im Einsatz. Ein aerodynamischer Gewinn war bei der zulässigen Geschwindigkeit von 80 km/h nicht zu erzielen, wohl aber ein verkehrswerbender Erfolg. Die DRG übernahm 1938 die LBE-T 12 mit den Betriebsnummern 74 1311 bis 74 1321. Nach dem Kriege kamen alle Maschinen zur DB. Die 74 1311 gehörte zu den letzten vier T 12 der DB und ist 1965 ausgemustert worden.

LBE Nr. 140 (74 1319),
Foto: Slg. Weisbrod

75^{1-3}
Zulässige Geschwindigkeit: 80 km/h
Treib- und Kuppelraddurchmesser: 1 480 mm
Laufraddurchmesser vorn/hinten: 990/990 mm
Kesseldruck: 13 bar
Indizierte Leistung: 540 PS
Dienstmasse Lok: 67,3 t (VI b^{10-11})
LüP: 11 764 mm

75^0
Zulässige Geschwindigkeit: 80 km/h
Treib- und Kuppelraddurchmesser: 1 450 mm
Laufraddurchmesser vorn/hinten: 943/943 mm
Kesseldruck: 12 bar
Indizierte Leistung: 880 PS
Dienstmasse Lok: 74,1 t
LüP: 12 200 mm

74^{13}
Zulässige Geschwindigkeit: 80 km/h
Treib- und Kuppelraddurchmesser: 1 500 mm
Laufraddurchmesser vorn/hinten: 1 000/– mm
Kesseldruck: 12 bar
Indizierte Leistung: 1 100 PS
Dienstmasse Lok: 65,0 (69,0) t
LüP: 11 800 (12 100) mm

75^0

wü. T 5
1'C1' h2t
Pt 35.15
Einsatzzeitraum 1910 bis 1963

Nach der Jahrhundertwende trat bei den meisten deutschen Bahnverwaltungen der Bedarf nach einer leistungsfähigen Personenzuglokomotive auf, weil mit den vorhandenen Maschinen bei schwerer gewordenen Zügen keine akzeptable Reisegeschwindigkeit mehr zu erreichen war. Die Württembergische Staatsbahn beauftragte die Maschinenfabrik Esslingen mit der Ausarbeitung des Entwurfs einer 1'C1'-Heißdampf-Tenderlokomotive, die für den Einsatz auf Nebenbahnen 15 t Achsfahrmasse nicht überschreiten durfte. Esslingen lieferte 1910 die ersten neun Lokomotiven. Die drei gekuppelten Radsätze waren fest im Rahmen gelagert und hatten 4 000 mm Achsstand. Die Laufradsätze waren als Adams-Achsen ausgebildet. Trotz des geringen Kuppelraddurchmessers liefen die Maschinen auch bei 70 km/h sehr ruhig, so daß die zulässige Geschwindigkeit auf 80 km/h erhöht werden konnte. Die als Gattung T 5 bezeichneten Lokomotiven sind bis 1920 von der Maschinenfabrik Esslingen und der Maschinenbau-Gesellschaft Heilbronn mit insgesamt 96 Stück gebaut worden. Drei Lokomotiven mußten als Reparationsleistung nach Frankreich abgegeben werden, die verbliebenen 93 Maschinen übernahm die DRG 1925 mit den Betriebsnummern 75 001 bis 75 093. Die T 5 konnte in der Ebene 250 t mit 80 km/h und auf 25 ‰ Steigung 100 t mit 40 km/h befördern. Die DB hatte nach dem Kriege noch 89 Lokomotiven im Bestand, die erst ab 1959 schrittweise ausgemustert worden sind. Als letzte Maschine ist die 75 042 im Juni 1963 nach 2 800 000 km Laufleistung abgestellt worden.

75 072, Foto: Slg. Weisbrod

75^{1-3}

bad. VI b^{1-11}
1'C1' n2t
Pt 35.14
Einsatzzeitraum 1900 bis 1965

Die Badische Staatsbahn hat als erste deutsche Bahnverwaltung Tenderlokomotiven mit der Achsfolge 1'C1' beschafft, über die man in Österreich mit der Reihe 30 schon gute Erfahrungen gesammelt hatte. Badischen Gepflogenheiten folgend, ließ man die erste Serie 1900 bei Maffei bauen und erteilte die Folgeaufträge an die einheimische Maschinenbau-Gesellschaft Karlsruhe. Die Lokomotiven hatten noch ein Naßdampftriebwerk, worauf auch das Verbindungsrohr zwischen den beiden Dampfdomen zur Gewinnung trokkenen Dampfes hinweist. Die als Reihe VI b bezeichneten Lokomotiven (die einzelnen Lieferserien unterschieden sich durch Hochzahlen von 1 bis 11) waren in allen Zugförderungsdiensten auf Haupt- und Nebenbahnen vom Personenzug bis zum leichten Schnellzug eingesetzt. Auf der Höllentalbahn mit dem Zahnstangenabschnitt Hirschsprung–Hinterzarten (Steigung 55 ‰) ist die mit Gegendruckbremse ausgerüstete VI b als Zuglok eingesetzt worden, die Zahnradlokomotiven der Reihe IX a schoben nur noch nach, so daß die Reisezeit verkürzt werden konnte. Bis 1923 haben Maffei und die MBG Karlsruhe 173 Lokomotiven gebaut, von denen 1925 164 mit den Betriebsnummern 75 101 bis 75 302 (Nummern nicht durchgängig besetzt) zur DRG kamen. Die DB hatte nach dem Kriege 117 Maschinen im Bestand, die ab 1953 ausgemustert worden sind. Sieben Maschinen waren zur DR gekommen, von denen mit der 75 264 die letzte im Jahre 1965 beim Bw Ketzin ausgemustert worden ist.

Nr. 1196, Foto: Slg. Weisbrod

75^{1-2}
Zulässige Geschwindigkeit: 80 km/h
Treib- und Kuppelraddurchmesser: 1 480 mm
Laufraddurchmesser vorn/hinten: 990/990 mm
Kesseldruck: 13 bar
Indizierte Leistung: 540 PS
Dienstmasse Lok: 64,3 t
LüP: 11 764 mm

75^{4}
Zulässige Geschwindigkeit: 90 km/h
Treib- und Kuppelraddurchmesser: 1 600 mm
Laufraddurchmesser vorn/hinten: 990/990 mm
Kesseldruck: 12 bar
Indizierte Leistung: 790 PS
Dienstmasse Lok: 76,2 t (ab 1917: 79,5 t)
LüP: 12 700 mm

75^{1-2}

KOE
1'C1' n2t
Pt 35.14
Einsatz (1900) 1935 bis 1965

Die Kreis Oldenburger Eisenbahn (KOE) erwarb zwischen 1935 und 1937 von der DRG fünf Naßdampf-Tenderlokomotiven der badischen Gattung VI b^{1-9}, die die DRG-Betriebsnummern 75 109, 112, 212, 227 und 247 trugen. Die 75 109 und 75 112 stammten aus der Maffei-Lieferung des Jahres 1900, die drei anderen Maschienn waren von der MBG Karlsruhe in den Jahren 1906, 1907 und 1908 gebaut worden. Bei der KOE bekamen die Lokomotiven die Bahnnummern 1^{II}, 2^{II}, 6^{II}, 3^{II} und 12. Mit der Übernahme der KOE durch die DRG am 1. August 1941 kamen die Lokomotiven wieder zur DRG (Rbd Schwerin) und erhielten ihre ehemaligen Betriebsnummern. Vier Maschinen gelangten nach 1945 in den Bestand der DR, die die 75 109 und 75 112 1955/56 an LEW Hennigsdorf als Werklokomotiven verkaufte. Die 75 212 wurde 1951, die 75 227 1965 bei der DR ausgemustert. Die zur Deutschen Bundesbahn gekommene 75 247 war bis 1956 im Einsatz.

KOE Nr. 1^{II} (75 109), Foto: Slg. Bergmann

75^{4}

bad. VI c^{1-7}
1'C1' h2t
Pt 35.16
Einsatzzeitraum 1914 bis 1965

Die Naßdampf-Tenderlokomotiven der Gattung VI b hatten sich ausgezeichnet bewährt, so daß die Badische Staatsbahn diesen Lokomotivtyp nachbauen ließ. Weil sich der Heißdampf auch in Baden durchgesetzt hatte und der Oberbau verstärkt worden war, sind die ab 1914 gebauten Lokomotiven mit 1 600 mm Kuppelraddurchmesser, größerem Kessel und Heißdampftriebwerk geliefert worden. Die Kesselmitte lag um 500 mm höher, der zweite Dampfdom und damit das Verbindungsrohr waren entfallen. Die Maschinenbau-Gesellschaft Karlsruhe und die Firma Jung haben zwischen 1914 und 1917 103 Lokomotiven der Gattung VI c gebaut, deren Lieferserien sich durch die Hochzahlen 1 bis 7 unterschieden. Ab Reihe 2 (1915/16) besaßen die Lokomotiven Speisewasservorwärmer, ab Reihe 4 (1916/17) eine stählerne Feuerbüchse. 1919 mußten als Reparationsleistung 15 Maschinen an Frankreich und 13 an Belgien abgegeben werden. Die belgischen Maschinen kamen 1930 zur Prinz-Heinrich-Bahn nach Luxemburg und von dort 1941 wieder zur DRG, wo sie die Betriebsnummern 75 1121 bis 75 1133 erhielten. Richtiger wäre gewesen, sie den einzelnen Lieferserien als 75^{4} zuzuordnen, die 1925 von der DRG die Betriebsnummern 75 401 bis 409, 75 411 bis 430, 75 431 bis 441, 75 451 bis 464, 75 471 bis 473, 75 481 bis 483 und 75 491 bis 494 erhalten hatten. Einige Lokomotiven sind 1935 zu den Bw Rostock, Schwerin, Wismar und Neustrelitz umbeheimatet worden. 14 Lokomotiven kamen nach 1945 zur DR und waren zuletzt bei den Bw Haldensleben, Bautzen und Löbau im Einsatz. Die DB-Maschinen sind ebenfalls Mitte der 60er Jahre ausgemustert worden.

Nr. 933 (75 459), Foto: Slg. Weisbrod

75⁶ (BLE)
Zulässige Geschwindigkeit: 75 km/h
Treib- und Kuppelraddurchmesser: 1 350 mm
Laufraddurchmesser vorn/hinten: 900/900 mm
Kesseldruck: 14 bar
Leistung:
Dienstmasse Lok: 77,2 t
LüP: 12 370 mm

75⁵
Zulässige Geschwindigkeit: 75 km/h
Treib- und Kuppelraddurchmesser: 1 590 mm
Laufraddurchmesser vorn/hinten: 1 065/1 065 mm
Kesseldruck: 12 bar
Indizierte Leistung: 990 PS
Dienstmasse Lok: 79,4 t
LüP: 12 415 mm

75⁵

sä. XIV HT
1′C1′ h2t
Pt 35.16
Einsatzzeitraum 1911 bis 1970

Im Jahre 1911 mußte auch die Sächsische Staatsbahn dreifach gekuppelte Personenzug-Tenderlokomotiven beschaffen, weil im Berufs- und Vorortverkehr die 1′B1′-Lokomotiven der Gattung IV T durch das gestiegene Verkehrsaufkommen überfordert waren. Tenderlokomotiven der Achsfolge 1′C1′ hatte Baden schon 1900, Württemberg 1910 beschafft. Hartmann lieferte in den Jahren 1911/12 die ersten 15 Lokomotiven, als Gattung XIV HT bezeichnet, die Belpaire-Hinterkessel, zwei durch ein Rohr verbundene Dampfdome, Krempenschornstein und eine keglige Rauchkammertür hatten. Weitere 25 Lokomotiven folgten in den Jahren 1912/13, die jedoch zur besseren Streckensicht nach vorn abgeschrägte Wasserkästen aufwiesen. 1915 sind 15 weitere Maschinen in dieser Ausführung geliefert worden. Alle weiteren 51 Lokomotiven (Baujahre 1917 bis 1921) besaßen ab Werk Speisewasservorwärmer. Ab Bahnnummer 1876 (Baujahr 1918) ist auf eine keglig ausgebildete Rauchkammertür verzichtet worden. Von den 106 gelieferten Lokomotiven mußten 23 als Reparationsleistung nach Polen, Frankreich und Belgien abgegeben werden. Die DRG übernahm 1925 83 Lokomotiven mit den Betriebsnummern 75 501 bis 75 505 und 75 511 bis 75 588. Zwischen 1941 und 1945 sind einige der PKP-Maschinen als 75 506 bis 510 sowie 75 589 und 590 eingenummert worden. 1949 wurde die Betriebsnummer 75 591 an eine Maschine der SNCF vergeben, die auf dem Gebiet der DR stehengeblieben war.
Die sä. XIV HT war unter allen deutschen 1′C1′-Lokomotiven die mit der größten Reibungsmasse. Sie zog in der Ebene 750 t mit 75 km/h, auf Steigungen von 10 ‰ 320 t mit 50 km/h. Die DR führte nach 1945 89 Lokomotiven im Bestand.

Nr. 1831 (75 536), Foto: Slg. Weisbrod

75⁶

BLE
1′C1′ h2t
Pt 35.16
Einsatzzeitraum 1935 bis 1970

Zur Modernisierung ihres Lokomotivparks beschaffte die Braunschweigische Landeseisenbahn (BLE) von Krupp fünf 1′C1′-Heißdampf-Tenderlokomotiven, die den Personenverkehr auf den Strecken Gliesmarode–Fallersleben und Derneburg–Seesen übernahmen. Die Maschinen zogen in der Ebene 540 t mit 70 km/h, auf 5 ‰ Steigung 400 t mit 50 km/h. Krupp hatte die Lokomotiven mit den Bahnnummern 45 und 46 1935 geliefert, 1937 folgten die Bahnnummern 47 bis 49.
An den Speisedom auf dem 1. Kesselschuß und an den Dampfdom auf dem 2. Kesselschuß war unter gemeinsamer Verkleidung je ein Sandkasten angelehnt, so daß die Räder aller gekuppelten Radsätze in beiden Fahrtrichtungen gesandet werden konnten. Auffällig war die Ausrüstung mit Windleitblechen, die bei der BLE auch die 1′D1′-Tenderlokomotive mit der Bahnnummer 44 besaß.
Bei Übernahme der BLE durch die DRG im Jahre 1938 bekamen die fünf Lokomotiven die Betriebsnummern 75 601 bis 75 605, verblieben aber zunächst in ihrem bisherigen Einsatzgebiet. 1949 sind die 75 602 bis 605 an die Braunschweig-Schöninger Eisenbahn AG (BSE) verkauft worden. Die 75 601 war bereits 1946 von der Osthannoverschen Eisenbahn AG erworben worden. Dort wurde sie 1964 verschrottet. Die ehemaligen 75 602 bis 605 sind 1969/70 bei der BSE ausgemustert worden.

BLE Nr. 45 (75 601), Foto: Slg. Dr. Scheingraber

75⁶ (PE)
Zulässige Geschwindigkeit: 80 km/h
Treib- und Kuppelraddurchmesser: 1 500 mm
Laufraddurchmesser vorn/hinten: 850/850 mm
Kesseldruck: 14 bar
Leistung:
Dienstmasse Lok: 69,8 t
LüP: 12 250 mm

75⁶ (WPE)
Zulässige Geschwindigkeit: 80 km/h
Treib- und Kuppelraddurchmesser: 1 500 mm
Laufraddurchmesser vorn/hinten: 850/850 mm
Kesseldruck: 14 bar
Leistung:
Dienstmasse Lok: 69,8 t
LüP: 12 250 mm

75⁶ (MFWE)
Zulässige Geschwindigkeit: 80 km/h
Treib- und Kuppelraddurchmesser: 1 500 mm
Laufraddurchmesser vorn/hinten: 850/850 mm
Kesseldruck: 14 bar
Leistung:
Dienstmasse Lok: 70,9 t
LüP: 12 580 mm

75⁶ (ELE)
Zulässige Geschwindigkeit: 90 km/h
Treib- und Kuppelraddurchmesser: 1 500 mm
Laufraddurchmesser vorn/hinten: 1 000/1 000 mm
Kesseldruck: 13 bar
Leistung:
Dienstmasse Lok: 80,2 t
LüP: 12 750 mm

75^6

PE
1'C1' h2t
Pt 35.16
Einsatzzeitraum 1936 bis 1968

Die Prignitzer Eisenbahn AG (PE) hatte 1935 von Henschel ein Angebot über zwei Heißdampf-Tenderlokomotiven erbeten. Diese Maschinen waren erforderlich, um den gestiegenen Reiseverkehr bewältigen und beschleunigen zu können. Henschel bot der PE 1'C1'-Heißdampflokomotiven an, wie sie von dieser Firma bereits zwischen 1925 und 1929 an die Eutin-Lübecker Eisenbahn geliefert worden waren. Die beiden Lokomotiven sind 1936 von Henschel mit den Fabriknummern 23 072 und 23 073 geliefert worden. Bei der PE erhielten sie die Bahnnummern 8 und 9 in zweiter Besetzung.
Die Maschinen hatten eine Höchstgeschwindigkeit von 80 km/h und wurden vorn und hinten von einem Bissel-Gestell geführt. Der Blechrahmen war zugleich als Wasserkasten ausgebildet. Weiterer Wasservorrat befand sich in den seitlichen Wasserkästen. Die Lokomotiven besaßen alle Einrichtungen einer modernen Lokomotive wie Speisewasservorwärmer, Winkelrost-Schlammabscheider, Druckluftsandstreuer und elektrische Beleuchtung. Bei Übernahme der PE durch die DRG im Jahre 1941 erhielten die Lokomotiven die Betriebsnummern 75 611 und 75 612. Sie kamen nach 1945 zur DR. Die 75 611 ist 1951, die 75 612 1968 ausgemustert worden.

PE Nr. 8[II] (75 611), Foto: Slg. Kutschik

75^6

WPE
1'C1' h2t
Pt 35.16
Einsatzzeitraum 1937 bis 1960

Die der Prignitzer Eisenbahn AG (PE) benachbarte Wittenberge-Perleberger Eisenbahn (WPE) hatte die betriebliche Bewährung der von der PE 1936 beschafften 1'C1'-Heißdampf-Tenderlokomotiven aufmerksam verfolgt. Sie bestellte 1936 bei Henschel ebenfalls eine Lokomotive dieses Typs, die 1937 mit der Fabriknummer 23 635 an die WPE geliefert worden ist und die Bahnnummer 111 bekam. Mit Übernahme der WPE durch die DRG 1941 bekam die Maschine die Betriebsnummer 75 613. Sie kam nach 1945 zur DR und ist 1960 ausgemustert worden.

75^6

MFWE
1'C1' h2t
Pt 35.15
Einsatzzeitraum 1936 bis 1969

Die Mecklenburgische Friedrich-Wilhelm-Eisenbahn (MFWE) bezog 1936 von Henschel zwei 1'C1'-Personenzug-Tenderlokomotiven des Typs, der auch von der Wittenberge-Perleberger Eisenbahn (WPE) und der Prignitzer Eisenbahn AG (PE) beschafft worden ist. Da die Strecken dieser drei Bahnverwaltungen die durchgehende Verbindung zwischen Wittenberge und Neustrelitz bildeten, verkehrten ab 1937 fünf Maschinen dieses Henschel-Typs auf diesem Abschnitt. Die MFWE-Maschinen waren geringfügig anders ausgestattet. Der Speisewasservorwärmer war nicht vor dem Schornstein in einer Rauchkammernische, sondern unter der Rauchkammer untergebracht. Auch die Kesselaufbauten waren etwas anders angeordnet: Der Speisedom stand frei, Dampfdom und zwei Sandkästen saßen unter einer gemeinsamen Verkleidung auf dem 2. Kesselschuß. Die Wasserkästen waren nicht abgeschrägt, und die LüP war 330 mm größer. Die Lokomotiven hatten die Fabriknummern 22 911 und 22 912 und die Bahnnummern 29 und 30. Ebenfalls 1936 kaufte die MFWE bei Schwartzkopff zwei Lokomotiven des gleichen Typs (Fabriknummern 10 945 und 10 946), die die Bahnnummern 31 und 32 erhielten. Als die DRG 1941 die MFWE übernahm, bekamen die Henschel-Lokomotiven die Betriebsnummern 75 621 und 75 622, die Schwartzkopff-Lokomotiven die Nummern 75 623 und 75 624. Alle vier Maschinen kamen nach 1945 zur DR, jedoch mußte die 75 624 schon 1946 als Reparationsleistung an die Sowjetunion abgegeben werden. Die 75 623 ist 1951, die 75 621 1953 ausgemustert worden. Erst 1969 schied die 75 622 beim Bw Haldensleben aus dem Dienst.

MFWE Nr. 29 (75 621), Foto: Henschel

75^6

ELE
1'C1' h2t
Pt 35.16
Einsatzzeitraum 1924 bis 1970

Als nach dem ersten Weltkrieg der Reiseverkehr auf der Eutin-Lübecker Eisenbahn (ELE) wieder anstieg, waren die veralteten 1'B- und 2'B-Lokomotiven überfordert, so daß man sich zu einer Neubeschaffung entschließen mußte. Die ELE bestellte bei Henschel eine Heißdampf-Tenderlokomotive der Achsfolge 1'C1', mit der bei den deutschen Länderbahnen in Baden, Württemberg und Sachsen gute Erfahrungen vorlagen. Die Lokomotive, 1924 von Henschel an die ELE geliefert, war eine Neukonstruktion, die sich nicht nur bei der ELE ausgezeichnet bewährte, sondern später auch an andere Privatbahnen geliefert worden ist. Die ELE bestellte 1925 die zweite Lokomotive (Bahnnummer 12ᴵᴵ), 1927 die Bahnnummer 13ᴵᴵ und 1929 die Bahnnummer 14ᴵᴵ. Die zuerst gelieferte Lok bekam die Bahnnummer 11ᴵᴵ. Die Lokomotiven waren in beiden Fahrtrichtungen für eine Geschwindigkeit von 80 km/h zugelassen und verkürzten die Fahrzeiten im Reisezugverkehr erheblich. 1936 sind sie für 90 km/h zugelassen worden, so daß auch der Einsatz im Eilzugdienst möglich war. Die DRG übernahm 1941 die Maschinen und gab ihnen die Betriebsnummern 75 631 bis 75 634. Die 75 633 verblieb nach Kriegsende bei der DR und schied Ende der 60er Jahre beim Bw Haldensleben aus. Die drei anderen Maschinen sind 1946 von der Teutoburger Wald-Eisenbahn übernommen worden, von wo aus die ehemalige 75 634 zur Farge-Vegesacker Eisenbahn gelangte und dort 1971 ausgemustert worden ist. Die Lok wird vom Verein Verkehrsamateure und Museumsbahn e. V. Hamburg museal erhalten.

ELE Nr. 11ᴵᴵ (75 632), Foto: Henschel

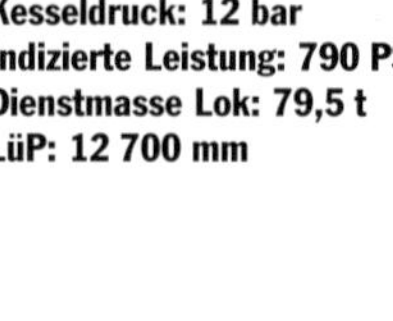

75^{10-11}
Zulässige Geschwindigkeit: 90 km/h
Treib- und Kuppelraddurchmesser: 1 600 mm
Laufraddurchmesser vorn/hinten: 990/990 mm
Kesseldruck: 12 bar
Indizierte Leistung: 790 PS
Dienstmasse Lok: 79,5 t
LüP: 12 700 mm

76^{0}
Zulässige Geschwindigkeit: 100 km/h
Treib- und Kuppelraddurchmesser: 1 750 mm
Laufraddurchmesser vorn/hinten: 1 000/– mm
Kesseldruck: 12 bar
Indizierte Leistung: 1 000 PS
Dienstmasse Lok: 76,1 t
LüP: 11 800 mm

75^{10-11}

bad. VI c^{8-9}
1'C1' h2t
Pt 35.16
Einsatzzeitraum 1920 bis 1967

Schon zur DRG-Zeit sind für die Badische Staatsbahn von der Maschinenbau-Gesellschaft Karlsruhe in den Jahren 1920 und 1921 die Serien 8 und 9 der Gattung VIc nachbeschafft worden, um die durch Reparationsabgaben entstandenen Lücken zu schließen. Die Serie 8 umfaßte 23 Lokomotiven, die Serie 9 20 Lokomotiven. Bei der DRG bekamen sie die Betriebsnummern 75 1001 bis 75 1023 und 75 1101 bis 75 1120. Für alle Lieferungen der Gattung VIc waren der große seitliche Ausschnitt über der Führerhaustür und nur ein verglastes Seitenfenster typisch. Zur DRG-Zeit wurden die Führerhäuser bis auf den Ausschnitt über der Tür durch ein zweites verglastes Schiebefenster geschlossen. Auch von diesen beiden Serien sind Lokomotiven nach Mecklenburg umbeheimatet worden, von denen 14 nach 1945 zur DR kamen.
Als letzte DB-Maschine ist 1967 die 75 1118 ausgemustert worden, die jedoch von der DGEG museal erhalten wird.

75 1010, Foto: Slg. Weisbrod

76^{0}

pr. T 10
2'C h2t
Pt 35.16
Einsatzzeitraum 1909 bis 1964

Für den Reisezugverkehr zwischen den Kopfbahnhöfen Frankfurt/M. und Wiesbaden forderte die Direktion Mainz eine Tenderlokomotive, um das zeitraubende Wenden an den Endbahnhöfen zu ersparen. Auf Vorschlag Garbes entwickelte Borsig 1909 eine Tenderlokomotive, bei der Lauf- und Triebwerk weitgehend der pr. P 8 entlehnt wurden, der Kessel etwa dem der pr. P 6 entsprach. An Vorräten führte die Lokomotive 7,5 m^3 Wasser und 3 t Kohle mit. Die als Gattung T 10 bezeichneten Lokomotiven zogen in der Ebene 330 t mit 90 km/h, auf Steigungen von 6 ‰ 350 t mit 60 km/h. Von der T 10 sind bis 1912 nur zwölf Maschinen gebaut worden (Musterblatt XIV 4b). Da aus Sparsamkeitsgründen wie auch bei den T 11/T 12 auf einen hinteren Laufradsatz verzichtet worden war, konnten die Laufeigenschaften bei Rückwärtsfahrt nicht befriedigen. Durch verschiedene Entgleisungen zur Vorsicht gemahnt, wendete das Personal die Lokomotiven an den Endbahnhöfen. Bereits 1912 übernahmen Lokomotiven der Gattung T 18 die Leistungen, für die die T 10 gebaut worden war. Eine Lokomotive mußte 1919 nach Frankreich abgegeben werden, und die DRG übernahm 1925 die restlichen elf mit den Betriebsnummern 76 001 bis 76 011. Die 76 009 mußte 1939 nach einer Entgleisung ausgemustert werden, auch die 76 005 und 76 007 waren bis 1945 ausgeschieden. Die verbliebenen acht Lokomotiven kamen nach 1945 zur DB. Bis 1949 waren alle Maschinen an Privatbahnen verkauft. Sechs Maschinen hatte die Osthannoversche Eisenbahn erworben, wo sie bis 1965 im Einsatz waren.

76 006, Foto: Slg. Weisbrod

77^0
Zulässige Geschwindigkeit: 90 km/h
Treib- und Kuppelraddurchmesser: 1 500 mm
Laufraddurchmesser vorn/hinten: 960/960 mm
Kesseldruck: 13 bar
Indizierte Leistung: 860 PS
Dienstmasse Lok: 92,9 t
LüP: 13 140 mm

77 001, Foto: Slg. Weisbrod

77^1
Zulässige Geschwindigkeit: 90 km/h
Treib- und Kuppelraddurchmesser: 1 500 mm
Laufraddurchmesser vorn/hinten: 960/960 mm
Kesseldruck: 13 bar
Indizierte Leistung: 880 PS
Dienstmasse Lok: 71,7 t
LüP: 13 460 mm

77 117, Foto: Slg. Weisbrod

77^0

pfälz. T 5
1'C2' n2t (h2t)
Pt 36.16
Einsatzzeitraum 1908 bis 1954

Auf den kurzen Strecken der Pfalzbahn hatten sich die 1'B2'-Tenderlokomotiven der Gattung P 2^{II} gut bewährt. Als nach der Jahrhundertwende stärkere Lokomotiven mit einem größeren Kessel benötigt wurden, mußte man zur dreifachen Kupplung übergehen. Die Laufwerksanordnung mit vorderem Krauss-Helmholtz-Lenkgestell und nachlaufendem Drehgestell behielt man bei, weil sie für beide Fahrtrichtungen gute Laufeigenschaften garantiert. Über dem Drehgestell konnten ausreichend Vorräte untergebracht werden, bei deren Abnahme die Reibungsmasse kaum vermindert wurde. Um den Achsstand der Lokomotive nicht über 10 000 mm anwachsen zu lassen, rückte der Laufradsatz dicht vor den 1. Kuppelradsatz und bildete mit dem 2. Kuppelradsatz ein Krauss-Helmholtz-Lenkgestell. Die Zylinder mußten oberhalb des Laufradsatzes und deshalb stark geneigt angeordnet werden.
Krauss lieferte 1908 zwölf Lokomotiven mit Naßdampf-Triebwerk. Als die Pfalzbahn zur Bayerischen Staatsbahn kam, sind die Lokomotiven auf Heißdampf umgebaut worden. Alle zwölf Lokomotiven der Gattung T 5 sind 1925 von der DRG mit den Betriebsnummern 77 001 bis 77 012 übernommen worden. 1947 verkaufte man die 77 001, 004, 005, 007 und 012 an die Allgemeine deutsche Eisenbahnbetriebsgesellschaft. Die 77 006 wurde im Krieg zerstört, die 77 003, 009, 010 und 011 musterte die DB zwischen 1946 und 1951 aus. Die 77 012 kam zur Kleinbahn Frankfurt/M. – Königstein, wo sie erst 1954 abgestellt worden ist.

77^1

pfälz. $Pt^3/_6$, bay. $Pt^3/_6$
1'C2' h2t
Pt 36.16
Einsatzzeitraum 1911 bis 1956

Nachdem die Pfalzbahn von der Bayerischen Staatsbahn übernommen worden war, sind von 1911 bis 1913 nochmals neun 1'C2'-Tenderlokomotiven in der Bauart der pfälz. T 5 beschafft worden. Die Bezeichnung erfolgte jetzt nach dem bayerischen Schema als $Pt^3/_6$. Wichtigster Unterschied zur pfälz. Bauart war die Ausführung als Heißdampflokomotive. Um die zulässige Achsfahrmasse von 16 t nicht zu überschreiten, mußten die Vorräte wegen der Masseerhöhung durch Überhitzer und Speisewasservorwärmer reduziert werden. Die Heißdampflokomotiven sind deshalb an den kürzeren Wasserkästen zu erkennen. 1925 erhielten diese Lokomotiven die DRG-Betriebsnummern 77 101 bis 77 109.
1923, also schon zur DRG-Zeit, beschaffte die Bayerische Staatsbahn für ihr eigenes Streckennetz ebenfalls zehn Maschinen der Gattung $Pt^3/_6$, die zum Unterschied von den Pfälzern jedoch ein geschlossenes Führerhaus hatten. Sie bekamen 1925 die Betriebsnummern 77 110 bis 77 119. Für das pfälzische Netz sind 1923 ebenfalls noch zehn Maschinen beschafft worden, die die Betriebsnummern 77 120 bis 77 129 bekamen. Hersteller aller Lokomotiven war die Fa. Krauss.
Die Leistungssteigerung durch Einführung des Heißdampfes war beträchtlich. Zog die pfälz. T 5 in der Ebene 100 t mit 90 km/h, beförderte die $Pt^3/_6$ bei gleicher Geschwindigkeit 260 t. Nach 1945 kamen 36 Lokomotiven zur DB, wo sie bis 1954 ausgemustert wurden. Die 77 107 kam zur DR (Bw Seddin), wo sie bis 1956 im Einsatz war.

78^{3}
Zulässige Geschwindigkeit: 100 km/h
Treib- und Kuppelraddurchmesser: 1 650 mm
Laufraddurchmesser vorn/hinten:
1 000/1 000 mm
Kesseldruck: 12 bar
Indizierte Leistung: 1 380
Dienstmasse Lok: 107,1 t
LüP: 14 800 mm

78^{0-5}
Zulässige Geschwindigkeit: 100 km/h
Treib- und Kuppelraddurchmesser: 1 650 mm
Laufraddurchmesser vorn/hinten:
1 000/1 000 mm
Kesseldruck: 12 bar
Indizierte Leistung: 1 380 PS
Dienstmasse Lok: 105,0 t
LüP: 14 800 mm

78^{0-5}

pr. T 18
2′C2′ h2t
Pt 37.17
Einsatzzeitraum 1912 bis 1975

Im Jahre 1911 mußte die Preußisch-Hessische Staatsbahn doch zum Bau einer 2′C2′-Tenderlokomotive schreiten, weil die Forderung der Direktion Mainz nach einer Lokomotive für den Pendelverkehr zwischen Frankfurt/M. und Wiesbaden mit der T 10 nicht erfüllt worden war. Auch die Direktion Stettin forderte für den Trajektanschluß in Saßnitz auf Rügen eine stärkere Lokomotive als die T 12. Urheberfirma der als T 18 bezeichneten 2′C2′-Heißdampf-Tenderlokomotive war die Stettiner Vulcan-Werft. 1912 sind die ersten zehn Maschinen, noch ohne Speisewasservorwärmer, in Dienst gestellt worden. Der bei Versuchsfahrten bemängelte schlechte Massenausgleich ist bei späteren Lieferungen durch entsprechend dimensionierte Gegengewichte beseitigt worden, so daß die Maschinen ab 78 011 für 100 km/h und somit auch für den Schnellzugdienst zugelassen werden konnten. Im Laufe des bis 1927 währenden Beschaffungszeitraums erfolgte die Ausrüstung mit Vorwärmer und Speisewasserreiniger, ab 1921 mit Speisedom und Winkelrost-Schlammabscheider. Auch die Württembergische Staatsbahn beschaffte 20 T 18-Lokomotiven. Die T 18 zog in der Ebene 350 t mit 90 km/h und auf Steigungen von 6 ‰ 315 t mit 60 km/h. Die DRG übernahm 1925 458 Lokomotiven mit den Betriebsnummern 78 001 bis 78 528 (Nummern nicht durchgängig besetzt). Die DB hatte Anfang der 60er Jahre noch etwa 400 Lokomotiven im Bestand, einige sogar mit der Ausrüstung für Wendezugsteuerung. 1975 schied mit der 78 246 die letzte DB-Maschine aus, die heute im Dampflokmuseum Neuenmarkt-Wirsberg steht. Bei der DR sind die letzten Maschinen 1972 ausgeschieden. Die 78 009 wird vom Verkehrsmuseum Dresden erhalten.

STETTIN 8402 (78 002)
Foto: Slg. Weisbrod

78^{3}

ELE
2′C2′ h2t
Pt 37.17
Einsatzzeitraum 1936 bis 1966

Die Eutin-Lübecker Eisenbahn (ELE) bestellte 1936 bei Henschel eine 2′C2′-Tenderlokomotive der Gattung pr. T 18. Dieser Rückgriff auf eine Länderbahnlokomotive, deren letzte Exemplare 1927 ausgeliefert worden sind, erstaunt auf den ersten Blick. Die ELE benötigte aber eine Lokomotive, mit der sie auch die über ihr Streckennetz laufenden Eilzüge bespannen konnte, und dazu waren die 1′C1′-Tenderlokomotiven zu langsam und nicht leistungsfähig genug. Im Einheitslokprogramm der DRG gab es keine Lokomotive dieser Leistungsklasse für 17 t Achsfahrmasse, und eine Neukonstruktion wäre zu teuer geworden. Die T 18 war auch für die DRG und später für die DB und DR noch lange unverzichtbar. Die 1936 gelieferte Lokomotive erhielt bei der ELE die Bahnnummer 1 in dritter Besetzung und entsprach dem letzten Entwicklungsstand bei der Preußischen Staatsbahn von 1921. Die hervorragende Bewährung dieser Lokomotive veranlaßte die ELE zu Bestellung einer zweiten, die Henschel 1939 mit der Bahnnummer 2^{III} lieferte. Gegenüber der Bahnnummer 1^{III} hatte diese Lokomotive einen zweiten Sandkasten, Ackermann-Sicherheitsventile und eine Knorr-Tolkien-Verbundspeisepumpe. Mit der Übernahme der ELE durch die DRG 1941 erhielten die Lokomotiven die Betriebsnummern 78 329 und 78 330. Sie kamen nach dem Kriege zur DB, die sie mit Wendezugsteuerung und Indusi ausrüstete und im Hamburger S-Bahn-Verkehr einsetzte. 1966 sind beide Lokomotiven ausgemustert worden.

ELE Nr. 2^{II} (78 330),
Foto: Henschel

78^{10}
Zulässige Geschwindigkeit: 100 km/h
Treib- und Kuppelraddurchmesser: 1 750 mm
Laufraddurchmesser vorn/hinten: 1 000/1 000 mm
Kesseldruck: 12 bar
Indizierte Leistung: 1 180 PS
Dienstmasse Lok: 109,7 t
LüP: 17 237 mm

79^{0}
Zulässige Geschwindigkeit: 70 km/h
Treib- und Kuppelraddurchmesser: 1 400 mm
Kesseldruck: 15 bar
Leistung:
Dienstmasse Lok: 92,2 t
LüP: 14 660 mm

78^{10}

Umbaulok DB
2′C2′ h2t
Pt 37.17
Einsatzzeitraum 1951 bis 1959

Um den relativ großen Bestand der DB an Lokomotiven der Baureihe 38^{10-40} (pr. P 8) für den Städteschnell- und Vorortverkehr nutzen zu können, schlug Prof. Mölbert von der TH Hannover vor, einen Teil des Lokbestands in Tenderlokomotiven umzubauen. Damit konnte das bei Schlepptenderlokomotiven erforderliche Wenden am Zielbahnhof entfallen. Krauss-Maffei baute 1951 die 38 2919 und 38 2990 entsprechend um und rüstete sie mit einem Kurztender 2 T 17 (5 t Kohle) aus, der mit der Lokomotive durch eine Deichsel verbunden war. Die Lokomotiven erhielten ein geschlossenes Führerhaus nach dem Muster der Neubaulokomotiven. Die Kohleentnahme erfolgte wie bei der BR 52 durch einen kreisförmigen Ausschnitt in der Tendervorderwand. Die Lok war gegen den Tender mit einem Gummibalg abgedichtet. Die beiden Maschinen sind als Tenderlokomotiven eingeordnet worden und bekamen die Betriebsnummern 78 1001 und 78 1002. Sie waren im Raum München, später im Bodenseegebiet eingesetzt. Wegen des fortschreitenden Strukturwandels erfolgten keine weiteren Umbauten. 1959 wurden beide Lokomotiven abgestellt und 1961 offiziell ausgemustert.

78 1001, Foto: Krauss-Maffei

79^{0}

sä. XV HTV
CC h4vt
Pt 66.15
Einsatzzeitraum 1916 bis 1933

Sachsen und Württemberg hatten die neigungs- und krümmungsreichsten Eisenbahnstrecken Deutschlands. Deshalb entstanden bei beiden Bahnverwaltungen auch Lokomotiven mit Lauf- und Triebwerkskonstruktionen, die bei keiner anderen deutschen Bahnverwaltung anzutreffen waren. Als die Sächsische Staatsbahn eine sechsfach gekuppelte, schwere Güterzuglokomotive für Vorspann- und Schiebedienste im Erzgebirge entwickeln ließ, verwarf Oberbaurat Lindner vom maschinentechnischen Amt der Staatsbahn die Realisierung einer sechsfachen Kupplung mit Gölsdorf-Achsen und entwarf eine für deutsche Bahnen einmalige Triebwerkskonstruktion. Bei den beiden von Hartmann 1916 gelieferten Lokomotiven der Gattung XV HTV saßen die Zylinder in Fahrzeugmitte, wobei HD- und ND-Zylinder in einem Gußstück vereinigt waren. Eine Zylindergruppe trieb die vorderen drei, die andere die hinteren drei gekuppelten Radsätze an. Die Endachsen waren jeweils als Hohlachsen Bauart Klien-Lindner mit ±37 mm Seitenverschiebbarkeit ausgeführt. Die den Zylindern benachbarten Kuppelradsätze hatten ±28 mm Seitenspiel. Bei Vorwärtsfahrt lief die vordere Maschine rückwärts, die hintere vorwärts. Die Doppelzylinder brachten den Vorteil extrem kurzer Dampfwege zwischen HD- und ND-Zylinder, der aber durch die langen Ein- und Ausströmwege wieder aufgezehrt wurde. Die XV HTV war auch die einzige deutsche Vierzylinder-Verbundlokomotive, die ohne Kropfachswellen auskam. Dafür war die synchrone Steuerung beider Zylinder um so komplizierter und bei zunehmender Radreifenabnutzung nicht mehr möglich. Die Maschinen sind auf den Steilstrecken im Erzgebirge eingesetzt worden und erhielten 1925 die DRG-Betriebsnummern 79 001 und 79 002.

Nr. 1352 (79 002), Foto: Slg. Weisbrod

81
Zulässige Geschwindigkeit: 45 km/h
Treib- und Kuppelraddurchmesser: 1 100 mm
Kesseldruck: 14 bar
Indizierte Leistung: 1 000 PS
Dienstmasse Lok: 67,5 t
LüP: 11 080 mm

80
Zulässige Geschwindigkeit: 45 km/h
Treib- und Kuppelraddurchmesser: 1 100 mm
Kesseldruck: 14 bar
Indizierte Leistung: 575 PS
Dienstmasse Lok: 54,4 t
LüP: 9 670 mm

79^{0} II
Zulässige Geschwindigkeit: 75 km/h
Treib- und Kuppelraddurchmesser: 1 350 mm
Laufraddurchmesser vorn/hinten: 900/900 mm
Kesseldruck: 14 bar
Leistung:
Dienstmasse Lok: 88,3 t
LüP: 12 370 mm

79^{0} III
Zulässige Geschwindigkeit: 110 km/h
Treib- und Kuppelraddurchmesser: 1 660 mm
Laufraddurchmesser vorn/hinten: 1 100/1 100 mm
Kesseldruck: 15 bar
Leistung:
Dienstmasse Lok: 121,8 t
LüP: 17 745 mm

79^{0} II

BLE
1′D1′ h2t
Pt 46.15
Einsatzzeitraum 1934 bis 1973

Anfang der 30er Jahre hatte sich die wirtschaftliche Situation der Braunschweigischen Landeseisenbahn (BLE) wieder soweit stabilisiert, daß an die Beschaffung neuer Lokomotiven gedacht werden konnte. Die BLE bestellte bei Krupp eine 1′D1′-Heißdampf-Tenderlokomotive, die 1934 mit der Fabriknummer 1423 als Bahnnummer 44 geliefert worden ist. Die vier Kuppelradsätze waren fest im Rahmen gelagert, die beiden Laufradsätze wurden in Bissel-Gestellen geführt. Dem Speisedom auf dem 1. Kesselschuß und dem Dampfdom auf dem 2. Kesselschuß war unter gemeinsamer Verkleidung je ein Sandkasten zugeordnet, aus denen die Räder aller gekuppelten Radsätze in beiden Fahrtrichtungen gesandet werden konnten. Die Lokomotive war vor allem im Braunschweiger Ringverkehr im Reisezug- und Güterzugdienst eingesetzt und zog in der Ebene 770 t mit 70 km/h. Auf 5 ‰ Steigung waren es 530 t mit 50 km/h.

Nach Übernahme der BLE durch die DRG im Jahre 1938 erhielt die Lokomotive die Betriebsnummer 79 001 in zweiter Besetzung. 1947 ist sie an die Braunschweig-Schöninger Eisenbahn verkauft worden, die sie an die Kleinbahn Frankfurt/M.–Königstein veräußerte. Von dort kam sie von 1960 bis 1966 zur Teutoburger Wald-Eisenbahn und kehrte wieder zur Kleinbahn Frankfurt/M.–Königstein zurück, wo sie 1973 mit der Bahnnummer 261 ausgemustert worden ist.

BLE Nr. 44 (79 001^{II}), Foto: Slg. Bergmann

79^{0} III

Umbaulok DR
2′D2′ h4vt
Pt 48.17
Einsatzzeitraum 1952 bis 1963

Die Deutsche Reichsbahn hat drei französische Dampflokomotiven, die nach dem zweiten Weltkrieg auf ihrem Territorium stehengeblieben waren, für ihre Zwecke zu nutzen versucht. Das waren zum einen die beiden als 07 1001 und 08 1001 eingenummerten Schnellzuglokomotiven und zum anderen die 2′D2′ h4v-Tenderlok Nr. 242 TA 602 der AL. Die FVA Halle interessierte sich für diese Maschine als Bremslokomotive, weil sie ein Mehrzylinder-Triebwerk besaß. Das Raw Zwickau hat die Lokomotive im Rahmen einer Generalreparatur aufgearbeitet und dort, wo es möglich und sinnvoll war, mit Reichsbahn-Armaturen ausgerüstet. Die Lokomotive erhielt die Betriebsnummer 79 001 in dritter Besetzung und kam zur FVA Halle als Bremslok. Sie hat wegen ihrer unbefriedigenden Laufeigenschaften weder im Versuchs- noch im Reisezugdienst überzeugen können. Französische Lokomotiven waren weicher gefedert als deutsche und offensichtlich auch an einen besseren Oberbau gewöhnt. Bereits 1963, als eine Hauptuntersuchung fällig war, ist die Maschine ausgemustert worden.

79 001^{II}, Foto: VES-M Halle

80

Einheitslok
C h2t
Gt 33.17
Einsatzzeitraum 1928 bis 1965

Zum 1. Typisierungsplan der Einheitslokomotiven gehörten mit den Baureihen 80, 81 und 87 auch drei Rangierlokomotiven mit 17,5 t Achsfahrmasse. Man entschied sich für Heißdampflokomotiven, weil nach den Erfahrungen der Preußischen Staatsbahn der Heißdampf auch beim Rangierbetrieb mit wechselnden Belastungen noch wirtschaftliche Vorteile brachte.
Die Baureihe 80 war die zweitkleinste Einheitslokomotive. Ihre LüP von 9 670 mm wurde später nur noch von der Baureihe 89 unterboten. In den Jahren 1928 und 1929 sind von den Firmen Hohenzollern, Union, Wolf und Jung 39 Lokomotiven gebaut worden. Sie hatten nur 1 100 mm Kuppelraddurchmesser, der die für den Rangierbetrieb ausreichende Geschwindigkeit von 45 km/h erlaubte. Entsprechend den Einheitsbaugrundsätzen besaßen sie einen Barrenrahmen und viele baugleiche Teile mit den Lokomotiven für 15 t Achsfahrmasse. Der Kessel mit 2 500 mm Rohrlänge hatte Speisedom und Dampfdom. Zwischen beiden war der Sandkasten mit beidseits sechs Fallrohren untergebracht. Die finanziellen Möglichkeiten der DRG verhinderten eine weitere Beschaffung, zumal für den Rangierbetrieb ausreichend ältere Länderbahnlokomotiven zur Verfügung standen.
Die Lokomotiven sind in Köln und Leipzig Hbf eingesetzt worden und überstanden bis auf eine Maschine den zweiten Weltkrieg. Nach 1945 waren 21 Maschinen bei der DR, 17 bei der DB. Die in Leipzig eingesetzten 80er der DR sind 1962/63 von den Diesellokomotiven der BR V 75 (ČKD Prag) abgelöst und meist als Werklokomotiven in verschiedenen Raw weiter verwendet worden. Die letzten DB-Lokomotiven sind 1965 beim Bw Schweinfurt ausgeschieden.

80 038, Foto: Slg. Weisbrod

81

Einheitslok
D h2t
Gt 44.17
Einsatzzeitraum 1927 bis 1963

Im 1. Typisierungsplan der DRG für Rangierlokomotiven mit 17,5 t Achsfahrmasse waren je eine dreifach, eine vierfach und eine fünffach gekuppelte Lokomotive vorgesehen. Der C-Kuppler ist als Baureihe 80, der D-Kuppler als Baureihe 81 und der E-Kuppler als Baureihe 87 gebaut worden.
Auch bei der Baureihe 81 ging man von geplanten 1 250 mm Kuppelraddurchmesser auf 1 100 mm zurück, um die eingesparte Masse zugunsten eines leistungsfähigen Kessels zu verwenden. Dieser entsprach im Prinzip dem der Baureihe 80, hatte jedoch um 1 000 mm längere Rohre. Auf einen Speisewasservorwärmer hatte man, wie auch bei der Baureihe 80, verzichtet, nicht aber auf einen Speisedom mit Winkelrost-Schlammabscheider. Der Kessel der BR 81 trug zwei Sandkästen mit jeweils vier Fallrohren auf jeder Seite, um alle Räder in beiden Fahrtrichtungen sanden zu können.
Die Hanomag hat 1927 zehn Lokomotiven geliefert. Mit weiteren Bestellungen ließ sich die DRG Zeit, weil die pr. T 13 (BR 92^{5-10}) bis 1923 beschafft worden ist und leistungsmäßig der BR 81 nur wenig nachstand. Erst für 1940 waren weitere Lieferungen vorgesehen, die jedoch wegen des Krieges storniert worden sind. Es blieb bei den zehn Lokomotiven, die in der Ebene 1 100 t mit 45 km/h, auf 10 ‰ Steigung 425 t mit 25 km/h zogen. Nach dem Krieg verblieben alle Lokomotiven bei der DB, die sie in den Bw Paderborn und Oldenburg einsetzte und bis 1963 ausmusterte. Die 81 004 soll für ein Museum erhalten werden.

81 001, Foto: Slg. Weisbrod

82
Zulässige Geschwindigkeit: 70 km/h
Treib- und Kuppelraddurchmesser: 1 400 mm
Kesseldruck: 14 bar
Indizierte Leistung: 1 290 PS
Dienstmasse Lok: 91,8 t
LüP: 14 060 mm

83^{10}
Zulässige Geschwindigkeit: 60 km/h
Treib- und Kuppelraddurchmesser: 1 250 mm
Laufraddurchmesser vorn/hinten: 850/850 mm
Kesseldruck: 14 bar
Indizierte Leistung: 1 080 PS
Dienstmasse Lok: 99,7 t
LüP: 15 000 mm

85
Zulässige Geschwindigkeit: 80 km/h
Treib- und Kuppelraddurchmesser: 1 400 mm
Laufraddurchmesser vorn/hinten: 850/850 mm
Kesseldruck: 14 bar
Indizierte Leistung: 1 500 PS
Dienstmasse Lok: 133,6 t
LüP: 16 300 mm

82

Neubaulok DB
E h2t
Gt 55.18
Einsatzzeitraum 1950 bis 1972

Die DB wollte nach dem Kriege eine Tenderlokomotive entwikkeln, die sowohl im schweren Rangierdienst als auch im Streckendienst eingesetzt werden konnte. Beim Rangierdienst konnte auf Laufradsätze verzichtet werden, für den Streckendienst war es günstiger, die Führung im Gleis auf mehrere Kuppelradsätze zu verteilen. Man erprobte das an einer T 16^1, die versuchsweise Beugniot-Hebel zwischen 1. und 2. sowie 4. und 5. Kuppelradsatz erhielt. Da das Experiment erfolgreich war, wurde beschlossen, die Lokomotive, die erste im neuen Typenprogramm der DB, als E-Kuppler auszuführen und als Baureihe 82 zu bezeichnen. Die Lokomotiven waren vollständig geschweißt, besaßen Blechrahmen, Feuerbüchse mit Verbrennungskammer und Heißdampfregler. Durch die Beugniot-Hebel konnten die Endradsätze um ±26 mm, die Radsätze 2 und 4 um ±18 mm ausschwenken. Da nur der 3. Radsatz (Treibradsatz) fest gelagert war, besaßen die Lokomotiven keinen festen Achsstand.
An der Lieferung der 41 Lokomotiven waren die Firmen Henschel, Krupp und Esslingen beteiligt. Die 82 001 bis 037 waren 1950/51 geliefert worden, die 82 038 bis 041 als Nachlieferung im Jahre 1955. Die Kesselspeiseeinrichtungen waren unterschiedlich ausgeführt. Die 82 001 bis 012 und die 82 023 bis 028 besaßen zwei nichtsaugende Dampfstrahlpumpen Bauart Henschel, die 82 013 bis 022 erhielten die Kolbenspeisepumpe KT 1 mit Oberflächenvorwärmer Bauart Knorr, die 82 029 bis 041 besaßen Henschel-Mischvorwärmer MVT. Die Maschinen konnten 11 m³ Wasser und 4 t Kohle mitführen. Die 82 040 und 041 taten, mit Gegendruckbremse ausgerüstet, auf der Strecke Freudenstadt–Klosterreichenbach Dienst.

82 033, Foto: Slg. Weisbrod

83^{10}

Neubaulok DR
1'D2' h2t
Gt 47.15
Einsatzzeitraum 1955 bis 1972

Die Baureihe 83^{10} war die zweite Neubau-Tenderlokomotive der Deutschen Reichsbahn nach der Baureihe 65^{10}. Sie entstand nach den gleichen Konstruktionsprinzipien und sollte im Nebenbahndienst überalterte Lokomotiven und Einzelexemplare der 1949 von der DR übernommenen Privatbahnen ersetzen. Die Lokomotive, als Schweißkonstruktion ausgeführt, war der BR 65^{10} sehr ähnlich. Beim Laufwerk hatte man sich ebenfalls für vier gekuppelte Radsätze entschieden, wobei der 1. Kuppelradsatz und der vordere Laufradsatz zu einem Krauss-Helmholtz-Lenkgestell zusammengefaßt waren. Das nachlaufende, zweiachsige Außenrahmendrehgestell nahm den größten Teil der Vorräte auf. Die beiden seitlichen Wasserkästen waren nicht bis zum Führerhaus gezogen, sondern ließen den Hinterkessel frei. Für den Nebenbahndienst waren 60 km/h Höchstgeschwindigkeit ausreichend, so daß man mit 1 250 mm Kuppelraddurchmesser auskam. Die Maschinen zogen in der Ebene 1 000 t mit 60 km/h, auf Steigungen von 6 ‰ 670 t mit 35 km/h.
Die Baumusterlokomotiven, 1955 geliefert, hatten Heißdampfregler und mehrere dezentrale Sandkästen im Umlauf. Die Serienausführung bekam Naßdampfregler und einen zentralen Sandkasten zwischen Speise- und Dampfdom. Alle Maschinen waren mit Mischvorwärmeranlage ausgerüstet. LKM Babelsberg lieferte bis 1956 27 Lokomotiven (83 1001 bis 1027). Von einer weiteren Beschaffung sah man wegen des sich abzeichnenden Traktionswandels ab. Erste Einsatzgebiete waren die Bw Leipzig-Plagwitz, Altenburg, Brandenburg und Oschersleben. Auslauf-Bw war Haldensleben, wo 1972 die 83 1025 und 83 1027 als letzte Maschinen ausschieden.

83 1025, Foto: Weisbrod

84
Zulässige Geschwindigkeit: 70 km/h
Treib- und Kuppelraddurchmesser: 1 400 mm
Laufraddurchmesser vorn/hinten: 850/850 mm
Kesseldruck: 16 bar (Baumuster 20 bar)
Indizierte Leistung: 1 940 PS
Dienstmasse Lok: 125,5 t
LüP: 15 550 mm

84

Einheitslok
1′E1′ h3t/h2t
Gt 57.18
Einsatzzeitraum 1935 bis 1960

In den Jahren 1934 bis 1938 ist die Müglitztalbahn von Heidenau an der Elbe nach Altenberg im Osterzgebirge von 750 mm Schmalspur auf Normalspur umgebaut worden. Lokomotiven, die eine Höchstgeschwindigkeit von 70 km/h entwickeln und auf Steigungen von 1:27 in Gleisbögen von 140 m Radius einen Zug von 175 t Masse mit 40 km/h befördern konnten, besaß die DRG nicht. Die Achsfahrmasse durfte 18,5 t nicht übersteigen. Die Firmen Orenstein & Koppel und Schwartzkopff wurden mit der Ausarbeitung von Entwürfen beauftragt. Schwartzkopff bot eine 1′E1′-Dreizylinderlokomotive an, bei der die Bogenläufigkeit durch Schwartzkopff-Eckhardt-Lenkgestelle erreicht wurde. Die Firma O & K entschied sich für Luttermöller-Endachsen wie bei der BR 87. Dabei wurden der 1. und 5. Kuppelradsatz von den benachbarten Radsätzen über Zahnräder angetrieben. Das Zahnradgehäuse war drehbar gelagert und ermöglichte das Ausschwenken der Endradsätze. Auch bei dieser Lokomotive war ein 1′E1′-Laufwerk verwendet worden, als Dampfmaschine ein Zwillingstriebwerk. Von Lauf- und Triebwerk abgesehen waren die Lokomotiven beider Firmen baugleich. Die DRG bestellte je zwei Probelokomotiven (84 001 und 002 von Schwartzkopff und 84 003 und 004 von O & K) und entschied sich nach eingehenden Untersuchungen für den Weiterbau der Drillingslokomotive, von der noch acht Maschinen mit den Betriebsnummern 84 005 bis 84 012 beschafft worden sind.
Nach dem Krieg sind die Lokomotiven zu den Bw Aue und Schwarzenberg im Westerzgebirge umbeheimatet worden, wo sie Züge der SDAG Wismut aus dem Uranerzbergbau befördern mußten.

84 001, Foto: Slg. Weisbrod

85

Einheitslok
1′E1′ h3t
Gt 57.20
Einsatzzeitraum 1932 bis 1961

Als die DRG 1933 die Höllentalbahn teilweise auf Reibungsbetrieb umstellte, beschaffte sie bei Henschel zehn 1′E1′-Tenderlokomotiven für den schweren Reisezug- und Güterzugdienst und als Schiebelokomotiven. Ursprünglich als Zwillingslokomotiven geplant, entschied sich die DRG doch für den Drilling zugunsten besserer Anfahrzugkraft und gleichmäßiger Drehmomentübertragung. Bei der Entwicklung der Lokomotive konnte die DRG von der straffen Typisierung und Normung des Einheitslokprogramms profitieren. Trieb- und Fahrwerk, sowie die Steuerung stammten von der BR 44, wobei lediglich ein hinterer Laufradsatz zugefügt wurde, der mit dem 5. Kuppelradsatz zu einem Krauss-Helmholtz-Gestell verbunden war. Der Kessel entsprach, bis auf die Rauchkammer, dem der BR 62. Mit 1 400 mm Kuppelraddurchmesser konnten in beiden Richtungen 80 km/h gefahren werden. Im Güterzugdienst zogen die Lokomotiven in der Ebene 920 t mit 70 km/h. Auf Steilrampen von 55,5 ‰ waren es noch 165 t mit 20 km/h.
Die Lokomotiven waren beim Bw Freiburg (Breisgau) beheimatet, einige auch eim Bw Villingen zum Einsatz auf der Schwarzwaldbahn. Auch nach der Elektrifizierung der Höllentalbahn blieb die BR 85 im Schwarzwald unentbehrlich. Sie ist erst von den DB-Baureihen E 40 und E 44 mit elektrischer Widerstandsbremse verdrängt worden. Die 85 004 ist ein Kriegsverlust, die anderen neun Maschinen sind 1961 ausgemustert worden. Die 85 007 wird museal erhalten.

85 001, Foto: Slg. Weisbrod

86
Zulässige Geschwindigkeit: 70 (80) km/h
Treib- und Kuppelraddurchmesser: 1 400 mm
Laufraddurchmesser vorn/hinten: 850/850 mm
Kesseldruck: 14 bar
Indizierte Leistung: 1 030 PS
Dienstmasse Lok: 88,5 t
LüP: 13 820 (13 920) mm
(Klammerwerte: ab 86 230)

88^{70}
Zulässige Geschwindigkeit: 40 km/h
Treib- und Kuppelraddurchmesser: 1 080 mm
Kesseldruck: 12 bar
Leistung:
Dienstmasse Lok: 27,5 t
LüP: 8 089 mm

86

Einheitslok
1'D1' h2t
Gt 46.15
Einsatzzeitraum 1928 bis

Die Baureihe 86 gehört zum 1. Typenprogramm der Einheitslokomotiven für 15 t Achsfahrmasse. Durch die straffe Typisierung waren bei der Baureihe 86 viele Bauteile mit denen anderer Einheitslokomotiven austauschbar. Der Kessel war baugleich mit dem der BR 87.
Die Maschinenbau-Gesellschaft Karlsruhe lieferte 1928 die 86 001 bis 007 und 86 013 bis 016, die für steigungsreiche Strecken an Neckar und Mosel vorgesehen waren und wie die von Linke-Hofmann gelieferten 86 008 bis 012 Gegendruckbremse besaßen. Die Lokomotiven 86 017 bis 233 sind mit einfacher Kuppelradbremse und ohne Laufradbremse geliefert worden. Bremstechnisch waren damit nur 70 km/h Höchstgeschwindigkeit möglich. Die Lokomotiven mit den Betriebsnummern 86 234 bis 292 und 86 336 bis 875 (Nummern nicht durchgehend besetzt) besaßen Laufradbremse und konnten für 80 km/h zugelassen werden.
Die 86 293 bis 296 und 86 336 bis 875 hatten anstelle der Bissel-Achsen Krauss-Helmholtz-Lenkgestelle.
Die BR 86 ist bis zum Jahre 1943 mit 774 Maschinen beschafft worden und, da man sie als kriegswichtig eingestuft hatte, ab 1942 in entfeinerter ÜK-Ausführung geliefert worden, wodurch sich die Leermasse um 3,15 t verringerte. Nach dem Kriege kam eine große Zahl von Lokomotiven der BR 86 zu ausländischen Bahnverwaltungen. Zur DB gelangten ca. 385, zur DR etwa 175 Maschinen. Die DB musterte ihre Lokomotiven kontinuierlich aus; der Einsatz der letzten Lokomotive endete 1974. Bei der DR war im Jahre 1976 der Planbetrieb eigentlich abgeschlossen, doch Mitte der 80er Jahre ist es auf der Strecke Crottendorf–Schlettau nochmals bis 1987 zum planmäßigen Einsatz von Maschinen des Bw Aue gekommen.

86 550, Foto: Slg. Weisbrod

87

Einheitslok
E h2t
Gt 55.17
Einsatzzeitraum 1927 bis 1955

Die Baureihe 87 für die Hamburger Hafenbahn war die erste Sonderlokomotive im Typenprogramm der DRG. Das Vereinheitlichungsbüro hatte bei der Konstruktion folgende Kriterien zu berücksichtigen: Die Lokomotive mußte Radien von 100 m befahren und große Zugmassen bewältigen können, durfte aber 17,5 t Achsfahrmasse nicht überschreiten. In punkto Leistung und Achsfahrmasse wäre die pr. T 16^1 für diese Aufgabe geeignet gewesen, doch die engen Radien hätten einen unvertretbar hohen Spurkranzverschleiß zur Folge gehabt.
Die BR 87 entstand nach den Prinzipien für Rangierlokomotiven mit 17,5 t Achsfahrmasse (BR 80 und 81), erhielt aber den Kessel der BR 86 aus der 15-t-Klasse. Abweichend vom Typenprogramm waren die Luttermöller-Endradsätze, die nicht durch Stangen, sondern von den benachbarten Radsätzen über Zahnräder angetrieben wurden. Die als Deichseln ausgebildeten Zahnradgehäuse erlaubten ein Ausschwenken der Endradsätze um ±45 mm. Diese Konstruktion ist später bei den Lokomotiven 84 003 und 004 nochmals verwendet worden. Die Lokomotiven der BR 87 zogen in der Ebene 1 510 t mit 45 km/h, auf Steigungen von 6 ‰ 1 250 t mit 20 km/h. Orenstein & Koppel lieferte 1927 die 87 001 bis 87 008, 1928 die 87 009 bis 87 016. Alle Maschinen waren im Bw Hamburg-Harburg beheimatet und kamen nach dem Krieg zur DB. Wegen fehlender Ersatzteile für den Luttermöller-Antrieb hatten bei manchen Lokomotiven die Endradsätze nur noch die Funktion von Laufachsen. Nach Erscheinen der Neubaulok BR 82 sind die Maschinen der BR 87 bis 1955 ausgemustert worden.

87 001, Foto: Bellingrodt

87
Zulässige Geschwindigkeit: 45 km/h
Treib- und Kuppelraddurchmesser: 1 100 mm
Kesseldruck: 14 bar
Indizierte Leistung: 940 PS
Dienstmasse Lok: 85,6 t
LüP: 13 300 mm

88^71–72
Zulässige Geschwindigkeit: 45 km/h
Treib- und Kuppelraddurchmesser: 985 (1 006) mm
Kesseldruck: 10 bar
Leistung:
Dienstmasse Lok: 24,3 (28,8) t
LüP: 8 005 mm
(Klammerwerte: ab Baujahr 1884)

88^70

LBE T 1
B n2t
Gt 22.14
Einsatzzeitraum 1888 bis 1957

Für die anfangs noch als Nebenbahn betriebene Strecke Lübeck–Travemünde beschaffte die Lübeck-Büchener Eisenbahn (LBE) von Henschel in den Jahren 1888 bis 1892 vier zweifach gekuppelte Tenderlokomotiven, die außer den Bahnnummern die Namen TRAVEMÜNDE, SCHWARTAU, BARNITZ und PRIWALL bekamen. Die LBE führte die Lokomotiven als Gattung T 1. Nach dem Ausbau der Strecke Lübeck–Travemünde als Hauptbahn im Jahre 1900 wanderten die Lokomotiven in den Rangierdienst ab. Die TRAVEMÜNDE und die SCHWARTAU sind 1923 ausgemustert worden. Die PRIWALL war zeitweise mit einem LBE-Tender 3 T 12 gekuppelt, der an der Vorderseite Stangenpuffer erhalten hatte. Damit vergrößerte sich der Aktionsradius der Lokomotive, die mit ihrer Strahlpumpe das Wasser direkt dem Tender entnehmen konnte. Die DRG übernahm 1938 mit der LBE die Lokomotiven BARNITZ und PRIWALL und gab ihnen die Betriebsnummern 88 7001 und 88 7002. Beide Maschinen kamen nach 1945 zur DR. Die 88 7001 ist 1957 als Werklok verkauft worden, die 88 7002 war Werklok im Raw Rostock und kam nach dessen Schließung mit der Nummer 98 7087 wieder in den Betriebspark. 1957 ist sie ausgemustert worden.

LBE Nr. 105 (88 7002), Foto: Slg. Weisbrod

88^71–72

bay. D IV
B n2t
Gt 22.12 (14)
Einsatzzeitraum 1875 bis 1930

Im Jahre 1875 lieferte Maffei die ersten zweifach gekuppelten Tenderlokomotiven der Gattung D IV an die Bayerische Staatsbahn, von der von den Firmen Maffei und Krauss bis 1897 132 Exemplare gebaut worden sind. Im Laufe des Beschaffungszeitraumes blieben Zylinderdurchmesser, Kolbenhub, Rostfläche und Kesseldruck unverändert, Heizfläche und Vorräte wurden jedoch vergrößert, so daß sich die Achsfahrmasse von 12 auf 14 t erhöhte. Den Kuppelraddurchmesser hat man von 985 auf 1066 mm vergrößert. Die Lokomotiven besaßen keine seitlichen Wasserkästen, sondern der Wasservorrat von 3,5 m^3 war im Rahmen untergebracht. Rechts und links des Stehkessels waren die Kohlevorräte (0,9 t) gelagert. Ursprünglich nur mit Wurfhebelbremse ausgerüstet, bekamen einige Lokomotiven später Druckluftbremse Bauart Schleifer. Ein Sandkasten war nicht vorhanden. Die Lokomotiven waren auf bayerischen Bahnhöfen im Rangierdienst eingesetzt. Die DRG übernahm 1925 101 Lokomotiven mit den Betriebsnummern 88 7101 bis 88 7201. Die letzte Lok ist 1930 ausgemustert worden.

Nr. 705 LEANDER, Foto: Slg. Weisbrod

88^{73}
Zulässige Geschwindigkeit: 45 km/h
Treib- und Kuppelraddurchmesser: 985 mm
Kesseldruck: 10 bar
Leistung:
Dienstmasse Lok: 29,0 t
LüP: 8 005 mm

88^{73}

pfälz. T 1
B n2t
Gt 22.14
Einsatzzeitraum 1892 bis 1936

Im Jahre 1889 hatte die Pfalzbahn bereits dreifach gekuppelte Tenderlokomotiven der Gattung T 3 beschafft. Drei Jahre später entschloß man sich, nochmals zweifach gekuppelte Tenderlokomotiven nach dem Muster der bay. D IV einzustellen. Maffei und Krauss lieferten bis 1897 31 Lokomotiven, die sich in einigen Punkten von den bayerischen unterschieden. Statt der Federwaag-Sicherheitsventile der D IV hatten die als T 1 bezeichneten pfälzischen Lokomotiven Ramsbottom-Ventile. Sie besaßen auch einen Sandkasten, aus dem die Räder des Treibradsatzes von vorn, die des 1. Kuppelradsatzes von hinten gesandet werden konnten. Der Kuppelraddurchmesser betrug, wie bei den ersten Lieferungen der D IV, 985 mm. Charakteristisch waren die abgeschrägten Kohlekästen, die mit 0,9 t Kohle etwas weniger aufnehmen konnten als die der D IV.
Die DRG übernahm 1925 noch 21 Lokomotiven mit den Betriebsnummern 88 7301 bis 88 7321. Die meisten Maschinen sind bereits 1925 ausgemustert worden. 1933 zählten noch drei Lokomotiven zum Bestand der Rbd Ludwigshafen. Als letzte Maschine schied die 88 7306 im Jahre 1936 aus.

88 7306, Foto: Slg. Weisbrod

88^{74}

wü. T 2
B n2t
Gt 22.8
Einsatzzeitraum 1896 bis 1926

Die Württembergische Staatsbahn beschaffte von 1896 bis 1904 von der Maschinenbau-Gesellschaft Heilbronn elf zweifach gekuppelte Tenderlokomotiven, die für den leichten Nebenbahndienst, vor allem aber für den Rangierdienst auf dem Stuttgarter Hauptbahnhof bestimmt waren. Die Lokomotiven hatten einen Wasserkastenrahmen, der 1,6 m^3 Wasser aufnahm. Der Kohlevorrat von 0,5 t befand sich beidseits des Hinterkessels im Führerhaus. Auffällig waren die Scheibenräder mit nur 800 mm Durchmesser. Auch in allen anderen Abmessungen waren die Lokomotiven sehr bescheiden ausgeführt. Die Rostfläche betrug nur 0,51 m^2, die Verdampfungsheizfläche nur 27,42 m^2. Ab Bahnnummer 1077 (Baujahr 1904) bekamen die Maschinen ein geschlossenes Führerhaus und ein Läutewerk. Die DRG übernahm 1925 nur die Bahnnummer 1000 aus dem Jahre 1898 und gab ihr die Betriebsnummer 88 7401, die am Führerhaus angeschrieben worden ist. Die Maschine war die kleinste Lokomotive im Betriebspark der DRG. Sie kam nach 1926 als Werklokomotive zum Raw Esslingen. Bereits vor 1925 als Werkloks verkaufte Maschinen waren z. T. bis Mitte der 60er Jahre im Einsatz. Die Bahnnummer 1005, die 1920 an das Hüttenwerk Laucherthal verkauft worden war, stand noch bis 1977 im Dienst. Sie gehört heute als betriebsfähige Maschine zum Eisenbahnmuseum Darmstadt.

88 7401, Foto: Slg. Weisbrod

88^{74}
Zulässige Geschwindigkeit: 30 km/h
Treib- und Kuppelraddurchmesser: 800 mm
Kesseldruck: 12 bar
Indizierte Leistung: 100 PS
Dienstmasse Lok: 15,3 t
LüP: 6 380 mm

88^{76}
Zulässige Geschwindigkeit: 40 km/h
Treib- und Kuppelraddurchmesser: 1 080 mm
Kesseldruck: 12 bar
Leistung:
Dienstmasse Lok: 27,1 t
LüP: 8 089 mm

88^{75}	bad. I b$^{1-2}$	bad. I e$^{1-6}$	
Zulässige Geschwindigkeit:	45	60	km/h
Treib- und Kuppelraddurchmesser:	940	1 235	mm
Kesseldruck:	10	10	bar
Leistung:			
Dienstmasse Lok:	21,0	28,7	t
LüP:	6 800	7 740	mm

88^{75}

bad. I b$^{1-2}$, bad. I e$^{1-6}$
B n2t
Gt 22.12, Gt 22.14
Einsatz 1874 bis 1926, 1887 bis 1930

Die Verbindung zwischen der Pfalz und Baden war u. a. bei Speyer durch eine Schiffbrücke über den Rhein hergestellt, die auch von der Eisenbahn benutzt wurde. Bei dieser außergewöhnlichen Betriebsart sanken die Kähne unter der Masse von Lok und Wagenzug ca. 20 cm ein, so daß die Zugfahrt immer in einer Mulde erfolgte und der 1. Radsatz der Lokomotive ständig in der Steigung lief. 1878 gab die Pfalzbahn zwei ihrer Schiffbrükkenlokomotiven an die Badische Staatsbahn ab, die dort als Gattung I b^{1} mit den Bahnnummern 402 und 403 eingeordnet worden sind. 1893 beschaffte die Badische Staatsbahn eine dritte Lokomotive von der Maschinenbau-Gesellschaft Karlsruhe, die auch die beiden anderen Maschinen geliefert hatte, und reihte sie als Gattung I b^{2} ein.
Die DRG übernahm 1925 alle drei Lokomotiven mit den Betriebsnummern 88 7501 bis 88 7503. Als 1926 die bay. D VI die Zugförderung bei Speyer übernahm, sind die Maschinen ausgemustert worden.
Obwohl konstruktiv ganz anders ausgeführt, sind auch die von der Badischen Staatsbahn ab 1874 beschafften B n2-Tenderlokomotiven als Baureihe 88^{75} eingeordnet worden. Die MBG Karlsruhe lieferte von 1874 bis 1893 in sechs Lieferserien 30 Lokomotiven, die als Gattung I e$^{1-6}$ eingeordnet worden sind. Die Lokomotiven besaßen einen Kuppelraddurchmesser von 1 235 mm, den Dampfdom auf dem hinteren Kesselschuß und einen Regleraufsatz auf dem vorderen Kesselschuß. Der Wasservorrat war im Rahmenwasserkasten untergebracht. Die Maschinen sind im Nebenbahndienst eingesetzt worden, und einige erhielten für diesen Einsatz eine Gegendruckbremse. Die DRG übernahm 1925 noch 25 Lokomotiven mit den Betriebsnummern 88 7511 bis 88 7563 (Nummern nicht durchgängig besetzt).
Nr. 447 (88 7515), Foto: Slg. Weisbrod

88^{76}

Hf Brm
B n2t
Gt 22.14
Einsatzzeitraum 1892 bis 1931

Die Hafenbahn Bremen hatte 1892 von Henschel eine zweifach gekuppelte Tenderlokomotive bezogen, die der pr. T 2 nach Musterblatt III 4 b entsprach. Die Lokomotive hatte einen dreischüssigen Langkessel, der auf dem vorderen Ende des 1. Kesselschusses einen Regleraufsatz trug. Die Reglerstange führte durch den Sandkasten auf dem mittleren Kesselschuß. Der Wasservorrat war im Rahmen untergebracht, der Kohlevorrat in kurzen Kästen rechts und links vor dem Führerhaus. Mit Übernahme der Hafenbahn Bremen durch die DRG im Jahre 1930 erhielt die Lokomotive die Betriebsnummer 88 7601. Sie ist kurz nach ihrer Umzeichnung, wahrscheinlich schon 1931, ausgemustert worden.

88 7601, Foto: Slg. Bergmann

89^0
Zulässige Geschwindigkeit: 60 km/h
Treib- und Kuppelraddurchmesser: 1 350 mm
Kesseldruck: 12 bar
Indizierte Leistung: 690 PS
Dienstmasse Lok: 45,6 t
LüP: 9 460 mm

89^0 II
Zulässige Geschwindigkeit: 45 km/h
Treib- und Kuppelraddurchmesser: 1 100 mm
Kesseldruck: 14 bar
Indizierte Leistung: 525 PS
Dienstmasse Lok: 46,6 t
LüP: 9 600 mm

89^0

pr. T 8
C h2t
Gt 33.15
Einsatzzeitraum 1906 bis 1930

Robert Garbe legte 1904 den von Linke-Hofmann ausgearbeiteten Entwurf einer Heißdampflokomotive vor, deren erste Exemplare 1906 geliefert worden sind. Die vorgegebene Achsfahrmasse von 14 t ist trotz sparsamsten Materialeinsatzes (Kesselblech von nur 11,5 mm Dicke statt sonst 13 bis 15 mm) um ca. 1,5 t überschritten worden. Auf einen Kohlekasten hinter dem Führerhaus hatte man verzichtete, um den hinteren Überhang nicht noch größer werden zu lassen. Der Kohlevorrat war auf der Heizerseite in einem vom Wasserkasten abgeteilten Behälter untergebracht.
Bei Versuchsfahrten erwies sich die als T 8 bezeichnete Lokomotive den Gattungen T 3 und $T 9^3$ leistungsmäßig und wirtschaftlich überlegen, so daß sie wegen ihres guten Beschleunigungsvermögens auch im Berliner Stadtbahnverkehr eingesetzt worden ist. Hier jedoch zeigte sich bei den erforderlichen Geschwindigkeiten von 50 bis 60 km/h, daß der Massenausgleich unzureichend war. Mit dem Zurücksetzen des 3. Kuppelradsatzes um 200 mm ab Baujahr 1908 versuchte man vergeblich, eine bessere Laufruhe zu erzielen. Nach wenigen Jahren verschwanden die Maschinen wieder aus dem Berliner Stadtbahndienst und kamen zu anderen Direktionen in den schweren Rangierdienst und den Nahgüterzugdienst. Für den vorgesehenen Einsatz auf Nebenbahnen waren sie zu schwer. Bis 1908 sind nach Musterblatt XIV 4 100 Lokomotiven gebaut worden, von denen die DRG 1925 noch 78 mit den Betriebsnummern 89 001 bis 89 078 übernahm. Viele Lokomotiven sind kurz nach 1925 an andere Bahnverwaltungen oder als Werklokomotiven verkauft worden. Bis 1930 dürften alle Lokomotiven ausgemustert gewesen sein, denn 1934 ist die Baureihennummer mit einer Einheitslok erneut belegt worden.

89 039, Foto: Slg. Weisbrod

89^0 II

Einheitslok
C n2t/h2t
Gt 33.15
Einsatzzeitraum 1934 bis 1962

Die DRG hatte in ihrem Typenprogramm Rangierlokomotiven der Einheitsbauart für 15, 17,5 und 20 t Achsfahrmasse vorgesehen, bis 1930 aber mit den Baureihen 80, 81 und 87 nur einige Lokomotiven der 17,5-t-Klasse gebaut. Als 1931 der Bau von dreifach gekuppelten Lokomotiven mit 15 t Achsfahrmasse beschlossen wurde, beschäftigte sich der Lokausschuß mit der Frage, ob die wirtschaftlichen Vorteile des Heißdampfs die geringeren Beschaffungskosten der Naßdampflokomotive aufwiegen würden. Man beschloß, die als Baureihe 89 vorgesehenen Lokomotiven in beiden Dampfarten zu bauen und im Versuchsbetrieb die wirtschaftlich günstigere Form zu ermitteln. Schwartzkopff lieferte 1934 die 89 001 bis 003 in Naßdampfausführung, Henschel im gleichen Jahr die 89 004 bis 006 in Heißdampfausführung. Die 89 001 und 89 004 kamen zum LVA Grunewald, die anderen Maschinen zum Bw Berlin Anhalter Bf.

Sowohl in der Betriebserprobung als auch in Grunewald erwies sich die Heißdampflok nicht nur als die leistungsstärkere, sondern auch im Dampf- und Brennstoffverbrauch als die sparsamere Maschine. 1938 sind nochmals vier Heißdampflokomotiven als 89 007 bis 010 von Henschel nachgeliefert worden, weitere Lieferungen stoppte der Krieg. Nach dem Kriege befanden sich die 89 001, 004, 006, 007 und 010 bei den PKP, und von den fünf in Deutschland verbliebenen Maschinen mußten die 89 002, 003 und 009 ebenfalls noch abgegeben werden. Bis 1962 stand die 89 005 beim Bw Leipzig Hbf West im Dienst. Die 89 008 verrichtete bis 1968 beim Raw Dresden Dienst und ist dann dem Verkehrsmuseum Dresden übergeben worden.

89 005, Foto: Slg. Weisbrod

89^1
Zulässige Geschwindigkeit: 45 km/h
Treib- und Kuppelraddurchmesser: 1 245 mm
Kesseldruck: 12 bar
Indizierte Leistung: 400 PS
Dienstmasse Lok: 33,5 (31,5) t
LüP: 8 900 (9 085) mm
(Klammerwerte: ab Baujahr 1898)

89^2
Zulässige Geschwindigkeit: 50 km/h
Treib- und Kuppelraddurchmesser: 1 260 mm
Kesseldruck: 12 bar
Leistung:
Dienstmasse Lok: 43,6 t (ab 89 211)
LüP: 9 635 mm (89 201 bis 269)

89^1

pfälz. T 3
C n2t
Gt 33.14
Einsatzzeitraum 1889 bis 1953

Die Pfalzbahn hat erst relativ spät dreifach gekuppelte Tenderlokomotiven beschafft. Die von 1889 bis 1905 in Dienst gestellten 27 Lokomotiven lehnten sich an die bay. D V an. Kolbenhub, Zylinderdurchmesser und Kesseldruck entsprachen der D V, der Raddurchmesser war von 1 212 auf 1 245 mm vergrößert worden. Ab der 5. gelieferten Lokomotive (Baujahr 1898) hat man die Konstruktionsmasse zugunsten größerer Vorräte reduziert, so daß statt 4 m^3 Wasser und 1,0 t Kohle jetzt 5 m^3 und 1,5 t mitgeführt werden konnten. Entsprechend pfälzischen Gepflogenheiten war ein Ramsbottom-Sicherheitsventil anstelle des Federwaag-Sicherheitsventils bei der D V verwendet worden.
Die 27 Lokomotiven stammten alle von Maffei. 1921 mußten sechs Maschinen an die Saarbahnen abgegeben werden. Die DRG übernahm 1925 die restlichen 21 mit den Betriebsnummern 89 101 bis 89 121. Von einigen Ausmusterungen in den 30er Jahren abgesehen, hat sich die pfälz. T 3 sehr lange im Betriebsdienst gehalten. 1947 zählten noch 12 Maschinen zum Bestand der RBD Ludwigshafen, und erst 1953 sind mit den 89 117, 119 und 121 die letzten drei ausgemustert worden.

89 121, Foto: Slg. Weisbrod

89^2

sä. V T
C n2t
Gt 33.14/16
Einsatzzeitraum 1896 bis ca. 1960

Die sä. Gattung V T umfaßt dreifach gekuppelte Naßdampf-Tenderlokomotiven und ist im Umzeichnungsplan der DRG von 1925 als BR 89^2 und als BR 89^{82} enthalten. Die Lieferungen der Jahre 1872 bis 1895 sind in die BR 89^{82} aufgenommen worden. Von den zwölf Maschinen des Baujahres 1896 (die mit denen des Baujahres 1895 identisch waren) sind zehn als 89 201 bis 210 eingenummert worden. Diese Maschinen besaßen 1 240 mm Kuppelraddurchmesser, bis zur Rauchkammer vorgezogene seitliche Wasserkästen, Krempenschornstein und eine im unteren Teil eingezogene Führerhausrückwand. In dieser Ausführung sind die Lokomotiven mit nur geringfügigen Änderungen bis zum Jahre 1901 gebaut worden. Die DRG übernahm 1925 insgesamt 69 Maschinen mit den Betriebsnummern 89 201 bis 269.
Den ab 1914 gebauten Lokomotiven, die, wie alle Maschinen der Gattung V T, von Hartmann stammten, lag eine neue Konstruktion zugrunde. Der Kuppelraddurchmesser betrug 1 260 mm, die Kesselmitte war um 450 mm angehoben worden, die zur besseren Streckensicht niedrig gehaltenen seitlichen Wasserkästen reichten knapp bis zur Rauchkammer. Zur Vergrößerung der Vorräte hatten diese Lokomotiven einen Kohlekasten hinter dem Führerhaus. Von dieser Ausführung kamen vier Lokomotiven mit den Betriebsnummern 89 281 bis 284 zur DRG. Im Vergleich zu diesen Lokomotiven wiesen die des Bauloses 1919 Änderungen bei den Achsständen und höhere, aber nach vorn abgeschrägte Wasserkästen auf. Das Baulos 1919 kam komplett mit den Betriebsnummern 89 285 bis 294 zur DRG. Von den Maschinen der Gattung V T kamen etwa 25 nach dem zweiten Weltkrieg zur DR, wo sie bis etwa 1960 im Rangierdienst auf Personenbahnhöfen im Einsatz waren.

89 281, Foto: Slg. Weisbrod

$89^{3, 3-4}$
Zulässige Geschwindigkeit: 45 km/h
Treib- und Kuppelraddurchmesser: 1 045 mm
Kesseldruck: 12 bar
Leistung:
Dienstmasse Lok: 29,7/35,7 t
LüP: 8 505 mm

89^{7}
Zulässige Geschwindigkeit: 45 km/h
Treib- und Kuppelraddurchmesser: 1 216 mm
Kesseldruck: 12 bar
Indizierte Leistung: 430 PS
Dienstmasse Lok: 47,6 t
LüP: 9 410 mm

89^{4}
Zulässige Geschwindigkeit: 45 km/h
Treib- und Kuppelraddurchmesser: 1 045 mm
Kesseldruck: 12 bar
Leistung:
Dienstmasse Lok: 32,3 t
LüP: 8 920 mm

89^{6}
Zulässige Geschwindigkeit: 45 km/h
Treib- und Kuppelraddurchmesser: 1 216 mm
Kesseldruck: 12 bar
Leistung:
Dienstmasse Lok: 42,0 t
LüP: 9 408 mm

$89^{3, 3-4}$

wü. T 3
C n2t
Gt 33.10/12
Einsatzzeitraum 1891 bis 1950

Die Württembergische Staatsbahn schritt erst relativ spät zur Beschaffung dreifach gekuppelter Tenderlokomotiven. Bisher hatte man den Bedarf durch Umbau älterer Lokomotiven gedeckt. Von 1891 bis 1913 sind 108 C n2-Tenderlokomotiven in Dienst gestellt worden. Die ersten acht Maschinen lieferte Krauss, die folgenden stammten von der Maschinenbau-Gesellschaft Heilbronn, der Maschinenfabrik Esslingen und den Staatsbahnwerkstätten Esslingen. Die Lokomotiven waren für den Rangierdienst, den leichten Nebenbahndienst und für den Schiebedienst auf der Geislinger Steige bestimmt. Im Grundprinzip entsprachen die Maschinen der pr. T 3. Ab 1896 sind zur Vergrößerung des Wasservorrats, der sich im Rahmenwasserkasten befand, zusätzliche seitliche Wasserkästen angebracht worden, die bis zur Rauchkammer reichten. Hierdurch erhöhte sich die Dienstmasse, so daß die so ausgerüsteten Lokomotiven bei der DRG das Gattungszeichen Gt 33.12 bekamen (ohne seitliche Wasserkästen Gt 33.10).
1892 hatte die MF Esslingen zwei weitere Maschinen geliefert, die gegenüber der Serie einen um 15 mm geringeren Gesamtachsstand besaßen und deren letzter Radsatz ungekuppelt war. Die Maschinen sind später der Serie angeglichen worden (Kupplung des 3. Radsatzes, seitliche Wasserkästen), so daß der Gesamtbestand der wü. T 3 mit 110 Maschinen angegeben werden kann. Die DRG übernahm alle 110 Maschinen mit den Betriebsnummern 89 301 bis 89 316 (Gt 33.10) und 89 317 bis 89 410 (Gt 33.12). Nach dem zweiten Weltkrieg waren nur noch wenige Maschinen vorhanden. Die DB musterte 1950 als letzte die 89 357 aus. Eine Lok kam nach 1945 zur DR (89 354), wurde hier als 89 7574 geführt.

89 364, Foto: Slg. Weisbrod

89^{4}

wü. T 3 L
C n2t
Gt 33.11
Einsatzzeitraum 1894 bis 1926

Als Sonderform der T 3 hatte die Württembergische Staatsbahn für Strecken mit kleinen Radien zwei Lokomotiven gebaut, bei denen der 3. Radsatz nicht gekuppelt war, sondern als Laufradsatz fungierte. Die großen Überhänge der wü. T 3 erzeugten bei Streckengeschwindigkeit jedoch einen sehr unruhigen Lauf. So lieferte die Maschinenfabrik Esslingen ab 1894 vier dreifach gekuppelte Lokomotiven auf der Basis der T 3 mit Klose-Triebwerk. Klose war maschinentechnischer Leiter der Staatsbahn. Das nach ihm benannte Triebwerk mit radial einstellbaren Endachsen war bereits bei einer fünffach gekuppelten Lokomotive erfolgreich angewendet worden. Die als T 3 L bezeichneten Lokomotiven hatten mit 4 400 mm einen um 1 400 mm größeren Achsstand als die T 3. Kessel und Führerhaus entsprachen den ersten Lieferungen der T 3 von Krauss. Von den vier Lokomotiven kam nur noch die Bahnnummer 996 (vorm. 1000) 1925 zur DRG. Sie erhielt die Betriebsnummer 89 411 und ist kurz nach der Umzeichnung ausgemustert worden.

Nr. 898, Foto: Slg. Weisbrod

Nr. 2454 (89 653), Foto: Slg. Weisbrod

89 705, Foto: Slg. Weisbrod

89^6

bay. D II^{II}
C n2t
Gt 33.15
Einsatzzeitraum 1898 bis 1957

Mit den von Krauss ab 1898 gelieferten dreifach gekuppelten Naßdampf-Tenderlokomotiven wurde die Gattung D II zum zweitenmal besetzt. Die 1877 gebauten D II-Lokomotiven (1. Besetzung) hatte man bis 1895 ausgemustert. Die D II in zweiter Besetzung hatte den Kessel der bay. D VIII (BR 98^6) erhalten und war für den Rangierdienst und den leichten Nebenbahndienst bestimmt. Charakteristisch waren der große Dampfdom mit dem Sicherheitsventil Bauart Meggenhofen auf dem 1. Kesselschuß und der runde, etwas kleinere Sandkasten auf dem 2. Kesselschuß. Der größte Teil des Wasservorrats befand sich im Rahmenwasserkasten. Die kurzen, seitlichen Wasserkästen reichten nicht bis zum Laufblech herunter, um die über dem Laufblech angeordneten Tragfedern zugänglich zu lassen. Die Federn des 1. und 2. Kuppelradsatzes waren durch Ausgleichhebel verbunden. Die Firmen Krauss und Maffei lieferten von 1898 bis 1904 73 Lokomotiven mit den Bahnnummern 2400 bis 2472, von denen 1919 drei Maschinen an die PKP abgegeben werden mußten. Die DRG übernahm 1925 die verbliebenen 70 Maschinen mit den Betriebsnummern 89 601 bis 89 670. Die letzten Exemplare sind 1957 bei der DB ausgemustert worden. Zwei Maschinen waren nach 1945 zur DR gekommen und kurze Zeit in Bautzen bzw. Leipzig eingesetzt.

89^7

bay. R $^3/_3$
C n2t
Gt 33.15
Einsatzzeitraum 1906 bis 1966

Die gute Bewährung der als Gattung D II^{II} bezeichneten dreifach gekuppelten Tenderlokomotiven veranlaßte die Bayerische Staatsbahn zur weiteren Beschaffung dieser Lokomotiven. In den Jahren 1906, 1907 und 1913 lieferte Krauss nochmals ingesamt 18 Maschinen, die aber jetzt die neue bayerische Bezeichnung erhielten und als R $^3/_3$ bezeichnet wurden. Die Lokomotiven erhielten die Bahnnummern 2473 bis 2490. Gegenüber den als D II^{II} bezeichneten Lokomotiven besaßen sie ein Sicherheitsventil Bauart Coale auf dem Dampfdom und einen Lüfteraufsatz auf dem stärker gewölbten Führerhausdach. Die Länge über Puffer betrug jetzt 9410 mm, ab Baujahr 1913 9 450 mm, womit auch eine Zunahme der Masse verbunden war. Die Bahnnummer 2483 mußte 1919 an die PKP abgegeben werden, die DRG übernahm 1925 die anderen Maschinen mit den Betriebsnummern 89 701 bis 89 717. Die letzte Maschine ist 1966 bei der Deutschen Bundesbahn ausgemustert worden.

89^8

bay. R $^3/_3$
C n2t
Gt 33.16
Einsatzzeitraum 1921 bis 1961

89^8
Zulässige Geschwindigkeit: 45 km/h
Treib- und Kuppelraddurchmesser: 1 216 mm
Kesseldruck: 12 bar
Indizierte Leistung: 430 PS
Dienstmasse Lok: 47,6 t
LüP: 9 974 mm

Lokomotivmangel, auch bedingt durch Kriegsverluste und Reparationsleistungen, veranlaßte die Bayerische Staatsbahn, schon zu Zeiten der DRG nochmals Rangierlokomotiven der Gattung R $^3/_3$ nachzubeschaffen. Die Firma Krauss & Co. lieferte von 1921 bis 1923 90 Lokomotiven, die die Bahnnummern 4701 bis 4790 erhielten. Besaßen die Lokomotiven der Ursprungsausführung D II^{II} nur eine Extersche Wurfhebelbremse, so waren die als R $^3/_3$ bezeichneten Lokomotiven schon mit einer Druckluftbremse Bauart Westinghouse ausgerüstet. Die DRG übernahm 1925 alle 90 Lokomotiven mit den Betriebsnummern 89 801 bis 89 890. Im Jahre 1961 sind bei der DB die beiden letzten Lokomotiven dieser Gattung, die 89 801 und die 89 883, ausgemustert worden. Die 89 801 blieb als Museumsstück erhalten.

89 880, Foto: Slg. Weisbrod

89^9

LBE
C h2t
Gt 33.19
Einsatzzeitraum 1924 bis 1965

89^9 (PE Gt 33.14)
Zulässige Geschwindigkeit: 55 km/h
Treib- und Kuppelraddurchmesser: 1 200 mm
Kesseldruck: 14 bar
Indizierte Leistung: 480 PS
Dienstmasse Lok:
LüP:

Mitte der 20er Jahre benötigte die Lübeck-Büchener Eisenbahn (LBE) leistungsfähigere Rangierlokomotiven, um auf dem Rangierbahnhof Moisling die länger und schwerer werdenden Güterzüge behandeln zu können. Die LBE bestellte bei Henschel zwei dreifach gekuppelte Heißdampflokomotiven, die 1924 geliefert worden sind und die LBE-Bahnnummern 101 und 102 bekamen.
Die Lokomotiven hatten einen zweischüssigen Langkessel und einen Blechrahmen, der im vorderen Teil als Wasserkasten ausgebildet war. Dort und in den beiden seitlichen Wasserkästen konnten 5 m^3 Wasser mitgeführt werden.
Die Lokomotiven hatten eine Radsatzfahrmasse von 19 t. Rangierlokomotiven mit dieser Achsfahrmasse hatte selbst die DRG nicht im Bestand. Nach Übernahme der LBE durch die DRG erhielten die Lokomotiven die Betriebsnummern 89 901 und 89 902. Sie kamen nach 1945 zur DR. Die 89 901 war ab 1948 beim Bw Leipzig Bayr Bf eingesetzt und ist im März 1965 ausgemustert worden. Die 89 902 ist im Dezember 1960 ausgemustert und als Werklokomotive an das Braunkohlenwerk Großräschen verkauft worden.

LBE Nr. 101 (89 901), Foto: Slg. Weisbrod

89^9 LBE
Zulässige Geschwindigkeit: 40 km/h
Treib- und Kuppelraddurchmesser: 1 250 mm
Kesseldruck: 12 bar
Leistung:
Dienstmasse Lok: 57 t
LüP: 10 450 mm

89^9 (PE Gt 33.16)
Zulässige Geschwindigkeit: 40 km/h
Treib- und Kuppelraddurchmesser: 1 100 mm
Kesseldruck: 12 bar
Leistung:
Dienstmasse Lok: 45 t
LüP:

89^9

PE
C h2t
Gt 33.14
Einsatzzeitraum 1925 bis

Die Prignitzer Eisenbahn (PE) begann Mitte der 20er Jahre, ältere Naßdampflokomotiven durch moderne Heißdampflokomotiven zu ersetzen. Von Linke-Hofmann sind zwei dreifach gekuppelte Tenderlokomotiven beschafft worden, die die Bahnnummern 1 und 2 in zweiter Besetzung erhielten. Die Abnahmefahrten der beiden Lokomotiven erfolgten im Juni bzw. September 1925. Die Maschinen entsprachen etwa dem ELNA-Typ 4 H, hatten eine indizierte Leistung von 480 PS und zogen in der Ebene 295 t mit 50 km/h. Wie bei den meisten ELNA-Typen war der Wasserkasten T-förmig unter dem Langkessel angeordnet und ragte zwischen die Wangen des Blechrahmens hinein. Der einschüssige Kessel trug vorn den Dampfdom, dahinter den Sandkasten und wurde von einer Kolbenspeisepumpe Bauart Knorr mit Oberflächenvorwärmer und einer Strahlpumpe gespeist. Der Vorwärmer war rechts vor dem Führerhaus auf dem Wasserkasten untergebracht. Die Lokomotiven fanden vor allem im Güterverkehr Verwendung und erhielten bei Übernahme der PE durch die DRG die Betriebsnummern 89 911 und 912.

PE Nr. 2^{II} (89 212), Foto: Slg. Weisbrod

89^9

PE
C h2t
Gt 33.16
Einsatzzeitraum 1927 bis 1947

Die Prignitzer Eisenbahn (PE) erwarb von der Kleinbahn Lüneburg–Soltau eine dreifach gekuppelte Naßdampf-Tenderlokomotive, die Borsig 1913 mit der Fabriknummer 8463 geliefert hatte. Die PE ließ die Maschine 1927 bei Borsig auf Heißdampf umbauen. Der Rahmen, der im vorderen Teil als Wasserkasten ausgebildet war, und das Laufwerk blieben unverändert erhalten, ebenso die außenliegende Heusinger-Steuerung. Die Flachschieber sind durch Kolbenschieber ersetzt worden. Rohrwände und Rohre sind ebenfalls erneuert worden. An die Stelle des Ramsbottom-Sicherheitsventils traten zwei der Bauart Coale. Zur Kesselspeisung diente außer der Strahlpumpe eine Kolbenspeisepumpe Bauart Knorr mit Oberflächenvorwärmer Bauart Knorr. Die Druckluftbremse Bauart Knorr bremste die Räder aller Radsätze einseitig von vorn. Im Wasserkastenrahmen wurden 5 m³ Wasser mitgeführt, im Kohlekasten hinter dem Führerhaus 1,6 t Kohle. Nach Übernahme der PE durch die DRG erhielt die Lokomotive, die die Bahnnummer 3^{II} trug, die Betriebsnummer 89 921. Sie kam nach dem Kriege zur DR und ist 1947 als Werklok an die Grube Theodor in Bitterfeld verkauft worden.

PE Nr. 3^{II} (89 921), Foto: Borsig

89^{10} (LAG)
Zulässige Geschwindigkeit: 60 km/h
Treib- und Kuppelraddurchmesser: 1 350 mm
Kesseldruck: 12 bar
Indizierte Leistung: 690 PS
Dienstmasse Lok: 45,6 t
LüP: 9 460 mm

89^9
Technische Angaben liegen für beide Maschinen nicht vor.

89^9

PE
C h2t
Gt 33.10
Einsatzzeitraum 1912 bis 1967, 1916 bis 1947

Die von der DRG bei Übernahme der Prignitzer Eisenbahn (PE) im Jahre 1941 als 89 931 und 89 932 eingenummerten Tenderlokomotiven waren die ehemaligen Bahnnummern 10 und 12 der PE.
Die Bahnnummer 10 war 1912 von Borsig als Naßdampfmaschine an die PE geliefert worden und hatte dort den Namen WITTSTOCK II erhalten. Die PE ließ sie, wahrscheinlich MItte oder Ende der 20er Jahre, bei Borsig auf Heißdampf umbauen. Die Lokomotive kam nach dem Kriege zur DR, ist dort 1967 ausgemustert und als Werklok im Raw Zwickau weiter verwendet worden.
Die Bahnnummer 12 war von Henschel im Jahre 1916 bereits als Heißdampflokomotive geliefert worden und hatte den Namen PRITZWALK II erhalten. Bei den beiden Lokomotiven sind somit die Namen der ehemaligen Bahnnummern 1 und 2 zum zweitenmal verwendet worden. Die Bahnnummer 12 (89 932) trug auf dem vorderen Kesselschuß einen großen Dampfdom, auf dem hinteren einen Sandkasten, aus dem die Räder des Treibradsatzes in beiden Fahrtrichtungen gesandet werden konnten. Die Kesselspeisung erfolgte durch eine Strahlpumpe und eine Kolbenspeisepumpe mit Oberflächenvorwärmer Bauart Knorr. Seitliche Wasserkästen fehlten, der Wasservorrat war im Rahmen untergebracht, der Kohlevorrat im Kohlekasten hinter dem Führerhaus. Die Maschine ging 1947 als Reparationsleistung an die Sowjetunion.

PE Nr. 12 (89 932),
Foto: Slg. Weisbrod

89^9

MFWE
C n2t
Gt 33.13
Einsatz 1911/14 bis 1953

Die Mecklenburgische Friedrich-Wilhelm-Eisenbahn (MFWE) ist 1941 von der DRG übernommen worden. Dabei kamen auch drei dreifach gekuppelte Naßdampf-Tenderlokomotiven zur DRG, die bei der MFWE die Bahnnummern 2II BUSCHHOF (Hohenzollern 2704/1911), 12 THUROW (Hohenzollern 3323/1914) und 1II FELDBERG (Hohenzollern 2703/1911) getragen hatten. Bei der DRG erhielt die Bahnnummer 2II die Betriebsnummer 89 941, die Bahnnummer 12 die 89 942 und die Bahnnummer 1II die 89 952. Nach vorliegenden Fotos sind die Lokomotiven mit den Bahnnummern 1II und 2II baugleich gewesen, worauf auch die benachbarten Fabriknummern hinweisen. Der DRG ist hier bei der Vergabe der Betriebsnummern ein Fehler unterlaufen, denn die 1II und die 2II hätten die Nummern 89 941 und 942 erhalten müssen, die später gelieferte Bahnnummer 12 die 89 952. Von der MFWE-Bahnnummer 12 ist kein Foto bekannt.

Die Bahnnummern 1II und 2II besaßen einen zweischüssigen Langkessel, der auf dem 1. Kesselschuß den Dampfdom mit Flachschieberregler, auf dem 2. den Sandkasten trug. Das Ramsbottom-Sicherheitsventil saß auf dem Stehkesselscheitel vor dem Führerhaus. Der Rahmen war im vorderen Teil als Wasserkasten ausgebildet, der weitere Wasservorrat befand sich in den kurzen seitlichen Wasserkästen. Vom linken Wasserkasten war der Kohlekasten abgetrennt. Die Druckluftbremse Bauart Knorr, bei der MFWE nachgerüstet, bremste die Räder des 2. und 3. Kuppelradsatzes einseitig von vorn. Nach 1945 befanden sich alle drei Maschinen bei der DB, die die 89 941 und 942 an die Westfälische Landeseisenbahn (WLE) verkaufte. Die 89 941 (Bahnnummer 86 der WLE) wurde 1953 verkauft. Die 89 952 diente beim AW Lübeck.

(MFWE Nr. 2 (89 941),
Foto: Slg. Kutschik

89^9

WPE
C n2t
Gt 33.10
Einsatzzeitraum 1913 bis 1950

Diese Naßdampf-Tenderlokomotive ist 1913 mit der Fabriknummer 11 576 von Henschel an die Wittenberge-Perleberger Eisenbahn (WPE) geliefert worden und trug dort die Bahnnummer 6. Als die WPE und die Prignitzer Eisenbahn AG (PE) zur gemeinsamen Betriebsführung übergingen, sind die Bahnnummern der WPE-Lokomotiven, um Verwechslungen zu vermeiden, um eine Hunderterstelle erhöht worden, so daß die Maschine ab 1932 die Bahnnummer 106 trug. Mit Übernahme der WPE durch die DRG im Jahre 1941 erhielt die Lokomotive die Betriebsnummer 89 951. Ein Foto oder eine Skizze der Lokomotive sind bisher nicht beschaffbar gewesen. Nach vorliegenden Unterlagen kam die Maschine nach dem Kriege zur Belgischen Staatsbahn, trug dort die Nummer 5901, ab 1946 die Nummer 59 001 und ist der Deutschen Bundesbahn übergeben worden, die sie am 14. August 1950 ausmusterte.

89^{10}

LAG
C h2t
Gt 33.14
Einsatzzeitraum 1930 bis

Als die DRG am 1. August 1938 die Lokalbahn AG (LAG) übernahm, erhielten die LAG-Lokomotiven mit den Bahnnummern 82 und 83 die Betriebsnummern 89 1001 und 89 1002. Die LAG hatte beide Lokomotiven 1930 von der Braunschweigischen Landeseisenbahn (BLE) gekauft, die sie wiederum 1928 von der DRG erworben hatte. Dort trugen sie die Betriebsnummern 89 006 und 89 065, waren also pr. T 8, die Linke-Hofmann 1906 (Fabriknummer 366) und 1908 (Fabriknummer 512) geliefert hatte. Die LAG hatte beide Lokomotiven auf der Güterbahn Niederbiegen–Weingarten eingesetzt, wo sie die älteren Naßdampf-Tenderlokomotiven des Baujahres 1889 ablösten. Mit Übernahme der LAG und der MFWE kehrten wieder pr. T 8 in der Bestand der DRG zurück, jetzt allerdings unter der Baureihenbezeichnung 89^{10}. Die 89 1001 (LAG-Bahnnummer 82) wurde von der DRG verkauft, die 89 1002 (LAG-Bahnnummer 83) von ihr ausgemustert. Vgl. auch die Baureihe 89^0.

LAG Nr. 83 (89 1002), Foto: Slg. Bergmann

89^{75}
Technische Angaben über diese Maschinen liegen nicht vor.

89^{75} (BLE Gt 33.10) (ohne Abb.)
Zulässige Geschwindigkeit: 40 km/h
Treib- und Kuppelraddurchmesser: 1 100 mm
Kesseldruck: 12 bar
Indizierte Leistung: 250 PS
Dienstmasse Lok: 31,0 t
LüP: 8 300 mm

89^{10} (MFWE)
Zulässige Geschwindigkeit: 60 km/h
Treib- und Kuppelraddurchmesser: 1 350 mm
Kesseldruck: 12 bar
Indizierte Leistung: 690 PS
Dienstmasse Lok: 45,6 t
LüP: 9 460 mm

89^{70-75} (pr. T 3)
Zulässige Geschwindigkeit: 40 km/h
Treib- und Kuppelraddurchmesser: 1 100 mm
Kesseldruck: 12 bar
Indizierte Leistung: 290 PS
Dienstmasse Lok: 29,5/32,0/32,5 t
LüP: 8 300/8 951 mm

89^{10}

MFWE
C h2t
Gt 33.14
Einsatzzeitraum 1926 bis 1966

Im Jahre 1926 kaufte die Mecklenburgische Friedrich-Wilhelm-Eisenbahn (MFWE) von der DRG zwei Heißdampf-Tenderlokomotiven der preußischen Gattung T 8. Die Lokomotiven hatten bei der DRG die Betriebsnummern 89 001 und 89 039 getragen. Die 89 001, von Linke-Hofmann 1906 mit der Fabriknummer 359 geliefert, bekam bei der MFWE die Bahnnummer 4 in zweiter Besetzung, die 89 039 (Linke-Hofmann 1907/462) die Bahnnummer 3 in zweiter Besetzung. Als die MFWE 1941 von der DRG übernommen wurden, erhielten die beiden Lokomotiven wieder Reichsbahnnummern. Die Bahnnummer 3^{II} (89 039) ist als 89 1003, die Bahnnummer 4^{II} (89 001) als 89 1004 eingenummert worden. Die 89 1003 kam nach 1945 zur DB, die sie 1946 an die Westfälische Landeseisenbahn verkaufte, wo sie bis zu ihrer Ausmusterung 1953 die Bahnnummer 88 trug. Die 89 1004 war bis Ende 1943 beim Bw Neustrelitz, kam dann zum Bw Leipzig Bay Bf. Nach einer Hauptuntersuchung im Raw Chemnitz (1950) war sie bei den Bw Bitterfeld, Merseburg, Leipzig Hbf West und Falkenberg im Einsatz. Das Bw Bitterfeld war von 1964 bis 1966 ihre letzte Dienststelle, das die Maschine auf der Delitzscher Kreisbahn Delitzsch–Rackwitz–Krensitz einsetzte. 1983 erhielt die Lokomotive vom Raw Meiningen eine Hauptuntersuchung und gehört als betriebsfähige Traditionslokomotive der Rbd Halle, die sie für den Traditionsbetrieb auf den Strecken Dessau–Wörlitz und Merseburg–Bad Lauchstädt verwendete.

89 1004, Foto: Slg. Weisbrod

89^{70-75}

pr. T 3
C n2t
Gt 33.10/11/12
Einsatzzeitraum 1882 bis ca. 1965

Die pr. T 3 gehörte zu den ersten Lokomotiven, die nach den sog. Normalien gebaut worden sind. Sie entstand etwa zeitgleich mit der zweifach gekuppelten T 2 Normalbauart. Die erste T 3 lieferte Henschel im Jahre 1882. Im Lieferzustand hatten die Lokomotiven einen dreischüssigen Langkessel mit Reglerbüchse auf dem 1. und Sandkasten auf dem 2. Kesselschuß. Im Laufe des langen Beschaffungszeitraums gab es mehrere konstruktive Änderungen. Zwischen 1897 und 1899 ist die Reglerbüchse durch einen Dampfdom ersetzt worden, der Sandstreuer sandete nicht mehr zwischen 1. und 2. Kuppelradsatz, sondern den Treibradsatz beidseitig, das Führerhaus hatte eine glatte Rückwand, die Vorräte an Wasser und Kohle wurden größer, und die LüP stieg von 8 300 auf 8 591 mm. Die Maschinen erhielten ein Dampfläutewerk, einige auch eine Druckluftbremse Bauart Schleifer oder Westinghouse. Die mittlere Kuppelachsfahrmasse hatte sich um 1 t erhöht. Auf Anregung der Direktion Breslau ist die T 3 ab 1903 in überarbeiteter Form mit größeren Vorräten beschafft und als T 3 Normalbauart (6 t) bezeichnet worden. In dieser Ausführung konnte sie 5 m^3 Wasser und 1,9 t Kohle mitführen. Für die T 3 galt das Musterblatt III 4 e, das mit den Bauartänderungen bis 1899 in einer 2. Auflage erschien. Von allen Bauformen der T 3 dürften etwa 1 300 Lokomotiven für die Preußisch-Hessische Staatsbahn und die Oberschlesische Eisenbahn gebaut worden sein. Die DRG übernahm 1925 473 T 3 der Normalbauart mit den Betriebsnummern 89 7001 bis 7456, 89 7473 bis 7476 und 89 7499 bis 7511. Die Lokomotiven der verstärkten Normalbauart (6 t) erhielten die Betriebsnummern 89 7475 bis 7472 und 89 7477 bis 7498. Anfang 1931 besaß die DRG noch 254 T 3-Lokomotiven.

89 7393, Foto: Slg. Weisbrod

89^{75}

Hf Brm
C n2t
Gt 33.15
Einsatzzeitraum 1912 bis

Die Hafenbahn Bremen beschaffte zwischen 1912 und 1920 von der Lokomotivfabrik Jung in Jungenthal zehn dreifach gekuppelte Naßdampf-Tenderlokomotiven, die die Bahnnummern 10 bis 19 erhielten. Obwohl diese Lokomotiven bei der Übernahme der Hafenbahn Bremen durch die DRG im Jahre 1930 unmittelbar im Anschluß an die pr. T 3 als 89 7512 bis 89 7521 eingenummert worden sind, entsprachen sie nicht dem preußischen Vorbild nach Musterblatt III 4e. Sie waren erheblich kräftiger durchgebildet als die T 3, hatten mit 15 t eine um 3 bis 4 t höhere Kuppelachsfahrmasse, einen Kohlekasten hinter dem Führerhaus und eine außenliegende Heusinger-Steuerung mit Flachschiebern. Die Lokomotiven gehörten zum Typ „Pudel", einer Lokomotivbaureihe, die die Firma Jung für Privat- und Werkbahnen entwickelt hatte. Angaben über den Verbleib der Lokomotiven bei der DRG fehlen.

89 7516, Foto: Slg. Weisbrod

89^{75}

BLE
C n2t
Gt 33.10
Einsatzzeitraum 1898 bis 1947

Die Braunschweigische Landeseisenbahn (BLE) hatte insgesamt 24 Lokomotiven vom Typ der pr. T 3 im Bestand, von denen 14 die Maschinenfabrik Esslingen, 10 die Hanomag geliefert hatten. Die BLE-Bahnnummer 13 RHUEDEN kam mit Verstaatlichung der BLE zur DRG und erhielt dort die Betriebsnummer 89 7531. Die Lokomotive entsprach dem preußischen Musterblatt III 4e (Nachtrag 1) und besaß eine Achsfahrmasse von 10 t. Die Rückwand des Führerhauses war im unteren Teil eingezogen. Der Dampfdom auf dem 1. Kesselschuß ist möglicherweise erst durch einen Kesseltausch auf die Lokomotive gekommen, auch die Ausrüstung mit einer Druckluftbremse war erst später.
Die Lokomotive kam nach dem zweiten Weltkrieg zur DB und ist im Februar 1947 bei der Rbd Essen ausgemustert und dem AW Schwerte als Werklok übergeben worden. Dort wurde sie 1968 außer Dienst gestellt, blieb aber museal erhalten.

89 7537, Foto: Slg. Bergmann

89^{75} (BLE Gt 33.12)
Zulässige Geschwindigkeit: 40 km/h
Treib- und Kuppelraddurchmesser: 1 100 mm
Kesseldruck: 12 bar
Indizierte Leistung: 290 PS
Dienstmasse Lok: 36,0 t
LüP: 8 591 mm

89^{75} (BLE Gt 33.12) (ohne Abb.)
Zulässige Geschwindigkeit: 40 km/h
Treib- und Kuppelraddurchmesser: 1 100 mm
Kesseldruck: 12 bar
Indizierte Leistung:
Dienstmasse Lok: 35,0 t
LüP: 8 820 mm

89^{75} (KOE) (ohne Abb.)
Zulässige Geschwindigkeit: 45 km/h
Treib- und Kuppelraddurchmesser: 1 100 mm
Kesseldruck: 13 bar
Indizierte Leistung:
Dienstmasse Lok: 43,0 t
LüP: 9 200 mm

89^{75} (ZFE)
Zulässige Geschwindigkeit: 40 oder 45 km/h
Treib- und Kuppelraddurchmesser: 1 100 mm
Kesseldruck: 12 bar
Indizierte Leistung:
Dienstmasse Lok: 36,0 t
LüP:

89^{75}

BLE
C n2t
Gt 33.12
Einsatzzeitraum 1904 bis 1967

Die Hanomag hatte zwischen 1904 und 1917 zehn Tenderlokomotiven nach dem Muster der pr. T 3 an die Braunschweigische Landeseisenbahn (BLE) geliefert. Die Maschinen entsprachen dem Musterblatt III 4e in seinem 2. Nachtrag, allerdings mit kleinen Abweichungen, wie sie bei Lieferungen an Privatbahnen möglich waren. Alle Lokomotiven besaßen einen Dampfdom mit Schieberregler auf dem 2. Kesselschuß und einen Sandkasten auf dem 3. Kesselschuß. Bei Zylinderdurchmesser, Rost- und Heizfläche und Rohrzahl gab es Abweichungen gegenüber dem Musterblatt. Die Führerhausrückwand war bei allen Maschinen im unteren Teil eingezogen. 1938 kamen die Lokomotiven mit den Bahnnummern 17, 19 und 22 bis 28 mit den Betriebsnummern 89 7532 bis 89 7540 zur DRG. Am längsten war die 89 7535 im Einsatz. Sie kam im Herbst 1938 zur Gardelegen-Neuhaldensleben-Weferlinger Eisenbahn, von dort 1949 zur DR, wo sie die Betriebsnummer 89 6220 erhielt und erst 1967 ausgemustert worden ist.

89^{75}

BLE
C n2t
Gt 33.12
Einsatzzeitraum 1928 bis 1950

Mit der Bahnnummer 34 hatte die Braunschweigische Landeseisenbahn (BLE) eine dreifach gekuppelte Naßdampf-Tenderlokomotive im Bestand, die sie 1928 von der Gewerkschaft Thüringen erworben hatte. Diese Lokomotive entsprach nicht, wie die anderen 24 C n2t-Lokomotiven der BLE, dem Muster der pr. T 3, wenngleich sie ihr sehr ähnlich sah. Die Maschine war von Henschel 1906 mit der Fabriknummer 7555 gebaut worden. Rahmen und Fahrwerk entsprachen der T 3, jedoch wichen die Abmessungen für Zylinderdurchmesser, Kolbenhub, Rost- und Heizfläche und die Rohrlänge vom Musterblatt III 4e ab. Die Lokomotive erhielt 1938 bei Übernahme der BLE durch die DRG die Betriebsnummer 89 7541. Sie kam nach dem Kriege zur DB und ist am 14. August 1950 beim Bw Minden ausgemustert worden.

ZFE Nr. 15 (89 7564),
Foto: Slg. Kutschik

89^{75}

KOE
C n2t
Gt 33.12
Einsatzzeitraum 1901 bis 1951

Die Kreis Oldenburger Eisenbahn (KOE) ist am 1. April 1941 von der DRG übernommen worden. Die zu diesem Zeitpunkt im Besitz der KOE befindlichen vier dreifach gekuppelten Naßdampf-Tenderlokomotiven mit den Bahnnummern 4, 7, 8 und 9 erhielten die DRG-Betriebsnummern 89 7556 bis 89 7559. Die vier Maschinen stammten von vier verschiedenen Herstellern:
Bahnnummer 4 (89 7556) Schwartzkopff (1904/3307),
Bahnnummer 7 (89 7557) Hagans (1911/665),
Bahnnummer 8 (89 7558) Henschel (1912/11098),
Bahnnummer 9 (89 7559) Hanomag (1901/3565).
Die Lokomotiven mit den Bahnnummern 4, 7 und 9 waren pr. T 3 nach Musterblatt III 4e in der überarbeiteten Fassung. Die Bahnnummer 8 (89 7558) war keine T 3, sondern eine Lokomotive vom Typ Bismarck, die Henschel für Privat- und Werkbahnen entwickelt hatte. Diese Maschine hatte einen längeren Rahmen, einen leistungsfähigeren Kessel und eine zulässige Geschwindigkeit von 45 km/h. Die 89 7557 ist 1945 an die Uetersener Eisenbahn verkauft, die 89 7559 1951 bei der DB ausgemustert worden. Über die beiden anderen Lokomotiven fehlen Angaben. Fotos dieser vier Maschinen sind nicht bekannt. Die technischen Daten gelten für die 89 7558.

89^{75}

ZFE
C n2t
Gt 33.12
Einsatzzeitraum 1901 bis 1963

Die Zschipkau-Finsterwalder Eisenbahn (ZFE), die 1887 den Betrieb aufnahm, beschaffte nach den beiden B-Kupplern, mit denen die Bahn eröffnet worden war, bis 1922 nur dreifach gekuppelte Tenderlokomotiven, meist von der Hanomag, die die Bahnnummern 3 bis 15 trugen. Die Bahnnummern 3 bis 9 waren pr. T 3 nach Musterblatt III 4 e (2. Auflage). Als die DRG die ZFE im Jahre 1943 übernahm, waren von den C-Kupplern nur noch die Bahnnummern 11 bis 15 vorhanden, die die Betriebsnummern 89 7560 bis 89 7564 erhielten. Die Bahnnummer 11 RÖMERKELLER (Linke-Hofmann 1901/49) war die letzte ZFE-Lokomotive, die einen Namen erhalten hatte. Die Bahnnummer 12 stammte von Orenstein & Koppel (1905/1282), die Bahnnummern 13 bis 15 von Borsig (1906/6185, 1910/7454, 1912/8457).
Über die ZFE-Lokomotiven liegen sehr wenig Informationen vor. Möglicherweise waren die drei Borsig-Lokomotiven der abgebildeten Bahnnummer 15 baugleich. Die Bahnnummer 15 hatte einen zweischüssigen Langkessel mit Dampfdom auf dem 1. und Sandkasten auf dem 2. Kesselschuß. Der Rahmen diente zugleich als Wasserkasten, die Kohle war beidseits vor dem Führerhaus untergebracht. Der Gesamtachsstand betrug 3 000 mm. Die 89 7562 bis 7564 kamen nach 1945 zur DR, wo die 89 7562 im Jahre 1961, die 89 7563 zwei Jahre später ausgemustert wurde. Die 89 7564 wurde Werklok bei einem Braunkohlenwerk. Die beiden anderen Lokomotiven schieden vor 1945 aus.

89^{78} (pr. T 7)
Zulässige Geschwindigkeit: 45 km/h
Treib- und Kuppelraddurchmesser: 1 330 mm
Kesseldruck: 10/12 bar
Indizierte Leistung: 440/460 PS
Dienstmasse Lok: 42,0 t
LüP: 9 560 mm

89^{78}

pr. T 7
C n2t
Gt 33.14
Einsatzzeitraum 1881 bis ca. 1930

Die von Borsig erstmals 1881 gebaute dreifach gekuppelte Naßdampf-Tenderlokomotive war eine leistungsstärkere und etwas schnellere Maschine als die T 3. Für diese Lokomotiven bestand im Ruhrgebiet (daher auch der Name Ruhr-Typ) und im Güterverkehr auf der Berliner Ringbahn Bedarf. Für die Aufnahme in die preußischen Normalien mußte die Konstruktion überarbeitet werden, weil sie einige Mängel besaß (zu kleine Rostfläche und zu enge Rohrteilung). In der Ende der 80er Jahre überarbeiteten Form, für die das Musterblatt III 4 c verbindlich war, ist die T 7 ab 1891 geliefert worden. Der Kesseldruck betrug anfangs 10 bar, bei späteren Lieferungen und Ersatzkesseln 12 bar. Bis 1892 bezog die Preußische Staatsbahn 371 Lokomotiven der Gattung T 7, deren Einsatzgebiete der schwere Rangierdienst im rheinisch-westfälischen und oberschlesischen Industriegebiet, auf der Berliner Ringbahn und auf großen Rangierbahnhöfen war. Die Lokomotiven sind auch an Privat- und Werkbahnen geliefert worden. Die DRG übernahm 1925 noch 68 Lokomotiven mit den Betriebsnummern 89 7801 bis 89 7868, hat sie aber bis ca. 1930 ausgemustert.

BRESLAU 6854,
Foto: Slg. Weisbrod

89^{78}
Zulässige Geschwindigkeit: 45 km/h
Treib- und Kuppelraddurchmesser: 1 330 mm
Kesseldruck: 10 oder 12 bar
Indizierte Leistung: 440 oder 460 PS
Dienstmasse Lok: 42 t
LüP: 9 560 mm

89^{78}

Hf Brm/KOE
C n2t
Gt 33.14
Einsatzzeitraum 1895 bis ...

Im Jahre 1895 erwarb die Hafenbahn Bremen von der Firma Vulcan eine dreifach gekuppelte Naßdampf-Tenderlokomotive, die der preußischen Gattung T 7 entsprach, und zwar deren verstärkter Ausführung, wie sie ab 1891 gebaut worden ist. Als die Hafenbahn 1930 von der DRG übernommen wurde, bekam die Lokomotive, die die Bahnnummer 6 trug, die Betriebsnummer 89 7869. Am 20. Dezember 1932 hat die DRG die Lokomotive an die Kreis Oldenburger Eisenbahn (KOE) verkauft. Dort bekam sie die Bahnnummer 5. Als 1941 auch die KOE von der DRG übernommen wurde, erhielt die Maschine wieder ihre Betriebsnummer 89 7869. Ihr Ausmusterungsdatum ist nicht bekannt.

Hf Brm Nr. 6 (89 7869),
Foto: Slg. Weisbrod

89^{90}
Zulässige Geschwindigkeit: 45 km/h
Treib- und Kuppelraddurchmesser: 1 100 (1 150) mm
Kesseldruck: 12 bar
Indizierte Leistung: 290 PS
Dienstmasse Lok: 30,8 (33,4) t
LüP: 8 591 mm
(Klammerwerte: T 3 b)

89^{81}
Zulässige Geschwindigkeit: 45 km/h
Treib- und Kuppelraddurchmesser: 1 212 mm
Kesseldruck: 12 bar
Indizierte Leistung:
Dienstmasse Lok: 44,6 t
LüP: 8 801 mm

89 80

meck. T 3 a/T 3 b
C n2t
Gt 33.10/11
Einsatzzeitraum 1884 bis ...

Die Mecklenburgische Friedrich-Franz-Eisenbahn (MFFE) verzichtete meist auf eigene Lokomotiventwicklungen und beschaffte erprobte preußische Konstruktionen, so auch Lokomotiven der Gattung T 3. Die ältere Ausführung mit Regleraufsatz anstelle des Dampfdomes trug bei der MFFE die Gattungsbezeichnung T 3 a. Von dieser Ausführung waren 48 Lokomotiven vorhanden, die z. T. auch von Privatbahnen erworben worden waren. Die DRG übernahm 1925 24 Lokomotiven der Gattung T 3 a mit den Betriebsnummern 89 8001 bis 89 8022 sowie 89 8051 und 89 8052. Diese beiden Lokomotiven waren T 3 a, sind jedoch fälschlich als T 3 b eingeordnet worden.

Die Lokomotiven der Gattung T 3 b sind ab 1901 mit ingesamt 17 Maschinen von den Firmen Linke-Hofmann und Henschel beschafft worden. Sie entsprachen der von der Preußischen Staatsbahn ab 1897/98 beschafften Ausführung mit Dampfdom und gerader Führerhausrückwand. Aus dem Sandkasten hinter dem Dom konnten die Räder des Treibradsatzes beidseitig gesandet werden. Von diesen Lokomotiven hat die DRG 1925 16 Stück mit den Betriebsnummern 89 8053 bis 89 8068 übernommen. Alle meck. T 3 hatten außenliegende Allan-Steuerung mit Ausnahme der 89 8053 und 8054 (Bahnnummern 595 und 596). Diese beiden Maschinen verfügten über eine außenliegende Heusinger-Steuerung. Das Leistungsprogramm der mecklenburgischen Maschinen entsprach dem der preußischen.

89 8009, Foto: Slg. Weisbrod

89 81

bay. D V
C n2t
Gt 33.15
Einsatzzeitraum 1877 bis 1928

Die D V war die erste dreifach gekuppelte Tenderlokomotive Bayerns. Maffei hatte 1877 sechs Maschinen, 1878 weitere vier geliefert. Die Lokomotiven waren auf der Strecke Plattling–Eisenstein der ehemaligen Ostbahn im Einsatz. Alle Lokomotiven trugen außer der Bahnnummer Namen von Ortschaften. Der dreischüssige Langkessel mit 3 500 mm Abstand zwischen den Rohrwänden trug auf dem vorderen Schuß den Sandkasten, aus dem die Räder des Treibradsatzes von vorn gesandet werden konnten. Der mittlere Schuß trug den Dampfdom, der hintere das verkleidete Federwaag-Sicherheitsventil. Die außenliegenden, waagerecht angeordneten Zylinder arbeiteten auf den 2. Kuppelradsatz. Von diesem wurde auch die außenliegende Stephenson-Steuerung angetrieben. Ein Teil der seitlichen Wasserkästen vor dem Führerhaus nahm den Kohlevorrat auf. Der weitere Wasservorrat befand sich im Vorderteil des Rahmens.

Erstaunlicherweise sind alle zehn Maschinen in den endgültigen Umzeichnungsplan der DRG gekommen und erhielten 1925 die Betriebsnummern 89 8101 bis 89 8110. Acht Maschinen sind jedoch schon 1926/27 ausgemustert worden, die 89 8106 und 8107 1928.

Nr. 383 IPHOFEN (89 8105), Foto: Slg. Weisbrod

89[82]
Zulässige Geschwindigkeit: 50 km/h
Treib- und Kuppelraddurchmesser: 1 400/1 420/1 260 mm
Kesseldruck: 10/12 bar
Indizierte Leistung:
Dienstmasse Lok: 31,7 bis 35,1 t
LüP: 9 296 bis 9 630 mm

89[83]
Zulässige Geschwindigkeit: 40 km/h
Treib- und Kuppelraddurchmesser: 1 080 mm
Kesseldruck: 10 bar
Indizierte Leistung:
Dienstmasse Lok: 42,2 t
LüP: 8 980 mm

90[0–2]
Zulässige Geschwindigkeit: 60 km/h
Treib- und Kuppelraddurchmesser: 1 350 mm
Laufraddurchmesser vorn/hinten: –/1 000 mm
Kesseldruck: 12 bar
Indizierte Leistung: 530 PS
Dienstmasse Lok: 54,5 t
LüP: 11 320 mm

89 82

sä. V T
C n2t
Gt 33.14/15
Einsatzzeitraum 1872 bis 1933

Unter der Gattungsbezeichnung VI hat die Sächsische Staatsbahn von 1872 bis 1919 insgesamt 154 Lokomotiven beschafft, die im Verlauf des fast 50jährigen Beschaffungszeitraums natürlich konstruktive Änderungen erfuhren. Die DRG hat 1925 die Lokomotiven des Beschaffungszeitraumes 1872 bis 1895 als BR 89[82]eingeordnet, die jüngeren Baujahre (ab 1896) als BR 89[2]. Von den 19 Maschinen des Bauloses 1872 bis 1874 kamen noch neun Lokomotiven als 89 8201 bis 89 8209 zur DRG. Sie hatten 1 400 mm Kuppelraddurchmesser, eine sehr kurze Rauchkammer und einen hohen Dampfdom mit kugliger Decke. Der Hinterkessel war überhöht. Die seitlichen Wasserkästen reichten bis zur Pufferbohle, waren aber ab der Rauchkammer nach vorn abgeschrägt. In ähnlicher Ausführung ist das Baulos 1877/78 mit 14 Lokomotiven geliefert worden, von dem die DRG sechs Lokomotiven mit den Betriebsnummern 89 8210 bis 89 8215 übernommen hat. Beide Baulose hatten 10 bar Kesseldruck und 14 t Achsfahrmasse. Die DRG-Numerierung folgte nicht wie sonst üblich den Baujahren, denn die als 89 8216 bis 89 8221 eingeordneten Lokomotiven sind Baujahr 1895, entsprachen im Aussehen und in den Abmessungen schon der BR 89[2], hatten 12 bar Kesseldruck, 1 260 mm Kuppelraddurchmesser und eine LüP von 9 630 mm. Die als 89 8251 bis 89 8267 eingeordneten Lokomotiven sind zwischen 1884 und 1892 entstanden. Sie hatten 1 420 mm Kuppelraddurchmesser, 10 bar Kesseldruck und, wie alle bis 1891 gebauten Lokomotiven, außer der Bahnnummer noch einen Namen. Im Aussehen waren sie den älteren Ausführungen ähnlich, hatten jedoch u. a. ein höheres Führerhaus, den großen Dom mit flacher Decke und seitliche Wasserkästen bis Rauchkammermitte.

Nr. 1553, Foto: Slg. Weisbrod

89[83]

bad. IX a[1]
C n2t
Gt 33.14
Einsatzzeitraum 1887 bis 1926

Die Maschinenbau-Gesellschaft Karlsruhe lieferte 1887 an die Badische Staatsbahn als Gattung IX fünf dreifach gekuppelte Zahnradlokomotiven, denen 1888 zwei weitere folgten. Diese sieben Lokomotiven bestritten den Betrieb auf der 1887 eröffneten Höllentalbahn von Freiburg (Breisgau) nach Neustadt im Schwarzwald mit dem Zahnstangenabschnitt Hirschsprung–Hinterzarten (55 ‰). Die Lokomotiven waren für gemischten Reibungs-/Zahnradbetrieb ausgebildet, d. h., Reibungs- und Zahnradtriebwerk arbeiteten unabhängig voneinander. Das Zahnradtriebwerk war zwischen 1. und 2. Kuppelradsatz angeordnet, dessen Achsstand auf 2 130 mm vergrößert worden war. Die beiden Zahnräder, die in eine Zahnstange Bauart Bissinger-Klose eingriffen, waren durch Kuppelstangen verbunden. Die Kraftübertragung von der innenliegenden Zahnradmaschine erfolgte über Schwinghebel. Jedes Triebwerk hatte eine Handbremse, das Reibungstriebwerk zudem die Schmidtsche Schraubenbremse und die Riggenbach-Gegendruckbremse. Als die Höllentalbahn als Durchgangsstrecke eröffnet wurde und die Lokomotiven der Gattung VI b im Jahre 1901 den Betrieb übernahmen, baute man aus den IX b[1]-Lokomotiven das Zahnradtriebwerk aus und setzte sie im Rangierdienst in Freiburg und Haltingen ein. Die DRG übernahm 1925 die Bahnnummern 439 und 441 aus dem Jahre 1887 mit den Betriebsnummern 89 8301 und 89 8302, musterte sie aber kurz danach aus.

Nr. 441 (89 8302), Foto: Slg. Weisbrod

91 302, Foto: Slg. Weisbrod

90 234, Foto: Slg. Bergmann

90^2 (Hf Brm)
(Angaben für 90 232 und 233)
Zulässige Geschwindigkeit: 50 km/h
Treib- und Kuppelraddurchmesser: 1 250 mm
Laufraddurchmesser vorn/hinten: –/800 mm
Kesseldruck: 12 bar
Indizierte Leistung: 620 PS
Dienstmasse Lok: 52,7 t
LüP: 10 380 mm

90^{0-2}

pr. T 9^1
C1′ n2t
Gt 34.14
Einsatzzeitraum 1893 bis 1953

Anfang der 90er Jahre entwickelte die Preußische Staatsbahn zwei Gattungen von dreifach gekuppelten Tenderlokomotiven mit Laufradsatz, die der T 7 vor allem in der Geschwindigkeit überlegen sein sollten. Der für die Mehrleistung erforderliche größere Kessel und die größeren Vorräte waren bei Einhaltung der vorgegebenen Achsfahrmasse nicht mehr auf drei Radsätzen unterzubringen. So erhielt die 1893 von Borsig entwickelte T 9^1 einen Schleppradsatz als Adams-Achse. Der größere Kessel erbrachte eine um 15 % höhere Dampfleistung. Die Adams-Achse war nicht in das Lastausgleichsystem der gekuppelten Radsätze einbezogen, sondern separat durch eine querliegende Blattfeder abgefedert, womit sich eine Dreipunktabstützung ergab. Der Laufradsatz diente weniger der Führung im Gleis als der Aufnahme der Masse von Lokomotive und Vorräten, die, außer in seitlichen Wasserkästen, im Kohlekasten hinter dem Führerhaus und im Zusatzwasserkasten unter dem Führerhaus untergebracht waren. Die T 9^1 war für 60 km/h zugelassen. Die Maschine zog in der Ebene 350 t mit 60 km/h, auf 10 ‰ Steigung 277 t mit 30 km/h. Es galt das Musterblatt III 4 f.

Bis 1901 sind 426 Lokomotiven beschafft worden. Die DRG übernahm 1925 231 Maschinen mit den Betriebsnummern 90 001 bis 90 231, jedoch sind bei der Einordnung einige Fehler unterlaufen. Die Betriebsnummern 90 022, 023, 110, 123, 124 und 222 waren 1′C-Lokomotiven, also T 9^2. Die als T 9^3 eingeordneten 91 301 und 302 waren ebenfalls T 9^1. Die 90 116 war eine C1′-Lokomotive, jedoch nicht nach den Normalien gebaut, sondern der Bauart Elberfeld.

90^2

Hf Brm
C1′ n2t
Gt 34.13/14
Einsatzzeitraum 1922 bis 1931

Die Hafenbahn Bremen erwarb 1922 von der DRG zwei C1′-Naßdampf-Tenderlokomotiven aus dem Bestand der Direktion Frankfurt. Die beiden Maschinen, die FRANKFURT 7243 und FRANKFURT 7246, erhielten bei der Hafenbahn die Bahnnummern 3 und 4 in zweiter Besetzung.

Beide Lokomotiven waren 1895 von Schwartzkopff geliefert worden und entsprachen dem Typ Langenschwalbach. Diese Bauart ist von der Maschinenfabrik Esslingen für die Taunus-Bahn Wiesbaden–Schwalbach (später Langenschwalbach) entwickelt worden. Im Jahre 1895 lieferte auch Schwartzkopff neun Lokomotiven dieses Typs mit geringen Abweichungen von der Esslinger Bauart. Bei der Preußisch-Hessischen Staatsbahn sind die Lokomotiven des Typs Langenschwalbach ebenfalls in die Gattung T 9 eingeordnet worden.

Mit Übernahme der Hafenbahn Bremen durch die DRG im Jahre 1930 erhielten beide Lokomotiven die Betriebsnummern 90 232 und 90 233. Sie waren damit die einzigen Langenschwalbacher, die noch DRG-Nummern erhalten hatten.

Die Hafenbahn hatte 1922 noch ein dritte C1′-Tenderlokomotive gekauft, die ESSEN 7287, 1901 von Hohenzollern geliefert, und ihr die Bahnnummer 1 in zweiter Besetzung gegeben. Die Maschine war eine pr. T 9^1 nach Musterblatt III 4 f; sie erhielt 1930 die Betriebsnummer 90 234 und ist kurz nach der Umzeichnung ausgemustert worden.

91^1 (BLE)
Zulässige Geschwindigkeit: 60 km/h
Treib- und Kuppelraddurchmesser: 1 350 mm
Laufraddurchmesser vorn/hinten: 1 000/– mm
Kesseldruck: 12 bar
Indizierte Leistung: 530 PS
Dienstmasse Lok: 54,0 t
LüP: 10 650 mm

90^2 (LBE)
Zulässige Geschwindigkeit: 60 km/h
Treib- und Kuppelraddurchmesser: 1 350 mm
Laufraddurchmesser vorn/hinten: –/1 000 mm
Kesseldruck: 12 bar
Indizierte Leistung: 530 PS
Dienstmasse Lok: 54,5 t
LüP: 11 536 mm

90^2

LBE
C1′ n2t
Gt 34.14
Einsatzzeitraum 1900 bis 1954

Die Lübeck-Büchener Eisenbahn (LBE) beschaffte in den Jahren 1900 und 1903 von Henschel insgesamt sechs Tenderlokomotiven der preußischen Gattung T 9[1], die die Bahnnummern und Namen 112 BÄR, 113 WOLF, 114 EBER, 115 LUCHS, 116 ILTIS und 117 OTTER bekamen. Die LBE führte die Lokomotiven als Gattung T 9 und setzte sie im Güterzugdienst auf der Strecke Hamburg–Lübeck, im Personenzugdienst auf der Strecke Lübeck–Travemünde–Niendorf und im Vorortverkehr nach Ahrensburg ein. 1929/30 sind die Lokomotiven mit den Bahnnummern 113, 114, 115 und 117 ausgemustert worden. Die LBE kaufte 1926 von der DRG weitere vier, diesmal gebrauchte T 9[1] und einen T 9[1]-Kessel. Drei Lokomotiven erhielten die Bahnnummern 109[II] bis 111[II]. Rahmen und Fahrwerk der vierten Lokomotive und der extra gekaufte Kessel ergaben die Lok mit der Bahnnummer 114[II]. Die DRG übernahm die Lokomotiven mit den Bahnnummern 112 und 116 aus der Henschel-Lieferung und die nachgekauften Maschinen mit den Bahnnummern 109[II] bis 111[II] als 90 241 bis 90 245. Von diesen fünf Maschinen ging eine im Krieg verloren. Die 90 241, 243 und 244 kamen zur DB, die sie 1946 ausmusterte und an Privatbahnen verkaufte. Die 90 242 kam zur DR, wo sie 1954 ausgemustert und als Werklok an das Stahlwerk Brandenburg verkauft worden ist.

LBE Nr. 112 (90 241), Foto: Slg. Bergmann)

91^{0-1}

pr. T 9²
1′C n2t
Gt 34.14
Einsatzzeitraum 1892 bis 1945

Man hatte bei der Preußischen Staatsbahn bei der T 9[1] wegen des Schleppradsatzes, der nur durch eine Querblattfeder abgefedert und nicht in das Lastausgleichsystem der Kuppelradsätze einbezogen war, schlechte Laufeigenschaften vor allem bei Rückwärtsfahrt befürchtet. Die Königsberger Union-Gießerei erhielt deshalb den Auftrag, eine analoge Lokomotive mit vorderem Laufradsatz zu entwickeln. Die ersten Lokomotiven dieser als T 9[2] bezeichneten Gattung, für die das Musterblatt III 4k galt, sind 1892 geliefert worden. Triebwerk und Steuerung entsprachen der T 9[1], lediglich der 3. Kuppelradsatz war um 200 mm nach hinten gerückt. Deshalb mußte auch der Kessel um 120 mm höher gelegt werden. Die Rohrlänge war etwas kürzer als bei der T 9[1], erreichte aber durch eine größere Zahl von Heizrohren die gleiche Verdampfungsheizfläche. Leistungsmäßig bestand kein Unterschied zwischen beiden Gattungen. Der vordere Laufradsatz, jetzt durch zwei Querblattfedern abgefedert und in das Lastausgleichsystem der Kuppelradsätze einbezogen, war wiederum als Adams-Achse ausgebildet. Die seitlichen Wasserkästen waren kürzer als bei der T 9 [1] und nicht mehr nach vorn abgeschrägt. Sie nahmen durch ihre größere Höhe das gleiche Volumen auf.
Für die Preußische Staatsbahn sind bis 1900 231 Maschinen gebaut worden, von denen die DRG 1925 insgesamt 111 in den endgültigen Umzeichnungsplan übernahm. 1935 sind noch fünf Maschinen der SAAR-Bahnen als 91 117 bis 121 übernommen worden. Bis 1945 sind, soweit bekannt, alle Maschinen ausgemustert gewesen.

91 045, Foto: Slg. Weisbrod

91^1 (Hf Brm)
Zulässige Geschwindigkeit: 60 km/h
Treib- und Kuppelraddurchmesser: 1 350 mm
Laufraddurchmesser vorn/hinten: 1 000/– mm
Kesseldruck: 12 bar
Indizierte Leistung: 520 PS
Dienstmasse Lok: 54,0 t
LüP: 10 650 mm

91^{0-1}
Zulässige Geschwindigkeit: 60 km/h
Treib- und Kuppelraddurchmesser: 1 350 mm
Laufraddurchmesser vorn/hinten: 1 000/– mm
Kesseldruck: 12 bar
Indizierte Leistung: 530 PS
Dienstmasse Lok: 52,6 t
LüP: 10 650 mm

91^1

Hf Brm
1'C n2t
Gt 34.14
Einsatzzeitraum 1922 bis

Die Hafenbahn Bremen hatte 1922 von der DRG eine bereits von der Preußisch-Hessischen Staatsbahn ausgemusterte pr. T 9^2 gekauft und ihr die Bahnnummer 2 in zweiter Besetzung gegeben. Die Lokomotive war 1898 von Borsig mit der Fabriknummer 4629 an die KED Essen geliefert worden und hatte dort die Bahnnummer ESSEN 1545, ab 1905 ESSEN 7215 erhalten. Weil die Lokomotive, wie alle anderen der Hafenbahn auch, im Rangierdienst eingesetzt war, hatte man zur besseren Strekkensicht für das Personal die seitlichen Wasserkästen ab zweiter Nietreihe vorn abgeschrägt. Als die Lokomotiven der Hafenbahn 1930 von der DRG übernommen worden sind, bekam die Lokomotive die Betriebsnummer 91 116. Sie ist 1932 von der DRG ausgemustert worden.

91 116, Foto: Slg. Weisbrod

91^1

BLE
1'C n2t
Gt 34.14
Einsatzzeitraum 1929 bis 1966

Die Braunschweigische Landeseisenbahn (BLE) erwarb in den Jahren 1929 und 1930 sechs gebrauchte pr. T 9^2, vier von der DRG und zwei von der Eisenbahn Altona-Kaltenkirchen-Neumünster (AKN). Die Maschinen erhielten bei der BLE die Bahnnummern 36 und 39 bis 43. Die Bahnnummern 36 und 39 bis 41 waren die ehemaligen 91 092, 099, 069 und 048. Die Bahnnummern 42 und 43 hatten keine DRG-Betriebsnummern mehr erhalten, weil sie schon 1924 als MAINZ 7251 an die Butzbach-Licher Eisenbahn bzw. als MAINZ 7253 an die AKN verkauft worden waren. Die AKN hat auch die andere Maschine noch übernommen.
Bei Übernahme der BLE durch die DRG 1938 erhielten die sechs Maschinen die Betriebsnummern 91 131 bis 91 136. Die 91 132 und 91 135 sind nach 1945 zur DB gekommen, die sie 1946 und 1948 an Privatbahnen verkaufte. Die 91 133 und 91 134 kamen zur DR, wo sie 1966 ausgemustert worden sind. 1977 hat das Raw Meiningen die 91 134 für das Verkehrsmuseum Dresden aufgearbeitet. Über die beiden anderen Maschinen fehlen Informationen.

91 134, Foto: Slg. Weisbrod

91^2 (PE)
Zulässige Geschwindigkeit: 55 km/h
Treib- und Kuppelraddurchmesser: 1 200 mm
Laufraddurchmesser vorn/hinten: 850/– mm
Kesseldruck: 14 bar
Indizierte Leistung:
Dienstmasse Lok:
LüP:

91^2 (MFWE)
Zulässige Geschwindigkeit: 60 km/h
Treib- und Kuppelraddurchmesser: 1 350 mm
Laufraddurchmesser vorn/hinten: 900/– mm
Kesseldruck: 13 bar
Indizierte Leistung:
Dienstmasse Lok:
LüP:

91^2 (BLE)
Zulässige Geschwindigkeit: 65 km/h
Treib- und Kuppelraddurchmesser: 1 200 mm
Laufraddurchmesser vorn/hinten: 800/– mm
Kesseldruck: 14 bar
Indizierte Leistung:
Dienstmasse Lok: 55,2 t
LüP: 10 010 mm

91^2

BLE
1'C h2t
Gt 34.14
Einsatzzeitraum 1928 bis 1967

1928 beschaffte die Braunschweigische Landeseisenbahn (BLE) von Henschel zwei 1'C-Heißdampf-Tenderlokomotiven, die zu den sog. ELNA-Typen zählen (vom **E**ngeren **L**okomotiv-**N**ormen-**A**usschuß für Privat- und Kleinbahnen entwickelte, standardisierte Lokomotiven). Die beiden BLE-Maschinen, die die Bahnnummern 32 und 33 erhielten, wichen in einigen Punkten vom ELNA-Typ 5 ab, denn die Standardtypen wurden auf Wunsch des Kunden modifiziert. Die beiden zusätzlichen seitlichen Wasserkästen und der Aufsatz auf dem Kohlekasten ermöglichten die Mitnahme größerer Vorräte. Zylinderdurchmesser, Rohrheiz- und Überhitzerheizfläche waren kleiner als beim Standardtyp, der Kesseldruck mit 14 bar jedoch um 2 bar höher. Bei einem Kuppelraddurchmesser von 1 200 mm hatten die Maschinen eine gute Anfahrbeschleunigung und konnten mit ihrer Höchstgeschwindigkeit von 65 km/h auch im Personenzugdienst eingesetzt werden. Die Maschinen zogen in der Ebene 300 t mit 65 km/h, auf 3 ‰ Steigung die gleiche Masse mit 50 km/h.
1938 erhielten die Maschinen die DRG-Betriebsnummern 91 201 und 91 202. Die 91 202 ist 1967 von der DR ausgemustert worden, der Verbleib der anderen Lokomotive ist unbekannt.

BLE Nr. 33 (91 202), Foto: Henschel

91^2

PE
1'C h2t
Gt 34.15
Einsatzzeitraum 1929 bis 1946

Die Prignitzer Eisenbahn (PE) beschaffte 1929 von Linke-Hofmann zwei 1'C-Heißdampf-Tenderlokomotiven, die dem ELNA-Typ 5 entsprachen. Sie hatten einen frei über dem Blechrahmen liegenden einschüssigen Kessel mit darunter angeordnetem, in den Rahmen eintauchenden Wasserkasten. Der Kessel trug Dampfdom, Speisedom und Sandkasten, der Oberflächenvorwärmer Bauart Knorr war über dem linken Schieberkasten angeordnet. Die PE war mit Zugkraft und Beschleunigungsvermögen der Lokomotiven sehr zufrieden und setzte sie im Personen- und Güterverkehr ein.
Bei Übernahme der PE durch die DRG bekamen die Lokomotiven, die bei der PE als Bahnnummern 4^{II} und 5^{II} geführt worden waren, die Betriebsnummern 91 211 und 91 212. Das Schicksal der 91 211 ist nicht bekannt, die 91 212 ist 1946 bei der RBD Hamburg ausgemustert worden.

PE Nr. 4^{II} (91 211),
Foto: Slg. Weisbrod

91^2 (WPE)
Zulässige Geschwindigkeit: 45 km/h
Treib- und Kuppelraddurchmesser: 1 200 mm
Laufraddurchmesser vorn/hinten: 800/– mm
Kesseldruck: 13 bar
Indizierte Leistung:
Dienstmasse Lok:
LüP:

91^2

WPE
1'C h2t
Gt 34.16
Einsatzzeitraum 1924 bis 1944

Die Wittenberge-Perleberger Eisenbahn (WPE) bezog in den Jahren 1924 und 1925 von Henschel je eine 1'C-Heißdampf-Tenderlokomotive, die die Fabriknummern 20415 und 20597 trugen und bei der WPE die Bahnnummern 9 und 10 erhielten. 1932, als WPE und Prignitzer Eisenbahn zur gemeinsamen Betriebsführung übergingen, sind die Lokomotiven in 109 und 110 umgenummert worden, um Verwechslungen mit den Lokomotiven der PE zu vermeiden. Die Lokomotiven hatten einen genieteten zweischüssigen Langkessel mit Speisedom auf dem 1. Kesselschuß und Dampfdom auf dem 2. Kesselschuß. An den Dampfdom war vorn und hinten ein Sandkasten angelehnt, aus dem die Räder des 1. Kuppelradsatzes von vorn, die des 2. Kuppelradsatzes von hinten gesandet werden konnten. Ein Speisewasservorwärmer war nicht vorhanden. Der Abdampf der zweistufigen Luftpumpe wurde über ein Rohr hinter dem Schornstein ins Freie geleitet. Die Lokomotiven bekamen bei Übernahme durch die DRG die Betriebsnummern 91 221 und 91 222. Beide Maschinen sind 1944 von der DRG an Privatbahnen verkauft worden, die 91 221 an die Kiel-Schönberger Eisenbahn, die 91 222 an die Kleinbahn Kiel-Segeberg.

WPE Nr. 9 (91 221), Foto: Slg. Weisbrod

91^2

MFWE
1'C h2t
Gt 34.15
Einsatzzeitraum 1925 bis 1965

Mitte der 20er Jahre ersetzten viele Privatbahnen ältere Naßdampflokomotiven durch moderne Heißdampflokomotiven. Auch die Mecklenburgische Friedrich-Wilhelm-Eisenbahn (MFWE) bestellte bei der AEG zwei 1'C-Tenderlokomotiven, von denen die Beförderung von Güterzügen mit 700 bis 800 t Masse mit 40 bis 45 km/h gefordert wurde, die aber auch vor Personenzügen mit 60 km/h einsetzbar sein sollten. Die AEG bot aus ihrem Programm eine Zwillingslokomotive, die jedoch für die Belange der MFWE verstärkt ausgeführt werden mußte. Die im September 1925 mit den Fabriknummern 3141 und 3142 gelieferten Lokomotiven erhielten die Bahnnummern 27 und 28. Probefahrten auf den MFWE-Strecken verliefen zur Zufriedenheit der Bahnverwaltung, übertrafen die Lokomotiven doch das geforderte Leistungsprogramm. Die Lokomotiven waren mit Kolbenspeisepumpe und Oberflächenvorwärmer (quer auf dem Rahmen über den Zylindern) ausgerüstet, verfügten über Speisewasserreiniger, Druckluftbremse, Druckluftsandstreuer und Dampfläutewerk.
Die DRG übernahm beide Lokomotiven mit den Betriebsnummern 91 231 und 91 232. Die 91 231 ist vor 1945 an die Osterwieck-Wasserleben Eisenbahn verkauft worden. Diese Bahn kam 1949 zur DR, wo die Lokomotive die Betriebsnummer 91 6676 erhielt und 1961 als Werklok verkauft worden ist. Die 91 232 kam ebenfalls zur DR und war bis 1965 im Betriebseinsatz.

(MFWE Nr. 27 (91 231), Foto: Slg. Weisbrod

91^{3-18}
Zulässige Geschwindigkeit: 65 km/h
Treib- und Kuppelraddurchmesser: 1 350 mm
Laufraddurchmesser vorn/hinten: 1 000/– mm
Kesseldruck: 12 bar
Indizierte Leistung: 530 PS
Dienstmasse Lok: 59,9 t
LüP: 10 700 mm

91^{19}
Zulässige Geschwindigkeit: 45 (50) km/h
Treib- und Kuppelraddurchmesser: 1 150 (1 200) mm
Laufraddurchmesser vorn/hinten: 800/– mm
Kesseldruck: 12 bar
Indizierte Leistung: 470 PS
Dienstmasse Lok: 46,1 t
LüP: 10 375 mm

91^{3-18}

pr. T 9^3
1'C n2t
Gt 34.15
Einsatzzeitraum 1901 bis 1969

In der Leistung konnten die pr. T 9^1 und T 9^2 befriedigen, nicht aber in den Laufeigenschaften bei Geschwindigkeiten über 50 km/h. Deshalb entschloß sich die Preußische Staatsbahn, wie auch bei den Schlepptender-Lokomotiven der Gattung G 5, eine Maschine mit Krauss-Helmholtz-Lenkgestell zu bauen. Die Königsberger Union-Gießerei hat diese Maschine entwickelt, und 1901 konnten die ersten Exemplare in Dienst gestellt werden. Das verbindliche Musterblatt trug die Bezeichnung III 4 I. Der Kessel lag höher als bei der T 9^2, so daß eine tiefe Feuerbüchse ausgebildet werden konnte. Die Kesselleistung entsprach der der beiden anderen T 9-Gattungen. Der Drehpunkt des Krauss-Helmholtz-Lenkgestells war so gelagert, daß der 1. Kuppelradsatz beidseits 27 mm, der Laufradsatz 20 mm ausschwenken konnte. Die große Seitenverschiebbarkeit des 1. Kuppelradsatzes machte eine gelenkige Ausbildung des Kuppelzapfens erforderlich. Der Kreuzkopf wurde anfangs zweischienig, ab 1903 einschienig geführt. Ab 1902 sind die Maschinen mit vorn abgeschrägten Wasserkästen geliefert worden. Die zulässige Geschwindigkeit konnte 1910 von 60 auf 65 km/h erhöht werden.
Bis 1914 sind für die Preußische Staatsbahn 2 052 Lokomotiven gebaut worden. Die DRG übernahm 1925 noch 1 503 Lokomotiven der Gattung T 9^3 mit den Betriebsnummern 91 303 bis 91 1805. Die DB hat ihre letzte Maschine (91 1595) 1964 ausgemustert, die DR die letzten vier vor Einführung des EDV-Nummernplanes 1969, spätestens Anfang 1970.

91 1020, Foto: Slg. Weisbrod

91^{19}

meck. T 4
1'C n2t
Gt 34.11/12/13
Einsatzzeitraum 1907 bis 1970

Die Mecklenburgische Friedrich-Franz-Eisenbahn (MFFE) hat meist bewährte preußische Konstruktionen übernommen. Zu den wenigen, speziell für die MFFE entwickelten Lokomotiven zählen die Naßdampf-Tenderlokomotiven der Gattung T 4.
1906 erhielt Henschel den Auftrag zur Entwicklung dieser Lokomotive, die einfach in Aufbau und Bedienung sein sollte und 12 t Achsfahrmasse nicht überschreiten durfte. Ein Jahr später lieferte Henschel die ersten beiden Lokomotiven. Die Maschinen zogen in der Ebene 720 t mit ihrer Höchstgeschwindigkeit von 45 km/h und 380 t mit 35 km/h auf Steigungen von 5 ‰. Die Lokomotiven der Gattung T 4 sind bis 1922 mit insgesamt 50 Exemplaren beschafft worden, von denen Henschel 37 Stück und Orenstein & Koppel 13 Stück lieferten. Im Verlaufe des 15jährigen Beschaffungszeitraums gab es einige konstruktive Veränderungen. Ab 1915 betrug der Kuppelraddurchmesser 1 200 mm (vorher 1 150 mm), wodurch die zulässige Geschwindigkeit von 45 auf 50 km/h erhöht werden konnte. Das Fassungsvermögen der seitlichen Wasserkästen betrug je nach Lieferung zwischen 4,3 und 5,6 m³. Der als Adams-Achse ausgebildete vordere Laufradsatz lag vor den Zylindern. Seine Federn waren mit denen des 1. Kuppelradsatzes durch einen langen Ausgleichhebel verbunden, der über dem Laufblech angeordnet werden mußte.
Die DRG übernahm 1925 alle 50 Lokomotiven und gab ihnen die Betriebsnummern 91 1901 bis 91 1950. Nach 1945 befanden sich ca. 30 Lokomotiven bei der DR und vier bei der DB (Bw Heiligenhafen). Von wenigen Ausnahmen abgesehen, verblieben die DR-Maschinen in Mecklenburg. Lediglich die 91 1925 war längere Zeit bei den Bw Riesa und Döbeln im Einsatz.

91 1904, Foto: Slg. Weisbrod

91[20]
Zulässige Geschwindigkeit: 60 km/h
Treib- und Kuppelraddurchmesser: 1 350 mm
Laufraddurchmesser vorn/hinten: 1 000/– mm
Kesseldruck: 13 bar
Indizierte Leistung: 460 PS
Dienstmasse Lok: 59,6 t
LüP: 10 620 mm

92[0]
Zulässige Geschwindigkeit: 50 km/h
Treib- und Kuppelraddurchmesser: 1 150 mm
Kesseldruck: 13 bar
Indizierte Leistung: 500 PS
Dienstmasse Lok: 60 t
LüP: 10 600 mm

91[20]

wü. T 9
1'C h2t
Gt 34.15
Einsatzzeitraum 1906 bis

Nach den Gattungen T 9[1] und T 9[2] beschaffte die Preußische Staatsbahn ab 1901 eine 1'C-Naßdampf-Tenderlokomotive als Gattung T 9[3] mit Krauss-Helmholtz-Lenkgestell. Von dieser Bauart bezog auch die Württembergische Staatsbahn zehn Lokomotiven und war damit die erste süddeutsche Staatsbahn, die eine preußische Lokomotivgattung in ihren Bestand aufnahm. Gebaut wurden die Lokomotiven bei der Maschinenfabrik Esslingen in Lizenz. Mit den Fabriknummern 3366 bis 3369 lieferte die Maschinenfabrik 1906 vier Lokomotiven mit den Bahnnummern 1101 bis 1104, 1907 sechs weitere mit den Fabriknummern 3412 bis 3417 und den Bahnnummern 1105 bis 1110.
Im Unterschied zu der preußischen Version besaßen die württembergischen Maschinen statt 12 bar 13 bar Kesseldruck und eine andere Rohrteilung (203 statt 209 Heizrohre). Weil bei der T 9[3] mit dem Krauss-Helmholtz-Lenkgestell die Führungskräfte im Gleis auf den Laufradsatz und den 1. Kuppelradsatz verteilt wurden, waren die Spurkranzabnutzung und die Beanspruchung des Gleises geringer. Die Württembergische Staatsbahn setzte die Lokomotiven im Personen- und Güterzugdienst auf Nebenbahnen ein. Die Maschinen beförderten 300 t in der Ebene mit 60 km/h und 335 t auf 10 ‰ Steigung mit 25 km/h.

91 2007, Foto: Slg. Weisbrod

92[0]

wü. T 6
D h2
Gt 44.15
Einsatzzeitraum 1916 bis 1950

Den vierfach gekuppelten Naßdampf-Tenderlokomotiven der Gattung T 4, die die Württembergische Staatsbahn ab 1909 beschafft hatte, mußte wenige Jahre später eine leistungsfähigere Lokomotive zur Seite gestellt werden. So lieferte die Maschinenfabrik Esslingen ab 1916 wiederum vierfach gekuppelte Tenderlokomotiven, jedoch diesmal in Heißdampfausführung mit Schmidtschem Kleinrohrüberhitzer. Ihrem Einsatzgebiet als Rangierlokomotiven entsprechend, erhielten die Lokomotiven mit 1 150 mm einen kleineren Kuppelraddurchmesser als die T 4 (1 380 mm). 1916 lieferte Esslingen die Lokomotiven mit den Bahnnummern 1401 und 1402, 1917 die mit den Bahnnummern 1403 bis 1406. 1918 folgte die letzte Lieferung von sechs Maschinen mit den Bahnnummern 1407 bis 1412. Wegen ihrer hohen Achsfahrmasse von 15 t konnten die Lokomotiven nicht auf Nebenbahnen eingesetzt werden und versahen vor allem den Rangierdienst in der Direktion Stuttgart.
Der zweischüssige Langkessel trug auf dem hinteren Schuß Dampfdom und Sandkasten unter einer gemeinsamen Verkleidung. Der Druckluftsandstreuer sandete die Räder des 1. Kuppelradsatzes von vorn, die des 3. Kuppelradsatzes von hinten.
Der Achsstand zwischen den Achsen 1, 2 und 3 betrug 1 800 mm, lediglich der 4. Radsatz war mit 1 400 mm dichter an den 3. Radsatz herangerückt. Der 2. und 4. Radsatz hatte jeweils 30 mm Seitenverschiebbarkeit.
Die DRG übernahm 1925 elf Lokomotiven mit den Betriebsnummern 92 001 bis 92 011. Bereits vor 1945 ist ein Teil der Lokomotiven an Privatbahnen verkauft worden. Die 92 004 kam noch zur DB, die sie 1950 ausmusterte und an eine Privatbahn verkaufte.

92 005, Foto: Slg. Weisbrod

92¹
Zulässige Geschwindigkeit: 52 km/h
Treib- und Kuppelraddurchmesser: 1 380 mm
Kesseldruck: 14 bar
Indizierte Leistung: 580 PS
Dienstmasse Lok: 64,5 t
LüP: 11 000 mm

92²⁻³
Zulässige Geschwindigkeit: 45 km/h
Treib- und Kuppelraddurchmesser: 1 262 mm
Kesseldruck: 13 bar
Indizierte Leistung: 500 PS
Dienstmasse Lok: 58,1 t
LüP: 10 694 mm

92¹

wü. T 4
D n2t
Gt 44.16
Einsatzzeitraum 1907 bis 1948

Als Ersatz für die dreifach gekuppelten Lokomotiven der Gattung wü. T 3, von denen bereits zwei Lokomotiven erforderlich waren, um die schwerer gewordenen Züge auf der Geislinger Steige (1:45) nachzuschieben, entwikkelte die Maschinenfabrik Esslingen 1906 eine vierfach gekuppelte Naßdampf-Tenderlokomotive, die mit 16 t Achsfahrmasse lange Zeit die schwerste deutsche Tenderlokomotive dieser Achsfolge war. Der Kuppelraddurchmesser war mit 1 380 mm für eine im Steilstreckendienst eingesetzte Lokomotive reichlich groß bemessen. Besonderen Wert hatte man auf einen großen Dampfraum und eine tiefliegende Feuerbüchsdecke gelegt, um mit der Kesselreserve den Schiebevorgang ohne Nachspeisen beenden zu können. Ein Nachspeisen hätte zur Absenkdung der Kesseldrucks und damit zur Leistungseinbuße geführt. Der Einbau einer Riggenbach-Gegendruckbremse schonte bei Talfahrt Bremsklötze und Radreifen. Esslingen lieferte 1906 fünf Lokomotiven mit den Bahnnummern 851 bis 855 und 1909 nochmals drei Maschinen mit den Bahnnummern 856 bis 858. Die DRG übernahm 1925 diese acht Lokomotiven mit den Betriebsnummern 92 101 bis 92 108. Alle Lokomotiven kamen nach dem Kriege zur DB, die sie zwischen 1946 und 1948 ausmusterte bzw. als Werklokomotiven verkaufte.

92 102, Foto: Slg. Weisbrod

92²⁻³

bad. X b¹⁻⁷
D n2t
Gt 44.14/15
Einsatzzeitraum 1907 bis 1966

Die Badische Staatsbahn ließ von der Maschinenbau-Gesellschaft Karlsruhe eine leistungsfähige Rangierlokomotive für den Dienst auf den neuen großen Rangierbahnhöfen entwickeln, die die Lokomotiven der Gattungen VII a und X a ablösen sollte. Die neuen Maschinen, als Gattung X b bezeichnet, waren Naßdampflokomotiven, jedoch bereits mit Kolbenschiebern ausgerüstet. Die hohe Kessellage von 2 700 mm über SO erlaubte es, einen T-förmigen Wasserkasten zu verwenden, der in den Rahmen eintauchte und somit die Streckensicht nicht behinderte. Die Lokomotiven waren mit zwei durch ein Rohr verbundenen Dampfdomen ausgerüstet, um beim Rangierbetrieb das Überreißen von Wasser zu verhindern und immer trockenen Dampf verfügbar zu haben. Das große Blasrohr sorgte auch bei geringen Geschwindigkeiten oder Stillstand für ausreichenden Unterdruck in der Rauchkammer. Die MBG Karlsruhe lieferte 1907 die ersten Lokomotiven; die letzten der insgesamt 98 gebauten Lokomotiven lieferte Maffei im Jahre 1921. Acht Lokomotiven mußten 1919 als Reparationsleistung abgegeben werden, sechs an Belgien, zwei an Frankreich. Diese Abgabe betraf fast das gesamte Baulos X b⁵, von dem nur eine Lokomotive zur DRG gelangte. Insgesamt übernahm die DRG 90 Lokomotiven mit den Betriebsnummern 92 201 bis 92 320 (mit Lücken). Die DB hatte 1953 noch 74 Lokomotiven der Gattung bad. X b im Bestand, der sich bis 1963 auf zehn Lokomotiven reduzierte. Als letzte Maschine ist 1966 die 92 319 des Bw Radolfzell ausgemustert worden. Die 92 214 und 310 hatte es zur DR verschlagen, wo sie 1947 (Bw Hoyerswerda) bzw. 1955 (Bw Aschersleben) ausschieden.

92 204, Foto: Slg. Weisbrod

92^4 (SAAR)
Die technischen Angaben sind identisch mit denen der old./pr. T 13^1(Baureihe 92^4).

92^4 (old. T 13^1/pr. T 13^1)
Zulässige Geschwindigkeit: 45 km/h
Treib- und Kuppelraddurchmesser: 1 250 mm
Kesseldruck: 12 bar
Indizierte Leistung: 950 PS
Dienstmasse Lok: 65,4 t
LüP: 11 100 mm

92 415, Foto: Slg. Weisbrod

92 401, Foto: Slg. Weisbrod

92^4

old. T 13^1/pr. T 13^1
D h2t
Gt 44.16
Einsatzzeitraum 1921 bis 1948

Die Oldenburgische Staatsbahn hatte bereits ab 1911 pr. T 13 (D n2t) beschafft. 1921 bestellte die Bahnverwaltung bei der Hanomag vier T 13 in Heißdampfausführung mit Lentz-Ventilsteuerung. Auch die Preußische Staatsbahn hatte schon 1916 begonnen, T 13 mit Kleinrohrüberhitzer auszurüsten und auf Heißdampf umzubauen. Die Hanomag lieferte die bestellten Lokomotiven 1921 mit den Fabriknummern 9756 bis 9759 und den Bahnnummern 286 bis 289. Oldenburg bevorzugte für den Streckendienst Lokomotiven mit Ventilsteueruung, für den Rangierdienst solche mit Schiebersteuerung. Die vier Heißdampflokomotiven waren für den Personenzugdienst vorgesehen. Auch die Preußische Staatsbahn beschaffte von der Hanomag in den Jahren 1921 und 1922 neun gleichartige Lokomotiven, die als Gattung T 13^1 bezeichnet wurden. 1925 erhielten die old. T 13^1 die Betriebsnummern 92 401 bis 92 404, die pr. T 13^1 die 92 405 bis 92 413. Die meisten Lokomotiven kamen nach 1945 zur DB, sind dort bis 1948 als Splittergattung ausgemustert und an Privatbahnen verkauft worden.

92^4

SAAR
D h2t
Gt 44.16
Einsatzzeitraum 1923 bis

Das Saarland war nach dem Versailler Vertrag von 1919 von Deutschland abgetrennt und unter französische Verwaltung gestellt worden. Am 10. März 1920 wurde die „Direktion der Saarbahnen“ gegründet, 1921 in „Eisenbahndirektion des Saargebietes“ (SAAR) umbenannt. In den Jahren zwischen 1921 und 1925 beschaffte die SAAR noch Lokomotiven verschiedener preußischer Gattungen (G 10, T 13, T 13^1 und T 18), nach 1925 wäre keine zollfreie Einfuhr mehr möglich gewesen. Bis auf die T 13^1 gingen alle Aufträge an preußische Lokomotivbauanstalten. Mit der Herstellung der vierfach gekuppelten Heißdampfausführung ist jedoch die Firma Krauss in München beauftragt worden, die noch nie eine preußische Lokomotive gebaut hatte. Krauss lieferte 1923 mit den Fabriknummern 8076 bis 8080 fünf Maschinen, die bei den Saarbahnen die Betriebsnummern 7935 bis 7939 erhielten. Zum Unterschied von der Hanomag-Lieferung 1921/22 an die Preußische Staatsbahn hatten sie jedoch keine Ventil-, sondern Schiebersteuerung. Auch die Kesselaufbauten waren anders ausgeführt: Die Lokomotiven von Krauss hatten Speisedom und Dampfdom, zwischen denen der Sandkasten angeordnet war. Als die SAAR-Bahnen 1935 zur DRG kamen, sind die Lokomotiven im Anschluß an die old./pr. T 13^1 als 92 414 bis 92 418 eingeordnet worden.

92^{4} (LBE) (Abb. rechts oben)
Zulässige Geschwindigkeit: 50 km/h
Treib- und Kuppelraddurchmesser: 1 350 mm
Kesseldruck: 13/14 bar
Indizierte Leistung:
Dienstmasse Lok: 73,2 t
LüP: 11 600 mm[1)]
[1)] Bahnnummern 123 bis 126. Bahnnummern 127 bis 129: 11 050 mm

92^{4} (BLE)
Zulässige Geschwindigkeit: 40 km/h
Treib- und Kuppelraddurchmesser: 1 100 mm
Kesseldruck: 13 bar
Indizierte Leistung:
Dienstmasse Lok: 64,0 t
LüP: 10 948 mm

92^{4} (KOE) Abb. rechts unten)
Zulässige Geschwindigkeit: 40 km/h
Treib- und Kuppelraddurchmesser:
1 100/1 000[1)] mm
Kesseldruck: 13 bar
Indizierte Leistung:
Dienstmasse Lok: 47,9/50,2[1)] t
LüP: 10 000 mm
[1)] Bahnnummer 11 (92 442)

92^{5-10}
Zulässige Geschwindigkeit: 45 km/h
Treib- und Kuppelraddurchmesser: 1 250 mm
Kesseldruck: 12 bar
Indizierte Leistung: 620 PS
Dienstmasse Lok: 59,9 t
LüP: 11 100 mm

92^{4}

BLE
D h2t
Gt 44.16
Einsatzzeitraum 1924 bis ca. 1950

Die Braunschweigische Landeseisenbahn (BLE) hatte bei Henschel eine vierfach gekuppelte Heißdampf-Tenderlokomotive für den schweren Rangier- und Güterzugdienst bestellt, die 1924 mit der Fabriknummer 20 408 geliefert worden ist. Bei der BLE bekam die Lokomotive die Bahnnummer 31. Zum Zeitpunkt ihrer Beschaffung war diese Lokomotive die stärkste Maschine der BLE und zog in der Ebene mit 40 km/h eine Wagenmasse von 1 365 t. Auf 5 ‰ Steigung waren es noch 695 t mit 30 km/h.
Die Kesselspeisung erfolgte, außer durch eine Strahlpumpe, mit einer Kolbenspeisepumpe und einem Oberflächenvorwärmer Bauart Knorr, der längs auf dem Langkesselscheitel zwischen Schornstein und Dom angeordnet war. Aus den beiden Sandkästen, die vor und hinter dem Dampfdom unter gemeinsamer Verkleidung angeordnet waren, konnte der 2. Radsatz von vorn und der 3. von hinten besandet werden. Mit Übernahme der BLE durch die DRG erhielt die Lokomotive die Betriebsnummer 92 421. Sie kam nach 1945 zur DR und ist bis Anfang der 50er Jahre im Raw Stendal als Werklok eingesetzt gewesen.

BLE Nr. 31 (92 421),
Foto: Slg. Eickel

92^{4}

LBE
D h2t
Gt 44.18
Einsatzzeitraum 1925 bis 1968

Für den Einsatz auf dem Rangierbahnhof Moisling und im Raum Lübeck beschaffte die Lübeck-Büchener Eisenbahn (LBE) von der Linke-Hofmann-Lauchhammer AG insgesamt sieben vierfach gekuppelte Heißdampf-Tenderlokomotiven, die die Bahnnummern 123 bis 129 erhielten. Zwischen den ersten vier Maschinen, 1925 geliefert, und den restlichen drei aus dem Jahre 1930 gab es geringfügige Unterschiede. Die Lokomotiven der ersten Lieferung hatten 13 bar Kesseldruck, die der zweiten 14 bar und überdies einen um 200 mm größeren Abstand zwischen den Rohrwänden. Um die zulässige Achsfahrmasse von 18 t nicht zu überschreiten, mußten bei den Bahnnummern 127 bis 129 die Vorräte geringfügig reduziert werden. Die Lokomotive mit der Bahnnummer 124 besaß versuchsweise Lentz-Ventilsteuerung, ist aber 1936 auf Kolbenschiebersteuerung umgebaut worden. Die Lokomotiven hatten lange, flache Wasserkästen, die vom Führerhaus bis fast zu den Zylindern reichten, unter dem Langkessel hindurchführten und T-förmig in den Rahmen eintauchten. Bei Übernahme der LBE durch die DRG bekamen die Lokomotiven die Betriebsnummern 92 431 bis 92 437. Die 92 431 bis 434 waren nach 1945 bei den ÖBB und sind 1953 in 692 431 bis 692 434 umgezeichnet worden. Die 92 435 bis 437 kaufte 1944 die Weimar-Bad Berkaer Eisenbahn und führte sie als 92 0096 bis 0098. 1949 kam diese Bahn zur DR, und die Lokomotiven erhielten die Betriebsnummern 92 6876 bis 6878. Die Maschinen sind vor 1970 ausgemustert worden.

LBE Nr. 128 (92 436),
Foto: Slg. Weisbrod

92^{4}

KOE
D h2t
Gt 44.13
Einsatzzeitraum 1927 bis 1966

Die Kreis Oldenburger Eisenbahn (KOE) beschaffte in den Jahren 1927 und 1928 von der AEG zwei vierfach gekuppelte Heißdampflokomotiven, die die Bahnnummern 10 und 11 erhielten. Die Maschinen sind offensichtlich nach Vorgaben der KOE gebaut worden, denn sie entsprachen weder preußischen noch ELNA-Typen, auch hatten sie kein Vorbild in vergleichbaren Lieferungen der AEG an Privatbahnen. Die Kessel beider Lokomotiven waren baugleich. Bei der 1927 gelieferten Bahnnummer 10 befand sich der Speisewasservorwärmer quer auf dem Rahmen über dem 1. Radsatz, bei der ein Jahr später gelieferten Bahnnummer 11 auf dem Rahmen vor der Rauchkammer. Bei der Bahnnummer 10 waren die seitlichen Wasserkästen nur bis Mitte Dampfdom vorgezogen (4,4 m^3 Wasser), bei der Bahnnummer 11 bis zum Speisedom (6,0 m^3 Wasser). Die Lokomotiven erhielten bei der DRG die Betriebsnummern 92 441 und 92 442. Die 92 441 ist 1966 bei der DR, die 92 442 1949 bei der DB ausgemustert worden.

KOE Nr. 10 (92 441), Foto: Slg. Kutschik

92^{5-10}

pr. T 13
D n2t
Gt 44.15/16
Einsatzzeitraum 1909 bis 1965

Auf Drängen verschiedener Direktionen, die den gestiegenen Güterverkehr mit dreifach gekuppelten Rangierlokomotiven nicht mehr bewältigen konnten, forderte das Eisenbahn-Zentralamt Entwürfe für eine vierfach gekuppelte Tenderlokomotive einfacher Bauart. Auf der 48. Beratung des preußischen Lokausschusses im Jahre 1907 konnte Robert Garbe zwar die Ausschußmitglieder von der Notwendigkeit einer Heißdampflokomotive überzeugen, nicht jedoch das Ministerium für öffentliche Arbeiten, das sich für das Angebot der Königsberger Union-Gießerei einer vierfach gekuppelten Naßdampf-Tenderlokomotive entschied. Die ersten Lokomotiven lieferte die Union 1910 mit der Gattungsbezeichnung T 13 an die Preußische Staatsbahn. Die Union hatte den Kessel der T 11 verwendet, ihn um 50 mm höher gelegt (Kesselmitte 2 450 mm über SO) und auf eine Seitenverschiebbarkeit der Radsätze nach Gölsdorf verzichtet. Lediglich der 4. Radsatz bekam beidseits 20 mm Seitenverschiebbarkeit. Die DRG bestellte 1922 nochmals 72 Lokomotiven, die von der Union und Henschel geliefert wurden.
Eingesetzt waren die Lokomotiven im Rangierdienst, im Nahgüterzug- und im Nebenbahndienst. Bereits 1916 begann die Preußische Staatsbahn, einige Lokomotiven mit Kleinrohrüberhitzer auszurüsten und auf Heißdampf umzubauen, womit nachträglich die Garbesche Empfehlung gerechtfertigt wurde. Die DRG übernahm 1925 509 Lokomotiven der Gattung T 13 mit den Betriebsnummern 92 501 bis 92 1072. In diese Nummernreihe sind auch die old. T 13 einbezogen worden. Die Betriebsnummern 92 1001 bis 92 1072 trugen die 1922 nachgebauten Lokomotiven, die, in verstärkter Ausführung, eine um 1 t höhere Achsfahrmasse hatten und somit das Gattungszeichen Gt 44.16 führten.

92 507, Foto: Slg. Weisbrod

92^9 (ZFE)
Zulässige Geschwindigkeit: 45 km/h
Treib- und Kuppelraddurchmesser: 1 250 mm
Kesseldruck: 12 bar
Indizierte Leistung:
Dienstmasse Lok: 62,0 t
LüP: 11 100 mm

92^9
Technische Angaben über die Lokomotiven liegen nicht vor.

92^9

Hf Brm
Dn2t
Gt 44.18
Einsatzzeitraum 1922 bis

Die Hafenbahn Bremen stellte 1922 mit den Bahnnummern 20 bis 24 fünf vierachsige Naßdampf-Tenderlokomotiven in Dienst, die die Firma Jung mit den Fabriknummern 3346 und 3347 und 3382 bis 3384 geliefert hatte. Obwohl von der DRG bei Übernahme der Hafenbahn Bremen mit den Betriebsnummern 92 914 bis 92 918 im Anschluß an die pr. T 13 eingenummert, entsprachen die Lokomotiven nicht der preußischen Ausführung. Sie hatten einen symmetrischen Achsstand und zwei Sandkästen, aus denen der 1. Radsatz von vorn, der 3. von hinten gesandet werden konnten. Zur besseren Streckensicht waren die seitlichen Wasserkästen nach vorn abgeschrägt. Im Unterschied zur pr. T 13 wurde nicht der 2., sondern der 3. Radsatz angetrieben. Über den Verbleib der fünf Lokomotiven nach Übernahme durch die DRG gibt es keine Informationen.

92 918, Foto: Slg. Weisbrod

92^2

ZFE
Dn2t/h2t
Gt 44.15
Einsatzzeitraum 1922 bis 1967

Als Güterwagen mit 20 t Lademasse eingeführt wurden, reichten die dreifach gekuppelten Lokomotiven, die die Zschipkau-Finsterwalder Eisenbahn (ZFE) bisher ausschließlich im Bestand hatte, nicht mehr aus, weil sie nur eine Reibungsmasse von 42 t besaßen. Die ZFE entschloß sich zur Beschaffung vierfach gekuppelter Tenderlokomotiven nach dem Vorbild der pr. T 13, die eine Reibungsmasse von 60 t besaßen. 1922 lieferte Orenstein & Koppel zwei Lokomotiven, die die Bahnnummern 16 und 17 bekamen, 1923 folgte vom gleichen Hersteller die Lokomotive mit der Bahnnummer 18. 1927 lieferte O&K eine vierte Lokomotive, die Bahnnummer 19. Eine fünfte Lokomotive, 1929 geliefert, kam bereits ab Werk in Heißdampfausführung, entsprach also der preußischen Gattung $T\ 13^1$.
Die ZFE hat mit Sicherheit die Lokomotiven mit den Bahnnummern 17 und 18 auf Heißdampf (Ausrüstung mit Schmidtschem Kleinrohrüberhitzer) umbauen lassen, und es ist nicht ausgeschlossen, daß der Umbau auch bei den Bahnnummern 16 und 19 erfolgt ist. Die DRG vergab bei Übernahme der ZFE an die Lokomotiven die Betriebsnummern 92 991 bis 92 995. Für die zu diesem Zeitpunkt bereits existierenden Heißdampflokomotiven wäre die Baureihenbezeichnung 92^4 richtig gewesen. Die 92 992, 993 und 995 kamen nach 1945 zur DR und sind im Jahre 1967 ausgemustert worden. Der Verbleib der 92 991 und 994 ist unbekannt.

92 992, Foto: Slg. Kutschik

92²⁰
Zulässige Geschwindigkeit: 45 km/h
Treib- und Kuppelraddurchmesser: 1 216 mm
Kesseldruck: 12 bar
Indizierte Leistung: 570 PS
Dienstmasse Lok: 65,0/70,0¹) t
LüP: 10 840/11 042²) mm
¹) ab 92 2008 ²) 92 2028 bis 2040

92¹⁰
Zulässige Geschwindigkeit: 45 km/h
Treib- und Kuppelraddurchmesser: 1 250 mm
Kesseldruck: 13 bar
Indizierte Leistung:
Dienstmasse Lok: 63,4 t
LüP: 10 500 mm

92 10

BLE
D n2t
Gt 44.16
Einsatzzeitraum 1925 bis ca. 1957

Im Jahre 1925 beschaffte die Braunschweigische Landeseisenbahn (BLE) zwei vierfach gekuppelte Tenderlokomotiven, eine Naßdampf-Lokomotive von Linke-Hofmann (Bahnnummer 30) und eine Heißdampf-Lokomotive von Henschel (Bahnnummer 31). Die Naßdampf-Lokomotive von Linke-Hofmann lehnte sich stark an die ELNA-Typenreihe an. Sie hatte eine um 200 mm höhere Kesselmitte als die Henschel-Lokomotive, so daß der Wasserkasten unter dem Langkessel angeordnet werden konnte und T-förmig in den Rahmen eintauchte. Zusätzlich besaß sie zwei seitliche, kurze Wasserkästen und konnte insgesamt 8,5 m³ Wasser aufnehmen. Auf dem dreischüssigen Langkessel waren Dampfdom und Sandkasten unter einer gemeinsamen Verkleidung untergebracht.
Die Lokomotive zog in der Ebene 720 t mit 45 km/h, auf Steigungen von 5 ‰ 510 t mit 30 km/h. Damit war sie zwar der Heißdampflokomotive unterlegen, aber immer noch eine der stärksten Güterzuglokomotiven der BLE. Die DRG gab ihr bei Übernahme der BLE die Betriebsnummer 92 1081. Nach 1945 kam die Maschine zur Niederländischen Staatsbahn (NS), wo sie bis Anfang oder Mitte der 50er Jahre mit der Bahnnummer 9001 Dienst versah. Nach der Rückgabe an die DB wurde sie Werklokomotive beim AW Paderborn, wo sie auch ausgemustert worden ist.

92 1081, Foto: Slg. Bergmann

92 20

pfälz. R⁴/₄, bay. R⁴/₄
D n2t
Gt 44.16/17
Einsatzzeitraum 1913 bis ca. 1962

Im Jahre 1913 beschaffte die Bayerische Staatsbahn von der Firma Krauss die ersten vierfach gekuppelten Tenderlokomotiven für das pfälzische Netz. Krauss lieferte 1913 vier Lokomotiven, 1915 nochmals fünf. Die gedrungenen Maschinen mit 4 500 mm Gesamtachsstand waren als Naßdampflokomotiven ausgebildet, weil sie nur für den Rangierdienst verwendet wurden. Zur besseren Streckensicht ist auf seitliche Wasserkästen verzichtet worden, vielmehr wurde der Wasservorrat in einem T-förmig in den Rahmen hineinreichenden Wasserkasten unter dem Langkessel angeordnet. Von 1918 bis 1925 beschaffte die Bayerische Staatsbahn von Krauss weitere 42 Lokomotiven, die wie die Pfälzer Lieferung als Gattung R⁴/₄ bezeichnet worden sind. Von den an das pfälzische Netz gelieferten Lokomotiven mußten zwei an die SAAR-Bahnen abgegeben werden.
Die DRG übernahm 1925 alle anderen Lokomotiven mit den Betriebsnummern 92 2001 bis 92 2049, wobei die Betriebsnummern 92 2001 bis 2007 an die Pfälzer vergeben worden sind. Bei den bayerischen Maschinen gab es im Laufe des Beschaffungszeitraums verschiedene kleinere Bauartänderungen. Die Betriebsnummern 92 2041 bis 2049 hatten größere Vorräte und erhielten wegen ihrer größeren Masse das Gattungszeichen Gt 44.17. Nach 1945 kamen alle Maschinen zur DB, die sie im Laufe der 50er Jahre ausmusterte. Als letzte Lokomotive schied 1962 die 92 2024 aus. Lokomotiven der Gattung R⁴/₄ zogen in der Ebene 710 t mit 45 km/h und auf Steigungen von 5 ‰ 700 t mit 25 km/h.

Nr. 4160 (92 2017), Foto: Slg. Weisbrod

92^{24}
Zulässige Geschwindigkeit: 40 km/h
Treib- und Kuppelraddurchmesser: 1 110 mm
Kesseldruck: 12 bar
Indizierte Leistung: 700 PS
Dienstmasse Lok: 57,2 t
LüP: 10 540 mm

93^{0-1}
Zulässige Geschwindigkeit: 65 km/h
Treib- und Kuppelraddurchmesser: 1 350 mm
Laufraddurchmesser vorn/hinten: 1 000/1 000 mm
Kesseldruck: 12 bar
Indizierte Leistung: 1 000 PS
Dienstmasse Lok: 97,6 t
LüP: 13 800 mm

92^{24}

LEAG
D n2t
Gt 44.14
Einsatzzeitraum 1904 bis 1955

Die Lausitzer Eisenbahn AG (LEAG), eine Tochtergesellschaft der Lokalbahn AG (LAG) München, diente vorrangig dem Güterzugdienst. Entsprechend war auch der Lokomotivbestand ausgewählt. 1904 beschaffte die Bahnverwaltung von Krauss in München zwei vierfach gekuppelte Naßdampf-Tenderlokomotiven, die der bay. $R^4/_4$ ähnlich sahen und wie diese einen T-förmigen Wasserkasten unter dem Langkessel hatten. Der Kuppelraddurchmesser war mit 1 100 mm jedoch kleiner, der Gesamtachsstand mit 4 200 mm um 300 mm geringer. 1907 lieferte Krauss eine dritte Maschine, 1912 eine vierte, die jedoch durch größere Vorräte eine höhere Radsatzfahrmasse besaß. Die Lokomotiven erhielten bei der LEAG die Bahnnummern 65, 66, 71 und 77. Einsatzgebiet war die Strecke Muskau–Teuplitz–Sommerfeld, Heimatdienststelle das Bw Sommerfeld. Die Lokomotiven erledigten in den Bahnhöfen Teuplitz und Sommerfeld den Rangierdienst und im Streckendienst den größten Teil des Güterverkehrs. Bei Übernahme der LEAG durch die DRG im Jahre 1938 erhielten die Lokomotiven die Betriebsnummern 92 2401 bis 92 2404. Der Verbleib der 92 2401 und 92 2404 ist unbekannt, die 92 2402 war nach 1945 im Bestand der ČSD. Die 92 2403 kam zur DR und ist dort 1955 ausgemustert worden.

92 2401, Foto: Slg. Bergmann

93^{0-4}

pr. T 14
1′D1′ h2t
Gt 46.16
Einsatzzeitraum 1914 bis ca. 1971

Für die Eisenbahndirektion Berlin beschaffte die Preußische Staatsbahn ab 1914 von der Königsberger Union-Gießerei eine 1′D1′-Heißdampf-Tenderlokomotive, die die zu schwache und zu langsame T 13 ablösen sollte. Die beiden als Adams-Achsen mit Keilrückstellung ausgebildeten Laufradsätze sollten der besseren Führung im Gleis bei höheren Geschwindigkeiten dienen und die Spurkranzabnutzung der Kuppelradsätze verringern. Besonderen Wert hatte man auf die Mitnahme großer Vorräte gelegt. Außer den beiden seitlichen Wasserkästen waren noch zwei Rahmenwasserkästen vorhanden. Das führte jedoch zu einer ungleichmäßigen Belastung der Radsätze und ungenügender Ausnutzung der Reibungsmasse.
Die als Gattung T 14 bezeichneten Lokomotiven zogen in der Ebene 1 330 t mit 50 km/h, auf 6 ‰ Steigung noch 600 t mit 40 km/h. Mit der Musterblattbezeichnung XIV 4 ist die T 14 in die Normalien aufgenommen worden. Ab 1915 wurden die Lokomotiven mit Kolbenspeisepumpe und Oberflächenvorwärmer geliefert.
Die Preußische Staatsbahn beschaffte bis 1918 547 Lokomotiven der Gattung T 14, von denen 147 nach dem ersten Weltkrieg an ausländische Bahnverwaltungen abgegeben werden mußten. Die DRG übernahm 1925 400 Maschinen von der Preußischen Staatsbahn und sechs in Deutschland verbliebene Maschinen der Reichseisenbahnen mit den Betriebsnummern 93 001 bis 93 406. Nach 1945 verblieben ca. 160 Lokomotiven bei der DB und ca. 145 bei der DR. Die DB hat ihre Maschinen im Verlauf der 50er Jahre ausgemustert, mit der 93 026 im Jahre 1960 die letzte. Die DR hatte noch 33 T 14 zur Umzeichnung mit EDV-Betriebsnummern vorgesehen. Einige davon erhielten noch 8 000er Ordnungsnummern.

93 056, Foto: Slg. Weisbrod

93^{0-4}
Zulässige Geschwindigkeit: 65 km/h
Treib- und Kuppelraddurchmesser: 1 350 mm
Laufraddurchmesser vorn/hinten: 1 000/1 000 mm
Kesseldruck: 12 bar
Indizierte Leistung: 1 000 PS
Dienstmasse Lok: 97,6 t
LüP: 13 800 mm

93^{5-12}
Zulässige Geschwindigkeit: 65 km/h
Treib- und Kuppelraddurchmesser: 1 350 mm
Laufraddurchmesser vorn/hinten: 1 000/1 000 mm
Kesseldruck: 12 bar
Indizierte Leistung: 1 570 PS
Dienstmasse Lok: 104,0 t
LüP: 14 500 mm

93^{0-1}

MFWE
1'D1' h2t
Gt 46.16
Einsatzzeitraum 1934 bis 1967

Die Mecklenburgische Friedrich-Wilhelm Eisenbahn (MFWE) erwarb 1934 von der DRG die 93 040, mit den Lokomotiven 93 006, 93 010 und 93 107 ein Jahr später weitere drei Lokomotiven der preußischen Gattung T 14, die bei der DRG entbehrlich geworden waren. Kleinere Privatbahnen kauften des öfteren gebrauchte Staatsbahn-Lokomotiven, weil diese preiswerter waren als Neukonstruktionen bei den Lokomotivfabriken und in der Ersatzteilbeschaffung wegen ihrer meist großen Stückzahlen keine Probleme bereiteten. Während ihrer kurzen Einsatzzeit bei der MFWE sind an den Lokomotiven keine Veränderungen vorgenommen worden. Nur bei der 93 010 soll versuchsweise eine Mischvorwärmeranlage Bauart Knorr erprobt worden sein. Nach Übernahme der MFWE durch die DRG erhielten die vier Lokomotiven wieder ihre ursprünglichen DRG-Betriebsnummern. Über den Verbleib nach 1945 liegen nur Angaben über die 93 010 vor, die zur DB kam und dort 1953 ausgemustert worden ist. Die 93 040 kam zur DR (Bw Barth) und ist 1967 außer Dienst gestellt worden.

MFWE Nr. 35 (93 040), Foto: Slg. Weisbrod

93^{5-12}

pr. T 14^1
1'D1' h2t
Gt 44.17
Einsatzzeitraum 1918 bis 1971

Im Jahre 1918 lieferte die Königsberger Union-Gießerei die ersten Exemplare der überarbeiteten Ausführung der Gattung T 14 ab. Bei der nun als Gattung T 14^1 bezeichneten Ausführung sollten die Mängel der T 14 beseitigt werden, d. h. die ungleichmäßige Achsfahrmasse, die schlechte Zugänglichkeit mancher Baugruppen, zu schwach dimensionierte Triebwerksteile und zu geringe Vorräte. Die Vergrößerung des hinteren Wasserkastens und des Kohlekastens gestattete zwar die Aufnahme größerer Vorräte, führte aber erneut zur Überbelastung einzelner Achsen, diesmal des hinteren Radsatzes, der 19,1 t auf die Waage brachte. Vieles an der Lokomotive ist verbessert worden. Der unverändert übernommene Kessel erhielt 1921 einen Speisedom mit Speisewasserreiniger und einen zweiten Sandkasten.
Die T 14^1 ist von 1918 bis 1924 (also auch noch zur DRG-Zeit) mit insgesamt 729 Exemplaren gebaut worden. Das verbindliche Musterblatt trug die Bezeichnung XIV 4 e (3. Auflage). Auch die Württembergische Staatsbahn beschaffte 20 T 14^1, die 1921 von der Maschinenfabrik Esslingen geliefert worden sind. Sieben Maschinen sind 1919 als Reparationsleistung an die PKP abgegeben worden. Die DRG übernahm 1925 die T 14^1 mit den Betriebsnummern 93 501 bis 93 1261 (die Esslinger Lieferungen sind mit eingenummert). Einsatzgebiete waren der Güterzugdienst auf Hauptbahnen, aber auch der Vorortpersonenverkehr in Ballungsgebieten. Nach 1945 befanden sich 444 T 14^1 bei der DB und 172 bei der DR. Mit zunehmender Verbreitung der Diesellokomotiven der Baureihe V 100 bei beiden deutschen Bahnverwaltungen (DB BR 211/212, DR BR 110) nahm der Bestand an T 14^1 ab.

93 657, Foto: Slg. Weisbrod

93^{16} (MFWE)
Zulässige Geschwindigkeit: 65 km/h
Treib- und Kuppelraddurchmesser: 1 350 mm
Laufraddurchmesser vorn/hinten: 900/900 mm
Kesseldruck: 14 bar
Indizierte Leistung:
Dienstmasse Lok:
LüP: 13 462 mm

93^{16} (PE)
Zulässige Geschwindigkeit: 70 km/h
Treib- und Kuppelraddurchmesser: 1 400 mm
Laufraddurchmesser vorn/hinten: 850/850 mm
Kesseldruck: 14 bar
Indizierte Leistung:
Dienstmasse Lok:
LüP: 13 700 mm

93^{16}

MFWE
1'D1' h2t
Gt 46.16
Einsatzzeitraum 1927 bis 1968

Steigendes Verkehrsaufkommen und größere Zugmassen auf der Mecklenburgischen Friedrich-Wilhelm-Eisenbahn (MFWE) veranlaßten die Bahnverwaltung, Anfang 1927 bei der AEG zwei leistungsstärkere Heißdampf-Tenderlokomotiven zu bestellen, als es die 1925 gelieferten 1'C-h2t-Lokomotiven (Bahnnummern 27 und 28, DRG 91 231 und 232) waren. Bereits im August 1927 fanden auf den Strecken der MFWE die Probefahrten mit den beiden Lokomotiven statt, die die Bahnnummern 33 und 34 erhalten hatten. Die AEG hatte als Basismodell die 1'C-Lokomotive verwendet, die neuen Maschinen aber mit einem leistungsfähigeren Kessel, vier gekuppelten Radsätzen und einem Schleppradsatz ausgerüstet. Der zweischüssige Langkessel trug auf dem 1. Kesselschuß den Speisedom mit Winkelrost-Schlammabscheider und den Dampfdom, auf dem 2. Schuß den Sandkasten mit beidseits je sechs Fallrohren. Da alle vier Kuppelradsätze fest im Rahmen gelagert waren, hatte man sie zur Einhaltung des maximalen festen Achsstands von 4 500 mm eng zusammenrücken müssen (Achsstand 1 500 mm). Die Bremsklötze wirkten deshalb unterhalb der Achsmitte auf die Radreifen. Die beiden Lokomotiven waren moderne Konstruktionen und entsprachen im Ausrüstungsstand den Einheitslokomotiven. Sie zogen in der Ebene 560 t mit 65 km/h, auf Steigungen von 6 ‰ 550 t mit 40 km/h. Die MFWE setzte die Lokomotiven im schweren Güterzugdienst ein. Die DRG übernahm beide Maschinen mit den Betriebsnummern 93 1601 und 93 1602. Nach 1945 kamen sie zur DR und sind dort im November 1967 bzw. 1968 ausgemustert worden.

MFWE Nr. 33 (93 1601),
Foto: Slg. Weisbrod

93^{16}

PE
1'D1' h2t
Gt 46.16
Einsatzzeitraum 1936 bis 1970

Nach den beiden 1'C1'-Heißdampf-Tenderlokomotiven mit den Bahnnummern 8^{II} und 9^{II} (75 611 und 612) bestellte die Prignitzer Eisenbahn AG (PE) bei Henschel noch zwei leistungsfähigere Güterzug-Tenderlokomotiven. Henschel bot die Einheitslokomotive der BR 86 an, doch die PE lehnte wegen des hohen Preises ab. Unter Beibehaltung der Hauptabmessungen der BR 86 bot Henschel daraufhin eine einfachere und preisgünstigere Maschine mit Blechrahmen, wie sie auch die Eutin-Lübecker Eisenbahn (ELE) von Henschel bezogen hatte. Die PE bestellte zwei Maschinen, deren erste (Bahnnummer 7^{II}) 1936, die zweite (Bahnnummer 22) 1938 geliefert worden ist. Der Kessel beider Lokomotiven entsprach dem der BR 86, auch waren Zylinderdurchmesser, Kolbenhub, Lauf- und Kuppelraddurchmesser identisch. Auf dem zweischüssigen Langkessel waren auf dem 1. Schuß Sandkasten und Speisedom, auf dem 2. Schuß Dampfdom und ein zweiter Sandkasten jeweils unter gemeinsamer Verkleidung angeordnet. Trotz abgeschrägter seitlicher Wasserkästen hatten die Lokomotiven mit 10,2 m³ einen größeren Wasservorrat als die BR 86, weil sie noch im Rahmenwasserkasten Speisewasser mitführten. Der Kohlekasten hinter dem Führerhaus faßte mit 2,5 t jedoch 1,5 t weniger als bei der Einheitslok. Bei Übernahme der PE durch die DRG erhielten die Lokomotiven die Betriebsnummern 93 1611 und 93 1612. Sie sind Anfang der 40er Jahre an die Weimar-Bad Berkaer Eisenbahn verkauft worden, die ihnen die Bahnnummern 93 0020 und 93 0021 gab. Als die Bahn 1949 von der DR übernommen worden ist, bekamen die Lokomotiven die Betriebsnummern 93 6676 und 93 6677. Sie sind 1970 ausgemustert worden.

PE Nr. 7^{II} (93 1611),
Foto: Slg. Kutschik

94^{1}
Zulässige Geschwindigkeit: 50 km/h
Treib- und Kuppelraddurchmesser: 1 150 mm
Kesseldruck: 13 bar
Indizierte Leistung: 770 PS
Dienstmasse Lok: 64,5 t
LüP: 11 030 mm

94^{0}
Zulässige Geschwindigkeit: 40 km/h
Treib- und Kuppelraddurchmesser: 1 180 mm
Kesseldruck: 13 bar
Indizierte Leistung:
Dienstmasse Lok: 72,0 t
LüP: 12 020 mm

94^{0}

pfälz. T 5
E n2t
Gt 55.14
Einsatzzeitraum 1907 bis 1926

Die Pfalzbahnen gingen von der dreifach gekuppelten unmittelbar zur fünffach gekuppelten Tenderlokomotive über. Vierfach gekuppelte Tenderlokomotiven sind erst beschafft worden, nachdem die Pfalzbahnen 1909 von der Bayerischen Staatsbahn übernommen worden waren. Die fünffach gekuppelte Tenderlokomotive der Gattung T 5 war die letzte Eigenentwicklung der Pfalzbahnen. Krauss lieferte 1907 vier Lokomotiven, die die Bahnnummern 306 bis 309 erhielten. Sie kamen auf der Steilrampe zwischen Biebermühle und Pirmasens zur Beförderung schwerer Kohlenzüge zum Einsatz. Lauf- und Triebwerksausführung entsprachen der österreichischen Baureihe 180. Angetrieben wurde der 4. Radsatz, der 3. Radsatz hatte beidseits 20 mm, die beiden Endradsätze jeweils 26 mm Seitenverschiebbarkeit. Um eine übermäßig lange Treibstange zu vermeiden, war der Kreuzkopf vor den 2. Radsatz verlegt worden, was eine zusätzliche Führung von Schieber- und Kolbenstange erforderlich machte. Die seitlichen Wasserkästen, recht flach gehalten und nur von den Zylinderblöcken bis hinter den 3. Radsatz reichend, waren so breit, daß Steuerstange und Hängeeisen außen an den Wasserkästen vorbeigeführt werden mußten. Obwohl mit Naßdampf betrieben, besaßen die Lokomotiven Kolbenschieber. In der Leistung war die T 5 den fünffach gekuppelten Tenderlokomotiven Preußens und Sachsens unterlegen. Sie zog in der Ebene 1 510 t mit 40 km/h, auf Steigungen von 20 ‰ 200 t mit 30 km/h. Die DRG übernahm 1925 alle vier Maschinen mit den Betriebsnummern 94 001 bis 94 004 und hat sie 1926 ausgemustert.

Nr. 309 (94 004), Foto: Slg. Weisbrod

94^{1}

wü. Tn
E h2t
Gt 55.13
Einsatzzeitraum 1921 bis 1961

Die Württembergische Staatsbahn hatte bereits 1919 geplant, die unwirtschaftlichen Naßdampflokomotiven der Klasse A (Baureihe 34^{81}) durch eine fünffach gekuppelte Heißdampf-Tenderlokomotive zu ersetzen, die auch auf Strecken ohne verstärkten Oberbau verkehren konnte. Die Lieferung der als Klasse Tn bezeichneten Lokomotiven verzögerte sich jedoch bis zum Jahre 1921. In diesem und im folgenden Jahr lieferte die Maschinenfabrik Esslingen insgesamt 30 Lokomotiven. Die Tn war die kleinste deutsche fünffach gekuppelte Tenderlokomotive. Das Laufwerk war nach dem Gölsdorf-Prinzip mit Seitenverschiebbarkeit des 1., 3. und 5. Radsatzes und Antrieb des 4. Radsatzes ausgebildet. Obwohl der Kreuzkopf vor den 2. Radsatz zurückverlegt worden war, ergab sich eine lange Treibstange. Auch die Kolbenstange geriet mit fast 2 m überdurchschnittlich lang, kam aber ohne zusätzliche Führung aus. Die Tn war trotz ihrer geringen Reibungsmasse von 64,5 t eine sehr leistungsfähige Maschine, die in der Ebene 1 050 t mit 50 km/h und auf 10 ‰ Steigung 420 t mit 30 km/h bewältigte. Die DRG übernahm 1925 alle 30 Lokomotiven mit den Betriebsnummern 94 101 bis 94 130. Während ihrer gesamten Betriebszeit blieben die Maschinen in Württemberg, kamen also nach 1945 zur DB. Die Ausmusterung erfolgte zwischen 1959 und 1961.

94 129, Foto: Slg. Weisbrod

94^{2-4}
Zulässige Geschwindigkeit: 50 km/h
Treib- und Kuppelraddurchmesser: 1 350 mm
Kesseldruck: 12 bar
Indizierte Leistung: 1 170 PS
Dienstmasse Lok: 75,6 t
LüP: 12 660 mm

94^{3}
Zulässige Geschwindigkeit: 40 km/h
Treib- und Kuppelraddurchmesser: 1 350 mm
Kesseldruck: 12 bar
Indizierte Leistung: 1 070 PS
Dienstmasse Lok: 75,6 t
LüP: 12 500 mm

94^{2-4}

pr. T 16
E h2t
Gt 55.15
Einsatzzeitraum 1905 bis ca. 1965

Schwartzkopff lieferte 1905 zwei fünffach gekuppelte Heißdampf-Tenderlokomotiven als Baumuster. Die Lokomotiven hatten Rauchkammerüberhitzer und eine Lauf- und Triebwerksausführung nach Gölsdorf. Die Kuppelradsätze 1, 3 und 5 waren seitenverschiebbar, die Radsätze 2 und 4 fest im Rahmen gelagert. Angetrieben wurde der 4. Radsatz. Für die dadurch bedingten langen Kolben- und Schieberstangen waren zusätzliche Brillenführungen erforderlich.
Ab 1907 ist die T 16 mit Rauchrohrüberhitzer Bauart Schmidt geliefert worden. Dadurch konnte die Rauchkammer kürzer ausfallen, und der Schornstein rückte ans vordere Ende der Rauchkammer. Die lange und schwere Treibstange belastete das Triebwerk so stark, daß nur eine Geschwindigkeit von 50 km/h zugelassen werden konnte. Ab 1909 legte man den Antrieb auf den 3. Radsatz, gab dem 1. und 4. Radsatz jeweils 25 mm Seitenverschiebbarkeit und schwächte die Spurkränze der Treibräder um 10 mm. 1913 entwickelte man eine sog. verstärkte Bauart der T 16, die größere Vorräte an Wasser und Brennstoff, einen vierreihigen Überhitzer und eine Kuhnsche Schleife statt Hängeeisen hatte. Für diese Ausführung galt das Musterblatt XIV $4c^{1-2}$.
Für die Preußische Staatsbahn sind 343 T 16 gebaut worden. 65 Maschinen sind Kriegsverluste oder Reparationsabgaben. Die DRG übernahm 1925 262 Lokomotiven mit den Betriebsnummern 94 201 bis 94 467. Die Betriebsnummern 94 462 bis 464 waren T 16 der Reichseisenbahnen, die in Deutschland verblieben waren, die 94 465 bis 467 falsch eingeordnete T 16^1. Die als T 16^1 eingefügte 94 501 war eine T 16, die nach einem Unfall einen neuen Rahmen und damit eine höhere Achsfahrmasse erhalten hatte (die Lok war Baujahr 1906).

94 223, Foto: Slg. Weisbrod

94^{3}

ELE
E h2t
Gt 55.16
Einsatzzeitraum 1931 bis 1955

Die Eutin-Lübecker Eisenbahn (ELE) erwarb 1931 von der DRG eine fünffach gekuppelte Heißdampf-Tenderlokomotive der ehemaligen preußischen Gattung T 16. Die Lokomotive war 1912 von Schwartzkopff mit der Fabriknummer 4839 als ERFURT 8114 an die KED Erfurt der Preußischen Staatsbahn geliefert worden und erhielt 1925 bei der DRG die Betriebsnummer 94 366. Bei der ELE bekam sie die Bahnnummer 16 in zweiter Besetzung. Die Lokomotive entsprach der ab 1909 verbindlichen Ausführung, bei ihr wurde also der 3. Radsatz angetrieben. 1938 ist die Maschine bei Schwartzkopff zur Generalüberholung gewesen. Da sie mit der neuen Fabriknummer 10 798 das Werk verließ, bekam sie vermutlich auch einen neuen Rahmen. Als die ELE von der DRG übernommen worden ist, erhielt die Lokomotive wieder ihre ursprüngliche Betriebsnummer 94 366. Sie kam nach 1945 zur Deutschen Bundesbahn und ist 1955 beim Bw Rahden ausgemustert worden.

ELE Nr. 16^{II} (94 366), Foto: Slg. Kloth)

94 1036, Foto: Slg. Weisbrod

94 2003, Foto: Slg. Weisbrod

94^{5-17}
Zulässige Geschwindigkeit: 50 km/h
Treib- und Kuppelraddurchmesser: 1 350 mm
Kesseldruck: 12 bar
Indizierte Leistung: 1 350 PS
Dienstmasse Lok: 84,9 t
LüP: 12 660 mm

94^{19-21}
Zulässige Geschwindigkeit: 45 km/h
Treib- und Kuppelraddurchmesser: 1 260 mm
Kesseldruck: 12 bar
Indizierte Leistung: 1 170 PS
Dienstmasse Lok: 79,4 t[1])
LüP: 12 560 mm[2])
[1]) ab Baujahr 1913
[2]) ab Baujahr 1915

94^{5-17}

pr. T 16^1
E h2t
Gt 55.17
Einsatzzeitraum 1913 bis 1974

Bei der Ausarbeitung der Entwürfe zur pr. T 16 hatte man auf eine Achsfahrmasse von 14 t Rücksicht zu nehmen und deshalb einige Bauteile, z. B. den Rahmen, schwächer dimensioniert und auch die Vorräte knapp bemessen. Zur Behebung dieser Mängel verstärkte man ab 1913 Rahmen und Triebwerk und vergrößerte die Vorräte auf 8 m^3 Wasser und 3 t Kohle. Aus dieser Bauart entstand 1913 die T 16^1 bei Schwartzkopff, deren markanter äußerlicher Unterschied zur T 16 im längs auf dem Langkessel angeordneten Vorwärmer und den nach vorn abgeschrägten Wasserkästen bestand. Für diese Ausführung galt das Musterblatt XIV 4f. Ab 1921 erhielten die Lokomotiven Speisedom mit Winkelrost-Schlammabscheider, wodurch der Dampfdom nach hinten rükken mußte und der Vorwärmer links seitlich zwischen Speise- und Dampfdom Platz fand. Durch den Speisewasservorwärmer erhöhte sich das Leistungsvermögen gegenüber der T 16 um 8 bis 10 %, so daß die Maschinen in der Ebene 1 260 t mit 50 km/h und bei 10 ‰ 600 t mit 25 km/h ziehen konnten. Die T 16^1 war der leistungsstärkste deutsche E-Kuppler. Sie wurde nicht nur im schweren Rangierdienst und zum Nachschieben auf Rampen eingesetzt, sondern löste auch auf vielen Steilstrecken den Zahnradbetrieb ab. Von der Preußischen Staatsbahn und der DRG sind insgesamt 1 236 Lokomotiven beschafft worden, wovon 120 nach dem ersten Weltkrieg an ausländische Bahnen gelangten. Die DRG übernahm 1925 1 116 Lokomotiven mit den Betriebsnummern 94 502 bis 94 1377 und 94 1501 bis 94 1740. Der Nachkriegsbestand betrug bei der DB ca. 670 Maschinen, bei der DR 230 bis 250. Bei beiden Bahnverwaltungen erhielten noch zahlreiche Lokomotiven EDV-Betriebsnummern.

94^{19-21}

sä. XI HT
E h2t
Gt 55.15/16
Einsatzzeitraum 1908 bis 1976

1907 bestellte die Staatsbahn bei Hartmann 18 Lokomotiven, die gegenüber der Gattung XI HV einen verbesserten Rauchrohrüberhitzer erhielten und als Gattung XI HT eingeordnet wurden. Hartmann lieferte 1908 zehn Maschinen, 1909 die restlichen acht. Die Lokomotiven hatten den für Sachsen in dieser Zeit typischen Belpaire-Hinterkessel, einen großen Dampfdom, einen ebenso großen viereckigen Sandkasten und Krempenschornstein. Weil Sachsen auch noch viele Strecken hatte, für die nur 15 t Achsfahrmasse zugelassen waren und auf denen die XI HT mit 16 t nicht verkehren durfte, ist 1910 eine leichtere Ausführung für 15 t geliefert worden. Von dieser Ausführung gab es zehn Lokomotiven.
Insgesamt hat Hartmann 163 Lokomotiven der Gattung XI HT gebaut, von denen nach 1919 13 als Reparationsleistungen abgegeben werden mußten, drei im Krieg verlorengingen. Die DRG übernahm 1925 acht Lokomotiven mit 15 t Achsfahrmasse als 94 1901 bis 94 1908 und 139 Lokomotiven mit den Betriebsnummern 94 2001 bis 94 2139. Die XI HT zog in der Ebene 1 630 t mit 45 km/h, auf 25 ‰ Steigung noch 320 t mit 20 km/h. Ihr Einsatzgebiet waren der schwere Rangierdienst, die Beförderung von Personen- und Güterzügen auf Nebenstrecken und der Dienst auf Steilrampen. Die dort eingesetzten Lokomotiven hatten Riggenbach-Gegendruckbremse. Nach 1945 waren 12 Maschinen bei ausländischen Bahnverwaltungen verblieben, jedoch zwei 1919 als Reparationsleistungen abgegebene Lokomotiven als 94 2151 und 2152 eingenummert worden. Letztes Einsatz-Bw war Aue, das die Lokomotiven auf der Steilrampe Eibenstock unt Bf–Eibenstock ob Bf einsetzte.

95^0
Zulässige Geschwindigkeit: 70 km/h
Treib- und Kuppelraddurchmesser: 1 400 mm
Laufraddurchmesser vorn/hinten: 850/850 mm
Kesseldruck: 14 bar
Indizierte Leistung: 2 400 PS
Dienstmasse Lok: 127,4 t
LüP: 15 100 mm

96^0
Zulässige Geschwindigkeit: 50 km/h
Treib- und Kuppelraddurchmesser: 1 216 mm
Kesseldruck: 15 bar
Indizierte Leistung: 1 630 PS
Dienstmasse Lok: 131,1 t
LüP: 17 700 mm

95^0

pr. T 20
1'E1' h2t
Gt 57.19
Einsatzzeitraum 1922 bis 1981

Die Halberstadt-Blankenburger Eisenbahn (HBE) hatte mit den von Borsig entwickelten 1'E1'-Tenderlokomotiven der sog. Tierklasse 1920 bewiesen, daß zumindest im Harz der Zahnradbetrieb durch Adhäsionsbetrieb abgelöst werden konnte. Die Preußische Staatsbahn ließ daraufhin bei Borsig ebenfalls eine 1'E1'-Tenderlokomotive entwickeln, die jedoch wesentlich größer und schwerer ausfiel und die HBE-Lokomotiven in der Reibungsmasse um mehr als 20 t übertraf. Die als Gattung T 20 bezeichneten Lokomotiven verkörperten den letzten Stand preußischer Lokomotiventwicklung. Die Preußische Staatsbahn bestellte 45 Lokomotiven, von denen Borsig 1922/23 18 Stück und die Hanomag 1923/24 27 Stück lieferten.
Die T 20 übernahm den Schiebedienst auf Steilrampen, so u. a. auf den Strecken Arnstadt–Grimmenthal, Tharandt–Klingenberg-Colmnitz, Lichtenfels–Saalfeld und auf der Geislinger Steige.
Die Maschine konnte in der Ebene 2 250 t mit 60 km/h ziehen, auf 10 ‰ Steigung noch 1 300 t mit 22 km/h. Ab Werk waren alle Lokomotiven mit Riggenbach-Gegendruckbremse ausgerüstet.
Die DRG übernahm alle 45 Lokomotiven mit den Betriebsnummern 95 001 bis 95 045. Nach 1945 kamen 14 Maschinen zur DB und 31 zur DR. Die DB-Maschinen waren beim Bw Aschaffenburg beheimatet und wurden nach Elektrifizierung der Strecke Nürnberg–Aschaffenburg–Frankfurt/M. entbehrlich. Die DR-Maschinen waren beim Bw Probstzella und beim Bw Blankenburg (Harz) beheimatet, nach Elektrifizierung der Rübelandbahn alle beim Bw Probstzella. Ab 1966 erhielten 24 Maschinen im Raw Meiningen Ölhauptfeuerung. Die Lokomotiven sind erst zum Planwechsel 1979/80 durch die Diesellokomotiven der BR 119 abgelöst worden.

95 026, Foto: Hanomag

96^0

bay. Gt $2x^4/_4$
D'D h4vt
Gt 88.15/16
Einsatzzeitraum 1913 bis 1948

Die Bayerische Staatsbahn hatte mit den drei Steilrampen Laufach–Heigenbrücken, Steinbach–Probstzella und Neuenmarkt-Wirsberg–Marktschorgast von jeher besondere Zugförderungsprobleme, die mit den um 1910 gestiegenen Wagenzugmassen kaum noch zu bewältigen waren. So bestellte die Bayerische Staatsbahn bei Maffei eine leistungsfähige Tenderlokomotive. Bei der zugestandenen Achsfahrmasse von 15 t entschied sich Maffei für eine Mallet-Lokomotive, um einen ausreichend großen Kessel unterzubringen und auch die Bogenläufigkeit noch erhalten zu können. So entstand 1913 die damals größte und stärkste Tenderlokomotive Europas. Die Lokomotive, als Gattung Gt $2x^4/_4$ bezeichnet, besaß acht gekuppelte Radsätze, von denen vier im Hauptrahmen gelagert waren und von der Hochdruckmaschine angetrieben wurden. Die anderen vier waren in einem Drehgestell gelagert und wurden von der Niederdruckmaschine angetrieben. Die ersten Probefahrten verliefen sehr überzeugend. In den Jahren 1913 und 1914 lieferte Maffei 15 Lokomotiven. Die zehn von 1922 bis 1924 nachgelieferten Maschinen sind gründlich überarbeitet worden, denn die 1922 in Dienst gestellte pr. T 20 erbrachte trotz 30 t geringerer Masse höhere Leistungen als die bayerische Riesenlokomotive. Bei der Gt $2x^4/_4$ bestand auf Steilrampen durch die Entlastung des Drehgestells und die Verlagerung der Wasservorräte nach hinten die Gefahr des Schleudern.
Die DRG übernahm 1925 alle 25 Maschinen mit den Betriebsnummern 96 001 bis 96 025. Drei Maschinen sind bereits 1933 ausgemustert worden, eine weitere im Jahr 1944. Nach 1945 kamen 18 Maschinen zur DB, wo sie als Splittergattung 1948 ausgemustert worden sind. Zwei Lokomotiven, die 96 002 und die 96 024, gelangten zur DR.
96 001, Foto: Slg. Weisbrod

97[0]
Zulässige Geschwindigkeit: 50/20[1]) km/h
Treib- und Kuppelraddurchmesser: 1 080 mm
Laufraddurchmesser vorn/hinten:
–/800 mm
Kesseldruck: 12 bar
Indizierte Leistung:
Dienstmasse Lok: 59,1 t
LüP: 10 300 mm
[1]) in der Zahnstange

97[1]
Zulässige Geschwindigkeit: 45/18[1]) km/h
Treib- und Kuppelraddurchmesser: 1 006 mm
Laufraddurchmesser vorn/hinten:
–/800 mm
Kesseldruck: 12 (13) bar
Indizierte Leistung: 530 (560) PS
Dienstmasse Lok: 57,8 (59,9) t
LüP: 10 490 mm (10 640)
[1]) km/h in der Zahnstange
(Klammerwerte: 97 104)

97^0

pr. T 26
C1′ h2(4)t
Z 34.14
Einsatzzeitraum 1902 bis 1931

Für die Zahnradstrecken der Preußisch-Hessischen Staatsbahn lieferte die Maschinenfabrik Esslingen 1902 die ersten drei Lokomotiven der Gattung T 26. Weitere 27 Maschinen stammten von Borsig.
Die Lokomotiven der Gattung T 26 waren für gemischten Reibungs- und Zahnradbetrieb ausgelegt. Das Reibungstriebwerk wurde von den beiden außenliegenden Zylindern angetrieben, die Zahnradmaschine von den beiden Innenzylindern. Reibungs- und Zahnradmaschine arbeiteten unabhängig voneinander, waren aber in der Umsteuerung miteinander verbunden. Die Lokomotiven waren für das System Abt ausgelegt, bei dem zwei Zahnstangen in Gleismitte so verlegt waren, daß stets ein Zahn einer Zahnlücke gegenüberstand. Die Zahnradachswellen mit den beiden Zahnrädern waren in einem besonderen Rahmen auf den Kuppelradsätzen 1 und 2 gelagert. Der Doppelregler im Dampfdom lieferte, je nachdem, welcher Regler bedient wurde, Dampf für die Reibungs- oder die Zahnradmaschine. Zur besseren Unterscheidung hatten im Führerhaus die Bedienelemente für die Zahnradmaschine vierkantige, die für die Reibungsmaschine runde Wellen. Die Lokomotive durfte in die Zahnstangenabschnitte bei Bergfahrt mit 7,5 km/h, bei Talfahrt nur mit 5,0 km/h einfahren. Reibungs- und Zahnradmaschine mußten dabei synchron laufen.
Nach den erfolgreichen Versuchen der Halberstadt-Blankenburger Eisenbahn, den Zahnradbetrieb durch Reibungsbetrieb abzulösen, sind ab 1922 nach und nach die Zahnradlokomotiven abgelöst und durch Reibungsmaschinen, meist T 16[1], ersetzt worden. Die DRG hatte 1925 noch alle 30 Lokomotiven mit den Betriebsnummern 97 001 bis 97 030 übernommen, jedoch bis 1932 alle Maschinen ausgemustert. Für die T 26 galt das Musterblatt XIV 4 r.

CÖLN 9002 (97 011), Foto: Borsig

97^1

bay. PtzL 3/4
C1′ h2(4v)t
Z 34.15
Einsatzzeitraum 1912 bis 1962

Für die einzige bayerische Zahnradstrecke Erlau (b. Passau) –Wegscheid, auf der zwischen Übernzell und Wegscheid zwei Zahnstangenabschnitte lagen, lieferte Krauss & Co. in München 1912 drei Zahnradlokomotiven, die die Bahnnummern 4101 bis 4103 erhielten. 1923 folgte eine vierte Maschine mit der Bahnnummer 4104. Die Lokomotiven liefen auf einer Zahnstange Bauart Strub, bei der aus dem konischen Schienenkopf die Zähne mit Evolventenverzahnung herausgefräst waren. Die Lokomotiven waren für gemischten Reibungs- und Zahnradbetrieb ausgelegt. Bei Reibungsbetrieb arbeitete die HD-Maschine im Zwillingsbetrieb, bei mitlaufender Zahnradmaschine fungierten die Zylinder der Reibungsmaschine als HD-, die der Zahnradmaschine als ND-Zylinder. Ein Betrieb als Vierzylinder-Maschine war ebenfalls möglich. Die Umsteuerungen beider Maschinen waren miteinander verbunden. Die beiden Triebzahnräder waren in einem besonderen Rahmen zwischen 1. und 2. Kuppelradsatz gelagert und wurden von den Treibstangen über Kurbelscheiben und Zahnräder angetrieben.
Die im Jahre 1923 nachgelieferte Lokomotive unterschied sich von den ersten drei Maschinen durch einen von 460 auf 480 mm vergrößerten Zylinderdurchmesser, einen von 12 auf 13 bar erhöhten Kesseldruck und durch einen normalen Schmidt-Überhitzer anstelle des bisher verwendeten Kleinrohrüberhitzers.
Die DRG übernahm 1925 alle vier Lokomotiven mit den Betriebsnummern 97 101 bis 97 104. Ab 1943 war die 97 104 in Österreich eingesetzt, ist aber 1946 an die DB zurückgegeben worden. Die 97 102 hat man bereits 1945 ausgemustert, die anderen drei Lokomotiven waren bis 1962 im Einsatz und wurden 1963 ausgemustert.

97 102, Foto: Slg. Weisbrod

97²
Zulässige Geschwindigkeit: 42/23¹) km/h
Treib- und Kuppelraddurchmesser: 1 080 mm
Laufraddurchmesser vorn/hinten: –/850 mm
Kesseldruck: 14 bar
Indizierte Leistung: 700 PS
Dienstmasse Lok: 57,0 t
LüP: 10 900 mm
¹) In der Zahnstange

97⁴
Zulässige Geschwindigkeit: 55/20¹) km/h
Treib- und Kuppelraddurchmesser: 1 100 mm
Laufraddurchmesser vorn/hinten: 800/800 mm
Kesseldruck: 14 bar
Indizierte Leistung: 977 PS
Dienstmasse Lok: 94,3 t
LüP: 12 700 mm
¹) In der Zahnstange

97²

bad. IX b¹, IX b²
C1′ n2 (4v)t
Z 34.14
Einsatz 1910/1921 bis 1940

Die Badische Staatsbahn beschaffte 1910 von der Maschinenfabrik Esslingen vier Lokomotiven der Gattung IX b¹ für gemischten Reibungs- und Zahnradbetrieb, die 150 t Zugmasse auf dem steilsten Abschnitt der Höllentalbahn (54,8 ‰) noch mit 10 km/h befördern konnten. Reibungs- und Zahnradmaschine besaßen gleichgroße Zylinder, die miteinander verschraubt waren und den Rauchkammerträger bildeten. Die Reibungsmaschine trieb den 2. Kuppelradsatz an, die Zahnradmaschine übertrug das Drehmoment über eine Vorgelegewelle und Zahnräder auf das Triebzahnrad. Bei reinem Reibungsbetrieb arbeiteten die beiden Zylinder im Zwillingsbetrieb, in der Zahnstange arbeitete das gesamte Triebwerk im Vierzylinder-Verbundverfahren, wobei die Zylinder der Reibungsmaschine als HD-, die der Zahnradmaschine als ND-Zylinder fungierten. Die Lokomotiven der Gattung IX b¹ besaßen ab Werk Überhitzer der Bauart Clench-Gölsdorf, die den Dampf auf ca. 240 °C überhitzten, aber schon 1916 wieder ausgebaut worden sind. Die drei 1921 nachbestellten und als Gattung IX b² bezeichneten Lokomotiven waren Naßdampfmaschinen. Die DRG übernahm 1925 die Lokomotiven der Gattung IX b¹ mit den Betriebsnummern 97 201 bis 97 204, die der Gattung IX b² mit den Betriebsnummern 97 251 bis 97 253. Als 1932 der alte Ravenna-Viadukt durch eine neue Mauersteinbrücke ersetzt worden war und die Einheitslokomotiven der Baureihe 85 den Zahnradbetrieb ablösten, waren die Zahnradlokomotiven entbehrlich und sind von der Strecke abgezogen worden. Die Lokomotiven der Gattungen IX b¹ und IX b² waren für die Zahnstange System Bissinger-Klose ausgelegt, eine Leiterzahnstange ähnlich der des Systems Riggenbach.

97 253, Foto: Slg. Weisbrod

97³

wü. Fz
1′C n2 (4v)t
Z 34.14
Einsatzzeitraum 1893 bis 1937

Die Württembergische Staatsbahn betrieb zwei Zahnradstrecken, auf denen Leiterzahnstangen der Bauart Bissinger-Klose lagen. Die Zahnradstrecke Honau–Lichtenstein auf der Strecke Reutlingen–Münsingen hatte 100 ‰ maximale Neigung, der Abschnitt Freudenstadt–Klosterreichenbach maximal 50 ‰. Für die Strecke Honau–Lichtenstein lieferte die Maschinenfabrik Esslingen 1893 vier dreifach gekuppelte Zahnradlokomotiven mit vorderem Laufradsatz, bei denen Kessel und Laufwerk von den Lokomotiven der Klasse F stammten. Entsprechend wurden die Zahnradlokomotiven als Klasse Fz bezeichnet. Die beiden außenliegenden Zylinder der Reibungsmaschine arbeiteten auf den 2. Kuppelradsatz, die beiden Innenzylinder auf das Zahnradtriebwerk. In der Zahnstange arbeiteten alle vier Zylinder im Verbundverfahren, wobei die Außenzylinder als HD-Zylinder, die Innenzylinder als ND-Zylinder fungierten.

Für die Strecke Freudenstadt–Klosterreichenbach sind von Esslingen zwischen 1899 und 1904 weitere fünf Maschinen geliefert worden, die jedoch im Unterschied zu der ersten Serie zwei Dampfdome mit Verbindungsrohr besaßen. Von diesen Maschinen sind 1923 schon zwei Stück ausgemustert worden. Die DRG übernahm 1925 die vier Maschinen aus dem Jahre 1893 mit den Betriebsnummern 97 301 bis 97 304 und die verbliebenen drei der zweiten Serie mit den Betriebsnummern 97 305 bis 97 307. Ab 1924 sind die Lokomotiven der Klasse Fz auf der Strecke Honau–Lichtenstein von den stärkeren Maschinen der Klasse Hz (BR 97⁵) abgelöst worden. Auf der Strecke Freudenstadt–Klosterreichenbach wurde ab 1936 mit pr. T 16¹ im Reibungsbetrieb gefahren, so daß hier die Zahnradlokomotiven überflüssig geworden waren.

694 MUENSINGEN, Foto: Slg. Weisbrod

97[3]
Zulässige Geschwindigkeit: 50/20[1]) km/h
Treib- und Kuppelraddurchmesser: 1 230 mm
Laufraddurchmesser vorn/hinten: 945/– mm
Kesseldruck: 14 bar
Indizierte Leistung:
Dienstmasse Lok: 54,1 t
LüP: 9 490/9 512[2]) mm
[1]) In der Zahnstange
[2]) Gültig für 97 305 bis 307

97[5]
Zulässige Geschwindigkeit: 50/10[1]) km/h
Treib- und Kuppelraddurchmesser: 1 150 mm
Kesseldruck: 14 bar
Indizierte Leistung: 850 PS
Dienstmasse Lok: 74,9 t
LüP: 11 870 mm
[1]) In der Zahnstange

97^4

pr. T 28
1'D1' h2(4v)t
Z 46.16
Einsatzzeitraum 1921 bis 1954

Die Preußisch-Hessische Staatsbahn besaß für ihre Zahnradstrecken Lokomotiven der Gattung T 26, deren Zugkraft und Geschwindigkeit nach dem ersten Weltkrieg nicht mehr den Anforderungen genügten. Borsig entwickelte 1921 eine neue, leistungsfähigere Heißdampfmaschine, die, entsprechend dem Stand des preußischen Lokomotivbaus, Belpaire-Kessel und Barrenrahmen besaß. Die Zylinder für Reibungs- und Zahnradmaschine waren außen übereinander angeordnet und arbeiteten in der Zahnstange als Vierzylinder-Verbund-Maschine. Bei abgestellter Zahnradmaschine lief das Reibungstriebwerk im Zwillingsbetrieb. Auf preußischen Zahnradstrecken waren Zweilamellen-Zahnstangen des Systems Abt verlegt. Die beiden Triebzahnräder griffen zwischen 1. und 2. bzw. zwischen 2. und 3. Kuppelradsatz in die Zahnstange ein. Die als Gattung T 28 bezeichnete Lokomotive blieb ein Einzelstück, weil bei ihrer Indienststellung die Ablösung des Zahnradbetriebes bereits beschlossen war. Die Lokomotive, als ERFURT 9101 eingeordnet, war fast zehn Jahre auf der Strecke Linz–Seifen im Westerwald eingesetzt und erhielt 1925 von der DRG die Betriebsnummer 97 401. 1929 ist sie an die Eutin-Lübekker Eisenbahn (ELE) verkauft worden, die sie mit ausgebautem Zahnradtriebwerk als 1'D1' h2-Lokomotive im Güterzugdienst einsetzte und dann an eine Berliner Schrottfirma verkaufte. Von dieser erwarb sie 1939 die Brandenburgische Städtebahn (BStB). Als diese Bahn 1949 von der DRG übernommen wurde, bekam die Lokomotive die Betriebsnummer 93 6576. Die DR hat die Lokomotive 1954 ausgemustert.

ERFURT 9101 (97 401), Foto: Borsig

97^5

DRG (wü. Hz)
E h2(4v)t
Z 55.15
Einsatzzeitraum 1923 bis 1962

Als Ersatz für die Zahnradlokomotiven der Klasse Fz auf der Strecke Honau–Lichtenstein plante die RBD Stuttgart eine leistungsstärkere Zahnradlokomotive, die als Klasse Hz bezeichnet werden sollte. Da Planung, Bau und Auslieferung bereits in der DRG-Zeit erfolgten, haben die Maschinen die württembergische Länderbahnbezeichnung nie getragen, sondern sind mit den DRG-Betriebsnummern 97 501 bis 97 504 geliefert worden. Die erforderliche Leistungssteigerung bedingte einen größeren Kessel, der nur auf fünf gekuppelten Radsätzen untergebracht werden konnte, um die maximale Radsatzfahrmasse von 16 t nicht zu überschreiten. Die Zylinder für Reibungs- und Zahnradmaschine waren außen übereinander angeordnet. Sie arbeiteten in der Zahnstange im Vierzylinder-Verbundbetrieb, bei ausgeschaltetem Zahnradtriebwerk arbeiteten die Zylinder der Reibungsmaschine im Zwillingsbetrieb. Das Leistungsprogramm (300 t im Reibungsbetrieb mit 20 km/h, 100 t in der Zahnstange mit 10 km/h) wurde um 10 % überboten. Das Triebzahnrad für die Zahnstange Bauart Bissinger-Klose war verspannungsfrei in einem besonderen Rahmen gelagert, der auf den Achslagern des 3. Kuppelradsatzes (Treibradsatz) und der Achswelle des 2. Radsatzes ruhte. Die Achswelle des Triebzahnrades war durch diesen Rahmen bis zum Hauptrahmen geführt, um Zug- und Stoßkräfte von den Treibachslagern fernzuhalten. Die 97 501, 502 und 504 erhielten 1954 in der Maschinenfabrik Esslingen eine Hauptuntersuchung; die 97 503 ist 1956 ausgemustert worden. Der Einsatz der Zahnradschienenbusse der Baureihe VT 97 (797) beendete den Einsatz der stärksten Zahnradlokomotiven, die auf deutschen Strecken verkehrt hatten. Die 97 504 z. B. steht im Museum für Verkehr und Technik in Berlin.

97 501, Foto: Slg. Weisbrod

98^0
Zulässige Geschwindigkeit: 50 km/h
Treib- und Kuppelraddurchmesser: 1 260 mm
Kesseldruck: 13 bar
Indizierte Leistung: 540 PS
Dienstmasse Lok: 60,5 t
LüP: 11 624 mm

98^2
Zulässige Geschwindigkeit: 45 km/h
Treib- und Kuppelraddurchmesser: 1 100 mm
Kesseldruck: 12 bar
Indizierte Leistung:
Dienstmasse Lok: 32,4 t
LüP: 8 300 mm

98^0

sä. IT V
B'B' n4vt
L 44.15
Einsatzzeitraum 1910 bis 1968

Für die Windbergbahn, die sich mit Steigungen bis zu 25 ‰ und engen Radien an den Hängen des Windberges von Freital bei Dresden nach Possendorf schlängelte, beschaffte die Sächsische Staatsbahn ab 1910 von Hartmann insgesamt 18 Naßdampf-Verbundlokomotiven der Bauart Meyer. Bei diesem Lokomotivtyp, der als Gattung IV K auf den 750-mm-Schmalspurstrecken sehr erfolgreich war, hatte man HD- und ND-Maschine getrennt in je einem Drehgestell untergebracht. Der Vorteil dieser Konstruktion war die gute Bogenläufigkeit, der Nachteil die beweglichen Leitungen für HD- und ND-Dampf und Verbinder. Die Lokomotiven zogen in der Ebene 420 t mit 50 km/h, auf Steigungen von 25 ‰ 195 t mit 20 km/h. Wie bei den Lokomotiven der Bauart Mallet erforderte es viel Geschick, die Reibungsmasse in Zugkraft umzusetzen, weil die Triebwerke zum Schleudern neigten. Die beiden Zylindergruppen waren in Fahrzeugmitte angeordnet, arbeiteten also gegenläufig und erzeugten ein stets wechselndes Drehmoment. Die DRG übernahm 1925 15 Maschinen der Gattung IT V und gab ihnen die Betriebsnummern 98 001 bis 98 015. Vier Maschinen sind bis 1933 ausgemustert worden (98 003, 007, 008, 015). Von der Kohlenbahn Oberhohndorf–Reinsdorf hat die DRG 1940 eine IT V übernommen und als 98 015[II] eingeordnet. Zwölf Maschinen kamen in den Bestand der DR und hatten beim Uranerzbergbau in Dresden-Gittersee nochmals erhebliche Verkehrsleistungen zu erbringen. Erst als die Diesellokomotiven der BR V 60 mit Spurkranzschmierung auf der Windbergbahn zum Einsatz kamen, wurden die Maschinen bis auf die 98 001 und 98 009 ausgemustert, die noch bis 1968 im Bw Dresden A Dienst taten. Die 98 001 gehört dem Verkehrsmuseum in Dresden.

Nr. 1388 (98 011), Foto: Slg. Weisbrod

98^1

old. T 2
B n2t
L 22.14
Einsatzzeitraum 1896 bis 1931

Der Ausbau des Streckennetzes für 14 t Achsfahrmasse ermöglichte es der Oldenburgischen Staatsbahn, leistungsfähigere Lokomotiven zu beschaffen. Man blieb zwar bei der zweifach gekuppelten Tenderlokomotive, konnte jedoch die zulässigen 28 t Dienst- bzw. Reibungsmasse ausnutzen. Die Hanomag lieferte von 1896 bis 1913 insgesamt 38 Lokomotiven nach dem Vorbild der pr. T 2, die als old. T 2 bezeichnet wurden und die Namen von Tieren erhielten. Die Maschinen hatten bei einer Rohrlänge von 3 100 mm und einer Rostfläche von 1,01 m^2 eine Verdampfungsheizfläche von etwas mehr als 57 m^2. Auf einen Dampfdom verzichtete die Oldenburgische Staatsbahn und ließ den Regler in der Rauchkammer unterbringen. Die Lokomotiven waren für 50 km/h zugelassen und sind, nachdem acht Maschinen für diesen Zweck Druckluftbremsausrüstung erhalten hatten, auch im Nebenbahndienst eingesetzt worden. Der Hauptluftbehälter wurde stehend auf dem Hinterkessel vor dem Führerhaus untergebracht.
Die DRG übernahm 1925 bis auf die Bahnnummer 113 STIER alle Maschinen und gab ihnen die Betriebsnummern 98 101 bis 98 137. Die meisten Lokomotiven sind 1926/27 ausgemustert worden, wenige hielten sich bis Anfang der 30er Jahre. Einige Maschinen dienten nach der Ausmusterung als Werklokomotiven bis 1953 in Ausbesserungswerken, andere kamen zur 1904 eröffneten Kleinbahn Lohne–Dinklage, deren Betriebsführung die Oldenburgische Staatsbahn innehatte.

98 131, Foto: Maey

98[1]
Zulässige Geschwindigkeit: 50 km/h
Treib- und Kuppelraddurchmesser: 1 100 mm
Kesseldruck: 12 bar
Indizierte Leistung:
Dienstmasse Lok: 28 t
LüP: 8 089 mm

98[3]
Zulässige Geschwindigkeit: 50 km/h
Treib- und Kuppelraddurchmesser: 1 006 mm
Kesseldruck: 12 bar
Indizierte Leistung: 210 PS
Dienstmasse Lok: 22,7 t[1)]
LüP: 7 004 mm[1)]
[1)] Maschinen mit Blindwelle (ohne Blindwelle: 22,1 t; 6 800 mm)

98[2]

old. T 3
C n2t
L 33.11
Einsatzzeitraum 1898 bis 1926

Bereits zwei Jahre nach den B-Kupplern der Gattung T 2 lieferte die Hanomag für die Oldenburgische Staatsbahn dreifach gekuppelte Naßdampf-Tenderlokomotiven, die als Gattung T 3 geführt wurden. Leistungsmäßig bestand zwischen beiden Gattungen kein Unterschied. Die T 3 hatte eine um 3,2 t geringere Achsfahrmasse, jedoch eine um 4,4 t höhere Reibungsmasse. Die Hanomag lieferte von 1898 bis 1901 zwölf Lokomotiven, 1909 nochmals drei, die wegen ihres ausschließlichen Einsatzes im Rangierdienst eine etwas kleinere Heiz- und Rostfläche hatten. Die Lokomotiven besaßen Druckluftbremse Bauart Westinghouse, wobei bei den Lieferungen bis 1901 der Hauptluftbehälter wie bei der T 2 domartig auf dem Hinterkessel stand, bei den drei Maschinen der Lieferung von 1909 quer zum Rahmen unter dem Führerhaus hing. Ein Dampfdom war nicht vorhanden, der Regler war in der Rauchkammer untergebracht.

Die DRG übernahm 1925 die 15 Lokomotiven nur formell mit den Betriebsnummern 98 201 bis 98 215 und hat sie sofort ausgemustert.

124 SAAR (98 202),
Foto: Slg. Weisbrod

98[3]

bay. PtL $^2/_2$
B h2t
L 22.11
Einsatzzeitraum 1908 bis 1962

Für die zahlreichen bayerischen Lokalbahnstrecken lieferte Krauss 1908 eine zweiachsige Heißdampf-Tenderlokomotive, die mit halbselbsttätiger Schüttfeuerung ausgerüstet war und einen Einmann-Betrieb zuließ. Bei den Maschinen war der gesamte Langkessel vom Führerhaus umschlossen, nur die Rauchkammer ragte heraus. Der Kohlekasten mit Schütttrichter an der Führerhausrückwand überragte das Führerhausdach. Die jeweils drei großen Seitenfenster verhalfen den Lokomotiven zu dem Beinamen Glaskastl. Die 1908 und 1909 gelieferten 28 Lokomotiven hatten einen Achsstand von 3 200 mm. Die Treibstange arbeitete auf eine Blindwelle, die beide Radsätze antrieb. Bei den Lieferungen der Jahre 1911 und 1914 mit neun bzw. vier Maschinen entfiel die Blindwelle, die Treibstange arbeitete direkt auf den 2. Radsatz. Der Achsstand war auf 2 700 mm verringert worden. Das Führerhaus hatte an der Stirnseite eine, an der Rückwand zwei Türen. Einsatzgebiete der wendigen und wirtschaftlichen Lokomotiven waren die vielen Lokalbahnstrecken in Bayern. In den Bestand der DRG kamen 1925 noch 22 Lokomotiven: die Betriebsnummern 98 301 bis 98 309 mit Blindwelle und die 98 310 bis 98 322 ohne Blindwelle. Zwei Maschinen sind 1942 an Industriebetriebe verkauft worden, eine ging im Krieg verloren, eine weitere verschlug es nach Österreich, wo sie bis 1959 als 688.01 zur Zugförderungsstelle Salzburg gehörte. Alle anderen Maschinen kamen zur DB, die die meisten in den 50er Jahren ausmusterte. Bis Herbst 1962 war die 98 307 des Bw Nürnberg Hbf auf der Strecke Georgensmünd–Spalt im Einsatz, wurde deshalb als Spalter Bockerl bezeichnet und gehört heute zum Bestand des Verkehrsmuseums Nürnberg.

Nr. 4522 (98 304),
Foto: Krauss & Co.

98$^{4-5}$
Zulässige Geschwindigkeit: 45 km/h
Treib- und Kuppelraddurchmesser: 1 006 mm
Laufraddurchmesser vorn/hinten: –/800 mm
Kesseldruck: 12 bar
Indizierte Leistung: 320 PS
Dienstmasse Lok: 39,4/41,0[1)] t
LüP: 9 288/9 306[2)] mm
1) ab 98 478
2) ab 98 431

98^{4}
Zulässige Geschwindigkeit: 45 km/h
Treib- und Kuppelraddurchmesser: 996 mm
Laufraddurchmesser vorn/hinten: –/790 mm
Kesseldruck: 12 bar
Indizierte Leistung: 320 PS
Dienstmasse Lok: 39,6 t
LüP: 9 294 mm

98^{4}

pfälz. T 4^{II}
C1′ n2t
L 34.10
Einsatzzeitraum 1900 bis 1934

Für das pfälzische Netz beschaffte die Bayerische Staatsbahn im Jahre 1900 bei Krauss drei Naßdampf-Tenderlokomotiven, wie sie als Gattung D XI ab 1895 auch für das bayerische Netz geliefert worden waren. Die für die Pfalzbahn beschafften Lokomotiven trugen die Bahnnummern 257 bis 259 und die Namen ULMET, ESCHENAU und ERDESBACH. Feuerbüchsheizfläche und Rostfläche waren geringfügig kleiner als bei der bay. D XI, auch die Durchmesser von Lauf- und Kuppelrädern waren um 10 mm geringer. Der Wasservorrat von 4,3 m^3 wurde in zwei seitlichen Wasserkästen und im Rahmenwasserkasten mitgeführt. Weil die Federn der gekuppelten Radsätze oberhalb der Achslager und auch oberhalb des Umlaufs lagen, waren in diesem Bereich die seitlichen Wasserkästen zu Wartung und Kontrolle der Federn ausgespart. Die in der Pfalz gebräuchliche Druckluftbremse Bauart Schleifer bremste die Räder des 1. Kuppelradsatzes von hinten, die des 2. von vorn. Der 3. Kuppelradsatz und der hintere Laufradsatz waren zu einem Krauss-Helmholtz-Lenkgestell verbunden. 1925 erhielten die Lokomotiven die DRG-Betriebsnummern 98 401 bis 403. Sie waren bis zu ihrer Ausmusterung 1933 (98 401 und 98 403) bzw. 1934 (98 402) beim Bw Landau beheimatet.

98 401, Foto: Maey

98$^{4-5}$

bay. D XI
C1′ n2t
L 34.10/11
Einsatzzeitraum 1895 bis 1960

Die Gattung D XI war eine Weiterentwicklung der 2. Lieferserie der Gattung D X. Sie ist mit 139 Exemplaren von 1895 bis 1912 gebaut worden und war die zahlenmäßig stärkste bayerische Lokalbahnlokomotive. Krauss und Maffei lieferten im Jahre 1895 zunächst je drei Lokomotiven (Bahnnummern 1991 bis 1993 und 1994 bis 1996), denen im gleichen Jahr noch zwei weitere Lokomotiven von Krauss folgten. In den Jahren 1896 und 1897 beschaffte die Bayerische Staatsbahn nur wenige Maschinen, die Serienlieferung begann 1898, an der sowohl Krauss als auch Maffei beteiligt waren. Krauss hatte im Jahre 1900 acht Maschinen der Gattung D XI an die LAG geliefert, die sie auf der Strecke Murnau–Kohlgrub–Oberammergau einsetzte, aber nach Elektrifizierung der Strecke an die Bayerische Staatsbahn verkaufte. Diese Maschinen sind dort mit den Bahnnummern 2705 bis 2712 eingeordnet worden. Die Lokomotiven hatten eine Fünfpunktabstützung. Alle Federn der Kuppelradsäze lagen oberhalb des Rahmens, die des 1. und 2. Kuppelradsatzes waren durch Ausgleichhebel miteinander verbunden. Der Schleppradsatz, mit dem 3. Kuppelradsatz zu einem Krauss-Helmholtz-Lenkgestell vereint, war mit einer Querblattfeder gegen den Rahmen abgefedert. Der Wasservorrat befand sich in den beiden seitlichen Wasserkästen.
Die DRG übernahm 1925 alle Lokomotiven und gab ihnen die Betriebsnummern 98 411 bis 98 556. Etwa die Hälfte des Bestands ist zwischen 1931 und 1933 ausgemustert worden. Vier Maschinen waren nach 1945 in Österreich verblieben, zwei bei den ČSD. Die DB besaß nach 1945 noch 56 Maschinen. Bis auf die 98 507 des Bw Nürnberg Rbf waren 1959 alle Lokomotiven ausgemustert.

98 500, Foto: Bellingrodt

98^5
Zulässige Geschwindigkeit: 45 km/h
Treib- und Kuppelraddurchmesser: 1 006 mm
Laufraddurchmesser vorn/hinten: –/800 mm
Kesseldruck: 12 bar
Indizierte Leistung: 320 PS
Dienstmasse Lok: 39,7 t
LüP: 9 306 mm

98^6 (pfälz. T 4^I)
Zulässige Geschwindigkeit: 45 km/h
Treib- und Kuppelraddurchmesser: 996 mm
Laufraddurchmesser vorn/hinten: –/780 mm
Kesseldruck: 12 bar
Indizierte Leistung: 400 PS
Dienstmasse Lok: 47,2 t
LüP: 9 700 mm

98^5

bay. PtL $^3/_4$
C1′ n2t
L 34.11
Einsatzzeitraum 1899 bis 1954

Um den Verkehr während der Passionsspiele in Oberammergau bewältigen zu können, bestellte die Aktiengesellschaft Süddeutsche elektrische Lokalbahnen bei Krauss 1898 drei Tenderlokomotiven für die Strecke Murnau–Kohlgrub–Oberammergau. Diese 1899 gelieferten Maschinen entsprachen der bay. D XI und hatten, wie auch einige dieser Lokomotiven, eine zweigeteilte Rauchkammertür. Die Bahn und auch die Lokomotiven sind 1904 von der Lokalbahn AG (LAG) übernommen worden, die die Maschinen an die Bayerische Staatsbahn verkaufte. Dort erhielten sie als Gattung PtL $^3/_4$ die Bahnnummern 2762 bis 2764. Die Bayerische Staatsbahn beschaffte 1914 weitere fünf Lokomotiven (Bahnnummern 2783 bis 2787), die sich von den ersten drei durch zwei kleine, seitliche Führerhausfenster unterschieden.
Die DRG übernahm 1925 alle acht Maschinen und gab ihnen die Betriebsnummern 98 561 bis 98 568. Die ehemaligen LAG-Maschinen hatten die Betriebsnummern 98 561 bis 563 erhalten. Die 98 563 ist schon 1931 ausgemustert worden, die 98 562 infolge von Kriegsschäden 1946. Die 98 567 ist 1949 als Werklok verkauft worden. Bis auf die 98 566 hat die DB alle anderen Lokomotiven im Jahre 1951 ausgemustert. Diese Maschine ist erst im Mai 1954 beim Bw Lindau abgestellt worden. Das Leistungsprogramm der PtL $^3/_4$ entsprach dem der bay. D XI.

98 568, Foto: Slg. Weisbrod

98^6

pfälz. T 4^I
C1′ n2t
L 34.12
Einsatzzeitraum 1895 bis 1940

Die Pfalzbahn beschaffte 1895 vier und 1897 nochmals drei Lokomotiven, die eine Weiterentwicklung der bay. D VIII darstellten. Die Lokomotiven besaßen jetzt einen Kohlekasten hinter dem Führerhaus und bis zum 1. Kuppelradsatz vorgezogene Wasserkästen. Die zusätzliche Masse des Kohlekastens machte eine Vergrößerung des Abstands zwischen 3. Kuppelradsatz und Laufradsatz erforderlich, der jetzt mit 2 700 mm 200 mm größer war. Beide Radsätze waren in einem Krauss-Helmholtz-Lenkgestell zusammengefaßt. Gegenüber der bay. D VIII waren die Durchmesser der Radsätze kleiner, auch Heiz- und Rostfläche erreichten nicht die Werte der D VIII. Statt der in Bayern üblichen Druckluftbremse Bauart Westinghouse waren die Lokomotiven mit der bei der Pfalzbahn üblichen Schleiferbremse ausgestattet.
Die DRG übernahm 1925 alle sieben Maschinen und gab ihnen die Betriebsnummern 98 651 bis 98 657. Die Lokomotiven waren bei den Bw Landau und Neustadt (Hardt – später Weinstraße) beheimatet. Fünf Lokomotiven sind schon in den Jahren 1931 bis 1935 ausgemustert worden, mit den Betriebsnummern 98 653 und 98 655 folgten die beiden letzten im Jahre 1940.

98 655, Foto: Maey

98[6] (pfälz. D VIII) (ohne Abb.)
Zulässige Geschwindigkeit: 45 km/h
Treib- und Kuppelraddurchmesser: 996 mm
Laufraddurchmesser vorn/hinten: –/790 mm
Kesseldruck: 13 bar
Indizierte Leistung: 390 PS
Dienstmasse Lok: 51,4 t
LüP: 10 090 mm

98[7]
Zulässige Geschwindigkeit: 45 km/h
Treib- und Kuppelraddurchmesser: 1 006 mm
Kesseldruck: 12 bar
Indizierte Leistung: 380 PS
Dienstmasse Lok: 42,6 t
LüP: 10 040 mm

98[6] (bay. D VIII)
Zulässige Geschwindigkeit: 45 km/h
Treib- und Kuppelraddurchmesser: 1 006 mm
Laufraddurchmesser vorn/hinten: –/800 mm
Kesseldruck: 12 bar
Indizierte Leistung: 430 PS
Dienstmasse Lok: 44,3 t[1])
LüP: 9 170 mm
[1]) ab 98 665

98[6] (bay. D VIII Nachbau)
Zulässige Geschwindigkeit: 45 km/h
Treib- und Kuppelraddurchmesser: 1 006 mm
Laufraddurchmesser vorn/hinten: –/800 mm
Kesseldruck: 12 bar
Indizierte Leistung: 430 PS
Dienstmasse Lok: 47,5 t
LüP: 9 670 mm

98^6

bay. D VIII
C1′ n2t
L 34.12
Einsatzzeitraum 1888 bis 1933

Für die 1888 fertiggestellte Strecke Freilassing–Berchtesgaden benötigte die Bayerische Staatsbahn leistungsfähige Lokomotiven, weil die Strecke nicht nur zahlreiche Gleisbögen, sondern auch eine 6 km lange Steilstrecke mit 40 ‰ aufwies. Die Firma Krauss in München lieferte 1888 zunächst drei Lokomotiven (Bahnnummern 904 bis 906 mit den Namen KIRCHBERG, HALLTHURM und ST. ZENO), 1890 die Lokomotiven FUCHSSTEIN und BISCHOFSWIESEN mit den Bahnnummern 946 und 947 und 1893 nochmals fünf Maschinen mit den Bahnnummern 1901 bis 1905, die keine Namen mehr bekamen. Um einen leistungsfähigen Kessel unterzubringen, war zu den drei gekuppelten Radsätzen ein Laufradsatz erforderlich, den man auf Vorschlag von Richard v. Helmholtz als Schleppachse anordnete und mit dem 3. Kuppelradsatz zu einem Krauss-Helmholtz-Lenkgestell verband. Bei der langsameren Bergfahrt konnte der 1. Kuppelradsatz die Führung im Gleis übernehmen, bei Talfahrt, die rückwärts erfolgte, sorgte das Lenkgestell für gute Laufeigenschaften. Die Lokomotiven besaßen eine Dampfklotz- und eine Riggenbach-Gegendruckbremse sowie eine Druckluftbremse Bauart Westinghouse für den Wagenzug. Die Wasservorräte waren in zwei seitlichen Wasserkästen und im Rahmenwasserkasten untergebracht, der Kohlevorrat in einem Kasten links vor dem Führerhaus. Die HALLTHURM ist vor 1925 ausgemustert worden, die anderen neun Maschinen übernahm die DRG 1925 mit den Betriebsnummern 98 661 bis 98 669, hat sie aber zu Beginn der 30er Jahre ausgemustert.

Nr. 1905 (98 669), Foto: Slg. Weisbrod

98^6

bay. D VIII (Nachbau)
C1′ n2t
L 34.12
Einsatzzeitraum 1898 bis ca. 1937

Die Zunahme des Lokalbahnnetzes in Bayern am Ende des vorigen Jahrhunderts erforderte Lokomotiven, die sowohl im Personenzug- als auch im Güterzugdienst eingesetzt werden konnten und, weil an den Wendebahnhöfen meist keine Drehscheiben vorhanden waren, in beiden Fahrtrichtungen gleichgute Laufeigenschaften besitzen mußten. Weil die ab 1888 beschaffte Gattung D VIII diese Eigenschaften erfüllte, entschloß sich die Bayerische Staatsbahn zum Nachbau. Krauss lieferte die ersten vier Maschinen noch 1898. Kessel und Triebwerk waren gegenüber der Ursprungsausführung unverändert, der zusätzliche Kohlekasten hinter dem Führerhaus machte jedoch eine Vergrößerung des Achsstandes zwischen 3. Kuppelradsatz und Schleppradsatz auf 2 700 mm erforderlich. Der Dampfdom saß jetzt auf dem 1. Kesselschuß, der Sandkasten auf dem 2. Schuß; der zweite Sandkasten und die Riggenbach-Gegendruckbremse waren entfallen. Eine zweite Serie von fünf Maschinen lieferte Krauss im Jahre 1903. Die Nachbau-D VIII konnte in der Ebene einen Zug von 530 t Masse mit 45 km/h befördern. Alle neun Lokomotiven sind 1925 von der DRG übernommen worden und erhielten die Betriebsnummern 98 671 bis 98 679. Sie sind in der 2. Hälfte der 30er Jahre ausgemustert worden.

98 671, Foto: Slg. Weisbrod

98^6

pfälz. D VIII
C1′ n2t
L 34.13
Einsatzzeitraum 1908 bis 1950

Die bayerische Pfalzbahn bestellte bei Krauss eine überarbeitete Ausführung der D VIII, die die Ursprungsausführung in Dienstmasse und Größe übertraf. Der Kohlekasten war ebenso vergrößert worden wie die seitlichen Wasserkästen, die jetzt bis zu den Zylindern reichten. Dadurch erhöhten sich Dienstmasse und Achsfahrmasse. Der Kesseldruck war auf 13 bar erhöht worden. Heizflächen- und Fahrwerksabmessungen waren kleiner als bei den bayerischen Maschinen, auch war anstelle der Dreipunkt- eine Fünfpunktabstützung getreten, weil der 3. Kuppelradsatz, der mit dem Laufradsatz zu einem Krauss-Helmholtz-Gestell verbunden war, nicht in das Lastausgleichssystem einbezogen war. Krauss lieferte 1908 und 1910 je vier Lokomotiven, die die Bahnnummern 322 bis 329 erhielten.
Die DRG übernahm 1925 alle acht Maschinen mit den Betriebsnummern 98 681 bis 98 688. Als letzte Lokomotiven sind die 98 682 und 98 686 im Jahre 1950 bei der DB ausgemustert worden.

98^7

bay. BB II
B′B′ n4vt
L 44.11
Einsatzzeitraum 1899 bis ca. 1940

Zur Beförderung der gestiegenen Wagenzugmassen auf den Lokalbahnstrecken benötigte die Bayerische Staatsbahn gegen Ende des vorigen Jahrhunderts eine leistungsfähige Lokomotive mit guter Bogenläufigkeit. Man entschied sich für eine Lokomotive der Bauart Mallet, von der Maffei 1899 als Gattung BB II die ersten drei Lokomotiven lieferte. Die HD-Maschine war im Hauptrahmen untergebracht, der sich vorn mit schwanenhalsartiger Kröpfung auf das Drehgestell mit der ND-Maschine abstützte. Die Radsätze hatten den im Bayern bei Lokalbahnen üblichen Durchmesser von 1 006 mm, der Achsstand jeder Triebwerksgruppe betrug 1 600 mm. Anfangs hatten die Maschinen eine Saugluftbremse Bauart Hardy, später erhielten sie eine Westinghouse-Bremse für den Wagenzug. Insgesamt sind von Maffei bis 1908 31 Lokomotiven geliefert worden, denen jedoch kein durchschlagender Erfolg beschieden war. Unruhiger Lauf und Schleuderneigung verhinderten die volle Ausnutzung der Reibungszugkraft. Hinzu kamen wesentlich höhere Unterhaltungskosten des vielteiligen Triebwerks. Die DRG übernahm zwar 1925 alle 31 Maschinen mit den Betriebsnummern 98 701 bis 98 731, hat aber die meisten zwischen 1932 und 1938 ausgemustert. Einige Lokomotiven fanden als Werklokomotiven weitere Verwendung. Die ehemalige 98 727, Werklok Nr. 4 der Südzucker AG, ist erhalten geblieben und gehört heute dem Museum Darmstadt-Kranichstein.

98 727 als Werklok,
Foto: Griebl

98^8
Zulässige Geschwindigkeit: 40 km/h
Treib- und Kuppelraddurchmesser: 1 006 mm
Kesseldruck: 12 bar
Indizierte Leistung: 450 PS
Dienstmasse Lok: 43,0 t
LüP: 9 250 mm

98^{10}
Zulässige Geschwindigkeit: 45 km/h
Treib- und Kuppelraddurchmesser: 1 006 mm
Laufraddurchmesser vorn/hinten: –/850 mm
Kesseldruck: 12 bar
Indizierte Leistung: 450 PS
Dienstmasse Lok: 54,5 t
LüP: 10 050 mm

98^8

bay. GtL $^4/_4$
D h2t
L 44.11
Einsatzzeitraum 1911 bis 1954

Eine der bekanntesten und erfolgreichsten bayerischen Lokalbahnlokomotiven hat die Firma Krauss nach Entwürfen von Richard v. Helmholtz gebaut. Die ersten beiden dieser als GtL $^4/_4$ bezeichneten Gattung lieferte die Münchener Firma 1911. Es waren im Gegensatz zur BB II Steifrahmenlokomotiven, bei denen die Seitenverschiebbarkeit des 2. und 4. Radsatzes für die Kurvenbeweglichkeit sorgte. Die relativ lange Treibstange arbeitete auf den 3. Radsatz. Betrug der Achsstand zwischen den Radsätzen 1 bis 3 jeweils 1 415 mm, so war der 4. Radsatz mit 1 070 mm Achstand zum 3. Radsatz dicht herangerückt, wodurch sich ein Gesamtachsstand von 3 900 mm ergab. Nach den beiden Baumustern des Jahres 1911 lieferte Krauss 1914 weitere elf Maschinen, bis der erste Weltkrieg eine weitere Beschaffung unterbrach.
Laufeigenschaften und Leistung dieser Lokomotiven waren ausgezeichnet, bemängelt wurde lediglich die mit 40 km/h zu geringe Höchstgeschwindigkeit. Die DRG übernahm 1925 alle 13 Lokomotiven mit den Betriebsnummern 98 801 bis 98 813. Die 98 803 und 98 808 verblieben nach 1945 bei den ČSD. Mit der 98 804 und der 98 809 sind 1954 die letzten Maschinen dieser Lieferserien ausgemustert worden.

098 812, Foto: Obermayer

$98^{8–9}$

bay. GtL $^4/_4$ (Nachbau DRG)
D h2t
L 44.11/12
Einsatzzeitraum 1921 bis 1970

Die Gruppenverwaltung Bayern der DRG hatte den Nachbau der bewährten vierfach gekuppelten Heißdampflokomotive der Gattung GtL $^4/_4$ beantragt und genehmigt bekommen. Die Firma Krauss lieferte bis 1927 noch 104 Lokomotiven, die jedoch zur Ursprungsausführung einige Unterschiede aufwiesen. Die ersten 13 Maschinen hatten keine Führerhausseitenfenster, sondern nur einen großen Ausschnitt über der Tür. Die Westinghouse-Schnellbremse der ersten 13 Maschinen wurde ab 1921 durch die Druckluftbremse Bauart Westinghouse mit Zusatzbremse ersetzt. Durch Vergrößerung der Vorräte an Wasser und Kohle stieg im Verlauf des Beschaffungszeitraums die Dienstmasse von 45,3 t (1921) auf 46,7 t (1927). Der Kessel blieb bei allen Lieferserien unverändert. Die Lieferungen der Jahre 1911 und 1914 hatten die Bahnnummern 2551 bis 2563 erhalten, die Lieferungen der Jahre 1921 bis 1924 bekamen die Bahnnummern 2564 bis 2650 und bei der DRG die Betriebsnummern 98 814 bis 98 900. Ab 1927 sind die restlichen 17 Maschinen mit den DRG-Betriebsnummern 98 901 bis 917 ausgeliefert worden. Bis 1953 war die GtL $^4/_4$ in fast allen bayerischen Bahnbetriebswerken vertreten, Anfang der 60er Jahre waren noch etwa 30 Maschinen vorhanden. Die 98 812 und die 98 886 erhielten 1968 sogar noch EDV-Betriebsnummern. Der letzte Einsatz einer GtL $^4/_4$ war am 22. Juni 1970 mit der 98 812, die museal erhalten ist.

98 905, Foto: Slg. Weisbrod

98^{8-9}
Zulässige Geschwindigkeit: 40 km/h
Treib- und Kuppelraddurchmesser: 1 006 mm
Kesseldruck: 12 bar
Indizierte Leistung: 450 PS
Dienstmasse Lok: 45,3[1])/46,7[2]) t
LüP: 9 250 mm
[1]) 98 814 bis 853 (Bj. 1921)
[2]) 98 901 bis 917 (Bj. 1927)

98^{11}
Zulässige Geschwindigkeit: 55 km/h
Treib- und Kuppelraddurchmesser: 1 006 mm
Laufraddurchmesser vorn/hinten: 800/– mm
Kesseldruck: 12 bar
Indizierte Leistung: 450 PS
Dienstmasse Lok: 50,7 t
LüP: 10 200 mm

98^{10}

Neubau DRG
D1′ h2t
L 45.11
Einsatzzeitraum 1929 bis 1966

Die Gruppenverwaltung Bayern hatte bei der Hauptverwaltung die DRG um die Genehmigung zum Bau einer Lokalbahnlokomotive ersucht, die größere Vorräte als die GtL $^4/_4$ besaß und auch eine größere Höchstgeschwindigkeit hatte, um das Ende der 20er Jahre weiter gestiegene Verkehrsaufkommen auf bayerischen Lokalbahnstrecken zu bewältigen. Die DRG genehmigte den Antrag, weil im Typenprogramm der Einheitslokomotiven keine Lokalbahnlokomotive vorgesehen war. Krauss lieferte noch 1929 die ersten Lokomotiven, die auf der GtL $^4/_4$basierten, den gleichen Achsstand und den gleichen Kuppelraddurchmesser hatten. Lediglich Kessel und Führerhaus waren 250 mm höher gelegt und Kohlekasten und Wasserkästen vergrößert worden. Zur Aufnahme des hinteren Überhangs war ein Schleppradsatz hinzugefügt worden, der mit dem 4. Kuppelradsatz zu einem Krauss-Helmholtz-Lenkgestell verbunden war.

Die Lieferserie 1929 betrug fünf Maschinen, die des Jahres 1930 sechs und die des Jahres 1931 zehn. Alle Lokomotiven sind mit den DRG-Betriebsnummern 98 1001 bis 98 1021 geliefert worden, erhielten aber in Bayern die (inoffizielle) Gattungsbezeichnung GtL $^4/_5$. Die 4. Serie (98 1022 bis 1033) kam bereits von Krauss-Maffei, die auch für die letzte Serie im Jahre 1933 mit den Betriebsnummern 98 1033 bis 1045 verantwortlich zeichnete. Bis zur 98 1033 waren Dampfdom und Speiswasserreiniger unter einer gemeinsamen Verkleidung zusammengefaßt. Die 98 1034 bis 1045 sind nur mit Dampfdom und ohne Speisewasserreiniger geliefert worden. Die Höchstgeschwindigkeit war auf 45 km/h festgesetzt, also nur 5 km/h mehr als für die GtL $^4/_4$. Alle 45 Maschinen kamen nach dem Kriege zur DB und waren bis 1957 komplett im Erhaltungsbestand. Danach begann die Ausmusterung.

98 1009, Foto: Maey

98^{11}

bay. GtL $^4/_5$ (Umbau DRG)
1′D h2t
L 45.11
Einsatzzeitraum 1934 bis 1968

Die bay. GtL $^4/_4$ war mit 117 Lokomotiven die zweitstärkste Lokalbahngattung Bayerns. Die gelungene Konstruktion hatte nur einen Mangel – die mit 40 km/h zu geringe Höchstgeschwindigkeit. Die DRG versuchte deshalb, wie auch bei der pr. G 8^1, durch Einbau eines vorderen Laufradsatzes die Laufeigenschaften zu verbessern. Das RAW Weiden rüstet 1934 versuchsweise die 98 906 mit einer Bissel-Achse aus, wobei der Rahmen hinten gekürzt und vorn vorgeschuht wurde. Kessel und Führerhaus setzte man 250 mm höher und rückte beides nach vorn. Dadurch mußten zwar die Wasserkästen oberhalb der Zylinder ausgespart werden, was den Wasservorrat von 5,4 auf 5,1 m^3 verringerte, doch den gewonnenen Raum hinter dem Führerhaus nutzte man für einen größeren Kohlekasten, der jetzt 2,6 statt 1,8 t aufnehmen konnte.
Insgesamt sind bis 1941 29 Lokomotiven umgebaut worden, die zunächst mit ihren bisherigen Betriebsnummern weiter fuhren, dann aber in 98 1101 bis 98 1129 umgezeichnet worden sind. Alle Maschinen überstanden den zweiten Weltkrieg und kamen bis auf die 98 1108 (bis 1965 beim Bw Probstzella beheimatet) zur DB, die ab 1960 mit der Ausmusterung begann. Im Frühjahr 1968 ist mit der 98 1125 die letzte Maschine ausgemustert worden.

98 1104, Foto: Bellingrodt

98^{15}
Zulässige Geschwindigkeit: 50 km/h
Treib- und Kuppelraddurchmesser: 996 mm
Laufraddurchmesser vorn/hinten: –/780 mm
Kesseldruck: 14 bar
Indizierte Leistung: 300 PS
Dienstmasse Lok: 41,5 t
LüP: 9 692 mm

98 1504, Foto: Slg. Weisbrod

98^{16}
Zulässige Geschwindigkeit: 40 km/h
Treib- und Kuppelraddurchmesser: 1 006 mm
Kesseldruck: 12 bar
Indizierte Leistung: 400 PS
Dienstmasse Lok: 44,3 t
LüP: 9 250 mm

98 1601, Foto: Slg. Weisbrod

98^{15}

LAG
C1′ n2vt
L 34.11
Einsatzzeitraum 1897 bis 1950

Die Lokalbahn AG (LAG) München beschaffte zwischen 1897 und 1909 von Krauss 16 dreifach gekuppelte Naßdampf-Tenderlokomotiven mit hinterem Laufradsatz. Diese Maschinen entsprachen in den Hauptabmessungen etwa der bay. D X, arbeiteten jedoch im Verbundverfahren und hatten 14 bar Kesseldruck. Von den 16 Lokomotiven sind zunächst sieben auf den Lausitzer Strecken eingesetzt und beim Bw Sommerfeld beheimatet worden. Lediglich die LAG-Bahnnummer 50 wurde wieder abgezogen und verkehrte auf der Isartalbahn. Ab Bahnnummer 55 (Baujahr 1899) erfolgte eine Änderung am Laufwerk. Der Achsstand der Kuppelradsätze 1 und 2 wurde von 1 650 auf 1 830 mm vergrößert, der der Kuppelradsätze 2 und 3 von 1 150 auf 1 070 mm verringert. Auch den Achsstand zwischen 3. Kuppelradsatz und Schleppradsatz verringerte man von 2 500 auf 2 250 mm und erreichte damit eine höhere Achsfahrmasse für den Schleppradsatz und eine bessere Führung im Gleis bei Rückwärtsfahrt.
Bei Übernahme der LAG durch die DRG erhielten die in Bayern eingesetzten Lokomotiven die Betriebsnummern 98 1501 bis 98 1510. Die 98 1501 verblieb nach 1945 in Österreich, die 98 1502 gilt als Kriegsverlust. Die anderen acht Maschinen kamen zur DB und sind bis Ende 1950 ausgemustert worden. Die LEAG-Maschinen erhielten eine andere Nummernreihe.

98^{16}

LAG
D h2t
L 44.11
Einsatzzeitraum 1922 bis 1958

Die Lokalbahn AG (LAG) München beschaffte 1922 von Krauss zwei vierfach gekuppelte Heißdampf-Tenderlokomotiven, die der Gattung GtL $^4/_4$ der Bayerischen Staatsbahn entsprachen. Bei der LAG erhielten die beiden Lokomotiven die Bahnnummern 80 und 81. Sie konnten in der Ebene 930 t mit 40 km/h bewältigen, auf Steigungen von 6 ‰ waren es 475 t mit 25 km/h. Die LAG-Maschinen entsprachen der Ausführung, die die Staatsbahn ab 1921 beschaffte, hatten also statt des großen Ausschnitts über der Tür Führerhäuser mit hohen Türen und je einem Seitenfenster.
Die beiden Lokomotiven waren stets beim Bw Thalkirchen auf der Isartalbahn beheimatet und verblieben auch nach Übernahme durch die DRG dort, jetzt allerdings mit den Betriebsnummern 98 1601 und 98 1602.
Um 1950 kamen beide Maschinen zum Bw Rosenheim und sind dort 1957 (98 1601) und 1958 ausgemustert worden.

98^{17}
Zulässige Geschwindigkeit: 60 km/h
Treib- und Kuppelraddurchmesser: 1 100 mm
Laufraddurchmesser vorn/hinten: –/850 mm
Kesseldruck: 13 bar
Indizierte Leistung: 400 PS
Dienstmasse Lok: 46,7 t
LüP: 10 182 mm

98^{18}
Zulässige Geschwindigkeit: 70 km/h
Treib- und Kuppelraddurchmesser: 1 100 mm
Laufraddurchmesser vorn/hinten: 850/850 mm
Kesseldruck: 14 bar
Indizierte Leistung: 470 PS
Dienstmasse Lok: 60,7 t
LüP: 11 600 mm

98^{17}

LAG
D1′ h2t
L 45.12
Einsatzzeitraum 1935 bis 1961

Die Gruppenverwaltung Bayern hatte von der Hauptverwaltung der DRG die Genehmigung zum Bau einer Lokalbahnlokomotive erhalten, die die GtL $^4/_4$ in der Höchstgeschwindigkeit übertraf und auch größere Vorräte besaß. Diese Lokomotiven bekamen die DRG-Baureihenbezeichnung 98^{10} und die inoffizielle bayerische Gattungsbezeichnung GtL $^4/_5$. Die Lokalbahn AG (LAG) bestellte bei Krauss-Maffei drei Lokomotiven dieses Typs, die jedoch im Unterschied zu den DRG-Maschinen nicht 1 066, sondern 1 100 mm Kuppelraddurchmesser hatten. Krauss-Maffei lieferte 1935 zwei Lokomotiven (Bahnnummern 84 und 85) und 1936 eine dritte Lokomotive mit der Bahnnummer 86. Kessel, Kesselaufbauten und Triebwerk entsprachen den Lokomotiven mit den LAG-Bahnnummern 80 und 81, den D h2-Tenderlokomotiven. Die Maschinen mit den Bahnnummern 84 und 85 kamen nach Oberstdorf, die Bahnnummer 86 ist in Füssen eingesetzt worden.
Bei der Verstaatlichung der LAG erhielten die Lokomotiven die DRG-Betriebsnummern 98 1701 bis 98 1703. Sie kamen nach dem Kriege in den Bestand der DB und sind in den Jahren 1960 und 1961 beim Bw Kempten ausgemustert worden.

LAG Nr. 84 (98 1701), Foto: Slg. Weisbrod

98^{18}

LAG
1′D1′ h2t
L 46.11
Einsatzzeitraum 1937 bis 1960

Die bewährte bay. GtL $^4/_4$ hatte einen entscheidenden Nachteil: ihre mit 40 km/h zu geringe Höchstgeschwindigkeit. Die DRG hatte bereits auf zweierlei Art versucht, den Mangel zu beheben. Bei der Neubaulok auf Basis der GtL $^4/_4$ hatte man einen Schleppradsatz zugefügt (BR 98^{10}), jedoch nur eine Geschwindigkeitserhöhung auf 45 km/h erzielt. Erfolgreicher war der nachträgliche Einbau eines vorderen Laufradsatzes bei einigen GtL $^4/_4$ (BR 98^{11}), der eine Erhöhung der zulässigen Geschwindigkeit um 15 km/h brachte. Die LAG wollte die Eigenschaften des vorderen und des hinteren Laufradsatzes in einer Maschine vereint wissen und bestellte bei Krauss-Maffei zwei 1′D1′-Heißdampf-Tenderlokomotiven, die 1937 mit den Bahnnummern 87 und 88 geliefert worden sind. Beide Laufradsätze waren mit den benachbarten Kuppelradsätzen zu je einem Krauss-Helmholtz-Lenkgestell zusammengefaßt. Nur die Kuppelradsätze 2 und 3 waren fest im Rahmen gelagert, so daß sich bei 8 200 mm geführter Länge ein fester Achsstand von nur 1 400 mm ergab, der eine ausgezeichnete Bogenläufigkeit ermöglichte. Rohr- und Überhitzerheizfläche waren gegenüber der GtL $^4/_4$ etwas größer, die Triebwerksabmessungen waren gleich, jedoch betrug der Kesseldruck 14 bar.
Die Maschinen waren beim Bw Füssen stationiert und erhielten bei der DRG die Betriebsnummern 98 1801 und 98 1802. Sie kamen nach dem Kriege zur DB und wurden dem Bw Kempten zugewiesen, wo sie, nach mehreren Stationierungswechseln, 1960 ausgemustert worden sind.

LAG Nr. 88 (98 1802), Foto: Slg. Weisbrod

98^{70}

sä. VII TS
B n2t
L 22.10
Einsatzzeitraum 1890 bis 1926

Zwischen 1880 und 1890 hatte Hartmann eine Reihe von zweiachsigen Tenderlokomotiven an die Sächsische Staatsbahn geliefert, die nur etwa 6 500 mm LüP maßen und für den Sekundärbahnbetrieb bestimmt waren. Das drückte auch das Gattungszeichen VII TS aus, wobei T für Tenderlokomotive und S für Sekundärbahn stand. Aus der Lieferung von 1890 kam noch die Bahnnummer 1508 KÖNIGSWARTHA (Hartmann-Fabriknummer 1652) zur DRG und erhielt die Betriebsnummer 98 7011. Die Maschine hatte 2 000 mm Achsstand, einen zweischüssigen Langkessel, der auf dem 1. Kesselschuß den Dampfdom mit dem Ramsbottom-Sicherheitsventil trug, und einen Schornstein von 1 784 mm Länge mit Funkenfängerkobel, der das Führerhaus erheblich überragte. Die Zugkraft wurde von der Sächsischen Staatsbahn mit 2 280 kg angegeben. Mit hoher Wahrscheinlichkeit ist die Maschine unmittelbar nach 1925 ausgemustert worden.

Nr. 706 BERGGIESSHÜBEL Foto: Bellingrodt

98^{70} (sä. VII TS)
Zulässige Geschwindigkeit: 30 km/h
Treib- und Kuppelraddurchmesser: 885 mm
Kesseldruck: 12 bar
Indizierte Leistung:
Dienstmasse Lok: 22,4 t
LüP: 6 463 mm

98 7041
Zulässige Geschwindigkeit: 40 km/h
Treib- und Kuppelraddurchmesser: 1 100 mm
Kesseldruck: 10 bar
Indizierte Leistung:
Dienstmasse Lok: 26,7 t
LüP: 7 680 mm

98 7031
Zulässige Geschwindigkeit: 45 km/h
Treib- und Kuppelraddurchmesser: 1 220 mm
Kesseldruck: 12 bar
Indizierte Leistung:
Dienstmasse Lok: 21,8 t
LüP: 7 160 mm

98^{70}

sä. VII T
B n2t
L 22.10
Einsatzzeitraum 1889 bis 1927

Die Gattung VII T umfaßte bei der Sächsischen Staatsbahn kleine, laufachslose B-Kuppler, die in den Jahren zwischen 1873 bis 1892 gebaut worden sind. Verschiedene Hersteller lieferten die Maschinen sowohl an die Staatsbahn als auch an private Bahngesellschaften, die später von der Sächsischen Staatsbahn übernommen worden sind. Bedingt durch den langen Beschaffungszeitraum und die verschiedenen Lieferfirmen ist in der Gattung VII T eine Vielzahl von Lokomotiven unterschiedlichsten Aussehens zusammengefaßt. Die DRG führte unter der Betriebsnummer 98 7031 eine Lokomotive, die von Hartmann 1889 mit der Fabriknummer 1418 an die Sächsische Staatsbahn geliefert worden war, dort zunächst die Bahnnummer 237 HAINSBERG, ab 1892 die Bahnnummer 1417 und den Namen EHRENSTEIN trug. Die Lokomotive hatte 2 500 mm Achsstand und eine Kesselmitte von 1 860 mm über SO. Bis 1927 diente die Maschine noch als Schuppenlok im Bw Leipzig Hbf Süd.

98 7031
Foto: Bellingrodt

98^{70} (sä. VII T)
Zulässige Geschwindigkeit: 40 km/h
Treib- und Kuppelraddurchmesser: 1 130 mm
Kesseldruck: 12 bar
Indizierte Leistung:
Dienstmasse Lok: 24,9 bis 26,7 t
LüP: 7 878 mm

98^{70}

sä. VII T
B n2t
L 22.13
Einsatzzeitraum 1873 bis 1925

Mit der Betriebsnummer 98 7041 hatte die DRG 1925 von der Sächsischen Staatsbahn eine Lokomotive der Gattung VII T übernommen, die aus einer Lieferung der Maschinenbau-Gesellschaft Karlsruhe an die Chemnitz-Komotauer Eisenbahn stammte. 1873 hatte die Firma unter den Fabriknummern 728 und 729 zwei B n2-Tenderlokomotiven an diese Privatbahn geliefert, die 1876 in den Besitz der Sächsischen Staatsbahn überging. Dort erhielten die beiden Lokomotiven die Bahnnummern 21 und 22 und die Namen SAUGER und KLAPPE. Die Lokomotiven hatten 2 000 mm Achsstand und einen großen Dampfdom auf dem 1. Kesselschuß. Auffällig war auch der lange, konische Schornstein, dessen Öffnung 4 150 mm über Schienenoberkante lag. Die beiden seitlichen Wasserkästen waren bis zur Rauchkammer vorgezogen, der Kohlevorrat befand sich links vor dem Führerhaus. Ab 1892 trugen die beiden Maschinen die Bahnnummern 1401 und 1402. Die 1402 ist 1922 an das Gaswerk Dresden-Reick verkauft, die 1401 mit der Betriebsnummer 98 7041 kurz nach der Umzeichnung ausgemustert worden.

Nr. 1401 (98 7041),
Foto: Slg. Weisbrod

98^{70}

sä. VII T
B n2t
L 22.13
Einsatzzeitraum 1882 bis 1967

Mit den Betriebsnummern 98 7051 bis 98 7079 hatte die DRG von der Sächsischen Staatsbahn 29 Lokomotiven der Gattung VII T übernommen, die in verschiedenen Lieferserien zwischen 1882 und 1894 entstanden sind. Gemeinsam war allen Lokomotiven ein Achsstand von 2 200 mm, eine LüP von 7 878 mm und eine Kesselmitte von 1920 mm über Schienenoberkante. Die Lokomotiven der Baujahre 1882/83 (98 7051 bis 7055) besaßen im Lieferzustand keinen Dampfdom, sondern nur einen Regleraufsatz. Die Lieferungen der Jahre 1886 und 1890 entsprachen in den Hauptabmessungen denen der Jahre 1882/83. Diese Lokomotiven hatten einen Rahmenwasserkasten und zusätzlich kurze seitliche Wasserkästen. Von dieser Lieferung übernahm die DRG Lokomotiven mit den Betriebsnummern 98 7056 bis 98 7066. Die ehemalige Bahnnummer 1431, die spätere 98 7056, ist erhalten geblieben und steht im Verkehrsmuseum Dresden. Die 98 7065 und die 98 7066 (Baujahr 1890) waren noch bis 1966 bei der DR in untergeordneten Diensten im Einsatz. Von den zehn Maschinen des Baujahres 1890 kamen mit den Betriebsnummern 98 7067 bis 98 7075 noch neun Maschinen zur DRG. Diese Lokomotiven und die vier des Baujahres 1894, die als 98 7076 bis 7079 von der DRG übernommen worden sind, trugen einen Dampfdom mit Regler und Sicherheitsventil. Die 98 7069 war schon seit 1931 Werklok Nr. 2 im RAW Chemnitz, ist als 98 7051 im Jahre 1953 wieder in den Betriebspark der DR zurückgeführt und 1967 ausgemustert worden.
Auch viele andere dieser Lokomotiven sind nach ihrer Ausmusterung weiterhin als Werklokomotiven im Einsatz gewesen.

Nr. 1431 (98 7056),
Foto: Slg. Weisbrod

98[71] (LAG)
Zulässige Geschwindigkeit: 30 km/h
Treib- und Kuppelraddurchmesser: 920 mm
Kesseldruck: 13 bar
Indizierte Leistung:
Dienstmasse Lok: 29,1 t
LüP: 7 680 mm

98 7091
Zulässige Geschwindigkeit: 45 km/h
Treib- und Kuppelraddurchmesser: 1 360 mm
Kesseldruck: 10 bar
Indizierte Leistung:
Dienstmasse Lok: 28,5 t
LüP: 8 311 mm

98^{70}

sä. VII T
B n2t
L 22.14
Einsatzzeitraum 1874 bis 1925

Die bei der DRG als 98 7091 geführte Lokomotive war eine der vier Maschinen, die Schichau 1873/74 an die Gaschwitz-Meuselwitzer Eisenbahn geliefert hatte. Die Bahn ist 1886 von der Sächsischen Staatsbahn übernommen worden, und die Lokomotiven erhielten die Bahnnummern 742 bis 745 und die Namen ZWENKAU, WIPRECHT V. GROITZSCH, LUCKA und GASCHWITZ. Ab 1892 trugen sie die Bahnnummern 1403 bis 1406. Die Lokomotiven hatten mit den anderen Maschinen der Gattung VII T nur wenig Gemeinsamkeiten. Ihr Achsstand betrug 2 512 mm, ihr Kuppelraddurchmesser 1 360 mm, ihre zulässige Geschwindigkeit 45 km/h. Seitliche Wasserkästen fehlten, der Wasservorrat von 2,67 m ^{3} war im Rahmen untergebracht. Anstelle des Dampfdoms besaßen die Maschinen einen Regleraufsatz, von dem die Einströmrohre außen am Kessel zu den Zylindern führten. Der Antrieb erfolgte auf den 2. Radsatz, die Dampfverteilung besorgte eine außenliegende Allan-Steuerung. Aus dem Sandkasten auf dem 2. Kesselschuß konnten handbetätigt der 1. Radsatz von hinten und der 2. Radsatz von vorn besandet werden. Das Dampfläutewerk saß auf dem Stehkesselscheitel.

Nr. 1406, Foto: Slg. Weisbrod

98^{71}

LAG
C n2vt
L 33.10
Einsatzzeitraum 1895 bis 1941

Für die Strecke Marktoberdorf–Füssen bestellte die Lokalbahn AG (LAG) München bei Krauss zwei dreifach gekuppelte Tenderlokomotiven, um das auf dieser Strecke gestiegene Verkehrsaufkommen besser bewältigen zu können. Die guten Erfahrungen mit Verbundtriebwerken sollten auch bei diesen Lokomotiven genutzt werden. Die beiden Lokomotiven, 1895 von Krauss geliefert, erhielten bei der LAG die Bahnnummern 42 und 43. Ursprünglich waren die Lokomotiven nur mit einer Saugluftbremse Bauart Hardy für den Wagenzug und einer Handbremse für die Lokomotive ausgerüstet, erhielten aber bei der LAG eine Druckluftbremse Bauart Westinghouse. Der Wasservorrat war anfangs nur im Rahmen untergebracht und zu knapp bemessen. Deshalb ist der Kohlekasten links am Langkessel verlängert und auch als Wasserkasten genutzt worden. Außer in Füssen waren die Lokomotiven auch auf der Güterbahn Niederbiegen–Weingarten, auf den Strecken Fürth–Cadolzburg und Bad Aibling–Feilnbach eingesetzt. Bei Übernahme der LAG durch die DRG erhielten sie die Betriebsnummern 98 7101 und 98 7102. 1941 sind sie an die Localbahn Augsburg verkauft worden, wo sie bis 1956 im Einsatz waren.

LAG Nr. 42 (98 7101), Foto: Slg. Weisbrod

98^{71} (sä. VII)
Zulässige Geschwindigkeit: 50 km/h
Treib- und Kuppelraddurchmesser: 1 400 mm
Kesseldruck: 10 bar
Indizierte Leistung:
Dienstmasse Lok: 29,3 t
LüP mit Tender sä. 2 T 5,65: 7 620 mm

98^{72} (LAG)
Zulässige Geschwindigkeit: 50 km/h
Treib- und Kuppelraddurchmesser: 1 090 mm
Laufraddurchmesser vorn/hinten: 780/– mm
Kesseldruck: 12 bar
Indizierte Leistung:
Dienstmasse Lok: 34,9 t
LüP: 8 090 mm

98^{71}

sä. VII
B n2
L 22.14
Einsatzzeitraum 1874 bis 1925

In der Gattung VII waren bei der Sächsischen Staatsbahn zweifach gekuppelte, laufachslose Schlepptenderlokomotiven für den gemischten Dienst (Reise- und Güterzugdienst) zusammengefaßt. 32 Lokomotiven dieses Typs waren von Hartmann und Schwartzkopff in den Jahren 1868/69 und 1874 bis 1876 an die Staatsbahn und an private sächsische Bahnverwaltungen geliefert worden. Drei dieser Lokomotiven gelangten noch in den endgültigen Umzeichnungsplan der DRG und erhielten 1925 die Betriebsnummern 98 7111 bis 98 7113. Die 98 7111 war 1874 von Hartmann an die Chemnitz-Komotauer Bahn geliefert worden, kam 1876 zur Sächsischen Staatsbahn und erhielt die Bahnnummer 687 und den Namen LIEBIG. Die 98 7112, 1875 von Hartmann an die Chemnitz-Aue-Adorfer Bahn geliefert, bekam 1876 bei der Staatsbahn die Bahnnummer 660 und den Namen SCHILL. Die dritte Maschine, die 98 7113, hatte Hartmann mit dem Namen RODEWISCH 1876 an die Zwickau-Falkensteiner Bahn geliefert, die im gleichen Jahr von der Staatsbahn übernommen wurde. Dort bekam die Maschine die Bahnnummer 672 und den Namen HORSA. Alle drei Lokomotiven sind schon 1925 ausgemustert worden.

Die Lokomotiven der Gattung VII waren recht einfache Konstruktionen mit tiefliegendem Kessel, der statt eines Dampfdoms nur einen Regleraufsatz hatte. Erst bei der Staatsbahn sind die Lokomotiven mit Gegendampf- oder Druckluftbremse ausgerüstet worden. Gemeinsam war allen Maschinen ein Achsstand von 2 600 mm und ein Scherentriebwerk.

734 LEIBNITZ, Foto: Bellingrodt

98^{72}

LAG
1'C n2t
L 34.9
Einsatzzeitraum 1892 bis 1950

Für ihre Strecken in Süddeutschland und in der Lausitz hatte die Lokalbahn AG (LAG) München 17 1'C-Tenderlokomotiven beschafft, wovon 15 ein Verbund- und zwei ein Zwillingstriebwerk hatten. Die von Krauss 1892 gelieferten Zwillingslokomotiven (Bahnnummern 27 und 28) waren äußerlich den Verbundmaschinen sehr ähnlich. Sie hatten ebenfalls die über den Langkessel geführte Blechummantelung für die Einströmrohre und außen am Langkessel verlegte Ausströmröhre. Der Dampfdom mit dem Pop-Sicherheitsventil saß extrem weit vorn auf dem 1. Kesselschuß. Wegen der weit zurückverlegten Zylinder (der Kreuzkopf lief vor dem 1. Kuppelradsatz) mußte der 3. Kuppelradsatz angetrieben werden. Laufradsatz und 1. Kuppelradsatz waren zu einem Krauss-Helmholtz-Lenkgestell zusammengefaßt und der Rahmen als Wasserkasten ausgebildet.

Die beiden Lokomotiven kamen zunächst zum Bw Thalkirchen auf die Isartalbahn, waren aber auch auf der Strecke Murnau–Oberammergau im Einsatz. 1938 erhielten sie bei der DRG die Betriebsnummern 98 7201 und 98 7202 und sind bei der DB 1950 als Splittergattung ausgemustert worden.

98 7201, Foto: Slg. Weisbrod

98^{72} (sä. III b T)
Zulässige Geschwindigkeit: 50 km/h
Treib- und Kuppelraddurchmesser: 1 420 mm[1]
Laufraddurchmesser vorn/hinten: –/1 065 mm[2]
Kesseldruck: 10 bar[3]
Indizierte Leistung:
Dienstmasse Lok: 41,6 t[4]
LüP: 8 773 mm[5]
1) 98 7211 und 7212 = 1 400 mm
2) 98 7211 und 7212 = 935 mm
3) 98 7211 und 7212 = 9 bar
4) 98 7211 und 7212 = 38,7 t
5) 98 7211 bis 7222 = 8 573 mm

Nr. 1318 (98 7212), Foto: Slg. Weisbrod

98^{73} (LAG 34.10)
Zulässige Geschwindigkeit: 40 km/h
Treib- und Kuppelraddurchmesser: 996 mm
Laufraddurchmesser vorn/hinten: 780/– mm
Kesseldruck: 14 bar
Indizierte Leistung:
Dienstmasse Lok: 41,7 t
LüP: 9 670 mm

98 7306, Foto: Slg. Weisbrod

98^{73} (LAG 34.9)
Zulässige Geschwindigkeit: 50 km/h
Treib- und Kuppelraddurchmesser: 1 090 mm
Laufraddurchmesser vorn/hinten: 780/– mm
Kesseldruck: 12/14 bar
Indizierte Leistung: 250 PS
Dienstmasse Lok: 34,9 t
LüP: 8 090 mm

98^{72}

sä. III b T
B1′ n2t
L 23.14/15
Einsatzzeitraum 1875 bis 1929

Die ersten Tenderlokomotiven mit der Achsfolge B 1′ sind 1874 von Schwartzkopff an die Muldenthalbahn geliefert worden, die 1878 in den Besitz der Sächsischen Staatsbahn kam. Hartmann lieferte in ähnlicher Ausführung von 1875 bis 1892 16 Maschinen an die Chemnitz-Aue-Adorfer Bahn und 20 an die Staatsbahn. Die Lokomotiven waren im Vorortverkehr vor Reisezügen im Einsatz, sind aber mit Erscheinen der Gattung sä. IV T (BR 71^{3}) in untergeordnete Dienste verdrängt worden. Die beiden Kuppelradsätze waren fest im Rahmen gelagert, der Laufradsatz als Lenkachse Bauart Nowotny ausgeführt. Die DRG übernahm 1925 noch neun Maschinen. Zwei stammten aus der Lieferung an die Chemnitz-Aue-Adorfer Bahn von 1875, trugen die Namen BASALT und EPIDOT und ab 1892 die Bahnnummern 1314 und 1318. Sie erhielten die Betriebsnummern 98 7211 und 98 7212 und das Gattungszeichen L 23.14. Ihr Kesseldruck betrug 9 bar. Sieben Lokomotiven aus den Lieferungen an die Staatsbahn in den Jahren 1889 bis 1892 erhielten die DRG-Betriebsnummern 98 7221 bis 98 7227 und das Gattungszeichen L 23.15. Der Kesseldruck war auf 10 bar angehoben worden. Die Lieferung der Jahre 1891/92 war eine verstärkte Ausführung mit einer um 200 mm größeren LüP. Die von der DRG übernommenen Maschinen sind bis zum Ende der 20er Jahre ausgemustert worden.

98^{73}

LAG
1′C n2vt
L 34.9
Einsatzzeitraum 1890 bis 1950

Die Lokalbahn AG (LAG) München beschaffte zwischen 1890 und 1900 15 1′C-Tenderlokomotiven mit Verbundtriebwerk für die süddeutschen und die Lausitzer Strecken. Die Lokomotiven mit den Bahnnummern 17, 19 23 bis 25, 47 und 48 sind in Süddeutschland eingesetzt worden, z. T. auf der Isartalbahn, aber auch auf anderen Strecken der LAG. Charakteristisch für die Lokomotiven war der Blechmantel, der die Einströmrohre umgab und sich vom Langkesselscheitel bis zu den Zylindern wölbte. Die Lokomotiven mit den Bahnnummern 17 und 19 besaßen 12 bar Kesseldruck, die anderen Maschinen 14 bar. Laufradsatz und 1. Kuppelradsatz waren zu einem Krauss-Helmholtz-Lenkgestell zusammengefaßt, die Kuppelradsätze 2 und 3 fest im Rahmen gelagert. Der genietete Blechrahmen war zugleich als Wasserkasten ausgebildet, weiterer Wasservorrat befand sich in den seitlichen Wasserkästen. Die Maschinen erhielten 1938 die DRG-Betriebsnummern 98 7301 bis 98 7307, die konstruktiv gleichen Maschinen des Lausitzer Netzes wurden zur Baureihe 98^{74}. Die 98 7307 ist schon vor 1945 ausgemustert worden, die anderen Maschinen schieden zwischen 1946 (98 7301) und 1950 aus.

98^{73} (sä. II)
Zulässige Geschwindigkeit: 50 km/h
Treib- und Kuppelraddurchmesser: 1 535 mm
Laufraddurchmesser vorn/hinten: 1 030/– mm
Kesseldruck: 9 bar
Indizierte Leistung:
Dienstmasse Lok: 34,6 t
LüP mit Tender sä. 2 T 8,25:

98^{73}

LAG
1'C n2vt
L 34.10
Einsatzzeitraum 1900 bis 1950

Von den 15 Zweizylinder-Naßdampf-Verbund-Tenderlokomotiven, die die Lokalbahn AG (LAG) München zwischen 1890 und 1900 beschaffte, wichen die zuletzt gelieferten Lokomotiven von den anderen 13 Maschinen in der konstruktiven Durchbildung ab (vgl. auch 98 7301 bis 7307). Die beiden im Jahre 1900 von Krauss gelieferten Lokomotiven mit den Bahnnummern 59 und 60 hatten außer dem Rahmenwasserkasten noch zwei seitliche Wasserkästen, die jedoch links und rechts der Rauchkammer vor den Zylindern angeordnet waren. Die für die 1'C-Tenderlokomotiven der LAG typische Blechummantelung der Einströmrohre war auch bei diesen Maschinen vorhanden. Mit 5 300 mm Achsstand und einer LüP von 9 670 mm waren die Lokomotiven deutlich größer als die mit den Bahnnummern 17, 19, 23 bis 25, 47 und 48. Erstes Einsatz-Bw war Thalkirchen auf der Isartalbahn. Nach Übernahme durch die DRG erhielten sie die Betriebsnummern 98 7308 und 98 7309 und sind auf der Strecke Marktoberdorf–Füssen eingesetzt worden. Die Ausmusterung erfolgte 1950 beim Bw Nürnberg.

98 7309, Foto: Slg. Weisbrod

98^{73}

sä. II
1 B n2
L 23.13
Einsatzzeitraum 1874 bis 1925

Bei der Neuordnung der Gattungsbezeichnungen für Lokomotiven im Jahre 1871 faßte die Sächsische Staatsbahn die ältesten 1 B-Lokomotiven in den Gattungen I und II zusammen. Diese Lokomotiven, in den unterschiedlichsten Ausführungen von verschiedenen Herstellern an die Staatsbahn und an Privatbahnen geliefert, waren bis in die 70er Jahre des 19. Jahrhunderts der Standardtyp auf sächsischen Strecken. Zwei dieser 1 B-Schlepptenderlokomotiven erhielten 1925 noch die DRG-Betriebsnummern 98 7311 und 98 7312. Die Maschinen hatte Schichau 1874 an die Sächsisch-Thüringische Bahn geliefert, die 1876 von der Sächsischen Staatsbahn übernommen worden ist. Es waren Gemischtzuglokomotiven (für Reise- und Güterzugdienst) vom Longboiler-Typ, bei denen der Hinterkessel nicht mehr vom Langkessel abgesetzt war. Die tiefe Kessellage und der niedrige Umlauf machten Radschutzkästen für die beiden Kuppelradsätze erforderlich. Alle Radsätze waren fest im Rahmen gelagert, der Laufradsatz hinter den Zylindern angeordnet. Die beiden Lokomotiven, die die Namen WEISCHLITZ und BERGA getragen hatten, sind 1925 ausgemustert worden.

2709 WOLFSGEFÄHRT, Foto: Slg. Weisbrod

98^{74}
Zulässige Geschwindigkeit: 45 km/h
Treib- und Kuppelraddurchmesser: 1 130 mm
Kesseldruck: 12 bar
Indizierte Leistung:
Dienstmasse Lok: 19,4 t
LüP: 6 700 mm

98^{74II}
Zulässige Geschwindigkeit: 40 km/h
Treib- und Kuppelraddurchmesser: 1 090 mm
Laufraddurchmesser vorn/hinten: 770/– mm
Kesseldruck: 13 bar
Indizierte Leistung: 250 PS
Dienstmasse Lok: 34,9 t
LüP: 8 100 mm

98 7403, Foto: Bellingrodt

98 7403^II, Foto: Slg. Bergmann

98^{74}

old. T 1^2
B n2t
L 22.10
Einsatzzeitraum 1888 bis 1933

Nachdem die Oldenburgische Staatsbahn zwischen 1871 und 1873 zwölf zweifach gekuppelte Tenderlokomotiven für den Rangierdienst in der Eisenbahn-Werkstätte Oldenburg selbst gebaut hatte, beschaffte sie in den Jahren von 1888 bis 1892 bei der Hohenzollern AG weitere 18 Lokomotiven der Gattung T 1^2. Gegenüber den Eigenbauten hatten die Hohenzollern-Maschinen einen größeren Kuppelrad- und Zylinderdurchmesser, größere Vorräte, 12 statt 10 bar Kesseldruck und mit 45 km/h auch eine um 5 km/h größere Geschwindigkeit. Auffällig war das Führerhausdach, das nicht seitlich, sondern nach vorn und nach hinten gewölbt war. Die DRG übernahm 1925 noch fünf Lokomotiven in ihren Bestand. Das waren die Bahnnummern 69 MARSCH, 76 TIEF, 80 WELLE, 92 KAMP und 94 HEIDE. Die Lokomotiven erhielten die Betriebsnummern 98 7401 bis 98 7405. Die 98 7402 bis 7404 sind erst 1933 ausgemustert worden.

98^{74II}

LEAG
1'C n2vt
L 34.9
Einsatzzeitraum 1895 bis 1950

Von 1890 bis 1900 hatte die Lokalbahn AG (LAG) München 15 1'C-Tenderlokomotive mit Zweizylinder-Naßdampf-Verbundtriebwerk beschafft (vgl. auch BR 98^{73}), von denen die mit den Bahnnummern 40 und 41 (Baujahr 1895) und 44 und 49 (Baujahr 1896) auf den Strecken der Lausitzer Eisenbahn AG (LEAG), einer Tochter der LAG, zum Einsatz kamen. Die Maschinen mit den Bahnnummern 40 und 41 waren in Priebus beheimatet (Strecke Hausdorf–Priebus), die 44 und 49 in Freiwaldau (Strecke Rauscha–Freiwaldau). Im Unterschied zu den auf den süddeutschen Strecken der LAG eingesetzten Lokomotiven hatten die Lausitzer Maschinen statt der Pop-Ventile Ramsbottom-Sicherheitsventile, die in Preußen bevorzugt worden sind. Die Lokomotiven zogen in der Steigung von 1 ‰ 480 t mit 40 km/h, in der Steigung von 4 ‰ noch 500 t mit 25 km/h. Mit der Übernahme der LEAG durch die DRG erhielten die vier Lokomotiven die Betriebsnummern 98 7401 bis 98 7404 in zweiter Besetzung (1. Besetzung mit old. T 1^2, bis 1933 ausgemustert). Nach 1945 waren die vier Maschinen bei der DB und sind 1950 ausgemustert worden.

98[75]
Zulässige Geschwindigkeit: 45 km/h
Treib- und Kuppelraddurchmesser: 1 006 mm
Kesseldruck: 12 bar
Indizierte Leistung:
Dienstmasse Lok: 18,5/19,6 t[1)]
LüP: 6 860/6 910 mm[1)]
[1)] 98 7523 bis 7526

98[76] (bay. D VII)
Zulässige Geschwindigkeit: 45 km/h
Treib- und Kuppelraddurchmesser: 1 006 mm
Kesseldruck: 12 bar
Indizierte Leistung:
Dienstmasse Lok: 26,7/28,2 t
LüP: 7 550/7 565 mm

98^{75}

bay. D VI
B n2t
L 22.9
Einsatzzeitraum 1880 bis 1929

Für das umfangreiche Lokalbahnnetz beschaffte die Bayerische Staatsbahn von 1880 bis 1894 insgesamt 53 zweifach gekuppelte Naßdampf-Tenderlokomotiven. Maffei lieferte von 1880 bis 1883 30 Maschinen, Krauss ab 1883 die restlichen 23. Die ersten 44 Lokomotiven (bis zur Bahnnummer 897, Baujahr 1886) besaßen keine seitlichen Vorratsbehälter. Das Speisewasser wurde im Rahmenwasserkasten, die Kohle im Führerhaus mitgeführt. Die zuletzt gelieferten neun Lokomotiven der Baujahre 1890 bis 1894 besaßen bei sonst unveränderter Ausführung kurze seitliche Vorratsbehälter, wodurch sich der Wasservorrat von 1,8 auf 2,3 m³, der Kohlevorrat von 0,5 auf 0,8 t vergrößerte. Interessant war die Sandstreueinrichtung. Der halbrunde Vorratsbehälter des handbetätigten Sandstreuers befand sich unter dem Laufblech und sandete zwischen die Räder beider Radsätze. Die meisten Lokomotiven besaßen Saugluftbremse Bauart Hardy, einige Druckluftbremse Bauart Westinghouse und den Hauptluftbehälter längs auf dem Langkessel. Mitte der 20er Jahre waren einige der Lokomotiven in der Pfalz als Schiffbrücken-Lokomotiven bei Maxau und Speyer eingesetzt. Die DRG übernahm 1925 insgesamt 26 Maschinen mit den Betriebsnummern 98 7501 bis 98 7526. Die 98 7522 bis 98 7526 waren Lokomotiven mit seitlichen Vorratsbehältern. Die Ausmusterung erfolgte im Verlauf der 20er Jahre. Die Bahnnummer 83 BERG (98 7508) war bis 1964 als Werklok in einem Torfbetrieb im Einsatz und ist bei der DGEG betriebsfähig erhalten.

98 7502, Foto: Slg. Weisbrod

98^{76}

bay. D VII
C n2t
L 33.9
Einsatzzeitraum 1880 bis 1935

Gleichzeitig mit der Gattung D VI beschaffte die Bayerische Staatsbahn dreifach gekuppelte Lokalbahn-Tenderlokomotiven für steigungsreiche Strecken. Urheberfirma war Krauss in München, die 1880 die Baumusterlokomotive AGAMEMNON mit der Bahnnummer 857 lieferte. Ab 1886 fertigte auch Maffei D VII-Lokomotiven. Insgesamt sind bis 1895 75 Lokomotiven gebaut worden, 41 von Krauss und 34 von Maffei. Die Wasservorräte waren im Rahmenwasserkasten und in den beiden seitlichen Vorratsbehältern untergebracht, wobei der linke Behälter auch den Kohlevorrat aufnahm. Ab Werk besaßen die Lokomotiven Saugluftbremse Bauart Hardy, teilweise auch Riggenbach-Gegendruckbremse. Später sind sie auf Druckluftbremse Bauart Westinghouse umgerüstet worden. Ab den Lieferungen des Jahres 1885 hatten die Lokomotiven eine größere LüP, größere Vorräte und damit auch eine größere Masse. Die DRG übernahm 1925 alle 75 Lokomotiven mit den Betriebsnummern 98 7601 bis 7614 und 98 7621 für Maschinen mit 7 550 mm LüP und den Betriebsnummern 98 7622 bis 98 7681 für Maschinen mit 7 565 mm LüP. Die meisten D VII sind in den 20er Jahren ausgemustert worden, die letzte jedoch erst 1935.

98 7624, Foto: Slg. Weisbrod

98[77]
Zulässige Geschwindigkeit: 45 km/h
Treib- und Kuppelraddurchmesser: 985/1 006 mm
Laufraddurchmesser vorn/hinten: –/780/800 mm
Kesseldruck: 12 bar
Indizierte Leistung: 300 PS
Dienstmasse Lok: 42,7 t
LüP: 9 310 mm

98[76] (bay. PtL 3/3)
Zulässige Geschwindigkeit: 45 km/h
Treib- und Kuppelraddurchmesser: 925 mm
Kesseldruck: 11 bar
Indizierte Leistung: 175 PS
Dienstmasse Lok: 27,3 t
LüP: 7 565 mm

98[76] II

LEAG
C1′ n2vt
L 34.11
Einsatzzeitraum 1897 bis 1950

Parallel zu den 1′C-Tenderlokomotiven mit Verbundtriebwerk beschaffte die Lokalbahn AG (LAG) München bei Krauss auch dreifach gekuppelte Tenderlokomotiven mit hinterem Laufradsatz und Zweizylinder-Verbund-Triebwerk. Die Maschinen mit den Bahnnummern 51 bis 54, 57 und 58 sind im Lausitzer Netz, also auf den Strecken der Lausitzer Eisenbahn AG (LEAG), eingesetzt worden. Die ursprünglich auch in der Lausitz verkehrende Lokomotive mit der Bahnnummer 50 ist 1909 auf die Isartalbahn versetzt worden. Diese C1′-Maschinen, bei denen 3. Kuppelradsatz und Schleppradsatz zu einem Krauss-Helmholtz-Lenkgestell verbunden waren, erbrachten eine höhere Leistung als die 1′C-Maschinen; sie hatten zwar einen kürzeren Kessel, aber durch die größere Rohrzahl eine größere Heizfläche. Die Maschinen mit den Bahnnummern 57 und 58 besaßen andere Achsstände als die Bahnnummern 51 bis 54. Der 2. und 3. Kuppelradsatz waren enger zusammengerückt, wodurch sich der Abstand 3. Kuppelradsatz –Schleppradsatz vergrößerte, um diesen höher zu belasten. Alle sechs Lokomotiven waren beim Bw Sommerfeld beheimatet. Die DRG vergab an die Bahnnummern 51 bis 54 die Betriebsnummern 98 7601 bis 98 7604, an die Bahnnummern 57 und 58 die Nummern 98 7605 und 98 7606. Die 98 7601 wurde vor 1945 ausgemustert, die 98 7603 von der DB 1947 verkauft. Die anderen vier Maschinen sind 1950 bei der DB ausgemustert worden.

98 7606, Foto: Bergmann

98[76]

bay. PtL 3/3
C n2t
L 33.9
Einsatzzeitraum 1889 bis 1927

Die Münchener Lokomotivbauanstalt Krauss & Co hatte für die am 25. Juli 1889 von der Lokalbahn AG (LAG) eröffnete Strecke Murnau–Garmisch-Partenkirchen im gleichen Jahr zwei dreifach gekuppelte Naßdampf-Tenderlokomotiven geliefert. Die beiden Maschinen sahen der bay. D VII recht ähnlich, hatten jedoch eine größere Heiz- und Rostfläche. Der kurze, gedrungene Langkessel bestand aus zwei Schüssen und trug im vorderen Teil des 1. Schusses einen großen Dampfdom, dahinter einen Sandkasten, aus dem zwischen die Räder des 1. und 2. Radsatzes gesandet wurde. Der Wasservorrat von 3,5 m^3 befand sich im Rahmen und in den beiden seitlichen Vorratsbehältern, dessen linker auch den Kohlevorrat aufnahm.
Die Bayerische Staatsbahn erwarb 1908 die LAG-Strecke und mit ihr auch die beiden Lokomotiven, die die Bahnnummern 9 und 10 trugen. Sie erhielten bei der Staatsbahn die Bahnnummern 1875 und 1876 und das Gattungszeichen PtL 3/3. Die DRG übernahm 1925 beide Maschinen mit den Betriebsnummern 98 7691 und 98 7692 und hat sie 1927 ausgemustert.

Nr. 1876 (98 7692), Foto: Slg. Griebl

$98^{76\,II}$
Zulässige Geschwindigkeit: 40 km/h
Treib- und Kuppelraddurchmesser: 996 mm
Laufraddurchmesser vorn/hinten: –/780 mm
Kesseldruck: 14 bar
Indizierte Leistung: 300 PS
Dienstmasse Lok: 41,5/42,4 t[1])
LüP: 9 692 mm
[1]) 98 7605 und 7606

98 7705, Foto: Slg. Weisbrod

99^{00}
Zulässige Geschwindigkeit: 30 km/h
Treib- und Kuppelraddurchmesser: 855 mm
Kesseldruck: 12 bar
Indizierte Leistung:
Dienstmasse Lok: 15,0 t
LüP: 6 030 mm

99 001, Foto: Slg. Weisbrod

98^{77}

bay. D X
C1′ n2t
L 34.11
Einsatzzeitraum 1890 bis 1931

Für die Strecken in Niederbayern und im Bayerischen Wald lieferte Krauss 1890 sechs dreifach gekuppelte Tenderlokomotiven mit hinterem Laufradsatz, bei denen 3. Kuppelradsatz und Laufradsatz zu einem Krauss-Helmholtz-Gestell vereint waren. Entsprechend ihrem Einsatzgebiet trugen die Lokomotiven die Namen FRAUENAU, GRAFENAU, KLINGENBRUNN, FREYUNG, FÜRSTENECK und PASSAU. Diese Lokomotiven hatten 985 mm Kuppelrad- und 780 mm Laufraddurchmesser. 1893 folgten von Krauss drei weitere Maschinen, die keine Namen mehr erhielten (Bahnnummern 1961 bis 1963) mit 1 006 mm Kuppelrad- und 800 mm Laufraddurchmesser. Ursprünglich waren die Wasservorräte im Rahmen und in den beiden seitlichen Vorratsbehältern untergebracht, die auch links die Kohlevorräte aufnahmen. Der zu geringe Aktionsradius veranlaßte die Bahnverwaltung, den Rahmen der Lokomotiven nach hinten zu verlängern und hinter dem Führerhaus einen Kohlekasten anzubauen. Damit vergrößerte sich die LüP von 8 800 mm auf 9 310 mm. Die Hardy-Saugluftbremsen sind durch Druckluftbremsen Bauart Westinghouse ersetzt worden. Die DRG übernahm 1925 alle neun Lokomotiven mit den Betriebsnummern 98 7701 bis 98 7709. Die 98 7706 und 7707 sind bereits 1925 ausgeschieden, die anderen sieben Maschinen bis 1931.

99^{00}

pfälz. L 2
B n2t
K 22.8
Einsatzzeitraum 1903 bis 1945

Für das pfälzische Schmalspurnetz mit 1 000 mm Spurweite lieferte Krauss 1903 zwei und 1905 nochmals drei kleine, zweifach gekuppelte Tenderlokomotiven, die entsprechend pfälzischen Gepflogenheiten die Bahnnummern XXIII bis XXVII und die Namen KLINGBACH, REHBACH, GEINSHEIM, FREISBACH und WEINGARTEN erhielten. Die Maschinen waren fast während ihrer gesamten Dienstzeit auf der 29,1 km langen Strecke Neustadt (Weinstraße)–Speyer eingesetzt. Die Lokomotiven hatten 855 mm Kuppelraddurchmesser, einen Achsstand von 1 800 mm und nur auf der linken Seite einen Vorratsbehälter für Wasser und Kohle. Außerdem war der Rahmen als Wasserkasten ausgebildet. Auf der Führerseite war ein Geländer vom Führerhaus bis zur Rauchkammer. Durch die Türen in der Stirn- und Rückwand des Führerhauses hatte der Zugführer auch während der Fahrt Zugang zur Lokomotive.

Die DRG übernahm 1925 alle fünf Lokomotiven mit den Betriebsnummern 99 001 bis 99 005. Die 99 003 ist 1931 ausgemustert worden, 1935 folgten die 99 002 und 99 005. Das gleiche Schicksal ereilte 1936 die 99 001 und 1945 die 99 004.

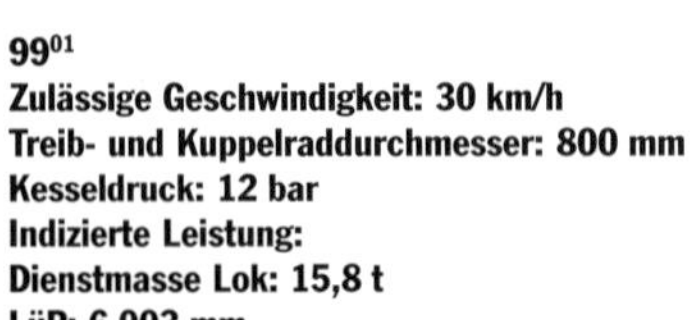
99^{01}
Zulässige Geschwindigkeit: 30 km/h
Treib- und Kuppelraddurchmesser: 800 mm
Kesseldruck: 12 bar
Indizierte Leistung:
Dienstmasse Lok: 15,8 t
LüP: 6 003 mm

99^{01}

pfälz. Pts $^2/_2$
B h2t
K 22.7
Einsatzzeitraum 1916 bis 1931

Die Pfalzbahn hatte 1916 für ihr meterspuriges Netz von Maffei eine zweifach gekuppelte Heißdampf-Tenderlokomotive beschafft und ihr die Bahnnummer XXX gegeben. Die als Gattung Pts $^2/_2$ bezeichnete Lokomotive blieb ein Einzelstück, war aber eine der ersten schmalspurigen deutschen Heißdampf-Lokomotiven. Sie hatte einen einschüssigen Langkessel mit 2 200 mm Rohrwandabstand, einen Dampfdom mit Federwaag-Sicherheitsventil auf dem vorderen und einen runden Sandkasten auf dem hinteren Teil des Langkessels. Die kurzen seitlichen Vorratsbehälter nahmen den Kohlevorrat auf, das Kesselspeisewasser wurde im Rahmenwasserkasten mitgeführt. Die Lokomotive besaß einen Rauchrohrüberhitzer Bauart Schmidt und eine außenliegende Heusinger-Steuerung. Als Bremseinrichtungen dienten die Saugluftbremse Bauart Körting für den Wagenzug und eine von vorn auf beide Radsätze wirkende Wurfhebelhandbremse. Die DRG übernahm 1925 den Einzelgänger mit der Betriebsnummer 99 011. Bis zur Ausmusterung im Jahre 1931 war die Lokomotive beim Bw Neustadt (Weinstraße) beheimatet.

99 011, Foto: Slg. Weisbrod

99^{02} **(K 22.6)**
Zulässige Geschwindigkeit: 30 km/h
Treib- und Kuppelraddurchmesser: 800 mm
Kesseldruck: 12 bar
Indizierte Leistung: 100 PS
Dienstmasse Lok: 12,2 t
LüP: 5 350 mm

99^{02}

old. B
B n2t
K 22.5
Einsatzzeitraum 1910 bis 1942

Die meterspurige Eisenbahn auf der ostfriesischen Insel Wangerooge war von der Oldenburgischen Staatsbahn 1897 gebaut worden. Die Bahn führte vom Schiffsanleger zum Ort und hatte eine Streckenlänge von 3,4 km. 1910 erwarb die Bahn eine 1904 von Freudenstein & Co in Berlin-Tempelhof gebaute B n2-Tenderlok, die 1 300 mm Achsstand und einen Kessel mit 1 800 mm Abstand zwischen den Rohrwänden hatte. Der Wasservorrat von 1,2 m^3 befand sich im Rahmenwasserkasten, der Kohlevorrat (0,35 t) in kleinen seitlichen Kästen rechts und links vor dem Führerhaus. Der einschüssige Kessel trug vorn den Dampfdom und hinten den Sandkasten. Auch ein Dampfläutewerk Bauart Latowski hatte zwischen Schornstein und Dom Platz gefunden.
Die Maschine ist 1925 von der DRG übernommen worden und erhielt die Betriebsnummer 99 021. 1942 mußte sie zum Kriegseinsatz an die Ostfront abgegeben werden, wo sich ihre Spur verliert.

99 021, Foto: Slg. Weisbrod

99[02] (K 22.5)
Zulässige Geschwindigkeit: 40 km/h
Treib- und Kuppelraddurchmesser: 800 mm
Kesseldruck: 12 bar
Indizierte Leistung: 100 PS
Dienstmasse Lok: 9,4 t
LüP: 4 958 mm

99[03]
Zulässige Geschwindigkeit: 30 km/h
Treib- und Kuppelraddurchmesser: 875 mm
Kesseldruck: 12 bar
Indizierte Leistung:
Dienstmasse Lok: 24,8 t
LüP: 7 000 mm

99[02]

old. B
B n2t
K 22.6
Einsatzzeitraum 1910 bis 1958

Im Jahre 1910 bestellte die Oldenburgische Staatsbahn für die meterspurige Schmalspurbahn auf der Insel Wangerooge bei der Hanomag zwei zweifach gekuppelte Naßdampf-Tenderlokomotiven. Die Hanomag lieferte 1910 mit der Fabriknummer 5876 die Bahnnummer 4 und 1913 mit der Fabriknummer 6930 die Bahnnummer 5. Die Lokomotiven hatten 1 400 mm Achsstand, einen Kessel mit 2 100 mm Rohrlänge und eine außenliegende Heusinger-Steuerung. Der zweischüssige Langkessel trug vorn den Dampfdom und hinten den viereckigen Sandkasten, aus dem die Räder des 2. Kuppelradsatzes (Treibradsatz) von vorn gesandet werden konnten. Auf dem Stehkesselscheitel saß das Ramsbottom-Sicherheitsventil. Beide Lokomotiven sind 1925 von der DRG übernommen worden und erhielten die Betriebsnummern 99 022 und 99 023. Die 99 022 mußte 1942 an die Ostfront abgegeben werden und gilt als Kriegsverlust. Die 99 023 überstand den Krieg, erhielt 1955 im AW Bremen noch eine Hauptuntersuchung und ist 1958 ausgemustert worden.

99 023, Foto: Slg. Weisbrod

99[03]

pr. T 33
C n2t
K 33.9
Einsatzzeitraum 1908 bis 1935

Die Preußische Staatsbahn betrieb in Thüringen drei Schmalspurstrecken mit 1 000 mm Spurweite: die 1904 von der Lokalbahn AG (LAG) übernommene Feldabahn, die Hildburghausen-Heldburg-Lindenauer Eisenbahn und die Strecke Eisfeld–Unterneubrunn (später Schönbrunn). Für diese Bahnen entwickelte die Firma Hagans in Erfurt eine dreifach gekuppelte Naßdampf-Tenderlokomotive, die die bisher dort eingesetzten Lokomotiven in den Abmessungen und in der Leistung übertraf. 1908 lieferte Hagans mit den Fabriknummern 589 und 590 zwei Lokomotiven, die zunächst das Gattungszeichen T 30, 1911 das Gattungszeichen T 33 und die Bahnnummern 9154 und 9155 erhielten. Die Lokomotiven hatten einen Achsstand von 2 250 mm und führten die Vorräte in zwei seitlichen Wasserkästen mit, die über den Federn der Radsätze 1 und 2 ausgespart waren. Der Kohlevorrat war auf dem linken Wasserkasten vor dem Führerhaus untergebracht. Das Führerhaus hatte keine Seitenfenster, sondern nur einen verbreiterten Ausschnitt über der Tür. Die Lok mit der Bahnnummer 9154 ist an die Maschinenstation Eisfeld, die 9155 an die Maschinenstation Kaltennordheim geliefert worden. Bei Übernahme durch die DRG im Jahre 1925 erhielten sie die Betriebsnummern 99 031 und 99 032. 1934 ist die Feldabahn Dorndorf–Kaltennordheim auf Normalspur umgebaut worden, was zur Ausmusterung der Schmalspurlokomotiven führte.

99 032, Foto: Slg. Weisbrod

$99^{05, 06}$
Zulässige Geschwindigkeit: 30 km/h
Treib- und Kuppelraddurchmesser: 875 mm
Kesseldruck: 12 bar
Indizierte Leistung:
Dienstmasse Lok: 29,8 t
LüP: 7 000 mm

99^{04} (ohne Abb.)
Zulässige Geschwindigkeit: 30 km/h
Treib- und Kuppelraddurchmesser: 875 mm
Kesseldruck: 12 bar
Indizierte Leistung:
Dienstmasse Lok: 29,7 t
LüP: 7 000 mm

99^{04}

pr. T 33
C n2t
K 33.10
Einsatzzeitraum 1912 bis 1957

Die zweite Serie dreifach gekuppelter Naßdampf-Tenderlokomotiven für die meterspurigen Strekken in Thüringen lieferte Hagans im Jahre 1912 mit den Fabriknummern 689 bis 693. Sie erhielten das Gattungszeichen T 33 und die Bahnnummern ERFURT 53 bis ERFURT 57. Erste Dienststelle der Bahnnummern 53 bis 55 war die Maschinenstation Dorndorf, die Bahnnummer 56 kam nach Hildburghausen, die Bahnnummer 57 nach Kaltennordheim.
Zur Lieferung von 1908 (s. auch BR 99^{03}) gab es einige Unterschiede. So war der 2. Sandkasten zwischen Schornstein und Dampfdom entfallen, und der Ausschnitt über der Tür im Führerhaus war zugunsten eines verglasten Seitenfensters schmaler geworden. Der Kessel war unverändert geblieben. Die DRG übernahm 1925 die fünf Maschinen mit den Betriebsnummern 99 041 bis 99 045. Nach Umbau der Feldabahn auf Normalspur kamen die 99 041, 044 und 045 zum pfälzischen Netz [(Bw Neustadt (Weinstraße)]. Dort ist die 99 044 um 1955 ausgemustert worden, die beiden anderen Maschinen waren noch bis 1957 im Einsatz. Die 99 042 und 043 sind 1935 ausgemustert worden.

$99^{05, 06}$

pr. T 33
C n2t
K 33.10
Einsatzzeitraum 1913 bis 1935

Für das meterspurige Netz der Preußischen Staatsbahn in Thüringen lieferte Hagans im Jahre 1913 zwei C n2-Tenderlokomotiven mit den Fabriknummern 722 und 723, die als Gattung T 33 die Bahnnummern ERFURT 58 und ERFURT 59 erhielten und den Maschinenstationen Hildburghausen und Kaltennordheim zugewiesen worden sind. 1914 lieferte Hagans nochmals drei Lokomotiven mit den Fabriknummern 766 bis 768, denen die Bahnnummern ERFURT 60 bis ERFURT 62 zugeteilt wurden. Sie sind bei den Maschinenstationen Dorndorf (60 und 62) und Kaltennordheim (61) in Dienst gestellt worden.
Zu den Lokomotiven der Hagans-Lieferungen des Jahres 1912 (s. auch BR 99^{04}) bestanden keine markanten Unterschiede. Lediglich die Bahnnummern 60 bis 62 der Lieferung von 1914 hatten gegenüber den anderen Maschinen mit 3,45 (statt 3,0) m^3 Wasser und 1,25 (statt 1,0) t Kohle größere Vorräte.

Die DRG übernahm die Lokomotiven mit den Bahnnummern 58 und 59 mit den Betriebsnummern 99 051 und 99 052, die Bahnnummern 60 bis 62 mit den Betriebsnummern 99 061 bis 99 063. Alle Lokomotiven sind 1935 ausgemustert worden.

99 051 und 99 062,
Fotos: Slg. Weisbrod

99^{07}
Zulässige Geschwindigkeit: 30 km/h
Treib- und Kuppelraddurchmesser: 800 mm
Kesseldruck: 12 bar
Indizierte Leistung: 100 PS
Dienstmasse Lok: 18,5 t
LüP: 6 100 mm

99^{08-09}
Zulässige Geschwindigkeit: 30 km/h
Treib- und Kuppelraddurchmesser: 845 mm
Kesseldruck: 12 bar
Indizierte Leistung:
Dienstmasse Lok: 22,7/23,4[1]) t
LüP: 6 000 mm
[1]) ab 99 092

99^{07}

bay. LE
C n2t
K 33.6
Einsatzzeitraum 1885 bis 1935

Für die 1885 eröffnete Schmalspurbahn Eichstätt Bf–Eichstädt Stadt, die 5,17 km lang und in 1 000 mm Spurweite ausgeführt war, hatte die Firma Krauss & Co. zwei dreifach gekuppelte Tenderlokomotiven geliefert. Die gedrungenen Lokomotiven mit einem Achsstand von 1 800 mm hatten die Bahnnummern I und II erhalten. Der Wasservorrat von 1,77 m³ wurde im Rahmenwasserkasten mitgeführt, die Kohle in kleinen Behältern vor dem Führerhaus. 1892 lieferte Krauss eine dritte Maschine (Bahnnummer III). Nach der Verlängerung der Strecke bis Kinding sind 1898 und 1900 mit den Bahnnummern IV und V zwei weitere Lokomotiven beschafft worden. Die Maschinen kamen 1925 mit den Betriebsnummern 99 071 bis 99 075 in den Bestand der DRG (Bw Ingolstadt). Im Lieferzustand besaßen sie eine Triebwerksverkleidung aus Blechklappen, die aber später entfernt wurde. Mit der Umstellung von Hardy-Saugluftbremse auf Druckluftbremse Bauart Westinghouse wurden die Luftbehälter über dem Umlauf angeordnet. 1932 sind die 99 071 und 072 ausgemustert worden. Die drei anderen Maschinen dienten noch bis 1935 als Baulokomotiven bei der Umspurung der Strecke auf Normalspur.

99 073, Foto: Slg. Weisbrod

99^{08-09}

pfälz. L 1, pfälz. PtS 3/3 N
C n2t
K 33.8
Einsatzzeitraum 1888 bis 1957

Für die meterspurigen Strecken in der Pfalz lieferte Krauss 1888 die ersten sieben dreifach gekuppelten Naßdampf-Tenderlokomotiven, die äußerlich vom gewohnten Bild der Dampflokomotive abwichen. Die gesamte Lokomotive war von einem kastenförmigen Aufbau umgeben, der im oberen Teil verglast war. Die Verkleidung betraf auch das Triebwerk, das durch Klappen zugänglich war. Diese Konstruktion erklärt sich aus der Anlage der pfälzischen Schmalspurstrecken, die teils auf, teils neben der Straße verlegt waren. Die Verkleidung sollte sowohl die Lok vor Verschmutzung als auch Passanten und Tiere vor Verletzungen schützen. Die Lokomotiven erhielten das Gattungszeichen L 1 und die Bahnnummern XI bis XVII. 1891 folgten die Lokomotiven mit den Bahnnummern XVIII bis XX, 1899 die XXI und XXII. Außer den Bahnnummern trugen die Lokomotiven Namen. Ohne äußerlichen Unterschied, aber mit 0,7 t höherer Dienstmasse lieferte Krauss 1907 die Lokomotive mit der Bahnnummer XXVIII, 1910 die XXIX. Diese Lokomotive trugt bereits die bay. Gattungsbezeichnung Pts 3/3 N, denn die Pfalzbahn war 1906 von der Bayerischen Staatsbahn übernommen worden. Der Zusatzbuchstabe N (Naßdampf) ist erst 1913 zugefügt worden. Außer der Bahnnummer XX sind alle Lokomotiven von der DRG übernommen worden. Die bis 1899 gelieferten Maschinen bekamen die Betriebsnummern 99 081 bis 99 091. Die 1907 noch als L 1 gelieferte Lok wurde zur 99 092, die Pts 3/3 zur 99 093. Die 99 081 kam zur Inselbahn Wangerooge und ist dort 1952 ausgemustert worden. Die anderen Maschinen verblieben in der Pfalz, wo die 99 092 und 99 093 bis 1955 bzw. 1957 im Einsatz waren.

99 093, Foto: Slg. Weisbrod

99^{10}
Zulässige Geschwindigkeit: 30 km/h
Treib- und Kuppelraddurchmesser: 845 mm
Kesseldruck: 12 bar
Indizierte Leistung:
Dienstmasse Lok: 24,2 t
LüP: 5 945 mm

99^{12}
Zulässige Geschwindigkeit: 30 km/h
Treib- und Kuppelraddurchmesser: 920 mm
Kesseldruck: 12 bar
Indizierte Leistung:
Dienstmasse Lok: 28,5 t
LüP: 7 470 mm

99^{10}

pfälz. Pts $^{3}/_{3}$ H (DRG)
C h2t
K 33.8
Einsatzzeitraum 1923 bis 1957

Die Verkehrszunahme auf den pfälzischen Schmalspurstrecken Anfang der 20er Jahre machte die Beschaffung weiterer Lokomotiven erforderlich. Krauss lieferte 1923, also schon zur DRG-Zeit, drei Heißdampflokomotiven, die in den Hauptabmessungen den Naßdampflokomotiven der Gattung L 1 sehr ähnlich waren und ihnen im Laufwerk entsprachen. Die Lokomotiven erhielten noch die pfälzischen Bahnnummern XXXI bis XXXIII. Auch diese Maschinen waren Trambahnlokomotiven, jedoch waren Rauchkammer und Schornstein unverkleidet, und die Kohle wurde nicht mehr im Führerhaus, sondern in einem Kohlekasten hinter dem Führerhaus mitgeführt. An die Stelle der Allan-Steuerung bei der L 1 war eine Heusinger-Steuerung getreten. Durch versenkbare Seitenfenster und einen Lüftungsaufsatz waren die Arbeitsbedingungen für das Personal verbessert worden. Die drei Lokomotiven erhielten 1925 die Betriebsnummern 99 101 bis 99 103. Sie waren beim Bw Ludwigshafen (99 101 und 102) bzw. beim Bw Neustadt (Weinstraße) beheimatet. Die 99 101 ist 1956, die beiden anderen Maschinen sind 1957 ausgemustert worden.

99 103, Foto: Slg. Weisbrod

99^{12}

wü. Ts 3
C n2t
K 33.9
Einsatzzeitraum 1904 bis 1929

Die einzige meterspurige Schmalspurstrecke der Württembergischen Staatsbahn war die 1891 eröffnete Strecke Nagold–Altensteig, auf der drei D n2t-Lokomotiven der Gattung Ts 4 Dienst taten. Das hohe Verkehrsaufkommen im Reise- und Güterverkehr zwang zur Beschaffung einer weiteren Lokomotive. Man erwarb 1904 eine fast fabrikneue C n2-Tenderlokomotive der Württembergischen Eisenbahn-Gesellschaft (WEG) und ordnete sie als Gattung Ts 3 mit der Bahnnummer 9 ein. Die Maschine war 1900 mit der Fabriknummer 4873 von Borsig an die WEG geliefert worden. Die Lokomotive mit zweischüssigem Langkessel und 2 250 mm Achsstand hatte eine Triebwerksverkleidung durch Blechkappen, die auf der Strecke Nagold–Altensteig wegen ihres straßenbahnähnlichen Charakters beibehalten und erst von der DRG entfernt wurde. Die Maschine war vor allem im Güterverkehr eingesetzt und erhielt bei Übernahme durch die DRG die Betriebsnummer 99 121. Die 1927 eingestellten schweren Fünfkuppler der Gattung Ts 5 machten die Maschine überflüssig, so daß sie 1929 ausgemustert worden ist.

99 121, Foto: Slg. Weisbrod

99[13]
Zulässige Geschwindigkeit: 30 km/h
Treib- und Kuppelraddurchmesser: 800 mm
Laufraddurchmesser vorn/hinten: 500/– mm
Kesseldruck: 12 bar
Indizierte Leistung:
Dienstmasse Lok: 27,7 t
LüP: 6 650 mm

99[15]
Zulässige Geschwindigkeit: 30 km/h
Treib- und Kuppelraddurchmesser: 800 mm
Kesseldruck: 12 bar
Indizierte Leistung:
Dienstmasse Lok: 26,0 t
LüP: 8 447 mm

99 13

bay. Pts $^3/_4$
1'C h2t
K 34.8
Einsatzzeitraum 1906 bis 1931

Für die bayerische Meterspurstrecke von Neuötting nach Altötting, die als Dampfstraßenbahn konzipiert war, lieferte Krauss 1906, im Eröffnungsjahr der Strecke, drei 1'C-Heißdampflokomotiven mit Triebwerksverkleidung. Die Lokomotiven, als Gattung Pts $^3/_4$ geführt, erhielten die Bahnnummern 1101 bis 1103 und sind 1923 um eine vierte Lokomotive mit der Bahnnummer 1104 verstärkt worden. Die Besonderheiten an diesen Lokomotiven waren die für Schmalspurlokomotiven mit 2 100 mm hohe Kessellage und der zwischen Rauchkammersattel und Stehkessel angeordnete Wasserbehälter. Ein weiterer Wasserbehälter war rechts vor dem Führerhaus untergebracht. Der Umlauf war von der linken Führerhausseite bis zum rechten Wasserkasten mit einem Geländer versehen, weil durch die Tür in der linken Führerhausvorderwand (und auch in der Rückwand) die Lokomotive auch während der Fahrt vom Zugführer erreicht werden konnte.
Die DRG übernahm 1925 die Lokomotiven mit den Bahnnummern 1101, 1103 und 1104 mit den Betriebsnummern 99 131 bis 99 133 und hat sie 1931, als die Strecke aufgelassen wurde, ausgemustert.

99 132, Foto: Slg. Weisbrod

99 15

bay. Gts $^4/_4$
D n2t
K 44.7
Einsatzzeitraum 1909 bis 1935

Für den Güterverkehr auf der Strecke Eichstätt–Kinding beschaffte die Bayerische Staatsbahn 1909 von Krauss eine vierfach gekuppelte Naßdampf-Tenderlokomotive, gab ihr die Gattungsbezeichnung Gts $^4/_4$ und die Bahnnummer 991. Die Lokomotive ist vorwiegend im Rollbockverkehr zwischen Eichstätt Bf und einem Dolomitsteinbruch an der Strecke eingesetzt worden. Obwohl die Maschine eine LüP von 8 447 mm hatte, betrug der Gesamtachsstand nur 2 600 mm, wodurch sich vorn und hinten Überhänge von fast 3 000 mm ergaben. Das beeinträchtigte die Laufruhe der Lokomotive. Außer im Rahmenwasserkasten befand sich das Speisewasser (2,2 m^3) auch in zwei unterschiedlich großen seitlichen Vorratsbehältern, von denen der größere linke auch den Kohlevorrat aufnahm (1,2 t). Der Antrieb des 4. Radsatzes erforderte eine lange Treibstange und eine lange Schwingenstange für den Antrieb der außenliegenden Heusinger-Steuerung. Die Lokomotive ist 1925 von der DRG mit der Betriebsnummer 99 151 übernommen worden, war bis zur Umspurung ihrer Stammstrecke 1934 im Einsatz und ist 1935 ausgemustert worden.

99 151, Foto: Slg. Weisbrod

99[17]
Zulässige Geschwindigkeit: 30 km/h
Treib- und Kuppelraddurchmesser: 900 mm
Kesseldruck: 12 bar
Indizierte Leistung:
Dienstmasse Lok: 29,8 t
LüP: 8 130 mm

99 16

sä. I M
B'B' n4vt
K 44.10
Einsatzzeitraum 1902 bis 1964

Die zunächst als Industriebahn angelegte meterspurige Schmalspurbahn zwischen Reichenbach (Vogtl) unt Bf nach Oberheinsdorf besaß eine maximale Steigung von 1:25 und Radien von 30 m, in den Anschlußgleisen sogar nur von 15 m. Speziell für diese 1902 eröffnete Strecke beschaffte die Sächsische Staatsbahn bei Hartmann drei Lokomotiven der Bauart Fairlie mit der Gattungsbezeichnung I M und den Bahnnummern 251 bis 253. Die Lokomotive ruhte auf zwei zweiachsigen Triebdrehgestellen mit 1 100 mm Achsstand und hatte nach Art der Trambahnlokomotiven einen kastenförmigen Aufbau und Triebwerksverkleidung durch Blechkappen. Die beiden aneinanderstoßenden Kessel hatten je eine Feuerbüchse und einen gemeinsamen Stehkessel. Der Platz des Lokführers war am jeweils vorausfahrenden Ende der Lokomotive (Regler, Dampfbremse, Läutewerk und Dampfpfeife waren doppelt vorhanden), der des Heizers in der Mitte der Maschine. Jedes Drehgestell wurde von einem HD- und einem ND-Zylinder angetrieben, die den Dampf aus dem darüberliegenden Kessel erhielten.
Die Lokomotiven sind 1925 von der DRG mit den Betriebsnummern 99 161 bis 99 163 übernommen und wenig später umgebaut worden. An die Stelle des Kastenaufbaus kam in Lokomotivmitte ein geschlossenes Führerhaus, die Funkenfänger beider Schornsteine wurden entfernt, die Triebwerksverkleidung aber beibehalten. Die 99 163 ging im Krieg verloren. 1957 ist auf der Strecke Reichenbach (Vogtl) unt Bf–Oberheinsdorf der Personenverkehr eingestellt worden, 1963 auch der Güterverkehr. Die 99 161 wurde 1963 ausgemustert, die 99 162 vom Raw Görlitz in den Originalzustand (mit Überdachung) versetzt und dem Verkehrsmuseum Dresden übergeben.

99 162, Foto: Slg. Weisbrod

99 17

wü. Ts 4
D n2t
K 44.8
Einsatzzeitraum 1891 bis 1931

Die meterspurige Strecke Nagold–Altensteig der Württembergischen Staatsbahn war 1891 eröffnet worden und wies Radien von 40 m auf. Das für die Lokomotiven aufgestellte Leistungsprogramm erforderte vier gekuppelte Radsätze, so daß besondere konstruktive Maßnahmen erforderlich waren, um den Bogenlauf zu ermöglichen. Die von der Maschinenfabrik Esslingen 1891 gelieferten Lokomotiven ALTENSTEIG und BERNECK erhielten ein nach dem Leiter der maschinentechnischen Abteilung und Konstrukteur Adolf Klose benanntes Triebwerk. Von den vier Kuppelradsätzen waren der 1. und 4. radial einstellbar. Diese radiale Einstellung wurde vom 3., seitenverschiebbaren Radsatz bewirkt. Der spurkranzlose Treibradsatz (2. Radsatz) war fest im Rahmen gelagert. Die Konstruktion war ebenso genial wie kompliziert und erforderte viel Unterhaltungsaufwand. Die Lokomotiven hatten Innentriebwerk, außenliegende Steuerung Bauart Klose und einen außenliegenden, genieteten Blechrahmen. 1899 wurde eine dritte Lokomotive, die EBHAUSEN beschafft. Bei der DRG erhielten die Maschinen die Betriebsnummern 99 171 bis 99 173 und sind 1931 ausgemustert worden.

Nr. 2 BERNECK, Foto: Esslingen

99^{16}
Zulässige Geschwindigkeit: 30 km/h
Treib- und Kuppelraddurchmesser: 760 mm
Kesseldruck: 14 bar
Indizierte Leistung:
Dienstmasse Lok: 41,8 t
LüP: 10 480 mm

99^{18}
Zulässige Geschwindigkeit: 30 km/h
Treib- und Kuppelraddurchmesser: 850 mm
Kesseldruck: 12 bar
Indizierte Leistung:
Dienstmasse Lok: 37,3 t
LüP: 8 926 mm

99^{19}
Zulässige Geschwindigkeit: 30 km/h
Treib- und Kuppelraddurchmesser: 800 mm
Kesseldruck: 14 bar
Indizierte Leistung:
Dienstmasse Lok: 43,5 t
LüP: 8 436 mm

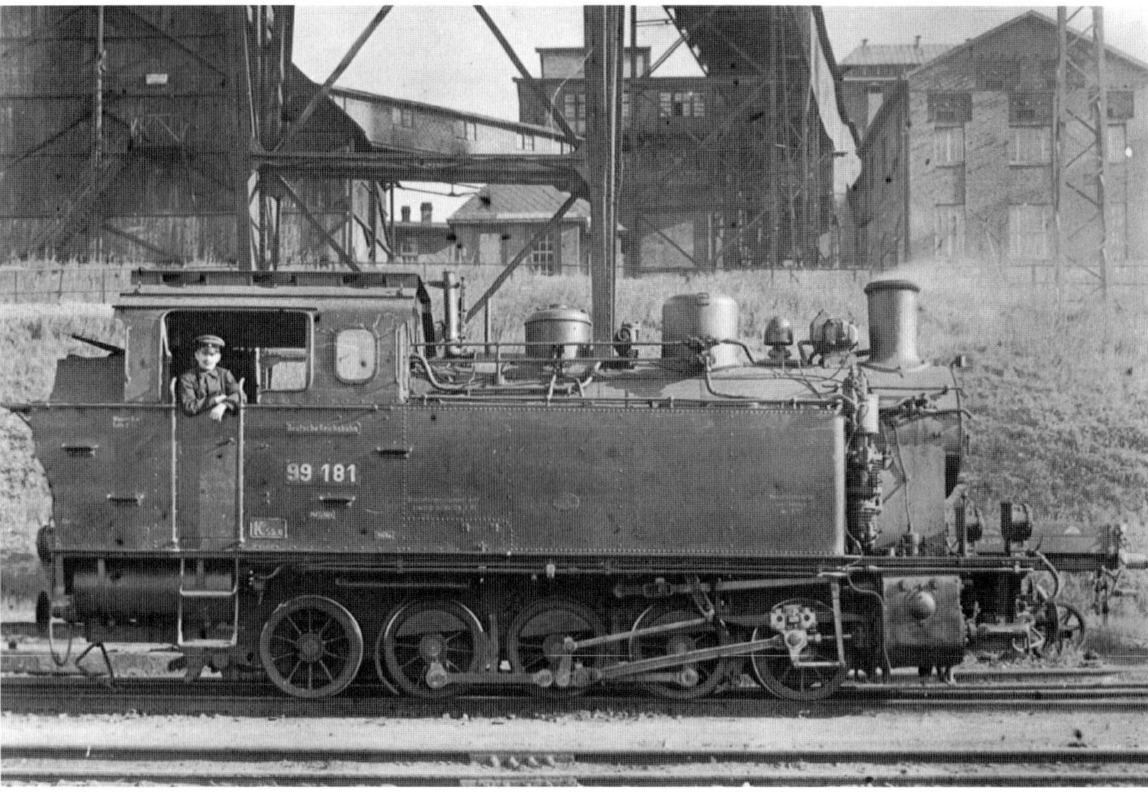

99^{18}

DRG (pr. T 40)
E h2t
K 55.8
Einsatzzeitraum 1923 bis 1968

Für die Feldabahn von Dorndorf nach Kaltennordheim in Thüringen bestellte die Preußische Staatsbahn bei Orenstein & Koppel drei fünffach gekuppelte Heißdampflokomotiven, die 1923 an die DRG geliefert worden sind, aber noch das Gattungszeichen T 40 erhielten. 1925 bekamen sie die Betriebsnummern 99 181 bis 99 183. Der zweischüssige Langkessel besaß Rauchrohrüberhitzer Bauart Schmidt, den Dampfdom auf dem 1. und den Sandkasten auf dem 2. Schuß. Die Kesselspeisung erfolgte durch zwei saugende Dampfstrahlpumpen. Bemerkenswert war das Laufwerk. Um die erforderliche Bogenläufigkeit zu erzielen, hatte O & K den Luttermöller-Antrieb gewählt, bei dem die Endradsätze nicht durch Kuppelstangen, sondern durch Zahnräder vom benachbarten Radsatz angetrieben worden sind. Die Zahnräder waren in einem Getriebekasten untergebracht, der zugleich als Deichsel wirkte und die radiale Einstellung der Endradsätze ermöglichte. Die Maschinen waren bis zur Umspurung der Feldabahn 1933/34 beim Bw Dorndorf eingesetzt und kamen dann zur Hildburghausen-Heldburg-Lindenauer Eisenbahn. Die 99 181 und 99 182 gingen als Reparationsleistung an die Sowjetunion, die 99 183 kam zum Lokbahnhof Eisfeld, von dort 1956 zur Spreewaldbahn. Hier ist der verschlissene Luttermöller-Antrieb ausgebaut worden, so daß eine 1'C1'-Lokomotive entstand. Ab 1962 bis zur Ausmusterung 1968 diente die Lok auf der Strecke Gera-Pforten–Wuitz-Mumsdorf.

99 181, Foto: Slg. Weisbrod

99^{19}

DRG (wü. Ts 5)
E h2t
L 55.9
Einsatzzeitraum 1927 bis 1967

Bereits vor dem ersten Weltkrieg wollte die Württembergische Staatsbahn auf der meterspurigen Strecke Nagold–Altensteig die Lokomotiven der Gattungen Ts 3 und Ts 4 durch leistungsfähigere Maschinen ersetzen, doch Krieg und Nachkriegszeit verhinderten das. Erst 1927 konnten von der DRG diese Pläne wieder aufgegriffen und die als Ts 5 geplanten Lokomotiven von der Maschinenfabrik Esslingen beschafft werden. Diese letzten von der Württembergischen Staatsbahn entwickelten Lokomotiven sind 1927 mit den Betriebsnummern 99 191 bis 99 194 geliefert worden. Die Maschinen besaßen ein Gölsdorf-Triebwerk mit seitenverschiebbarem 1., 3. und 5. Radsatz. Der 2. und 4. Radsatz (Treibradsatz) waren fest im Rahmen gelagert und bildeten mit 1 860 mm den festen Achsstand. Die Lokomotiven trugen die Baumerkmale der sä. VI K, wie sie auch im württembergischen 750-mm-Netz eingesetzt war. Im zweiten Weltkrieg mußte die 99 191 an die RBD Erfurt für die Strecke Eisfeld–Unterneubrunn abgegeben werden. Von dort kam sie zur Schmalspurbahn Gera-Pforten–Wuitz-Mumsdorf. Nach ihrer Ausmusterung und einer Hauptuntersuchung im Raw Görlitz ist sie von Eisenbahnfreunden für die Geilenkirchener Kreisbahn erworben worden. Die 99 194 kam kurz vor Kriegsende nach Jugoslawien. Die 99 192 und 99 193 verblieben auf ihrer Stammstrecke, wo die 99 192 1959 ausgemustert wurde und als Ersatzteilspender für die 99 193 diente, die nach dem Streckenabbau 1967 ausschied und von EUROVAPOR gekauft worden ist.

99 194, Foto: Maey

99²²
Zulässige Geschwindigkeit: 40 km/h
Treib- und Kuppelraddurchmesser: 1 000 mm
Laufraddurchmesser vorn/hinten: 550/550 mm
Kesseldruck: 14 bar
Indizierte Leistung: 650 PS
Dienstmasse Lok: 65,8 t
LüP: 11 636 mm

99²⁰
Zulässige Geschwindigkeit: 30 km/h
Treib- und Kuppelraddurchmesser: 900 mm
Kesseldruck: 14 bar
Indizierte Leistung:
Dienstmasse Lok: 54,0 t
LüP: 11 832 mm

99 20

bay. Gts 2x$^3/_3$
C'C h4vt
K 66.9
Einsatzzeitraum 1917 bis 1934

Die Bayerische Staatsbahn erwarb 1920 aus den Beständen der Deutschen Heeresfeldbahn eine sechsachsige Mallet-Lokomotive und gab ihr die Bahnnummer 996. Die Lokomotive war 1917 von Henschel mit der Fabriknummer 15 160 gebaut worden. Sowohl der hintere Hauptrahmen mit der Hochdruckmaschine als auch der des vorderen Drehgestells mit der Niederdruckmaschine waren als Barrenrahmen ausgeführt. Der zweischüssige Langkessel hatte 4 200 mm Abstand zwischen den Rohrwänden und trug längs auf dem Kesselscheitel hinter dem Schornstein den Vorwärmer. Dadurch mußte der Sandkasten in eine rechte und eine linke Hälfte geteilt werden. Auch das Ramsbottom-Sicherheitsventil war von je einem Sandkasten eingerahmt. Die Lokomotive ist auf der Strecke Eichstätt–Kinding vor allem im Rollbockverkehr eingesetzt worden und gehörte zum Bw Ingolstadt. Die DRG gab der seinerzeit größten deutschen Schmalspurlokomotive 1925 die Betriebsnummer 99 201. Nach Umspurung ihrer Stammstrecke ist die Maschine 1934 ausgemustert worden.

99 201, Foto: Slg. Weisbrod

99 21

Neubaulok DRG
C n2t
K 33.6
Einsatzzeitraum 1929 bis 1958

Für die länger und schwerer gewordenen Züge der Inselbahn auf der ostfriesischen Insel Wangerooge beschaffte die DRG 1929 von Henschel eine dreifach gekuppelte Naßdampf-Tenderlokomotive und gab ihr die Betriebsnummer 99 211. Die Maschine trug keine Merkmale der Einheitslokomotiven, sondern war ein speziell für den Betrieb auf der Inselbahn konzipiertes Einzelstück. Mit 14 bar Kesseldruck und einer um ca. 25 % größeren Verdampfungsheizfläche übertraf sie die Hanomag-Lokomotiven 99 022 und 023 in der Leistung um 40 %. Die Maschine hatte einen genieteten Blechrahmen, der im vorderen Teil als Wasserkasten ausgebildet war. Weiterer Wasservorrat befand sich in den seitlichen Vorratsbehältern, deren linker auch den Kohlevorrat von 0,6 t aufnahm. Die Lokomotive hat sich sehr gut bewährt, überstand den Bombenangriff auf die Insel vom 25. April 1945 und wurde erst Mitte der 50er Jahre von den Diesellokomotiven in den Reservedienst gedrängt. 1958 ist die Maschine ausgemustert und der Gemeinde Wangerooge übergeben worden.

99 211, Foto: Slg. Weisbrod

99^{21}
Zulässige Geschwindigkeit: 40 km/h
Treib- und Kuppelraddurchmesser: 800 mm
Kesseldruck: 14 bar
Indizierte Leistung: 140 PS
Dienstmasse Lok: 18,3 t
LüP: 6 400 mm

99^{23-24}
Zulässige Geschwindigkeit: 40 km/h
Treib- und Kuppelraddurchmesser: 1 000 mm
Laufraddurchmesser vorn/hinten: 550/550 mm
Kesseldruck: 14 bar
Effektive Leistung: 585 PS
Dienstmasse Lok: 64,5 t
LüP: 11 730 mm

99^{22}

Einheitslok
1′E1′ h2t
K 57.10
Einsatzzeitraum 1930 bis heute

Nach den Einheitslokomotiven für das sächsische 750-mm-Schmalspurnetz ist im Vereinheitlichungsbüro auch eine Lokomotive für die thüringischen 1 000-mm-Strecken entwickelt worden. Bei der konstruktiven Durcharbeitung hat man einen möglichen Einsatz auf den Strecken Bayerns, Badens und Württembergs berücksichtigt. Gebaut wurden jedoch lediglich drei Lokomotiven, die Schwartzkopff 1930 mit den Betriebsnummern 99 221 bis 99 223 lieferte. Die Maschinen sind auf der Strecke Eisfeld–Schönbrunn in Thüringen eingesetzt worden, jedoch mußten die 99 221 und 99 223 im Sommer 1944 nach Norwegen abgegeben werden, wo sie auch verblieben. Nach Stillegung der thüringischen Strecke kam die 99 222 am 1. August 1966 auf die Harzquerbahn zum Bw Wernigerode-Westerntor. Die Maschinen hatten den Kessel der BR 81 erhalten, lediglich die Dome und die Rauchkammer waren verändert. Der Oberflächenvorwärmer Bauart Knorr saß quer in einer Rauchkammernische vor dem Schornstein, ist aber bei der 99 222 im Raw Görlitz 1973 gegen eine Mischvorwärmeranlage getauscht worden. Wie die meisten Einheitslokomotiven besaßen die Maschinen einen Barrenrahmen. Die 99 222 ist auf der Harzquerbahn wegen ihrer in Bissel-Gestellen geführten Laufradsätze kaum im Reisezugdienst verwendet worden. Die Maschine zog in der Ebene 1 100 t mit 40 km/h, auf Rampen von 25 ‰ und 60 m Radius 195 t mit 20 km/h.

99 221, Foto: Schwartzkopff

99^{23-24}

Neubaulok DR
1′E1′ h2t
K 57.10
Einsatzzeitraum 1954 bis heute

Die Deutsche Reichsbahn beauftragte den LKM Babelsberg mit der Entwicklung einer 1 000-mm-Schmalspurlokomotive, die den uneinheitlichen und überalterten Lokomotivbestand auf der Harzquerbahn ersetzen sollte. Babelsberg orientierte sich an der Einheitslokomotive der BR 99^{22}, lieferte aber von 1954 bis 1956 17 Lokomotiven mit den Betriebsnummern 99 231 bis 99 247, die den sog. neuen Baugrundsätzen entsprachen. Der einschüssige Langkessel war vollständig geschweißt, der Rahmen eine geschweißte Blechkonstruktion. Die 99 231 und die 99 235 bis 237, ausgerüstet mit Krauss-Helmholtz-Lenkgestellen, waren ab Werk bis 1966 auf der Strecke Eisfeld–Schönbrunn im Einsatz und kamen dann zur Harzquerbahn. Die anderen Maschinen, beim Bw Wernigerode-Westerntor in Dienst gestellt, besaßen außer den Krauss-Helmholtz-Gestellen Beugniot-Hebel zwischen 1. und 2. sowie 3. und 4. Kuppelradsatz. Nur der Treibradsatz (3. Kuppelradsatz) war fest im Rahmen gelagert, aber spurkranzlos ausgeführt. Von 1976 bis 1980 erhielten alle Maschinen im Raw Görlitz Ölhauptfeuerung, weil sie noch für mehrere Erhaltungsabschnitte den Betrieb auf der Harzquerbahn übernehmen mußten. Die Ölkrise zwang die DR, ab 1981 den Rückbau auf Rostfeuerung vorzunehmen. Die ölgefeuerten Maschinen waren die stärksten Schmalspurlokomotiven, die je auf deutschen Bahnen zum Einsatz kamen. Alle Lokomotiven waren 1992 noch im Einsatz.

99 7243, Foto: Weisbrod

99^{26}
Zulässige Geschwindigkeit: 30 km/h
Treib- und Kuppelraddurchmesser: 800 mm
Kesseldruck: 13 bar
Indizierte Leistung: 280 PS
Dienstmasse Lok: 29,0 t
LüP: 7 390 mm

99^{25}
Zulässige Geschwindigkeit: 35 km/h
Treib- und Kuppelraddurchmesser: 720 mm
Laufraddurchmesser vorn/hinten: –/560 mm
Kesseldruck: 12 bar
Indizierte Leistung:
Dienstmasse Lok: 17,4 t
LüP: 7 600 mm

99^{25}

LAG
C1′ n2t
K 34.5
Einsatzzeitraum 1902 bis 1960

Für die Walhalla-Bahn von Stadtamhof bis Donauwörth (ab 1903 bis Wörth an der Donau) beschaffte die Lokalbahn AG (LAG) München von 1902 bis 1908 bei Krauss & Co. drei dreifach gekuppelte Naßdampf-Tenderlokomotiven mit Schleppradsatz, die die Bahnnummern 61, 67 und 62[II] erhielten. Der zweischüssige Langkessel mit 3 100 mm Rohrwandabstand trug auf dem 1. Schuß den Dampfdom, auf dem 2. den Sandkasten, aus dem der Treibradsatz von vorn und hinten gesandet werden konnte. An der rechten Seite des Schornsteins war ein vom Langkessel kommendes Rohr mit Schalldämpfer verlegt; es war das Auspuffrohr der Körting-Saugluftbremse. Alle drei Kuppelradsätze waren fest im Rahmen gelagert, die Räder des Treibradsatzes spurkranzlos ausgeführt. Der Schleppradsatz lief in einem Bissel-Gestell. Die Lokomotiven erhielten 1938 von der DRG die Betriebsnummern 99 251 bis 99 253. Sie liefen bis zu ihrer Ausmusterung auf der Walhalla-Bahn und waren beim Bw Donauwörth beheimatet. Als letzte Maschine schied 1960 die 99 253 aus dem Dienst.

99 253, Foto: Slg. Weisbrod

99^{26}

LAG
D h2t
K 44.7
Einsatzzeitraum 1926 bis 1961

Die Walhalla-Bahn, die am linken Donauufer von Regensburg bis Wörth an der Donau führte und u. a. dem Ausflugsverkehr zum germanischen Ruhmestempel Walhalla diente, hatte um 1925 im Personen- und Güterverkehr wieder das Vorkriegsniveau erreicht. Für den Güterverkehr auf dieser Strecke beschaffte die Lokalbahn AG (LAG) München 1926 von Maffei eine vierfach gekuppelte Heißdampf-Tenderlokomotive, die mit einer Kesselmitte von 2 100 mm über Schienenoberkante eine für schmalspurige Lokomotiven sehr hohe Kessellage besaß. Der Wasservorrat von 3,5 m³ war im Rahmenwasserkasten und in den beiden seitlichen Vorratsbehältern untergebracht, wovon der linke Vorratsbehälter im hinteren Teil noch 1,2 t Kohle aufnahm. Die Bogenläufigkeit der Lokomotive war durch den seitenverschiebbaren 4. Radsatz und die spurkranzlosen Räder des 2. Radsatzes gegeben. Die Lokomotive bekam 1938 von der DRG die Betriebsnummer 99 261 und ist am 23. Januar 1961 bei der DB ausgemustert worden.

LAG Nr. 64 (99 261), Foto: Slg. Weisbrod

99^{30}
Zulässige Geschwindigkeit: 31 km/h
Treib- und Kuppelraddurchmesser: 700 mm
Kesseldruck: 12 bar
Indizierte Leistung:
Dienstmasse Lok: 16,2 t
LüP: 5 630 mm

99^{31}
Zulässige Geschwindigkeit: 50 km/h
Treib- und Kuppelraddurchmesser: 830 mm
Kesseldruck: 12 bar
Indizierte Leistung:
Dienstmasse Lok: 31,9 t
LüP: 7 900 mm

99^{30}

meck. T 7
C n2t
K 33.6
Einsatzzeitraum 1910 bis 1933

Die in 900 mm Spurweite ausgeführte „Dampftrambahn" von Bad Doberan nach Heiligendamm an der Ostseeküste ist 1910 bis Arendsee (heute Kühlungsborn) verlängert worden. Da zugleich der Güterverkehr aufgenommen worden ist, entstand Bedarf an weiteren Lokomotiven. Die Mecklenburgische Friedrich-Franz-Eisenbahn (MFFE), der die Bahn seit 1890 unterstand, beschaffte 1910, 1911 und 1914 von Henschel je eine C n2-Tenderlokomotive, die die Bahnnummern 1005 bis 1007 erhielten. Die Lokomotiven hatten einen Wasserkastenrahmen, der 1,7 m³ Wasser aufnahm. Der Kohlevorrat wurde in kleinen seitlichen Behältern rechts und links vor dem Führerhaus mitgeführt. Die bei Lieferung vorhandene Triebwerksverkleidung ist später bei der DRG, die die Lokomotiven 1925 mit den Betriebsnummern 99 301 bis 303 übernahm, entfernt worden. Die 99 303 hatte gegenüber den beiden anderen Lokomotiven eine um 150 mm höhere Lage der Kesselmitte. Als die DRG 1923/24 vierfach gekuppelte Lokomotiven in Dienst stellte, wanderten die 99 301 und 99 303 zur Neubukower Rübenbahn ab. Die 99 302 blieb bis zur Ausmusterung Reservelok im Bf Doberan.

99 303, Foto: Slg. Weisbrod

99^{31}

Neubaulok DRG (meck. T 4²)
D n2t
K 44.8
Einsatzzeitraum 1923 bis 1961

Das steigende Verkehrsaufkommen auf der Bäderbahn Bad Doberan–Kühlungsborn überforderte bald die dreifach gekuppelten Lokomotiven der Gattung meck. T 7 (BR 99^{30}), so daß die DRG bei Henschel drei vierfach gekuppelte Naßdampf-Tenderlokomotiven bestellte. Zwei Maschinen sind 1923 geliefert worden, die dritte 1924. Die DRG gab ihnen die Betriebsnummern 99 311 bis 99 313. Bemerkenswert waren der niedrige Kobelschornstein mit Funkenfänger und die beiden Dampfläutewerke, eines vor dem Schornstein, eines an der Führerhausrückwand. Der Wasservorrat von 3,5 m³ wurde im Rahmenwasserkasten und in zwei seitlichen Vorratsbehältern mitgeführt. Der Kohlekasten hinter dem Führerhaus faßte 1,5 t Kohle. Die Lokomotiven besaßen etwa das doppelte Leistungsvermögen der T 7. Sie blieben auch nach Anlieferung der drei Einheitslokomotiven 99 321 bis 99 323 im Jahre 1932 im Einsatz. Die 99 311 gelangte im Krieg nach Dänemark und verblieb dort, die beiden anderen Lokomotiven waren bei der DR bis 1961 im Einsatz.

99 312, Foto: Slg. Weisbrod

99^{32}
Zulässige Geschwindigkeit: 50 km/h
Treib- und Kuppelraddurchmesser: 1 100 mm
Laufraddurchmesser vorn/hinten: 550/550 mm
Kesseldruck: 14 bar
Indizierte Leistung: 460 PS
Dienstmasse Lok: 43,7 t
LüP: 10 595 mm

99^{40}
Zulässige Geschwindigkeit: 25 km/h
Treib- und Kuppelraddurchmesser: 810 mm
Kesseldruck: 13 bar
Indizierte Leistung:
Dienstmasse Lok: 27,9 t
LüP: 6 520 mm

99^{32}

Einheitslok
1′D1′ h2t
K 46.8
Einsatzzeitraum 1932 bis heute

Die 1923/24 von der DRG beschafften Lokomotiven 99 311 bis 313 erwiesen sich für die Bäderbahn Bad Doberan–Kühlungsborn bald nur als Zwischenlösung und mußten durch leistungsstärkere und schnellere Maschinen ergänzt werden. Die DRG beauftragte Orenstein & Koppel mit dem Bau von drei Lokomotiven, die zwar nicht im Einheitslok-Typenprogramm aufgeführt waren, sich aber eng an die Einheitsbaugrundsätze anlehnten. Die sechsachsigen 1′D1′-Maschinen hatten für schmalspurige Verhältnisse mit 1 100 mm Durchmesser bemerkenswert große Kuppelräder und waren für 50 km/h zugelassen. Die Laufradsätze wurden in Bissel-Gestellen geführt. Die eingeschränkte Profilfreiheit in den Straßen Bad Doberans bedingte die starke Abschrägung des Führerhauses im oberen Teil. Auf eines der beiden Läutewerke hat man wegen zu großer Lärmbelästigung bei der Stadtdurchfahrt wieder verzichtet. Ungewöhnlich war auch der Rohrspiegel des Kessels, der nur vier Heizrohre, aber 69 Rauchrohre aufwies. Das Raw Görlitz mußte die verschlissenen Graugußzylinder in den 70er Jahren bzw. 1980 durch neue in Stahlschweißkonstruktion ersetzen. Die Lokomotiven fahren heute mit Druckausgleich-Kolbenschiebern Bauart Trofimoff in der Ausführung des Raw Görlitz. Trotz ihres Dienstalters von 60 Jahren sind die Lokomotiven noch heute auf der Bäderbahn unverzichtbar.

99 2322, Foto: Weisbrod

99^{40}

pr. T 37
D n2t
K 44.7
Einsatzzeitraum 1904 bis 1933

Das oberschlesische Schmalspurnetz war eine Industriebahn, die die Gruben- und Hüttenreviere auf einer Streckenlänge von 170 km verband. Die Spurweite betrug 30″ = 785 mm. Die Bahn war seit 1884 im Besitz des preußischen Staates, der 1904 die Betriebsführung übernahm. Enge Radien und Neigungen bis zu 35 ‰ stellten hohe Anforderungen an die Lokomotiven. Die Preußische Staatsbahn hat von 1902 bis 1912 insgesamt 20 als Gattung T 37 bezeichnete Lokomotiven beschafft, die aufgrund der geforderten Leistung und der niedrigen Achsfahrmasse vier Radsätze haben mußte. Um die Bogenläufigkeit zu gewährleisten, wählte man ein Laufwerk mit Klien-Lindner-Hohlachsen, das bei der Sächsischen Staatsbahn entwickelt worden war. Die Endachsen waren als Hohlachsen ausgebildet, die über Deichseln auch bei den beiden Mittelachsen eine Seitenverschiebbarkeit bewirkten. An der Lieferung der Lokomotiven waren Hartmann, Orenstein & Koppel und Hagans beteiligt. Die DRG übernahm 1925 noch acht Lokomotiven mit den Betriebsnummern 99 401 bis 99 408. Bis auf die 99 406 von Hagans stammten alle anderen Lokomotiven von O&K. Die Maschinen gehörten zur RBD Oppeln und sind 1933 ausgemustert worden.

99 401, Foto: Slg. Weisbrod

99^{41-42}
Zulässige Geschwindigkeit: 25 km/h
Treib- und Kuppelraddurchmesser: 820 mm
Kesseldruck: 13 bar
Indizierte Leistung:
Dienstmasse Lok: 32,3 t
LüP: 7 546 mm

99^{43}
Zulässige Geschwindigkeit: 25 km/h
Treib- und Kuppelraddurchmesser: 820 mm
Kesseldruck: 13 bar
Indizierte Leistung:
Dienstmasse Lok: 40,0 t
LüP: 9 304 mm

99^{41-42}

pr. T 38
D h2t
K 44.8
Einsatzzeitraum 1915 bis 1939

Für das oberschlesische Netz mit 785 mm Spurweite beschaffte die Preußische Staatsbahn nach der Naßdampflokomotive T 37 im Jahre 1915 mit der Gattung T 38 eine Heißdampflokomotive mit Kleinrohrüberhitzer Bauart Schmidt. Zur Erzielung der Bogenläufigkeit wählte man Klien-Lindner-Hohlachsen als Endradsätze, die aber, im Gegensatz zur T 37, keine Seitenverschiebung der Radsätze 2 und 3 bewirkten. Diese waren fest im Rahmen gelagert. Wegen der Profilbeschränkung mußten die Zylinder möglichst weit nach innen gelegt werden. Das führte zur hohen und stark geneigten Anordnung der Zylinder. Aus diesem Grunde lief die Treibstange hinter den Kuppelstangen, und auch für den Antrieb der Steuerung mußte eine ungewöhnliche Konstruktion entwickelt werden. Die rechte Treibkurbel diente als Steuerungsexzenter für den linken Schieberantrieb und umgekehrt. Die Lokomotiven hatten Außenrahmen. Bei einem Gesamtachsstand von 3 800 mm ergab sich durch die Radsätze 2 und 3 ein fester Achsstand von 1 600 mm. Von den 27 Lokomotiven, die Orenstein & Koppel bis 1919 geliefert hatte, mußten 16 Stück als Reparationsleistung an Polen abgegeben werden. Die DRG übernahm 1925 noch elf Maschinen mit den Betriebsnummern 99 411 bis 99 421 und hat den größten Teil bis 1939 ausgemustert. Bei der Besetzung Polens im zweiten Weltkrieg sind die Reparationslokomotiven im Jahre 1942 als 99 401^{II} bis 99 413^{II} und 99 419^{II} bis 99 421^{II} wieder eingenummert worden.

99 420, Foto: Slg. Weisbrod

99^{43}

pr. T 39
E h2t
K 55.8
Einsatzzeitraum 1919 bis 1945

Für das oberschlesische Schmalspurnetz beschaffte die Preußische Staatsbahn unmittelbar im Anschluß an die Vierkuppler der Gattung T 38 fünffach gekuppelte Heißdampflokomotiven, um den ständig steigenden Anforderungen an die Lokomotiven gerecht zu werden. Auch hier waren besondere konstruktive Maßnahmen erforderlich, um den Bogenlauf zu ermöglichen und bei den Profilbeschränkungen ein leistungsfähiges Triebwerk unterzubringen. Die Firma Orenstein & Koppel wählte den Luttermöller-Antrieb für die Endradsätze. Damit wurden der 1. und 5. Radsatz nicht durch Kuppelstangen, sondern durch Zahnräder vom benachbarten Radsatz angetrieben. Das Zahnradgehäuse war zugleich als Deichsel ausgebildet, so daß die Endradsätze ausschwenken konnten. Die Kuppelstangen wurden nicht vom Kuppelzapfen, sondern direkt vom Stangenkopf der Treibstange angetrieben. O&K lieferte bis 1920 sieben Lokomotiven, von denen zwei 1919 an Polen abgegeben werden mußten. Die DRG übernahm fünf Maschinen mit den Betriebsnummern 99 431 bis 435 und ordnete 1940 die beiden PKP-Lok als 99 436 und 437 wieder ein.

99 435, Foto: Slg. Weisbrod

99^{50}
Zulässige Geschwindigkeit: 30 km/h
Treib- und Kuppelraddurchmesser: 900 mm
Kesseldruck: 12 bar
Indizierte Leistung:
Dienstmasse Lok: 20,7 t
LüP: 7 126 mm

99^{44}
Zulässige Geschwindigkeit: 25 km/h
Treib- und Kuppelraddurchmesser: 850 mm
Kesseldruck: 13 bar
Indizierte Leistung:
Dienstmasse Lok: 44,0 t
LüP: 9 304 mm

99^{55}
Zulässige Geschwindigkeit: 30 km/h
Treib- und Kuppelraddurchmesser: 760 mm
Kesseldruck: 14 bar
Indizierte Leistung: 220 PS
Dienstmasse Lok: 28,5 t
LüP: 9 000 mm

99^{44}

pr. T 39 (Nachbau DRG)
E h2t
K 55.9
Einsatzzeitraum 1925 bis 1945

Die DRG hat in den Jahren 1925 und 1926 nochmals insgesamt sechs Lokomotiven der Gattung T 39 (inoffizielle Bezeichnung) beschafft. Orenstein & Koppel lieferte 1925 die Lokomotiven mit den Betriebsnummern 99 441 bis 99 443 und 1926 die 99 444 bis 99 446. Die Maschinen sind im Bereich der RBD Oppeln eingesetzt worden. Gegenüber der Ursprungsausführung der T 39 bestanden einige Unterschiede. Der Treib- und Kuppelraddurchmesser war von 820 auf 850 mm vergrößert worden. Die Dienst- und Reibungsmasse stieg um 4 t, was nicht allein mit den größeren Rädern zu erklären ist. Da Kessel und Triebwerk unverändert geblieben sind, hat man wahrscheinlich an verschiedenen Bauteilen Verstärkungen vorgenommen. Auch diese Nachbauten hatten Luttermöller-Antrieb für die Endradsätze.
Die 99 441, 444 und 445 kamen nach 1945 zu den PKP und sind in Tw 3-2434 bis Tw 3-2436 umgezeichnet worden. Über den Verbleib der anderen Lokomotiven fehlen Informationen.

99 442, Foto: Slg. Weisbrod

99^{50}

wü. Tss 3
C n2t
K 33.7
Einsatzzeitraum 1896 bis 1927

Die Württembergische Staatsbahn hatte 1896 die beiden 750-mm-Schmalspurstrecken Lauffen (Neckar)–Güglingen und Schussenried–Buchau eröffnet. Für diese Strecken lieferte die Maschinenfabrik Esslingen im gleichen Jahr vier Lokomotiven, die die Gattungsbezeichnung Tss 3 und die Bahnnummern 21 bis 24 erhielten. Es waren zugleich die letzten württembergischen Schmalspurlokomotiven, die ein Triebwerk der Bauart Klose erhalten hatten. Die Zylinder lagen neben der Rauchkammer, etwa in Höhe des Umlaufs. Die kurze Treibstange arbeitete nicht auf den Kuppelzapfen des Treibradsatzes, sondern auf eine Schwinge, an derem unteren Ende die eigentliche Treibstange angelenkt war, die den 2. Kuppelradsatz antrieb. Der Treibradsatz war fest im Außenrahmen gelagert. Der Wasservorrat von 1,8 m³ wurde in zwei seitlichen Behältern mitgeführt, der Kohlevorrat von 0,9 t war innerhalb des Führerhauses in Behältern untergebracht. Die DRG übernahm 1925 alle vier Maschinen mit den Betriebsnummern 99 501 bis 99 504, hat sie aber wegen zunehmender Verschleißerscheinungen 1927 ausgemustert.

Nr. 21 (99 501),
Foto: Slg. Weisbrod

99 51–54
Zulässige Geschwindigkeit: 30 km/h
Treib- und Kuppelraddurchmesser: 760 mm
Kesseldruck: 12 bar
Indizierte Leistung: 200 PS
Dienstmasse Lok: 27,4 t
LüP: 9 000 mm

99 51–54

sä. IV K
B'B' n4vt
K 44.7
Einsatzzeitraum 1892 bis heute

Ende des Jahres 1891 betrieb die Sächsische Staatsbahn bereits 15 Schmalspurstrecken mit 750 mm Spurweite, und weitere Strecken waren im Bau. Die vorhandenen Lokomotiven der Gattungen I K, II K (neu) und III K vermochten nicht mehr, die erforderlichen Leistungen zu erbringen, zumal 1885 der Rollbockverkehr eingeführt worden war. Die Firma Hartmann entwikkelte eine vierachsige Lokomotive mit zwei Triebdrehgestellen der Bauart Günther-Meyer. Im hinteren Außenrahmen-Drehgestell war die HD-Maschine, im vorderen Innenrahmen-Drehgestell die ND-Maschine untergebracht. Die Zylinder lagen sich in Fahrzeugmitte gegenüber. Die Triebwerke arbeiteten im Verbundverfahren und hatten gegenüber der Bauart Mallet den Vorteil kürzerer Dampfwege. Die ersten sieben Maschinen sind von Hartmann 1892 an die Staatsbahn geliefert worden und besaßen 12 bar Kesseldruck. In dieser Ausführung entstanden bis 1904 38 Lokomotiven, die die Bahnnummern 103 bis 140 erhielten und auf allen sächsischen Strecken zum Einsatz kamen.
Bis auf die Bahnnummern 123 und 139 (1919 an die PKP) sind 1925 alle Lokomotiven von der DRG mit den Betriebsnummern 99 511 bis 99 546 übernommen worden. Ein Teil dieser Maschinen ist in den 30er Jahren ausgemustert worden, einige gingen im Krieg verloren, drei wurden nach 1945 als Reparationsleistungen abgefahren. Dienstälteste Lokomotive ist die 99 539 (Bj. 1899) auf der Traditionsbahn Radebeul Ost–Radeburg.

99 516, Foto: Slg. Weisbrod

99 55

sä. IV K
B'B' n4vt
K 44.7
Einsatzzeitraum 1908 bis 1976

Die zweite Lieferserie der sä. IV K stammt aus dem Jahre 1908 und umfaßt die Maschinen mit den Bahnnummern 141 bis 150. Gegenüber der 1. Lieferserie (1892 bis 1904) ist der Kesseldruck von 12 auf 14 bar erhöht worden. Zwei dieser zehn Lokomotiven kamen nach dem ersten Weltkrieg zu den PKP, die DRG übernahm 1925 die anderen mit den Betriebsnummern 99 551 bis 99 558. Die 99 554 verblieb nach 1945 bei den ČSD und ist in U 99.554 umgezeichnet worden.
Die Deutsche Reichsbahn hat zwischen 1962 und 1967 insgesamt 30 Lokomotiven der Gattung IV K einer Teilrekonstruktion unterzogen, sie mit neuen geschweißten Kesseln und teilweise auch mit neuen Rahmen ausgerüstet. Aus der 1. Lieferserie betraf das die 99 516, 534, 539 und 542, aus der 2. Lieferserie die 99 553, 555 und 557. Einige IV-K-Lokomotiven sind auch außerhalb Sachsens zum Einsatz gekommen. So waren von 1952 bis 1970 insgesamt 17 IV K auf der Insel Rügen stationiert, aus der 2. Serie die 99 552, 553 und 556, die für diesen Einsatz eine Druckluftbremseinrichtung bekamen.

99 1555, Foto: Weisbrod

99 56–57

sä. IV K
B'B' n4vt
K 44.7
Einsatzzeitraum 1909 bis heute

Die dritte Lieferserie der sä. IV K aus den Jahren 1909 bis 1912 umfaßt 19 Lokomotiven, die die Bahnnummern 151 bis 169 erhielten. Ihr Kesseldruck betrug weiterhin 14 bar, jedoch waren die Durchmesser der ND-Zylinder von 370 auf 400 mm vergrößert worden, die der HD-Zylinder blieben mit 240 mm unverändert. Trotz des langen Beschaffungszeitraums von 1892 bis 1921 sind die konstruktiven Veränderungen gering geblieben. Der Kessel blieb unverändert, von den durch die Erhöhung des Kesseldrucks notwendigen Verstärkungen abgesehen. Ab Bahnnummer 138 (Bj. 1904) sind die Ramsbottom- durch Pop-Sicherheitsventile ersetzt worden. Ab Bahnnummer 158 (Bj. 1910) wurde die Saugluftbremse Bauart Körting für Lokomotive und Wagenzug eingesetzt.
Die Lokomotiven der 3. Serie sind alle von der DRG übernommen worden und erhielten die Betriebsnummern 99 561 bis 99 579. Die 99 571 mußte nach 1945 an die Sowjetunion abgegeben werden. Neue Kessel bekamen die 99 561 bis 564, 566, 568 und 569, 574 und 576. Die 99 561, 562, 564, 568 und 574 erhielten per 1. Januar 1992 die neuen Betriebsnummern 099 703 bis 707.

99 579, Foto: Slg. Weisbrod

99 58–60

sä. IV K
B'B' n4vt
K 44.8
Einsatzzeitraum 1912 bis heute

Die 4. Lieferserie der sä. IV K begann 1912 und war gekennzeichnet durch eine Erhöhung des Kesseldrucks von 14 auf 15 bar und eine Erhöhung der mittleren Kuppelachsfahrmasse auf 8 t. Der Zylinderdurchmesser blieb gegenüber der vorangegangenen Serie mit 240/400 mm unverändert. Die Serie umfaßte die Lokomotiven mit den Bahnnummern 170 bis 198. Die Serie lief 1916 mit der Lieferung der Bahnnummer 197 aus, doch 1921 ist die Bahnnummer 198 aus noch vorhandenen Teilen zusammengebaut worden. Bis auf die Bahnnummer 174 (1919 an die PKP) sind alle Lokomotiven 1925 von der DRG mit den Betriebsnummern 99 581 bis 99 608 übernommen worden. 17 Maschinen erhielten 1970 bei der DR eine EDV-Betriebsnummer, die Lokomotiven 99 582, 584 bis 586, 606 und 608 ab 1. Januar 1992 die neuen Betriebsnummern 099 708 bis 713. Von den Lokomotiven der 4. Serie erhielten folgende Maschinen im Raw Görlitz neue Kessel, die das Raw Halberstadt lieferte: 99 582 bis 587, 590, 592 bis 594, 601, 606 und 608. Die 99 587 und 99 595 bekamen für den Einsatz auf der Insel Rügen eine Druckluftbremse.

99 589, Foto: Slg. Weisbrod

99^{56-57}
Zulässige Geschwindigkeit: 30 km/h
Treib- und Kuppelraddurchmesser: 760 mm
Kesseldruck: 14 bar
Indizierte Leistung: 220 PS
Dienstmasse Lok: 28,5 t
LüP: 9 000 mm

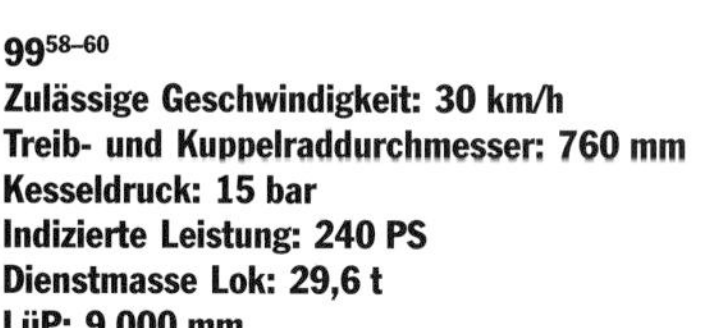

99^{58-60}
Zulässige Geschwindigkeit: 30 km/h
Treib- und Kuppelraddurchmesser: 760 mm
Kesseldruck: 15 bar
Indizierte Leistung: 240 PS
Dienstmasse Lok: 29,6 t
LüP: 9 000 mm

99^{61}
Zulässige Geschwindigkeit: 30 km/h
Treib- und Kuppelraddurchmesser: 855 mm
Kesseldruck: 14 bar
Indizierte Leistung:
Dienstmasse Lok: 28,8 t
LüP: 8 950 mm

99^{62}
Zulässige Geschwindigkeit: 30 km/h
Treib- und Kuppelraddurchmesser: 900 mm
Kesseldruck: 12 bar
Indizierte Leistung:
Dienstmasse Lok: 27,8 t
LüP: 8 115 mm

99^{61}

sä. V K
D n2vt
K 44.7
Einsatzzeitraum 1901 bis 1942

Für die 1890 eröffnete Strecke Mügeln–Geising ins Osterzgebirge ließ die Sächsische Staatsbahn bei Hartmann eine vierfach gekuppelte Einrahmenlokomotive entwickeln, die den steigenden Reise- und Güterverkehr besser bewältigen sollte als die Lokomotiven der Gattungen I K und IV K. Um in den 80-m-Radien die erforderliche Bogenläufigkeit zu erzielen, wählte man radial einstellbare Endradsätze der Bauart Klien-Lindner. Das erforderte einen Außenrahmen. Die beiden mittleren Radsätze waren fest im Rahmen gelagert. Das im Verbundprinzip arbeitende Zweizylinder-Triebwerk trieb den 2. Radsatz an. Hartmann lieferte von 1901 bis 1907 neun Lokomotiven mit den Bahnnummern 201 bis 209. Die Lokomotiven konnten zwar Gleisbögen mit 40 m Halbmesser befahren, zeigten auch bessere Anfahreigenschaften als die IV K, waren ihr aber leistungsmäßig kaum überlegen und in der Unterhaltung ebenso aufwendig.
Die DRG übernahm 1925 alle Maschinen mit den Betriebsnummern 99 611 bis 619, hat aber schon 1934 die 99 611, 613, 617 und 619 ausgemustert. Die anderen Lokomotiven schieden 1942 in Thum aus.

99 618, Foto: Slg. Weisbrod

99^{62}

wü. Tss 4
D n2
K 44.7
Einsatzzeitraum 1894 bis 1928

Die Württembergische Staatsbahn beschaffte 1894 für die Strecke Marbach–Beilstein im Bottwartal (750 mm) von der Maschinenfabrik Esslingen drei Naßdampf-Tenderlokomotiven mit Klose-Triebwerk. Die beiden Endradsätze waren radial einstellbar, der 3. Radsatz, genau in der Mitte zwischen den Endradsätzen gelagert, hatte beidseits 31 mm Seitenverschiebbarkeit. Der 2. Radsatz (Treibradsatz) war spurkranzlos und fest im Rahmen gelagert. Im Prinzip entsprach das Laufwerk den Lokomotiven der Gattung Ts 4 für 1 000 mm Spurweite. Die Lokomotiven trugen die Bahnnummern 11 bis 13 und die Namen GROSSBOTTWAR, OSTERFELD und BEILSTEIN. Das ursprünglich im Führerhaus auf dem Stehkessel angebrachte Ramsbottom-Sicherheitsventil ist später auf den Langkessel hinter den Dampfdom versetzt worden. Die Lokomotive GROSSBOTTWAR schied bereits 1923 aus, so daß nur noch zwei Maschinen mit den Betriebsnummern 99 621 und 99 622 zur DRG kamen, die die Lokomotiven aber 1928 wegen weitgehend verschlissener Triebwerke ausmusterte.

99 622, Foto: Maey

99^{73-76}
Zulässige Geschwindigkeit: 30 km/h
Treib- und Kuppelraddurchmesser: 800 mm
Laufraddurchmesser vorn/hinten: 550/550 mm
Kesseldruck: 14 bar
Indizierte Leistung: 600 PS
Dienstmasse Lok: 56,7 t
LüP: 10 540 mm

99^{63}
Zulässige Geschwindigkeit: 30 km/h
Treib- und Kuppelraddurchmesser: 900 mm
Kesseldruck: 12 bar
Indizierte Leistung:
Dienstmasse Lok: 28,7 t
LüP: 8 226 mm

99^{64-65}
Zulässige Geschwindigkeit: 30 km/h
Treib- und Kuppelraddurchmesser: 800 mm
Kesseldruck: 14 bar
Indizierte Leistung: 420 PS
Dienstmasse Lok: 40,4 t
LüP: 8 660 mm

99^{63}

wü. Tssd
B'B n4vt
K 44.7
Einsatzzeitraum 1899 bis 1969

Württemberg hatte 1899 seine fünfte Schmalspurbahn mit der Strecke Warthausen–Ochsenhausen in Betrieb genommen und andere Strecken verlängert. Bei den Lokomotivneubauten verließ man die Bauart Klose und beauftragte die Maschinenfabrik Esslingen, eine Mallet-Lokomotive zu entwickeln, um auf diese Weise die erforderliche Bogenläufigkeit in den engen Radien zu erzielen. Esslingen lieferte von 1899 bis 1913 neun Lokomotiven, die sich als sehr leistungsfähig und robust erwiesen und auf den Strecken Marbach–Heilbronn, Lauffen–Güglingen, Biberach–Ochsenhausen und Schussenried–Riedlingen eingesetzt waren. Das hintere Triebwerk mit der HD-Maschine war in einem Außenrahmen untergebracht, um den Aschkasten in erforderlichem Maße aufführen zu können. Die vordere Triebwerksgruppe mit der ND-Maschine war als Drehgestell ausgebildet.
Die DRG übernahm 1925 alle Lokomotiven mit den Betriebsnummern 99 631 bis 99 639. Bis 1945 waren die 99 631, 632, 634, 635 und 636 ausgemustert. Die 99 638 und 639 schieden 1954 bzw. 1956 aus. Die 99 633 und 99 637 waren bis 1965 auf der Federseebahn Schussenried–Buchau eingesetzt. Die 99 633 behielt man als Reservelok, um sie als Ersatz für schadhaft gewordene Diesellokomotiven verwenden zu können. Diese Maschine ist erst im März 1969 ausgemustert worden. Sie wird betriebsfähig erhalten und läuft unter der Obhut der DGEG im Museumsbetrieb auf der Jagsttalbahn.

99 633, Foto: Obermayer

99^{64-65}

sä. VI K
E h2t
K 55.8
Einsatzzeitraum 1919 bis 1975

Die Sächsische Staatsbahn erwarb 1919 von Henschel 15 fünffach gekuppelte Heißdampf-Tenderlokomotiven, die für die Heeresfeldbahn bestimmt waren, aber nicht mehr zum Einsatz gekommen sind. Die Lokomotiven erhielten die Bahnnummern 210 bis 224 und die Gattungsbezeichnung VI K. Sie übertrafen das Leistungsvermögen der IV K um ca. 50 % und sind auf den Strecken des Erzgebirges zum Einsatz gekommen. Das Laufwerk entsprach der Bauart Gölsdorf. Die Radsätze 1, 3 und 5 waren seitenverschiebbar, der 2. Radsatz und der Treibradsatz (4. Radsatz) fest im Rahmen gelagert. Der zweischüssige Langkessel trug auf dem 1. Schuß den Dampfdom mit halbkugliger Decke, auf dem 2. Schuß den Sandkasten.
Die DRG übernahm 1925 alle 15 Lokomotiven mit den Betriebsnummern 99 641 bis 99 655. 1930 sind die 99 650 und 651 zur Strecke Warthausen–Ochsenhausen nach Württemberg umgesetzt worden, die 99 643 und 99 647 kamen 1938 nach Österreich zur Waldviertelbahn und wurden auf 760 mm umgespurt. Die 99 641, 645 und 652 mußten nach 1945 an die Sowjetunion abgegeben werden, und die 99 649 ging im Krieg verloren. Drei Lokomotiven dieser Serie (99 648, 653, 654) sind 1965 im Raw Görlitz rekonstruiert worden (s. auch BR 99^{67-71}). Die 99 651 (Bw Heilbronn, Lokbf Beilstein) war die einzige DB-Schmalspurdampflok, die noch eine EDV-Betriebsnummer bekam. Die drei DR-Rekoloks sind 1974/75 ausgemustert worden.

99 694, Foto: Lehmann

99^{67-71}
Zulässige Geschwindigkeit: 30 km/h
Treib- und Kuppelraddurchmesser: 800 mm
Kesseldruck: 14 bar
Indizierte Leistung: 420 PS
Dienstmasse Lok: 42,3 t
LüP: 8 990 mm

99^{67-71}

DRG (Nachbau sä. VI K)
E h2t
K 55.9
Einsatzzeitraum 1923 bis 1975

Die guten Betriebsergebnisse mit den VI K-Lokomotiven veranlaßten die DRG, von 1923 bis 1927 insgesamt 47 Lokomotiven mit kleinen Veränderungen nachbauen zu lassen. In die Nachlieferungen teilten sich die Firmen Henschel (99 671 bis 683), Hartmann (99 684 bis 695 und 99 708 bis 717) und Maschinenbau-Gesellschaft Karlsruhe (99 696 bis 707). Nach dem Umbau der Müglitztalbahn auf Normalspur erhielt Württemberg die 99 671, 672, 698, 701, 704 und 716. Die nachgebauten Lokomotiven hatten einen Dampfdom mit flach gewölbter Decke. Die in Württemberg eingesetzten Maschinen fielen durch den quer unterhalb der Rauchkammer angeordneten Hauptluftbehälter auf.
Sieben Nachbaulokomotiven, vier sächsische und drei württembergische, waren im zweiten Weltkrieg im Osteinsatz und gingen verloren, weitere sieben Maschinen mußten 1945 als Reparationsleistung abgegeben werden, zwei gelangten zu den ČSD. Württemberg besaß nach dem Kriege zwei VI K der ersten Lieferung und acht der Nachbauserie. Ab 1963 sind bei der DR, die insgesamt 26 Maschinen VI K und VI K-Nachbau besaß, einige Maschinen neu bekesselt worden. Sie erhielten weiterhin neue geschweißte Führerhäuser nach dem Muster der Einheitslokomotien, neue Vorratsbehälter in Schweißkonstruktion und neue Rahmen mit einem Achsstichmaß von 1 000 mm. Der Antrieb wurde auf den 3. Radsatz gelegt, der wie der 1. und 5. Radsatz fest im Rahmen gelagert war. Seitenverschiebbar waren der 2. und 4. Radsatz. Dieser Umbau, fast ein Neubau, betraf die Lokomotiven 99 648, 653, 654, 685, 687, 692, 694, 696 und 706. Die meisten der umgebauten Maschinen waren im Wilsdruffer Netz eingesetzt, einige auf der Strecke Radebeul Ost–Radeburg.

99 680, Foto: Obermayer

99^{73-76}

Einheitslok
1′E1′ h2t
K 57.9
Einsatzzeitraum 1928 bis heute

Die Entwicklung der 1′E1′-Einheitslokomotive für 750 mm Spurweite geht auf eine Forderung der RBD Dresden aus dem Jahre 1926 zurück, die für ihr umfangreiches Netz leistungsstärkere Maschinen als die sä. IV K und Lokomotiven mit besseren Laufeigenschaften als bei der sä. VI K benötigte. Der neuentwickelte Kessel der Einheitslok hatte 3 500 mm Abstand zwischen den Rohrwänden, trug Dampfdom, Speisedom und zwei Sandkästen und hatte eine um mehr als 16 m^2 größere Heizfläche als der VI K-Kessel. Der Rahmen war als Barrenrahmen ausgeführt, die Kuppelradsätze 2 und 5 waren seitenverschiebbar, die Laufradsätze in Bissel-Gestellen geführt. Schwartzkopff lieferte von 1928 bis 1933 mit den Betriebsnummern 99 731 bis 99 762 insgesamt 32 Maschinen, die auf den Strecken Cranzahl–Oberwiesenthal, Zittau–Oybin/Jonsdorf, Freital-Hainsberg–Kipsdorf und im Thumer Netz zum Einsatz kamen. Die Lokomotiven zogen in der Ebene 570 t mit 30 km/h, auf Steigungen von 25 ‰ bei 50 m Radius 140 t mit der gleichen Geschwindigkeit. Zehn Lokomotiven mußten nach 1945 als Reparationsleistung an die Sowjetunion abgegeben werden. Neun Maschinen erhielten 1965/66 im Raw Görlitz Nachbaukessel in Schweißausführung. Die 99 760 (jetzt 099 733) bekam Ende 1991 im Raw Görlitz versuchsweise Ölhauptfeuerung. 14 Lokomotiven erhielten mit dem ab 1. Januar 1992 eingeführten neuen Nummernplan neue Betriebs- und Ordnungsnummern und wurden in 099 722 bis 099 735 umgezeichnet. Die meisten Lokomotiven sind beim Bw Zittau beheimatet, einige beim Bw Nossen (Est Freital).

99 1761, Foto: Weisbrod

99^{77-79}
Zulässige Geschwindigkeit: 30 km/h
Treib- und Kuppelraddurchmesser: 800 mm
Laufraddurchmesser vorn/hinten: 550/550 mm
Kesseldruck: 14 bar
Indizierte Leistung: 660 PS
Dienstmasse Lok: 55,5 t
LüP: 10 000 mm

99^{77-79}

Neubaulok DR
1'E1' h2t
K 57.9
Einsatzzeitraum 1952 bis heute

Die Deutsche Reichsbahn mußte Anfang der 50er Jahre für den überalterten und durch Reparationsabgaben lückenhaften Lokomotivpark des sächsischen Schmalspurnetzes Ersatz beschaffen. LKM Babelsberg lieferte von 1952 bis 1956 24 1'E1'-Heißdampflokomotiven mit den Betriebsnummern 99 771 bis 99 794. Die Maschinen entstanden in Anlehnung an die Einheitslokomotiven, jedoch sind sie weitgehend geschweißt. Der Kessel bestand nur noch aus einem Schuß, trug ebenfalls Dampfdom, Speisedom und zwei Sandkästen. Der Rahmen war als geschweißter Blechrahmen ausgeführt. Der 1., 3. und 5. Kuppelradsatz waren fest im Rahmen gelagert, der 2. und 4. Kuppelradsatz seitenverschiebbar. Die Laufradsätze wurden in Bissel-Gestellen geführt. Die ab Werk eingebauten federlosen Druckausgleich-Kolbenschieber Bauart Müller sind später durch Trofimoff-Schieber Bauart Görlitz ersetzt worden. Im Gegensatz zu den Einheitslokomotiven (Oberflächenvorwärmer) und den Neubaulokomotiven für 1 000 mm Spurweite (Mischvorwärmer) erhielten diese Lokomotiven keinen Speisewasservorwärmer. Die Kesselspeisung erfolgte durch zwei saugende Strahlpumpen.
Das Leistungsprogramm sah die Beförderung von 860 t in der Ebene mit 30 km/h und auf 10 ‰ Steigung mit 15 km/h vor. Die Lokomotiven haben sich im Betriebsdienst, von Verbiegungen des Blechrahmens abgesehen, gut bewährt und sind heute auf den Strecken Cranzahl–Oberwiesenthal, Freital–Kipsdorf und Radebeul-Ost–Radeburg im Einsatz. Die Lokomtiven 99 774 und 99 792 gehören nicht mehr zum Betriebspark der DR. Die anderen Maschinen bekamen ab 1. Januar 1992 die neuen Betriebsnummern 099 736 bis 099 757.

99 1773, Foto: Weisbrod

99^{710}

pr. T 31
C n2t
K 33.7
Einsatzzeitraum 1889 bis 1926

Für die drei Thüringer Schmalspurbahnen mit 1 000 mm Spurweite hatte die Firma Krauss in München zehn dreifach gekuppelte Naßdampf-Tenderlokomotiven geliefert. Acht davon kamen mit den Bahnen in den Besitz der Preußischen Staatsbahn, erhielten 1911 das Gattungszeichen T 31 und die Bahnnummern ERFURT 1 bis ERFURT 8. Die DRG hatte lediglich die Übernahme von zwei Lokomotiven vorgesehen, das waren die ERFURT 7 (Krauss 1887/1871) und die ERFURT 6 (Krauss 1889/2018). Die ERFURT 7 sollte die Betriebsnummer 99 7101 erhalten, wurde aber schon 1925 ausgemustert. So kam nur noch die ERFURT 6 mit der Betriebsnummer 99 7102 zur DRG, ist aber auch schon 1926 ausgeschieden. Die gedrungene Lokomotive hatte einen Achsstand von 2 250 mm, wobei der Achsstand zwischen Radsatz 1 und 2 1 000 mm, zwischen Radsatz 2 und 3 1 250 mm betrug. Angetrieben wurde der 3. Radsatz, von dem über eine Gegenkurbel auch die Schwingenstange der außenliegenden Heusinger-Steuerung bewegt worden ist.

ERFURT 6 (99 7102), Foto: Slg. Weisbrod

99^{710}
Zulässige Geschwindigkeit: 15 km/h
Treib- und Kuppelraddurchmesser: 895 mm
Kesseldruck: 12 bar
Indizierte Leistung:
Dienstmasse Lok: 15,6 t
LüP: 6 740 mm

99^{720}
Zulässige Geschwindigkeit: 30 km/h
Treib- und Kuppelraddurchmesser: 900 mm
Kesseldruck: 12 bar
Indizierte Leistung:
Dienstmasse Lok: 23,0 t
LüP: 7 060 mm

$99^{750-752}$
Zulässige Geschwindigkeit: 30 km/h
Treib- und Kuppelraddurchmesser: 760 mm
Kesseldruck: 12 bar
Indizierte Leistung:
Dienstmasse Lok: 16,8 t
LüP: 5 740 mm

99^{720}

bad. C
C n2t
K 33.8
Einsatzzeitraum 1905 bis 1965

Für die einzige Schmalspurstrekken Badens von Mosbach nach Mudau, die im Juni 1905 eröffnet worden war, hatte Borsig vier Naßdampf-Tenderlokomotiven geliefert. Die Konzession für den Bau der Strecke hatte die Aktiengesellschaft Vehring & Wächter erhalten, betrieben wurde sie im Auftrag der Badischen Staatsbahn von der Deutschen Eisenbahn-Bau- und Betriebsgesellschaft. Erst 1931 kam die Strecke in den Besitz der DRG, die den vier Lokomotiven die Betriebsnummern 99 7201 bis 99 7204 gab. Die Maschinen hatten einen dreischüssigen Langkessel, der auf dem 1. Schuß den Dampfdom, auf dem 3. Schuß den Sandkasten und dazwischen den Hauptluftbehälter trug. Die Druckluftbremse Bauart Westinghouse bremste die Räder aller Radsätze einseitig von vorn. Der Wasservorrat von 2,4 m³ wurde im Rahmenwasserkasten und in zwei kurzen seitlichen Vorratsbehältern mitgeführt. Ein Abteil des linken Vorratsbehälters nahm den Kohlevorrat (0,95 t) auf. 1963 sind auf der Strecke Mosbach–Mudau zwei Diesellokomotiven (V 52) eingesetzt worden. Die Dampflokomotiven wurden Anfang 1965 ausgemustert.

99 7202, Foto: Slg. Weisbrod

$99^{750-752}$

sä. I K
C n2t
K 33.6
Einsatzzeitraum 1881 bis 1928

1881 eröffnete die Sächsische Staatsbahn die erste Schmalspurbahn (750 mm Spurweite) von Wilkau nach Kirchberg, der in den folgenden Jahren weitere Strecken folgten. Hartmann lieferte für diese Strecken eine dreifach gekuppelte Naßdampflokomotive mit 1 800 mm Achsstand und einem Crampton-Kessel mit 1 960 mm Rohrwandabstand. Die Maschinen hatten Außenrahmen und außenliegende Allan-Steuerung. Die Anordnung der Kesselaufbauten (Dampfdom, Sandkasten und Läutewerk) war bei den einzelnen Lieferserien unterschiedlich. Bis 1892 hat Hartmann insgesamt 44 Maschinen geliefert. Fünf Lokomotiven gleicher Bauart übernahm die Staatsbahn 1906 von der Zittau-Oybin-Jonsdorfer Eisenbahn. Die Bahnnummern 27 bis 30 (Bj. 1886 bis 1888) sind mit radial einstellbarem 1. Kuppelradsatz (Bauart Klien-Lindner) geliefert worden und trugen die Gattungsbezeichnung Ib K. Die Lokomotiven der Gattung I K sind auf allen sächsischen Schmalspurstrecken im Einsatz gewesen. Die DRG übernahm 1925 noch 25 Lokomotiven mit den Betriebsnummern 99 7501 bis 99 7525 und hat die letzten im Jahre 1928 ausgemustert.

Nr. 41, Foto: Sächs. Maschinenfabrik

99^{754}
Zulässige Geschwindigkeit: 30 km/h
Treib- und Kuppelraddurchmesser: 855 mm
Laufraddurchmesser vorn/hinten: –/760 mm
Kesseldruck: 10 bar
Indizierte Leistung:
Dienstmasse Lok: 26,3 t
LüP: 9 000 mm

99^{754}

sä. III K
C1′ n2t
K 34.7
Einsatzzeitraum 1889 bis 1926

Die Sächsische Staatsbahn benötigte Ende der 80er Jahre des 19. Jahrhunderts stärkere Lokomotiven für die 750-mm-Schmalspurstrecken als die der Gattung I K und beschaffte 1889 von Kraus zwei Engerth-Stütztenderlokomotiven mit Klose-Triebwerk, wie sie auf der Bosna-Bahn im Einsatz waren (Bahnnummern 35 und 36). 1891 lieferte Hartmann vier weitere Lokomotiven (Bahnnummern 43 bis 46), die sich von den Krauss-Lokomotiven nur in der Ausführung der Führerhäuser und der Anordnung der Kesselaufbauten unterschieden. Die Lokomotiven, als Gattung III K bezeichnet, hatten einen Außenrahmen, in dem die drei gekuppelten Radsätze und der Laufradsatz gelagert waren. Der 1. und 3. Kuppelradsatz waren durch das komplizierte Hebelwerk Bauart Klose radial einstellbar, nur der 2. Kuppelradsatz war fest im Rahmen gelagert. Die innerhalb des Rahmens gelagerten, geneigt angeordneten Zylinder trieben den 2. Kuppelradsatz an. Der Drehpunkt für den Laufradsatz unter dem Tender lag zwischen 2. und 3. Kuppelradsatz. Führerhaus und Kohlekasten lagerten auf einem zusätzlichen Hilfsrahmen.
Die Lokomotiven, auf den Strecken Radebeul Ost–Radeburg und Wilkau-Haßlau–Carlsfeld eingesetzt, zogen auf 10 ‰ Steigung 111 t mit 30 km/h. Die DRG übernahm 1925 zwar noch alle sechs Maschinen mit den Betriebsnummern 99 7541 bis 99 7546, hat sie jedoch bis 1926 ausgemustert.

Nr. 43 (99 7543), Foto: Sächs. Maschinenfabrik

E 00 02

pr. ES 2
2′B1′
~ 10 kV, 15 Hz, ab 1923: 15 kV, $16^2/_3$ Hz
Einsatzzeitraum 1911 bis 1926

Die zweite Schnellzuglokomotive für den elektrischen Versuchsbetrieb der Preußisch-Hessischen Staatsbahnen zwischen Bitterfeld und Dessau bauten die HANOMAG (Fahrzeugteil) und die AEG (Elektroteil). Sie kam als WSL 10 502 HALLE im März 1911 nach Bitterfeld, absolvierte einige Probefahrten und wurde anschließend nach Turin gebracht und auf der dortigen Industrie- und Gewerbeausstellung präsentiert. Anfang 1912 kam sie zurück und erhielt im Rahmen einer Untersuchung bei der AEG statt der bisherigen vier Bügelstromabnehmer zwei Scherenstromabnehmer. Ende Januar 1912 wurde die Maschine bei der Betriebswerkstatt Bitterfeld endgültig in Betrieb genommen, als ES 2 HALLE bezeichnet und nach weiteren Versuchsfahrten in den regulären Zugdienst übernommen. Vom Mai bis November 1914 befand sie sich auf der Baltischen Ausstellung in Malmö. Nach ihrer Rückkehr wurde sie abgestellt. Die DRG übernahm die Maschine und setzte sie nach einem Umbau für 15 kV, $16^2/_3$ Hz ab 1923 auf der badischen Wiesen- und Wehratalbahn ein. Die DRG-Betriebsnummer E 00 02 erhielt sie wahrscheinlich nur buchmäßig, weil sie zum Umzeichnungszeitpunkt bereits abgestellt war und 1927 ausgemustert wurde. Sie sollte erhalten werden, wurde jedoch in den Nachkriegsjahren zerstört. Ihre schrottreifen Reste standen 1992 noch bei einer Berliner Spedition.

WSL 10 502, ab 1926: E 00 02, Foto: AEG

E 00 02
Zulässige Geschwindigkeit: 110 km/h
Treib- und Kuppelraddurchmesser: 1 600 mm
Laufraddurchmesser vorn/hinten: 1 000/1 000 mm
Stundenleistung (b. Geschwindigkeit): 662 (79,0) kW (km/h)
Anfahrzugkraft: 93 kN
Dienstmasse: 72,5 t
LüP: 12 500 mm

E 01
Zulässige Geschwindigkeit: 110 km/h
Treib- und Kuppelraddurchmesser: 1 350 mm
Laufraddurchmesser vorn/hinten: 1 000/1 000 mm
Stundenleistung (b. Geschwindigkeit): 1 325 (45,0) kW (km/h)
Anfahrzugkraft: 157 kN
Dienstmasse: 84,0 t
LüP: 12 405 mm

E 03
Zulässige Geschwindigkeit: 200 km/h[1]
Treibraddurchmesser: 1 250 mm
Stundenleistung (b. Geschwindigkeit): 6 420 (200,0) kW (km/h)
Anfahrzugkraft: 314 kN
Dienstmasse: 110,0 t
LüP: 10 500 mm
[1]) 103 003 zeitweise: 250

E 01

pr. ES 9 bis ES 19
1'C1'
~15 kV, $16^2/_3$ Hz
Einsatzzeitraum 1914 bis 1929

Im März 1914 stellte die KED Halle (S) die erste der von der BMAG (Fahrzeugteil) und den MSW (Elektroteil) gebauten Schnellzuglokomotiven als ES 9 HALLE in Dienst. Im gleichen Jahr folgten noch zwei Maschinen, die bei der Betriebswerkstatt Bitterfeld mit Beginn des ersten Weltkriegs abgestellt wurden. Im Mai 1915 kamen die drei Lokomotiven zur KED Breslau, bei der bis zum Jahre 1921 auch die restlichen acht in Betrieb genommen wurden. Die für den Flachlandbetrieb gebauten Lokomotiven wurden auf den schlesischen Bergstrecken oft so stark beansprucht, daß sie sehr häufig nicht einsatzfähig waren. Im Frühsommer 1923 kamen sie zum Bw Leipzig Hbf West und in ihr eigentliches Einsatzgebiet nach Mitteldeutschland. Auch dort traten infolge der inzwischen größeren Zugmassen Überbeanspruchungen und viele Ausfälle auf.
Der mit den Personenzuglokomotiven EP 202 BRESLAU bis EP 208 BRESLAU gleiche Fahrmotor der Maschinen gehörte mit 3 200 mm Ständerdurchmesser zu den großen Wechselstrom-Lokomotivmotoren der Welt. Über schräge Treibstangen und eine Blindwelle trieb er die drei gekuppelten Radsätze an (Parallelkurbeltrieb). Zur Reglung der Motorspannung in 16 Dauerfahrstufen diente eine handbetätigte Schaltwalzensteuerung mit Zusatztransformator. Die DRG übernahm alle Lokomotiven und nummerte sie, außer der ES 18, in E 01 09 bis E 01 17 und E 01 19 um.

ES 9, ab 1926: E 01 09, Foto: BMAG

E 03

Neubau DB (ab 1968: DB 103.0
C'Co' ab 1989: DB 750)
~15 kV, $16^2/_3$ Hz
Einsatzzeitraum 1965 bis heute

Für einen hochwertigen und attraktiven Schnellverkehr mit 200 km/h nahm die DB 1965 vier Prototypen einer von RTH (Fahrzeugteil) und Siemens (Elektroteil) gebauten Hochleistungs-Elektrolok mit sechs angetriebenen Radsätzen als E 03 001 bis E 03 004 in Betrieb. Der Entwicklung vorausgegangen waren Schnellfahrversuche mit den dafür umgebauten E 10 299 und E 10 300, die positiv verliefen. Die E 03 001 wurde 1965 auf der Internationalen Verkehrsausstellung in München präsentiert, die anderen beförderten während der Ausstellung Schnellzüge zwischen Augsburg und München erstmalig mit 200 km/h. Das vorgegebene Betriebsprogramm erfüllten die Maschinen, und die DB beschaffte eine größere Anzahl leistungsstärkerer Serienlokomotiven.
Anfangs waren die E 03 in München, danach in Nürnberg stationiert. Ab 1979 wurden die inzwischen als 103 001 bis 103 004 bezeichneten Lokomotiven beim Bw Hamburg-Eidelstedt eingesetzt. Die 103 003 wurde 1983 für 250 km/h umgebaut und erreichte 1985 bei einer Versuchsfahrt 283 km/h. Im Sommer 1986 fuhr sie mit der 103 001 Versuchseinsätze auf der Neubaustrecke Burgsinn–Hohe Wart und Anfang 1987 zwischen Moannheim und Graben-Neudorf. Von den in den 80er Jahren nur noch für das Versuchsamt in Minden verwendeten Maschinen wurden Anfang 1989 die noch vorhandenen in Dienstfahrzeuge umbezeichnet, die 103 001 in 750 001 und die 103 003 in 750 002. Seit September 1989 ist nur noch die 750 001 im Betriebsbestand.

E 03 001, Foto: Slg. Bäzold

103.1
Zulässige Geschwindigkeit: 200 km/h[1]
Treibraddurchmesser: 1 250 mm
Stundenleistung (b. Geschwindigkeit): 7 080 (112,0) kW (km/h)
Anfahrzugkraft: 312 kN
Dienstmasse: 114,0 t
LüP: 19 500[2] mm
[1] 103 118 und 103 222 zeitweise: 250
[2] ab 103 216: 20 200

E 04
Zulässige Geschwindigkeit: 110/130 km/h[1]
Treibraddurchmesser: 1 600 mm
Laufraddurchmesser vorn/hinten: 1 000/1 000 mm
Stundenleistung (b. Geschwindigkeit): 2 190 (84,0/98,0) kW (km/h)[1]
Anfahrzugkraft: 177/152 kN[1]
Dienstmasse: 92,0 t
LüP: 15 120 mm
[1] bis E 04 08/ab E 04 09

103.1

Neubau DB
Co'Co'
∼ 15 kV, 16 2/3 Hz
Einsatzzeitraum 1970 bis heute

Zwischen 1970 und 1974 beschaffte die DB für das ab Herbst 1971 eingeführte Intercity-Programm 145 aus der E 03 entwickelte Serienmaschinen, die als 103 101 bis 103 245 in Dienst gestellt wurden. An der Lieferung waren außer RTH und Siemens auch Krupp und Krauss-Maffei (Fahrzeugteil) sowie die AEG und BBC (Elektroteil) beteiligt. Die Maschinen erhielten stärkere Fahrmotoren und einen leistungsfähigeren Haupttransformator mit bei 80 % Nennspannung umschaltbarer Unterspannungswicklung, zwecks Erhöhung der Zugkraft im oberen Geschwindigkeitsbereich. Mit 7 440 kW Dauerleistung und kurzzeitig (10 min) 10 400 kW sind sie die leistungsfähigsten Elloks der DB. Ab der 103 216 erhielten sie geräumigere Führerstände und wurden dazu um 700 mm verlängert. Die 103 118 war bis 1983 für 250 km/h ausgelegt und fuhr im September 1973 im Versuchsbetrieb 252,9 km/h. Die „schnellen Getriebe" bekam im Herbst 1989 die 103 222.
Bis Mitte der 70er Jahre waren die 103.1 in München, Hamburg und Frankfurt/M., danach sind sie nur noch in Hamburg und Frankfurt/M. stationiert. Sie werden im hochwertigen Schnellzugverkehr eingesetzt und sind die Elloks der DB mit den höchsten Laufleistungen, bis zu 50 000 km monatlich. Die 103 106 und 103 125 wurden bisher infolge von Unfällen ausgemustert.

103 222, Foto: Spillner

E 04

Neubau DRG (ab 1968: DB 104, ab 1970: DR 204)
1'Co1'
∼ 15 kV, 16 2/3 Hz
Einsatzzeitraum 1932 bis 1981

Im Zusammenhang mit der Elektrifizierung der Strecke Augsburg–Stuttgart beschaffte die DRG zehn leichte Schnellzugmaschinen für die mitteldeutschen Strecken und zog dafür dort die leistungsfähigeren E 17 nach Süddeutschland ab. Die erste der von der AEG gebauten Maschinen wurde im Dezember 1932 beim Bw Leipzig Hbf West als E 04 01 in Dienst gestellt. Bis zum Sommer 1933 folgten weitere neun Maschinen. Am 28. Juni 1933 erreichte die E 04 09 bei einer Versuchsfahrt die damalige Rekordgeschwindigkeit von 151,5 km/h. Das war der Anlaß zum Umbau der E 04 09 und E 04 10 für 130 km/h Höchstgeschwindigkeit. Auch die bis Ende 1935 an süddeutsche Bw gelieferten E 04 11 bis E 04 23 waren für 130 km/h gebaut. Im Jahre 1943 konzentrierte die DRG bis auf die E 04 17 bis E 04 23 die E 04 in Mitteldeutschland.
Das Kriegsende überstanden 20 Maschinen, von denen sechs bei der DB und 14 bei der DR betrieben wurden. Die E 04 hatten Gestellmotoren und wie die E 17 den Kleinow-Federtopfantrieb. Die Fahrmotorspannung wurde in 15 Dauerfahrstufen durch die handbetätigte Einheits-Nockenschaltwerk-Steuerung mit Feinsteller und Zusatztransformator geregelt. Die DR musterte die 204 005, 204 007 und 204 015 als letzte 1977 aus, die DB die 104 018 im Jahre 1981. Von den E 04 bleiben die 104 020 und die 204 001 der Nachwelt erhalten.

104 018, Foto: Spillner

E 05
Zulässige Geschwindigkeit: 110 km/h
Treibraddurchmesser: 1 400 mm
Laufraddurchmesser vorn/hinten: 1 000/1 000 mm
Stundenleistung (b. Geschwindigkeit): 2 160 (97,0) kW (km/h)
Anfahrzugkraft: 155 kN
Dienstmasse: 89,0 t
LüP: 15 400 mm

E 04 23
Zulässige Geschwindigkeit: 130 km/h
Treibraddurchmesser: 1 600 mm
Laufraddurchmesser vorn/hinten: 1 000/1 000 mm
Stundenleistung (b. Geschwindigkeit): 2 190 (98,0) kW (km/h)
Anfahrzugkraft: 152 kN
Dienstmasse: 94,0 t
LüP: 15 120 mm

E 04 23

Umbau DRG/DR (ab 1970: DR 204 023)
1′Co1′
1~ 15 kV, 16 $^2/_3$ Hz
Einsatzzeitraum 1939 bis 1966

Für einen alternativen FD-Schnellverkehr mit Wendezügen zwischen Berlin und München baute die DRG Anfang 1939 die 1935 von der AEG gelieferte E 04 23 des Bw München Hbf entsprechend um und rüstete sie u. a. mit dem motorbetriebenen Nokkenschaltwerk der E 18 und einer verstärkten Bremse aus. Ein Gepäckwagen Pw 4 ük erhielt ein Steuerabteil. Zum Wendezug gehörten noch ein B 4 ü und drei C 4 ü, alle mit blauem Anstrich. Mit der ab Juli 1939 beim Bw Nürnberg Hbf befindlichen E 04 23 fanden Versuchsfahrten zwischen Nürnberg und München mit 130 km/h Höchstgeschwindigkeit statt, die der zweite Weltkrieg beendete. Der Zug wurde als Personenzug verwendet, u. a. ab Sommer 1944 als Wendezug zwischen Treuchtlingen und Bamberg.
Nach dem Kriegsende befanden sich die beschädigte E 04 23 und der Wendezug im Bereich der Rbd Erfurt, und die Maschine kam anschließend zum Bw Weißenfels, ab März 1946 zum Bw Leipzig Hbf West. Sie wurde im September 1946 in die Sowjetunion abgefahren und kam im Juni 1952 zur DR zurück. Die im März 1957 nach ihrer Instandsetzung wieder in Betrieb genommene Maschine wurde im Frühjahr 1959 erneut für Wendezugbetrieb ausgerüstet. Zum Bw Halle P gehörend, fuhr sie bis zum März 1966 einen Wendezug zwischen Halle (S) Hbf und Leipzig Hbf. Danach wurde sie bis zu ihrer Außerdienststellung 1975 als normale E 04 beim Bw Leipzig Hbf West verwendet.

Foto: Schönbrod

E 05

Neubau DRG
1′Co1′
1~ 15 kV, 16 $^2/_3$ Hz
Einsatzzeitraum 1933 bis 1946

Alternativ zu den E 04 beschaffte die DRG von Henschel (Fahrzeugteil) und den SSW (Elektroteil) 1′Co1′-Schnellzuglokomotiven mit Tatzlagerantrieb. Von den geplanten drei Maschinen wurden im Oktober 1933 beim Bw Leipzig Hbf West zwei als E 05 001 und E 05 002 in Dienst gestellt. Die Laufeigenschaften der mit Henschel-Lenkgestellen mit schrägliegender Hebelarmwelle ausgerüsteten Lokomotiven waren schlechter als die der E 04. Die Betriebsspannung der Fahrmotoren wurde mittels der handbetätigten Einheits-Nockenschaltwerk-Steuerung mit Feinsteller und Zusatztransformator in 15 Dauerfahrstufen geregelt.
Die ständig beim Bw Leipzig Hbf West beheimateten Lokomotiven waren in Umläufen mit den dortigen E 04 eingesetzt, deren Zugförderaufgaben sie erfüllten. Oft fuhren sie auch Ersatz für ausgefallene E 04 oder Triebwagen (ET 25, ET 31 und ET 41). Das Ende des zweiten Weltkriegs überstanden beide Lokomotiven ohne Beschädigungen, und sie waren bis Ende März 1946 im Zugdienst. Aus der Sowjetunion, in die beide Lokomotiven im September 1946 abgefahren wurden, kehrte im Herbst 1952 nur die E 05 002 zurück. Sie war bis zu ihrer Ausmusterung im März 1962 als Schadlokomotive im Raw Dessau abgestellt.

E 05 001, Foto: Siemens-Museum

E 06 01 bis E 06 05
Zulässige Geschwindigkeit: 110 km/h
Treib- und Kuppelraddurchmesser: 1 600 mm
Laufraddurchmesser vorn/hinten:
1 000/1 000 mm
Stundenleistung (b. Geschwindigkeit):
2 780 (67,0) kW (km/h)
Anfahrzugkraft: 184 kN
Dienstmasse: 111,6 t[1)]
LüP: 15 750 mm
1) mit Heizkessel: 118,5

E 06[1]
Zulässige Geschwindigkeit: 110 km/h
Treib- und Kuppelraddurchmesser: 1 600 mm
Laufraddurchmesser vorn/hinten:
1 000/1 000 mm
Stundenleistung (b. Geschwindigkeit):
2 780 (67,0) kW (km/h)
Anfahrzugkraft: 184 kN
Dienstmasse: 110,0 t
LüP: 16 330 mm

E 05[1]

Neubau DRG
1'Co1'
~15 kV, 16 2/3 Hz
Einsatzzeitraum 1933 bis 1963

Im November 1933 wurde beim Bw Leipzig Hbf West die dritte der mit Tatzlagerantrieb ausgerüsteten 1'Co1'-Schnellzuglokomotiven in Dienst gestellt. Sie war für 130 km/h gebaut und bekam die Betriebsnummer E 05 103. Ihre elektrische Ausrüstung war identisch mit der der E 05.
Durch die Verwendung von Krauss-Helmholtz-Gestellen ähnlichen Lenkgestellen mit außerhalb des Rahmens angeordneten gabelförmigen Lenkhebeln, analog der E 04, waren ihre Laufeigenschaften zwar besser, erreichten aber nicht die Laufgüte der E 04.
Bis Ende März 1946 war die E 05[1] beim Bw Leipzig Hbf West mit den E 04 und E 05 im Reisezugdienst eingesetzt, auch als Ersatz für ausgefallene Elektrotriebwagen. Ende September 1946 in die Sowjetunion abgefahren, kam sie auf eigenen Rädern im November 1952 zur DR zurück. Im Raw Dessau wieder instandgesetzt, wurde sie im September 1959 beim Bw Leipzig Hbf West erneut in Betrieb genommen. Ab April 1960 gehörte sie zum Bw Magdeburg Hbf und beförderte mit den dortigen E 04 Reisezüge auf dem mitteldeutschen Ring. Die störanfällige Maschine fiel oft aus und wurde im August 1963 abgestellt. Bei ihrer Instandsetzung hatte man auf die gabelförmigen Lenkhebel verzichtet, was sich negativ auf die Laufeigenschaften auswirkte. Ab Oktober 1964 bis zum Sommer 1967 wurde sie in Halle (S) Hbf stationär als Transformator für Weichenheizungen verwendet und 1968 zerlegt.

E 05 103, Foto: Leyer

E 06 01 bis E 06 05

Neubau DRG
2'C2'
~15 kV, 16 2/3 Hz
Einsatzzeitraum 1924 bis 1946

Die im mitteldeutschen Netz vorhandenen E 01 erforderten einen leistungsfähigeren Ersatz. 1924 und 1925 wurden fünf neue Schnellzuglokomotiven beim Bw Leipzig Hbf West als ES 51 HALLE bis ES 55 HALLE in Dienst gestellt. Sie erhielten 1926 die DRG-Nummern E 06 01 bis E 06 05. Die von der BMAG (Fahrzeugteil) und den BEW (Elektroteil) gebauten Maschinen gehörten zu den letzten deutschen Elloks mit Parallelkurbel-Stangenantrieb. Ihr Fahrmotor stimmte mit dem der E 50[3] überein. Die E 06 01 hatte anfangs noch einen Dampfkessel für die Zugheizung. Sie und die E 06 05 dienten der DRG als Exponate, die E 06 01 in Seddin 1924 und die E 06 05 in München 1925. Sie waren damals beachtliche leistungsfähige Elektrolokomotiven mit einem der größten Wechselstrom-Fahrmotoren der Welt. Seine Betriebsspannung wurde in 16 Dauerfahrstufen mittels einer handbetätigten elektropneumatischen Schützensteuerung geregelt. Ab der 16. Fahrstufe konnten durch Bürstenverschiebung zusätzlich die Motorleistung und die Zugkraft erhöht werden.
Die E 06 waren wechselnd in Leipzig, Bitterfeld und Magdeburg beheimatet. Das Kriegsende überstanden unbeschädigt nur die E 06 01 und E 06 04, die anderen wurden ausgemustert. Beide E 06 kamen im September 1946 in die Sowjetunion und zum Jahresende 1952 von dort zurück. Bis zu ihrer Zerlegung 1955/56 waren sie abgestellt.

E 06 04, Foto: Slg. Bäzold

E 05[1]
Zulässige Geschwindigkeit: 130 km/h
Treibraddurchmesser: 1 400 mm
Laufraddurchmesser vorn/hinten: 1 000/1 000 mm
Stundenleistung (b. Geschwindigkeit): 2 160 (111,0) kW (km/h)
Anfahrzugkraft: 131 kN
Dienstmasse: 90,0 t
LüP: 15 400 mm

E 06 06 und E 06 07
Zulässige Geschwindigkeit: 110 km/h
Treib- und Kuppelraddurchmesser: 1 600 mm
Laufraddurchmesser vorn/hinten: 1 000/1 000 mm
Stundenleistung (b. Geschwindigkeit): 2 780 (67,0) kW (km/h)
Anfahrzugkraft: 184 kN
Dienstmasse: 109,4 t
LüP: 16 330 mm

E 06 06 und E 06 07

Neubau DRG
2′C2′
~15 kV, 16 ²/₃ Hz
Einsatzzeitraum 1926 bis 1946

Nach der Inbetriebnahme der E 06 01 bis E 06 05 mußten im mitteldeutschen Netz weiterhin Schnellzüge noch mit den leistungsschwächeren E 01 bespannt werden. Die DRG ließ daraufhin von der BMAG (Fahrzeugteil) und den BEW (Elektroteil) zwei weitere Maschinen bauen, die 1926 noch als ES 56 HALLE und ES 57 HALLE beim Bw Leipzig Hbf West ihren Dienst aufnahmen. Bei ihnen wurden Unzulänglichkeiten der ersten E 06 beseitigt und von der DRG bereits vereinheitlichte Ausrüstungen eingebaut. Mit dem Trokkentransformator und der Schützensteuerung mit 18 Dauerfahrstufen stimmte ihre elektrische Ausrüstung mit der der E 50[3] überein. Der größere Kühlluftbedarf für den Transformator erforderte einen veränderten Kastenaufbau. Ungenügende Kühlluftführung führte nach kurzer Betriebszeit zum Umbau der E 06 06, und die E 06 07 wurde gleich in dieser Ausführung geliefert.

In den 30er Jahren wurden die Maschinen zeitweise in Bitterfeld und Magdeburg-Rothensee stationiert, und das Auftauchen der E 17 bescherte ihnen zunehmenden Einsatz im Güterzugdienst. Anfang der 40er Jahre war die E 06 06 längere Zeit Schiebelok zwischen Leipzig-Leutzsch und Leipzig-Wahren. Beide Maschinen überstanden den zweiten Weltkrieg, wurden im September 1946 in die Sowjetunion abgefahren und kehrten im Herbst 1952 bzw. Frühjahr 1953 zur DR zurück. Bis zu ihrer Zerlegung 1956 waren sie als Schadlokomotiven abgestellt.

E 06 06, Foto: Slg. Bäzold

E 06[1]

Neubau DRG
2′C2′
~15 kV, 16 ²/₃ Hz
Einsatzzeitraum 1928 bis 1946

Die zwischen 1924 und 1926 beschafften sieben Lokomotiven der Baureihe E 06 reichten für den Reisezugverkehr auf den mitteldeutschen elektrifizierten Strecken nicht aus, und es mußte weiterhin auf die leistungsschwachen und störanfälligen E 01, teilweise mit Vorspannlok, zurückgegriffen werden. Die BMAG (Fahrzeugteil) und die BEW (Elektroteil) lieferten nochmals fünf Lokomotiven. Sie wurden zwischen Juni und September 1928 als E 06 08 bis E 06 12 beim Bw Leipzig Hbf West in Dienst gestellt und für sie die letzten E 01 und E 30 ausgemustert.
Die Maschinen hatten einen modernen Kastenaufbau ohne Vorbauten und mit zwei Endführerständen. Zur Reduzierung der Kühlluftverschmutzung befanden sich die Luftansaugöffnungen in der oberen Hälfte der Seitenwände. Ihre elektrische Ausrüstung war identisch mit der der E 06 07. Die größere Anzahl der Dauerfahrstufen (18) ergab Anfahrvorteile gegenüber den E 06 01 bis E 06 05.
Mit dem Erscheinen der neuen E 17 und später der E 04 kamen die E 06[1] nach Magdeburg, zuerst zum Bw Rothensee und nach Eröffnung des elektrischen Betriebs zwischen Halle (S) und Magdeburg zum Bw Hauptbahnhof. Auch sie wurden im September 1946 in die Sowjetunion abgefahren, die E 06 10 und E 06 11 in nicht betriebsfähigem Zustand. Im September und Oktober 1952 kamen alle E 06[1] zur DR zurück und waren bis zu ihrer Zerlegung 1955/56 als Schadlokomotiven abgestellt.

E 06 11, Foto: Slg. Bäzold

E 10 002
Zulässige Geschwindigkeit: 130 km/h
Treibraddurchmesser: 1 250 mm
Stundenleistung (b. Geschwindigkeit): 3 280 (79,3) kW (km/h)
Anfahrzugkraft: 255 kN
Dienstmasse: 82,1 t
LüP: 16 650 mm

E 10 001
Zulässige Geschwindigkeit: 130 km/h
Treibraddurchmesser: 1 350 mm
Stundenleistung (b. Geschwindigkeit): 3 800 (94,0) kW (km/h)
Anfahrzugkraft: 255 kN
Dienstmasse: 83,3 t
LüP: 16 100 mm

E10 001

Neubau DB (ab 1968: DB 110 001)
Bo'Bo'
~ 15 kV, 16 $^{2}/_{3}$ Hz
Einsatzzeitraum 1952 bis 1975

Im August 1952 lieferten Krauss-Maffei (Fahrzeugteil) und die AEG (Elektroteil) den ersten Prototyp einer neuen Mehrzweck-Elektrolokomotive, die als E 10 001 beim Bw München Hbf in Betrieb genommen wurde.
Nach umfangreichen Erprobungsfahrten kam die Maschine zu Beginn des Jahres 1955 zum Bw Nürnberg Hbf. Dort fuhr sie vorwiegend Schnellzüge nach München, Regensburg und Würzburg, ab 1958 auch bis nach Passau und Frankfurt/M. Als Antrieb der vier Radsätze war der Alsthom-Gelenkstangenantrieb mit Hohlwelle und beidseitigem Getriebe eingebaut. Die Fahrmotorspannung wurde durch ein unterspannungsseitiges Wanderwalzen-Schaltwerk mit gesonderten Lastschaltern und Feinsteller in 18 Dauerfahrstufen geregelt.
Ab Mitte der 60er Jahre fuhr die Maschine nur noch Eil- und Nahverkehrszüge nach Bamberg, Coburg und Treuchtlingen. Die Instandhaltung des Einzelgängers bereitete zunehmend Ersatzteilprobleme, und so wurde sie als erste der fünf Prototypen im Juni 1975 ausgemustert.

Foto: AEG

E 10 002

Neubau DB (ab 1968: DB 110 002)
Bo'Bo'
~ 15 kV, 16 $^{2}/_{3}$ Hz
Einsatzzeitraum 1953 bis 1977

Im Dezember 1953 nahm die DB den von Krupp (Fahrzeugteil) und BBC (Elektroteil) gebauten Prototyp einer neuen Universal-Elektrolokomotive als E 10 002 beim Bw München Hbf in Betrieb. Die vier Radsätze der Maschine wurden durch den BBC-Scheibenantrieb, ein Kardanantrieb mit einseitigem Getriebe, eine durch die Ankerhohlwelle des Fahrmotors geführte Torsionswelle und Stahlscheibengelenke angetrieben. Die Motorspannung wurde durch ein motorbetriebenes hochspannungsseitiges Stufenschaltwerk mit 28 Fahrstufen geregelt.
Neben den bei Prototypen erwartungsgemäß auftretenden Anfangsschwierigkeiten war die E 10 002 jedoch überdurchschnittlich störanfällig, und im Sommer 1955 tauschte BBC alle vier Fahrmotoren aus. Bedingt durch die häufigen Ausfälle erreichte die Maschine nur die Hälfte der Einsätze und Laufleistungen der anderen Prototypen. Im Mai 1955 kam auch sie zum Bw Nürnberg Hbf und wurde zusammen mit den anderen E 10 im planmäßigen Reisezugdienst verwendet. Ebenfalls als ein Einzelgänger zunehmend schwieriger zu unterhalten, wurde die Maschine im Oktober 1977 ausgemustert. Sie wird als Museumslokomotive erhalten und befindet sich seit Dezember 1984 im Verkehrsmuseum Nürnberg.

Foto: Slg. Bäzold

E 10 004 und E 10 005
Zulässige Geschwindigkeit: 130 km/h
Treibraddurchmesser: 1 250 mm
Stundenleistung (b. Geschwindigkeit):
3 440 (98,0) kW (km/h)
Anfahrzugkraft: 255 kN
Dienstmasse: 80,0 t
LüP: 15 900 mm

E 10 003
Zulässige Geschwindigkeit: 130 km/h
Treibraddurchmesser: 1 250 mm
Stundenleistung (b. Geschwindigkeit):
3 800 (91,0) kW (km/h)
Anfahrzugkraft: 275 kN
Dienstmasse: 80,3 t
LüP: 15 900 mm

E 10 003

Neubau DB (ab 1968: DB 110 003)
Bo′Bo′
≗ 15 kV, 16 2/3 Hz
Einsatzzeitraum 1952 bis 1976

Im Dezember 1952 lieferten Henschel (Fahrzeugteil) und Siemens (Elektroteil) den dritten Prototyp einer neuen elektrischenUniversallokomotive an die DB. Sie wurde als E 10 003 beim Bw Nürnberg Hbf in Dienst gestellt. Jeden Radsatz der Maschine trieb ein abgefedert im Drehgestell aufgehängter Tatzlagermotor über einen von Siemens entwickelten Gummiringantrieb an. Den Antrieb erprobte die DB zuvor erfolgreich bis zu 125 km/h mit der E 44 038. Er bewährte sich auch bei der E 10 003 und wurde Einheitsantrieb für die anschließend von der DB beschafften Ellokbaureihen. Die Motorspannung wurde durch ein motorbetriebenes Niederspannungsschaltwerk mit Zusatztransformator und besonderen Lastschaltern in 33 Fahrstufen geregelt.
Die E 10 003 absolvierte zum Vergleich mit den anderen Prototypen ebenfalls ein umfangreiches Versuchsprogramm, wozu auch ein Testbetrieb auf der Arlbergstrecke in Österreich gehörte. Für den Versuchsbetrieb kam die Maschine im November 1953 zum Bw München Hbf und nach dessem Abschluß im April 1954 wieder zum Bw Nürnberg Hbf. Dort wurde sie ebenfalls im planmäßigen Schnellzugdienst sowie ab Mitte der 60er Jahre vorrangig vor Eil- und Nahverkehrszügen verwendet. Nach einem Schaden im Jahre 1960 bereitete die Ersatzteilbeschaffung einige Probleme, und die Maschine konnte erst im Januar 1966 wieder in Betrieb genommen werden. Sie wurde 1976 ausgemustert.

Foto: Siemens-Museum

E 10 004 und E 10 005

Neubau DB (ab 1968: DB 110 004) und 110 005)
Bo′Bo′
≗ 15 kV, 16 2/3 Hz
Einsatzzeitraum 1952 bis 1979

Die Firma Henschel baute für den vierten und den nachbestellten fünften Prototyp der neuen Universal-Elektrolokomotive einen der E 10 003 weitgehend gleichen Fahrzeugteil, für die die AEG und BBC gemeinsam die elektrische Ausrüstung lieferten. Die Maschinen wurden als E 10 004 (Dezember 1952) und E 10 005 (März 1953) beim Bw München Hbf in Dienst gestellt. Mit der E 10 004 fanden vergleichende Versuchsfahrten statt; die E 10 005 kam im Juli 1953 zum Bw Nürnberg Hbf, das sie gleich im planmäßigen Zugdienst verwendete. Die E 10 004 kam im Oktober 1954 nach Nürnberg. Beide Maschinen hatten den dem Alsthom-Antrieb der E 10 001 ähnlichen Sécheron-Lamellen-Antrieb, erstmals bei einer Motorleistung von 860 kW. Die Motorspannung wurde wie bei der E 10 002 durch ein motorisch betätigtes Hochspannungsschaltwerk mit 28 Fahrstufen geregelt. Die Steuerung wurde anschließend bei weiteren Ellokbaureihen der DB, außer der E 41, einheitlich verwendet. Auch diese beiden Maschinen waren als Einzelausführungen mit zunehmender Betriebszeit immer schwieriger zu unterhalten, u. a. war die E 10 004 aus Ersatzteilgründen vom März 1961 bis März 1963 abgestellt. Die DB musterte die Maschinen im Januar 1977 (110 004) und als letzte im August 1979 die 110 005 aus. Sie wird als Museumslokomotive erhalten und befindet sich im Bayerischen Eisenbahn-Museum in Nördlingen.

110 005, Foto: Spillner

E 10[1]
Zulässige Geschwindigkeit: 150 km/h
Treibraddurchmesser: 1 250 mm
Stundenleistung (b. Geschwindigkeit): 3 700 (105,0) kW (km/h)
Anfahrzugkraft: 275 kN
Dienstmasse: 84,6 t
LüP: 16 490 mm

E 10[3]
Zulässige Geschwindigkeit: 150 km/h
Treibraddurchmesser: 1 250 mm
Stundenleistung (b. Geschwindigkeit): 3 700 (105,0) kW (km/h)
Anfahrzugkraft: 275 kN
Dienstmasse: 84,6 t
LüP: 16 490 mm

E 10[1]

Neubau DB (ab 1968: DB 110.1)
Bo'Bo'
≃15 kV, 16 $^2/_3$ Hz
Einsatzzeitraum 1956 bis heute

Nach den guten Betriebsergebnissen mit den E 10 001 bis E 10 005 beschaffte die DB anschließend keine Universallokomotiven. Als unmittelbarer Nachfolger der Prototypen wurden Schnellzugmaschinen der Baureihe E 10[1] bestellt und die erste von ihnen im Dezember 1956 als E 10 101 in Dienst gestellt. Ihr folgten in nahezu gleicher Ausführung bis 1963 die E 10 102 bis E 10 264 und E 10 271 bis E 10 287. Sie erhielten den Siemens-Gummiringfeder-Antrieb und für die Reglung der Motorspannung ein motorbetriebenes Hochspannungsschaltwerk mit besonderen Lastschaltern und 28 Fahrstufen. Die Signal- und Schlußleuchten sind bis zur 110 215 in einem Lampengehäuse angeordnet, danach getrennt. Neue Klatte-Lüftungsgitter erhielten ab 1980 nahezu alle 110.1. Nach einer Unfall-Instandsetzung hat die 110 107 den aerodynamisch günstigeren Kastenaufbau der 110.3 (ab 110 288).

Bis Mitte der 80er Jahre waren die 110.1 vorrangig im hochwertigen Schnellzugdienst eingesetzt, sie wurden durch die 103.1 aus diesem verdrängt. Bis Mitte der 80er Jahre waren die 110.1 auf die größeren süd- und westdeutschen Bw verteilt. Seitdem befinden sie sich in Dortmund (25), Frankfurt (Main) (28), Hamburg (4), Köln (67) und Stuttgart (57). Ausgemustert wurde nach einem Unfall die 110 104.

110 184, Foto: Spillner

E 10[3]

Neubau DB (ab 1968: DB 110.3)
Bo'Bo'
≃15 kV, 16 $^2/_3$ Hz
Einsatzzeitraum 1962 bis heute

Die seit 1956 von der DB beschafften Schnellzugmaschinen der Baureihe E 10[1] haben für die Reglung der Fahrmotorspannung ein Hochspannungs-Schaltwerk mit 28 Fahrstufen und zwei separaten Lastschaltern, ab der E 10 399 ein Siemens-Hochspannungs-Schaltwerk mit Thyristor-Lastschaltern. Die E 10 1265 bis E 10 1270 erhielten als erste einen Lokomotivkasten mit aerodynamisch günstigeren Stirnfronten (Bügelfalte), durchgehenden seitlichen Lüftungsbändern, kleinen Stirnschürzen und Pufferverkleidungen. Diesen Lokomotivkasten haben alle Maschinen ab der E 10 288. Die Pufferverkleidungen und Stirnschürzen wurden ab 1980 abgebaut, die Lüftungsbänder durch einzelne Klatte-Gitter ersetzt und Maschinenraum-Seitenfenster eingebaut. Die Maschinen werden seit 1968 als 110 288 bis 110 481 bezeichnet, und es wurden weitere als 110 482 bis 110 484 sowie 110 505 bis 110 510 in Dienst gestellt.

Die E 10 299 und E 10 300 waren 1963/64 mit unterschiedlichen Antrieben für 200 km/h, die sie im Versuchsbetrieb auch erreichten, ausgerüstet.
Die 110 433 und 110 477 sind ausgemustert. Die 110 385 verwendet das BZA Minden für Versuchseinsätze. Sie wird seit 1989 als 751 001 bezeichnet. Die restlichen 110.3 sind in Dortmund 1 (96), Frankfurt (Main) 1 (28), Hamburg 1 (42), Köln 1 (22) und Stuttgart 1 (7) stationiert und werden vorwiegend im Reisezugdienst verwendet.

E 10 472, Foto: Slg. Bäzold

E 10$^{12-13}$
Zulässige Geschwindigkeit: 160 km/h[1]
Treibraddurchmesser: 1 250 mm
Stundenleistung (b. Geschwindigkeit): 3 700 (132,0) kW (km/h)
Anfahrzugkraft: 275 kN
Dienstmasse: 86,0 t
LüP: 16 490 mm
[1] bei Anlieferung

E 11 001 und E 11 002
Zulässige Geschwindigkeit: 120 km/h
Treibraddurchmesser: 1 350 mm
Stundenleistung (b. Geschwindigkeit): 2 800 (98,0) kW (km/h)[1]
Anfahrzugkraft: 220 kN[2]
Dienstmasse: 82,5 t
LüP: 16 260 mm
[1] ab 1974: 2 920 (98,0) [2] ab 1974: 216

E 10 12–13

Neubau DB (ab 1968: DB 112 ab 1988: DB 114, ab 1991: DB 113)
Bo'Bo'
1~ 15 kV, 16 $^2/_3$ Hz
Einsatzzeitraum 1962 bis heute

Für den ab Sommer 1962 eingeführten TEE-Verkehr ließ die DB sechs E 10^{1} mit Radsatzgetrieben für 160 km/h bauen. Sie wurden als E 10 1239 bis E 10 1244 in Dienst gestellt und Ende 1962, nach Lieferung der E 10 1265 bis E 10 1270 mit einem aerodynamisch günstigeren Kastenaufbau, wieder in die Normalausführung umgebaut. Im Jahre 1963 folgten, u. a. für den „Rheinpfeil", die E 10 308 bis E 10 312. Die schnellen Maschinen wurden ab 1968 als 112 265 bis 112 270 und 112 308 bis 112 312 bezeichnet. Bereits 1966 war ihr Blau-Elfenbein-Anstrich in das Rot-Elfenbein der TEE-Züge geändert worden.
Die E 10 1270 erreichte bei Stromabnehmer-Testfahrten im Jahre 1963 eine Höchstgeschwindigkeit von 180 km/h. Weitere schnelle Maschinen beschaffte die DB ab 1968 als 112 485 bis 112 504 und beheimatete von diesem Zeitpunkt an alle Maschinen beim Bw Frankfurt/M.Hbf und zu Beginn der 70er Jahre beim Bw Dortmund Bbf. Im Herbst 1979 erhielt das Bw Hamburg-Eidelstedt, heute Hamburg 1, alle 31 Maschinen. Infolge größerer Verschleißerscheinungen reduzierte die DB 1985 die Höchstgeschwindigkeit der 112 485 bis 112 504 auf 140 km/h und bezeichnete sie ab 1988 als 114 485 bis 114 504. Die anderen werden seit Januar 1991 als 113 265 bis 113 270 und 113 308 bis 113 312 bezeichnet und sind seit Januar 1992, auf 120 km/h begrenzt, beim Bw München 1 im Einsatz.

112 311, Foto: Spillner

E 11 001 und E 11 002

Neubau DR (ab 1970: DR 211 ab 1992: DR 109)
Bo'Bo'
1~ 15 kV, 16 $^2/_3$ Hz
Einsatzzeitraum 1961 bis heute

Ende der 50er Jahre reichten für den in Ausbau befindlichen elektrischen Betrieb der DR die wieder in Dienst gestellten Vorkriegsmaschinen nicht mehr aus. Die LEW entwickelten daraufhin eine Mehrzwecklokomotive, deren Fahrzeugteil von der an die PKP gelieferten Gleichstromlokomotive E 04 abgeleitet wurde. Zwei Prototypen wurden im Januar 1961 als E 11 001 und E 11 002 in Betrieb genommen. Versuchsfahrten ergaben, daß die Maschinen das vorgegebene Zugförderprogramm erfüllten und über eine gute Laufruhe verfügten. Trotz besserer Ergebnisse mit verschiedenen elastischen Antrieben entschied sich die DR bei den Serienmaschinen für den Tatzlagerantrieb. Die Motorspannung wurde durch ein motorbetriebenes Niederspannungs-Nockenschaltwerk mit Feinschaltwerk und Zusatztransformator in 14 Fahrstufen geregelt. Die Übertragungssteuerung war für Wendezugbetrieb und Doppeltraktion geeignet.
Mitte der 60er Jahre wurden die Hauptausrüstungen den Serienmaschinen angeglichen. Die ab Juli 1970 als 211 001 und 211 002 bezeichneten Maschinen sind seit 1961 beim Bw Halle P beheimatet und im planmäßigen Zugdienst eingesetzt. Seit 1992 werden sie als 109 001 und 109 002 bezeichnet. Die 109 001 soll als Museumslokomotive E 11 001 erhalten werden.

211 001, Foto: Bäzold

E 11
Zulässige Geschwindigkeit: 120 km/h
Treibraddurchmesser: 1 350 mm
Stundenleistung (b. Geschwindigkeit): 2 920 (98,0) kW (km/h)[1)]
Anfahrzugkraft: 216 kN
Dienstmasse: 82,5 t
LüP: 16 260 mm
[1)] E 11 003 bis E 11 008 zeitweise: 2 760 (104,0)

212
Zulässige Geschwindigkeit: 160 km/h
Treibraddurchmesser: 1 250 mm
Stundenleistung (b. Geschwindigkeit): 4 220 (130,0) kW (km/h)
Anfahrzugkraft: 248 kN
Dienstmasse: 82,0 t
LüP: 16 640 mm

E 11

Neubau DR (ab 1970: DR 211
Bo'Bo' ab 1992: DR 109)
~ 15 kV, $16^2/_3$ Hz
Einsatzzeitraum 1963 bis heute

Nach den positiven Erprobungsergebnissen mit den Prototypen E 11 001 und E 11 002 beschaffte die DR von den LEW eine Serienausführung als Schnellzugmaschine. Die erste wurde im Januar 1963 als E 11 003 beim Bw Leipzig Hbf West in Dienst gestellt. Bis 1970 folgten 39 Maschinen, die von diesem Zeitpunkt an als 211 003 bis 211 042 bezeichnet wurden. Weitere 55 Maschinen folgten als 211 043 bis 211 055 und 211 057 bis 211 096 bis zum Jahre 1976. Die 211 056 baute das Raw Dessau 1972 aus der Unfallok E 11 004 auf. Die Serienmaschinen bekamen leistungsfähigere Fahrmotoren, ab der 211 008 in endgültiger Ausführung, Tatzlagerantrieb und die gleiche Steuerung für die Fahrmotorspannung wie die beiden Prototypen. Die 211 003 bis 211 042 waren bei Lieferung für Wendezugbetrieb ausgerüstet. Bei später dafür umgerüsteten weiteren Maschinen wurde auf die Vielfachsteuerung verzichtet. Anfangs waren die E 11 in Leipzig, Halle (S) und Magdeburg beheimatet. In den 80er Jahren kamen Berlin, Seddin, Neustrelitz, Stendal und Rostock hinzu. Nachdem ausreichend neue 243 zur Verfügung standen, werden 211 zu 242 umgebaut, bis Anfang 1992 bereits 22 Maschinen. Für Doppeltraktion verwendete Maschinen wurden seit 1989 als 211.8 und seit 1992 als 109.8 bezeichnet. Fünf Maschinen sind ausgemustert und vier wurden verkauft.

211 086, Foto: Bäzold

111

Neubau DB
Bo'Bo'
~ 15 kV, $16^2/_3$ Hz
Einsatzzeitraum 1974 bis heute

Bereits kurz nach Indienststellung der letzten 110.3 plante die DB für die Ablösung von Vorkriegsmaschinen einen Nachbau dieser Maschinen. Beschafft wurde aber dann eine weiterentwickelte Ausführung als Baureihe 111. Krauss-Maffei baute einen verbesserten Fahrzeugteil und Siemens unter Verwendung der Hauptausrüstungen der 110.3 den Elektroteil. Die erste Maschine wurde im Dezember 1974 als 111 001 geliefert. Bis Ende 1984 folgten weitere 226 Lokomotiven. Alle 111 sind für Wendezugbetrieb und Doppeltraktion ausgerüstet. Für den S-Bahn-Verkehr im Rhein-Ruhr-Gebiet bekamen die 111 111 bis 111 188 eine zeitmultiplexe Wendezugsteuerung. 1980 erhöhte die DB die zulässige Geschwindigkeit der Maschinen aufgrund ihrer guten Laufeigenschaften auf 160 km/h. Ein Teil der Lokomotiven bekam Scherenstromabnehmer, ein Teil Einholmstromabnehmer. Außer im S-Bahn-Dienst sind die 111 im Schnellzug-, Nah- und im schnellen Güterzugverkehr eingesetzt. Seit Sommer 1979 fahren sie außerhalb der Schnellfahrstrekken auch Intercity-Züge und erreichen monatliche Laufleistungen von über 30 000 km. Die 111 109 wurde 1982 nach einem Unfall ausgemustert.

111 072, Foto: Bäzold

212 001
Zulässige Geschwindigkeit: 140/120 km/h[1])
Treibraddurchmesser: 1 250/1 250 mm
Stundenleistung (b. Geschwindigkeit):
3 720 (115,0/102,0) kW (km/h)
Anfahrzugkraft: 248/240 kN
Dienstmasse: 82,5/82,0 t
LüP: 16 640/16 640 mm
[1]) 212 001/243 001

111
Zulässige Geschwindigkeit: 150 km/h[1])
Treibraddurchmesser: 1 250 mm
Stundenleistung (b. Geschwindigkeit):
3 520 (123,0) kW (km/h)
Anfahrzugkraft: 274 kN
Dienstmasse: 83,0 t
LüP: 16 750 mm
[1]) ab 1980: 160

212 001

Neubau DR (ab 1983:
Bo'Bo' DR 243 001)
~15 kV, $16^2/_3$ Hz
Einsatzzeitraum 1982 bis 1988

Für die in den 80er Jahren angelaufene, umfangreiche Streckenelektrifizierung benötigte die DR neue Lokomotiven. Die LEW lieferten im August 1982 den Prototyp einer neuen Bo'Bo'-Maschine, die als 212 001 beim Bw Halle P in Betrieb genommen und anschließend in umfangreichen Versuchseinsätzen sowie im Schnellzugdienst mit guten Ergebnissen gestestet wurde. Die Lokomotive fiel durch ihren werbewirksamen weißen Lokomotivkasten mit breitem seitlich versetztem dunkelrotem Zierstreifen auf. Das verschaffte ihr den Beinamen „White Lady". Für die vorgesehene Reise- und Güterzugvariante erhielt sie 1983 Radsatzgetriebe für 120 km/h. Als 243 001 wurde ihre Erprobung im Personen- und Güterzugdienst sowie im Wendezugbetrieb fortgesetzt. Die Erprobung ergab keine nennenswerten Mängel, und die DR beschaffte anschließend die Serienausführung als Baureihe 243. Antrieb und Fahrmotor wurden von der 250 übernommen, letzterer mit einer um 30 kW größeren Stundenleistung. Die elektrische Bremse hat eine Dauerleistung von 2 200 kW. Zur Reglung der Motorspannung dient ein Hochspannungsschaltwerk mit Thyristorsteller und 33 Fahrstufen. Die LEW kauften 1988 die 243 001 von der DR zurück und verwendeten sie als Versuchsträger für einen Drehstromantrieb.

Foto: Bäzold

212

Neubau DR (ab 1992: DR 112)
Bo'Bo'
~15 kV, $16^2/_3$ Hz
Einsatzzeitraum 1990 bis heute

Nachdem die Deutsche Reichsbahn zwischen 1984 und 1990 eine größere Anzahl Elektrolokomotiven der Baureihen 243 und 243.8 in Dienst stellte, ließ sie, den neuen verkehrspolitischen Gegebenheiten der deutschen Wiedervereinigung angepaßt, vier Prototypen der bewährten Baureihe für 160 km/h Höchstgeschwindigkeit bauen. Die zwischen Oktober 1990 und März 1991 von den LEW gelieferten Maschinen wurden als 212 002 und 212 005 beim Bw Berlin Hbf und als 212 003 und 212 004 beim Bw Halle P in Betrieb genommen. Die Berliner Maschinen kamen in die Betriebserprobung. Die DR erprobte fahrzeugtechnisch die 212 003, und das BZA Minden der DB führte mit der 212 004 lauftechnische Erprobungen bis 160 km/h aus. Bei den Test- und Versuchsfahrten ergaben sich offensichtlich keine nennenswerten Beanstandungen, und im Sommer 1991 begann die Serienlieferung. Vorgesehen sind ab 1992 weitere 90 Maschinen, die auch auf Strecken der Deutschen Bundesbahn zum Einsatz kommen sollen. Die Fahrmotoren der 212 wurden gegenüber der 243 mit einer verbesserten Isolation ausgeführt, so daß sie eine höhere Betriebsspannung und eine um 125 kW größere Stundenleistung haben. Ansonsten entsprechen die Maschinen, bis auf die geänderte Farbgebung, den 243/143.

112 033, Foto: Bäzold

E 16
Zulässige Geschwindigkeit: 110 km/h[1)]
Treibraddurchmesser: 1 640 mm
Laufraddurchmesser vorn/hinten: 1 000/1 000 mm
Stundenleistung (b. Geschwindigkeit): 2 340 (88,0)/2 580 (84,5) kW (km/h)[2)]
Anfahrzugkraft: 142/196 kN[2)]
Dienstmasse: 110,8 t
LüP: 16 300 mm
[1)] ab 1934: 120
[2)] bis E 16 10/ab E 16 11

E 15
Zulässige Geschwindigkeit: 110 km/h
Treibraddurchmesser: 1 400 mm
Laufraddurchmesser vorn/hinten: 1 000/1 000 mm
Stundenleistung (b. Geschwindigkeit): 2 760 (85,0) kW (km/h)
Anfahrzugkraft: 205 kN
Dienstmasse: 103,5 t
LüP: 16 836 mm

E 15

Neubau DRG (bis 1934: E 18 01)
(1'Bo)(Bo1')
~15 kV, 16 2/3 Hz
Einsatzzeitraum 1927 bis 1946

Borsig (Fahrzeugteil) und die SSW (Elektroteil) bauten eine Schnellzuglokomotive mit vier durch Tatzlagermotoren angetriebenen Radsätzen. Sie wurde im November 1927 als E 18 01 beim Bw Leipzig Hbf West in Betrieb genommen und erhielt 1935 die Betriebsnummer E 15 01. Mit zwei Treibradsätzen und einem Bisselradsatz in jedem Drehgestell hatte die Lokomotive bis zur zulässigen Geschwindigkeit einen guten Bogenlauf, während sie in der Geraden im oberen Geschwindigkeitsbereich zum Schlingern neigte. Zur Verbesserung der Laufeigenschaften wurden zu Beginn der 30er Jahre Federpuffer zwischen den Drehgestellen eingebaut, die sich bewährten. Zur Veränderung der Fahrmotorspannung diente eine handbetätigte elektromagnetische Schützensteuerung mit 21 Dauerfahrstufen. Insgesamt waren die Betriebsergebnisse mit der E 15 schlechter als mit den E 21, so daß es zu keiner Serienlieferung kam.

Nach einem Versuchseinsatz zu Beginn der 30er Jahre auf den Gebirgsstrecken der RBD Breslau befand sich die Lokomotive anschließend wieder in Leipzig und ab 1936 beim Bw Halle (S). Im mitteldeutschen Reisezugdienst verblieb sie bis Anfang 1946. Sie wurde im September 1946 in die Sowjetunion abgefahren und kehrte von dort im November 1952 zur DR zurück. Bis zu ihrer Ausmusterung im Februar 1961 war sie als Schadlokomotive abgestellt.

E 15 01, Foto: Slg. Bäzold

E 16

Neubau DRG (ab 1968: DB 116)
1'Do1'
~15 kV, 16 2/3 Hz
Einsatzzeitraum 1926 bis 1979

Für den Schnellzugdienst auf den elektrifizierten bayerischen Strecken bauten Krauss (Fahrzeugteil) und BBC (Elektroteil) zehn Lokomotiven mit Buchli-Einzelachsantrieb. Ihre Fahrmotoren glichen denen der EP 2, der späteren E 32. Die Lokomotiven wurden 1926 und 1927 als ES 1 21001 bis 21006 und E 16 07 bis E 16 10 in München und Rosenheim in Dienst gestellt. Die ES 1 bekamen 1927 die DRG-Nummern E 16 01 bis E 16 06. Weitere Maschinen kamen 1928 und 1929 als E 16 11 bis E 16 18 zum Bw München Hbf. Sie hatten eine um 60 kW höhere Fahrmotorleistung. Die E 16 und E 16[1] waren die einzigen deutschen Elektrolokomotiven mit Buchli-Einzelachsantrieb. Zur Reglung der Fahrmotorspannung diente eine etwas kraftaufwendige BBC-Schlittenschaltersteuerung mit 18 Dauerfahrstufen. Außer einem Einsatz von zwei E 16 in Schlesien 1929 und 1930 sowie einigen Versuchsfahrten in Mitteldeutschland waren die E 16/116 stets in Süddeutschland im Reisezugdienst und in bayerischen Bw beheimatet. Das Kriegsende 1945 überstanden 12 Maschinen unbeschädigt, zwei wurden ausgemustert und drei bis 1946 wieder instandgesetzt. Bei einer Generalreparatur zwischen 1948 und 1951 entfielen die Stirnfrontübergänge, die Übergangstüren wurden verschlossen und neue Stirnlampen fest eingebaut. Der Nachwelt erhalten werden die E 16 07, E 16 08 und E 16 09.

116 010, Foto: Claus

E 16^1
Zulässige Geschwindigkeit: 110 km/h$^{1)}$
Treibraddurchmesser: 1 640 mm
Laufraddurchmesser vorn/hinten:
1 000/1 000 mm
Stundenleistung (b. Geschwindigkeit):
2 944 (83,4) kW (km/h)
Anfahrzugkraft: 196 kN
Dienstmasse: 110,8 t
LüP: 16 300 mm
$^{1)}$ ab 1934: 120

E 16^5
Zulässige Geschwindigkeit: 110 km/h$^{1)}$
Treibraddurchmesser: 1 400 mm
Laufraddurchmesser vorn/hinten:
1 000/1 000 mm
Stundenleistung (b. Geschwindigkeit):
2 800 (89,5) kW (km/h)
Anfahrzugkraft: 205 kN
Dienstmasse: 106,6 t
LüP: 16 960 mm
$^{1)}$ ab 1934: 120

E 16^1

Neubau DRG (ab 1968: DB 116)
1'Do1'
$\overset{1}{\sim}$ 15 kV, $16^2/_3$ Hz
Einsatzzeitraum 1932 bis 1977

Krauss (Fahrzeugteil) und BBC (Elektroteil) lieferten 1932 und 1933 nochmals je 2 Schnellzuglokomotiven mit Buchli-Antrieb, die als E 16 18 bis E 16 21 in Dienst gestellt wurden. Sie hatten gegenüber den letzten E 16 eine um 91 kW größere Leistung je Fahrmotor, einen um 210 kVA leistungsfähigeren Haupttransformator und Abweichungen beim Fahrzeugteil, u. a. keine Stirnfrontübergänge. Von den in München beheimateten E 16^1 war zum Kriegsende 1945 die E 16 18 beschädigt. Sie wurde wieder instandgesetzt, ebenso 1950/51 bei Krauss-Maffei die ausgebrannte E 16 19. Bei Generalreparaturen der anderen E 16^1 zwischen 1948 und 1951 wurden die Antriebsabdeckungen vereinheitlicht, so daß die Lokomotiven ihren markanten Hilfsrahmen auf der Antriebsseite verloren. Wegen des großen Kraftaufwands für die Betätigung des Schlittenschaltwerks erhielten die E 16 18 und E 16 19 von 1952 bis 1955 versuchsweise eine servomotorische Nachlaufsteuerung, die trotz Bewährung keine allgemeine Verwendung erfuhr. Die E 16^1 waren immer zusammen mit den E 16 im Reisezugdienst auf den süddeutschen Strecken eingesetzt. Ab 1958 befanden sie sich in Freilassing, und ab Mitte der 60er Jahre reduzierten sich ihre Schnellzugleistungen. In den letzten Betriebsjahren fuhren sie überwiegend Nahverkehrs- und Leerzüge im Raum München.

E 16 19, Foto: Claus

E 16^5

Neubau DRG
1'Do1'
$\overset{1}{\sim}$ 15 kV, $16^2/_3$ Hz
Einsatzzeitraum 1928 bis 1946

Eine weitere Schnellzugmaschine mit Tatzlagerantrieb beschaffte die DRG ebenfalls von Borsig (Fahrzeugteil) und den SSW (Elektroteil) und stellte sie im November 1928 als E 16 101 beim Bw Leipzig Hbf West in Dienst. Die abweichende Baureihenbezeichnung E 16^5 bekam sie, weil die E 16^1 bereits vergeben war. Außer einer längeren Erprobung im Gebirgsdienst der RBD Breslau von Oktober 1930 bis Anfang 1934 war die Maschine ständig in Mitteldeutschland beheimatet, ab Ende der 30er Jahre beim Bw Halle(S). Ihre Kurvenläufigkeit war schlechter und der Lauf in der Geraden wesentlich ruhiger als bei der E 15, so daß die DRG 1934 ihre Höchstgeschwindigkeit auf 120 km/h erhöhte. Die elektrische Ausrüstung der E 16^5 stimmte bis auf den leistungsfähigeren Trockentransformator mit der E 15 überein, auch die Schützensteuerung mit 21 Dauerfahrstufen.
Die vorwiegend auf dem mitteldeutschen Ring im Reisezugdienst verwendete Maschine überstand das Kriegsende 1945 ohne Beschädigung und kam im September 1946 in die Sowjetunion. Im November 1952 von dort zurückgekehrt wurde sie in Magdeburg-Buckau abgestellt. Das Raw Dessau setzte die Lokomotive 1957/58 soweit instand, daß sie als Studienobjekt für die Hochschule für Verkehrswesen in Dresden verwendet werden konnte. Diesem Zweck diente sie bis gegen Ende der 60er Jahre, 1972 wurde sie zerlegt.

E 16 101, Foto: Slg. Bäzold

E 17
Zulässige Geschwindigkeit: 110 km/h[1)]
Treibraddurchmesser: 1 600 mm
Laufraddurchmesser vorn/hinten: 1 000/1 000 mm
Stundenleistung (b. Geschwindigkeit): 2 800 (89,0) kW (km/h)
Anfahrzugkraft: 235 kN
Dienstmasse: 111,7 t
LüP: 15 950 mm
[1)] ab 1934: 120

E 17

Neubau DRG (ab 1968: DB 117)
1'Do1'
~15 kV, $16^2/_3$ Hz
Einsatzzeitraum 1928 bis 1979

Nach den guten Ergebnissen mit den E 21 beschaffte die DRG 38 Serienmaschinen mit Kleinow-Federtopfantrieb. Die Überarbeitung ergab infolge Masseeinsparungen die Radsatzfolge 1'Do1', und es wurde je Treibradsatz ein neuer Fahrmotor verwendet. Die von der AEG und den SSW als Liefergemeinschaft WASSEG gebauten Maschinen wurden 1928 und 1929 in Dienst gestellt, als E 17 01 bis E 17 18 für Süddeutschland und als E 17 101 bis E 17 120 für Mitteldeutschland und Schlesien. Die Betriebsnummern kennzeichneten nur ihre Stationierung. So bekamen die in den 30er Jahren nach Schlesien umgesetzten E 17 15 bis E 17 18 die Betriebsnummern E 17 121 bis E 17 124. Die Fahrmotoren der schlesischen E 17 bereiteten anfangs oft Lokausfälle, ebenso die störanfälligen Trockentransformatoren. Die Laufeigenschaften der Lokomotiven waren, bedingt durch die den Krauss-Helmholtz-Gestellen ähnlichen AEG-Gestelle, gut, so daß ihre Höchstgeschwindigkeit ab 1934 auf 120 km/h erhöht wurde. Für die Reglung der Fahrmotorspannung diente eine handbetätigte elektromagnetische Schützensteuerung mit 21 Fahrstufen. Die mitteldeutschen E 17 kamen 1933/34 nach Süddeutschland. Acht schlesische Maschinen trafen vor dem Kriegsende 1945 in Bayern und zwei danach in Mitteldeutschland ein. Nach 1945 betrieb die DB 26 und die DR ab 1958 zwei Maschinen.

E 17 124, Foto: Schönbrod

E 17

Umbau DB (ab 1968: DB 117)
1'Do1'
~15 kV, $16^2/_3$ Hz
Einsatzzeitraum 1961 bis 1978

Zu Beginn der 50er Jahre verfügte die DB für den Reisezugbetrieb auf den süddeutschen elektrifizierten Strecken wieder über 26 einsatzfähige E 17. Von ihnen erhielten einige zur Verbesserung der Kühlung der Haupttransformatoren in jeder Maschinenraumseitenwand sieben zusätzliche Lüftungsöffnungen, als erste die E 17 103. Vollständig modernisiert wurde die E 17 110. Sie bekam je Stirnfront zwei in Gummi gefaßte breite Fenster, in Gummi gefaßte Seitenfenster und verlängerte Lokomotivdachenden. Ausgerüstet wurde sie mit neuen Stromabnehmern DBS 54, elektronischer Sicherheitsfahrschaltung, Kipptastern für die Hilfsbetriebe sowie mit Schützen, Relais und weiteren Geräten der Neubau-Ellok E 10^1 usw. Verbessert wurden die Lokkastenabstützung und die Rückstellvorrichtung der AEG-Gestelle. Die E 17 110 kam im August 1961 beim Bw Augsburg wieder in Betrieb. Die zunehmenden E 10^1 stoppten das E 17-Umbauprogramm, und es wurden zu Beginn der 60er Jahre nur noch die E 17 111, E 17 114, E 17 116 und E 17 121 teilweise modernisiert, u. a. erhielten sie Neubau-Stromabnehmer und verlängerte Dachenden. Die „modernisierten" E 17/117 waren bis zu ihrer Außerdienststellung beim Bw Augsburg und auf süddeutschen Strecken eingesetzt.

E 17 110, Foto: Claus

E 18
Zulässige Geschwindigkeit: 150 km/h
Treibraddurchmesser: 1 600 mm
Laufraddurchmesser vorn/hinten:
1 000/1 000 mm
Stundenleistung (b. Geschwindigkeit):
3 040 (117,0) kW (km/h)
Anfahrzugkraft: 206 kN
Dienstmasse: 108,5 t
LüP: 16 920 mm

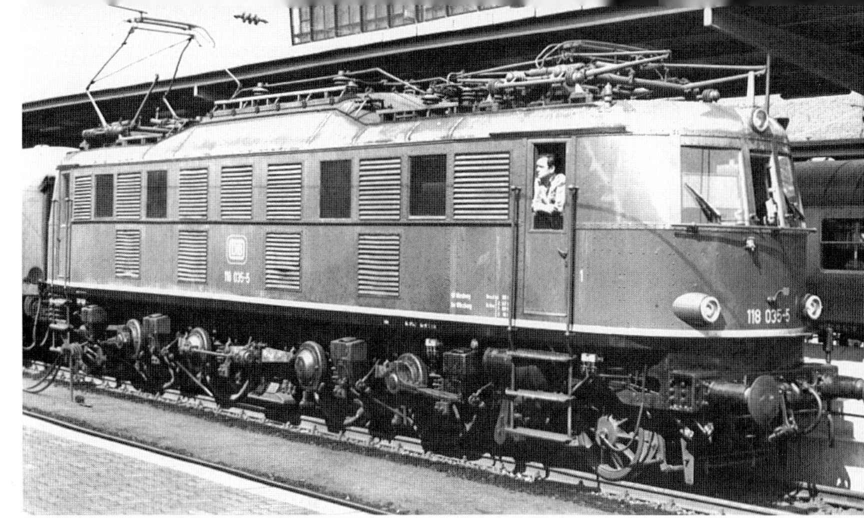

E 17
Zulässige Geschwindigkeit: 120 km/h
Treibraddurchmesser: 1 600 mm
Laufraddurchmesser vorn/hinten:
1 000/1 000 mm
Stundenleistung (b. Geschwindigkeit):
2 800 (89,0) kW (km/h)
Anfahrzugkraft: 235 kN
Dienstmasse: 111,7 t
LüP: 15 950 mm

E 18 (Umbau DR)
Zulässige Geschwindigkeit: 180 km/h
Treibraddurchmesser: 1 600 mm
Laufraddurchmesser vorn/hinten:
1 000/1 000 mm
Stundenleistung (b. Geschwindigkeit):
3 040 (150,0) kW (km/h)
Anfahrzugkraft: 206 kN
Dienstmasse: 111,3 t
LüP: 16 920 mm

E 18

Neubau DRG (ab 1968: DB 118,
1'Do1' ab 1970: DR 218)
≈ 15 kV, $16^2/_3$ Hz
Einsatzzeitraum 1935 bis 1984

Eine neue Ära des attraktiven Schnellzugverkehrs auf den elektrifizierten Strecken der DRG begann 1935, als die AEG die E 18 01 als erste Maschine einer neuen Ellokbaureihe lieferte. Bei Versuchsfahrten erreichte die mit einem windschnittigen Lokomotivkasten gebaute Maschine anstandslos 165 km/h und eine maximale Anfahrleistung von 4 740 kW. Die E 18 22 errang 1937 auf der Pariser Weltausstellung als leistungsfähigste Einrahmen-Elektrolok der Welt drei Grand Prix. Bis zum Januar 1940 stellte die DRG 53 E 18 in Dienst, acht für Schlesien, 14 für Mitteldeutschland und 31 für Süddeutschland. Es waren die ersten deutschen Elloks mit einer motorisch betriebenen Nachlaufsteuerung (Nokkenschaltwerk mit Feinsteller und Zusatztransformator) für die Reglung der Fahrmotorspannung mit 15 Dauerfahrstufen. 1943/44 gingen sechs mitteldeutsche E 18 nach Süddeutschland und Österreich. Sieben schlesische Maschinen gelangten kurz vor dem Kriegsende nach Bayern. Zu diesem Zeitpunkt waren nur noch 24 Maschinen betriebsfähig. Die DB verfügte Anfang der 50er Jahre wieder über 34 betriebsfähige E 18, stellte 1955 zwei nachgebaute, die E 18 054 und E 18 055, in Dienst und hatte 1952 von der DR fünf aus der Sowjetunion zurückgekehrte E 18 erhalten, die wieder instandgesetzt wurden. Bei den ÖBB verblieben nach 1945 die E 18 42 und E 18 046. Die DR nahm 1958/60 die E 18 19, E 18 31 und E 18 40 wieder in Betrieb.

118 035, Foto: Spillner

E 18

Umbau DR (ab 1970: DR 218)
1'Do1'
≈ 15 kV, $16^2/_3$ Hz
Einsatzzeitraum 1969 bis 1984

Zur Ablösung der im Versuchsbetrieb verwendeten Schnellfahrlokomotiven 18 201 und 18 314 ließ die DR im Raw Dessau die E 18 19 und E 18 40 für 180 km/h Höchstgeschwindigkeit umbauen. Es wurden neue Radsatzgetriebe, Hohlwellen und Federtöpfe eingebaut. Die Tauschbarkeit der Fahrmotoren mit denen der E 04 und der E 18 31 blieb trotz Änderung des Getriebeschutzkastens und der Kühlluftführung erhalten. Die vorgesehenen und erprobten Einholm-Stromabnehmer kamen nicht zur Anwendung, die Maschinen erhielten Neubau-Stromabnehmer RBS 58 mit Doppelwippe. Die motorbetriebene Nachlaufsteuerung wurde mit einem Fortschaltrelais versehen. Es ist wahlweise anwendbar und überwacht den Motorstrom beim Aufschalten, so daß mit maximaler Beschleunigung an der Reibungsgrenze angefahren werden kann.
Das Bw Leipzig Hbf West gab Ende 1966 die E 18 19 und E 18 40 an das Bw Halle P ab, bei dem sich seit Juli 1958 bereits die E 18 31 befand. Im Juni 1969 war die E 18 19 umgebaut und im August die E 18 40. Letztere wurde bei einer Probefahrt am 29. August 1969 durch einen Unfall so schwer beschädigt, daß eine Wiederherstellung ausschied. Das Raw Dessau baute dann die E 18 31 unter Verwendung von Teilen der Schadlokomotive bis zum Juni 1970 um. Die beiden Maschinen kamen wieder zum Bw Halle P, bei dem sie für Versuchseinsätze und im Plandienst, für letzteren ab 1978 nur noch gelegentlich, verwendet wurden. Die E 18 31 wird als Museumslokomotive erhalten. Die AEG erwarb im Februar 1992 die E 18 19.

218 031, Foto: Bäzold

E 19
Zulässige Geschwindigkeit: 140 km/h[1)]
Treibraddurchmesser: 1 600 mm
Laufraddurchmesser vorn/hinten: 1 100/1 100 mm
Stundenleistung (b. Geschwindigkeit): 4 000 (180,0) kW (km/h)
Anfahrzugkraft: 220 kN
Dienstmasse: 113,0 t
LüP: 16 920 mm
1) zeitweise 120 oder 180

120.1
Zulässige Geschwindigkeit: 200 km/h
Treibraddurchmesser: 1 250 mm
Stundenleistung (b. Geschwindigkeit): 5 600 (...) kW (km/h)
Anfahrzugkraft: 340 kN[1)]
Dienstmasse: 83,2 t
LüP: 19 200 mm
1) ab 120 137: 290

E 19

Neubau DRG (ab 1968: DB 119)
1'Do1'
1~ 15 kV, $16\,^2/_3$ Hz
Einsatzzeitraum 1940 bis 1977

Den geplanten attraktiven Schnellzugverkehr der DRG zwischen Berlin und München stoppte der zweite Weltkrieg. Die AEG lieferte dafür Anfang 1939 die aus der erfolgreichen E 18 entwickelten Prototypen E 19 01 und E 19 02. Der Start dieser Parade-Elloks der DRG war kriegsbedingt sehr schlecht und mit längeren Ausfallzeiten für Reparaturen verbunden. Die E 19 01 wurde 1940 nur vorläufig mit 120 km/h, die E 19 02 voll für den Betriebsdienst zugelassen. Beide gehörten anschließend zum Bw Nürnberg Hbf und waren bis zum Kriegsende vorwiegend im Reisezugdienst zwischen München und Saalfeld(S), ab Ende 1942 bis Leipzig Hbf eingesetzt. Ende der 40er Jahre erhielten die beiden weinrot-grauen Maschinen den üblichen grün-schwarzen Ellokanstrich, und die DB ließ sie in den 50er Jahren für 140 km/h zu. Zuletzt hatten sie den blau-schwarzen Anstrich der DB-Elloks mit über 120 km/h Höchstgeschwindigkeit. Im Februar 1968 erhielt das Bw Hagen-Eckesey die E 19/119. Dort kam man mit den Nürnberger „Edelhirschen" jedoch nicht so richtig zurecht, es häuften sich Schadensfälle, und 1970 kehrten sie mit den E 19^1 nach Nürnberg zurück. Dort verblieben sie bis zur Außerdienststellung, vorwiegend im Reisezugdienst auf ihrer Stammstrecke. Die E 19 01 wird in annähernd Originalzustand im Berliner Museum für Verkehr und Technik der Nachwelt erhalten.

E 19 02, Foto: Slg. Bäzold

E 19^1

Neubau DRG (ab 1968: DB 119)
1'Do1'
1~ 15 kV, $16\,^2/_3$ Hz
Einsatzzeitraum 1940 bis 1977

Für den gleichen Einsatzzweck wie die E 19 bauten Henschel (Fahrzeugteil) und die SSW (Elektroteil) ebenfalls zwei Prototyplokomotiven, die im September 1939 und im Juli 1940 als E 19 11 und E 19 12 geliefert wurden. Sie hatten eine von den E 19 abweichende elektrische Ausrüstung mit Doppelmotoren je Treibradsatz und einem Feinschaltwerk für die Reglung der Motorspannung. Mit einer maximalen Leistung von 5 700 kW bei 162 km/h waren sie 25 Jahre lang die leistungsfähigsten deutschen Schnellzug-Elloks. Die E 19 11 wurde ohne Einschränkungen für den Betriebsdienst zugelassen, die E 19 12 nur vorläufig mit 120 km/h Höchstgeschwindigkeit. Die anschließend zum Bw Nürnberg Hbf gehörenden Maschinen waren sehr störanfällig und oft für längere Zeit nicht verfügbar. Zum Kriegsende war nur die E 19 12 einsatzfähig. Die E 19 11 stand erst ab 1950 wieder zur Verfügung. Zu diesem Zeitpunkt wurde die E 19^1 für 140 km/h zugelassen, und die bis dahin weinrot-grauen Fahrzeuge bekamen den blau-schwarzen (E 19 12) oder grün-schwarzen (E 19 11) Ellok-Anstrich der DB. Von 1968 bis 1970 waren sie mit den E 19 beim Bw Hagen-Eckesey und kamen dann nach Nürnberg zurück. Bis zur Außerdienststellung waren sie vorrangig auf ihrer Stammstrecke München–Nürnberg und der Frankenwaldbahn im Reisezugdienst eingesetzt. Die E 19 12 wird als Museumslokomotive erhalten und befindet sich in annähernd Originalzustand im Verkehrsmuseum Nürnberg.

E 19 12, Foto: Siemens-Museum

E 19[1]
Zulässige Geschwindigkeit: 140 km/h[1)]
Treibraddurchmesser: 1 600 mm
Laufraddurchmesser vorn/hinten:
1 100/1 100 mm
Stundenleistung (b. Geschwindigkeit):
4 080 (180,0) kW (km/h)
Anfahrzugkraft: 208 kN
Dienstmasse: 110,7 t
LüP: 16 920 mm
[1)] zeitweise 120 oder 180

120.0
Zulässige Geschwindigkeit: 160 km/h[1)]
Treibraddurchmesser: 1 250 mm
Stundenleistung (b. Geschwindigkeit):
5 600 (...) kW (km/h)
Anfahrzugkraft: 340 kN
Dienstmasse: 83,2 t
LüP: 19 200 mm
[1)] 120 005 nach Umbau: 200

120.0

Neubau DB (ab 1989: DB 752)
Bo'Bo'
~15 kV, 16 $^2/_3$ Hz
Einsatzzeitraum 1979 bis heute

Fünf Prototypen einer neuen Wechselstromlokomotive mit durch ein spannungsgeführtes Umrichtersystem gespeisten Drehstrom-Asynchron-Fahrmotoren nahm die DB zwischen Mai 1979 und Januar 1980 als 120 001 bis 120 005 in Betrieb. Sie erhielten den BBC-Hohlwellen-Kardanantrieb mit einseitigem Getriebe. Krauss-Maffei, Krupp und ISTH bauten die Fahrzeugteile, BBC die Elektroteile. Die DB führte mit den Maschinen eine umfangreiche Erprobung auf Prüfständen und im Betriebseinsatz durch. Dabei erreichte die 120 002 im August 1980 eine Geschwindigkeit von 231 km/h und die umgebaute 120 001 im Oktober 1984 die damalige Rekordgeschwindigkeit von 265 km/h. Die 120 003 war Ende 1980 auf der Lötschbergstrecke und bewährte sich im Rampenbetrieb. Ab Sommer 1981 fuhren die 120.0 beim Bw Nürnberg Rbf im planmäßigen Zugdienst. BBC baute 1982 die Maschinen um und dabei die elektrische Widerstandsbremse aus. Die vorhandene Netzbremse erfüllte die Betriebsanforderungen, ebenso nach dem Umbau die Haupttransformatoren. Bei den ÖBB (1984) und den SJ (1985) fanden erfolgreiche Demonstrationsfahrten statt. Die 120 001 bekam 1984 den Namen „Nürnberg" und die 120 002 1985 den Namen „Fürth" sowie das jeweilige Stadtwappen. Nach Lieferung der Serienmaschinen werden die 120.0 nur noch für Versuchszwecke verwendet.

120 004, Foto: Spillner

120.1

Neubau DB
Bo'Bo'
~15 kV, 16 $^2/_3$ Hz
Einsatzzeitraum 1987 bis heute

Nach den intensiven und umfangreichen Erprobungen der 120 001 bis 120 005 beschaffte die DB anfangs 36, später 60 Serienmaschinen mit einer Reihe von Verbesserungen gegenüber den Prototypen. Sie wurden zwischen 1987 und 1989 als 120 101 bis 120 160 in Betrieb genommen. Sie erhielten u. a. eine auf 4 000 kW verstärkte Netzbremse, eine automatische Fahr- und Bremssteuerung, eine zusätzliche elektropneumatische Bremse sowie eine zeitmultiplexe Wendezug- und Doppeltraktions-Steuerung. Die Höchstgeschwindigkeit wurde auf 200 km/h erhöht. Die ersten 36 Maschinen hatten einige Anlaufschwierigkeiten, u. a. mit den Motorritzeln, wurden zeitweilig abgestellt und die Getriebe instandgesetzt. Ab der 120 137 wurde zur Zugkrafterhöhung im oberen Geschwindigkeitsbereich ein Radsatzgetriebe mit veränderter Übersetzung eingebaut. Ab Sommer 1988 fuhren die 120.1 im Plandienst vorwiegend Güterzüge und gelegentlich Reisezüge. Seit dem Sommerfahrplan 1989 befinden sie sich auch im hochwertigen Schnellzugdienst auf den beiden Rheinstrecken, zwischen Hamburg und Stuttgart, befördern IC zwischen München und Stuttgart sowie IR zwischen Frankfurt (Main) und Kassel. Einige der neuen „Renner" hatten bereits nach kurzer Betriebszeit Unfälle (120 121, 120 114, 120 154). Sie wurden instandgesetzt und befinden sich wieder beim Bw Nürnberg 2 im planmäßigen Einsatz mit den anderen Maschinen.

120 116, Foto: Bäzold

E 21
Zulässige Geschwindigkeit: 110 km/h
Treibraddurchmesser: 1 750 mm
Laufraddurchmesser vorn/hinten: 1 000/1 000 mm
Stundenleistung (b. Geschwindigkeit): 2 840 (88,0) kW (km/h)
Anfahrzugkraft: 235 kN
Dienstmasse: 121,8 t
LüP: 16 500 mm

E 21

Neubau DRG
2′Do1′
~ 15 kV, 16 ²/₃ Hz
Einsatzzeitraum 1927 bis 1962

Die DRG beschaffte von der AEG zwei Versuchs-Elektrolokomotiven mit Einzelachsantrieb. Sie erhielten den von Kleinow aus dem Westinghouse-Federantrieb entwickelten Federtopfantrieb, der auch bei allen weiteren von der DRG beschafften Schnellzug-Elloks verwendet wurde. Die erste Maschine traf im Oktober 1926 beim Bw Leipzig Hbf West ein und wurde als E 21 01 bezeichnet. Die Versuchsfahrten im Flachland verliefen problemlos. Im April 1927 kam die E 21 01 zur Gebirgsdiensterprobung nach Lauban und Ende 1927 für den Plandienst zum Bw Hirschberg (Schles). Dort traf im Mai 1928 fabrikneu auch die E 21 02 ein.
Aufgrund der positiven Erprobungsergebnisse mit den Lokomotiven beschaffte die DRG anschließend 38 Serienmaschinen (E 17). Die E 21 blieben bis Anfang 1945 in Hirschberg (Schles) und wurden im Reisezugdienst verwendet, vorrangig auf der Hauptbahn Görlitz–Breslau Freib Bf. Im Februar 1945 kamen sie beide zum Bw Leipzig Hbf West. Sie waren dort bis zu ihrem Abtransport im September 1946 in die Sowjetunion nicht in Betrieb. Im Oktober 1952 kehrten beide Maschinen zurück, wurden 1959/60 instandgesetzt und beim Bw Leipzig Hbf West für den schweren Schnellzugdienst in Betrieb genommen. Sie waren sehr störanfällig und oft nicht einsatzfähig, wurden bereits 1961/62 abgestellt und 1966 ausgemustert.

E 21 02, Foto: Leyer

E 21^5

Neubau DRG
2′Do1′
~ 15 kV, 16 ²/₃ Hz
Einsatzzeitraum 1927 bis 1945

Die LHW (Fahrzeugteil) und die BEW (Elektroteil) lieferten an die DRG ebenfalls eine Versuchs-Elektrolokomotive für den Schnellzugdienst mit vier einzeln angetriebenen Radsätzen, die im Oktober 1927 beim Bw Hirschberg (Schles) als E 21 51 in Betrieb genommen wurde. Sie war die preisgünstigste und mit 3 500 kW Stundenleistung auch die leistungsfähigste der von der DRG beschafften Vergleichslokomotiven. Jeder Treibradsatz verfügte über zwei Gestellmotoren, deren Betriebsspannung mittels einer handbetätigten elektropneumatischenSchützensteuerung mit 16 Dauerfahrstufen geregelt wurde. Anlaufprobleme mit dem Haupttransformator und dem Antrieb erforderten nach kurzer Betriebszeit deren Umbau. Danach waren die Betriebsergebnisse besser. Es traten aber immer noch Getriebeschäden und Fahrzeugausfälle auf.
Die Maschine blieb ein Einzelgänger und wurde beim Bw Hirschberg (Schles) bis Anfang 1945 im Reisezugdienst verwendet, vorrangig für Personenzüge und ab 1943 mit auf 75 km/h begrenzter Höchstgeschwindigkeit. Vor dem Kriegsende kam die E 21 51 nach Mitteldeutschland und befand sich im Frühjahr 1946 zur Reparatur im Raw Dessau. Von dort wurde sie im September 1946 in die Sowjetunion abgefahren und kam im Oktober 1952 zur DR zurück. Bis zu ihrer Ausmusterung im Juni 1966 war sie als Schadlokomotive im ehemaligen Raw Magdeburg-Buckau abgestellt.

E 21 51, Foto: BEW

E 21^5
Zulässige Geschwindigkeit: 110 km/h[1)]
Treibraddurchmesser: 1 400 mm
Laufraddurchmesser vorn/hinten: 1 000/1 000 mm
Stundenleistung (b. Geschwindigkeit): 3 500 (75,0) kW (km/h)
Anfahrzugkraft: 253 kN
Dienstmasse: 121,9 t
LüP: 14 940 mm
[1)] ab 1943: 75

E 30
Zulässige Geschwindigkeit: 90 km/h
Treib- und Kuppelraddurchmesser: 1 250 mm
Laufraddurchmesser vorn/hinten: 1 000/1 000 mm
Stundenleistung (b. Geschwindigkeit): 598 (...) kW (km/h)
Anfahrzugkraft: 108 kN
Dienstmasse: 82,5 t
LüP: 12 950 mm

E 32
Zulässige Geschwindigkeit: 75 km/h
Treib- und Kuppelraddurchmesser: 1 400 mm
Laufraddurchmesser vorn/hinten: 850/850 mm
Stundenleistung (b. Geschwindigkeit): 1 170 (60,0) kW (km/h)
Anfahrzugkraft: 105 kN
Dienstmasse: 84,8 t
LüP: 12 990 mm[1)]
[1)] mit Einheits-Hülsenpuffern

E 30

pr. EP 202 bis EP 208
1'C1'
1~ 15 kV, 16 2/3 Hz
Einsatzzeitraum 1915 bis 1930

Die BMAG (Fahrzeugteil) und die MSW (Elektroteil) bauten für den leichten Personenzugdienst auf den elektrifizierten Nebenstrekken in Niederschlesien sieben Lokomotiven, die zwischen 1915 und 1920 als EP 202 BRESLAU bis EP 208 BRESLAU beim Bw Nieder Salzbrunn in Betrieb genommen wurden. Ihre Fahrmotoren waren mit den Motoren der Schnellzuglokomotiven ES 9 HALLE bis ES 19 HALLE tauschbar. Die Motorspannung wurde durch eine handbetätigte Nokkenschaltersteuerung mit Zusatztransformator in 16 Dauerfahrstufen geregelt. Die drei gekuppelten Radsätze trieb der Fahrmotor mit schrägen Treibstangen über eine Blindwelle an (Parallelkurbeltrieb).
Ab 1921 kamen die Maschinen auch auf der schlesischen Hauptbahn zwischen Hirschberg (Schles) und Königszelt zum Einsatz und wurden in diesem Dienst oft überbeansprucht, so daß sich Motor- und Antriebsschäden häuften. Im Jahre 1924 erhielten die mitteldeutschen Bw Bitterfeld und Magdeburg-Rothensee die E 30. Den Personenzugdienst auf den mitteldeutschen Flachlandstrecken bewältigten sie anfangs recht gut. Ab 1927 häuften sich als Folge der zu fahrenden schwereren Züge auch hier die Ausfälle der überbeanspruchten Maschinen.
Die DRG übernahm alle Lokomotiven und bezeichnete sie als E 30 02 bis E 30 08. Nach Indienststellung der E 06^1 wurde die letzte E 30 im Juli 1930 ausgemustert.

EP 204, ab 1926: E 30 04, Foto: Slg. Bäzold

E 32

Neubau DRG (ab 1968: DB 132)
1'C1'
1~ 15 kV, 16 2/3 Hz
Einsatzzeitraum 1925 bis 1971

Die Firmen Maffei (Fahrzeugteil) und BBC (Elektroteil) lieferten für die elektrifizierten bayerischen Strecken 29 leichte Personenzuglokomotiven, die zwischen 1925 und 1927 noch mit der bayerischen Bezeichnung EP 2 20006 bis 20033, die letzte bereits mit der DRG-Nr. E 32 34, in Dienst gestellt wurden. Sie waren die ersten deutschen Elektroloks mit schnellaufenden Gestellmotoren und Stangenantrieb. Die Motorspannung wurde mittels einer handbetätigten BBC-Schlittenschalter-Steuerung in 13 Dauerfahrstufen geregelt.
Zwischen 1941 und 1943 befanden sich drei Maschinen leihweise in Norwegen, die anderen waren ununterbrochen in Süddeutschland im Einsatz. Zum Kriegsende waren bereits drei E 32 ausgemustert und sechs beschädigt abgestellt, von denen noch zwei ausschieden.
Ab Mitte der 50er Jahre kamen E 32 für den Einsatz auf der Wiesentalbahn nach Basel und Haltingen. Sie wurden dort ab Ende der 60er Jahre durch E 41 abgelöst. Die anderen E 32 befanden sich weiterhin im Personenzugdienst auf süddeutschen Strekken. Sie wurden bereits ab Ende der 50er Jahre durch E 41 verdrängt. Es folgte das Fahren von Leer- und Abstellzügen im Raum München und Frankfurt (Main), bis zur Außerdienststellung der letzten Maschine (132 027) im September 1971. Sie wird als betriebsfähige Museumslokomotive von der DGEG erhalten.

E 32 24, Foto: Slg. Bäzold

E 32 101 bis E 32 108
Zulässige Geschwindigkeit: 90 km/h
Treib- und Kuppelraddurchmesser: 1 400 mm
Laufraddurchmesser vorn/hinten: 850/850 mm
Stundenleistung (b. Geschwindigkeit): 1 170 (73,0) kW (km/h)
Anfahrzugkraft: 87 kN
Dienstmasse: 84,8 t
LüP: 12 990 mm

E 36
Zulässige Geschwindigkeit: 80 km/h
Treib- und Kuppelraddurchmesser: 1 100 mm
Laufraddurchmesser vorn/hinten: 850/850 mm
Stundenleistung (b. Geschwindigkeit): 690 (42,0) kW (km/h)
Anfahrzugkraft: 100 kN
Dienstmasse: 78,8 t[1)]
LüP: 12 450 mm
[1)] mit Dampfheizkessel: 82,3

E 32 101 bis E 32 108

Umbau DRG (ab 1968: DB 132.1)
1'C1'
≂15 kV, 16 $^2/_3$ Hz
Einsatzzeitraum 1935 bis 1971

Die guten Laufeigenschaften der E 32, besonders mit dem vorderen Krauss-Helmholtz-Gestell voraus, veranlaßten die DRG Mitte der 30er Jahre, acht dieser Maschinen für 90 km/h Höchstgeschwindigkeit umzubauen, um ihren Einsatzbereich zu erweitern. Umgebaut wurden die E 32 26, E 32 29, E 32 18, E 32 30, E 32 32, E 32 17, E 32 13 und E 32 07. Sie erhielten nach dem Umbau in dieser Reihenfolge die Betriebsnummern E 32 101 bis E 32 108. Wegen der nur geringen Änderungen (Übersetzungsverhältnis des Antriebsvorgeleges) unterließ die DRG die Zuordnung zur Unterbaureihe E 32^1. Nach dem Umbau waren die Lokomotiven alle in Augsburg beheimatet und konnten infolge ihrer größeren Höchstgeschwindigkeit auch für Eil- und Eilgüterzüge verwendet werden. Die E 32 108 war zum Kriegsende beschädigt abgestellt, wurde instandgesetzt und 1950 wieder in Betrieb genommen. Einige Maschinen kamen auf der badischen Wiesentalbahn zum Einsatz. Die E 32 106 war die erste, die im Januar 1964 außer Dienst gestellt wurde. Ihr folgte im Juli 1964 die E 32 105. Das „schnelle" Getriebe dieser Maschine erhielt 1965 die E 32 06. Ende der 60er Jahre befanden sich noch fünf als 132.1 umbezeichnete Maschinen beim Bw München Hbf und fuhren überwiegend Leer- und Abstellzüge zwischen München Hbf und Pasing. Als letzte wurde die 132 101 im August 1971 abgestellt.

E 32 106, Foto: Claus

E 36

bay. EP 3
1'C2'
≂15 kV, 16 $^2/_3$ Hz
Einsatzzeitraum 1915 bis 1943

Die Bayerische Staatsbahn elektrifizierte die steigungs- und kurvenreiche Strecke Salzburg–Freilassing–Berchtesgaden und beschaffte dafür von Krauss (Fahrzeugteil) und den SSW (Elektroteil) vier Personenzuglokomotiven. Sie wurden 1915 als EP $^3/_6$, später EP 3 20101 bis 20104 in Betrieb genommen. Die DRG übernahm alle vier Maschinen und bezeichnete sie als E 36 01 bis E 36 04. Dem Streckencharakter angepaßt hatte das Laufwerk der Lokomotiven vorn ein Krauss-Helmholtz-Gestell, hinten ein Krauss-Lotter-Gestell, damit keinen festen Radstand und einen guten, schlingerfreien Lauf. Der Fahrmotor trieb mittels Parallelkurbeltrieb mit schrägen Treibstangen über eine Blindwelle die drei Kuppelradsätze an. Die Fahrmotorspannung wurde durch eine handbetätigte, elektromagnetische Schützensteuerung in zehn Dauerfahrstufen geregelt.
Die Maschinen waren ständig in Freilassing beheimatet und fuhren anfangs ausschließlich Personenzüge und nur gelegentlich einen Schnellzug auf ihrer Stammstrecke. Ab Ende der 20er Jahre kamen Güterzüge hinzu, und nach Indienststellung der E 44^5 reduzierte sich ihr Einsatzbedarf. Zwischen 1941 und 1943 wurden sie außer Dienst gestellt und ausgemustert. Aus den E 36 02 und E 36 04 baute Henschel zwei Schneepflüge, von denen sich einer, ex. E 36 02, seit 1987 im Bayerischen Eisenbahnmuseum Nördlingen befindet.

E 36 01, Foto: Slg. Bäzold

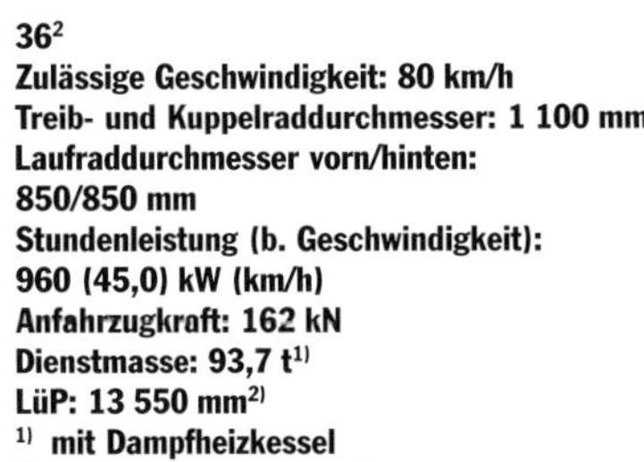

36[2]
Zulässige Geschwindigkeit: 80 km/h
Treib- und Kuppelraddurchmesser: 1 100 mm
Laufraddurchmesser vorn/hinten: 850/850 mm
Stundenleistung (b. Geschwindigkeit): 960 (45,0) kW (km/h)
Anfahrzugkraft: 162 kN
Dienstmasse: 93,7 t[1)]
LüP: 13 550 mm[2)]
[1)] mit Dampfheizkessel
[2)] mit Einheits-Hülsenpuffern

E 36[2]

bay. EP 4
1'C2'
≂15 kV, 16 2/3 Hz
Einsatzzeitraum 1915 bis 1937

Krauss (Fahrzeugteil) und die MSW (Elektroteil) lieferten vier Personenzuglokomotiven für die steigungs- und kurvenreiche Strecke Salzburg–Freilassing–Berchtesgaden an die Bayerische Staatsbahn. Sie wurden im Jahre 1915 als EP 3/6, später EP 4 20121 bis 20124 in Betrieb genommen und waren ständig in Freilassing beheimatet. Ihr Einsatz beschränkte sich ausschließlich auf die genannte Strecke. Ihr Laufwerk war ohne Krauss-Helmholtz-Gestell ausgeführt, so daß die Maschinen schlechtere Laufeigenschaften als die E 36 hatten. Als Antrieb diente der damals übliche Zentralmotor mit Parallelkurbeltrieb, schrägen Treibstangen und einer Blindwelle. Die Fahrmotorspannung wurde durch eine handbetätigte Schaltwalzensteuerung mit Zusatztransformator in 16 Dauerfahrstufen geregelt.
Anfangs beförderten die Lokomotiven ausschließlich Reisezüge auf ihrer Stammstrecke. Zu Beginn der 30er Jahre kamen Güterzüge hinzu. Nach der Indienststellung der Bo'Bo'-Lokomotiven der Baureihe E 44[5] bestand für die E 36[2] kein Einsatzbedarf mehr, und sie wurden zwischen 1935 und 1937 ausgemustert. Die E 36 24 sollte im Verkehrsmuseum Nürnberg erhalten werden, wurde jedoch im zweiten Weltkrieg im RAW München-Freimann bei einem Bombenangriff zerstört.

E 36 24, Foto: Slg. Scheingraber

E 40
Zulässige Geschwindigkeit: 110 km/h[1)]
Treibraddurchmesser: 1 250 mm
Stundenleistung (b. Geschwindigkeit): 3 700 (87,6) kW (km/h)
Anfahrzugkraft: 314 kN
Dienstmasse: 83,0 t
LüP: 16 490 mm
[1)] ursprünglich: 100

E 40

Neubau DB (ab 1968: DB 140)
Bo'Bo'
≂15 kV, 16 2/3 Hz
Einsatzzeitraum 1957 bis heute

Eine mit der Schnellzugbaureihe E 10[1] nahezu identische Güterzuglokomotive beschaffte die DB innerhalb ihres ersten Neubauprogramms für Elektrolokomotiven. Bis auf die elektrische Bremse, die nur 31 Maschinen erhielten, stimmt der Elektroteil der als E 40 bezeichneten Baureihe mit der E 10[1] überein. Durch ein verändertes Radsatzgetriebe ist die Höchstgeschwindigkeit der E 40 geringer. Die 879 in Dienst gestellten Maschinen werden seit 1968 als Baureihe 140 bezeichnet und wurden ab der 140 690 mit der neuen Bezeichnung in Betrieb genommen.
Nahezu 20 Jahre waren die E 40/140 in Offenburg, Dortmund, Köln, Nürnberg, Saarbrükken, Koblenz, Regensburg, Hamburg und Osnabrück beheimatet. Seit Beginn der 90er Jahre befinden sie sich in Bebra, Dortmund, Frankfurt (Main), Hamburg, Köln, Mannheim, München, Osnabrück, Saarbrücken und Seelze, werden aber auch von anderen Betriebswerken aus eingesetzt. Den größten 140-Bestand haben die Bw Mannheim 1 und Seelze. Für das Fahren schwerer Erzzüge und von Güterzügen auf Rampenstrecken wurden die 140 240 und 140 241 sowie die Maschinen ab 140 757 mit Vielfachsteuerung geliefert. Die 140 776 bis 140 778 und die 140 362 haben eine automatische Mittelpufferkupplung. Für eine bessere Verwendbarkeit im Reisezugdienst wurde die zulässige Geschwindigkeit in den 80er Jahren auf 110 km/h erhöht.

140 205, Foto: Spillner

E 40[11–15]
Zulässige Geschwindigkeit: 110 km/h[1])
Treibraddurchmesser: 1 250 mm
Stundenleistung (b. Geschwindigkeit): 3 700 (87,6) kW (km/h)
Anfahrzugkraft: 314 kN
Dienstmasse: 84,6 t
LüP: 16 490 mm
[1]) ursprünglich: 100

E 41
Zulässige Geschwindigkeit: 120 km/h
Treibraddurchmesser: 1 250 mm
Stundenleistung (b. Geschwindigkeit): 2 400 (97,8) kW (km/h)
Anfahrzugkraft: 206 kN
Dienstmasse: 66,4 t
LüP: 15 620 mm

E 40 [11–15]

Neubau DB (ab 1968: DB 139)
Bo'Bo'
~15 kV, 16 2/3 Hz
Einsatzzeitraum 1960 bis heute

Für die Verwendung auf der im Sommer 1960 auf ~15 kV, 16 2/3 Hz umgestellten Höllental- und Dreiseenbahn sah die DB neben einigen E 44 mit elektrischer Bremse auch 11 Neubaulokomotiven der Baureihe E 40 vor. Es waren die E 40 131 bis E 40 137 und die E 40 163 bis E 40 166, die wie die E 10[1] eine elektrische Bremse erhielten. Ihre Betriebsnummern wurden daraufhin in E 40 1131 bis E 40 1137 und E 40 1163 bis E 40 1166 geändert. Mit einer verstärkten elektrischen Bremse wurden 1964 und 1965 weitere 20 Maschinen als E 40 1309 bis E 40 1316 und E 40 1552 bis E 40 1563 in Dienst gestellt. Einige von ihnen kamen auf der Steilrampe Erkrath–Hochdahl der Strecke Düsseldorf–Wuppertal zum Einsatz.
Seit 1968 werden die Maschinen als Baureihe 139 bezeichnet. Die anfangs in Offenburg, Seelze, Hagen-Eckesey und Bebra beheimateten Maschinen kamen nach dem Abgang der 145 gegen Ende der 70er Jahre alle nach Offenburg und wurden vorrangig auf der Höllental- und Dreiseenbahn verwendet. Vom Sommer 1986 an gehören die 139 zum Bw Mannheim 1, werden aber weiterhin von Offenburg aus eingesetzt. Nach einem positiven Test kamen Anfang 1991 einige 143, ex 243 der DR, nach Offenburg und die 139 552 bis 139 558 anschließend zum Bw München 1. Für das Fahren der RoLa-Züge zwischen Ingolstadt und Brennersee sollen insgesamt 20 139er verwendet werden.

139 557, Foto: Spillner

E 41

Neubau DB (ab 1968: DB 141)
Bo'Bo'
~15 kV, 16 2/3 Hz
Einsatzzeitraum 1956 bis heute

Im Juni 1956 nahm die DB mit der E 41 001 die erste Neubau-Elektrolokomotive für den leichten Reise- und Güterzugdienst auf Haupt- und Nebenstrecken in Betrieb. Ihr folgten noch weitere 450 Maschinen. Die ab 1968 als 141 001 bis 141 451 bezeichneten Lokomotiven waren und sind auf allen elektrifizierten Strecken der DB anzutreffen. Ab Mitte der 60er Jahre kamen sie zunehmend im Wendezugbetrieb des großstädtischen Stadt- und Vorortbahnverkehrs, besonders im Ruhrgebiet, sowie auf elektrifizierten Nebenstrecken zum Einsatz. Für den Nürnberger S-Bahnverkehr erhielten die 141 436 bis 141 442 in den 80er Jahren als erste die zeitmultiplexe Wendezugsteuerung. Anschließend wurden auch die 141 310 bis 141 413 damit ausgerüstet. Nachteilig sind die Schaltgeräusche des Niederspannungsschaltwerks mit Doppel-Kreiswähler und vier separaten Lastschaltern. Mit ihm wird die Motorspannung in 28 Fahrstufen geregelt. Zur Geräuschdämmung bekamen die Nürnberger S-Bahnlokomotiven Schalldämmhauben. Als Antrieb ist der Siemens-Gummiringfeder-Antrieb eingebaut.
Bis Anfang der 90er Jahre wurden 22 Maschinen ausgemustert. Die restlichen 141 sind in Bebra, Frankfurt (Main) 1, Hagen 1, Hamburg 1, Mannheim 1, Nürnberg 1, Saarbrücken und Seelze beheimatet, werden aber auch von weiteren Bws aus eingesetzt.

141 310, Foto: Spillner

242.3
Zulässige Geschwindigkeit: 100 km/h
Treibraddurchmesser: 1 350 mm
Stundenleistung (b. Geschwindigkeit):
2 920 (72,0) kW (km/h)
Anfahrzugkraft: 245 kN
Dienstmasse: 82,5 t
LüP: 16 260 mm

E 42
Zulässige Geschwindigkeit: 100 km/h
Treibraddurchmesser: 1 350 mm
Stundenleistung (b. Geschwindigkeit):
2 920 (75,0) kW (km/h)[1]
Anfahrzugkraft: 245 kN
Dienstmasse: 82,5 t
LüP: 16 260 mm
[1] E 42 001 und E 42 002 bei Anlieferung: 2 760 (76,0)

E 42

Neubau DR (ab 1970: DR 242, ab 1992: DR 142)
Bo'Bo'
≈15 kV, 16 2/3 Hz
Einsatzzeitraum 1963 bis heute

Als Variante ihrer ersten Neubau-Elektrolokomotive E 11 beschaffte die DR für den Personen- und Güterzugdienst die Baureihe E 42. Zwischen 1963 und 1976 wurden 292 Maschinen als E 42 001 bis E 42 186 und ab 1971 als 242 187 bis 242 292 in Dienst gestellt. Außer dem für die geringere Höchstgeschwindigkeit geänderten Radsatzgetriebe und der für Mehrfrachtraktion ausgerüsteten Steuerung unterscheiden sich die E 42/242 nicht von den E 11/211. Die 242 001 bis 242 022 sind auch für Wendezugbetrieb eingerichtet. Nachdem ausreichend Maschinen der Baureihe 250 vorhanden waren, wurden die Einrichtungen für Mehrfachtraktion größtenteils ausgebaut.
Zwischen 1985 und 1990 waren die 242 180, 242 188, 242 194 und 242 196 mit Wendezugsteuerung und Radsatzgetrieben der 211 für 120 km/h als 211 180 usw. in Betrieb. Die E 42/242 waren und sind größtenteils im Süden des elektrifizierten DR-Netzes stationiert. Mit der Ausdehnung des elektrischen Betriebs kamen sie auch in nördlichere Bw, u. a. Berlin, Seddin, Stendal und Neustrelitz. Als die 243 ausreichend in Dienst gestellt waren, gaben Stendal und Neustrelitz die 242 wieder ab. Nach Betriebsunfällen wurden bisher acht Maschinen ausgemustert.

242 028, Foto: Bäzold

242.3

Umbau DR (ab 1992: DR 142.3)
Bo'Bo'
≈15 kV, 16 2/3 Hz
Einsatzzeitraum 1985 bis heute

Die Baureihen E 11/211 und E 42/242 der Deutschen Reichsbahn unterscheiden sich im wesentlichen nur durch eine entsprechend ihrer Höchstgeschwindigkeit unterschiedliche Übersetzung der Radsatzgetriebe. Mit zunehmender Indienststellung der neuen Baureihe 243 wurden weniger Maschinen der Baureihe 211 für den Schnellzugdienst benötigt. Bei einem 1985/86 durchgeführten Umbau von vier 242 in „schnelle Wendezugmaschinen“ für den Verkehr auf dem Berliner Außenring wurden die 242-Radsätze gegen 211-Radsätze getauscht. Die 211er bekamen anschließend die Betriebsnummern 242 368, 242 376, 242 381 und 242 387 und die Baureihenbezeichnung 242.3. Nachdem ausreichend 243er verfügbar waren, setzte die DR den Umbau von Maschinen der Baureihe 211 in 242.3 fort. Bis zum 30. Juni 1991 wurden insgesamt 22 Maschinen umgebaut. Sie sind beheimatet in Berlin-Schöneweide (10), Leipzig Hbf West (4), Halle P (3) und Magdeburg (5).

242 363, Foto: Mehnert

E 42^1
Zulässige Geschwindigkeit: 70 km/h
Treib- und Kuppelraddurchmesser: 1 500 mm
Stundenleistung (b. Geschwindigkeit):
840 (45,0) kW (km/h)
Anfahrzugkraft: 150 kN
Dienstmasse: 76,0 t
LüP: 12 900 mm

243
Zulässige Geschwindigkeit: 120 km/h
Treibraddurchmesser: 1 250 mm
Stundenleistung (b. Geschwindigkeit):
3 720 (102,0) kW (km/h)
Anfahrzugkraft: 240 kN
Dienstmasse: 82,0 t
LüP: 16 640 mm

E 42^1

Neubau DRG
B'B'
~15 kV, 16 $^2/_3$ Hz
Einsatzzeitraum 1924 bis 1945

Von der BMAG (Fahrzeugteil) und den MSW (Elektroteil) ließ die DRG zwei Personenzuglokomotiven für die niederschlesischen Strecken bauen. Dafür fanden Teile von vier Triebgestellen Verwendung, die 1920 von der ED Berlin für den S-Bahnbetrieb bestellt waren. Die Maschinen wurden 1924 beim Bw Dittersbach als EP 213 BRESLAU und EP 214 BRESLAU in Betrieb genommen, und im August 1926 bekamen sie die DRG-Nummern E 42 13 und E 42 14. Sie ersetzten auf den schlesischen Gebirgsstrecken die leistungsschwachen E 30. Anfangs traten häufig überhitzte Fahrmotorlager auf. Durch den Einbau von Rollenlagern und eine verbesserte Motorkühlung wurde dieser Mangel behoben. Die Lokomotiven hatten schnellaufende Gestellmotoren, die über Vorgelegeblindwelle und Kuppelstangen die Radsätze antrieben. Die Fahrmotorspannung wurde mittels einer handbetätigten Nockenschaltersteuerung mit Feinsteller und Zusatztransformator in 15 Dauerfahrstufen geregelt. Aus ihr entstand die DRG-Einheitssteuerung für Elloks.
Außer einer Gastrolle 1925/26 in Mitteldeutschland befanden sich die Maschinen beim Bw Dittersbach, die E 42 13 bis zu ihrer Ausmusterung nach einem Unfall 1941 und die E 42 14 bis zum Kriegsende. Ende 1945 wurde die Maschine in die Sowjetunion abgefahren und kehrte von dort im August 1952 zur DR zurück. Bis zu ihrer Ausmusterung war sie als Schadlokomotive abgestellt.

E 42 13, Foto: Slg. Bäzold

E 42^2

Neubau DRG
B'B'
~15 kV, 16 $^2/_3$ Hz
Einsatzzeitraum 1924 bis 1945

Nachdem die DRG 1921 die Wechselstrom-Elektrifizierung der Berliner Stadt- und Vorortbahnen stoppte, ließ sie dafür bereits angearbeitete zweiachsige Triebgestelle von der AEG für den Bau von fünf leichten Personenzuglokomotiven für die RBD Breslau verwenden. Die erste von ihnen wurde nach der Ausstellung in Seddin im November 1924 beim Bw Dittersbach noch als EP 215 BRESLAU in Dienst gestellt. Die EP 216 BRESLAU bis EP 219 BRESLAU folgten bis zum Frühjahr 1925. Ab August 1926 wurden sie als E 42 15 bis E 42 19 bezeichnet. Ein schnellaufender Gestellmotor trieb über eine Vorgelegeblindwelle und Schlitzkuppelstangen die Radsätze jedes Triebgestells an. Die Motorspannung wurde durch eine elektromagnetische Schützensteuerung mit 15 Fahrstufen geregelt.
Den Betriebsanforderungen des rauhen Gebirgsdienstes wurden die Maschinen jederzeit gerecht. Anfängliche Motorschäden konnten durch den Einbau von Rollenlagern behoben werden. Außer Personenzügen fuhren die E 42^2 zusammen mit den E 42^1 auch die in den 30er Jahren eingeführten leichten Eilgüterzüge (LEIG). Bis Kriegsende 1945 waren die Maschinen in Dittersbach beheimatet. Der Verbleib der E 42 16 und E 42 19 ist unbekannt. Die anderen kamen Ende 1945 in die Sowjetunion und im Juli 1952 zur DR zurück. Sie waren bis zu ihrer Zerlegung im Jahre 1960 als Schadlokomotiven abgestellt.

E 42 19, Foto: Slg. Bäzold

243.8
Zulässige Geschwindigkeit: 120 km/h
Treibraddurchmesser: 1 250 mm
Stundenleistung (b. Geschwindigkeit):
3 720 (102,0)
Anfahrzugkraft: 240 kN
Dienstmasse: 82,0 t
LüP: 16 640 mm

E 42^{2}
Zulässige Geschwindigkeit: 70 km/h
Treib- und Kuppelraddurchmesser: 1 500 mm
Stundenleistung (b. Geschwindigkeit):
780 (54,0) kW (km/h)
Anfahrzugkraft: 132 kN
Dienstmasse: 77,2 t
LüP: 13 380 mm

243

Neubau DR (ab 1992: DR 143)
Bo'Bo'
~15 kV, 16 $^{2}/_{3}$ Hz
Einsatzzeitraum 1984 bis heute

Die Erprobung der neuen Elektrolokomotive 212 001/243 001 ergab keine nennenswerten Beanstandungen. Daraufhin beschaffte die DR anschließend die Serienausführung als Baureihe 243 ohne Änderungen gegenüber dem Prototyp, jedoch mit einem den Grundsätzen der DR entsprechenden bordeauxrotgrauen Anstrich. Mit 120 km/h entsprachen die Maschinen der damals im Streckennetz der DR möglichen Höchstgeschwindigkeit. Die 243 002 wurde als erste im Oktober 1984 in Dienst gestellt. Bis zum Juli 1988 folgten weitere 368 Maschinen. Die anfangs in Dresden, Erfurt, Halle (S), Leipzig, Reichenbach (Vogtl) und Weißenfels stationierten Maschinen kamen mit der Ausdehnung des elektrischen Betriebs auch nach Berlin, Cottbus, Elsterwerda, Falkenberg (Elster), Hoyerswerda, Jüterbog, Magdeburg, Neustrelitz, Pasewalk, Rostock, Senftenberg, Stralsund und Wittenberge. Sie sind auf allen elektrifizierten Strecken der DR im Reise- und Güterzugdienst anzutreffen. Ab Ende 1989 beschaffte die DR weitere Maschinen, die als 243 551 bis 243 659 bis zum Herbst 1990 in Dienst gestellt wurden. Nach Betriebsunfällen wurden bisher sechs Maschinen ausgemustert. Die Schadlokomotiven 243 222, 243 096 und 243 060 baute das Raw Dessau mit Zulieferteilen von den LEW im Jahre 1990 als 243 660 bis 243 662 wieder auf.

143 148, Foto: Bäzold

243.8

Neubau DR (ab 1992: DR 143.8)
Bo'Bo'
~15 kV, 16 $^{2}/_{3}$ Hz
Einsatzzeitraum 1988 bis heute

Die Standardausführung der Baureihe 243 ist für 120 km/h Höchstgeschwindigkeit und für Wendezugbetrieb ausgerüstet. Für das Fahren von Zügen in Doppeltraktion erprobte die DR mit den 243 263, 243 268 und 243 273 erfolgreich eine für Mehrfachtraktion modifizierte Steuerung. Daraufhin lieferten die LEW zwischen Juli 1988 und Dezember 1989 an die DR 168 Maschinen mit dieser Steuerung. Sie wurden als 243 801 bis 243 968 in Dienst gestellt. Mit Zulieferteilen von LEW baute das Raw Dessau die Schadlokomotiven 243 016, 243 051, 243 223, 243 099 und 243 142 als 243 969 bis 243 973 wieder auf. Bedingt durch den Verkehrsrückgang bei der DR ab Sommer 1990 wurden 243er abgestellt. Die Schweizer Südostbahn testete erfolgreich die 243 922 und mietete sie im August 1990 an. Auch die DB unterzog vier Maschinen einem Test bei den Bw Offenburg und Dortmund 1 sowie durch das BZA Minden mit offenbar guten Ergebnissen und mietete daraufhin im Sommer 1991 von der DR 50 Maschinen an. Diese alle dem Bw Erfurt zugeteilten 243.8 werden von der DB als 143.8 in Offenburg und Dortmund 1 eingesetzt und ermöglichten das Umsetzen einiger 139er von Offenburg nach München.

243 825, Foto: Bäzold

E 44 001
Zulässige Geschwindigkeit: 90 km/h
Treibraddurchmesser: 1 250 mm
Stundenleistung (b. Geschwindigkeit): 2 120 (83,5) kW (km/h)
Anfahrzugkraft: 196 kN
Dienstmasse: 79,2 t
LüP: 14 530 mm

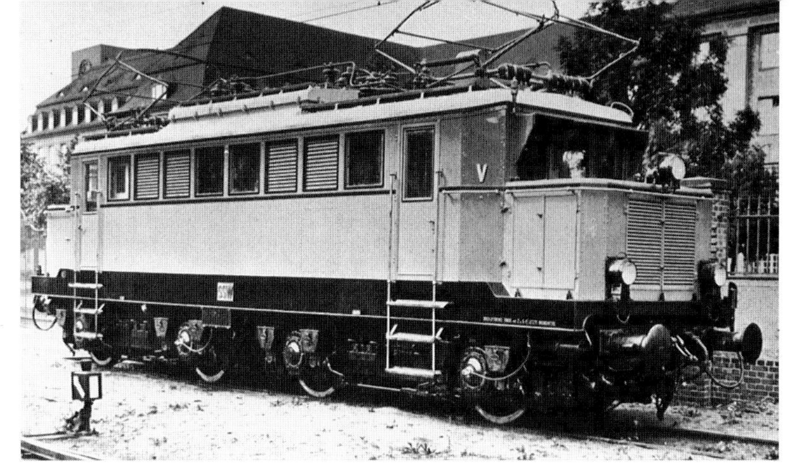

E 44 (DB 144)
Zulässige Geschwindigkeit: 90 km/h
Treibraddurchmesser: 1 250 mm
Stundenleistung (b. Geschwindigkeit): 2 200 (76,0) kW (km/h)
Anfahrzugkraft: 196 kN
Dienstmasse: 78,0 t
LüP: 15 290 mm

E 44 188 und E 44 189
Zulässige Geschwindigkeit: 90 km/h
Treibraddurchmesser: 1 250 mm
Stundenleistung (b. Geschwindigkeit): 2 200 (76,0) kW (km/h)
Anfahrzugkraft: 196 kN
Dienstmasse: 79,2 t
LüP: 15 290 mm

E 44 001

Neubau DRG (ab 1968: DB 144 001)
Bo'Bo'
~15 kV, 16 2/3 Hz
Einsatzzeitraum 1932 bis 1978

Im August 1930 nahm die DRG beim Bw Magdeburg-Rothensee den Versuchsbetrieb mit einer von der Waggonfabrik Wismar (Fahrzeugteil) und den SSW (Elektroteil) gebauten laufachslosen Elektrolokomotive auf. Im Februar 1931 wurde die Erprobung in Schlesien und ab März 1931 beim Bw München Hbf im Personen- und Güterzugdienst fortgesetzt. Die buchmäßig als E 44 70 bezeichnete Maschine bewährte sich, wurde von der DRG übernommen und nach der bahnamtlichen Abnahme im Mai 1932 als E 44 001 bezeichnet. Ihre guten Laufeigenschaften ermöglichten die Zulassung für 90 km/h Höchstgeschwindigkeit. Im Versuchsbetrieb wurden jedoch nur maximal 80 km/h gefahren. Der Tatzlagerantrieb bewährte sich. Die Fahrmotorspannung wurde mittels einer handbetätigten elektromagnetischen Schützensteuerung mit Zusatztransformator in 19 Dauer- und 54 Zwischenstufen geregelt. Ab 1940 wurde die Ausrüstung den Serienmaschinen angeglichen und die Einheits-Nokkenschaltwerk-Steuerung eingebaut.
Mit wenigen Ausnahmen war die E 44 001 in ihrer gesamten Betriebszeit zwischen München und Garmisch-Partenkirchen sowie auf der Mittenwald- und Außenfernerbahn nach Grießen und Reutte in Tirol eingesetzt, bis 1956 in München und anschließend beim Bw Garmisch-Partenkirchen beheimatet. Sie wurde im Mai 1978 abgestellt, wird als Museumslokomotive erhalten und befindet sich als Leihgabe im DDM in Neuenmarkt-Wirsberg.

Foto: Siemens-Museum

E 44

Neubau DRG (ab 1968: DB 144)
Bo'Bo'
~15 kV, 16 2/3 Hz
Einsatzzeitraum 1933 bis 1984

Die ersten der aus den Versuchsmaschinen E 44 001, E 44 101 und E 44 2001 entwickelten Serienmaschinen nahm die DRG im Jahre 1933 bei den Bahnbetriebswerken Stuttgart und München Hbf als E 44 002 bis E 44 021 in Betrieb. Die E 44 wurde als Einheitstyp für den Personen- und Güterzugdienst auf allen elektrifizierten Strecken beschafft und infolge ihrer vielseitigen Verwendbarkeit als „Mädchen für alles“ bezeichnet. Sie erhielt Tatzlagerantrieb und für die Reglung der Motorspannung eine handbetätigte Nockenschaltwerksteuerung mit Feinsteller, Zusatztransformator und 15 Fahrstufen. Bis zum August 1943 wurden 149 Maschinen in Dienst gestellt. Weitere folgten als E 44^{w} mit einer elektrischen Bremse. Die Verwendung von Ersatzwerkstoffen für Buntmetall sicherte den Weiterbau der E 44 während des Krieges als Kriegselektrolokomotive 1 (KEL 1). Zum Kriegsende verblieben in Süddeutschland 92 Maschinen; von ihnen waren 59 einsatzfähig. Drei Maschinen waren infolge von Bombenschäden bereits ausgemustert. Von den Schadlokomotiven wurden vier ausgemustert und die restlichen nach Instandsetzung wieder in Betrieb genommen. Damit verfügte die DB ab 1952 wieder über 92 einsatzfähige E 44, ab 1968 als 144 bezeichnet. Sie waren bis zu ihrer Außerdienststellung 1984 ausschließlich auf süddeutschen Strecken im Einsatz.

144 088, Foto: Spillner

E 44 (DR 244)
Zulässige Geschwindigkeit: 90 km/h
Treibraddurchmesser: 1 250 mm
Stundenleistung (b. Geschwindigkeit): 2 200 (76,0) kW (km/h)
Anfahrzugkraft: 196 kN
Dienstmasse: 78,0 t
LüP: 15 290 mm

E 44

Neubau DRG (ab 1970: DR 244)
Bo'Bo'
≃15 kV, $16\,^2/_3$ Hz
Einsatzzeitraum 1933 bis 1991

Von der Personen- und Güterzuglokomotive mit vier durch Tatzlagermotoren angetriebenen Radsätzen stellte die DRG zwischen 1933 und August 1943 149 Serienmaschinen als E 44 002 bis E 44 151 in Dienst. Mitteldeutsche und schlesische Bw erhielten die ersten Maschinen im Sommer 1936. Zum Kriegsende befanden sich in Mitteldeutschland 50 E 44. Von ihnen waren 17 beschädigt, davon sechs so schwer, daß sie 1945/46 ausgemustert wurden. Im Raw Dessau befanden sich die süddeutschen E 44 151 zur Reparatur und die E 44 178^{w} zur Abnahme. Aus Schlesien trafen über die ČSR im Oktober 1945 die E 44 047 und E 44 127 beim Raw Dessau ein. Im September 1946 wurden aus Mitteldeutschland 45 Maschinen in die Sowjetunion abgefahren. Sie waren zwischen 1948 und 1951 im Raum Workuta (Nordpolarkreis) im schweren Versuchseinsatz. Im Jahre 1952 kamen zur DR 44 E 44 zurück, unter ihnen die 1945 aus Schlesien abgefahrenen E 44 044 und E 44 046. In der Sowjetunion verblieben die E 44 047, E 44 055 und E 44 106. Zwischen 1955 und 1961 nahm die DR 46 Maschinen wieder in Betrieb. Sie waren vorwiegend im Raum Leipzig, Halle (S) und Magdeburg im Reise- und Güterzugdienst, ab 1980 einige speziell im Rangierdienst, eingesetzt. Dazu wurden die ab 1970 als Baureihe 244 bezeichneten Lokomotiven auch in Erfurt, Weißenfels, Rostock, Schwerin und Wismar verwendet. Ihr Zugdienst endete 1989, der Rangierdienst 1991.

244 048, Foto: Bäzold

E 44 188 und E 44 189

Umbau DB (ab 1968: DB 144)
Bo'Bo'
≃15 kV, $16\,^2/_3$ Hz
Einsatzzeitraum 1963 bis 1983

Im Mai 1960 beendete die DB den 50-Hz-Betrieb auf der Höllental- und Dreiseenbahn. Von den dort verwendeten E 244 entsprachen die Fahrzeugteile der E 244 11 und E 244 22 – letztere entstand 1951 aus der kriegsbeschädigten E 44 005 mit einer Fahrzeuglänge von 15 290 mm – weitgehend einer E 44. Mit vorhandenen Großteilen der E 44 (Haupttransformator, Fahrmotoren und Steuerung) baute das AW München-Freimann die beiden Maschinen für 15 kV, $16\,^2/_3$ Hz um. Weitere Bauteile, wie Meß- und Hilfseinrichtungen, wurden von den Neubaufahrzeugen (E 10^1, E 40, E 41) verwendet. Die E 244 11 war am 20. November 1963 fertig und kam als E 44 188 zum Bw Freiburg (Breisgau). Die umgebaute E 244 22 folgte als E 44 189 am 17. August 1965. Die Kastenaufbauten erhielten zwei in Gummi gefaßte Stirnfrontfenster, seitliche Lüftungsgitter und die Schiebefenster der Neubauloks. Jedes Drehgestell wurde mit nur vier Sandkästen versehen. Schließlich erhielten die Maschinen Neubau-Stromabnehmer DBS 54 a mit Doppelwippe und Antrieb auf den weit vorgezogenen Dachverlängerungen. Als Signallaternen wurden kleine Lampen fest angebaut und das dritte Spitzenlicht an den oberen Vorbaukanten angeordnet. Im Sommer 1969 kam die E 44 188 nach Rosenheim, die E 44 189 nach Augsburg und im Herbst 1977 auch nach Rosenheim. Dort waren beide bis zum Herbst 1982 noch viel beschäftigt. Die 144 188 wurde ausgemustert, die 144 189 war in Stuttgart noch ein Jahr in Betrieb.

144 189, Foto: Claus

E 44^G
Zulässige Geschwindigkeit: 90 km/h
Treibraddurchmesser: 1 250 mm
Stundenleistung (b. Geschwindigkeit): 2 200 (76,0) kW (km/h)
Anfahrzugkraft: 196 kN
Dienstmasse: 78,0 t
LüP: 15 290 mm

E 44^W
Zulässige Geschwindigkeit: 90 km/h
Treibraddurchmesser: 1 250 mm
Stundenleistung (b. Geschwindigkeit): 2 200 (76,0) kW (km/h)
Anfahrzugkraft: 196 kN
Dienstmasse: 78,0 t
LüP: 15 290 mm

E 44^G

Umbau/Nachbau DB (ab 1968: DB 144)
Bo'Bo'
~15 kV, 16 $^2/_3$ Hz
Einsatzzeitraum 1952 bis 1984

Die DB rüstete die E 44 039, E 44 087, E 44 089 und E 44 147 bei der Instandsetzung ihrer Kriegsbeschädigungen mit einer motorisch betriebenen Nachlaufsteuerung, ähnlich der E 18, und versuchsweise mit einer direkten Wendezugsteuerung aus. Die Maschinen wurden im Sommer 1952 beim Bw München Hbf wieder in Betrieb genommen und im Vorortverkehr nach Dachau verwendet. Die Steuerwagen waren drei als ESG 01 bis ESG 03 bezeichnete umgebaute ES 85, die normalen Wagen ehemals preußische Abteilwagen. Aufbauend auf den guten Versuchsergebnissen wurde eine Einheits-Wendezug-Steuerung entwickelt, mit der 1954 die E 44 086, E 44 089, E 44 090, E 44 094 und E 44 096 ausgerüstet wurden. Die im Frühjahr 1955 in Dienst gestellten Nachbaumaschinen E 44 184 bis E 44 187 erhielten die Wendezugsteuerung ebenfalls. Der Münchner Wendezugbetrieb wurde bis Freising, Tutzing und Herrsching erweitert. Die Wendezugloks bekamen zur Betriebsnummer ein hochgestelltes G (G = geschobener Zug). Die E 44 039^G, E 44 087^G und E 44 147^G wurden 1957/58 wieder in normale E 44 umgebaut. Ab 1957 befanden sich die E 44^G in Freilassing und München Ost. Im Sommer 1962 kamen die ersten von ihnen nach Rosenheim, wo sie sich ab Sommer 1973 alle befanden. Sie fuhren bis zum Herbst 1979 weiterhin Wendezüge im Raum München sowie bis zum September 1982 zwischen Traunstein und Ruhpolding.

E 44 090^G, Foto: Claus

E 44^W

Neubau DRG (ab 1960: DB E 44^11, ab 1968: DB 145)
Bo'Bo'
~15 kV, 16 $^2/_3$ Hz
Einsatzzeitraum 1943 bis 1983

Für die elektrifizierten Gebirgsstrecken in Österreich beschaffte die DRG mit einer elektrischen Widerstandsbremse (370 kW) ausgerüstete E 44. Von den geplanten E 44 152 bis E 44 191 wurden im Mai 1943 als erste die E 44 152 und E 44 153 in Freilassing in Betrieb genommen. Ihrer Betriebsnummer wurde ein hochgestelltes W zugefügt. Bis zum Kriegsende wurden in Freilassing zehn, in Augsburg fünf und in München neun E 44^W in Dienst gestellt. Die beschädigte E 44 173^W wurde im November 1945 ausgemustert. Die E 44 176^W und E 44 177^W wurden bis Anfang 1946 und die bei den Herstellern bereits angearbeiteten E 44 179^W bis E 44 183^W zwischen 1947 und 1951 in Betrieb genommen. Die E 44 178^W befand sich 1945 im Raw Dessau. Die DR betrieb sie ohne elektrische Bremse vom September 1960 bis zum Oktober 1973.
Die DB hatte erst nach der Umstellung der Höllentalbahn auf 15 kV, 16 $^2/_3$ Hz im Sommer 1960 ein geeignetes Einsatzgebiet für die E 44^W. Sie setzte beim Bw Freiburg (Breisgau) 16 Maschinen ein, die wegen der Benutzung der elektrischen Bremse als E 44^11 und ab 1968 als 145 bezeichnet wurden. In den 70er Jahren wurden die 145 in Freiburg durch die 139 abgelöst, und sie kamen in bayerische Bws, als letzte im November 1979 die 145 155. Sie fuhren bis zu ihrer Außerdienststellung vorrangig Abstell- und Leerzüge im Raum München.

145 155, Foto: Spillner

144 504, Foto: Spillner

E 44 101 bis E 44 105
Zulässige Geschwindigkeit: 80 km/h
Treibraddurchmesser: 1 250 mm
Stundenleistung (b. Geschwindigkeit):
1 600 (71,0) kW (km/h)
Anfahrzugkraft: 235 kN[1]
Dienstmasse: 79,2 t
LüP: 13 150 mm
[1] **E 44 501: 216**

E 44 101 bis E 44 105

Neubau DRG (ab 1938: DRG E 44^5, ab 1968: DB 144.5)
Bo'Bo'
~15 kV, $16^2/_3$ Hz
Einsatzzeitraum 1932 bis 1983

Eine von der BMAG (Fahrzeugteil) und den MSW (Elektroteil) gebaute Weiterentwicklung der E 75 ohne Laufradsätze nahm die DRG im April 1931 auf den schlesischen Gebirgsstrecken in den Erprobungsbetrieb. Die buchmäßig als E 44 90 bezeichnete Maschine kam einen Monat später zur RBD München und auf die kurven- und steigungsreiche Strecke Freilassing–Berchtesgaden. Sie entsprach allen Betriebsanforderungen der Bergstrecken, bis auf die elektrische Bremse. Aus der MSW-Nockenschaltwerk-Steuerung mit Feinsteller und Zusatztransformator entstand die spätere Einheitssteuerung der DRG.
Gegenüber den E 36 und E 36^2 konnte mit der neuen Maschine die Zugmasse auf der 40-‰-Rampe zwischen Bad Reichenhall und Hallthurm von 90 auf 220 t bei 50 statt 30 km/h erhöht werden. Vor der Übernahme durch die DRG im Juli 1932 wurde die elektrische Bremse ausgebaut. Die als E 44 101 bezeichnete Lokomotive blieb beim Bw Freilassing, und für die Ablösung der E 36 und E 36^2 beschaffte die DRG vier Serienlokomotiven, deren elektrische Ausrüstung die AEG für die liquidierte MSW übernahm. Die Maschinen wurden im Frühjahr 1933 als E 44 102 bis E 44 105 in Freilassing in Betrieb genommen. Auf der Berchtesgadener Strecke verblieben die seit 1938 als E 44 501 bis E 44 505 bezeichneten Maschinen die längste Zeit ihres Betriebseinsatzes, zeitweise in München Ost (1943/44) und Garmisch-Partenkirchen (1946/50).

144 508, Foto: Spillner

E 44 106 bis E 44 109
Zulässige Geschwindigkeit: 80/90 km/h[1]
Treibraddurchmesser: 1 250/1 250 mm
Stundenleistung (b. Geschwindigkeit):
2 200 (63,5/68,0) kW (km/h)
Anfahrzugkraft: 259/235 kN
Dienstmasse: 79,6/79,1 t
LüP: 14 300/14 300 mm
[1] **bis E 44 107/ab E 44 108**

E 44 106 bis E 44 109

Neubau DRG (ab 1938:DRG E 44^5 ab 1968: DB 144.5)
Bo'Bo'
~15 kV, $16^2/_3$ Hz
Einsatzzeitraum 1934 bis 1982

Für die Ablösung der E 36 und E 36^2 auf der Strecke Freilassing–Berchtesgaden beschaffte die DRG von der AEG weitere vier Lokomotiven. Die geforderten Änderungen gegenüber den bisherigen fünf Maschinen führten zu einer Neukonstruktion und zur Verwendung leistungsfähigerer Fahrmotoren (EKB 725) und Haupttransformatoren. Die Drehgestelle erhielten einen größeren Achsstand, und auch die Fahrzeuglänge wurde vergrößert. Der Brückenrahmen hatte Außenträger mit Aussparungen, die zu einem charakteristischen Unterscheidungsmerkmal der Maschinen wurden. Ihre Laufeigenschaften waren so gut, daß die beiden letzten Maschinen für 90 km/h zugelassen wurden. Sie wurden zwischen Mai 1934 und Januar 1935 beim Bw Freilassing als E 44 106 bis E 44 109 in Dienst gestellt und ab 1938 als E 44 506 bis E 44 509 bezeichnet. Ihr Einsatzgebiet waren vorrangig die Strecke nach Berchtesgaden sowie gelegentliche Leistungen nach Salzburg. Vom September 1966 bis Mai 1968 gehörten sie zusammen mit den anderen E 44^5 zum Bw Rosenheim, wurden aber weiterhin von Freilassing aus eingesetzt. Anschließend waren sie bis zu ihrer Außerdienststellung wieder beim Bw Freilassing beheimatet. Sie wurden ab 1968 als 144 506 bis 144 509 bezeichnet.

E 44 201
Zulässige Geschwindigkeit: 90 km/h
Treibraddurchmesser: 1 250 mm
Stundenleistung (b. Geschwindigkeit): 2 200 (50,0) kW (km/h)
Anfahrzugkraft: 255 kN
Dienstmasse: 82,5 t
LüP: 13 500 mm

E 50 35
Zulässige Geschwindigkeit: 90 km/h
Treib- und Kuppelraddurchmesser: 1 250 mm
Laufraddurchmesser vorn/hinten: 1 000/1 000 mm
Stundenleistung (b. Geschwindigkeit): 2 200 (57,0) kW (km/h)
Anfahrzugkraft: 186 kN
Dienstmasse: 109,8 t
LüP: 14 400 mm

E 44 201

Neubau DRG (ab 1938: DRG E 44 2001)
Bo'Bo'
≈ 15 kV, 16 2/3 Hz
Einsatzzeitraum 1930 bis 1945

Als Weiterentwicklung ihrer E 75 bauten die BMAG (Fahrzeugteil) und die BEW (Elektroteil) zu Beginn der 30er Jahre ebenfalls eine laufachslose Elektrolokomotive. Sie wurde von der DRG im Dezember 1930 beim Bw Magdeburg-Rothensee offiziell in Dienst gestellt, buchungsmäßig als E 44 80 bezeichnet und im Personen- sowie vorrangig im Güterzugbetrieb erprobt. Im März 1931 kam sie zur RBD Breslau und beförderte auf den dortigen Gebirgsstrecken anstandslos Personen- und Güterzüge, letztere bis maximal 1 850 t. Mängel bei einigen Bauteilen und weitere kleinere Unzulänglichkeiten verhinderten eine Serienlieferung. Ab Januar 1932 gehörte die Maschine als E 44 201 zum Bw Hirschberg (Schles). Sie kam im Januar 1934 nach Freilassing und zum Einsatz auf der Strecke nach Berchtesgaden. Nach einem Ausflug von 1939 bis 1941 nach München kehrte die nunmehr als E 44 2001 bezeichnete Maschine nach Freilassing zurück. Ab 1942 befand sie sich nur noch im Rangierdienst. Im Oktober 1943 wurde sie mit einigen E 44^5 nach München Ost abgegeben, und dort war sie ebenfalls nur im Rangierdienst eingesetzt. Die zum Kriegsende beschädigt abgestellte Maschine wurde 1949 ausgemustert.

Foto: BMAG

E 49 00

pr. EP 209/210 und EP 211/212
2'B + B1'
≈ 15 kV, 16 2/3 Hz
Einsatzzeitraum 1922 bis 1929

Im Jahre 1912 bestellten die Preußisch-Hessischen Staatsbahnen für den schweren Reisezugdienst auf ihren schlesischen Strecken anfangs sieben, später 13 zweiteilige Lokomotiven bei den LHW (Fahrzeugteil) und den BEW (Elektroteil). Der Auftrag wurde infolge der guten Ergebnisse mit der EP 235 BRESLAU 1918 storniert und nur zwei angearbeitete Maschinen fertiggestellt. Die gekuppelten Radsätze jeder Lokomotivhälfte wurden von einem schnellaufenden Gestellmotor über eine Vorgelegeblindwelle und Scharnierkuppelstangen angetrieben. Die Regelung der Fahrmotorspannung entsprach der der EP 235 BRESLAU. Die 1922 und 1923 als EP 209/210 BRESLAU und EP 211/212 BRESLAU in Betrieb genommenen Maschinen konnten zwar das Zugförderprogramm der EP 235 BRESLAU erfüllen, hatten jedoch wesentlich schlechtere Laufeigenschaften als die Einrahmenmaschine, und ihr großer Kuppelraddurchmesser bereitete Anfahrschwierigkeiten. Die EP 209/210 BRESLAU schied demzufolge bereits 1925 aus dem Betriebsbestand, die andere kam 1926 nach Magdeburg-Rothensee und erhielt die Bezeichnung E 49 00. Den Personenzugdienst auf den mitteldeutschen Flachlandstrecken bewältigte die E 49 00 offensichtlich besser. Nach einem Getriebe- und Motorschaden wurde jedoch auch sie 1929 abgestellt und ausgemustert.

EP 209/210, ab 1926: E 49 00, Foto: BEW

E 49 00
Zulässige Geschwindigkeit: 90 km/h
Treib- und Kuppelraddurchmesser: 1 700 mm
Laufraddurchmesser vorn/hinten:
1 100/1 150 mm
Stundenleistung (b. Geschwindigkeit):
1 765 (55,0) kW (km/h)
Anfahrzugkraft: 137 kN
Dienstmasse: 113,0 t
LüP: 16 493 mm

E 50³
Zulässige Geschwindigkeit: 90 km/h
Treib- und Kuppelraddurchmesser: 1 250 mm
Laufraddurchmesser vorn/hinten:
1 000/1 000 mm
Stundenleistung (b. Geschwindigkeit):
2 400 (58,0) kW (km/h)
Anfahrzugkraft: 235 kN
Dienstmasse: 108,6 t
LüP: 14 800 mm

E 50 35

pr. EP 235
2'D1'
∼15 kV, $16\,^2/_3$ Hz
Einsatzzeitraum 1917 bis 1927

Für den schweren Reisezugdienst auf den schlesischen Gebirgsstrecken nahmen die Preußisch-Hessischen Staatsbahnen eine von den LHW (Fahrzeugteil) und den BEW (Elektroteil) gebaute Lokomotive als EP 235 BRESLAU im Jahre 1917 in Betrieb. Sie hatte einen großen Gestellmotor, der über Parallelkurbelbetrieb mit entgegengesetzt geneigten Treibstangen über zwei Blindwellen die vier Kuppelradsätze antrieb. Die Maschine hatte wider Erwarten gute Laufeigenschaften, und die befürchteten Schüttelschwingungen traten nicht auf. Mit 3 600 mm Ständerdurchmesser und 25,5 t Masse war der Fahrmotor der größte Wechselstrom-Bahnmotor der Welt. Seine Betriebsspannung wurde mittels elektropneumatischer Schützensteuerung in 11 Fahrstufen geregelt. Ab der 11. Fahrstufe konnten durch Bürstenverstellung Leistung und Zugkraft des Motors erhöht werden. Die Maschine bewährte sich im Einsatz auf den schlesischen Strecken so gut, daß die Preußisch-Hessischen Staatsbahnen 1918 die bestellten zweiteiligen Maschinen (spätere E 49) stornierten und 11 Einrahmenlokomotiven in Auftrag gaben. Die DRG übernahm die EP 235 BRESLAU, und sie kam 1926 zum Bw Magdeburg-Rothensee. Dort wurde die Maschine wahrscheinlich nicht mehr im Zugdienst verwendet. Die Betriebsnummer E 50 35 hatte sie nur buchungsmäßig. Der nach ihrer Ausmusterung museal erhaltene Fahrmotor befand sich 1992 in einem desolaten Zustand bei einer Berliner Spedition.

Foto: BEW

E 50³

Neubau DRG
2'D1'
∼15 kV, $16\,^2/_3$ Hz
Einsatzzeitraum 1923 bis 1946

Nach den guten Ergebnissen mit der EP 235 BRESLAU gaben 1918 die Preußisch-Hessischen Staatsbahnen 11 Serienmaschinen gleicher Radsatzfolge in Auftrag. Die von den LHW (Fahrzeugteil) und den BEW (Elektroteil) gebauten Lokomotiven stellte die DRG 1923 bis 1925 noch als EP 236 BRESLAU bis EP 246 BRESLAU in Dienst. Ihre elektrische Ausrüstung war mit der der ES 57 HALLE identisch. Die EP 245 BRESLAU wurde 1924 in Seddin der Öffentlichkeit präsentiert, die EP 246 BRESLAU 1925 in München auf der Deutschen Verkehrsausstellung. Ab 1926 wurden sie als E 50 36 bis E 50 46 bezeichnet. Bis 1928 fuhren sie Schnell- und Personenzüge zwischen Breslau und Görlitz, danach vorrangig Personenzüge. Die Schnellzüge übernahmen die neuen E 17. Anfang der 30er Jahre reduzierte sich ihr Einsatzbedarf, und als 1936 die RBD Breslau E 44 bekam, wurden sechs E 50³ zur RBD Magdeburg abgegeben. Weitere vier folgten gegen Ende 1944. Die E 50 37 und E 50 43 gingen durch Kriegsereignisse verloren. Neun Maschinen wurden im September 1946 in die Sowjetunion abgefahren und kamen 1952/53 von dort zurück. Bis zu ihrer Zerlegung 1955/56 waren sie abgestellt. Von der E 50 42 befindet sich das mittlere Rahmenstück mit Fahrmotor und Antrieb im Verkehrsmuseum Dresden.

E 50 37, Foto: Slg. Bäzold

151
Zulässige Geschwindigkeit: 120 km/h
Treibraddurchmesser: 1 250 mm
Stundenleistung (b. Geschwindigkeit):
6 300 (92,0) kW (km/h)
Anfahrzugkraft: 441 kN
Dienstmasse: 118,0 t
LüP: 19 490 mm

E 50^{4}
Zulässige Geschwindigkeit: 90 km/h
Treib- und Kuppelraddurchmesser: 1 250 mm
Laufraddurchmesser vorn/hinten:
1 000/1 000 mm
Stundenleistung (b. Geschwindigkeit):
1 900 (60,0) kW (km/h)
Anfahrzugkraft: 202 kN
Dienstmasse: 114,2 t
LüP: 15 200 mm

E 50
Zulässige Geschwindigkeit: 100 km/h
Treibraddurchmesser: 1 250 mm
Stundenleistung (b. Geschwindigkeit):
4 500 (79,0) kW (km/h)
Anfahrzugkraft: 441 kN
Dienstmasse: 126,0 t[1)]
LüP: 19 490 mm
1) ab 150 026 bei Lieferung und 150 025 ab 1989: 128,0

E 50^{4}

Neubau DRG
2′D1′
≃15 kV, 16$^{2}/_{3}$ Hz
Einsatzzeitraum 1923 bis 1946

Die BMAG (Fahrzeugteil) und die MSW (Elektroteil) bauten für die schlesischen Gebirgsstrecken sechs schwere Reisezuglokomotiven, die von der DRG 1923 und 1924 als EP 247 BRESLAU bis EP 252 BRESLAU in Dienst gestellt wurden. Im Jahre 1926 bekamen sie die Betriebsnummern E 50 47 bis E 50 52. Antrieb, Lauf- und Triebwerksanordnung waren analog den E 50^{3} ausgeführt. Die Fahrmotorspannung wurde durch eine Nockenschaltwerksteuerung mit Feinsteller in 15 Dauerfahrstufen geregelt. Den Reisezugdienst auf der Strecke Breslau–Görlitz bewältigten die Maschinen infolge ihrer geringeren Leistung und Zugkraft nicht so gut wie die E 50^{3}. Deshalb kam die E 50 50 bereits 1926 zum Bw Magdeburg-Rothensee und auf die mitteldeutschen Flachlandstrecken. Nach Indienststellung der neuen E 17 folgten 1929 die restlichen fünf E 50^{4}. Dort wurden sie den Betriebsanforderungen besser gerecht, jedoch bereitete der geringe Kuppelraddurchmesser Probleme, weil die Züge längere Zeit mit der zulässigen Höchstgeschwindigkeit gefahren werden mußten. Zu Beginn der 30er Jahre kamen die Maschinen daraufhin zunehmend in den Güterzugdienst. Das Kriegsende überstanden vier Maschinen. Sie wurden im September 1946 in die Sowjetunion abgefahren, kamen im Herbst 1952 zurück und waren bis zu ihrer Zerlegung 1955/56 abgestellt.

E 50 48, Foto: Slg. Bäzold

E 50

Neubau DB (ab 1968: DB 150)
Co′Co′
≃15 kV, 16$^{2}/_{3}$ Hz
Einsatzzeitraum 1957 bis heute

Als Nachfolger der E 94 beschaffte die DB für den schweren Güterzugdienst eine neue Maschine mit sechs angetriebenen Radsätzen. Den Fahrzeugteil fertigte Krupp, den Elektroteil lieferte die AEG. Im Januar 1957 wurden die als E 50 001 und E 50 002 bezeichneten ersten beiden Maschinen in Betrieb genommen. Bis zur E 50 025 erhielten sie Tatzlagerantrieb, die restlichen bekamen den Siemens-Gummiringfeder-Antrieb. Bis 1970 stellte die DB insgesamt 194 der neuen Lokomotiven in Dienst, die letzten 55 bereits als 150 140 bis 150 194. Die Fahrmotorspannung wird durch ein Hochspannungsschaltwerk mit drei separaten Lastschaltern in 28 Fahrstufen geregelt. Die elektrische Widerstandsbremse hat eine Dauerleistung von 1 200 kW. Anfangs waren die E 50/150 in Würzburg, Kornwestheim, Bebra und Hagen-Eckesey stationiert, ab 1984 nur noch in Hagen, Stuttgart, Nürnberg und bis 1989 in Bebra. Sie werden vorwiegend im schweren Güterzugdienst verwendet, fahren aber gelegentlich auch Reisezüge und sind im Schiebedienst auf Rampenstrekken zu finden. Für das Fahren von Reisezügen wurden sie teilweise mit Hauptluftbehälterleitungen ausgerüstet, damit die Türschließeinrichtungen der Wagen zentral betätigt werden können. Bis auf die nach einem Unfall 1987 ausgemusterte 150 069 sind die Maschinen noch in Betrieb.

150 012, Foto: Spillner

E 52
Zulässige Geschwindigkeit: 90 km/h
Treib- und Kuppelraddurchmesser: 1 400 mm
Laufraddurchmesser vorn/hinten: 850/850
Stundenleistung (b. Geschwindigkeit):
2 200 (62,5) kW (km/h)
Anfahrzugkraft: 196 kN
Dienstmasse: 140,0 t
LüP: 17 210 mm

151

Neubau DB
Co'Co'
~15 kV, 16 2/3 Hz
Einsatzzeitraum 1972 bis heute

Weitere Elektrolokomotiven für den schweren Güterzugdienst mit größerer Höchstgeschwindigkeit beschaffte die DB ab 1972 als Baureihe 151. Von den 170 Maschinen wurde die 151 001 als erste im November 1972 in Betrieb genommen. Auf die Beschaffung einer modifizierten E 50/150 war zugunsten einer neuen, leistungsfähigeren Maschine verzichtet worden. Die 151 erhielten den leistungsfähigeren Fahrmotor der 110.1/140, eine auf 3 260 kW Dauerleistung verstärkte elektrische Widerstandsbremse und einen leistungsfähigeren Haupttransformator. Beibehalten wurden das Hochspannungsschaltwerk mit 28 Fahrstufen für die Reglung der Fahrmotorspannung und der Siemens-Gummiringfeder-Antrieb.
Die 151 werden zusammen mit den 150 vorwiegend im schweren Güterzugdienst verwendet. Sie fahren aber auch Reisezüge auf Rampenstrecken, beispielsweise die Nürnberger Maschinen auf der Frankenwaldbahn bis Probstzella. Auch Nachschiebedienst gehört zu ihren Leistungen, u. a. im Spessart zwischen Laufach und Heigenbrücken. Für einen freizügigeren Einsatz der Maschinen auf den elektrifizierten Strecken werden die 151 001 bis 151 085 für Linien-Zugbeeinflussung (LZB 80) ausgerüstet und alle beim Bw Nürnberg 2 beheimatet. Die restlichen gehören zum Bw Hagen 1.

151 111, Foto: Bäzold

E 52

Neubau DRG (ab 1968: DB 152)
2'BB2'
~15 kV, 16 2/3 Hz
Einsatzzeitraum 1924 bis 1972

Für den schweren Reisezugdienst auf den elektrifizierten bayerischen Strecken beschaffte die DRG 35 Personenzuglokomotiven von Maffei (Fahrzeugteil) und der aus AEG und SSW bestehenden Liefergemeinschaft WASSEG (Elektroteil). Sie wurden zwischen 1924 und 1926 in München und Garmisch als EP 5 21501 bis 21535 in Betrieb genommen. Ab August 1926 wurden sie als E 52 01 bis E 52 35 bezeichnet und waren auf den von München ausgehenden Strecken eingesetzt. Von den E 17 und später von den E 18 aus dem Schnellzugdienst verdrängt, fuhren sie ab Mitte der 30er Jahre Personen- und Güterzüge. Das Kriegsende 1945 überstanden 29 Maschinen, die in den 50er Jahren in Stuttgart, Nürnberg und Pressig-Rothenkirchen beheimatet waren. Die fränkischen E 52 kamen im Schiebedienst auf der Frankenwaldbahn bis nach Probstzella. Ab Herbst 1966 waren die E 52 dann größtenteils in Kaiserslauern und Frankfurt (Main). Die ab 1968 als Baureihe 152 bezeichneten Maschinen blieben bis zu ihrer Ausmusterung dort. Ein Teil von ihnen wurde danach noch stationär als Transformatorstation verwendet. Mit 17 210 mm waren sie die längsten und mit 140 t auch die schwersten deutschen Einrahmen-Elloks. Die 152 034 wird in annähernd Ursprungszustand als EP 5 21534 erhalten und befindet sich seit 1985 im Verkehrsmuseum in Nürnberg.

E 52 33, Foto: Slg. Bäzold

250 001 bis 250 003
Zulässige Geschwindigkeit: 120 km/h[1])
Treibraddurchmesser: 1 250 mm
Stundenleistung (b. Geschwindigkeit): 5 400 (102,0) kW (km/h)
Anfahrzugkraft: 380 kN
Dienstmasse: 123,0 t
LüP: 19 600 mm
1) 250 002 von 1979 bis 1987: 160

252
Zulässige Geschwindigkeit: 120 km/h
Treibraddurchmesser: 1 250 mm
Stundenleistung (b. Geschwindigkeit): 5 880 (98,0) kW (km/h)
Anfahrzugkraft: 338/361 kN[1])
Dienstmasse: 117,0/120,0 t[2])
LüP: 19 500 mm
1) ohne/mit Radsatzbelastungseinrichtung
2) mit/ohne statischem Umrichter

250 001 bis 250 003

Neubau DR (ab 1992: DR 155 001 und 155 003)
Co'Co'
~15 kV, $16^2/_3$ Hz
Einsatzzeitraum 1974 bis heute

Nachdem die DR nach 1963 nur Elektrolokomotiven mit vier angetriebenen Radsätzen in Dienst gestellt hatte, beschaffte sie als nächste Baureihe eine Co'Co'-Maschine. Die LEW lieferten drei Prototypen, die im Jahre 1974 als 250 001 bis 250 003 beim Bw Halle P in Betrieb genommen wurden. Umfangreiche Versuchs- und Erprobungseinsätze ergaben eine gute Betriebstauglichkeit und eine vielseitige Verwendbarkeit der neuen Maschinen, und es wurde eine größere Serienbeschaffung eingeleitet. Als Antrieb wurde erstmalig bei einer Ellok der DR ein elastischer Tatzlager-Hohlwellenantrieb mit Gummi-Kegelringfeder eingebaut. Die elektrische Widerstandsbremse hat eine Dauerleistung von 2 500 kW. Zur Regelung der Fahrmotorspannung dient ein Hochspannungsschaltwerk mit Stufenwähler und Thyristorsteller. Die 250 002 war von 1979 bis 1987 mit Radsatzgetrieben für 160 km/h ausgerüstet und wurde vorbereitend für Antriebe von Nachfolgebaureihen auch über diese Geschwindigkeit hinaus getestet. Die Maschine hatte 1988 einen Unfall, wurde ausgemustert und anschließend zerlegt. Die beiden anderen werden beim Bw Halle P im regulären Zugdienst und gelegentlich für Versuchsfahrten verwendet.

250 001, Foto: Bäzold

250

Neubau DR (ab 1992: DR 155)
Co'Co'
~15 kV, $16^2/_3$ Hz
Einsatzzeitraum 1977 bis heute

Nach den positiven Betriebsergebnissen mit den Prototypen 250 001 bis 250 003 beschaffte die DR zwischen 1977 und 1984 in mehreren Lieferserien insgesamt 270 Maschinen der Baureihe 250, hergestellt von den LEW. Ihr Fahrzeugteil ist gegenüber den Prototypen nur hinsichtlich der Anordnung des dritten Spitzenlichts unterhalb der etwas verkleinerten Stirnfrontfenster verändert. Abgesehen von einigen Verbesserungen bei den Hilfsbetrieben erfuhr auch die elektrische Ausrüstung keine wesentliche Veränderung. Die ersten Maschinen kamen nach Dresden, Reichenbach (Vogtl), Halle (S), Leipzig und Erfurt und wurden vorrangig im schweren Güterzugdienst auf dem sächsischen Dreieck sowie für Kohlezüge in den Relationen Erfurt–Dresden und Magdeburg–Dresden/Erfurt verwendet. Mit der Ausdehnung des elektrischen Betriebs kamen die 250 in den 80er Jahren auch in nördlichere Bahnbetriebswerke der DR und waren auf allen elektrifizierten Strecken im Reise- und Güterzugdienst anzutreffen. Zur Kohleabfuhr aus dem Raum Senftenberg und von Erdölprodukten aus Schwedt konzentrierte die DR die 250 nach Indienststellung der neuen 243 in südlichen Bw, und es kamen Beheimatungen in Elsterwerda, Riesa, Chemnitz, Falkenberg (Elster), Hoyerswerda, Cottbus und Senftenberg hinzu. Die 250 106 schied nach einem Unfall aus dem Betriebsbestand aus. Seit 1992 werden die Maschinen als 155 004 bis 155 105 und 155 107 bis 155 273 bezeichnet.

250 044, Foto: Bäzold

250
Zulässige Geschwindigkeit: 120 km/h
Treibraddurchmesser: 1 250 mm
Stundenleistung (b. Geschwindigkeit): 5 400 (102,0) kW (km/h)
Anfahrzugkraft: 380 kN
Dienstmasse: 123,0 t
LüP: 19 600 mm

E 60
Zulässige Geschwindigkeit: 55 km/h
Treib- und Kuppelraddurchmesser: 1 250 mm
Laufraddurchmesser vorn/hinten: 850/– mm
Stundenleistung (b. Geschwindigkeit): 1 074 (38,0) kW (km/h)
Anfahrzugkraft: 150 kN
Dienstmasse: 72,5 t
LüP: 11 100 mm

252

Neubau DR (ab 1992: DR 156)
Co'Co'
≂15 kV, 16 2/3 Hz
Einsatzzeitraum 1991 bis heute

Gegen Ende der 80er Jahre reiften bei der DR die Pläne für eine aus den bewährten Baureihen 250 und 243 entwickelte leistungsfähigere Elektrolokomotive mit sechs angetriebenen Radsätzen. Vorgesehen waren 350 Maschinen in drei Geschwindigkeitsvarianten (80, 125 und 160 km/h). Im Jahre 1988 schrumpfte das Vorhaben auf 160 Nachfolger der 250 zusammen, und die DR bestellte bei den LEW vier Prototypen, die im Frühjahr 1991 geliefert und als 252 001 bis 252 004 in Dienst gestellt wurden. Der elastische Radsatzantrieb und die Fahrmotoren sind von den 250/243 übernommen worden, jedoch mit einer auf 980 kW Stundenleistung verbesserten Motorausführung. Die Fahr- und Bremssteuerung entspricht der der 243 mit einem verbesserten Thyristorsteller. Die elektrische Widerstandsbremse hat eine Dauerleistung von 3 000 kW. Die 252 001 und 252 002 erhielten als Übertragungssteuerung die LSL-Steuerelektronik der 243, die anderen zwei eine SIBAS 16-Mikroprozessor-Steuerung von Siemens. Die Drehstrom-Hilfsbetriebe versorgt bei der 252 001 ein rotierender Umformer, bei den anderen ein statischer Umrichter (HBU). Nach einigen Erprobungseinsätzen befinden sich die Maschinen beim Bw Dresden im Zugdienst. Seit 1992 werden sie als 156 001 bis 156 004 bezeichnet. Eine Serienbeschaffung ist vorerst nicht zu erwarten.

252 001, Foto: Weisbrod

E 60

Neubau DRG (ab 1968: DB 160)
1'C
≂15 kV, 16 2/3 Hz
Einsatzzeitraum 1927 bis 1983

Für den Rangierdienst auf den elektrifizierten süddeutschen Bahnhöfen beschaffte die DRG zwischen 1927 und 1934 insgesamt 14 Rangierlokomotiven, die als E 60 01 bis E 60 14 in Dienst gestellt wurden. Neben dem Rangierdienst fuhren sie gelegentlich auch Nahgüterzüge und Überführungen. Ihre robuste Ausführung, die auf Verwendung von Bauteilen und Ausrüstungen der E 52 und E 91 zurückzuführen war, verschaffte den Maschinen eine lange Lebensdauer. Nach dem Kriegsende 1945 kamen sechs in Österreich verbliebene E 60 zur DB zurück. Bei einer Generalreparatur 1958/59 bekamen die Maschinen u. a. Rangierübergänge an den Fahrzeugenden und in Gummi gefaßte Fenster. In den 70er Jahren befanden sie sich in Heidelberg, Freilassing, Garmisch-Partenkirchen, Ingolstadt und Rosenheim. Sie wurden ab 1968 als 160 001 bis 160 014 bezeichnet. Die 160 003, 160 009 und 160 012 waren zu Beginn der 80er Jahre in Heidelberg noch im Einsatz. Drei Maschinen, die E 60 10, E 60 09 und E 60 12, werden der Nachwelt erhalten.

E 60 09, Foto: Slg. Bäzold

E 61
Zulässige Geschwindigkeit: 60 km/h
Treib- und Kuppelraddurchmesser: 1 050 mm
Laufraddurchmesser vorn/hinten: 850/850 mm
Stundenleistung (b. Geschwindigkeit): 750 (50,0) kW (km/h)
Anfahrzugkraft: 86 kN
Dienstmasse: 71,1 t[1)]
LüP: 12 400 mm
[1)] E 61 14: 73,8

E 61

bad. A^2
1′C1′
~ 15 kV, 16 $^2/_3$ Hz
Einsatzzeitraum 1912 bis 1933

Die wenig zufriedenstellenden Ergebnisse mit der Probelokomotive A^1 veranlaßten die Badische Staatsbahn sowie die Hersteller Maffei (Fahrzeugteil) und SSW (Elektroteil), die Serienmaschinen verändert auszuführen. Sie erhielten einen Kastenaufbau mit zwei Endführerständen, und die beiden Fahrmotoren wurden etwa in Fahrzeugmitte angeordnet. Sie trieben über Parallelkurbeltrieb und schräge Treibstangen bei acht Maschinen über eine und bei einer Maschine über zwei Blindwellen die drei Kuppelradsätze an. Der Kuppelraddurchmesser und die Höchstgeschwindigkeit wurden reduziert. Die Reglung der Fahrmotorspannung erfolgte stufenlos durch einen handbetätigten Drehtransformator.
Die Maschinen wurden 1912 und 1913 als A^2 Nr. 1 bis Nr. 9 in Betrieb genommen. Ihre ersten Probefahrten fanden zwischen Lörrach und Schopfheim statt, weil der Rest der Strecke noch nicht fertiggestellt war. Die DRG übernahm alle Maschinen und bezeichnete sie als E 61 01 bis E 61 03, E 61 05 bis E 61 09 und die mit dem abweichenden Antrieb als E 61 14. Der Fahrzeuglauf der E 61 war zwar besser als bei der Probemaschine A^1, es traten aber ebenfalls Schüttelschwingungen auf, besonders bei der E 61 14. In den 30er Jahren wurden sie durch E 70 und später durch E 71^1 abgelöst und ausgemustert.

E 61 09, Foto: Slg. Bäzold

E 61^2
Zulässige Geschwindigkeit: 70 km/h
Treib- und Kuppelraddurchmesser: 1 480 mm
Laufraddurchmesser vorn/hinten: 990/990 mm
Stundenleistung (b. Geschwindigkeit): 660 (50,0) kW (km/h)
Anfahrzugkraft: 93 kN
Dienstmasse: 70,0 t
LüP: 11 960 mm

E 61^2

bad. A^3
1′C1′
~ 15 kV, 16 $^2/_3$ Hz
Einsatzzeitraum 1913 bis 1930

Für den Eil- und Personenzugdienst auf der Wiesen- und Wehratalbahn stellte die Badische Staatsbahn 1913 zwei von MBGK (Fahrzeugteil) und BBC (Elektroteil) gebaute Elektrolokomotiven als A^3 Nr. 1 und 2 in Dienst. Die in Basel beheimateten Maschinen waren ausschließlich auf den Strecken Basel–Zell und Schopfheim–Säckingen eingesetzt. Zwei in Fahrzeugmitte angeordnete Gestellmotoren trieben mittels Parallelkurbeltrieb und zueinander geneigten Treibstangen den mittleren der drei Kuppelradsätze direkt an. Zum Ausgleich des ungleichen Federspiels der Kuppelradsätze wurden Schlitzkuppelstangen verwendet. Mittels Bürstenverstellung konnte die Fahrmotorspannung stufenlos geregelt werden. Die Lokomotiven wurden den Betriebsanforderungen nicht voll gerecht. Die DRG übernahm beide Maschinen und bezeichnete sie als E 61 21 und E 61 22. Sie wurden noch vor den E 61 außer Dienst gestellt.

E 61 21, Foto: Slg. Bäzold

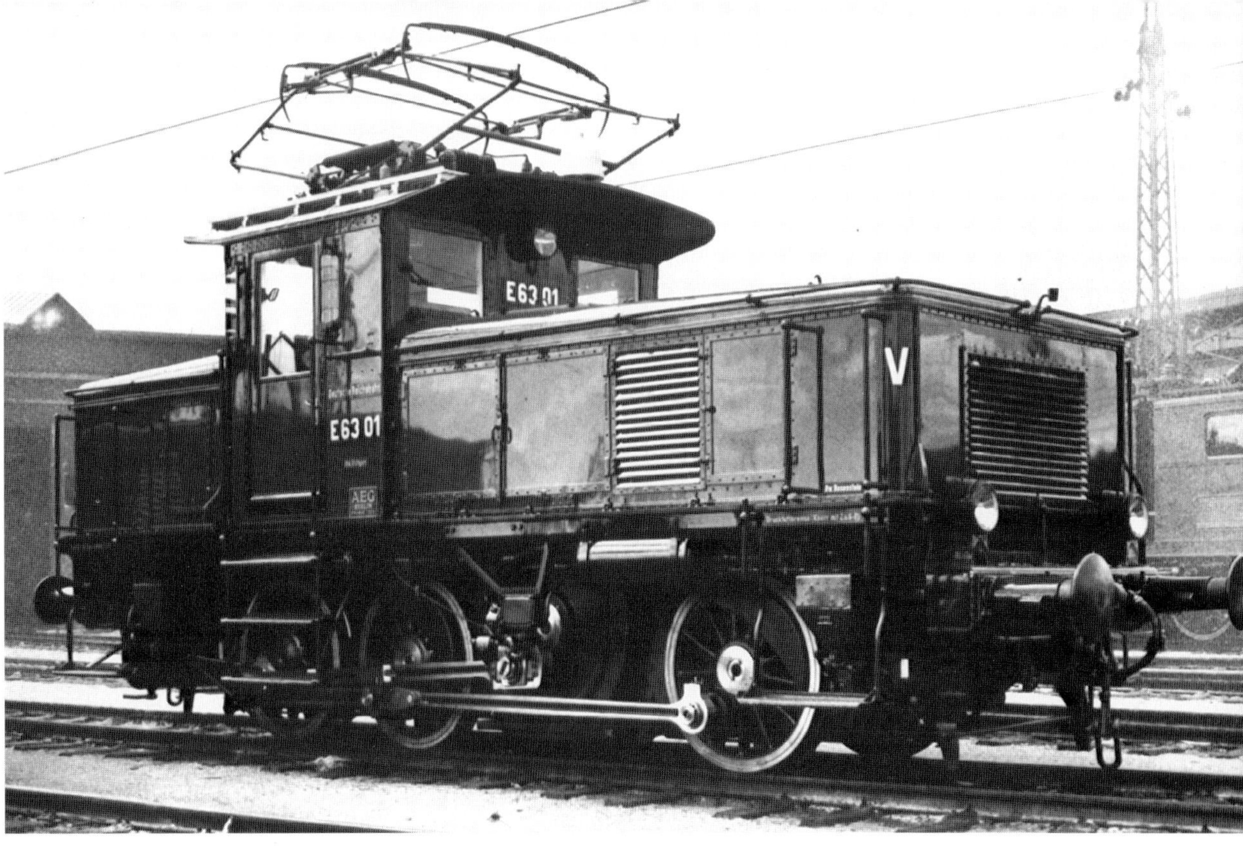

E 62
Zulässige Geschwindigkeit: 45 km/h
Treib- und Kuppelraddurchmesser: 1 050 mm
Laufraddurchmesser vorn/hinten:
850/850 mm
Stundenleistung (b. Geschwindigkeit):
710 (40,0) kW (km/h)
Anfahrzugkraft: 131 kN
Dienstmasse: 72,5 t
LüP: 12 400 mm

E 63 01 bis E 63 04, E 63 08
Zulässige Geschwindigkeit: 45 km/h
Treibraddurchmesser: 1 250 mm
Stundenleistung (b. Geschwindigkeit):
725 (35,0) kW (km/h)
Anfahrzugkraft: 167 kN
Dienstmasse: 53,1 t
LüP: 10 200 mm

E 62

bay. EP 1
1'C1'
~ 15 kV, 16 2/3 Hz
Einsatzzeitraum 1913 bis 1955

Für den elektrischen Betrieb auf der Mittenwaldbahn beschaffte die Bayerische Staatsbahn von Maffei (Fahrzeugteil) und den SSW (Elektroteil) fünf Elektrolokomotiven. Nach den nicht ganz zufriedenstellenden Ergebnissen mit den badischen A² wurde bei weitgehend gleichem Fahrzeugaufbau der Antrieb mit nur einem großen Gestellmotor und Parallelkurbeltrieb mit schrägen Treibstangen und einer Blindwelle ausgeführt. Dadurch hat sich wahrscheinlich ihre Fertigstellung verzögert, denn sie konnten 1913, erst nach der Streckeneröffnung, in Garmisch als EP 3/5, später EP 1 20001 bis 20005 in Betrieb genommen werden.
Die DRG übernahm alle Maschinen und bezeichnete sie als E 62 01 bis E 62 05. Sie waren ständig in Garmisch-Partenkirchen beheimatet und vorwiegend auf der Strecke nach Mittenwald–Reutte/Griesen eingesetzt. Die 20001 eröffnete 1914 den elektrischen Betrieb zwischen Freilassing und Berchtesgaden. Nach dem zweiten Weltkrieg kamen noch drei Maschinen zu DB, von denen die E 62 01 als letzte ausgemustert wurde.

E 62 05, Foto: Slg. Bäzold

E 63 01 bis E 63 04, E 63 08

Neubau DRG (ab 1968: DB 163)
C
~ 15 kV, 16 2/3 Hz
Einsatzzeitraum 1935 bis 1978

Für den Rangierbetrieb auf den elektrifizierten süddeutschen Bahnhöfen beschaffte die DRG von der AEG anfangs vier, später fünf Rangierlokomotiven ohne Laufradsätze. Sie wurden 1935 als E 63 01 bis E 63 04 und die 1940 nachbestellte als E 63 08 in Betrieb genommen. Die drei gekuppelten Radsätze trieb ein E 18-Fahrmotor über Vorgelegeblindwelle und Winterthur-Schrägstangentrieb an. Die Motorspannung wurde mittels motorbetriebener Nockenschaltwerk-Steuerung in 14 Dauerfahrstufen geregelt. Die E 63 01 und E 63 02 wurden in Stuttgart, die anderen in München eingesetzt. Von letzteren befanden sich die E 63 04 und E 63 08 zeitweise auch in Garmisch-Partenkirchen. Die E 63 03 kam 1943 auch nach Stuttgart.
Nach Kriegende erhielt die DB die in Österreich verbliebenen E 63 04 und E 63 08, und alle kriegbeschädigten Maschinen wurden instandgesetzt. Von Ende der 50er Jahre an befanden sich alle fünf Maschinen in Stuttgart. Bei einer Generalreparatur 1960/61 wurden die Fenster in Gummi gefaßt, ein drittes Stirnfrontfenster und zusätzliche Seitenfenster eingebaut sowie an den Fahrzeugenden Rangierübergänge angebaut. Die ab 1968 als Baureihe 163 bezeichneten Maschinen blieben bis zu ihrer Außerdienststellung in Garmisch-Partenkirchen (163 002), die restlichen in Stuttgart.

E 63 01, Foto: AEG

E 63 05 bis E 63 07
Zulässige Geschwindigkeit: 50 km/h
Treibraddurchmesser: 1 250 mm
Stundenleistung (b. Geschwindigkeit): 710 (34,7) kW (km/h)
Anfahrzugkraft: 118 kN
Dienstmasse: 51,4 t
LüP: 10 200 mm

E 69 04
Zulässige Geschwindigkeit: 50/50[1] km/h
Treibraddurchmesser: 1 000/1 000 mm
Stundenleistung (b. Geschwindigkeit): 268 (26,0)/352 (33,0) kW (km/h)
Anfahrzugkraft: 69/82 kN
Dienstmasse: 25,6/26,0 t
LüP: 7 750 mm
[1] bis/ab 1949

E 69 01
Zulässige Geschwindigkeit: 45/40 km/h[1]
Treibraddurchmesser: 1 000/1 000 mm
Stundenleistung (b. Geschwindigkeit): 145 (21,0)/206 (18,0) kW (km/h)
Anfahrzugkraft: 37/54 kN
Dienstmasse: 20,0/23,5 t
LüP: 7 500/7 500 mm
[1] vor/nach 1935

E 63 05 bis E 63 07

Neubau DRG (ab 1968: DB 163)
C
≙15 kV, 16 2/3 Hz
Einsatzzeitraum 1935 bis 1978

Die Firmen Krauss (Fahrzeugteil) und BBC (Elektroteil) bauten für die DRG drei Rangierlokomotiven ohne Laufradsätze, die 1935 und 1936 als E 63 05 bis E 63 07 beim Bw München Hbf in Betrieb genommen wurden. Sie waren den gleichzeitig gelieferten AEG-Lokomotiven ähnlich, hatten jedoch einen ihrer Ausrüstung angepaßten Kastenaufbau. Verwendet wurden Fahrmotoren der E 16. Die Motorspannung wurde durch ein mittels Drehmagneten betätigtes Nokkenschaltwerk mit 13 Dauerfahrstufen geregelt. Mit Kriegsschäden wurden 1943 die E 63 07 und 1945 die beiden anderen abgestellt, bis 1949 wieder instandgesetzt und beim Bw München Hbf in Betrieb genommen. Alle drei Maschinen erhielten 1955 Rangierfunk und anläßlich einer Generalreparatur 1959/60 Rangierübergänge an den Fahrzeugenden, in Gummi gefaßte Fenster sowie zusätzliche Fenster in den Stirn- und Seitenwänden des Führerstands. Von 1952 bis 1958 versah die E 63 07 Rangierdienst in Garmisch-Partenkirchen. Im Jahre 1959 kamen alle drei Maschinen von München nach Augsburg. Dort wurden die ab 1968 als 163 005 bis 163 007 bezeichneten Lokomotiven bis zu ihrer Außerdienststellung ebenfalls im Rangierdienst verwendet.

E 63 06, Foto: Slg. Bäzold

E 69 01

LAG 1
Bo
≙15 kV, 16 2/3 Hz
Einsatzzeitraum 1906 bis 1954

Im Februar 1906 stellte die Localbahn AG München für den Güterzugdienst auf ihrer elektrifizierten Strecke Murnau–Oberammergau eine von den SSW (Elektroteil) und der Katharinenhütte in Rohrbach (Pfalz) (Fahrzeugteil) gebaute Elektrolokomotive als LAG 1 in Dienst. Die mit dem Beinamen „Katharina“ versehene Maschine war die erste normalspurige deutsche Wechselstromlokomotive. Ihre beiden Radsätze wurden durch Tatzlagermotoren angetrieben und die Motorspannung durch eine handbetätigte elektromagnetische Schützensteuerung in sechs Dauerfahrstufen geregelt. Bis zum Jahre 1909 fuhr sie alle Güterzüge auf der genannten Strecke, danach war sie wegen ihrer geringen Leistung weniger beschäftigt. Die Güterzüge fuhr größtenteils die LAG 2. Nach einem Unfall 1921 wurde die Maschine wieder instandgesetzt. Im Jahre 1935 erhielt sie Scherenstromabnehmer und leistungsfähigere Fahrmotoren. Die DRG übernahm 1938 die LAG 1 und bezeichnete sie als E 69 01. Bis zur Außerdienststellung war sie auf ihrer Stammstrecke eingesetzt, stand anschließend als Denkmallok im AW München-Freimann und befindet sich seit 1985 im Deutschen Museum in München.

Foto: Slg. Bäzold

E 69 02 und E 69 03
Zulässige Geschwindigkeit: 40/50[1)] km/h
Treibraddurchmesser: 1 000/1 000 mm
Stundenleistung (b. Geschwindigkeit): 252 (22,0)/352 (33,0) kW (km/h)
Anfahrzugkraft: 60/82 kN
Dienstmasse: 24,0/25,2 t
LüP: 7 350/7 350 mm
[1)] vor/nach Umbau 1936/1940

E 69 02 und E 69 03

LAG 2 und 3 (ab 1968: DB 169 002 und 169 003)
Bo
~ 5,5 kV, ab 1955: 15 kV, $16\,^2/_3$ Hz
Einsatzzeitraum 1909 bis 1981

Die Firmen Krauss (Fahrzeugteil) und SSW (Elektroteil) bauten für die Localbahn AG München zwei Elektrolokomotiven mit zwei durch Tatzlagermotoren angetriebenen Radsätzen, die als LAG 2 (1909) und LAG 3 (1912) in Betrieb genommen wurden. Die LAG 2, mit dem Beinamen „Pauline", konnte den Festverkehr zu den Passionsspielen 1910 entlasten. Die LAG 3 bekam den Beinamen „Hermine". Beide fuhren vorrangig Güterzüge und nur gelegentlich Personenzüge, besonders in den Passionsspielzeiten. Zur Erhöhung ihrer Leistungsfähigkeit erhielten beide Lokomotiven 1936 (LAG 2) und 1940 (E 69 03) eine neue elektrische Ausrüstung durch die Firma BBC. Die DRG übernahm 1938 die Maschinen und bezeichnete sie als E 69 02 und E 69 03. Für die Umstellung der Strecke auf 15 kV Fahrleitungsspannung baute die DB beide Maschinen entsprechend um, setzte sie jedoch danach bis zum Jahre 1964 in Heidelberg als Rangierloks ein. Dafür bekamen sie u. a. Rangierfunk. Wieder in Garmisch-Partenkirchen beheimatet, wurden die ab 1968 als 169 002 und 169 003 bezeichneten Maschinen erneut auf ihrer Stammstrecke verwendet und 1976 mit Indusi ausgerüstet. Im Sommer 1981 fuhren sie auch Züge zwischen Garmisch-Partenkirchen und Griesen. Nach ihrer Außerdienststellung im Herbst 1981 werden sie im Bw Garmisch-Partenkirchen als betriebsfähige Museumslokomotiven erhalten.

E 69 02, Foto: Slg. Bäzold

E 69 04

LAG 4^{II} (ab 1968: DB 169 004)
Bo
~ 5,5 kV, ab 1955: 15 kV, $16\,^2/_3$ Hz
Einsatzzeitraum 1934 bis 1977

Zu den Jubiläums-Passionsspielen 1934 in Oberammergau sollten alle Festzüge zwischen Murnau und Oberammergau elektrisch gefahren werden. In der LAG-Hauptwerkstatt in Thalkirchen standen noch die Reste der LAG 4^{I}. Sie kamen zur Firma Krauss, waren jedoch für einen Umbau nicht mehr geeignet, so daß ein neuer Fahrzeugteil hergestellt wurde. Dafür sollen Teile der alten Maschine verwendet worden sein. Die SSW bauten in der Murnauer Werkstatt der LAG eine elektrische Ausrüstung in den neuen Fahrzeugteil ein. Die Maschine wurde im Sommer 1934 in Betrieb genommen, wieder als LAG 4 bezeichnet und im Festzugverkehr eingesetzt. Sie bewährte sich wesentlich besser als ihre Vorgängerin.
Die DRG übernahm die Maschine 1938 und bezeichnete sie als E 69 04. Im Jahre 1949 bekam sie Fahrmotoren der ET 25/31 und hatte damit die gleiche Motorleistung wie die E 69 02 und E 69 03. Einrichtungen der induktiven Zugsicherung wurden 1975 eingebaut. Die Maschine war im Personen- und Güterzugdienst eingesetzt und wurde 1955 für 15 kV Betriebsspannung umgebaut und in Garmisch-Partenkirchen beheimatet. Nach kurzen Einsätzen in Freilassing und Rosenheim war sie anschließend bis zu ihrer Außerdienststellung wieder in Garmisch-Partenkirchen stationiert und auf ihrer Stammstrecke eingesetzt. Sie wurde 1978 in München als Denkmal vor dem Bundesbahnzentralamt aufgestellt.

Foto: Claus

E 69 05
Zulässige Geschwindigkeit: 50 km/h
Treibraddurchmesser: 1 000 mm
Stundenleistung (b. Geschwindigkeit): 605 (36,0) kW (km/h)
Anfahrzugkraft: 93 kN[1)]
Dienstmasse: 32,0 t[1)]
LüP: 8 700 mm
[1)] ab 1953: 100/34,2

E 70 02
Zulässige Geschwindigkeit: 50 km/h
Treib- und Kuppelraddurchmesser: 1 050 mm
Stundenleistung (b. Geschwindigkeit): 588 (38,0) kW (km/h)
Anfahrzugkraft: 167 kN
Dienstmasse: 66,0 t
LüP: 10 500 mm

E 69 05

LAG 5 (ab 1968: DB 169 005)
Bo
≙ 5,5 kV, ab 1953: 15 kV, 16²/₃ Hz
Einsatzzeitraum 1930 bis 1981

Die leistungsfähigste und schwerste Elektrolokomotive für die Strecke Murnau–Oberammergau lieferten Maffei (Fahrzeugteil) und die SSW (Elektroteil). Sie wurde 1930 als LAG 5, rechtzeitig vor den Passionsspielen, in Betrieb genommen und erhielt den Beinamen „Adolfine“. Wegen der beiden nach innen überhängenden Fahrmotoren hatte sie einen größeren Achsabstand und war die längste der LAG-Elloks. Der Haupttransformator hatte zwangsweisen Ölumlauf und wurde fremdbelüftet. Die DRG übernahm 1938 die Maschine und bezeichnete sie als E 69 05. Sie war bis zum Umbau durch die DB auf 15 kV ständig auf der Strecke Murnau–Oberammergau in Betrieb. Nach dem Umbau 1953 befand sie sich in Garmisch-Partenkirchen als Rangierlokomotive und ab 1955 wieder auf ihrer Stammstrecke. 1971 wurde sie als erste 169 mit induktiver Zugsicherung ausgerüstet. Bis zu ihrer Außerdienststellung war die ab 1968 als 169 005 bezeichnete Maschine auf ihrer Stammstrecke vorrangig im Güterzugdienst eingesetzt. Sie blieb erhalten und befindet sich im Besitz des Bayerischen Localbahn-Vereins.

Foto: Slg. Bäzold

E 70 02

pr. EG 502
D
≙ 10 kV, 15 Hz, ab 1913: 15 kV, 16²/₃ Hz
Einsatzzeitraum 1911 bis 1930

Die erste vierfach gekuppelte Güterzug-Elektrolokomotive für die Versuchsstrecke Bitterfeld–Dessau der Preußisch-Hessischen Staatsbahnen lieferten die HANOMAG (Fahrzeugteil) und die AEG (Elektroteil). Sie wurde als erste von vier Maschinen im Juli 1911 als WGL 10 204 HALLE bei der Betriebswerkstatt Bitterfeld in Betrieb genommen und ab 1912 als EG 502 HALLE bezeichnet. Ein im Rahmen gelagerter Gestellmotor trieb mittels Parallelkurbeltrieb und schrägen Treibstangen über eine Blindwelle die vier Kuppelradsätze an. Durch einen von Hand mittels Schaltwalze zu- oder gegengeschalteten Zusatztransformator wurde die Motorspannung in sechs Fahrstufen geregelt. Der Haupttransformator erhielt Ende 1911 zwangsweisen Ölumlauf mit stirnseitig angeordneten, fahrtrichtungsabhängig umschaltbaren Rohrkühlern für das Öl. Nach ausgedehnten Versuchsfahrten, bei denen die Maschine ihre Brauchbarkeit bewies, wurde sie im regulären Zugdienst verwendet. Mit Beginn des ersten Weltkriegs abgestellt, kam die auf 15 kV, 16²/₃ Hz umgebaute EG 502 HALLE im Mai 1915 leihweise nach Schlesien zur Betriebswerkstatt Nieder Salzbrunn. Im Frühjahr 1923 wieder nach Mitteldeutschland zurückgekehrt, wurde sie dort nicht mehr benötigt und nach Basel für die Wiesen- und Wehratalbahn abgegeben. Die ab 1926 als E 70 02 bezeichnete Maschine war bis zu ihrer Außerdienststellung auf diesen Strecken eingesetzt.

Foto: AEG

E 70 03
Zulässige Geschwindigkeit: 50 km/h
Treib- und Kuppelraddurchmesser: 1 050 mm
Stundenleistung (b. Geschwindigkeit): 588 (38,0) kW (km/h)
Anfahrzugkraft: 158 kN
Dienstmasse: 64,6 t
LüP: 10 500 mm

E 70 04
Zulässige Geschwindigkeit: 50 km/h
Treib- und Kuppelraddurchmesser: 1 050 mm
Stundenleistung (b. Geschwindigkeit): 441 (30,0) kW (km/h)
Anfahrzugkraft: 88 kN
Dienstmasse: 60,1 t
LüP: 10 500 mm

E 70 03

pr. EG 503
D
~10 kV, 15 Hz, ab 1913: 15 kV, 16 $^{2}/_{3}$ Hz
Einsatzzeitraum 1913 bis 1928

Die zweite der vier Güterzug-Elektrolokomotiven für den Versuchsbetrieb der Preußisch-Hessischen Staatsbahnen auf der Strecke Bitterfeld–Dessau bauten die HANOMAG (Fahrzeugteil) und die FGL (Elektroteil). Sie wurde als letzte der Maschinen erst 1913 als EG 503 HALLE beim Bw Bitterfeld in Betrieb genommen. Ob sie bereits für 15 kV, 16 $^{2}/_{3}$ Hz umgerüstet war, ist nicht überliefert, aber wahrscheinlich. Mit ihrer ursprünglichen Betriebsnummer WGL 10 205 war sie nicht in Betrieb. Ursache für die späte Lieferung könnte die Fusion der FGL mit der AEG im Jahre 1910 gewesen sein, denn die EG 503 erhielt den gleichen Fahrmotor wie die AEG-Maschine EG 502. Nach einigen Probefahrten, bei denen keine nennenswerten Beanstandungen auftraten, wurde die Maschine im planmäßigen Zugdienst verwendet und mit Beginn des ersten Weltkriegs im August 1914 ebenfalls abgestellt. Nach der Wiederaufnahme des elektrischen Betriebs in Mitteldeutschland 1922/23 gab es für die EG 503 HALLE keinen Einsatzbedarf mehr. Sie wurde ebenfalls für den Betrieb auf der Wiesen- und Wehratalbahn nach Basel abgegeben. Dort war die ab 1926 als E 70 03 bezeichnete Maschine bis zum Juli 1928 im Einsatz. Nachdem ausreichend E 71^{1} verfügbar waren, wurde sie zusammen mit der E 70 06 abgestellt und anschließend ausgemustert.

Foto: Slg. Bäzold

E 70 04

pr. EG 504
D
~10 kV, 15 Hz, ab 1913: 15 kV, 16 $^{2}/_{3}$ Hz
Einsatzzeitraum 1911 bis 1930

Den Fahrzeugteil der dritten Güterzug-Elektrolokomotive für die Versuchsstrecke Bitterfeld–Dessau der Preußisch-Hessischen Staatsbahnen baute ebenfalls die HANOMAG. Die elektrische Ausrüstung lieferte die BBC. Die Maschine wurde im Sommer 1911 bei der Betriebswerkstatt Bitterfeld als WGL 10 206 HALLE in Betrieb genommen und ab 1912 als EG 504 HALLE bezeichnet. Wie bei den anderen drei Maschinen trieb ein im Rahmen gelagerter Gestellmotor mittels Parallelkurbeltrieb und schrägen Treibstangen über eine Blindwelle die vier Kuppelradsätze an. Der Fahrmotor war ein Deri-Repulsionsmotor, der sich nicht bewährte und wegen unzureichender Leistung nach den Probefahrten umgebaut und mit Fremdbelüftung versehen wurde. Seine Drehzahl wurde mittels Bürstenverstellung von Hand über Kettentriebe und eine durch die gesamte Maschine verlaufende Längswelle verändert. Der Lokomotivkasten bestand aus Holz, ohne Blechverkleidung.
Nach dem Umbau entsprach die Maschine den Betriebsanforderungen etwas besser, und sie wurde bis zum Beginn des ersten Weltkriegs im Zugdienst verwendet. Nach der Wiederaufnahme des elektrischen Betriebs in Mitteldeutschland 1922/23 bestand für die EG 504 HALLE kein Verwendungsbedarf und sie kam ebenfalls nach Basel. Die ab 1926 als E 70 04 bezeichnete Maschine war bis zu ihrer Außerdienststellung 1930 auf der Wiesen- und Wehratalbahn eingesetzt.

Foto: Slg. Bäzold

E 70 06
Zulässige Geschwindigkeit: 60 km/h
Treib- und Kuppelraddurchmesser: 1 050 mm
Stundenleistung (b. Geschwindigkeit):
441 (30,0) kW (km/h)
Anfahrzugkraft: 127 kN
Dienstmasse: 61,6 t
LüP: 10 500 mm

E 70 05
Zulässige Geschwindigkeit: 50 km/h
Treib- und Kuppelraddurchmesser: 1 050 mm
Stundenleistung (b. Geschwindigkeit):
441 (40,0) kW (km/h)
Anfahrzugkraft: 98 kN
Dienstmasse: 66,8 t
LüP: 10 500 mm

E 70 05

pr. EG 505
D
≈10 kV, 15 Hz, ab 1913: 15 kV, 16 2/3 Hz
Einsatzzeitraum 1911 bis 1930

Die elektrische Ausrüstung der vierten Güterzug-Elektrolokomotive für den Versuchsbetrieb der Preußisch-Hessischen Staatsbahnen zwischen Bitterfeld und Dessau lieferten die SSW. Den Fahrzeugteil baute ebenfalls die HANOMAG. Seine Ausführung glich den anderen drei Maschinen; in der rechten Seitenwand befand sich lediglich eine Doppeltür. Die Maschine traf im September 1911 als WGL 10 207 HALLE in Bitterfeld ein und wurde nach einigen Probefahrten nach Turin zur Internationalen Industrie- und Gewerbeausstellung gefahren. Anfang 1912 kehrte sie zurück und wurde nach dem Umbau für Vielfachsteuerung zur Erprobung von Berliner S-Bahn-Zügen im Februar 1912 als EG 505 HALLE erst richtig in Betrieb genommen. Außer ihrer Verwendung im Zugdienst fanden mit ihr Versuchsfahrten mit einem Berliner S-Bahn-Zug, abwechselnd mit der EG 509/510 HALLE statt. Die 1913 für 15 kV, 16 2/3 Hz umgerüstete Maschine wurde im August 1914 ebenfalls abgestellt und kam im Mai 1915 leihweise nach Schlesien zur Betriebswerkstatt Nieder Salzbrunn. Sie wurde dort mit der EG 502 HALLE auf der Strecke nach Halbstadt verwendet. Als sie im Frühjahr 1923 wieder in Bitterfeld eintraf, waren bereits ausreichend neue B'B'-Lokomotiven vorhanden, und die EG 505 HALLE wurde ebenfalls nach Basel abgegeben. Bis zu ihrer Außerdienststellung 1930 war die ab 1926 als E 70 05 bezeichnete Maschine auf der Wiesen- und Wehratalbahn eingesetzt.

Foto: Siemens-Museum

E 70 06

pr. EG 506
D
≈10 kV, 15 Hz, ab 1913: ≈15 kV, 16 2/3 Hz
Einsatzzeitraum 1911 bis 1928

Im Jahre 1911 nahmen die Preußisch-Hessischen Staatsbahnen eine weitere Güterzuglokomotive mit vier Kuppelradsätzen in Betrieb und bezeichnete sie ab 1912 als EG 506 HALLE, zuvor als WGL 10208 HALLE. Gebaut wurde sie von der BMAG (Fahrzeugteil) und den MSW (Elektroteil). Die vier Kuppelradsätze trieb ein Gestellmotor mittels Parallelkurbeltrieb mit schrägen Treibstangen über eine Blindwelle an. Die Motorspannung wurde durch eine handbetätigte Schaltwalze und einen mit ihr gekuppelten Drehtransformator in anfangs sechs, später 12 Dauerfahrstufen geregelt. Nach kurzen Anfangsproblemen mit dem Haupttransformator war die Maschine dann im planmäßigen Güterzugeinsatz, den sie anstandslos bewältigte. Im Sommer 1914 kam sie nach Schlesien zur Betriebswerkstatt Nieder Salzbrunn. Nach dem Umbau von 10 kV, 15 Hz auf 15 kV, 16 2/3 Hz und einigen Versuchsfahrten im Gebirgsbetrieb verblieb sie dort und wurde von da an als EG 506 BRESLAU bezeichnet. Im Frühjahr 1923 kam die Maschine nach Basel und löste auf der Wiesen- und Wehratalbahn die badischen A² ab. Die von 1926 an als E 70 06 bezeichnete Maschine blieb bis zu ihrer Außerdienststellung in Basel.

Foto: Slg. Bäzold

E 70 07 und E 70 08
Zulässige Geschwindigkeit: 50 km/h
Treib- und Kuppelraddurchmesser: 1 050 mm
Stundenleistung (b. Geschwindigkeit):
920 (40,0) kW (km/h)
Anfahrzugkraft: 140 kN
Dienstmasse: 68,0 t
LüP: 10 000 mm

E 70 07 und E 70 08

pr. EG 507 und EG 508
D
1~ 15 kV, $16^{2}/_{3}$ Hz
Einsatzzeitraum 1913 bis 1938

Für den geplanten Wechselstrombetrieb auf den Berliner Stadt- und Vorortbahnstrecken gaben die Preußisch-Hessischen Staatsbahnen bei der BMAG (Fahrzeugteil) und den MSW (Elektroteil) zehn Elektrolokomotiven mit vier angetriebenen gekuppelten Radsätzen in Auftrag. Zwei Maschinen wurden 1913 geliefert und bei der Betriebswerkstatt Bitterfeld als EG 507 und EG 508 in Betrieb genommen. Den Bau der restlichen verhinderte der erste Weltkrieg. Nach einigen Versuchsfahrten wurden beide Maschinen im planmäßigen Zugdienst verwendet und mit Beginn des ersten Weltkriegs abgestellt. Ihre Laufeigenschaften waren nicht sehr gut, so daß die zulässige Geschwindigkeit von 70 auf 50 km/h reduziert werden mußte. Im Sommer 1915 kamen beide Maschinen nach Schlesien zur Betriebswerkstatt Nieder Salzbrunn, wurden dort im Güterzugdienst eingesetzt, u. a. nach Halbstadt, und als EG 507 BRESLAU und EG 508 BRESLAU bezeichnet. Es wurden auch Versuchsfahrten mit einem Berliner Stadtbahnwagenzug durchgeführt. Ihr Antrieb und die elektrische Ausrüstung stimmten weitgehend mit der EG 506 HALLE überein. Sie hatten jedoch nur einen Endführerstand, einen leistungsfähigeren Motor und wegen der Vielfachsteuerung einen motorbetriebenen Drehtransformator zur Reglung der Fahrmotorspannung. Die DRG übernahm beide Maschinen, stationierte sie ab Mitte der 20er Jahre in Garmisch-Partenkirchen und bezeichnete sie als E 70 07 und E 70 08.

E 70 08, Foto: Slg. Bäzold

E 70^{2}
Zulässige Geschwindigkeit: 50 km/h
Treib- und Kuppelraddurchmesser: 1 250 mm
Stundenleistung (b. Geschwindigkeit):
720 (27,0) kW (km/h)
Anfahrzugkraft: 78 kN
Dienstmasse: 64,8 t
LüP: 12 540 mm

E 70^{2}

bay. EG 2
B'B'
1~ 15 kV, $16^{2}/_{3}$ Hz
Einsatzzeitraum 1920 bis 1951

Die für den Güterzugdienst auf der Strecke Freilassing–Berchtesgaden bei Krauss (Fahrzeugteil) und BBC (Elektroteil) bestellten Elektrolokomotiven standen zur Eröffnung des elektrischen Betriebs nicht zur Verfügung. Erst 1920 konnten sie von der Bayerischen Staatsbahn als EG 2 20221 und 20222 in Freilassing in Betrieb genommen werden. Die DRG bezeichnete sie ab 1926 als E 70 21 und E 70 22. Die zwei Kuppelradsätze jedes Triebgestells trieb ein Gestellmotor über eine Vorgelegeblindwelle und Schlitzkuppelstangen an. Die Fahrmotorspannung wurde mittels einer handbetätigten BBC-Schlittenschaltwerk-Steuerung in 14 Dauerfahrstufen geregelt. Beide Maschinen wurden in ihrer gesamten Betriebszeit ausschließlich auf der genannten Strecke im Güterzugdienst und besonders als Schiebeloks auf der 40-‰-Rampe zwischen Bad Reichenhall und Hallthurm verwendet. Mit der Indienststellung der E 44^{5} reduzierte sich dann ihr Einsatzbedarf. Auch nach 1945 und im Dienst der DB war keine richtige Verwendungsmöglichkeit mehr vorhanden, so daß 1947 die E 70 22 und 1951 die E 70 21 ausgemustert wurden.

E 70 22, Foto: Slg. Bäzold

E 71^1 (EG 511 bis EG 513)
Zulässige Geschwindigkeit: 50/65 km/h[1])
Treibraddurchmesser: 1 350 mm
Stundenleistung (b. Geschwindigkeit):
785 (36,0)/780 (43,0) kW (km/h)
Anfahrzugkraft: 137/106 kN
Dienstmasse: 64,9 t
LüP: 11 200 mm
[1]) vor/nach Umbau, außer E 71 12

E 71^1

pr. EG 511 bis EG 513
B'B'
~15 kV, $16^2/_3$ Hz
Einsatzzeitraum 1914 bis 1958

Nachdem der elektrische Versuchsbetrieb zwischen Bitterfeld und Dessau erfolgreich verlaufen war, begannen die Preußisch-Hessischen Staatsbahnen mit der Elektrifizierung der Anschlußstrecken nach Leipzig, Halle (S) und Magdeburg. Für den Güterzugbetrieb gaben sie bei der AEG anfangs 18, später 27 B'B'-Lokomotiven in Auftrag. Im März 1914 wurde die erste von ihnen als EG 511 HALLE bei der Betriebswerkstatt Bitterfeld in Betrieb genommen. Bis zum Juli 1914 folgten die EG 512 HALLE und EG 513 HALLE. Die Probefahrten und der kurze Betriebseinsatz ergaben, daß die Maschinen leistungsmäßig den Betriebsanforderungen entsprachen. Bemängelt wurden die etwas engen Führerstände. Die wegen des ersten Weltkriegs seit Anfang August 1914 abgestellten Maschinen kamen im Mai 1915 nach Schlesien zur Betriebswerkstatt Nieder Salzbrunn.
Mit ihrem Antrieb durch schnelllaufendeGestellmotoren, Vorgelegeblindwelle und Schlitzkuppelstangen gehörten die Maschinen zu einer neuen Generation elektrischer Lokomotiven. Die Motorspannung wurde durch eine handbetätigte elektromagnetische Schützensteuerung in 11 Fahrstufen geregelt. Im Frühjahr 1923 nach Bitterfeld zurückgekommen, wurden sie im Zugdienst verwendet. Bis auf die nach einem Unfall ausgemusterte EG 512 HALLE erhielten sie 1926 die Betriebsnummern E 71 11 und E 71 13, kamen 1931 nach Basel und waren dort bis 1943 (E 71 11) und 1958 (E 71 13) in Betrieb.

EG 511, ab 1926: E 71 11, Foto: AEG

E 71^1

pr. EG 514 bis EG 537
B'B'
~15 kV, $16^2/_3$ Hz
Einsatzzeitraum 1920 bis 1958

Der erste Weltkrieg verzögerte die Fertigung der Güterzuglokomotiven für die elektrifizierten mitteldeutschen Strecken und verhinderte einen Anschlußauftrag über 19 Maschinen. Erst 1920 lieferte die AEG weitere Maschinen, die als EG 514 HALLE bis EG 516 HALLE in Schlesien bei der Betriebswerkstatt Nieder Salzbrunn in Dienst gestellt wurden. Ihre elektrische Ausrüstung war den 1914 gelieferten EG 511 HALLE bis EG 513 HALLE gleich. Sie hatten geräumigere Führerstände erhalten und dadurch eine um 400 mm größere Fahrzeuglänge. Weitere Maschinen wurden 1921 und 1922 für die mitteldeutschen Strecken als EG 517 HALLE bis EG 537 HALLE in Betrieb genommen. Im Frühjahr 1923 kamen die drei Maschinen aus Schlesien nach Bitterfeld zurück.
Alle Lokomotiven wurden im Reise- und Güterzugdienst verwendet und ab 1926 als E 71 14 bis E 71 37 bezeichnet. Die leistungsfähigeren E 77 und E 75 verdrängten die E 71^1 gegen Ende der 20er Jahre in untergeordnete Dienste. Das Bw Basel bekam zur Ablösung der E 61 und E 70 bis 1931 insgesamt 11 E 71^1. Der größte Teil von ihnen wurde wegen des Personenzugdienstes für 65 km/h umgebaut und bekam elektrische Zugheizung. Das Bw Schwarzach St. Veit erhielt 1938 fünf E 71^1, von denen nach 1945 die E 71 18 und E 71 28 zur DB kamen. Beim Bw Basel und ab 1957 beim Bw Haltingen waren die E 71^1 bis zur Ablösung durch E 32 im Einsatz, die E 71 28 bis Dezember 1958.

E 71 32, Foto: Slg. Bäzold

E 71[1] (EG 514 bis EG 537)
Zulässige Geschwindigkeit: 50/65 km/h[1])
Treibraddurchmesser: 1 350 mm
Stundenleistung (b. Geschwindigkeit):
785 (36,0)/780 (43,0) kW (km/h)
Anfahrzugkraft: 137/106 kN
Dienstmasse: 64,9 t
LüP: 11 600 mm
1) E 71 14, E 71 18, E 71 19, E 71 22, E 71 25 bis E 71 27, E 71 29, E 71 31 bis E 71 33: vor/nach Umbau 1931/32

E 73 03
Zulässige Geschwindigkeit: 50 km/h
Treibraddurchmesser: 1 370 mm
Stundenleistung (b. Geschwindigkeit):
1 080 (30,0) kW (km/h)
Anfahrzugkraft: 170 kN
Dienstmasse: 67,62 t[1])
LüP: 14 140 mm
1) ab 1912: 68,33

E 73
Zulässige Geschwindigkeit: 50 km/h
Treibraddurchmesser: 1 100 mm
Stundenleistung (b. Geschwindigkeit):
790 (30,0) kW (km/h)
Anfahrzugkraft: 91 kN
Dienstmasse: 56,0 t
LüP: 10 990 mm

E 73

bay. EG 1
Bo'Bo'
1~ 15 kV, $16\,^2/_3$ Hz
Einsatzzeitraum 1914 bis 1941

Für den Güterzug- und Schiebedienst zwischen Freilassing und Berchtesgaden beschaffte die Bayerische Staatsbahn von Krauss (Fahrzeugteil) und den BEW (Elektroteil) zwei Elektrolokomotiven mit vier angetriebenen Radsätzen. Sie wurden 1914 und 1915 als EG $4 \times {}^1/_1$, später EG 1 20201 und 20202 in Freilassing in Dienst gestellt. Die BEW wählten den Tatzlagerantrieb, für die damalige Zeit, in der langsamlaufende Gestellmotoren und Parallelkurbeltrieb vorherrschten, eine bemerkenswerte Ausnahme. Die Motorspannung wurde in neun Dauerfahrstufen durch eine handbetätigte elektromagnetische Schützensteuerung, kombiniert mit Bürstenverstellung, geregelt.
Beide Lokomotiven waren während ihrer gesamten Betriebszeit in Freilassing beheimatet und auf der Strecke nach Berechtesgaden eingesetzt. In den 20er Jahren übernahm eine Maschine den Rangierdienst in Salzburg, für den sich die komplizierte Spannungsreglung jedoch nicht besonders eignete. Die DRG bezeichnete die Maschinen ab 1926 als E 73 01 und E 73 02. Ab 1936 befand sich nur noch die E 73 02 im Rangierdienst. Nach ihrer Ausmusterung 1941 wurde sie zu einem Schneepflug umgebaut, der bis zu Beginn der 80er Jahre in Freilassing stationiert war.

EG 1 20 202, ab 1926 E 73 02, Foto: Slg. Bäzold

E 73 03

pr. EV 1/2
Bo + Bo
1~ 3 kV, 25 Hz
Einsatzzeitraum 1911 bis 1923

Die Preußisch-Hessischen Staatsbahnen eröffneten am 1. Mai 1911 den elektrischen Betrieb auf der Hafenbahn in Altona und bauten zuvor in der Nebenwerkstatt Ohlsdorf die WGL 10 201/10 202 dafür um. Sie erhielt neue Stromabnehmer mit zwei Alu-Schleifstücken, zwei neue 3-kV-Haupttransformatoren und einen vierten Tatzlager-Fahrmotor. Verändert und der elektrischen Ausrüstung angepaßt wurden auch die Fenster und Lüftungsöffnungen in den Seitenwänden. Die Dachteile über den Transformatoren wurden abnehmbar ausgeführt. Die Maschine konnte die in sie gesetzten Erwartungen nicht erfüllen, wurde 1912 nochmals umgebaut und als EV 1/2 ALTONA bezeichnet. Auf der hinteren Lokomotivhälfte wurden zwei weitere Scherenstromabnehmer aufgebaut und die Fahrstufen für die Reglung der Motorspannung von acht auf vier reduziert. Die unbefriedigenden Druckluft-Sandstreuer wurden durch manuelles Sanden ersetzt. Der dafür zuständige Beimann bekam den Beinamen „Sandmann", und die Maschine wurde vom Personal „Anton" genannt. Mit den ab 1921 verwendeten Kohle-Schleifleisten reichten die zwei mittleren Stromabnehmer für den Betrieb der Maschine aus. Nach der Indienststellung der E 73 06 kam die 1926 als E 73 03 bezeichnete Maschine in den Reservedienst. Anläßlich des Umbaus der Hafenbahn auf 6,3 kV wurde die E 73 03 im Juli 1932 ausgemustert, und sie kam ins Verkehrsmuseum Nürnberg. Die 1944 beschädigte Maschine wurde 1955 zerlegt.

Foto: Slg. Bäzold

E 73 05
Zulässige Geschwindigkeit: 50 km/h
Treibraddurchmesser: 1 250 mm
Stundenleistung (b. Geschwindigkeit): 740 (30,0) kW (km/h)
Anfahrzugkraft: 139 kN
Dienstmasse: 70,4 t
LüP: 12 550 mm

E 75
Zulässige Geschwindigkeit: 70 km/h
Treibraddurchmesser: 1 400 mm
Laufraddurchmesser vorn/hinten: 1 000/1 000 mm
Stundenleistung (b. Geschwindigkeit): 1 880 (44,0) kW (km/h)
Anfahrzugkraft: 235 kN
Dienstmasse: 106,2 t
LüP: 15 380 mm

E 73 05

Neubau DRG
Bo'Bo'
1~ 6,3 kV, 25 Hz
Einsatzzeitraum 1923 bis 1954

Im Sommer 1923 nahm die DRG eine von der BMAG (Fahrzeugteil) und den MSW (Elektroteil) gebaute Elektrolokomotive für die Hafenbahn in Altona, noch als EV 5 ALTONA bezeichnet, in Betrieb. Ab 1926 bekam sie die Betriebsnummer E 73 05. Die mit Tatzlagerantrieb ausgerüstete Maschine war den Anforderungen des schweren Hafenbahnbetriebs ausgezeichnet gewachsen und konnte auf der 27,8-‰-Rampe acht zweiachsige Kühlwagen bergauf schieben.
Die Fahrmotorspannung wurde durch eine elektromagnetische Schützensteuerung in neun Dauerfahrstufen geregelt. Der Haupttransformator war für 3 und 6,3 kV umschaltbar.
Die E 73 05 war die am meisten beschäftigte, anspruchsloseste und betriebssicherste Maschine der Hafenbahn, während ihrer gesamten Dienstzeit beim Bw Ohlsdorf beheimatet und ausschließlich auf der Hafenbahn eingesetzt.
Die DB stellte sie im Mai 1954 außer Dienst und zerlegte sie 1959.

Foto: Slg. Bäzold

E 73 06

Neubau DRG
Bo'Bo'
1~ 6,3 kV, 25 Hz
Einsatzzeitraum 1926 bis 1954

Die letzte für die Hafenbahn in Altona beschaffte Elektrolokomotive nahm wegen ihres Antriebs eine Sonderstellung ein. Die von der BMAG (Fahrzeugteil) und den MSW (Elektroteil) gebaute Maschine war mit vier schnellaufenden Gestellmotoren ausgerüstet, von denen jeder durch den elastischen Westinghouse-Antrieb mit Hohlwelle und an den Radspeichen angreifenden Wickelfedern einen Radsatz antrieb. Dieser Antrieb erforderte einen großen Raddurchmesser, der für den Hafenbahnbetrieb denkbar ungünstig war.
Die Motorspannung wurde durch eine Nockenschaltwerk-Steuerung mit Feinsteller und Zusatztransformator in zehn Dauerfahrstufen geregelt. Die Maschine wurde im August 1926 beim Bw Ohlsdorf als E 73 06 in Dienst gestellt und war zu diesem Zeitpunkt die modernste Elektrolokomotive der DRG. Häufige Störungsursache waren gebrochene Wickelfedern des Antriebs, wodurch die Lok öfters ausfiel. Trotz ihrer für den Rampenbetrieb ungünstigen Leistungsauslegung schob sie bis zu 12 zweiachsige Kühlwagen vom Kai zum Bahnhof Altona hinauf. Bis zu ihrer Außerdienststellung im März 1954 war die E 73 06 ständig auf der Hafenbahn eingesetzt.

Foto: AEG

E 73 06
Zulässige Geschwindigkeit: 50 km/h
Treibraddurchmesser: 1 600 mm
Stundenleistung (b. Geschwindigkeit):
1 180 (40,0) kW (km/h)
Anfahrzugkraft: 200 kN
Dienstmasse: 80,9 t
LüP: 13 850 mm

E 77 01 bis E 77 31
Zulässige Geschwindigkeit: 65 km/h
Treib- und Kuppelraddurchmesser: 1 400 mm
Laufraddurchmesser vorn/hinten:
1 000/1 000 mm
Stundenleistung (b. Geschwindigkeit):
1 880 (44,0) kW (km/h)
Anfahrzugkraft: 235 kN
Dienstmasse: 113,0 t
LüP: 16 250 mm

E 75

Neubau DRG (ab 1968: DB 175)
1'BB1'
≈15 kV, 16 2/3 Hz
Einsatzzeitraum 1928 bis 1972

Die DRG beschaffte ab Ende 1928 eine technisch weiterentwickelte Ausführung der E 77, stellte jedoch wegen der Wirtschaftskrise von den bestellten 79 nur 31 in Dienst, für Süddeutschland die E 75 01 bis E 75 12 und für Mitteldeutschland die E 75 51 bis E 75 69. Die Fahrzeugteile bauten die LHW (11), die BMAG (8) und Maffei (12), die Elektroteile die BEW (13) und die MSW (18). Es wurde weitestgehend die Ausrüstung der E77 in einen einrahmigen Fahrzeugteil mit moderner gestaltetem Kastenaufbau eingebaut. Für die Reglung der Motorspannung kam eine handbetätigte Nockenschaltwerk-Steuerung mit Feinsteller und Zusatztransformator mit 13 Dauerfahrstufen zur Anwendung, die spätere DRG-Einheitssteuerung. Die Laufeigenschaften der E 75 waren nur wenig besser als die der E 77, der Kurvenlauf hingegen schlechter. Die mitteldeutschen E 75 wurden 1943 im Tausch gegen die E 77 nach Bayern abgegeben. Die DB betrieb nach 1945 noch 22 E 75, die restlichen wurden infolge von Kriegsschäden ausgemustert, davon zwei bis 1964 durch die DR. Eine geplante Modernisierung führte die DB 1960/61 nur bei den E 75 09, E 75 55 und E 75 69 durch. Sie erhielten u. a. in Gummi gefaßte Fenster, und die Blendschutzschuten an den Stirnfrontfenstern entfielen. Von 1968 an wurden 12 noch in Betrieb befindliche Maschinen als Baureihe 175 bezeichnet.

E 75 56, Foto: Slg. Bäzold

E 77 01 bis E 77 31

Neubau DRG
(1B)(B1)
≈15 kV, 16 2/3 Hz
Einsatzzeitraum 1925 bis 1967

Für den Personen- und Güterzugdienst auf den ab 1920 in Bayern und Mitteldeutschland elektrisch betriebenen Strecken beschaffte die DRG eine Elektrolokomotive, deren Fahrzeugteil die BMAG, LHW und Krauss, deren Elektroteil die BEW und MSW lieferten. Ihre dreiteilige Grundkonzeption war der E 91 ähnlich. Die für Bayern bestimmten Maschinen, ausschließlich mit Fahrzeugteilen von Krauss, wurden 1925 noch als EG 3 22 001 bis 22 013 bei der RBD München in Dienst gestellt. Die restlichen folgten 1926, ebenfalls noch als EG 3 22 014 bis 22 027 sowie bereits als E 77 28 bis E 77 31. Die EG 3 wurden ab August 1926 in E 77 umbezeichnet. Zur Verbesserung der Laufeigenschaften rüstete Krauss bis 1928 die Maschinen mit seitenbeweglichen Laufradsätzen aus. Die damit erreichten Ergebnisse blieben jedoch hinter den Erwartungen zurück. In den 30er Jahren waren E 77 auch in den RBDs Augsburg (12) und Regensburg (9) beheimatet. Im Tausch gegen die E 75 kamen 27 süddeutsche E 77 in den Jahren 1943/44 nach Mitteldeutschland. Von ihnen gelangten im Herbst 1946 22 Maschinen in die Sowjetunion. Die DR erhielt 1952 21 Maschinen zurück, nahm 1960 die E 77 03, E 77 10, E 77 14, E 77 15, E 77 18, E 77 24, E 77 25 und E 77 30 wieder in Betrieb und verwendete sie bis 1967 im Güterzug- und gelegentlich im Personenzugdienst. Die E 77 10 wird als Museumslok erhalten.

E 77 28, Foto: Slg. Bäzold

E 77 51 bis E 77 75
Zulässige Geschwindigkeit: 65 km/h
Treib- und Kuppelraddurchmesser: 1 400 mm
Laufraddurchmesser vorn/hinten: 1 000/1 000 mm
Stundenleistung (b. Geschwindigkeit): 1 880 (44,0) kW (km/h)
Anfahrzugkraft: 235 kN
Dienstmasse: 113,0 t
LüP: 16 250 mm

E 79
Zulässige Geschwindigkeit: 65 km/h
Treib- und Kuppelraddurchmesser: 1 250 mm
Laufraddurchmesser vorn/hinten: 850/850 mm
Stundenleistung (b. Geschwindigkeit): 1 480 (45,0) kW (km/h)
Anfahrzugkraft: 192 kN
Dienstmasse: 116,0 t
LüP: 15 264 mm

E 77 51 bis E 77 75

Neubau DRG
(1B)(B1)
≛15 kV, 16 2/3 Hz
Einsatzzeitraum 1924 bis 1966

Der Fahrzeugteil der neuen Personen- und Güterzuglokomotiven der DRG für die mitteldeutschen Strecken wurde von der BMAG (16) und den LHW (9) und der Elektroteil von den BEW und MSW in Liefergemeinschaft gefertigt. Die Maschinen hatten einen der E 91 ähnlichen, dreiteiligen Fahrzeugteil mit zwei Triebgestellen. Ein Gestellmotor trieb über Vorgelegeblindwelle und Winterthur-Schrägstangenantrieb die zwei Kuppelradsätze jedes Triebgestells an. Zur Regelung der Motorspannung diente eine elektromagnetische Schützensteuerung mit 15 Fahrstufen.
Die Maschinen wurden zwischen November 1924 und Februar 1926 als EG 701 HALLE bis EG 725 HALLE in Betrieb genommen und ab August 1926 als E 77 51 bis E 77 75 bezeichnet. Vom Mai bis Oktober 1925 befand sich die EG 722 HALLE auf der Deutschen Verkehrsausstellung in München. Zur Verbesserung der Laufeigenschaften erhielten die Maschinen bis 1928 ebenfalls seitenbewegliche Laufradsätze. Die E 77 63 bis E 77 75 hatten wie die bayerischen E 77 stirnseitige Übergangseinrichtungen.
Im September 1946 wurden 19 Maschinen in die Sowjetunion abgefahren, fünf hatten ausmusterungsreife Kriegsschäden, und die E 77 64 war bereits seit 1943 ausgemustert. In der Sowjetunion verblieben die E 77 58 und E 77 75, und 17 Maschinen kamen 1952 zurück zur DR, die die E 77 52 und E 77 53 von 1960 bis zum Sommer 1966 wieder in Betrieb nahm.

E 77 70, Foto: Slg. Bäzold

E 79

Neubau DRG
2'D1'
≛15 kV, 16 2/3 Hz
Einsatzzeitraum 1927 bis 1940

Mit zweijähriger Verspätung nahm die DRG im Sommer 1927 zwei von Maffei (Fahrzeugteil) und Pöge (Elektroteil) gebaute Elektrolokomotiven in Betrieb. Offensichtlich war die Firma Pöge mit diesem Auftrag etwas überfordert gewesen. Die Maschinen wurden als E 79 01 und E 79 02 bezeichnet. Die Bayerische Staatsbahn hatte für sie die Bezeichnung EG 4 22101 und 22102 vorgesehen. Die Probefahren auf den Strecken München–Landshut und Starnberg–Murnau verliefen günstiger als erwartet. Besonders zufriedenstellend war der Kurvenlauf, und die antriebsbedingt befürchteten Schüttelschwingungen blieben aus. Als Antrieb waren zwei hochliegende, schnellaufende Gestellmotoren mit gemeinsamer Vorgelegewelle eingebaut, die über Parallelkurbeltrieb mit entgegengesetzt geneigten Treibstangen und zwei Blindwellen die vier Kuppelradsätze antrieben. Die durch den Döry-Regler mögliche sehr feinstufige Veränderung der Motorspannung bewährte sich besonders im Rampenbetrieb. In den ersten Betriebsjahren fuhren die E 79 Schnell- und Personenzüge ohne Schiebelok bis Berchtesgaden. Durch die neuen E 44^5 reduzierte sich dann ihr Einsatzumfang, und sie übernahmen überwiegend für die E 70^2 und E 73 den Schiebedienst auf der Rampe Bad Reichenhall–Hallthurm. Sie blieben Einzelgänger und wurden bis 1940 außer Dienst gestellt.

E 79 02, Foto: Slg. Bäzold

E 80
Zulässige Geschwindigkeit: 40 km/h
Treibraddurchmesser: 1 000 mm
Laufraddurchmesser: 1 000 mm
Stundenleistung (b. Geschwindigkeit): 248 (14,0) kW (km/h)
Anfahrzugkraft: 127 kN
Dienstmasse: 90,6 t
LüP: 15 400 mm

E 90⁵
Zulässige Geschwindigkeit: 50 km/h
Treib- und Kuppelraddurchmesser: 1 250 mm
Stundenleistung (b. Geschwindigkeit): 1 530 (35,0) kW (km/h)
Anfahrzugkraft: 196 kN
Dienstmasse: 98,2 t[1)]
LüP: 15 950 mm[2)]
[1)] mit Schneepflug: 101,6
[2)] nach Umbau: 17 350

E 80

Neubau DRG
(A1A) (A1A)
~15 kV, 16 2/3 Hz
Einsatzzeitraum 1930 bis 1961

Für den Rangierbetrieb auf den Münchner Bahnhöfen bauten Maffei (Fahrzeugteil) und die SSW (Elektroteil) fünf Elektrolokomotiven, die wahlweise aus der Fahrleitung oder mit Akkumulatoren betrieben werden konnten. Mit ihnen war es möglich, auch Rangiergleise ohne Fahrleitung zu bedienen. Sie wurden 1930 beim Bw München Hbf als E 80 01 bis E 80 05 in Betrieb genommen. Ihr Aktionsradius mit Batteriebetrieb genügte den Anforderungen des Rangierdienstes, nicht jedoch die komplizierte Spannungsreglung und die Quecksilberdampf-Gleichrichter. Auch die Aufhängung der Tatzlagermotoren war den Anforderungen nicht gewachsen, so daß durchschnittlich nur drei Maschinen für den Betriebsdienst zur Verfügung standen. Die DRG ließ 1938 in die E 80 01 einen Selengleichrichter einbauen, über dessen Bewährung jedoch nichts überliefert ist.
Den zweiten Weltkrieg überstanden vier Maschinen. Die DB benutzte die E 80 01 als Versuchsfahrzeug und ließ sie 1956 mit einem 800-kW-Siliziumgleichrichter ausrüsten, mit dem sie bis zu ihrer Außerdienststellung in Betrieb war. Die Erprobung des Siliziumgleichrichters mit der E 80 01 diente der Entwicklung der Zweifrequenzlokomotiven der Baureihe 320. Die E 80 01 war damit die erste deutsche Wechselstromlokomotive mit einem Siliziumgleichrichter.

E 80 02, Foto: Slg. Bäzold

E 90⁵

pr. EG 551/552 bis EG 569/570
C + C
~15 kV, 16 2/3 Hz
Einsatzzeitraum 1919 bis 1945

Für den Personen- und Güterzugdienst auf der elektrifizierten Gebirgsstrecke Lauban–Königszelt beschafften die Preußisch-Hessischen Staatsbahnen zehn zweiteilige Lokomotiven mit sechs angetriebenen Kuppelradsätzen. Die Fahrzeugteile bauten Humboldt (7), Beuchelt (1) und die LHW (2). Die elektrischen Ausrüstungen lieferte die BBC. Die erste Maschine wurde im September 1919 bei der Betriebswerkstatt Dittersbach als EG 551/552 BRESLAU in Betrieb genommen, die letzte als EG 569/570 BRESLAU im Januar 1923. Sie wurden im Personen- und Güterzugdienst auf der genannten Strecke verwendet, ab 1923 auch zwischen Hirschberg (Schles) und Polaun. Mit Indienststellung der E 91⁹ im Jahre 1929 kamen alle E 90⁵ zum Bw Hirschberg (Schles). Fünf Maschinen wurden in diesem Zusammenhang mit Schneepflügen ausgerüstet.
Die DRG bezeichnete die Lokomotiven ab 1926 als E 90 51 bis E 90 60. Ab 1932 wurden die Hauptrahmenenden verlängert und stirnseitig Rohrkühler für die Druckluft angeordnet. Ein Doppelmotor trieb über eine Vorgelegeblindwelle und Hall'sche Kurbeln die drei Kuppelradsätze einer Lokomotivhälfte an. Die Motorspannung wurde durch eine handbetätigte Schlittenschaltwerk-Steuerung mit 14 Fahrstufen geregelt. Zum Kriegsende waren noch drei Maschinen in Betrieb, die bis Ende 1945 in die Sowjetunion abgefahren wurden. Sie kamen Ende 1952 (E 90 57) und im Januar 1953 (E 90 52 ud E 90 58) zur DR zurück, wurden abgestellt und 1955/56 zerlegt.

E 90 52, Foto: Slg. Bäzold

E 91
Zulässige Geschwindigkeit: 55 km/h
Treib- und Kuppelraddurchmesser: 1 250 mm
Stundenleistung (b. Geschwindigkeit):
2 200 (39,2) kW (km/h)
Anfahrzugkraft: 294 kN
Dienstmasse: 123,7 t
LüP: 16 700 mm

E 91^{9}
Zulässige Geschwindigkeit: 55 km/h
Treib- und Kuppelraddurchmesser: 1 250 mm
Stundenleistung (b. Geschwindigkeit):
2 200 (39,3) kW (km/h)
Anfahrzugkraft: 294 kN
Dienstmasse: 116,4 t
LüP: 17 300 mm

E 91

Neubau DRG (ab 1968: DB 191)
C'C'
≈ 15 kV, 16 $^{2}/_{3}$ Hz
Einsatzzeitraum 1925 bis 1975

Zu Beginn der 20er Jahre benötigte die DRG für den nach der Inflation ansteigenden Güterverkehr auf den bayerischen und schlesischen Strecken neue leistungsfähigere Maschinen. Sie beschaffte für Bayern anfangs 16, später 20 Maschinen mit sechs angetriebenen Kuppelradsätzen. Sie wurden von Krauss (Fahrzeugteil) und der Liefergemeinschaft WASSEG (Elektroteil) gebaut, 1926 und 1927 noch als EG 5 22 501 bis 22 506 und als E 91 07 bis E 91 20 in Dienst gestellt. Für die RBD Breslau lieferte die AEG 14 Maschinen, die zwischen August 1925 und Mai 1926 als EG 581 BRESLAU bis EG 594 BRESLAU beim Bw Hirschberg (Schles) in Betrieb genommen wurden. Kurz danach bekamen sie die Betriebsnummern E 91 81 bis E 91 94. Die elektrische Hauptausrüstung der E 91 war weitgehend bauartgleich mit der der E 52, auch die elektromagnetische Schützensteuerung mit 19 Fahrstufen zur Reglung der Motorspannung. Ein Doppelmotor trieb über eine Vorgelegeblindwelle und Winterthur-Schrägstangenantrieb die drei Kuppelradsätze jedes Triebgestells an. Zwischen 1943 und dem Kriegsende kamen fünf schlesische E 91 nach Bayern. Die DB betrieb ab 1951 wieder 16 E 91, die sie ab 1968 als Baureihe 191 bezeichnete. Fünf schlesische E 91 kamen 1952/53 aus der Sowjetunion zur DR. Sie wurden abgestellt, 1962 ausgemustert und anschließend zerlegt.

E 91 10, Foto: Slg. Bäzold

E 91^{3}

pr. EG 538abc bis EG 549abc
B + B + B
≈ 15 kV, 16 $^{2}/_{3}$ Hz
Einsatzzeitraum 1915 bis 1943

Die LHW (Fahrzeugteil) und die SSW (Elektroteil) bauten für die Preußisch-Hessischen Staatsbahnen 12 dreiteilige Güterzuglokomotiven mit sechs angetriebenen Radsätzen, von denen die erste als EG 538abc BRESLAU 1915 bei der Betriebswerkstatt Dittersbach in Betrieb genommen wurde. Die EG 539abc BRESLAU bis EG 549abc BRESLAU folgten bis zum Jahre 1922. Die DRG bezeichnete sie ab 1926 als E 91 38 bis E 91 49. Ein im Rahmen gelagerter Motor trieb über eine Vorgelegeblindwelle und Hall'sche Kurbeln die beiden Kuppelradsätze jedes Triebgestells an. Zur Reglung der Motorspannung diente eine elektromagnetische Schützensteuerung mit 19 Fahrstufen. Der mittlere Kastenaufbau war mit Holz, die beiden Vorbauten mit Blech verkleidet. Im Mittelteil befand sich zwischen den Führerständen ein Gepäckraum mit den üblichen seitlichen Packwagentüren.
Ab 1928 nahm die RBD Breslau die Maschinen aus dem Hauptbahndienst, den die E 91 und E 91^{9} übernahmen, und verwendete sie auf Nebenstrecken, u. a. Lauban–Marklissa und Lauban–Kohlfurt, im leichten Nahgüterdienst. Zwischen 1934 (E 91 46, E 91 47) und 1943 (E 91 40) wurden die Maschinen außer Dienst gestellt. Drei von ihnen dienten danach als fahrbare Zugvorheizanlagen in Breslau Freib Bf (E 91 47), Leipzig Hbf (E 91 45) und Hirschberg (Schles) (E 91 38). Ihr Verbleib nach 1945 ist unbekannt.

E 91 47, Foto: Slg. Bäzold

E 91³
Zulässige Geschwindigkeit: 50 km/h
Treib- und Kuppelraddurchmesser: 1 350 mm
Stundenleistung (b. Geschwindigkeit):
1 025 (25,0) kW (km/h)
Anfahrzugkraft: 166 kN
Dienstmasse: 101,7 t
LüP: 17 200 mm

E 92⁷
Zulässige Geschwindigkeit: 60 km/h¹⁾
Treibraddurchmesser: 1 300 mm
Stundenleistung (b. Geschwindigkeit):
850 (14,5) kW (km/h)
Anfahrzugkraft: 206 kN
Dienstmasse: 114,0 t
LüP: 17 282 mm
¹⁾ bis 1930: 50

E 91⁹

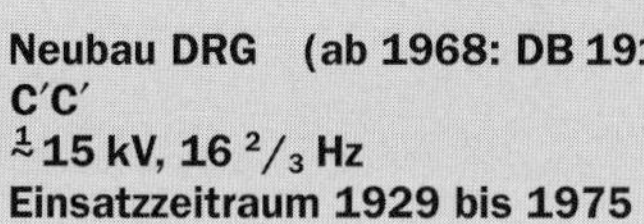

Neubau DRG (ab 1968: DB 191)
C'C'
∼15 kV, 16 ²/₃ Hz
Einsatzzeitraum 1929 bis 1975

Für den in den 20er Jahren ständig steigenden Güterverkehr auf den schlesischen Gebirgsstrekken benötigte die DRG weitere leistungsfähige Elektrolokomotiven. Die Liefergemeinschaft WASSEG baute 12 aus der E 91 weiterentwickelte Maschinen, die eine elektrische Widerstandsbremse erhielten und 1929 beim Bw Dittersbach als E 91 95 bis E 91 106 in Betrieb genommen wurden. Sie lösten die E 90⁵ und E 91³ im Hauptbahndienst ab. Bis auf die zu schwach bemessene elektrische Bremse bewährten sich die Maschinen im Gebirgsbetrieb. Sie waren länger als die E 91, und die der Blindwelle benachbarten Radsätze hatten einen größeren Abstand, so daß anfangs der Kurvenlauf schlechter war und eine starke Spurkranzabnutzung auftrat. Kurz vor Kriegsende kamen sechs Maschinen nach Bayern, wo sich bereits seit 1943 die E 91 99 und E 91 104 befanden. Drei E 91⁹ wurden bis Ende 1945 in die Sowjetunion abgefahren und kamen im Herbst 1952 zur DR zurück. Sie wurden abgestellt und 1962 zusammen mit der 1946 im Raw Dessau verbliebenen E 91 104 ausgemustert und anschließend zerlegt. Die DB betrieb ab 1950 sechs E 91⁹, die in Augsburg, München Ost und Pressig-Rothenkirchen stationiert waren. Nach Haltingen kamen Ende 1956 drei E 91⁹ und nach Freiburg (Breisgau) 1964 zwei. Ab 1969/70 befanden sich die seit 1968 als Baureihe 191 bezeichneten Maschinen bis zu ihrer Außerdienststellung in München Ost (5) und Oberhausen-Osterfeld Süd (1).

E 91 96, Foto: Slg. Bäzold

E 92⁷

pr. EG 571ab bis EG 579ab
Co + Co
∼15 kV, 16 ²/₃ Hz
Einsatzzeitraum 1923 bis 1946

Die LHW (Fahrzeugteil) und die SSW (Elektroteil) bauten für die Preußisch-Hessischen Staatsbahnen neun zweiteilige Güterzuglokomotiven mit sechs durch Tatzlagermotoren einzeln angetriebenen Radsätzen. Der erste Weltkrieg verzögerte ihre Fertigstellung, und sie wurden erst zwischen 1923 und 1925 bei der RBD Breslau, noch als EG 571ab BRESLAU bis EG 579ab BRESLAU in Dienst gestellt und ab 1926 als E 92 71 bis E 92 79 bezeichnet. Die Motorspannung wurde durch eine elektromagnetische Schützensteuerung in 15 Fahrstufen geregelt. Die Maschinen bewährten sich und erforderten einen geringen Unterhaltungsaufwand. Zu Beginn der 30er Jahre erhöhte die DRG die zulässige Geschwindigkeit der Maschinen auf 60 km/h, damit mit ihnen auch die neuen leichten Güterzüge (LEIG) gefahren werden konnten. Von da an fuhren sie auch Personenzüge. Anfang 1945 kamen alle neun Maschinen nach Mitteldeutschland zum Bw Leipzig-Wahren. Das Kriegsende überstanden nur vier Maschinen betriebsfähig. Im Herbst 1946 wurden sieben E 92⁷ in die Sowjetunion abgefahren. Die E 92 72 verblieb dort, die anderen sechs kamen im August 1952 zur DR zurück und wurden bis zu ihrer Ausmusterung 1962 und anschließenden Zerlegung abgestellt.

E 92 79, Foto: Siemens-Museum

E 94 (DB 194)
Zulässige Geschwindigkeit: 90 km/h
Treibraddurchmesser: 1 250 mm
Stundenleistung (b. Geschwindigkeit): 3 300 (68,0) kW (km/h)
Anfahrzugkraft: 363 kN
Dienstmasse: 118,7 t
LüP: 18 600 mm

E 94 (DR 254)
Zulässige Geschwindigkeit: 90 km/h
Treibraddurchmesser: 1 250 mm
Stundenleistung (b. Geschwindigkeit): 3 300 (68,0) kW (km/h)
Anfahrzugkraft: 363 kN
Dienstmasse: 118,7 t
LüP: 18 600 mm

E 93

Neubau DRG (ab 1968: DB 193)
Co'Co'
1~ 15 kV, 16 $^2/_3$ Hz
Einsatzzeitraum 1933 bis 1984

Moderne Elektrolokomotiven für den schweren Güterzugbetrieb mit sechs durch Tatzlagermotoren einzeln angetriebenen Radsätzen beschaffte die DRG in den 30er Jahren von der AEG. Die erste Maschine wurde im Sommer 1933 als E 93 01 beim Bw Kornwestheim in Betrieb genommen. Ihr folgte im November 1933 die E 93 02. Versuchsfahrten und ein Vergleich mit der E 95 06 ergaben, daß die neuen laufachslosen Maschinen die in sie gesetzten Erwartungen erfüllten. Zwei weitere Maschinen folgten 1935 und im Jahre 1937 nochmals neun. Ab der E 93 05 wurden sie für 70 km/h zugelassen. Im Jahre 1939, als sich der Nachfolgetyp E 94 bereits im Bau befand, lieferte die AEG für die mitteldeutschen Strecken noch die E 93 14 bis E 93 18. Diese wurden zwischen 1940 und 1942 an süddeutsche Bw abgegeben. Von diesem Zeitpunkt an befanden sich alle E 93 bei der RBD Stuttgart, davon die E 93 01 bis E 93 04 beim Bw Geislingen für den Schiebedienst auf der Steige.
Das Kriegsende 1945 überstanden betriebsfähig nur sieben Maschinen. Alle Schadlokomotiven wurden instandgesetzt und wieder in Betrieb genommen. Zum Jahresende 1951 befanden sich 13 Maschinen beim Bw Kornwestheim und die E 93 01 bis E 93 05 in Geislingen. Letztere kamen 1958 ebenfalls nach Kornwestheim. Dort verblieben alle seit 1968 als Baureihe 193 bezeichneten Maschinen bis zu ihrer Außerdienststellung zwischen 1976 und 1984.

193 014, Foto: Spillner

E 94

Neubau DRG (ab 1968: DB 194)
Co'Co'
1~ 15 kV, 16 $^2/_3$ Hz
Einsatzzeitraum 1940 bis 1988

Als Nachfolgerin der E 93 beschaffte die DRG für den schweren Güterzugdienst und den Schiebedienst auf Rampenstrecken die leistungsfähigere E 94. Hersteller waren für den Fahrzeugteil die AEG und Krauss-Maffei, für den Elektroteil die AEG und SSW. Die erste AEG-Maschine wurde im April 1940 als E 94 001, die erste SSW-Maschine E 94 007 im März 1941 in Betrieb genommen. Die E 94 erfüllte auch militärstrategische Erfordernisse und konnte während des zweiten Weltkriegs als Kriegselektrolok (KEL 2) weitergebaut werden. Bis zum Kriegsende nahm die DRG von 285 bestellten nur die Maschinen bis zur E 94 136 sowie die E 94 151 bis E 94 159 in Betrieb. Sie waren in Süd- und Mitteldeutschland, in Schlesien und auf österreichischen Strekken im Einsatz und bewährten sich.
Zum Kriegsende verblieben in Süddeutschland 66 und bei den ÖBB 48 Maschinen. Die kriegsbeschädigten E 94 wurden bis auf die E 94 015 durch die DB instandgesetzt. Von den ÖBB kamen im Herbst 1945 die E 94 073 und E 94 108 nach Bayern. Bis 1956 nahm die DB noch sieben Fertigbauloks, die Nachbauloks E 94 178 bis E 94 196 und vier Maschinen von der DR in Betrieb. Die 98 Maschinen waren stets in süddeutschen Bw beheimatet, ab 1986 nur noch in Ingolstadt und Nürnberg Rbf, heute Nürnberg 2. Sie wurden planmäßig durch die 120.1 abgelöst und zwischen 1984 und Juni 1988 außer Dienst gestellt.

194 075, Foto: Spillner

E 93
Zulässige Geschwindigkeit: 70 km/h[1]
Treibraddurchmesser: 1 250 mm
Stundenleistung (b. Geschwindigkeit): 2 502 (57,0) kW (km/h)
Anfahrzugkraft: 353 kN
Dienstmasse: 117,6 t[1]
LüP: 17 700 mm
[1] E 93 01 bis E 93 04: 65/117,2

E 94 (DB 194.2)
Zulässige Geschwindigkeit: 90 km/h[1]
Treibraddurchmesser: 1 250 mm
Stundenleistung (b. Geschwindigkeit): 4 680 (68,0) kW (km/h)
Anfahrzugkraft: 402 kN
Dienstmasse: 123,0 t[2]
LüP: 18 600 mm
[1] ab 1972: 100
[2] E 94 141, E 94 142: 122,0
E 94 270, E 94 271: 119,0

E 94

Neubau DRG (ab 1970: DR 254)
Co'Co'
~15 kV, 16 $^2/_3$ Hz
Einsatzzeitraum 1940 bis 1992

Von ihren neuen E 94 stationierte die DRG die E 94 017 bis E 94 019 Ende 1940 als erste in Schlesien sowie die E 94 020, E 94 021 und E 94 023 bis E 94 026 bei der RBD Erfurt. Die schlesischen Maschinen waren im schweren Güterzugdienst zwischen Dittersbach und Görlitz-Schlauroth, die mitteldeutschen auf den Rampen zwischen Saalfeld (S) und Pressig-Rothenkirchen sowie bis Nürnberg eingesetzt. Zum Kriegsende 1945 befanden sich bei der RBD Erfurt 12 und bei der RBD Breslau 13 Maschinen. Von letzteren kam im Herbst 1945 die E 94 017 zum Raw Dessau. Der Verbleib der schlesischen E 94 074 ist unbekannt. Die restlichen 11 E 94 der RBD Breslau wurden 1945 in die Sowjetunion abgefahren, aus Mitteldeutschland folgten 1946 weitere 13 Maschinen. Im Raw Dessau verblieben Reste der Schadloks E 94 007 und E 94 096 sowie bei der AEG in Hennigsdorf die E 94 082 und E 94 089. Die in der Sowjetunion von 1948 bis 1951 im schweren Versuchsbetrieb verwendeten E 94 kamen im Sommer 1952 zur DR zurück. Vier Maschinen erhielt die DB, und die DR nahm 23, einschließlich der E 94 082, E 94 089 und E 94 096, wieder in Betrieb. Sie wurden in Halle (S), Bitterfeld, Leipzig-Wahren, Magdeburg und Zwickau stationiert, ab 1977 nur noch in Engelsdorf. Ihr Einsatzbereich war der schwere Güterzugdienst, überwiegend mit Kohlezügen, im Dreieck Dresden–Magdeburg–Erfurt. Die letzten sieben Maschinen wurden 1990 abgestellt und im Januar 1992 ausgemustert.

254 052, Foto: Bäzold

E 94

Neubau DB (ab 1968: DB 194.2, ab 1970: DB 194.5)
Co'Co'
~15 kV, 16 $^2/_3$ Hz
Einsatzzeitraum 1952 bis 1988

Die E 94 der DRG hatten den AEG-Fahrmotor EKB 725 a. Die Motorspannung wurde durch das Einheits-Nockenschaltwerk mit 18 Fahrstufen, Feinsteller und Zusatztransformator geregelt. Vorbereitend für die Ausrüstung künftiger Ellokbaureihen erhielten die 1952/53 in Dienst gestellten E 94 141 und E 94 142 eine motorisch angetriebene Hochspannungssteuerung mit 28 Fahrstufen und separaten Lastschaltern sowie Steuerpulte für sitzende Bedienung. Die E 94 142 wurde mit dem leistungsfähigeren SSW-Fahrmotor WBM 487 ausgerüstet; die E 94 141 später nachgerüstet. Die von den SSW (Elektroteil) und Krauss-Maffei (Fahrzeugteil) zwischen 1954 und 1956 gelieferten E 94 262 bis E 94 285 bekamen ebenfalls den Fahrmotor WBM 487, die E 94 270 und E 94 271 eine SSW-Hochspannungssteuerung mit 28 Fahrstufen und separaten Sprunglastschaltern für die Leistungsschaltung sowie einen leistungsfähigeren Haupttransformator (4 900 kVA).
Die Maschinen kamen zu den Bw Nürnberg Rbf (17), Würzburg (4), München Ost (2), Kornwestheim (2) und Rosenheim (1). In Würzburg befanden sich von 1954/55 bis Sommer 1958 nahezu alle Maschinen. Anschließend waren alle wieder in Nürnberg und ab 1959/60 in Aschaffenburg. Von Mitte der 70er Jahre bis zu ihrer Außerdienststellung gehörten die ab 1970 als 194.5 bezeichneten Maschinen wieder zum Bw Nürnberg Rbf. Ihre Höchstgeschwindigkeit wurde 1972 auf 100 km/h erhöht.

194 567, Foto: Claus

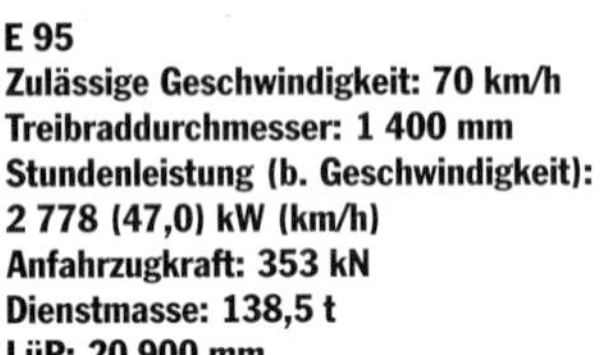

E 95
Zulässige Geschwindigkeit: 70 km/h
Treibraddurchmesser: 1 400 mm
Stundenleistung (b. Geschwindigkeit):
2 778 (47,0) kW (km/h)
Anfahrzugkraft: 353 kN
Dienstmasse: 138,5 t
LüP: 20 900 mm

E 176
Zulässige Geschwindigkeit: 50/60[1] km/h
Treibraddurchmesser: 900/900 mm
Stundenleistung (b. Geschwindigkeit):
220 (39,0)/180 (21,2) kW (km/h)
Anfahrzugkraft: 44/40 kN
Dienstmasse: 29,1/30,7 t
LüP: 7 000/7 600 mm
[1] vor/nach Umbau 1966

E 95

Neubau DRG
1'Co + Co1'
~ 15 kV, $16^2/_3$ Hz
Einsatzzeitraum 1927 bis 1969

Für die in den 20er Jahren geplante Elektrifizierung der niederschlesischen Strecke Breslau–Liegnitz–Arnsdorf beschaffte die DRG von der AEG (Fahrzeugteil) und der WASSEG (Elektroteil) sechs zweiteilige, schwere Güterzuglokomotiven, die speziell die Kohlezüge für Berlin befördern sollten. Nach einer Vielzahl von Entwürfen, größtenteils noch mit Stangenantrieb, entschied sich die DRG letztendlich für den Tatzlagerantrieb. Die Motorspannung wurde durch eine elektromagnetische Schützensteuerung in 25 Fahrstufen geregelt. Mit einer Länge von 20 900 mm und einer Leistung von 2 778 kW war sie die längste und damals auch leistungsfähigste Elektrolokomotive der DRG. Ende 1927 wurde die erste Maschine beim Bw Hirschberg (Schles) als E 95 01 in Betrieb genommen. Die E 95 02 bis E 95 06 folgten im Jahre 1928. Zum Einsatz kamen sie auf der Strecke Dittersbach–Lauban–Görlitz/Schlauroth, überwiegend im schweren Kohleverkehr. Gelegentlich fuhren sie auch Züge nach Breslau. Die E 95 bewiesen, daß der Tatzlagerantrieb bei geringen Geschwindigkeiten und großen Leistungen betriebssicher ist. Ende 1945 wurden die E 95 in die Sowjetunion abgefahren, und sie kamen im Herbst 1952 zur DR zurück. Die E 95 01 bis E 95 03 wurden im Raw Dessau instandgesetzt und waren von 1959 bis 1969 bei der DR in Betrieb. Sie fuhren vorrangig Kohlezüge im Raum Halle(S)/Merseburg. Die E 95 02 wird als Museumslok erhalten.

E 95 01, Foto: Slg. Bäzold

E 170

Ankauf DRG
Bo'Bo'
= 1 000 V
Einsatzzeitraum 1913 bis 1959

Der nach der Inflationszeit auch auf der mit 1 000 V Gleichspannung betriebenen Strecke Berchtesgaden–Königsee ansteigende Güterverkehr veranlaßte die DRG im Jahre 1923, von der Spandauer Hafenbahn eine dort kaum oder nicht benutzte Gleichstromlokomotive zu kaufen. Die Maschine hatten Borsig (Fahrzeugteil) und die SSW (Elektroteil) im Jahre 1913 an die Hafenbahn geliefert. Die DRG bezeichnete sie ab 1926 als E 170 01. Die vier Radsätze der Maschine wurden durch Tatzlagermotoren angetrieben. Zur Reglung der Motorspannung dienten handbetätigte Schaltwalzen-Fahrschalter. Mit ihnen wurden 12 Vorwiderstände für die Anfahrt und Feldschwächung sowie zwei Dauerfahrstufen (Reihen- und Reihen-Parallel-Schaltung der Fahrmotoren) geschaltet. 1944/45 wurde die Maschine für Akkumulatorbetrieb umgebaut, behielt aber ihre Betriebsnummer. Die Reglung der Motorspannung war danach in 12 Anfahr- und sechs Dauerfahrstufen möglich. Die E 170 01 entsprach jederzeit den Betriebserfordernissen und war ein zuverlässiges Fahrzeug mit geringen Ausfallzeiten. Bis zu ihrer Ausmusterung 1959 wurde sie im Güterzugverkehr zwischen Berchtesgaden und Königsee verwendet.

E 170 01, Foto: Slg. Bäzold

E 170
Zulässige Geschwindigkeit: 25 km/h
Treibraddurchmesser: 950 mm
Stundenleistung (b. Geschwindigkeit): 320 (25,0) kW (km/h)
Anfahrzugkraft: 88 kN
Dienstmasse: 42,0 t
LüP: 10 000 mm

E 178
Zulässige Geschwindigkeit: 80 km/h
Treibraddurchmesser: 1 000 mm
Laufraddurchmesser: 1 000 mm
Stundenleistung (b. Geschwindigkeit): 850 (47,0) kW (km/h)
Anfahrzugkraft: 184 kN
Dienstmasse: 98,6 t
LüP: 17 500 mm

E 176 11

Neubau DRG
Bo
= 750 V
Einsatzzeitraum 1933 bis heute

Für Dienst- und Rangierfahrten im Netz der Berliner S-Bahn nahm die DRG im Jahre 1933 eine von der AEG gelieferte Gleichstromlokomotive mit zwei durch Tatzlagermotoren angetriebenen Radsätzen in Betrieb. Im Jahre 1940 erhielt sie die Betriebsnummer E 176 11. Sie kann wahlweise über die seitliche Schleifschiene der S-Bahn oder durch die mitgeführten Akkumulatoren betrieben werden. Im Jahre 1966 wurde ihre elektrische Ausrüstung im Raw Schöneweide erneuert, wobei Ausrüstungen von S-Bahn-Triebwagen eingebaut wurden. Die neue Akkubatterie verfügte nur noch über eine Kapazität von 295 Ah gegenüber vorher 324 Ah, bei dreistündiger Entladung. Die Anzahl der Fahrstufen reduzierte man von 12 auf 11. Die Lokomotive ist seit dem Ende des zweiten Weltkriegs als Werklok des Raw Schöneweide, auch im Netz der Berliner S-Bahn, eingesetzt.

E 176 11, Foto: Slg. Bäzold

E 178

Neubau DRG
1Bo + Bo1
= 750 V
Einsatzzeitraum 1929 bis 1945

Die DRG stellte 1929 eine von den LHW (Fahrzeugteil) und den SSW (Elektroteil) hergestellte Gleichstromlokomotive für das Berliner S-Bahn-Netz in Dienst und bezeichnete sie als E 178 01. Weitere fünf bestellte Maschinen wurden storniert, weil der vorgesehene Verwendungszweck infolge der Wirtschaftskrise in weite Ferne gerückt war. Die Maschinen sollten zwischen je einem geplanten Fernbahnhof im Norden und im Süden Berlins Reise- und Abstellzüge über das S-Bahn-Netz, einschließlich der Nord-Süd-Tunnelstrecke, befördern. Für das Heizen der Züge hatte jede Lokomotivhälfte einen 9 m^3 großen Dampfkessel, der zugleich als Ballast diente und der Lokomotive ihr charakteristisches Aussehen verlieh. Vier Tatzlagermotoren trieben die mittleren Radsätze an. Die Motorspannung konnte in 22 Anfahr- und vier Dauerfahrstufen geregelt werden, und die Widerstände wurden durch elektromagnetische Schütze zu- und abgeschaltet. Die Maschine fand im Rangierdienst bei den S-Bahn-Bw Friedrichsfelde und Papestraße Verwendung. Sie wurde während des zweiten Weltkriegs im RAW Schöneweide durch Fliegerbomben beschädigt und danach ausgemustert.

E 178 01, Foto: Slg. Bäzold

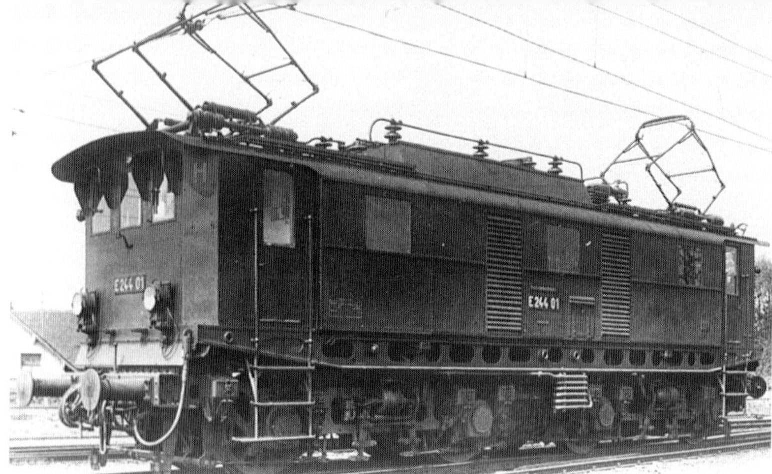

E 244 01
Zulässige Geschwindigkeit: 85 km/h
Treibraddurchmesser: 1 250 mm
Stundenleistung (b. Geschwindigkeit): 2 000 (57,0) kW (km/h)
Anfahrzugkraft: 235 kN
Dienstmasse: 85,0 t
LüP: 14 320 mm

E 191
Zulässige Geschwindigkeit: 20 km/h
Treib- und Kuppelraddurchmesser: 1 000 mm
Stundenleistung (b. Geschwindigkeit): 150 (20,0) kW (km/h)
Anfahrzugkraft: 60 kN
Dienstmasse: 30,0 t
LüP: 9 275 mm

E 191

sä. IME 1 und 2
B'B'
= 650 V
Einsatzzeitraum 1917 bis 1967

Die Sächsische Staatsbahn nahm 1917 zwei Gleichstromlokomotiven für ihre meterspurige Nebenstrecke Klingenthal–Sachsenberg-Georgenthal in Betrieb. Die SMF (Fahrzeugteil) und die SSW (Elektroteil) lieferten die als IME 1 und IME 2 bezeichneten Maschinen. Jeder innere Radsatz der Drehgestelle wurde durch einen Tatzlagermotor angetrieben, die äußeren Radsätze von den inneren durch Kuppelstangen mit Hall'schen Kurbeln. Zur Reglung der Motorspannung in zehn Anfahr- und zwei Dauerfahrstufen dienten handbetätigte Schaltwalzen. Die DR übernahm die Lokomotiven und bezeichnete sie ab 1950 als E 191 01 und E 191 02. Sie waren in ihrer gesamten Betriebszeit für die Beförderung von Güterzügen auf der genannten Nebenbahn eingesetzt und wurden nach deren Stillegung 1967 verschrottet.

E 191 02, Foto: Schreiner

E 244 01

Neubau DRG
Bo'Bo'
≈ 20 kV, 50 Hz
Einsatzzeitraum 1936 bis 1960

Für den 50-Hz-Versuchsbetrieb auf der Höllenthal- und Dreiseenbahn lieferte die AEG der DRG eine Bo'Bo'-Lokomotive, die im August 1936 beim Bw Freiburg (Breisgau) als E 244 01 in Betrieb genommen wurde. Ihr Fahrzeugteil entstand in Anlehnung an die von der AEG gebauten E 44 506 bis E 44 509 mit der Ausrüstung angepaßten Abweichungen. Die vier Radsätze der Maschine wurden durch Tatzlagermotoren angetrieben. Es waren Gleichstrom-Reihenschlußmotoren, die durch einen gittergesteuerten Quecksilberdampf-Gleichrichter gespeist wurden. Nach umfangreichen Versuchsfahrten kam die Maschine ab Dezember 1937 als letzte in den regulären Zugdienst. Mängel mit dem Gleichrichter konnte der Hersteller erst 1939 beseitigen. Für eine ausreichende Betriebssicherheit benötigte der Gleichrichter eine sehr sorgfältige und aufmerksame Bedienung durch das Lokpersonal. Das Umschalten der Fahrmotoren von Reihen- in Parallelbetrieb verursachte Zugkraftsprünge, die sich im Rampenbetrieb besonders unangenehm auswirkten. Die elektrische Bremse hatte eine Leistung von 435 kW. Mit ihr konnte die Maschine bei 55 ‰ Gefälle auf 40 km/h abgebremst werden. Mit der Umstellung des Betriebs der Höllentalbahn auf 15 kV, $16^2/_3$ Hz im Mai 1960 wurde die Maschine abgestellt, anschließend ausgemustert und zerlegt.

Foto: Slg. Bäzold

E 244 11
Zulässige Geschwindigkeit: 85 km/h
Treibraddurchmesser: 1 250 mm
Stundenleistung (b. Geschwindigkeit): 2 400 (71,0) kW (km/h)
Anfahrzugkraft: 235 kN
Dienstmasse: 84,6 t
LüP: 15 290 mm

E 244 21
Zulässige Geschwindigkeit: 85 km/h
Treibraddurchmesser: 1 250 mm
Stundenleistung (b. Geschwindigkeit): 2 060 (78,0) kW (km/h)
Anfahrzugkraft: 235 kN
Dienstmasse: 84,8 t
LüP: 16 440 mm

E 244 11

Neubau DRG
Bo'Bo'
1~ 20 kV, 50 Hz
Einsatzzeitraum 1936 bis 1960

Eine weitere 50-Hz-Versuchslokomotive für die DRG mit vier durch Tatzlagermotoren angetriebenen Radsätzen bauten Krauss-Maffei (Fahrzeugteil) und die BBC (Elektroteil). Sie wurde im Januar 1936 beim Bw Freiburg (Breisgau) angeliefert und als E 244 11 bezeichnet. Ihr Probebetrieb begann im Sommer 1936, und ab Dezember des gleichen Jahres kam sie in den regulären Zugdienst. Ihre Störanfälligkeit war gering, so daß sie den Betriebsanforderungen weitestgehend gerecht werden konnte. Die Gleichstrom-Fahrmotoren speiste ein ungesteuerter Quecksilberdampf-Gleichrichter. Zur Spannungsreglung diente erstmalig bei einer deutschen Elektrolokomotive ein hochspannungsseitiges Schaltwerk mit 28 Dauerfahrstufen. Zum Kriegsende 1945 war die Maschine beschädigt abgestellt, wurde instandgesetzt und wieder in Betrieb genommen. Auch sie war bis zur Umstellung der Einsatzstrecken auf 15 kV, $16\,^2/_3$ Hz im Mai 1960 in Betrieb und wurde dann abgestellt. Ihr Fahrzeugteil entsprach bei gleicher Fahrzeuglänge weitgehend einer E 44, und so wurde sie 1963 im AW München-Freimann zu einer $16\,^2/_3$-Hz-Lokomotive umgebaut und als E 44 188 bezeichnet.

Foto: BBC

E 244 21

Neubau DRG
Bo'Bo'
1~ 20 kV, 50 Hz
Einsatzzeitraum 1936 bis 1960

Die Firmen Krauss-Maffei (Fahrzeugteil) und SSW (Elektroteil) lieferten ebenfalls eine Lokomotive für den 50-Hz-Versuchsbetrieb der DRG. Der Fahrzeugteil entsprach einer E 44, mußte aber wegen abweichender Ausrüstung länger ausgeführt werden. Jeden Radsatz trieben zwei 50-Hz-Kommutatormotoren in Tatzlagerausführung an. Die 448 Kohlebürsten je Motor erforderten einen großen Unterhaltungsaufwand, bis die DRG durch Spalt- und Spreizkohlen eine Verbesserung erreichte. Ansonsten war die Maschine die einfachste und anspruchsloseste der Versuchslokomotiven. Die Motorspannung wurde durch eine handbetätigte Nockenschaltwerk-Steuerung mit Feinsteller in 14 Dauerfahrstufen geregelt. Die Maschine wurde im Februar 1936 beim Bw Freiburg (Breisgau) als E 244 21 in Betrieb genommen und nach einigen Versuchsfahrten im Oktober 1936 als zweite Lokomotive im regulären Zugdienst verwendet. Sie war die meistbeschäftigte Versuchsmaschine und erreichte bis zum Kriegsende 1945 annähernd 500 000 km Laufleistung. Sie wurde mit Umstellung der Versuchsstrecken auf 15 kV, $16\,^2/_3$ Hz im Mai 1960 abgestellt und anschließend ausgemustert. Ihren Hauptrahmen und die Drehgestelle verwendete die DB 1962 für den Bau der Zweifrequenzlokomotive E 344 01.

Foto: Slg. Bäzold

E 244 22
Zulässige Geschwindigkeit: 80 km/h
Treibraddurchmesser: 1 250 mm
Stundenleistung (b. Geschwindigkeit): 2 600 (75,0) kW (km/h)
Anfahrzugkraft: 235 kN
Dienstmasse: 84,0 t
LüP: 15 290 mm

E 251
Zulässige Geschwindigkeit: 50 km/h[1]
Treibraddurchmesser: 1 350 mm
Stundenleistung (b. Geschwindigkeit): 3 660 (38,0) kW (km/h)
Anfahrzugkraft: 379 kN
Dienstmasse: 126,0 t[2]
LüP: 18 640 mm
[1] stromlos: 80
[2] davon 6 t Ballast

E 244 31
Zulässige Fahrgeschwindigkeit: 83,5 km/h
Treibraddurchmesser: 1 250 mm
Stundenleistung (b. Geschwindigkeit): 2 020 (80,0) kW (km/h)
Anfahrzugkraft: 235 kN
Dienstmasse: 83,0 t
LüP: 15 080 mm

E 244 22

Umbau SWDE
Bo'Bo'
~ 20 kV, 50 Hz
Einsatzzeitraum 1951 bis 1960

Auf Veranlassung der französischen Besatzungsbehörde wurde im Bw Basel aus der 1943 wegen Kriegsschäden ausgemusterten E 44 005 der Fahrzeugteil für eine 50-Hz-Versuchslokomotive hergestellt. Die Konstruktionsunterlagen und den Elektroteil lieferte die AEG. Im Januar 1951 wurde die Maschine beim Bw Freiburg (Breisgau) als E 244 22 in Betrieb genommen. Sie hatte wie die E 244 21 eine reine Wechselstromausrüstung, mit als Tandemmotoren ausgeführten 50-Hz-Kommutatormotoren für den Tatzlagerantrieb und einem Wandernockenschaltwerk für die Reglung der Fahrmotorspannung. Auch sie war mit einer elektrischen Bremse ausgerüstet. Die SNCF erprobte die Maschine im Oktober 1951 in Annecy und ließ anschließend für sich 50-Hz-Lokomotiven mit Motoren gleicher Konzeption bauen. Die E 244 22 erreichte mit den modernen Fahrmotoren noch größere Laufleistungen als die E 244 21. Anläßlich der Systemumstellung der Höllental- und Dreiseenbahn im Mai 1960 wurde die Maschine abgestellt und anschließend ausgemustert. Das AW München-Freimann verwendete den Fahrzeugteil 1965 für den Bau der E 44 189. Die Tandemfahrmotoren wurden in die Zweifrequenzlokomotive E 344 01 eingebaut.

Foto: Claus

E 244 31

Neubau DRG
Bo'Bo'
~ 20 kV, 50 Hz
Einsatzzeitraum 1936 bis 1960

Eine 50-Hz-Versuchslokomotive für die Höllental- und Dreiseenbahn mit einer damals unüblichen und technisch mutigen elektrischen Ausrüstung von Krupp und Garbe-Lahmeyer wurde im Januar 1936 beim Bw Freiburg (Breisgau) als E 244 31 in Betrieb genommen. Den Fahrzeugteil baute Krupp. Nach mehreren Versuchsfahrten wurde die Maschine ab September 1936 als erste im planmäßigen Zugdienst verwendet. Das Novum der E 244 31 bestand aus dem nach Schön und Punga ausgeführten Antrieb jedes Radsatzes durch einen Einphasen-Asynchronmotor mit Zwischenläufer und einem nachgeschalteten Drehstrom-Asynchronmotor, beide in Tatzlagerausführung. Trotz der nur drei Dauerfahrstufen bereitete der Betrieb der Lokomotive keine besonderen Probleme. Von Vorteil waren ihre große Anfahrbeschleunigung und die gute Überlastbarkeit der Fahrmotoren. Für Rangierfahrten war sie hingegen weniger geeignet. Die elektrische Nutzbremse ermöglichte die Rückspeisung der Bremsenergie in die Fahrleitung. Die Maschine war bis zur Systemumstellung im Mai 1960 in Betrieb und wurde anschließend ausgemustert. Seit 1969 befindet sie sich im Besitz der Technischen Hochschule Karlsruhe.

Foto: Claus

230
Zulässige Geschwindigkeit: 120 km/h
Treibraddurchmesser: 1 250 mm
Stundenleistung (b. Geschwindigkeit): 3 260 (...) kW (km/h)
Anfahrzugkraft: 280 kN
Dienstmasse: 84,0 t
LüP: 16 800 mm

E 251

ab DR (ab 1970: DR 251, Co'Co' ab 1992: DR 171)
~ 25 kV, 50 Hz
Einsatzzeitraum 1965 bis heute

In den 60er Jahren elektrifizierte die DR für die Erhöhung der Kalktransporte zu den Chemiewerken in Leuna und Bitterfeld die Harzstrecke Blankenburg (Harz)–Rübeland–Königshütte. Die LEW bauten dafür 15 Gleichrichter-Lokomotiven, die 1965 als E 251 001 bis E 251 015 beim Bw Blankenburg (Harz) in Dienst gestellt wurden. Jeder der sechs Radsätze wird von einem Gleichstrom-Tatzlagermotor angetrieben. Zur Reglung der Motorspannung dient ein Hochspannungsschaltwerk mit 34 Fahrstufen und einem Fortschaltrelais für die Überwachung des Motorstroms beim Aufschalten. Dem Haupttransformator ist für die Speisung der Fahrmotoren ein Silizium-Gleichrichter nachgeschaltet.
Ab Juli 1970 wurden die Maschinen als Baureihe 251 bezeichnet und erhielten 1992 die Betriebsnummern 171 001 bis 171 015. Den betrieblichen Anforderungen der Gebirgsstrecke wurden sie stets gerecht. Mit einer Lokomotive waren und sind die Personenzüge bespannt. Die Kalkzüge hatten eine Maschine an jedem Zugende, deren Personal über Funk in Verbindung stand. Mit dieser Zugbildung entfiel für die Güterzüge das Umsetzen der Maschine in der Spitzkehre Michaelstein.

251 013, Foto: Bäzold

230

Neubau DR (ab 1992: DR 180)
Bo'Bo'
~ 15 kV, 16 $^{2}/_{3}$ Hz und = 3 000 V
Einsatzzeitraum 1988 bis heute

Für den grenzüberschreitenden Verkehr zur ČSD auf der Strecke Dresden–Děčín–Prag beschaffte die DR 20 Zweisystemlokomotiven, von denen der Prototyp im Februar 1988 beim Bw Dresden als 230 001 in Betrieb genommen wurde. Die von Škoda gebaute Maschine wird mit geringen Abweichungen auch von den ČSD als Baureihe 372 betrieben. Der Versuchsbetrieb verlief ohne größere Beanstandungen, so daß sich für die Serienausführung, außer der Anwendung der Fahr- und Übertragungssteuerung der Baureihe 243, wenig Änderungen ergaben. Die Regelung der Motorspannung erfolgt durch eine klassische Gleichstrom-Widerstandssteuerung mit Zu- und Abschaltung der Widerstände für Anfahrt und Feldschwächung durch elektromagnetische Schütze. Es sind 27 Fahrstufen bei Reihenschaltung und 17 Fahrstufen bei Reihen-Parallelschaltung der Fahrmotoren vorhanden.
Im Frühjahr 1991 wurden die Serienmaschinen als 230 002 bis 230 020 beim Bw Dresden in Betrieb genommen. Seit 1992 haben sie die Betriebsnummern 180 001 bis 180 020. Gemeinsam mit den ČSD-Maschinen der Baureihe 372 fuhren die 230/180 bis zum Sommer 1992 vorrangig internationale Züge zwischen Berlin und Prag. Seitdem werden von ihnen EC, IC und IR zwischen Dresden und Leipzig sowie internationale Züge zwischen Berlin und Rzepin sowie Dresden und Děčín gefahren.

180 006, Foto: Bäzold

181 001, Foto: Bäzold

E 310
Zulässige Geschwindigkeit: 150 km/h
Treibraddurchmesser: 1 250 mm
Stundenleistung (b. Geschwindigkeit): 3 240 (88,5) kW (km/h)
Anfahrzugkraft: 314 kN
Dienstmasse: 84,0 t
LüP: 16 950 mm

E 320 01
Zulässige Geschwindigkeit: 120 km/h
Treibraddurchmesser: 1 250 mm
Stundenleistung (b. Geschwindigkeit): 2 660 (69,0) kW (km/h)
Anfahrzugkraft: 275 kN
Dienstmasse: 83,7 t
LüP: 16 440 mm

181 220, Foto: Bäzold

E 310

Neubau DB (ab 1968: DB 181.0 und 181.1)
Bo'Bo'
≈ 15 kV, 16 2/3 Hz und 25 kV, 50 Hz
Einsatzzeitraum 1967 bis heute

Für den grenzüberschreitenden Verkehr zur SNCF beschaffte die DB nach den E 320 weitere vier Zweifrequenzlokomotiven. Die Fahrzeugteile, die weitgehend mit denen der Viersystemlokomotiven E 410 identisch waren, baute ebenfalls Krupp, und die elektrische Ausrüstung lieferte die AEG. Sie entspricht dem Elektroteil der Viersystemlokomotiven E 410 001 bis E 410 003 für Wechselstrombetrieb. Die steuerbaren Thyristor-Gleichrichter ermöglichen eine stufenlose Reglung der Fahrmotorspannung. Durch Raster an den Fahrschaltern sind 40 Fahrstufen lediglich markiert. Im Januar 1967 wurde die erste Maschine als E 310 001 in Betrieb genommen. Bis zum Jahresende 1967 folgten die E 310 002 bis E 310 004. Seit 1968 werden sie als 181 001 und 181 002 sowie 181 103 und 181 104 bezeichnet. Die 181.0 haben eine elektrische Widerstandsbremse von 2 500 kW Dauerleistung, die 181.1 eine elektrische Netzbremse. Nach umfangreichen Versuchen mit beiden Stromsystemen waren die Maschinen teilweise ab Sommer 1967 im Zugdienst beim Bw Saarbrücken und fuhren nach Metz, Kaiserslautern und Frankfurt (Main). Die 181 002 und 181 104 wurden 1988 bzw. bereits 1984 ausgemustert. Die beiden anderen befinden sich im Raum Saarbrücken noch im Einsatz und fahren u. a. bis Forbach (SNCF).

181.2

Neubau DB
Bo'Bo'
≈ 15 kV, 16 2/3 Hz und 25 kV, 50 Hz
Einsatzzeitraum 1984 bis heute

Nach der Elektrifizierung der Moseltalstrecke Koblenz–Trier und der anschließenden Verbindungen zur SNCF und CFL benötigte die DB weitere Zweifrequenzlokomotiven, besonders für den Montan-Güterzugverkehr mit schweren Durchgangsgüterzügen. Aufbauen auf den Ergebnissen mit den 181.0 und 181.1 wurden 25 neue Maschinen beschafft und zwischen Juli 1974 und April 1975 als 181 201 bis 181 225 beim Bw Saarbrücken in Betrieb genommen. Als Antrieb ist der Siemens-Gummiring-Kardanantrieb mit einseitigem Getriebe eingebaut. Dem Haupttransformator ist je Fahrmotor ein halbgesteuerter Thyristor-Brückengleichrichter nachgeschaltet. Durch sie wird die Fahrmotorspannung stufenlos geregelt. Mit 40 an den Fahrschaltern fixierten Fahrstufen wird der Spannungssollwert vorgegeben. Die elektrische Widerstandsbremse hat eine Dauerleistung von 2 500 kW. Alle 25 Maschinen sind im Bw Saarbrücken beheimatet. Drei Maschinen bekamen neben dem Europaemblem zusätzlich Namen, die 181 211: „LORRAINE", die 181 212: „LUXEMBOURG" und die 181 213: „SAAR". Die 181.2 fuhren vorrangig Kohle- und Erzzüge von der Ruhr zum Montandreieck. Der Verkehrsrückgang Anfang der 80er Jahre brachte eine Ausdehnung ihrer Reisezugleistungen, und so kommen sie mit Schnellzügen u. a. nach Metz, Frankfurt (Main), Wiesbaden und Heidelberg.

181.2
Zulässige Geschwindigkeit: 160 km/h
Treibraddurchmesser: 1 250 mm
Stundenleistung (b. Geschwindigkeit): 3 300 (90,0) kW (km/h)
Anfahrzugkraft: 277 kN
Dienstmasse: 82,5 t
LüP: 17 940 mm

E 320 11
Zulässige Geschwindigkeit: 120 km/h
Treibraddurchmesser: 1 250 mm
Stundenleistung (b. Geschwindigkeit): 2 500 (56,5) kW (km/h)
Anfahrzugkraft: 275 kN
Dienstmasse: 81,5 t
LüP: 16 440 mm

E 320 01

Neubau DB (ab 1968: DB 182 001)
Bo'Bo'
≂ 15 kV, $16^2/_3$ Hz und 20/25 kV, 50 Hz
Einsatzzeitraum 1960 bis 1977

Für den grenzüberschreitenden Verkehr zur SNCF im Raum Saarbrücken beschaffte die DB drei Prototypen einer Zweifrequenz-Gleichrichterlokomotive. Die von Krupp (Fahrzeugteil) und der AEG (Elektroteil) gebaute Maschine wurde als E 320 01 im Oktober 1960 in Betrieb genommen. Eine Erprobung auf der Höllentalbahn fand wegen der dortigen Systemumstellung nicht mehr statt. Der Fahrzeugteil war in Anlehnung an die in Lieferung befindlichen $16^2/_3$-Hz-Lokomotiven ausgeführt. Jeden der vier Radsätze trieb ein Mischstrommotor in Tatzlagerausführung an. Die Fahrmotorspannung wurde durch ein hydraulisch, später elektromotorisch angetriebenes Niederspannungsschaltwerk mit besonderen Lastschaltern und 28 Fahrstufen bei $16^2/_3$ Hz sowie 44 Fahrstufen bei 50 Hz geregelt. Die elektrische Bremse hatte eine Dauerleistung von 1 200 kW. Dem Haupttransformator war je Fahrmotor ein Silizium-Gleichrichter mit 144 Dioden nachgeschaltet.
Die Maschine war ständig im Raum Saarbrücken eingesetzt, vorrangig im grenzüberschreitenden Verkehr zur SNCF. Nach ihrer Außerdienststellung 1977 kaufte die AEG sie und rüstete ein Drehgestell als Erprobungsträger mit zwei 1 436-kW-Drehstrom-Asynchronmotoren aus. Die DB mietete die Maschine 1981 an und erprobte sie bis 1986/87. Seitdem ist sie abgestellt.

Foto: AEG

E 320 11

Neubau DB (ab 1968: DB 182 011)
Bo'Bo'
≂ 15 kV, $16^2/_3$ Hz und 20/25 kV, 50 Hz
Einsatzzeitraum 1960 bis 1978

Den zweiten Prototyp einer Zweifrequenz-Gleichrichterlokomotive bauten Henschel (Fahrzeugteil) und BBC (Elektroteil). Sie wurde im Juni 1960 als E 320 11 in Betrieb genommen und konnte auf der inzwischen auf 15 kV, $16^2/_3$ Hz umgestellten Höllentalbahn nicht mehr wie vorgesehen erprobt werden. Der Fahrzeugteil war dem der E 320 01 ähnlich und der elektrischen Ausrüstung angepaßt. Jeden Radsatz trieb ein Mischstrommotor in Tatzlagerausführung an. Nach den Versuchsfahrten wurden die massiven Ständer und Anker der Fahrmotoren auf geblechte Ausführung umgebaut, die sich besser bewährte. Die Reglung der Motorspannung erfolgte durch ein elektropneumatisch betätigtes Hochspannungsschaltwerk mit kreisförmig angeordneten Kontakten, besonderen Lastschaltern und 35 Fahrstufen. Dem Haupttransformator war je Fahrmotor ein Silizium-Gleichrichter mit 48 Dioden nachgeschaltet. Die elektrische Bremse besaß eine Dauerleistung von 1800 kW.
Nach den Probe- und Vergleichsmeßfahrten wurde die Maschine ebenfalls im Raum Saarbrücken im Reise- und Güterzugverkehr, vorrangig grenzüberschreitend zur SNCF, verwendet. Die ab 1968 als 182 011 bezeichnete Maschine war als Einzelfahrzeug zunehmend schwieriger zu unterhalten, wurde 1978 abgestellt und anschließend ausgemustert.

Foto: BBC

E 344 01
Zulässige Geschwindigkeit: 100 km/h
Treibraddurchmesser: 1 250 mm
Stundenleistung (b. Geschwindigkeit): 2 400 (70,0) kW (km/h)
Anfahrzugkraft: 275 kN
Dienstmasse: 80,5 t
LüP: 16 440 mm

E 410 (184.1)
Zulässige Geschwindigkeit: 150 km/h
Treibraddurchmesser: 1 250 mm
Stundenleistung (b. Geschwindigkeit): 3 240 (88,5) kW (km/h)
Anfahrzugkraft: 275 kN
Dienstmasse: 84,0 t
LüP: 16 950 mm

E 320 21

Neubau DB (ab 1968: 182 021)
Bo'Bo'
1~15 kV, $16\,^{2}/_{3}$ Hz und 20/25 kV, 50 Hz
Einsatzzeitraum 1959 bis 1982

Die Firmen Krauss-Maffei (Fahrzeugteil) und Siemens (Elektroteil) lieferten den dritten Prototyp einer Zweifrequenzlokomotive an die DB. Sie wurde als erste im Dezember 1959 in Betrieb genommen und bekam die Betriebsnummer E 320 21. Nach erfolgreichen Probefahrten auf der Höllentalbahn wurde auch sie im Raum Saarbrücken eingesetzt. Ihr Fahrzeugteil und der Antrieb waren gleicher Ausführung wie bei den zwei anderen Maschinen. Für den Silizium-Gleichrichter nutzte Siemens die Erfahrungen mit der Rangierlokomotive E 80 01. Je Fahrmotor wurde ein Gleichrichter mit 48 Dioden eingebaut. Die Reglung der Motorspannung erfolgte durch ein elektromotorisch betätigtes Hochspannungsschaltwerk mit Kreiskontakten und 32 Fahrstufen bei 15 kV sowie 44 bei 25 kV und besonderen Sprunglastschaltern für die Leistungsschaltung. Die elektrische Bremse hatte eine Leistung von 800 kW.

Die seit 1968 als 182 021 bezeichnete Maschine war als letzte der drei Prototypen 1980/81 beim Bw Saarbrücken noch in Betrieb, wurde aber nicht mehr planmäßig eingesetzt. Ein Ersatz für ausfallende 184 schied wegen der fehlenden Ausrüstung für den Zugbahnfunk aus. Nach einem Schaden wurde sie 1982 abgestellt und ausgemustert.

Foto: Siemens-Museum

E 344 01

Neubau DB (ab 1968: DB 183 001)
Bo'Bo'
1~15 kV, $16\,^{2}/_{3}$ Hz und 25 kV, 50 Hz
Einsatzzeitraum 1962 bis 1969

Nach der Indienststellung der drei E 320 hatte die DB weiteren Bedarf an Zweifrequenzlokomotiven. Einem Angebot der AEG nachgehend, beschaffte sie eine Maschine mit einer reinen Wechselstromausrüstung für beide Stromsysteme. Der Fahrzeugteil der E 244 21 wurde im AW München-Freimann für die neue Maschine umgebaut. Die Konstruktionsunterlagen und vorgefertigte Teile dazu, einschließlich eines neuen Kastenaufbaus lieferte Krauss-Maffei, die elektrische Ausrüstung die AEG. Sie verwendete als Tatzlager-Fahrmotoren die 50-Hz-Tandemmotoren der E 244 22. Im Oktober 1962 wurde die Maschine als E 344 01 beim Bw Saarbrücken in Betrieb genommen. Sie war die einzige deutsche Zweifrequenzlokomotive mit direktgespeisten Wechselstrommotoren. Die Motorspannung wurde durch ein motorbetriebenes Niederspannungs-Stufenschaltwerk der E 41 mit 14 Fahrstufen und nachgeschalteten Transduktoren sowie besonderen Lastschaltern geregelt.
Nach positiv verlaufenen Probefahrten beförderte die Maschine planmäßig Schnellzüge zwischen Saarbrücken und Forbach sowie 1 800-t-Erzzüge von Überherrn nach Saarbrücken. Oft fuhr sie auch Ersatz für ausgefallene E 320. Das unterschiedliche Anfahrverhalten – bei $16\,^{2}/_{3}$ Hz Hochschalten bis Fahrstufe 6/7, bei 50 Hz bis Fahrstufe 14, um den Zug zu bewegen – führte zu einer ungünstigen Beurteilung der Maschine. Sie wurde 1969 ausgemustert.

Foto: Claus

E 320 21
Zulässige Geschwindigkeit: 120 km/h
Treibraddurchmesser: 1 250 mm
Stundenleistung (b. Geschwindigkeit):
2 550 (68,0) kW (km/h)
Anfahrzugkraft: 275 kN
Dienstmasse: 83,7 t
LüP: 16 440 mm

E 410 (184.0)
Zulässige Geschwindigkeit: 150 km/h
Treibraddurchmesser: 1 250 mm
Stundenleistung (b. Geschwindigkeit):
3 240 (88,5) kW (km/h)
Anfahrzugkraft: 275 kN
Dienstmasse: 84,0 t
LüP: 16 950 mm

E 410

Neubau DB (ab 1968: DB 184.0)
Bo'Bo' ≂15 kV, $16^{2}/_{3}$ Hz und 25 kV, 50 Hz, =1 500 und 3 000 V
Einsatzzeitraum 1966 bis heute

Außer den Zweifrequenzlokomotiven für den grenzüberschreitenden Verkehr zur SNCF ließ die DB von Krupp (Fahrzeugteil) und der AEG (Elektroteil) auch drei Viersystemlokomotiven bauen. Sie waren als „Europalok" für den internationalen Schnellzugverkehr ohne Behinderung durch die unterschiedlichen Stromsysteme der NS, SNCB, SNCF und DB konzipiert. Als erste wurde die E 410 001 im Oktober 1966 in Dienst gestellt und mit „großem Bahnhof" der Öffentlichkeit präsentiert. Die beiden anderen folgten 1967, und seit 1968 werden sie als 184 001 bis 184 003 bezeichnet. Ihr Elektroteil entspricht prinzipiell einer Gleichrichterlokomotive. Bei Gleichstrombetrieb ist dem Haupttransformator ein Thyristor-Wechselrichter vorgeschaltet, der eine 100-Hz-Ausgangsspannung liefert. Mit einer Thyristorsteuerung wird die Fahrmotorspannung stufenlos geregelt. An den Fahrschaltern sind 40 Fahrstufen lediglich durch Raster markiert.
Bereits 1967 kamen die Maschinen neben den Versuchsfahrten auch in den regulären Zugdienst beim Bw Köln-Deutzerfeld und fuhren ab Herbst 1968 Schnellzüge bis nach Lüttich. Häufige Thyristorschäden durch Überspannungen im SNCB-Netz verschlugen die Maschinen von 1973 bis Sommer 1975 nach Saarbrücken, wo sie nur als Zweifrequenzlokomotiven verwendet wurden. Nach erneuten Einsätzen in Köln kamen sie ab 1979 wieder zum Bw Saarbrükken und werden in Trier-Ehrang eingesetzt.

184 003, Foto: Bäzold

E 410

Neubau DB (ab 1968: DB 184.1)
Bo'Bo' ≂15 kV, $16^{2}/_{3}$ Hz und 25 kV, 50 Hz, =1 500 und 3 000 V
Einsatzzeitraum 1967 bis 1982

Für zwei weitere Viersystemlokomotiven, deren Fahrzeugteil ebenfalls Krupp herstellte, lieferte die BBC die elektrische Ausrüstung. Die Maschine entspricht einer modifizierten klassischen Gleichstromlokomotive mit einer modernen Thyristorsteuerung für die stufenlose Änderung der Motorspannung. Durch Raster an den Fahrschaltern waren 40 Fahrstufen lediglich markiert. Die Lokomotiven wurden 1967 als E 410 011 und E 410 012 in Betrieb genommen und ab 1968 zuerst als 184 011 und 184 012 und etwas später als 184 111 und 184 112 bezeichnet. Auch mit ihnen führte die DB ein umfangreiches Versuchsprogramm zum Test der Funktionsfähigkeit der neuen elektrischen und elektronischen Bauelemente durch.
Beide Maschinen waren mit den 184.0 zusammen beim Bw Köln-Deutzerfeld beheimatet und vorwiegend im internationalen Verkehr bis nach Lüttich eingesetzt. 1973 kamen sie zum Bw Saarbrücken und wurden nur noch im Zweifrequenzbetrieb zur SNCF, vorrangig von Trier-Ehrang aus bis Apach, Thioville und Metz verwendet. Die 184 111 wurde 1981 abgestellt, ausgemustert und diente als Ersatzteilspender. Im Dezember 1982 folgte wegen eines Schadens an der Fahrsteuerung die 184 112. Sie wird die Nachwelt erhalten und kam nach ihrer Ausmusterung 1983 zum Museum für Verkehr und Technik in Berlin.

184 111, Foto: Slg. Mehnert

V 120 001
Zulässige Geschwindigkeit: 80 km/h
Treibraddurchmesser: 1 600 mm
Laufraddurchmesser: 850 mm
Motor/Leistungsübertragung
6-Zyl.-R/pneumatisch
Leistung: 883 kW
Dienstmasse: 124,6 t
LüP: 15 800 mm

V 16 001 bis V 16 003

DRG
B
K 33.9
Einsatzzeitraum 1924 bis 1931

Zu Beginn der 20er Jahre bemühten sich mehrere Hersteller und Arbeitsgemeinschaften, die Entwicklung und den Bau von Brennkraftlokomotiven voranzutreiben. Besonders aktiv war die „Motorlokomotiv-Verkaufs-Gesellschaft Baden“, zu der sich die Badischen Lokomotivwerke Mosbach, die Maschinenbau-Gesellschaft Karlsruhe und die Motorenwerke Mannheim zusammengeschlossen hatten. Nachdem diese Industriegruppe seit 1921 schon einzelne Diesellokomotiven gebaut hatte, erteilte die DRG den Auftrag zu einer Serie von drei Maschinen für den Einsatz im Rangierdienst. Das erste Fahrzeug war im Jahre 1924 abgeliefert und auf der Ausstellung der Eisenbahntechnischen Tagung in Seddin vorgeführt worden. Die Maschine verfügte bereits über eine hydrostatische Leistungsübertragung nach den Patenten von Lentz, hergestellt von den Badischen Lokomotivwerken Mosbach. Den 4-Zylinder-Viertakt-Dieselmotor mit einer Leistung von 160 PS lieferten die Motorenwerke Mannheim, und der Fahrzeugteil entstand bei der Maschinenbau-Gesellschaft Karlsruhe. Der Leistungsfluß verlief vom Motor über das hydrostatische Getriebe mit Pumpe, Umsteuerschieber und Ölmotor auf ein Vorgelege mit Blindwelle und über Kuppelstangen auf die beiden Radsätze. Alle drei Lokomotiven kamen als V 6001 bis 6003 zum Betriebseinsatz, wurden 1930 in V 16 001 bis 003 umgezeichnet, kurze Zeit später aber ausgemustert.

V 16 004

DRG
Co
Einsatzzeitraum 1933 bis 1945

Die ersten Zweikraftlokomotiven der Deutschen Reichsbahn-Gesellschaft entstanden bereits im Jahre 1932 im Rahmen der Entwicklung von Kleinlokomotiven der Leistungsgruppe II. Die ersten Fahrzeuge waren kleine zweiachsige Maschinen mit einem Verbrennungsmotor und zusätzlichen Akkumulatoren. Im normalen Fahrbetrieb speiste ein vom Dieselmotor angetriebener Generator zwei Elektromotoren. Mit überschüssigem Strom wurden die Akkumulatoren aufgeladen, die dann als Energiespeicher zur Verfügung standen. Im Jahre 1933 schufen die Siemens-Schuckert Werke eine stärkere dreiachsige Speicherlok. Als Antriebsaggregat stand ein 4-Zylinder-Dieselmotor von KHD mit einer Nennleistung von 75 PS zur Verfügung, der direkt mit einem 48-kW-Gleichstromgenerator gekuppelt war. Als elektrischer Speicher waren Akkumulatoren mit einer Kapazität von 455 Ah eingebaut. Die drei elektrischen Fahrmotoren waren als Tatzantriebe ausgeführt. Nach ihrer Indienststellung war die Lokomotive zunächst im Rangierdienst des Anhalter Bahnhofs in Berlin eingesetzt, wo sie sich als recht wirtschaftlich erwies. Nach 1945 blieb das Fahrzeug zunächst abgestellt, erhielt dann einen neuen 4-Zylinder-Dieselmotor von MWJ mit 45 PS und die Betriebsnummer A 20 090. Im Jahre 1966 kam die Maschine als Werklokomotive in ein Betonwerk in der DDR.

Foto: Slg. Obermayer

V 16 004
Zulässige Geschwindigkeit: 45 km/h
Treibraddurchmesser: 1 000 mm
Motor/Leistungsübertragung:
4-Zyl.-R/elektrisch
Leistung: 55 kW
Dienstmasse: 47,3 t
LüP: 9 100 mm

V 16 001 bis V 16 003 (ohne Abb.)
Zulässige Geschwindigkeit: 24 km/h
Treibraddurchmesser: 1 000 mm
Motor/Leistungsübertragung:
4-Zyl.-R/hydrostatisch
Leistung: 118 kW
Dienstmasse: 30,0 t
LüP: 7 750 mm

V 140 001
Zulässige Geschwindigkeit: 100 km/h
Treibraddurchmesser: 1 400 mm
Laufraddurchmesser: 850 mm
Motor/Leistungsübertragung:
8-Zyl.-R/hydraulisch
Leistung: 1 030 kW
Dienstmasse: 83,0 t
LüP: 14 400 mm

V 120 001

DRG
2'C2'
Einsatzzeitraum 1929 bis 1933

Den Auftrag zum Bau einer Großdiesellokomotive für den Einsatz im Personenzugdienst auf Haupt- und Nebenbahnen hatte die DRG im Jahre 1924 erteilt. Das Fahrzeug entstand bis 1927 als Gemeinschaftsentwicklung der Maschinenfabrik Esslingen, der Maschinenfabrik Augsburg-Nürnberg und des Reichsbahn-Zentralamtes. Der kastenförmige Aufbau der Maschine hatte an beiden Enden je einen großen Stirnkühler erhalten. Das Triebwerk der Lokomotive mit pneumatischer Leistungsübertragung aus zwei Zylindern, einer Heusinger-Steuerung sowie mit Treib- und Kuppelstangen entsprach weitgehend den üblichen Dampflokantrieben. Als Antriebsaggregat kam ein großer 6-Zylinder-Viertakt-Dieselmotor mit Kraftstoffeinspritzung von MAN zum Einbau, der eine Nennleistung von 1 200 PS hatte und für den Einsatz in U-Booten entwickelt worden war. Der Dieselmotor war mit einem zweistufigen Luftverdichter gekoppelt. Die auf 7 bar verdichtete Luft wurde von Motorabgasen in einem Lufterhitzer auf 350 °C erhitzt und dann den Lokomotivzylindern mit einem Durchmesser von 700 mm zugeführt. Erste Probefahrten führten zu verschiedenen Änderungen. Dadurch verzögerte sich die Indienststellung der V 3201 bis Ende 1929. Nach einer weiteren Erprobung kam die Lok zur Rbd Stuttgart, wurde 1930 in V 120 001 umgezeichnet und nach wenigen Jahren des Betriebseinsatzes ausgemustert.

Foto: Maschinenfabrik Esslingen

V 140 001

DRG
1'C1'
Einsatzzeitraum 1936 bis 1953

Nachdem die V 120 001 die Erwartungen nicht erfüllte, inzwischen aber schon gute Erfahrungen aus dem Betrieb einiger Serien von Kleinlokomotiven mit hydraulischer Leistungsübertragung vorlagen, erteilte die DRG den Auftrag zum Bau einer weiteren Großdiesellokomotive. Dieses Fahrzeug entstand als V 16 101 bei Krauss-Maffei unter der Mitwirkung der Firmen MAN, Voith und BBC. Während der Jahrhundertfeier der Deutschen Eisenbahnen konnte die Lokomotive am 13. Juli 1935 in Nürnberg der Öffentlichkeit vorgestellt werden. Als Antriebsmaschine diente ein großer 8-Zylinder-Viertakt-Dieselmotor der MAN mit Abgasturbolader, der eine Nennleistung von 1 400 PS hatte. Für die Energieversorgung und für den Antrieb des Drucklufterzeugers war ein Hilfsdieselmotor von MAN mit 120 PS eingebaut. Die Leistungsübertragung vom Hauptmotor erfolgte über eine Kupplung, ein Voith-Strömungsgetriebe und ein Wendegetriebe auf eine Blindwelle und von dort über Kuppelstangen zu den drei Radsätzen. Die beiden Laufachsen waren als Bisselachsen ausgeführt worden. Verschiedene Mängel konnten während der Erprobungszeit beseitigt werden. Danach bewährte sich die Maschine im Betriebseinsatz recht gut. Nach der Ausmusterung im Jahre 1954 kam die nun als V 140 001 bezeichnete Lok zuerst zur TH Karlsruhe und 1970 in das Deutsche Museum nach München.

Foto: Krauss-Maffei

202
Zulässige Geschwindigkeit: 140 km/h
Treibraddurchmesser: 1 100 mm
Motor/Leistungsübertragung: 12-Zyl.-V/elektrisch
Leistung: 1 840 kW
Dienstmasse: 80,0 t
LüP: 18 000 mm

V 100[10]
Zulässige Geschwindigkeit: 90/100 km/h
Treibraddurchmesser: 950 mm
Motor/Leistungsübertragung: 12-Zyl.-V/hydraulisch
Leistung: 810 kW
Dienstmasse: 62,0 t
LüP: 12 100 mm

202

Henschel/BBC DE 2500
Bo'Bo'/Co'Co'
Einsatzzeitraum 1971 bis 1985

Mit der DE 2500 schufen Rheinstahl-Henschel und BBC drei Fahrzeuge einer neuen Lokomotivgeneration für den Einsatz im Reise- und Güterzugdienst. Die Lokomotiven hatten ein von der BBC entwickeltes System einer Drehstrom-Antriebstechnik erhalten, die erprobt und zur Serienreife gebracht werden sollte. Als Antriebsmaschine diente der inzwischen bewährte 12-Zylinder-Viertakt-Dieselmotor der MTU mit einer Nennleistung von 2 500 PS, der mit einem Generator gekuppelt war. Der von diesem Aggregat erzeugte Drehstrom wurde gleichgerichtet und über elektronische Umrichter wieder in Drehstrom mit stufenlos regelbarer Frequenz umgewandelt. Dies war die Voraussetzung für den Einsatz der kleinen, robusten und leistungsstarken Drehstrom-Asynchronmotoren, die als Standardantriebe in die Elektrolokomotiven der Baureihe 120 und in die Triebköpfe des ICE eingebaut wurden. Die neuen zwei- oder dreiachsigen Drehgestelle waren ohne Drehzapfen ausgeführt, die Zug- und Bremskräfte übernahmen Lenker in verschleißfreien Lagern. In einer der drei Maschinen, die von der DB als 202 002 bis 004 angemietet waren, wurden die Versuchslaufwerke mit umkoppelbaren Antriebsmassen UmAn erprobt, die für die Entwicklung des ICE von besonderer Bedeutung waren. Die Lokomotive 202 004 befindet sich im Museum für Technik und Arbeit in Mannheim.

202 002, Foto: DB

240

Krupp/MaK DE 1024
Co'Co'
Einsatzzeitraum 1990 bis heute

Den neuesten Stand der Technik im Bau von Großdiesellokomotiven repräsentiert die Bauart DE 1024 von Krupp/MaK und ABB, von der in den Jahren 1989/90 drei Exemplarte gebaut wurden. Die schweren sechsachsigen Lokomotiven mit elektrischer Leistungsübertragung sind für den universellen Einsatz im Reise- und Güterzugdienst vorgesehen. Angetrieben werden die Maschinen von einem mittelschnellaufenden 16-Zylinder-Viertakt-Dieselmotor der MaK, der auf eine Nennleistung von 3 600 PS eingestellt wurde. Das verbesserte System der Drehstrom-Leistungsübertragung und ein neues Leittechniksystem sind von ABB entwickelt worden. Der vom Dieselmotor angetriebene Generator gibt seine Energie an einen Gleichrichter ab. Wechselrichter wandeln die Gleichspannung in eine Wechselspannung variabler Frequenz und Spannung, mit der die kompakten und wartungsarmen Drehstrom-Asynchronmotoren in den dreiachsigen Drehgestellen gespeist werden. Für die Zugstromversorgung stehen an der Zugsammelschiene bis 700 kVA zur Verfügung, die ausreichen, auch die längsten Reisezüge mit der erforderlichen Heizleistung zu versorgen. Im Güterzugdienst steht diese Leistung für die Traktion zur Verfügung. Nach der bremstechnischen Untersuchung durch die Versuchsanstalt der DB in Minden kamen die Lokomotiven 240 001 bis 003 für eine Langzeiterprobung zur BD Hamburg.

Foto: Krupp-MaK

210
Zulässige Geschwindigkeit: 160 km/h
Treibraddurchmesser: 1 000 mm
Motor/Leistungsübertragung:
12-Zyl.-V/Turbine/hydr.
Leistung: 1 840 + 883 kW
Dienstmasse: 79,0 t
LüP: 16 400 mm

240
Zulässige Geschwindigkeit: 160 km/h
Treibraddurchmesser: 1 016 mm
Motor/Leistungsübertragung:
16-Zyl.-V/elektrisch
Leistung: 2 650 kW
Dienstmasse: 117,0 t
LüP: 20 960 mm

210

Neubau DB
(ab 1981: DB 218)
B′B′
Einsatzzeitraum 1970 bis heute

In den Jahren 1969 bis 1971 entstanden bei Krupp in Essen acht Lokomotiven der Baureihe 210 mit zusätzlichem Gasturbinen-Antrieb. Hauptantriebsaggregat war der neue 12-Zylinder-Viertaktdieselmotor MA 12 V 956 TB der MTU mit Aufladung, Ladeluftkühlung und einer Nennleistung von 2 500 PS, der bereits in den Vorserienmaschinen der Baureihen 215 und 218 erprobt worden war. Zusätzlich wurde eine Zweiwellen-Gasturbine der Bauart Avco-Lycoming T 53-L-13 eingebaut, die mit einer Nennleistung von 1 200 PS bei erhöhtem Leistungsbedarf als Booster zugeschaltet werden konnte. Die Einspeisung der Gasturbinen-Leistung erfolgt über ein Getriebe in den hydrodynamischen Drehmomentwandler, der an den Sekundärteil des hydraulischen Getriebes angeschlossen ist und somit auf alle vier Radsätze wirkt. Als Zugheizanlage wurde ein Generator eingebaut, der über eine Kardanwelle aus dem hydraulischen Getriebe angetrieben wird und eine Heizleistung von 360 kW hat. Eine weitere Besonderheit sind die neuen, von der MaK entwickelten Drehgestelle mit gleitstückloser Kastenabstützung und Gummischichtfedern für die Radsätze. Nach mehreren Turbinenschäden verfügte die DB im Jahre 1979 den Ausbau der Turbinen. Nach einem Umbau sind die Lokomotiven für eine Höchstgeschwindigkeit von 140 km/h zugelassen und seither mit den Betriebsnummern 218 901 bis 908 im Bestand der DB.

210 002, Foto: Obermayer

V 100^{10}

Neubau DB
(ab 1968: DB 211)
B′B′
Einsatzzeitraum 1958 bis heute

Für den gemischten Nebenbahnbetrieb und für den leichten Dienst vor Reise- und Güterzügen auf Hauptbahnen ließ die DB die Baureihe V 100 entwickeln, um damit die überalterten Dampflokomotiven ablösen zu können. Ende 1958 lieferte die MaK die erste von sechs Erprobungsmaschinen. Fünf dieser Lokomotiven erhielten einen 12-Zylinder-Viertakt-Dieselmotor mit 1 100 PS. Die V 100 006 fuhr mit einer stärkeren Motorvariante mit 1 350 PS, sie wurde später in V 100 2001 umgezeichnet. Eine siebente Lok, von MaK auf eigene Rechnung gebaut, war in Schweden erprobt und später von der DB als V 100 007 erworben worden. Die Lokomotiven verfügen über einen Gelenkwellenantrieb, ein hydraulisches Getriebe von Voith, vier Achsgetriebe und einen Dampfkessel für die Zugheizung. Ein Hilfsmotor mit 22 PS sichert die Energie- und Druckluftversorgung. Antriebsmotor und Kühlanlage wurden im langen Vorbau eingebaut, die Hilfsaggregate und der Hauptluftbehälter befinden sich im kurzen Vorbau. Nach einer Vorserie mit 36 Lokomotiven aus dem Jahre 1961 lief die Serienfertigung bei verschiedenen Herstellern an. Nach dem Verkauf zahlreicher Maschinen an Bahnverwaltungen im In- und Ausland befanden sich von den insgesamt 364 Lokomotiven der Baureihe 211 Ende Juni 1991 noch 157 Fahrzeuge im Einsatzbestand der DB.

211 133, Foto: Obermayer

V 100^{20}
Zulässige Geschwindigkeit: 100 km/h
Treibraddurchmesser: 950 mm
Motor/Leistungsübertragung:
12-Zyl.-V/hydraulisch
Leistung: 994 kW
Dienstmasse: 63,0 t
LüP: 12 100/12 300 mm

V 100^{23}
Zulässige Geschwindigkeit: 100 km/h
Treibraddurchmesser: 950 mm
Motor/Leistungsübertragung:
12-Zyl.-V/hydraulisch
Leistung: 994 kW
Dienstmasse: 63,0 t
LüP: 12 300 mm

215 001 bis 215 010
Zulässige Geschwindigkeit: 130/140 km/h
Treibraddurchmesser: 1 000 mm
Motor/Leistungsübertragung:
16-Zyl.-V/hydraulisch
Leistung: 1 398 kW
Dienstmasse 79 bis 80,0 t
LüP: 16 400 mm

V 100^{20}

Neubau DB
(ab 1968: DB 212)
B'B'
Einsatzzeitraum 1962 bis heute

Nach der endgültigen Festlegung des Leistungs- und Betriebsprogramms für die Diesellokomotiven der Baureihe V 100 ergab sich, daß im normalen Dienst eine Leistung von 1 100 PS ausreichend war. Für den Einsatz auf Hauptbahnen und auf steigungsreichen Strecken sollte aber eine stärkere Variante zur Verfügung stehen. Mit der V 100 006, die später in V 100 2001 umgezeichnet wurde, war bereits ein Prototyp mit einer Leistung von 1 350 PS vorhanden. Diese Lok hatte einen 12-Zylinder-Viertakt-Dieselmotor von Daimler-Benz erhalten, der aus einem 16-Zylinder-Motor abgeleitet war. Im Jahre 1963 wurde eine Vorserie mit 20 Maschinen in Dienst gestellt. Nach der Erprobung verschiedener Antriebsaggregate der großen Motorenhersteller wurde für die erste Großserie der 12-Zylinder-Viertakt-Dieselmotor der MTU ausgewählt, der mit einem Abgas-Turbolader ausgetattet ist. Ab der Betriebsnummer V 100 2022 wurden die Fahrzeuge mit einer Länge über Puffer von 12 300 mm ausgeführt. Bis auf unterschiedliche Klappen und Lüftergitter entsprechen die Maschinen weitgehend der Baureihe 211. In der Gesamtstückzahl von 381 Exemplaren, die bis Mitte 1966 von verschiedenen Lokomotivfabriken geliefert wurden, sind auch die zehn Maschinen der Baureihe 213 enthalten. Von der Reihe 212 befanden sich Ende Juni 1991 noch 355 Lokomotiven im Einsatzbestand.

212 236, Foto: Obermayer

V 100^{23}

Neubau DB
(ab 1968: DB 213)
B'B'
Einsatzzeitraum 1965 bis heute

Mitte der 60er Jahre betrieb die Deutsche Bundesbahn im Schwarz- und im Westerwald noch zwei Steilstrecken, auf denen Dampflokomotiven eingesetzt waren. Im Rahmen des Strukturwandels in der Zugförderung sollten dafür leistungsfähige Diesellokomotiven beschafft werden. Wegen der geringen Zahl von Fahrzeugen, die dafür benötigt wurden, kam eine Neuentwicklung nicht in Frage. Die DB griff deshalb auf die inzwischen bewährte Baureihe V 100 zurück. Unter weitreichender Beibehaltung aller Bauteile der Serienausführung wurden zehn Lokomotiven durch zusätzliche Einrichtungen den Anforderungen des Steilrampenbetriebs angepaßt. Das hydraulische Getriebe erhielt eine hydrodynamische Bremse in Form einer Doppelbremskupplung, die an das hintere Gehäuseende des Voith-Getriebes angeflanscht wurde. Um die Bremswärme abzuführen, mußte ein zweiter Wärmetauscher eingebaut werden. Dieser zusätzlichen Ausrüstung wegen war auf das Hilfsdieselaggregat verzichtet worden. An seine Stelle trat ein Batterie-Nachladegerät mit Fremdstromanschluß. Die als V 100 2332 bis 2341 in Dienst gestellten Maschinen lösten die Dampflokomotiven der Baureihen 82 und 94$^{5-13}$ mit Riggenbach-Gegendruckbremse ab und waren Ende 1991 noch alle im Einsatz.

V 100 2334, Foto: Obermayer

215
Zulässige Geschwindigkeit: 140 km/h
Treibraddurchmesser: 1 000 mm
Motor/Leistungsübertragung: 16-Zyl./12-Zyl.-V/hydraulisch
Leistung: 1 398/1 840 kW
Dienstmasse 77,5 t
LüP: 16 400 mm

215 001 bis 215 010

Neubau DB
B'B'
Einsatzzeitraum 1968 bis heute

Die Ausmusterung überalterter Dampflokomotiven hatte gegen Ende der 80er Jahre die Beschaffung weiterer Diesellokomotiven größerer Leistung erfordert. Neben einer großen Zahl von Maschinen der Reihe 216 mit Dampferzeugern für die Zugheizung befanden sich die ersten Fahrzeuge mit elektrischer Zugheizung noch in der Erprobung bzw. im Bau. Bei der Vergabe des Bauauftrags für die zehn Vorserienmaschinen der Reihe 215 war festgelegt worden, daß die Fahrzeuge eine verbesserte Heizdampf-Kesselanlage der Bauart Vapor-Heating von Hagenuk erhalten sollten. Mit den Lokomotiven, die in den Jahren 1968 und 1969 von Krupp geliefert wurden, sollten weitere Erfahrungen mit dem neuen 12-Zylinder-Viertakt-Dieselmotor V 6 V 23/23 TL der MAN mit einer Leistung von 2 500 PS gesammelt werden. Der Einbau war problemlos möglich, da die Maschinen bereits mit der neuen Standardlänge von 16 400 mm ausgeführt waren. Den Hilfsdieselmotor für die Drucklufterzeugung und für die Energieversorgung mit einer Nennleistung von 22 PS lieferte die Firma MWM. Die mit einer verbesserten hydrodynamischen Bremse ausgerüsteten Fahrzeuge 215 005 bis 010 konnten für eine Höchstgeschwindigkeit von 140 km/h zugelassen werden. Alle zehn Vorserienmaschinen, in die auch der bewährte 16-Zylinder-Dieselmotor der MTU eingebaut wurde, kamen zur Erprobung zum Bw Ulm, wo sie sich auch noch Ende 1991 befanden.

215 005, Foto: Obermayer

215

Neubau DB
B'B'
Einsatzzeitraum 1969 bis heute

Nach der Erprobung der zehn Vorausmaschinen mit den starken 2 500-PS-Motoren bestellte die Deutsche Bundesbahn zum Jahreswechsel 1968/69 die Großserie mit insgesamt 140 Lokomotiven der Baureihe 215, die bis 1971 von verschiedenen Herstellern gefertigt wurden. In ihrer Bauausführung entsprachen die Fahrzeuge weitgehend der Vorserie. Die Zugheizung erfolgte ebenfalls mit Heizkesseln der Bauart Vapor-Heating, die von Hagenuk in Lizenz gebaut wurden. Als Antriebsaggregat wurde der bewährte 16-Zylinder-Viertakt-Dieselmotor der MTU mit 1 900 PS eingebaut. Den Hilfsdiesel mit 22 PS lieferten die Motorenwerke Mannheim. Die letzten 20 Maschinen erhielten den inzwischen ausgereiften stärkeren 12-Zylinder-Viertakt-Dieselmotor der MTU, der eine Nennleistung von 2 500 PS hat und den Lokomotiven genügend Reserven bei Spitzenbelastung läßt. Alle Serienlokomotiven der Baureihe 215 verfügen über eine hydrodynamische Bremse, die eine Höchstgeschwindigkeit von 140 km/h erlaubt. Im Jahre 1974 wurden die Maschinen 215 030 bis 032 bei Krupp mit einem dieselelektrischen Heizaggregat ausgestattet. Eine weitere Beschaffung der Reihe 215 unterblieb, da inzwischen die Serienfertigung der Baureihe 218 angelaufen war. Die Lokomotive 215 112 erlitt einen schweren Unfall und wurde ausgemustert, alle anderen Maschinen waren Ende Juni 1991 noch im Einsatz.

215 100, Foto: Obermayer

V 160
Zulässige Geschwindigkeit: 120
Treibraddurchmesser: 1 000 mm
Motor/Leistungsübertragung:
16-Zyl.-V/hydraulisch
Leistung: 1 398 kW
Dienstmasse 75,5 bis 77,0 t
LüP: 16 000 mm

V 160 001 bis V 160 009
Zulässige Geschwindigkeit: 120 km/h
Treibraddurchmesser: 1 000 mm
Motor/Leistungsübertragung:
16-Zyl.-V/hydraulisch
Leistung: 1 398 kW
Dienstmasse 74,0 t
LüP: 16 000 mm

V 160 001 bis V 160 009

Neubau DB
(ab 1968: DB 216)
B'B'
Einsatzzeitraum 1960 bis 1984

Nachdem ab Mitte der 50er Jahre große schnellaufende Dieselmotoren mit einer Nennleistung bis 1 900 PS die Serienreife erlangt hatten, erteilte die Deutsche Bundesbahn der Firma Krupp in Essen den Auftrag zum Bau von sechs einmotorigen Prototypen einer Mehrzweck-Diesellokomotive. Diese ersten Maschinen einer neuen Fahrzeuggeneration waren als V 160 001 bis 006 von August 1960 bis März 1961 abgeliefert und zunächst einer eingehenden Erprobung unterzogen worden. Als Antriebsmaschinen standen zwei 16-Zylinder-Viertakt-Dieselmotoren in V-Anordnung zur Verfügung. Der Motor von Daimler-Benz arbeitete mit einfacher Aufladung, die Maschine von Maybach mit erhöhter Aufladung durch einen Abgasturbolader und Ladeluftkühlung. Beide Motorbauarten mit je 1 900 PS waren gegeneinander austauschbar und wurden später durch Motoren der MTU ersetzt. Über eine Kupplung mit Drehschwingungsdämpfer und eine kurze kräftige Gelenkwelle erfolgte die Leistungsübertragung auf das ebenfalls im Rahmen gelagerte Voith-Strömungsgetriebe und von dort mit weiteren Gelenkwellen auf die vier Achsgetriebe. Drei weitere baugleiche Fahrzeuge lieferte Henschel in den Jahren 1962 und 1963. Die Lokomotiven wurden ab 1978 ausgemustert, einige an Privatbahnen im In- und Ausland verkauft. Die 216 004 kam zur Württembergischen Eisenbahn-Gesellschaft, und die 216 003 ist als Museumslokomotive der DB erhalten geblieben.

V 160 001, Foto: DB

V 160 010

Neubau DB
(ab 1968: DB 216)
B'B'
Einsatzzeitraum 1962 bis 1979

Mit dem Bau der Vorserienlokomotiven V 160 001 bis 009 bei Krupp und Henschel war zu Beginn der 60er Jahre ein neuer Zeitabschnitt in der Beschaffung einmotoriger Großdiesellokomotiven eingeleitet worden. Eingehende Erprobungen im Versuchsbetrieb und im Planeinsatz hatten ergeben, daß die Maschinen alle Erwartungen erfüllen. Weniger zufrieden waren die Fachleute jedoch mit der Gestaltung der Stirnpartie mit den aufwendigen Blechformteilen. Bei der letzten Vorserienlok V 160 010, die im Jahre 1962 bei Henschel in Kassel entstand, entschied man sich deshalb für eine andere Gestaltung der Stirnfront. Die bauchige Form wurde verlassen und die einfacher zu fertigende und gefälliger wirkende Kopfform übernommen, die bereits für die große sechsachsige Lokomotive V 320 001 festgelegt war und richtungsweisend für die weitere Entwicklung großer Diesellokomotiven werden sollte. In der vollkommen geschweißten Leichtbauweise unterschied sich die Maschine nur durch eine geänderte Form des Rahmens. Unverändert waren das Antriebsaggregat mit einer Nennleistung von 1 900 PS sowie der Hilfsdieselmotor mit 18 PS für den Antrieb des Drucklufterzeugers und des Generators für elektrische Energie übernommen worden. Gleich geblieben war die ölgefeuerte Heizanlage der Bauart Hagenuk für die Beheizung von Reisezugwagen. Auf den Einbau einer Wendezugsteuerung wurde jedoch verzichtet. Die Ausmusterung erfolgte 1979.

Foto: Henschel

V 160 010
Zulässige Geschwindigkeit: 120
Treibraddurchmesser: 1 000 mm
Motor/Leistungsübertragung: 16-Zyl.-V/hydraulisch
Leistung: 1 398 kW
Dienstmasse 74,0 t
LüP: 16 000 mm

V 162 001 bis V 162 003
Zulässige Geschwindigkeit: 120 km/h
Treibraddurchmesser: 1 000 mm
Motor/Leistungsübertragung: 16-Zyl.-V/hydraulisch
Leistung: 1 398 kW
Dienstmasse 79 bis 81,5 t
LüP: 16 400 mm

V 160

Neubau DB
(ab 1968: DB 216)
B'B'
Einsatzzeitraum 1964 bis heute

Nachdem die Auswertungen der Versuchsfahrten mit den Prototypen vorlagen, die durchweg positiv beurteilt wurden, konnte die Serienfertigung der neuen einmotorigen Diesellokomotiven der Baureihe V 160 eingeleitet werden. Die beiden ersten Baulose mit je 25 Maschinen lieferten Krupp und MaK im Jahre 1964. Konsequent war der beim Bau der V 160 010 eingeschlagene Weg weiter verfolgt worden. Einige Änderungen, verbunden mit der Verstärkung einiger Baugruppen und der Einbau des schweren 16-Zylinder-Viertakt-Dieselmotors der MTU führten nun aber zu einer höheren Gesamtmasse. Ein Einsatz der Maschinen auf Nebenstrecken war inzwischen nicht mehr vorgesehen, sie sollten vielmehr überalterte Dampflokomotiven auf Hauptbahnen ablösen. Sowohl der Fahrzeugkasten als auch der Rahmen waren in Stahlleichtbauweise aus Blechen und Profilen als Schweißkonstruktion ausgeführt. Für die Dampferzeugung zur Beheizung der Reisezugwagen war ebenfalls ein Heizkessel der Bauart Hagenuk eingebaut worden. Ein Teil der Fahrzeuge wurde mit einer Vielfachsteuerung für Doppeltraktion und für den Einsatz mit Wendezügen ausgestattet. Am Bau der insgesamt 224 Lokomotiven, die bis 1969 in Dienst gestellt wurden, waren außer Krupp und Mak auch die Firmen Henschel, KHD und Krauss-Maffei beteiligt. Am 30. Juni 1991 verfügte die Deutsche Bundesbahn noch über einen Einsatzbestand von 208 Fahrzeugen.

216 090, Foto: Obermayer

V 162 001 bis V 162 003

Neubau DB
(ab 1968: DB 217)
B'B'
Einsatzzeitraum 1965 bis heute

Schon während der Serienfertigung der Baureihe V 160 reiften die Pläne, bei der Entwicklung weiterer Diesellokomotiven auf den Einbau von Dampferzeugungsanlagen für die Zugheizung zu verzichten und eine elektrische Zugheizung vorzusehen. Als Erprobungsträger schuf Krupp in Essen, in enger Zusammenarbeit mit dem Bundesbahn-Zentralamt München, die drei Lokomotiven V 162 001 bis 003, die von Juni 1965 bis Oktober 1966 abgeliefert wurden. Anstelle eines Dampfkessels war ein MAN-Dieselmotor mit einer Nennleistung von 500 PS eingebaut worden. In den Maschinen V 162 001 und 002 treibt dieser Hilfsdieselmotor den Generator über ein Stirnradgetriebe an. In der V 162 003 ist der von SSW entwickelte Generator direkt am Dieselmotor angeflanscht worden. Die Einrichtung für eine elektrische Zugheizung verlangte eine geringfügige Verlängerung der Lokomotive und eine Änderung des Maschinenraums, der nun zwei Seitengänge erhielt. Als Fahrmotor gelangte wiederum das bewährte Aggregat von MTU zum Einbau, ein 16-Zylinder-Viertakt-Dieselmotor in V-Anordnung mit einer Nennleistung von 1 900 PS. In den Sommermonaten und beim Einsatz im Güterzugdienst läßt sich die Leistung des Dieselmotors für die Heizung über einen Einspeisewandler in das Getriebe einleiten und im Fahrbetrieb zusätzlich nutzen. Am Jahresende 1991 war nur noch die 217 003 im Einsatzbestand der DB (Bw Regensburg).

217 001, Foto: DB

217 011 bis 217 022
Zulässige Geschwindigkeit: 130 km/h
Treibraddurchmesser: 1 000 mm
Motor/Leistungsübertragung:
16-Zyl.-V/hydraulisch
Leistung: 1 398 kW
Dienstmasse 79,5 t
LüP: 16 400 mm

218 001 bis 218 012
Zulässige Geschwindigkeit: 130 km/h
Treibraddurchmesser: 1 000 mm
Motor/Leistungsübertragung:
12-Zyl.-V/hydraulisch
Leistung: 1 840 kW
Dienstmasse 78,5 t
LüP: 16 400 mm

217 011 bis 217 022

Neubau DB
B'B'
Einsatzzeitraum 1968 bis heute

Mit dem Bau der drei Prototypen V 162 001 bis 003 war der entscheidende Schritt zur elektrischen Zugheizung in Diesellokomotiven vollzogen worden. Nachdem ausreichende Betriebserfahrungen aus dem Versuchseinsatz beim Bw Mühldorf vorlagen, lieferte Krupp eine zweite Vorserie mit zwölf Lokomotiven, die im Jahre 1968 mit den Betriebsnummern 217 011 bis 022 in Dienst gestellt wurden. Neue Strömungsgetriebe mit zwei Wandlergängen ließen, bei sonst unverändertem Antrieb, eine Höchstgeschwindigkeit von nunmehr 130 km/h zu. Übernommen wurde auch der den Generator antreibende MAN-Dieselmotor mit einer Nennleistung von 500 PS. Die Zugheizanlage ist eine Gemeinschaftsentwicklung der Elektrokonzerne AEG, BBC und SSW und entspricht in ihrer Ausführung weitgehend der Einrichtung in der V 162 003. Der für die Gewinnung der Heizenergie erforderliche Generator wurde ebenfalls direkt an den Dieselmotor angeflanscht. Auch bei diesen Fahrzeugen konnte die Heizleistung zur Steigerung der Zugleistung eingespeist werden. Zu einer weiteren Bestellung von Maschinen der Baureihe 217 ist es nicht mehr gekommen. Die zwölf Fahrzeuge waren zunächst in den Betriebswerken Hagen-Eckesey und Regensburg im planmäßigen Dienst eingesetzt. Nach Abschluß der Erprobung, die sich über einen längeren Zeitraum erstreckte, kamen alle Maschinen zum Bw Regensburg, wo sie Ende 1991 noch im Einsatz waren.

217 017, Foto: DB

218 001 bis 218 012

Neubau DB
B'B'
Einsatzzeitraum 1968 bis heute

Der angestrebte Übergang von der Dampfheizung zur elektrischen Zugheizung bei Diesellokomotiven war mit dem Bau der Reihe 217 vollzogen worden. Für die zukünftige Entwicklung erschienen der Einbau und die Wartung von zwei großen Dieselmotoren mit zusammen 28 Zylindern aber zu aufwendig. Neue Perspektiven ergaben sich, als ein Dieselmotor mit 12 Zylindern und einer Nennleistung von 2 500 PS zur Verfügung stand, den die MAN zur Serienreife entwickelt hatte. Diese Leistung war ausreichend, um einen Heizgenerator über eine Gelenkwelle aus dem Flüssigkeitsgetriebe vom Fahrmotor aus anzutreiben. Ein zweites Antriebsaggregat, ebenfalls ein 12-Zylinder-Viertakt-Dieselmotor in V-Anordnung mit derselben Leistung, hatte die Gruppe Maybach/Mercedes-Benz geschaffen. Beide Motortypen waren gegeneinander austauschbar. In ihren Abmessungen und in ihrer Bauausführung entsprachen die neuen Lokomotiven weitgehend den Fahrzeugen der Baureihe 217. Die größere Länge über Puffer mit 16 400 mm wurde beibehalten und zur Norm erhoben. Der Maschinenraum verfügt über zwei Seitengänge und eine neue Kühlanlage in A-Form. In Anbetracht der höheren Traktionsleistung erhielten die Maschinen eine verbesserte hydrodynamische Bremse. Alle zwölf Vorserienlokomotiven sind von Krupp in Essen gefertigt und in den Jahren 1968 und 1969 in Dienst gestellt worden; sie sind im Bw Regensburg beheimatet.

218 002, Foto: DB

218
Zulässige Geschwindigkeit: 140 km/h
Treibraddurchmesser: 1 000 mm
Motor/Leistungsübertragung: 12-Zyl.-V/hydraulisch
Leistung: 1 840/2 061 kW
Dienstmasse: 80,0 t
LüP: 16 400 mm

V 169 001
Zulässige Geschwindigkeit: 130 km/h
Treibraddurchmesser: 1 000 mm
Motor/Leistungsübertragung: 16-Zyl.-V/hydraulisch
Leistung: 1 582 + 662 kW
Dienstmasse: 76,7 t
LüP: 16 400 mm

218

Neubau DB
B'B'
Einsatzzeitraum 1971 bis heute

Mit den Serienfahrzeugen der Baureihe 218 ist die Entwicklung einmotoriger Großdiesellokomotiven mit hydraulischer Leistungsübertragung für die Deutsche Bundesbahn zu einem vorläufigen Abschluß gekommen. In die Konstruktion waren alle Erkenntnisse eingeflossen, die mit den zuvor erprobten Maschinen der V 160-Familie gewonnen wurden. Als Antriebsaggregate dienen die großen Dieselmotoren, die ihre Bewährungsprobe in den Vorserienmaschinen bestanden hatten und von der Firma MTU gefertigt wurden. Inzwischen verfügt eine große Anzahl von Maschinen über stärkere Motoren mit einer Nennleistung von 2 800 PS aus Lieferungen der MTU und der französischen Firma Pielstick. Bei allen Motorvarianten wird der Generator für die elektrische Zugheizung über ein Getriebe angetrieben. Bei nicht benötigter Heizung kann diese Energie allerdings nicht für die Traktion genutzt werden. Der serienmäßige Einbau der verbesserten hydrodynamischen Bremse erlaubte die Festsetzung der Höchstgeschwindigkeit auf 140 km/h. Die Lokomotiven der Baureihe 218 werden vor allen Zuggattungen auf den nichtelektrifizierten Strecken der DB eingesetzt, auch vor Zügen der City-Bahn. Die Lok 218 217 erhielt eine TEE-Lackierung. Am Bau der 399 Lokomotiven waren die Firmen Krupp, Krauss-Maffei und Rheinstahl-Henschel beteiligt. Ende 1991 war eine Maschine ausgemustert.

218 153, Foto: Obermayer

V 169 001

Neubau DB
(ab 1968: DB 219)
B'B'
Einsatzzeitraum 1965 bis 1977

Im Jahre 1964 hatte die Firma Klöckner-Humboldt-Deutz AG in Köln den Auftrag zur Entwicklung einer Diesellokomotive mit elektrischer Zugheizung erhalten. Als Basis sollte die Konzeption der Baureihe V 160 dienen. Für den Antrieb der Lokomotive stand ein leistungsfähiger 16-Zylinder-Viertakt-Dieselmotor mit Aufladung und Ladeluftkühlung von Maybach zur Verfügung, der eine Nennleistung von 2 150 PS hatte. Ein Drehstromgenerator für die Zugheizung wurde über einen Hilfsabtrieb vom Fahrmotor aus angetrieben. Um diesen Leistungsentzug zu kompensieren, installierte KHD eine Zweiwellen-Gasturbine der Bauart General Electric LM 100, die in Lizenz gebaut wurde. Hierbei handelte es sich um die Industrieversion einer Hubschrauber-Turbine mit einer Leistung von 900 PS. Die Gasturbine war als Zusatzantrieb für den Spitzenleistungsbedarf bei Bergfahrten und zum Beschleunigen vorgesehen. Hierbei wurde sie als Booster stets nur mit Vollast betrieben. Die Turbinenleistung konnte über ein Hilfsgetriebe und zwei Pumpenräder in das Voith-Turbogetriebe eingespeist werden. Nach ihrer Indienststellung im Juni 1965 wurde die Maschine zunächst eingehend erprobt und danach vor schweren Reisezügen auf der Allgäubahn eingesetzt. Im Jahre 1975 kam die Lokomotive vom Bw Kempten zum Bw Gelsenkirchen-Bismarck und wurde dort 1978 ausgemustert.

Foto: DB

V 200 001 bis V 200 005

Neubau DB
(ab 1968: DB 220)
B'B'
Einsatzzeitraum 1953 bis heute

Mit der Entwicklung der Baureihe V 200 hatte die Deutsche Bundesbahn einen neuen Zeitabschnitt in der Zugförderung eingeleitet. Nie zuvor waren, abgesehen von einzelnen Versuchsbauarten, solche großen Diesellokomotiven im planmäßigen Verkehr eingesetzt. Die erste Lokomotive mit der Betriebsnummer V 200 001 absolvierte im Mai 1953 die ersten Probefahrten. In Zusammenarbeit mit dem BZA München hatte Krauss-Maffei diese Baureihe entwickelt. Hierbei konnten die Erkenntnisse aus dem Betriebseinsatz der Baureihen VT 08, VT 12 und V 80 verwertet werden. Rahmen, Aufbau und Drehgestelle wurden weitgehend als Schweißkonstruktion in Stahlleichtbauweise ausgeführt. An die Führerstände mit besonderer Geräuschisolierung schlossen sich die beiden Maschinenräume an, zwischen denen der Heizkessel des Dampferzeugers für die Zugheizung angeordnet wurde. Als Antriebsaggregate standen schnellaufende aufgeladene 12-Zylinder-Viertakt-Dieselmotoren von Daimler-Benz, MAN und Maybach mit einer Nennleistung von je 1 100 PS zur Verfügung, die gegeneinander tauschbar waren. Die beiden Maschinenanlagen mit ihren Strömungsgetrieben und Kühlern bilden zwei voneinander unabhängige Gruppen, die auf je ein Drehgestell arbeiten. Nach der Ausmusterung der letzten Maschinen im Jahre kam die V 200 002 in den Museumsbestand der DB.

220 002, Foto: Obermayer

V 200^0

Neubau DB
(ab 1968: DB 220)
B'B'
Einsatzzeitraum 1956 bis 1984

Die Serienausführung der Baureihe V 200 stellt eine Weiterentwicklung der fünf Prototypen aus dem Jahre 1953 dar, mit denen recht positive Erfahrungen aus der Erprobung im Reise- und Güterzugdienst vorlagen. Größere Änderungen waren nicht erforderlich, so daß im Jahre 1955 der erste Auftrag zum Bau von 50 Serienmaschinen erteilt werden konnte, die 1956 zur Auslieferung kamen. Diese Fahrzeuge trugen wie die fünf Vorserienmaschinen den erhabenen Schriftzug „Deutsche Bundesbahn" an den Längsseiten, der später entfernt wurde. Eine zweite Serie mit weiteren 31 Lokomotiven derselben Bauausführung folgte ab 1958. Wie bei der Vorserie wurden wiederum drei verschiedene Motor- und Getriebetypen eingebaut. Äußerlich hatten sich geringe Abweichungen in der Anordnung und Ausführung der Fenster und der Lüftungsöffnungen gegenüber den Prototypen ergeben. Die Leistungsübertragung jeder Antriebsgruppe auf die Strömungs- und Radsatzgetriebe erfolgte mit kräftigen Gelenkwellen. Von der MaK wurden die Maschinen V 200 006 bis 025 gefertigt, und Krauss-Maffei lieferte die Lokomotiven V 200 026 bis 086. Ende des Jahres 1984 waren alle Fahrzeuge aus dem Betrieb ausgeschieden, viele davon konnten verkauft werden, die V 200 007 wurde Museumslokomotive der DB. Bei mehreren Sonderfahrten wurde die Baureihe V 200 mit dieser Lok verabschiedet.

220 011, Foto: Obermayer

V 200
Zulässige Geschwindigkeit: 140 km/h
Treibraddurchmesser: 950 mm
Motor/Leistungsübertragung: 12-Zyl.-V/hydraulisch
Leistung: 1 619 kW
Dienstmasse: 73,5 bis 81,0 t
LüP: 18 470 mm

V 200 001 bis V 200 005
Zulässige Geschwindigkeit: 140 km/h
Treibraddurchmesser: 940 mm
Motor/Leistungsübertragung: 12-Zyl.-V/hydraulisch
Leistung: 1 619 kW
Dienstmasse: 70,5 bis 73,5 t
LüP: 18 530 mm

V 300
Zulässige Geschwindigkeit: 140 km/h
Treibraddurchmesser: 950 mm
Motor/Leistungsübertragung: 16-Zyl.-V/hydraulisch
Leistung: 2 134 kW
Dienstmasse: 104,0 t
LüP: 20 270 mm

V 200^1
Zulässige Geschwindigkeit: 140 km/h
Treibraddurchmesser: 950 mm
Motor/Leistungsübertragung: 12-Zyl.-V/hydraulisch
Leistung: 1 987 kW
Dienstmasse: 78,0 bis 79,5 t
LüP: 18 440 mm

V 200^1

Neubau DB
(ab 1968: DB 221)
B'B'
Einsatzzeitraum 1962 bis 1988

Während der ersten neun Jahre ihres Betriebseinsatzes hatten sich die Lokomotiven der Baureihe V 200^0 im mittelschweren Dienst vor Reise- und Güterzügen recht gut bewährt. Ein wachsendes Verkehrsaufkommen und größere Zugmassen verlangten jedoch die Beschaffung stärkerer Diesellokomotiven. Besonders im Hügelland war die V 200^0 überfordert. Ausfälle und Verspätungen häuften sich. Im Jahre 1960 erhielt Krauss-Maffei den Auftrag zur Entwicklung einer stärkeren Variante, die in der Zeit von 1962 bis 1965 mit insgesamt 50 Fahrzeugen in Dienst gestellt wurde. Für den Antrieb standen 12-Zylinder-Viertakt-Dieselmotoren von Daimler-Benz mit einer Leistung von 1 350 PS und verbesserte Strömungsgetriebe von Voith zur Verfügung. Die größere Masse der leistungsstärkeren Maschinenanlagen konnte durch den Einbau eines leichteren Hagenuk-Heizdampfkessels und die Verwendung von Leichtbaustoffen für die Vorratsbehälter ausgeglichen werden. Die Maschinen verfügten über einen Vorrat von 2 700 l Kraftstoff, 1 000 l Heizbrennstoff und 4 000 l Kesselspeisewasser. Bauliche Änderungen ergaben sich bei der Ausführung von Drehgestellen, Stirnpartie und Maschinenraum sowie bei den Fenster- und Lüftungsausschnitten. Nach der Ausmusterung im Jahre 1988 fand ein Teil der Maschinen neue Käufer. Die V 200 116 blieb als Museumslok erhalten.

V 200 124, Foto: Obermayer

V 300

Neubau DB
(ab 1968: DB 230)
C'C'
Einsatzzeitraum 1957 bis 1975

In Anlehnung an die Baureihe V 200 schuf Krauss-Maffei im Jahre 1957 drei große sechsachsige Diesellokomotiven des Typs D 66 für die JŽ. Eine vierte baugleiche Maschine fertigte Krauss-Maffei auf eigene Rechnung. Im Herbst 1957 wurden mit dieser ML 2200 umfangreiche Probe- und Meßfahrten auf der Semmeringstrecke unternommen. Angetrieben wurde diese Maschine von 12-Zylinder-Viertakt-Dieselmotoren mit Aufladung, die von Maybach stammten und eine Nennleistung von je 1 100 PS hatten. Die Leistungsübertragung auf die Achsgetriebe eines Drehgestells erfolgte von jedem Motor über Gelenkwellen, ein Maybach-Mekydro-Getriebe und ein Zwischengetriebe. In der Fahrzeugmitte war eine große Kesselanlage zur Dampferzeugung für die Zugheizung eingebaut. Davor und dahinter befanden sich die beiden Kühlaggregate. Nach der Rückkehr in die Bundesrepublik kam die Lok nach Villingen zur Erprobung auf der Schwarzwaldbahn und danach zum Umbau zurück zu Krauss-Maffei. Hierbei erhielt die Maschine stärkere Motoren mit einer Leistung von je 1 450 PS. Danach folgten weitere Erprobungen im Schwarzwald und in Österreich. Erst im Jahre 1964 wurde die Lokomotiven von der DB angekauft und als V 300 001 zuerst in Hamm und dann in Hamburg-Altona eingesetzt. Nach der Ausmusterung im Jahre 1975 kam die Lok nach Italien. Nach ihrer Rückkehr wurde sie verschrottet.

230 001, Foto: Obermayer

V 320
Zulässige Geschwindigkeit: 160 km/h
Treibraddurchmesser: 1 100 mm
Motor/Leistungsübertragung:
16-Zyl.-V/hydraulisch
Leistung: 2 797 kW
Dienstmasse: 121,4 t
LüP: 23 000 mm

V 36 310
Zulässige Geschwindigkeit: 62 km/h
Treibraddurchmesser: 1 250 mm
Motor/Leistungsübertragung:
6-Zyl.-R/mechanisch
Leistung: 265 kW
Dienstmasse: 51,0 t
LüP: 9 100 mm

V 320

Neubau DB
(ab 1968: DB 232)
C'C'
Einsatzzeitraum 1963 bis 1992

In Zusammenarbeit mit dem BZA München hatte Henschel auf eigene Rechnung die größte und stärkste Diesellokomotive Europas entwickelt und im Jahre 1962 fertiggestellt. Die Form der Maschine blieb richtungsweisend für die spätere Serienausführung der Baureihe V 160 und ihrer Spielarten. Als Antriebsaggregate wurden aufgeladene 16-Zylinder-Viertakt-Dieselmotoren eingebaut, die jeweils auf eines der dreiachsigen Drehgestelle arbeiteten. Die Leistungsübertragung auf die einzelnen Achsgetriebe erfolgte mit Gelenkwellen über zwei Voith-Turbogetriebe und die Umschalt- und Verteilergetriebe. Für die Energie- und Drucklufterzeugung stand ein Dieselmotor der MWM mit 18 PS zur Verfügung. Zum Vorwärmen der Maschinenanlage und für die Beheizung von Reisezügen war ein Dampferzeuger der Bauart Vapor-Heating eingebaut worden. Von 1963 bis 1974 war die Lokomotive von der Deutschen Bundesbahn angemietet und in Hamm und Kempten beheimatet und vor schweren Reise- und Güterzügen eingesetzt. Nach einer Hauptausbesserung im Herstellerwerk kam die Maschine in neuer Farbgebung im April 1976 in den Besitz der Hersfelder Kreisbahn, bei der sie bis Oktober 1988 im schweren Güterzugdienst im Einsatz stand. Danach gelangte das Fahrzeug zur Teutoburger Wald-Eisenbahn, wo die Lok nach Fristablauf im Februar 1992 abgestellt wurde.

V 320 001, Foto: Henschel

V 36 001 bis V 36 003

Wehrmacht/DB
C
Einsatzzeitraum 1928 bis 1967

Für den Einsatz bei Heer, Marine und Luftwaffe wurden ab Mitte der 30er Jahre verschiedene Motorlokomotiven unterschiedlicher Größe von einer Arbeitsgemeinschaft der Firmen BMAG, O&K, KHD und MWM entwickelt. In einer Vorserie entstanden ab 1938 die Fahrzeuge mit der Typbezeichnung WR 360 C 12. Dies waren dreiachsige Lokomotiven mit hydraulischer Leistungsübertragung, mit einer Blindwelle zwischen dem 2. und 3. Radsatz sowie einem Endführerhaus. Die Leistung von 360 PS des wassergekühlten 6-Zylinder-Viertakt-Dieselmotors von KHD wurde über ein Flüssigkeitsgetriebe auf das angebaute Wendegetriebe übertragen, in dem die Blindwelle gelagert war. Die drei Radsätze waren über Kuppelstangen mit den Kurbeln der Blindwelle verbunden. Im Vorbau waren neben dem Motor die Kraftstoff- und Luftbehälter untergebracht. Der Kraftstoffvorrat erlaubte eine Laufleistung von 400 bis 500 km. Drei Lokomotiven WR 360 C 12 gelangten noch in den Bestand der Deutschen Bundesbahn. Die V 36 001 wurde umgebaut und danach in V 36 239 umgezeichnet. Im Jahre 1967 wurde die V 36 002 verkauft. Die V 36 003 war bereits 1964 verschrottet worden. Von den nachfolgenden Bauserien unterschieden sich die Maschinen durch einen kürzeren Achsstand und die geringere Gesamtlänge.

Foto: Kästner

V 36 001 bis V 36 003
Zulässige Geschwindigkeit: 45 km/h
Treibraddurchmesser: 1 100 mm
Motor/Leistungsübertragung:
6-Zyl.-R/hydraulisch
Leistung: 265 kW
Dienstmasse: 36,0 t
LüP: 8 700 mm

V 36 301, V 36 311 bis V 36 318
Zulässige Geschwindigkeit: 62 km/h
Treibraddurchmesser: 1 250 mm
Motor/Leistungsübertragung:
6-Zyl.-R/mechanisch
Leistung: 265 kW
Dienstmasse: 51,0 t
LüP: 9 100 mm

V 36 310

Wehrmacht/DB
C
Einsatzzeitraum 1938 bis 1962

Alternativ zu den Fahrzeugen mit hydraulischer Leistungsübertragung für den Einsatz auf militärischen Bahnanlagen und zum Transport von Eisenbahngeschützen entstand die Bauart WR 360 C 15/17 mit mechanischer Leistungsübertragung. Urheber und alleiniger Hersteller dieser Lokomotiven waren die Deutschen Werke Kiel. Ein Einzelstück blieb die 1937 gefertigte Maschine mit der Fabriknummer 610, die im Januar 1938 an die Luftwaffe abgeliefert wurde. Dies war die einzige Lokomotive mit einem fast mittig angeordneten Führerhaus. Ein 6-Zylinder-Viertakt-Dieselmotor von DWK mit einer Leistung von 360 PS war im langen Vorbau eingebaut. Die Kühlanlage befand sich im kürzeren Vorbau. Die von zwei Stirnrädern angetriebene Blindwelle war im Hauptrahmen gelagert, um das Getriebegehäuse von den Triebwerkskräften zu entlasten. Als technische Besonderheit war die Blindwelle hinter den drei Radsätzen eingebaut. Dies hatte allerdings zur Folge, daß der Achsstand mit 3 500 mm etwas knapp ausfiel. Bei der Deutschen Bundesbahn schied die Lokomotive schon im Jahre 1952 aus dem Betriebsdienst aus. Danach diente die Maschine noch fast zehn Jahre lang, nun mit der Nummer 9679 bezeichnet, als Triebfahrzeug des Schienenschleifzugs der DB. Im Jahre 1962 ist die Lokomotive an die Westfälische Landeseisenbahn verkauft worden.

Foto: Kästner

V 36 301 V 36 311 bis V 36 318

Wehrmacht/DB
C
Einsatzzeitraum 1940 bis 1961

Nach der Lok mit der Fabriknummer 610 bauten die Deutschen Werke Kiel alle anderen dieselmechanischen 360-PS-Motorlokomotiven für Marine und Luftwaffe mit einem Endführerstand und einer zwischen dem 2. und 3. Radsatz im Hauptrahmen gelagerten Blindwelle. Der daraus resultierende größere Achsstand verlieh den Fahrzeugen bessere Laufeigenschaften. Die Türen in den Rückwänden und die davor vorhandenen Übergänge ermöglichten den Wechsel des Personals von einer Maschine zur anderen beim Einsatz in Doppeltraktion, bei gegenübergestellten Führerhäusern. Der Dieselmotor der DWK mit 360 PS war durch eine Gummigelenkkupplung mit dem Block der Schalt-, Stufen- und Wendegetriebe verbunden. Von den 18 zwischen 1940 und 1944 gelieferten Lokomotiven kamen noch neun Exemplare zur Deutschen Bundesbahn. Acht davon waren bis zum Ende des Jahres 1954 ausgemustert und an nichtbundeseigene Bahnen verkauft. Allein drei Maschinen wurden von den Mindener Kreisbahnen erworben. Die V 36 301 blieb im Bestand der DB und war zusammen mit der Nummer 9679 (V 36 310) mit dem Schienenschleifzug eingesetzt, bevor sie 1961 ebenfalls an die Mindener Kreisbahnen verkauft wurde. Die Lokomotiven mit den früheren Betriebsnummern V 36 311, 314 und 316 sind in Braunschweig, Minden und Dieringhausen als Museumslokomotiven erhalten geblieben.

Foto: Kästner

V 36^{2}
Zulässige Geschwindigkeit: 55/60 km/h
Treibraddurchmesser: 1 100 mm
Motor/Leistungsübertragung:
6-Zyl.-R/hydraulisch
Leistung: 265 kW
Dienstmasse: 39,0 bis 43,0 t
LüP: 9 200 mm

V 45
Zulässige Geschwindigkeit: 50 km/h
Treibraddurchmesser: 1 050 mm
Motor/Leistungsübertragung:
6-Zyl.-R/hydraulisch
Leistung: 294 kW
Dienstmasse: 33,5 t
LüP: 9 360 mm

V 36^{1}
Zulässige Geschwindigkeit: 55/60 km/h
Treibraddurchmesser: 1 100 mm
Motor/Leistungsübertragung:
6-Zyl.-R/hydraulisch
Leistung: 265 kW
Dienstmasse: 39,0 bis 41,0 t
LüP: 9 200 mm

V 36^{1}

Wehrmacht/DB
(ab 1968: DB 236)
C
Einsatzzeitraum 1939 bis 1980

In der Baureihe V 36^{1} waren alle ehemaligen Wehrmachtsmaschinen zusammengefaßt, die von 1939 bis 1944 von den Lokomotivfabriken BMAG, DWK, KHD und O&K gefertigt wurden und noch in den Bestand der Deutschen Bundesbahn kamen. Eingereiht war außerdem die erst im Jahre 1947 in Dienst gestellte V 36 105 aus einer Lieferung der Holmag. Diese Lok stammte aus einer für die Luftwaffe bestimmten Serie. Angetrieben wurden die Lokomotiven von 6-Zylinder-Viertakt-Dieselmotoren von KHD und MWM mit einer Leistung von 360 PS. Die Leistungsübertragung erfolgte über das Strömungsgetriebe auf das Wendegetriebe mit der Blindwelle und dann über Kuppelstangen auf die drei Radsätze. Bei der DB wurden die Lokomotiven nicht nur im Rangierdienst eingesetzt. In den 50er Jahren fuhren die Maschinen auch im Personennahverkehr der Großräume Bremen, Frankfurt/M., Stuttgart und Wuppertal. Eine Tonsignal-Steuerung in verschiedenen Fahrzeugen erlaubte den Einsatz im einfachen Wendezugverkehr. Vor schweren Zügen liefen die Maschinen mit einander zugekehrten Führerhäusern in Doppeltraktion. Nach der Ausmusterung fanden einige Fahrzeuge bei Privatbahnen eine neue Heimat, zwei davon bei den Zementwerken Schwenk. In den Museumsbestand der Deutschen Bundesbahn wurden die Lokomotiven V 36 108 und 123 aus der Lieferung von BMAG übernommen.

236 102, Foto: Obermayer

V 36^{2}

Wehrmacht/DB
(ab 1968: DB 236)
C
Einsatzzeitraum 1939 bis 1981

Bei den Fahrzeugen der Baureihe V 36^{2} handelte es sich um Lokomotiven, die sich nur in der Ausrüstung und in der Dienstmasse von den Maschinen der Baureihe V 36^{1} unterschieden. Von BMAG, KHD, Krupp und O&K waren die Fahrzeuge als Typ WR 360 C 14 in der Zeit von 1939 bis 1944 im Auftrag der Wehrmacht gebaut worden. Aus diesen Lieferungen kamen 35 Maschinen in den Bestand der Deutschen Bundesbahn. Weitere vier Lokomotiven entstanden erst 1949 bei KHD und vier Stück zwei Jahre zuvor bei Holmag aus Aufträgen, die noch die Wehrmacht erteilt hatte. Die Fahrzeuge V 36 255 bis 262 waren Nachbestellungen, die von Holmag im Jahre 1948 ausgeführt wurden. Als Antriebsmaschinen dienten die bewährten 6-Zylinder-Viertakt-Dieselmotoren von KHD und MWM mit einer Nennleistung von 360 PS. Auch diese Lokomotiven waren sowohl im Rangier- als auch im Streckendienst eingesetzt. Zur Verbesserung der Sichtbedingungen, vor allem in den Maschinen für Einmannbedienung, hatten einige Fahrzeuge dieser Bauart und Maschinen der anderen Serien unterschiedlich ausgeführte Kanzeln auf den Führerhäusern erhalten. Nach der Ausmusterung fanden einige Lokomotiven bei Privatbahnen weitere Arbeit, die sich noch über Jahre erstreckte. Die beiden Fahrzeuge V 36 204 und 231 befinden sich betriebsfähig in der Sammlung der DGEG.

V 36 262, Foto: Obermayer

V 36^4
Zulässige Geschwindigkeit: 55 km/h
Treibraddurchmesser: 1 100 mm
Motor/Leistungsübertragung:
6-Zyl.-R/hydraulisch
Leistung: 265 kW
Dienstmasse: 41,0 t
LüP: 9 240 mm

V 36^4

Wehrmacht/DB
(ab 1968: DB 236)
C
Einsatzzeitraum 1950 bis 1981

Trotz der zügigen Instandsetzung des nach dem zweiten Weltkrieg noch vorhandenen Fahrzeugbestands war zu Beginn der 50er Jahre ein spürbarer Lokomotivmangel zu verzeichnen. Aufgrund der guten Erfahrungen mit den vorhandenen Maschinen der Baureihe V 36 hatte die MaK einen Auftrag zur Lieferung von insgesamt 18 Lokomotiven einer Neubauserie erhalten, die im Jahre 1950 geliefert wurde. Von den früheren Wehrmachtsmaschinen unterschieden sich die neuen Fahrzeuge vor allem durch einen von 3 600 auf 4 400 mm vergrößerten Achsstand. Entsprechend umgebaut wurde auch die V 36 262. Unterschiede ergaben sich auch in der Anordnung und Ausführung der Lüftungsöffnungen und der Seitentüren im Vorbau. Neu wie die Lokomotiven waren auch die von den Motorenwerken Mannheim gelieferten 6-Zylinder-Viertakt-Dieselmotoren und die Strömungsgetriebe von Voith. Die Dieselmotoren, die zu einem Stückpreis von 36 000 DM angeboten wurden, konnten auch in den anderen Lokomotiven der Baureihe V 36 eingebaut werden. Auch diese Maschinen verfügten noch über Türen in den Rückfronten und über davor angeordnete Übergängen. Nach der im Jahre 1981 abgeschlossenen Ausmusterung der Fahrzeuge bei der DB wurden die zwei Lokomotiven V 36 405 und 406 an die Historische Eisenbahn Frankfurt und die V 36 401 und 411 nach Darmstadt-Kranichstein verkauft.

V 36 404, Foto: DB

V 45

Neubau SAAR
(ab 1968: DB 245)
B
Einsatzzeitraum 1956 bis 1980

Die unter eigener Verwaltung arbeitenden Eisenbahnen des Saarlandes benötigten Mitte der 50er Jahre neue und leistungsfähige Lokomotiven für den Rangierdienst. Aufgrund enger wirtschaftlicher Beziehungen zu Frankreich ging der Bauauftrag für zehn Fahrzeuge an die Firma SACM in Grafenstaden. Die kleinen kompakten Lokomotiven mit zwei Achsen wurden mit Endführerständen ausgeführt. Als Antriebsmaschine diente ein 6-Zylinder-Dieselmotor der Schweizer Firma Sulzer mit einer Nennleistung von 400 PS, der mit einem hydraulischen Getriebe von Voith gekuppelt war. Die Leistungsübertragung auf die beiden Radsätze erfolgte über Ketten. Auf den Einbau einer Zugheizung war verzichtet worden, da die Maschinen ausschließlich für den Rangierdienst vorgesehen waren. Diesem Verwendungszweck entsprechend reichte auch die geringe Höchstgeschwindigkeit aus. Im Jahre 1957 wurden die Lokomotiven in den Bestand der Deutschen Bundesbahn eingegliedert. Die beiden Maschinen V 45 001 und 002 blieben bereits zu diesem Zeitpunkt abgestellt und dienten als Ersatzteilspender. Zwei Lokomotiven waren zunächst noch beim Bw Bayreuth eingesetzt. Danach dienten sie wie die anderen Fahrzeuge viele Jahre als Werkslokomotiven in verschiedenen Ausbesserungswerken der DB. Die letzten Maschinen wurden Ende 1980 ausgemustert.

V 45 010, Foto: Slg. Obermayer

V 60 001 bis V 60 004

Neubau DB
(ab 1968: DB 261)
C
Einsatzzeitraum 1955 bis 1987

Mitte der 50er Jahre verfügte die Deutsche Bundesbahn über zwei neue Baureihen von Diesellokomotiven für den Streckendienst. Daneben bestand ein großer Bedarf an leistungsfähigen Rangierlokomotiven. Mit Vorrang wurde deshalb die Entwicklung einer dreiachsigen Diesellok mit Blindwelle und Kuppelstangen in die Wege geleitet. Diese Bauart war gewählt worden, um eine hohe Widerstandsfähigkeit der Fahrzeuge im rauhen Rangierbetrieb zu gewährleisten. Für die Entwicklung und den Bau der Reihe V 60 war eine Arbeitsgemeinschaft gegründet worden, in der neben dem BZA München acht Lokomotivfabriken vertreten waren. Die ersten Vorserienmaschinen V 60 001 bis 004 waren im Jahre 1955 fertiggestellt und der Deutschen Bundesbahn zur Erprobung übergeben worden. Die dabei gewonnenen Erkenntnisse flossen direkt in die rasch anlaufende Serienfertigung ein. Als Antriebsaggregate für die Baureihe V 60 standen Dieselmotoren gleicher Leistung von Maybach, MAN, Daimler-Benz, KHD und MaK zur Verfügung. Die Antriebsleistung des Dieselmotors wird über eine kräftige Gelenkwelle zum Voith-Flüssigkeitsgetriebe übertragen, an das ein mechanisches Stufengetriebe mit Wendeschaltung angeflanscht wurde, in dem die Blindwelle gelagert ist. Die Vorserienlokomotiven hatten noch einen glatt durchlaufenden Umlauf und wurden ab 1968 mit den Betriebsnummern 261 001 bis 004 geführt.

V 60 001, Foto: Seitz

V 60

Neubau DB (ab 1968: DB 260;
heute DB 360, 364)
C
Einsatzzeitraum 1956 bis heute

Noch während der letzten Phase der Erprobung von vier Prototypen lief bereits im Jahre 1956 die Serienfertigung der Baureihe V 60 an. Für den Antrieb wurde aus den zur Verfügung stehenden Motoren für die Serie der von Maybach entwickelte 12-Zylinder-Viertakt-Dieselmotor mit einer Nennleistung von 650 PS ausgewählt. Später kam auch noch ein tauschbarer Motortyp der MTU derselben Leistung zum Einbau. Das System der Leistungsübertragung zur Blindwelle und die mit Stangen gekuppelten Radsätze wurden von den Maschinen der Vorserie übernommen. Da die Fahrzeuge nur für den Einsatz im Rangierdienst und vor Güterzügen vorgesehen waren, konnte der Einbau einer Zugheizanlage entfallen. Zur Vorwärmung der Maschinenanlage dienen ein Koksofen bzw. ein Ölbrenner. Der Dieselmotor ist im langen Vorbau eingebaut, im kurzen Vorbau befinden sich die Hauptluft- und Kraftstoffbehälter. Die 623 Maschinen mit einer Reibungsmasse von 48,3 bis 49,5 t wurden ab 1968 als Baureihe 260 geführt. Nach der Einordnung in die Gruppe der Kleinlokomotiven der Leistungsgruppe IV fuhren sie als Reihe 360. Nach dem Einbau einer Funkfernsteuerung in viele Fahrzeuge wurden diese bei gleicher Ordnungsnummer als Baureihe 364 bezeichnet. Ende Juni 1991 verfügte die Deutsche Bundesbahn noch über 486 Maschinen der Baureihe 360 und über 33 Stück der Baureihe 364.

260 427, Foto: Obermayer

V 60 001 bis V 60 004
Zulässige Geschwindigkeit: 60 km/h
Treibraddurchmesser: 1 250 mm
Motor/Leistungsübertragung:
12-Zyl.-V/hydraulisch
Leistung: 478 kW
Dienstmasse: 53,0 t
LüP: 10 450 mm

V 60 (360, 364)
Zulässige Geschwindigkeit: 60 km/h
Treibraddurchmesser: 1 250 mm
Motor/Leistungsübertragung:
12-Zyl.-V/hydraulisch
Leistung: 478 kW
Dienstmasse: 48,3 bis 49,5 t
LüP: 10 450 mm

V 60 (361, 365)
Zulässige Geschwindigkeit: 60 km/h
Treibraddurchmesser: 1 250 mm
Motor/Leistungsübertragung:
12-Zyl.-V/hydraulisch
Leistung: 478 kW
Dienstmasse: 53,0 t
LüP: 10 450 mm

V 65
Zulässige Geschwindigkeit: 80 km/h
Treibraddurchmesser: 1 250 mm
Motor/Leistungsübertragung:
6-Zyl.-R/hydraulisch
Leistung: 478 kW
Dienstmasse: 54,0 t
LüP: 10 740 mm

V 60

Neubau DB (ab 1968: DB 261; heute DB 361, 365)
C
Einsatzzeitraum 1955 bis heute

Nachdem sich die Deutsche Bundesbahn bei der Beschaffung von Diesellokomotiven für den leichten bis mittelschweren Rangierdienst für die Baureihe V 60 entschieden hatte, lief in großem Umfang die Serienfertigung an, an der die gesamte deutsche Lokomotivbauindustrie beteiligt war. Mit den neuen Fahrzeugen sollten die zum großen Teil schon recht überalterten Dampflokomotiven abgelöst werden. Nach der eingehenden Erprobung von untereinander tauschbaren Antriebsaggregaten verschiedener Hersteller erhielt schließlich ein 12-Zylinder-Viertakt-Dieselmotor von MTU den Vorzug, der mit Aufladung durch eine Abgasturbine eine Nennleistung von 650 PS hat. Die technische Ausstattung und das System der Leistungsübertragung blieben bei allen Fahrzeugen unverändert. Sowohl die Motoren als auch der Stangenantrieb haben sich im jahrelangen harten Betriebseinsatz im Rangierdienst auf nahezu allen größeren Bahnhöfen bestens bewährt. Als am 1. Januar 1968 der neue Nummernplan der DB in Kraft trat, wurde die Baureihe V 60 unterteilt. Alle 319 Maschinen mit einer Reibungsmasse von 53 t wurden als Baureihe 261 bezeichnet. Diese Maschinen verfügen über dikkere Rahmenwangen und Deckbleche. Als Kleinlokomotiven tragen sie inzwischen die Bezeichnung 361 bzw. 365, wenn sie über Funkfernsteuerung verfügen. Ende Juni 1991 waren noch 29 Maschinen der Reihe 361 und 259 der Reihe 365 im Bestand der DB.

261 117, Foto: Obermayer

V 65

Neubau DB (ab 1968: DB 265)
D
Einsatzzeitraum 1956 bis 1979

Kurz nach Indienststellung der ersten Rangierlokomotiven der Baureihe V 60 lieferte die MaK im April 1956 eine weitere Stangenlok mit Blindwelle an die DB, nun aber mit vier gekuppelten Radsätzen. Als V 65 war diese Bauart für den leichten Streckendienst und für den mittelschweren Rangierbetrieb bestimmt. Um trotz des größeren Achsstands auch enge Gleisradien befahren zu können, wurden je zwei Radsätze über Lenkhebel zu einem Beugniot-Gestell zusammengefaßt. Als Antriebsaggregat diente der langsamlaufende 6-Zylinder-Viertakt-Dieselmotor der MaK in Reihenbauweise mit einer Nennleistung von 650 PS. Gelenkwellen, Strömungsgetriebe und Leistungsübertragung entsprachen weitgehend der Ausführung bei der Baureihe V 60. Eine neue Heizkesselanlage nutzte die Abgaswärme des Dieselmotors zur Dampferzeugung aus. Ein Zusatzölbrenner sorgte bei Bedarf für ausreichende Heizenergie. Zum Vorwärmen und Warmhalten der Maschinenanlage diente ein Dofa-Koksofen. Varianten dieser Lokomotivbauart kamen bei mehreren nichtbundeseigenen Eisenbahnen zum Einsatz. Bei der DB wurden die Maschinen nach einem mehrjährigen Betrieb vor leichten Reisezügen von der leistungsfähigeren Baureihe V 100 abgelöst. Danach waren die 15 Lokomotiven noch im Rangierdienst eingesetzt, bevor sie in der Zeit von Mai 1974 bis Ende 1979 ausgemustert wurden.

V 65 013, Foto: MaK

V 16 100
Zulässige Geschwindigkeit: 60 km/h
Treibraddurchmesser: 1 000 mm
Motor/Leistungsübertragung:
6-Zyl.-R/mechanisch
Leistung: 121 kW
Dienstmasse: 28,0 t
LüP: 7 720 mm

V 22 100
Zulässige Geschwindigkeit: 36 km/h
Treibraddurchmesser: 950 mm
Motor/Leistungsübertragung:
6-Zyl.-R/mechanisch
Leistung: 173 kW
Dienstmasse: 45,0 t
LüP: 8 220 mm

V 16 100

Wehrmacht/DB
B
Einsatzzeitraum 1936 bis 1953

Neben den zwei- und dreiachsigen Diesellokomotiven, die im Auftrag der früheren deutschen Wehrmacht von verschiedenen Herstellern gebaut und von der Deutschen Bundesbahn als V 20, V 22 und V 36 übernommen wurden, überlebten auch noch weitere Fahrzeuge ähnlicher Bauart den zweiten Weltkrieg. Als Splittergattungen kamen auch diese Lokomotiven unterschiedlicher Bauausführung noch für kurze Zeit als V 15 und V 16 in den Fahrzeugpark der DB. Darunter befanden sich auch zwei Maschinen, die sich in Aufbau und Antriebssystem von den anderen Fahrzeugen unterschieden. Eine dieser Lokomotiven war im Jahre 1936 von Deutz unter der Fabriknummer 15 318 gefertigt worden. Als Antriebsmaschine war ein 6-Zylinder-Viertakt-Dieselmotor von KHD mit einer Nennleistung von 165 PS eingebaut. Im Gegensatz zu den meisten anderen Wehrmachtsmaschinen, die bereits über Strömungsgetriebe verfügten, erfolgte die Leistungsübertragung auf die dicht vor der hinteren Achse eingebaute Blindwelle über ein Viergang-Lamellengetriebe. Die beiden Radsätze waren mit Kuppelstangen verbunden, die Blindwelle mit den Rädern der vorderen Achse mit Treibstangen. Die Lokomotive V 16 100 hatte eine größere Länge über Puffer, jedoch eine etwas geringere Breite. Im Jahre 1953 war das Fahrzeug an die Mindener Kreisbahnen verkauft und dort als V 5 bezeichnet worden.

Foto: Döring

V 22 100

Wehrmacht/DB
C
Einsatzzeitraum 1940 bis 1952

Ein weiteres Einzelstück aus der großen Anzahl von Diesellokomotiven, die für die ehemalige deutsche Wehrmacht gebaut wurden, befand sich als V 22 100 noch für eine kurze Zeit im Fahrzeugpark der Deutschen Bundesbahn. Die Lokomotive, von Deutz im Jahre 1940 mit der Fabriknummer 33 031 gefertigt, hatte eine große Ähnlichkeit mit einer zweiachsigen Lok desselben Herstellers, die bei der DB die Betriebsnummer V 16 100 erhalten hatte. Markante Unterschiede zeigten sich aber bei der Ausführung des Fahrwerks und beim Motor. Der größere 6-Zylinder-Viertakt-Dieselmotor von KHD hatte eine Nennleistung von 235 PS. Die Leistungsübertragung erfolgte mechanisch über eine Kupplung und ein Viergang-Lamellengetriebe auf eine dicht hinter dem letzten Radsatz unter dem Führerhaus gelagerte Blindwelle. Über Treibstangen wurde die mittlere Achse angetrieben, die mit den anderen Radsätzen über Kuppelstangen verbunden war. Das Führerhaus war recht geräumig und verfügte über verhältnismäßig große Fenster. Als Fahrzeug einer Splittergattung kam die Lok bei der Deutschen Bundesbahn kaum noch zum Einsatz. Im Jahre 1952 wurde sie an die Mindener Kreisbahnen verkauft, bei der sie noch einige Zeit als V 4 diente. Eine nahezu baugleiche Maschine, inzwischen etwas umgebaut, befindet sich als 2066.001 noch im Bestand der Österreichischen Bundesbahnen.

Foto: Döring

V 20 DWK
Zulässige Geschwindigkeit: 55 km/h
Treibraddurchmesser: 1 000/950[1)] mm
Motor/Leistungsübertragung:
6-Zyl.-R/hydraulisch
Leistung: 147 kW
Dienstmasse 31,0 t
LüP: 7 700/7 400[1)] [1)]270 060

V 20
Zulässige Geschwindigkeit: 55 km/h
Treibraddurchmesser: 1 100 mm
Motor/Leistungsübertragung:
6-Zyl.-V/hydraulisch
Leistung: 147 kW
Dienstmasse 26,0 bis 27,0 t
LüP: 8 000 mm

V 20

Wehrmacht/DB
(ab 1968: DB 270)
B
Einsatzzeitraum 1939 bis 1979

Mit der Typbezeichnung WR 200 B entstanden bis zum Jahre 1943 insgesamt 129 Diesellokomotiven mit hydraulischer Leistungsübertragung für die deutsche Wehrmacht. Am Bau der Fahrzeuge waren die Firmen BMAG, Deutz und Gmeinder beteiligt. Die Lokomotiven waren mit Motoren verschiedener Hersteller ausgerüstet, die über eine Kupplung und ein Strömungs- und Wendegetriebe die zwischen den Radsätzen gelagerte Blindwelle antrieben, die mit den Rädern der beiden Achsen durch Kuppelstangen verbunden war. Nach dem Ende des zweiten Weltkriegs gelangten 23 dieser Maschinen mit einem Endführerhaus in den Bestand der Deutschen Bundesbahn. Die meisten Fahrzeuge waren in einem recht desolaten Zustand und mußten zuerst instand gesetzt werden. Hierbei wurden die Motoren gegen neue 6-Zylinder-Viertakt-Dieselmotoren von KHD und MaK mit einer Leistung von 200 PS getauscht. Danach kamen die Lokomotiven als V 20 001, 002, 005 bis 008, 020 bis 023, 030 bis 041 und 050 in den leichten Rangierdienst und zum Einsatz vor Arbeitszügen. Im Jahre 1968 waren noch 20 Maschinen im Einsatzbestand und als Baureihe 270 gekennzeichnet. Nur die V 20 022 war zuvor ausgemustert worden. In den 70er Jahren schieden die Lokomotiven aus dem Betriebsdienst aus, als letzte die 270 035 im Jahre 1979.

270 050, Foto: Obermayer

V 20 (DWK)

Wehrmacht/DB
(ab 1968: DB 270)
B
Einsatzzeitraum 1936 bis 1980

Außer den zweiachsigen Wehrmacht-Diesellokomotiven von BMAG, Deutz und Gmeinder mit 200 PS entstand auch noch eine Variante mit einer Leistung von 220 PS. Von dieser Bauart aus der Fertigung der Deutschen Werke Kiel, die im Auftrag der Luftwaffe gebaut wurde, konnte die Deutsche Bundesbahn noch 14 Fahrzeuge in ihren Bestand eingliedern. Davon waren die V 22 001 bis 009 zweiachsig und die V 22 015 bis 019 dreiachsig ausgeführt. Letztere kamen nur noch vereinzelt zum Einsatz und das auch nur für kurze Zeit. In die Lokomotiven der ersten Gruppe wurden neue Dieselmotoren von MaK mit einer Leistung von 200 PS eingebaut. Außerdem erhielten die Fahrzeuge neue Getriebe, nach derem Einbau die Höchstgeschwindigkeit erhöht werden konnte. Nach dem Umbau wurden die Lokomotiven in die Baureihe V 20 mit den Betriebsnummern V 20 051 bis 059 umgezeichnet. Die V 20 060 war im Jahre 1950 durch Umbau der V 20 015 entstanden. Von den anderen Lokomotiven der Baureihe V 20 unterschieden sich die DWK-Maschinen vor allem durch das geräumigere Führerhaus mit größeren Fenstern und einen kürzeren Achsstand sowie eine geringere Länge über Puffer. Bis zum Beginn des Jahres 1968 waren zwei Maschinen ausgeschieden, die anderen wurden in 270 051 bis 057 und 270 059 bis 060 umgezeichnet. Im Juni 1980 war die Ausmusterung der Baureihe abgeschlossen.

270 057, Foto: Obermayer

291
Zulässige Geschwindigkeit: 90 km/h
Treibraddurchmesser: 1 100 mm
Motor/Leistungsübertragung: 8-Zyl.-R/hydraulisch
Leistung: 810 bis 1 030 kW
Dienstmasse: 79,0 t
LüP: 14 320 mm

V 80
Zulässige Geschwindigkeit: 100 km/h
Treibraddurchmesser: 950 mm
Motor/Leistungsübertragung: 12-Zyl.-V/hydraulisch
Leistung: 810 kW
Dienstmasse: 58,0 t
LüP: 12 800 mm

V 80

Neubau DB
(ab 1968: DB 280)
B'B'
Einsatzzeitraum 1952 bis 1978

Mit der Baureihe V 80 begann in Deutschland eine neue Epoche im Bau von Lokomotiven mit Brennkraftantrieb. Diese ersten großen Diesellokomotiven mit hydraulischer Leistungsübertragung waren eine Gemeinschaftsentwicklung des BZA München mit der deutschen Lokomotiv-, Getriebe- und Motorenindustrie. Beim Bau der Maschinen, der mit jeweils fünf Fahrzeugen bei Krauss-Maffei und bei der MaK erfolgte, wurden völlig neue Wege beschritten. Dies traf nicht nur auf die moderne Schweißtechnik bei Rahmen, Aufbau und Drehgestellen zu, sondern auch auf die Bauart und die Anordnung der Maschinenanlage. Als Antriebsmaschinen standen drei verschiedene Großmotoren von Daimler-Benz, MAN und Maybach mit Nennleistungen von 800 bis 1 000 PS zur Verfügung. Dies waren aufgeladene 12-Zylinder-Viertakt-Dieselmotoren in V-Anordnung. Später wurden neue MTU-Motoren derselben Bauausführung mit einer Leistung von 1 100 PS eingebaut. Ein ölgefeuerter Zwangsdurchlaufkessel der Bauart Vapor-Heating erzeugte den Heizdampf für die Zugheizung. Für den Einsatz in Doppeltraktion und mit Wendezügen hatten die Lokomotiven eine Vielfachsteuerung erhalten. Die Maschinen waren im gemischten Dienst auf Haupt- und Nebenbahnen eingesetzt. Nach der Ausmusterung wurden 1978 einige Fahrzeuge an Privatbahnen im In- und Ausland verkauft. Die V 80 002 ist Museumslokomotive der DB.

V 80 008 und 007, Foto: MaK

V 188

Wehrmacht/DB
(ab 1968: DB 288)
Do + Do
Einsatzzeitraum 1941 bis 1971

Kurz vor Beginn des zweiten Weltkriegs entwickelte die Firma Krupp im Auftrag der deutschen Wehrmacht die Bauart D 311, eine große Diesellokomotive mit elektrischer Leistungsübertragung. Die Fahrzeuge waren für den Transport von Eisenbahngeschützen bestimmt. Der Auftrag sah die Lieferung von sechs Doppellokomotiven vor. Jede Einheit verfügte nur über einen Führerstand, war aber mit allen Einrichtungen für die Bedienung beider Fahrzeuge ausgestattet. Im Oktober 1941 konnten die ersten beiden Doppellokomotiven in Dienst gestellt werden. Zwei weitere folgten im August 1942. Die Fertigung der anderen Maschinen verzögerte sich und wurde schließlich durch Bombentreffer vereitelt. Jede Einheit verfügte über einen großen 6-Zylinder-Viertakt-Dieselmotor der MAN mit einer Leistung von 1 050 PS, der mit einem Generator gekoppelt war, der die vier Tatzlagermotoren mit Energie versorgte. Zwei Doppellokomotiven kamen als V 188 001 a + b und V 188 002 a + b zur DB, eine dritte diente als Ersatzteilspender. Eine Aufarbeitung der Fahrzeuge erfolgte in den Jahren 1951 und 1952 bei Krauss-Maffei in München. Etwas später wurden neue 12-Zylinder-Viertakt-Dieselmotoren von Maybach mit einer Leistung von 1 100 PS eingebaut. Die Lokomotiven waren bei der DB im Güterzugdienst eingesetzt und wurden in den Jahren 1969 und 1971 ausgemustert.

V 188 002 a+b, Foto: Obermayer

V 90
Zulässige Geschwindigkeit: 70/80 km/h
Treibraddurchmesser: 1 100 mm
Motor/Leistungsübertragung: 12-Zyl.-V/hydraulisch
Leistung: 994 kW
Dienstmasse: 77/78,8 t
LüP: 14 000/14 320 mm

V 188
Zulässige Geschwindigkeit: 75 km/h
Treibraddurchmesser: 1 250 mm
Motor/Leistungsübertragung: 12-Zyl.-V/elektrisch
Leistung: 1 619 kW
Dienstmasse: 147,0 t
LüP: 22 510 mm

V 90

Neubau DB
(ab 1968: DB 290)
B'B'
Einsatzzeitraum 1964 bis heute

Im schweren Rangierdienst war die Baureihe V 60 überfordert. Nach Festlegung eines Leistungsprogramms entwickelte die Firma Atlas-MaK in Zusammenarbeit mit dem BZA München die schwere Rangierlokomotive der Baureihe V 90. Ab der Mitte des Jahres 1964 lieferte die MaK zunächst 20 Vorauslokomotiven. Die Serienlieferung begann 1966 mit der Maschine V 90 021. In ihrer äußeren Form waren die Lokomotiven den Fahrzeugen der Baureihe V 100 angeglichen. Die 12-Zylinder-Viertakt-Dieselmotoren der MTU mit einer Nennleistung von 1 350 PS waren für die V 90 auf zunächst 1 100 PS eingestellt. Eine Zugheizanlage wurde nicht eingebaut. Die Leistungsübertragung auf die Achsgetriebe erfolgt mit Gelenkwellen über das im Rahmen aufgehängte Flüssigkeitsgetriebe von Voith. Für das Vorwärmen und Warmhalten der Maschine ist eine Ölfeuerung vorhanden. Im kurzen Vorbau sind die Hilfsaggregate und die Hauptluftbehälter eingebaut. Der Motor ist vor dem Führerhaus im langen Vorbau angeordnet. Davor befindet sich die Kühlergruppe mit einem Lüfter, bei der Vorserie mit zwei Lüfterrädern. Die beiden Kraftstoff-Hauptbehälter sind am Rahmen zwischen den Drehgestellen aufgehängt. Alle 408 in Dienst gestellten Fahrzeuge befanden sich Ende Juni 1991 noch im Einsatzbestand der DB.

290 365, Foto: Obermayer

291

Neubau DB
B'B'
Einsatzzeitraum 1965 bis heute

In Anlehnung an die Baureihe V 90 der DB schuf die MaK in Eigeninitiative eine weitere vierachsige Diesellokomotive für den schweren Rangier- und den mittleren Streckendienst. Die erste Maschine wurde während der Internationalen Verkehrsausstellung in München 1965 vorgestellt. Zunächst als V 90 P bezeichnet, erhielt diese Bauart einen 8-Zylinder-Viertakt-Dieselmotor von MaK. Dieser Motor mit Reihenanordnung der Zylinder ließ sich auf eine Nennleistung von 1 100 bis 1 400 PS einstellen. Die drei Erprobungsmuster wurden von der DB angekauft und als 291 901 bis 903 eingereiht. Zwei davon hatten zuvor eine längere Wintererprobung in Schweden absolviert. Die Serienfertigung der Baureihe begann erst im Jahre 1974, und zwar zunächst mit nur zehn Maschinen. Die Ausführung der Drehgestelle und des selbsttragenden Lokomotivrahmens sowie das Prinzip der Leistungsübertragung entsprechen der Konzeption für die Baureihe V 90. Bis zum Ende des Jahres 1978 beschaffte die DB insgesamt 100 Fahrzeuge der Serienausführung. Alle Maschinen werden im Nordwesten Deutschlands eingesetzt, die meisten in den Bahnbetriebswerken Hamburg 4 und Bremen 1. Am Jahresende 1991 befanden sich noch alle Lokomotiven der Serienausführung im Einsatzbestand der DB, außerdem die drei Prototypen, die sich recht gut bewährt haben.

V 90 P 04, Foto: MaK

Kö I
Zulässige Geschwindigkeit: 18 bis 24 km/h
Treibraddurchmesser: 850 mm
Motor/Leistungsübertragung: 2- u. 3-Zyl.-R/mechanisch
Leistung: 25 bis 39 kW
Dienstmasse: 7,5 bis 10,2 t
LüP: 4 840 bis 6 500 mm

Köf II (321)
Zulässige Geschwindigkeit: 30 km/h
Treibraddurchmesser: 850 mm
Motor/Leistungsübertragung: 6-Zyl.-R/hydraulisch
Leistung: 87 und 94 kW
Dienstmasse: 15,1 bis 16,0 t
LüP: 6 450 mm

Kö I

DRG
B
Einsatzzeitraum 1929 bis 1979

Für den Rangierdienst auf kleineren Bahnhöfen und zur Bereitstellung von Güterwagen an Ladestraßen und Gleisanschlüssen beschaffte die DRG zu Beginn der 30er Jahre die ersten Kleinlokomotiven. Nach verschiedenen Versuchsbauarten mit unterschiedlichen Antriebssystemen, die zuvor erprobt worden waren, entstanden ab 1930 zunächst 103 Prototypen und Vorserienlokomotiven der Leistungsgruppe I. Die Maschinen mit den Nummern Kö 0001 bis 0079 und Kö 0081 bis 0104 hatten noch unterschiedliche Abmessungen und Brennkraftantriebe mit Vergaser- und Dieselmotoren, die über zwei und drei Zylinder verfügten und eine Leistung bis 39 PS entwickelten. Nach Auswertung der Erfahrungen entstand ab 1934 eine Einheitsbauart mit gleichen Hauptmaßen und mit Dieselmotoren. Diesen Maschinen Kö 0080 und Kö 0105 bis 0184 folgte 1935 die verstärkte Einheitsbauart mit den Fahrzeugen Kö 0185 bis 0289, die bis 1936 geliefert wurde. Am Bau der beiden Einheitsbauarten war neben Gmeinder und Windhoff die Maschinenfabrik Esslingen beteiligt. Alle Lokomotiven der Leistungsgruppe I verfügten über eine mechanische Leistungsübertragung durch ein Schaltgetriebe mit drei Gängen. Als Beschaffungspreis werden für die Loks der Einheitsbauarten 10 790 bzw. 14 550 RM angegeben.

Kö 0202,Foto: Gmeinder

Kö 0185 bis Kö 0281

DRG/DB
(ab 1968: DB 311)
B
Einsatzzeitraum 1936 bis 1979

Nach der Indienststellung und Erprobung von 103 Prototypen und Vorserienmaschinen der Leistungsgruppe I war im Jahre 1933 eine Arbeitsgemeinschaft der DRG und der Firmen Deutz, Gmeinder und Windhoff gegründet worden. Ziel war die Erarbeitung von Richtlinien für die Entwicklung der Einheitsbauart 1934. Die neuen Fahrzeuge, eingereiht als Kö 0080 und Kö 0105 bis 0184, waren alle mit einer einheitlichen Länge von 5 475 mm ausgeführt, verfügten aber noch über Dieselmotoren unterschiedlicher Bauart mit Nennleistungen von 25 bis 39 PS. Bei gleichen Abmessungen entstand danach die verstärkte Einheitsbauart 1935, bei der die Dieselmotoren einen Leistungsbereich von 35 bis 39 PS aufwiesen. Nach der Übernahme weiterer Fahrzeuge waren in der Leistungsgruppe I bis zum Ende des zweiten Weltkriegs insgesamt 301 Maschinen registriert. Davon gelangten noch mindestens 155 Lokomotiven in den Bestand der Deutschen Bundesbahn. Nach Anhebung der Leistungsgrenze für diese Gruppe von Kleinlokomotiven wurden die Maschinen im Laufe der Zeit mit neuen Dieselmotoren von KHD ausgerüstet, die über eine Nennleistung von 50 PS verfügten. Im Nummernplan der DB vom 1. Januar 1968 waren noch 54 Maschinen der verstärkten Einheitsbauart 1935 als Reihe 311 enthalten, die bis 1979 ausgemustert wurden.

311 238, Foto: Obermayer

Kö 0185 bis Kö 0281
Zulässige Geschwindigkeit: 23 km/h
Treibraddurchmesser: 850 mm
Motor/Leistungsübertragung: 4-Zyl.-R/mechanisch
Leistung: 37 kW
Dienstmasse: 10,2 t
LüP: 5 475 mm

Köf II (4000–6835)
Zulässige Geschwindigkeit: 30/45 km/h
Treibraddurchmesser: 850 mm
Motor/Leistungsübertragung: 4- u. 6-Zyl.-R/verschieden
Leistung: 29 bis 92 kW
Dienstmasse: 10,1 bis 16,3 t
LüP: 5 600 bis 7 350 mm

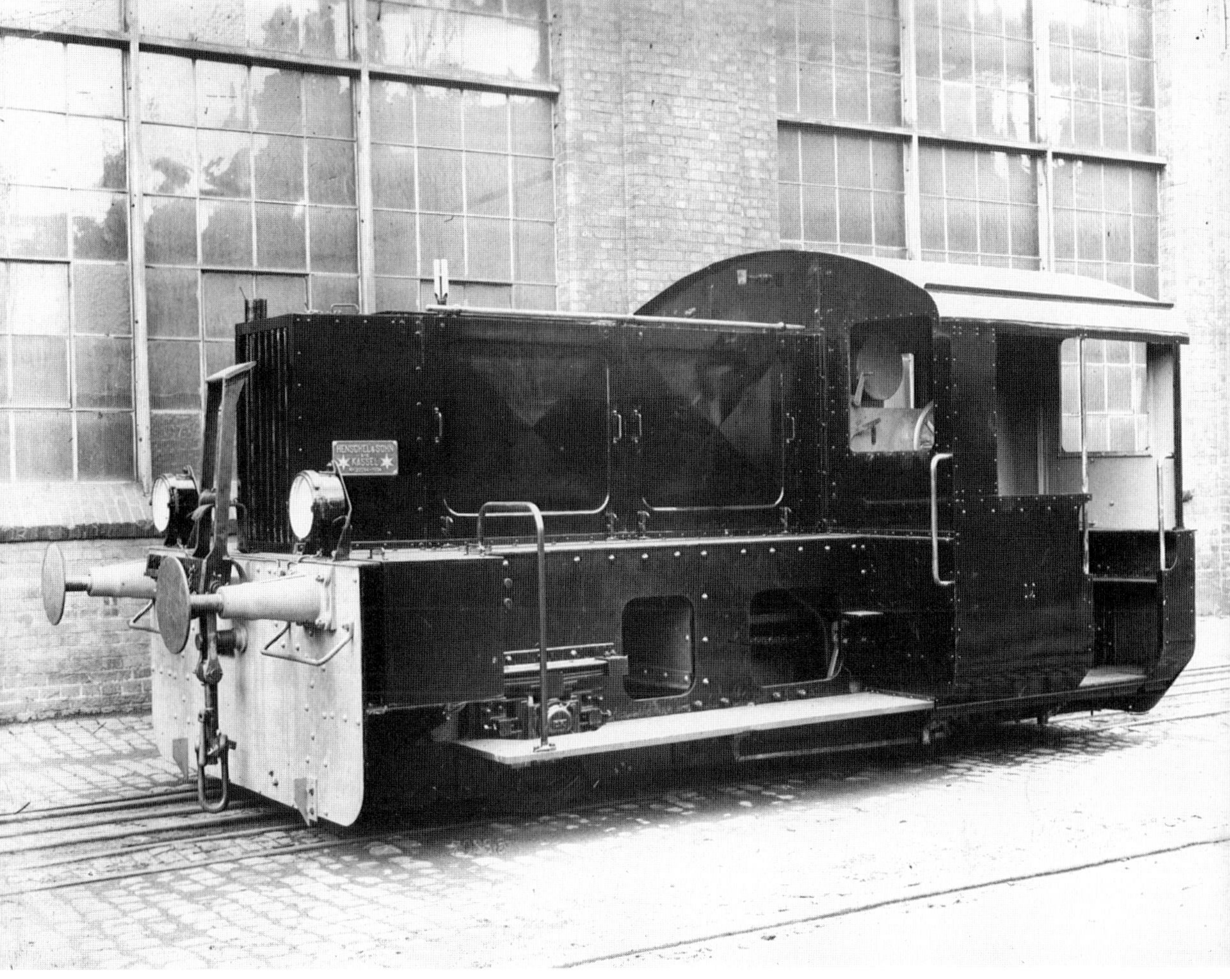

Köf II

DRG/DB
B
Einsatzzeitraum 1930 bis heute

Ähnlich wie bei der kleineren Bauart Kö I verlief auch die Entwicklung der Kleinlokomotiven der Leistungsgruppe II. Auch hier entstanden zunächst verschiedene Prototypen mit elektrischem Antrieb und mit Verbrennungsmotoren unterschiedlicher Bauart und Arbeitsweise. Erst nachdem eine Arbeitsgemeinschaft der DRG und der Firmen Deutz, Jung, BMAG, Krauss-Maffei und Orenstein & Koppel im Jahre 1932 die Konzeption für die Einheitskleinlokomotiven der Leistungsgruppe II geschaffen hatte, kam es zum Bau einheitlicher Serien, die aber immer noch Unterschiede in der Motorausstattung und der Leistungsübertragung aufwiesen. Am Bau von mehr als 1 400 Fahrzeugen waren 17 verschiedene Hersteller beteiligt, von denen BMAG, Deutz und die anderen Firmen der Arbeitsgemeinschaft die größten Lieferanteile hatten. In dieser Zahl sind auch alle Akku-Kleinlokomotiven enthalten. In den Bestand der Deutschen Bundesbahn kamen noch rund 525 Fahrzeuge der Leistungsgruppe II. Diese Maschinen reichten nicht aus, um den großen Bedarf nach dem Ende des zweiten Weltkriegs zu decken. Nach dem Erwerb von Fahrzeugen, die aus vorhandenen Teilen entstanden, beschaffte die DB in der Zeit von 1948 bis 1965 insgesamt 736 Lokomotiven von Deutz, Gmeinder, Jung und Orenstein & Koppel, die als Köf 6100 bis 6835 in Dienst gestellt wurden.

Foto: Henschel

Köf II

DRG/DB
(ab 1968: DB 321)
B
Einsatzzeitraum 1933 bis 1973

Bis zum Jahre 1937 fuhren die Kleinlokomotiven der Leistungsgruppe II mit Elektro-, Diesel- und Benzinmotoren, deren Leistungen in dem weiten Bereich von 24 bis 125 PS lagen. Danach war die Motorauswahl drastisch eingeschränkt worden. Nun überwogen 6-Zylinder-Aggregate von Deutz und Kaelble. In zunehmendem Maße hatten die Fahrzeuge nun auch schon Flüssigkeitsgetriebe von Voith erhalten. Unverändert blieb aber der Antrieb der beiden Radsätze über Rollenketten. Die ab 1948 gelieferten Lokomotiven entsprachen der Einheitsbauart der DRG. Als Antriebsmaschinen wurden nun nur 6-Zylinder-Viertakt-Dieselmotoren von KHD und Kaelble verwendet, die später auch in andere Maschinen der Leistungsgruppe II eingebaut wurden. Mit Inkrafttreten des neuen Nummernplans im Jahre 1968 wurden die Fahrzeuge nach ihren spezifischen Merkmalen eingeteilt. Die Lokomotiven ohne Druckluftbremse fuhren bis zu ihrem Umbau als Baureihe 321. Die Maschinen 321 001 bis 194 und 321 201 bis 247 verfügten über KHD-Motoren, die 321 501 bis 556 und 321 610 bis 625 über Kaelble-Aggregate. Mit Ausnahme von vier Exemplaren, die zuvor ausgemustert wurden, waren alle anderen Fahrzeuge mit Druckluftbremsen ausgerüstet und viele davon auf eine Höchstgeschwindigkeit von 45 km/h umgebaut worden. Danach fuhren sie als Maschinen der Reihen 322 bis 324.

Foto: Gmeinder

Köf II (322)
Zulässige Geschwindigkeit: 30 km/h
Treibraddurchmesser: 850 mm
Motor/Leistungsübertragung: 6-Zyl.-R/hydraulisch
Leistung: 87 und 94 kW
Dienstmasse: 16,0 bis 17,0 t
LüP: 6 450 mm

Köf 10
Zulässige Geschwindigkeit: 30 km/h
Treibraddurchmesser: 950 mm
Motor/Leistungsübertragung: 8-Zyl.-V u. R//hydraulisch
Leistung: 171 und 177 kW
Dienstmasse: 20,3 t
LüP: 7 830 mm

Köf II (323, 324)
Zulässige Geschwindigkeit: 45 km/h
Treibraddurchmesser: 850 mm
Motor/Leistungsübertragung: 6-Zyl.-R/hydraulisch
Leistung: 87 und 94 kW
Dienstmasse: 14,8 bis 17,0 t
LüP: 6 450 mm

Köf 11
Zulässige Geschwindigkeit: 45 km/h
Treibraddurchmesser: 950 mm
Motor/Leistungsübertragung: 8-Zyl.-R/hydraulisch
Leistung: 177 kW
Dienstmasse: 20,3 bis 22,3 t
LüP: 7 830 mm

Köf II

DRG/DB
(ab 1968: DB 322)
B
Einsatzzeitraum 1933 bis 1987

In der Baureihe 322 des neuen Nummernplans von 1968 hatte die Deutsche Bundesbahn die 227 Kleinlokomotiven der Leistungsgruppe II zusammengefaßt, die über eine Druckluftbremse verfügten, aber nur für eine Höchstgeschwindigkeit von 30 km/h zugelassen waren. Darin enthalten waren auch die entsprechend umgebauten Fahrzeuge der Baureihe 321. Von wenigen Ausnahmen abgesehen gab es hier eine Unterteilung nach den Motortypen. Lokomotiven mit KHD-Motoren trugen die Betriebsnummern 322 001 bis 023, 322 031 bis 059 und 322 101 bis 182. Maschinen mit Kaelble-Motoren waren als 322 501 bis 530 und 322 601 bis 663 eingereiht. Alle Fahrzeuge verfügten über ein Voith-Strömungsgetriebe und Rollenketten vom mechanischen Wendegetriebe zu den beiden Radsätzen. Ein oder zwei Luftbehälter für die Druckluftbremse waren quer zur Längsachse auf dem Vorbau direkt vor dem Führerhaus angeordnet. Die meisten dieser Lokomotiven der Einheitsbauart entstammten noch Lieferungen aus dem Zeitraum von 1933 bis 1945, die damals zu einem Stückpreis von 19 393 bis 22 700 RM beschafft wurden. Alle Fahrzeuge der Baureihe 322 waren bis zum Ende des Jahres 1987 ausgemustert, auch die erst ab 1948 von der Deutschen Bundesbahn in Dienst gestellten Maschinen. Eine größere Anzahl dieser Lokomotiven ist an Industrieunternehmen verkauft worden.

322 055, Foto: Obermayer

Köf II

DRG/DB
(ab 1968: DB 323, 324)
B
Einsatzzeitraum 1933 bis heute

Alle Lokomotiven der Leistungsgruppe II mit Verbrennungsmotoren und Druckluftbremse, die für eine Höchstgeschwindigkeit von 45 km/h zugelassen sind, wurden im Nummernplan der Deutschen Bundesbahn von 1968 als Fahrzeuge der Baureihe 323 ausgewiesen. Hierzu zählen auch viele der umgebauten Lokomotiven der Reihe 321 und zwei der Baureihe 322. Auch diese Maschinen verfügten über 6-Zylinder-Viertakt-Dieselmotoren von KHD mit 118 und 128 PS sowie von Kaelble mit 128 PS. Eine besondere Unterteilung innerhalb der Nummernreihe wurde nicht mehr vorgenommen. Nachdem die Betriebsnummern der Reihe 323 vergeben waren – belegt wurden allerdings nur 892 Nummern – mußten 60 Lokomotiven als 324 001 bis 060 bezeichnet werden. Hierbei handelt es sich um 58 umgebaute Maschinen der Reihe 321 und um zwei der Baureihe 322. Obwohl eine große Zahl von Fahrzeugen winterfest gemacht worden war, ließ sich die Ausmusterung nicht aufhalten. Ende Juni 1991 waren in der Bestandsliste noch 199 Maschinen der Reihe 323 und vier der Reihe 324 ausgewiesen. Unter den ausgeschiedenen Lokomotiven, von denen ein Teil verkauft werden konnte, befanden sich auch Fahrzeuge, die von der DB erst in der Zeit von 1948 bis 1965 beschafft worden waren. Für diese Lokomotiven lag der Stückpreis zwischen 58 730 und 77 655 DM.

323 813, Foto: Obermayer

Köf 10

Neubau DB
(ab 1968: DB 331)
B
Einsatzzeitraum 1959 bis heute

Obwohl ab 1948 noch eine größere Anzahl von Kleinlokomotiven der Leistungsgruppe II zur Beschaffung vorgesehen war, zeigte sich bereits Mitte der 50er Jahre, daß die Deutsche Bundesbahn dringend eine stärkere Bauart benötigte. Im Auftrag des BZA München entwikkelte Gmeinder den Prototyp einer Kleinlokomotive der Leistungsgruppe III und lieferte im Jahre 1959 die Maschinen Köf 10 001 bis 003 zum Stückpreis von 120 000 DM. Die Lokomotiven erhielten ein geschlossenes und heizbares Führerhaus mit einem mittig angeordneten Fahrpult. Als Antriebsmaschinen standen zwei Motortypen zur Wahl. Dies waren ein 8-Zylinder-Viertakt-Dieselmotor in V-Anordnung von Kaelble mit 232 PS und ein 8-Zylinder-Viertakt-Dieselmotor von MWM in Reihenanordnung mit 240 PS. Der Motor ist über eine drehelastische Kupplung und eine Gelenkwelle mit dem Strömungsgetriebe von Voith verbunden, an das ein mechanisches Wendegetriebe angeflanscht ist. Die beiden Radsätze werden über Rollenketten angetrieben. Mit 30 km/h war die zulässige Geschwindigkeit der drei Prototypen allerdings recht bescheiden, zumal die Lokomotiven auch vor Arbeitszügen eingesetzt werden sollten. Ansonsten gelten die Fahrzeuge als gelungene Konstruktion. Am 30. Juni 1991 befanden sich noch die beiden Maschinen 331 001 und 002 im Einsatzbestand der DB.

Köf 10 001, Foto: Gmeinder

Köf 11

Neubau DB
(ab 1968: DB 332)
B
Einsatzzeitraum 1959 bis heute

Neben den drei Lokomotiven Köf 10 001 bis 003 lieferte Gmeinder in Mosbach in den Jahren 1959 und 1960 fünf weitere Prototypen der Leistungsklasse III mit den Betriebsnummern Köf 11 001 bis 005. Bei gleichen Hauptabmessungen und mit der gleichen Motorausstattung waren diese Fahrzeuge jedoch für eine Höchstgeschwindigkeit von 45 km/h ausgelegt. Nach eingehender Erprobung der Lokomotiven lief im Jahre 1962 die Serienfertigung an. Bis 1966 beteiligten sich am Bau von 312 Maschinen auch die Lokomotivfabriken Jung und Orenstein & Koppel. Alle Serienmaschinen erhielten den MWM-Dieselmotor mit 240 PS. Unverändert war die Leistungsübertragung vom Motor über Kupplung, Gelenkwelle, Strömungs- und Wendegetriebe geblieben. Auch der Kettenantrieb der beiden Radsätze wurde von den Prototypen übernommen. Im Nummernplan der DB von 1968 werden die Lokomotiven als 332 002, 005 bis 062, 064 bis 210 und 212 bis 217 geführt. Die Köf 11 001 und 004 wurden in 332 701 und 702 umgezeichnet, die Köf 11 003 in 332 801 und die Köf 11 063 und 101 mit geändertem Getriebe in 332 901 und 902. Ende Juni 1991 befanden sich noch alle 317 Fahrzeuge im Einsatzbestand der Deutschen Bundesbahn. Die 332 215 diente als Werklok im AW Saarbrücken-Burbach, die anderen waren in allen Direktionsbezirken beheimatet.

332 230, Foto: Obermayer

333
Zulässige Geschwindigkeit: 45 km/h
Treibraddurchmesser: 950 mm
Motor/Leistungsübertragung: 6-Zyl.-R/hydraulisch
Leistung: 177 kW
Dienstmasse: 22,9 bis 24,1 t
LüP: 7 830 mm

333

Neubau DB
(ab Januar 1988: DB 335)
B
Einsatzzeitraum 1965 bis heute

Nach den Maschinen der Baureihen Köf 10 und Köf 11 entwickelte Gmeinder im Jahre 1965 mit der Köf 12 001 eine Variante dieser Kleinlokomotiven der Leistungsgruppe III. Die neue Bauart hatte anstelle der beiden Rollenketten zwei Gelenkwellen zur Leistungsübertragung vom Wendegetriebe zu den Achsgetrieben erhalten. Nach einer erfolgreichen Erprobung begann im Jahre 1968 der Serienbau von 250 Fahrzeugen, an dem sich bis 1978 auch die Firmen Jung und Orenstein & Koppel beteiligten. In der sonstigen Bauausführung blieben die Lokomotiven gegenüber der Baureihe 332 weitgehend unverändert. Ab der sechsten Bauserie wurde eine verbesserte Kühlanlage eingebaut. Die damit ausgestatteten Maschinen ab der Betriebsnummer 333 102 unterscheiden sich von den zuvor in Dienst gestellten durch die große kreisrunde Öffnung in der Stirnfront des Vorbaus vor dem Lüfterrad. Im Jahre 1984 untersuchte die Deutsche Bundesbahn im Rahmen eines groß angelegten Versuchsprogramms die Möglichkeit des Einsatzes funkferngesteuerter Kleinlokomotiven. Die positiven Ergebnisse zogen den Umbau zahlreicher Maschinen der Baureihen 333 und 360/361 nach sich. Bis Ende Juni 1991 waren 187 Lokomotiven der Leistungsgruppe III umgerüstet und unter Beibehaltung der alten Ordnungsnummer in die Reihe 335 umgezeichnet, 63 fuhren noch als 333.

333 236, Foto: Obermayer

Ka 4012 bis Ka 4015
Zulässige Geschwindigkeit: 30 km/h
Treibraddurchmesser: 850 mm
Motor/Leistungsübertragung: Elektro/elektrisch
Leistung: 35 kW
Dienstmasse: 11,0 t
LüP: 5 600 mm

Ka 4012 bis Ka 4015

DRG/DB
(ab 1968: DB 381)
Bo
Einsatzzeitraum 1930 bis 1977

Im Rahmen der Entwicklung von Kleinlokomotiven für die DRG entstanden auch die ersten Fahrzeuge, die ihre Energie aus Akkumulatoren bezogen. Vier Maschinen dieser Bauart hatte die AEG mit den Fabriknummern 4558 bis 4561 gefertigt und als A 6001 bis 6004 im Oktober 1930 an die DRG abgeliefert. In ihrer Ausführung unterschieden sie sich recht eindeutig von den Kleinlokomotiven mit Verbrennungsmotoren. Die beiden Radsätze mit zwei Tatzlagermotoren waren in einem geschweißten Außenrahmen gelagert, der von einer durchgehenden Plattform abgedeckt war. Darauf wurden vier Behälter angeordnet, in denen die Batterien eingebaut waren. Ein von acht Stützen getragenes Dach diente als Schutz des Bedienungsstandes und des Personals. Im Jahre 1931 waren die Lokomotiven in Ks 4012 bis 4015 umgezeichnet worden. Alle vier Exemplare kamen noch in den Bestand der DB. Ende der 50er Jahre wurde die Ks 4014 ausgemustert, und ab 1960 erhielten die anderen Maschinen die Bezeichnung Ka 4012, 4013 und 4015. Nach dem Ausscheiden der Ka 4012 blieb die Ka 4013 in Bopfingen (Ostwürttemberg) eingesetzt. Diese Lok wurde 1970 von der Deutschen Gesellschaft für Eisenbahngeschichte erworben. Noch länger war die Ka 4015 im Einsatz, inzwischen mit einem Kastenaufbau versehen. Erst im Jahre 1977 war sie als 381 101 an die Interfrigo verkauft worden.

Ka 4013, Foto: Obermayer

Ks 4815 u. a.
Zulässige Geschwindigkeit: 25 km/h
Treibraddurchmesser: 850 mm
Motor/Leistungsübertragung: Elektro/elektrisch
Leistung: 34 kW
Dienstmasse: 16,5 bis 17,0 t
LüP: 6 450 mm

Ks 4992 und Ks 4993
Zulässige Geschwindigkeit: 30/26 km/h
Treibraddurchmesser: 850 mm
Motor/Leistungsübertragung: Elektro/elektrisch
Leistung: 70 kW
Dienstmasse: 10,6 und 11,3 t
LüP: 6 432 mm

Ks 4815 u. a.

DRG/DB
(ab 1968: DB 381)
B
Einsatzzeitraum 1935 bis heute

Neben den zahlreichen Kleinlokomotiven der Leistungsgruppe II, die über Diesel- und Vergasermotoren verfügten, und den vier Speicherlokomotiven der AEG entstanden im Jahre 1935 bei der BMAG die Maschinen Ks 4815 bis 4820 als Akkulokomotiven. In dem langen, vorn abgeschrägten Vorbau waren die Akkumulatoren untergebracht, die zwei parallel zu den Achsen eingebaute Elektromotoren speisten. Von einem gemeinsamen Getriebe wurden die beiden Radsätze über Ketten angetrieben. Weitere Speicherlokomotiven lieferte Windhoff im Jahre 1936 mit den Betriebsnummern Ks 4859 bis 4870 und Ks 4903 bis 4910 sowie 1938 mit den Nummern Ks 4979 bis 4993. Die Elektromotoren kamen von den SSW und die Akkus von der AEG. In den Bestand der Deutschen Bundesbahn wurden 36 dieser 41 Speicherlokomotiven übernommen. Zu Beginn des Jahres 1968 befanden sich noch 22 Maschinen im Einsatzbestand, von denen 21 in 381 001 bis 008 und 381 010 bis 022 umgezeichnet wurden. Auch eine ältere Lok von 1932 war noch vorhanden, die ehemalige Ks 4071 mit Tatzlagerantrieb, die nun die Betriebsnummer 381 201 trug. Am Ende des Jahres 1984 waren alle Maschinen bis auf eine ausgemustert. Die 381 020 wurde Ende Juni 1991 noch im Einsatzbestand geführt und vom Bw Hamburg-Ohlsdorf eingesetzt, nachdem sie zuvor längere Zeit z-gestellt war.

381 022, Foto: Obermayer

Ks 4992 und Ks 4993

Neubau DB
(ab 1968: DB 382)
B
Einsatzzeitraum 1955 bis 1983

Die ersten Akkulokomotiven der Leistungsgruppe II, die von 1930 bis 1938 in Dienst gestellt worden waren, hatten sich sehr gut bewährt und als recht langlebig erwiesen. Dennoch kam es lange Zeit zu keiner weiteren Beschaffung. Erst im Jahre 1955 lieferte Gmeinder zwei Fahrzeuge, die bei der Deutschen Bundesbahn die frei gewordenen Betriebsnummern Ks 4992 und 4993 älterer und inzwischen ausgeschiedener Speicherlokomotiven erhielten. In ihrer äußeren Gestaltung und in den Hauptmaßen entsprachen sie weitgehend den Diesellokomotiven Köf II. Beide Maschinen wurden mit zwei Elektromotoren von Garbe-Lahmeyer ausgestattet, die zwischen den beiden Achsen parallel zur Längsachse der Fahrzeuge eingebaut waren und auf ein Getriebe arbeiteten. Der Antrieb der Radsätze erfolgte über Rollenketten. Durch die größere Kapazität der Batterien im Vorbau hatte die Ks 4993 eine höhere Dienstmasse. Auch diese Lokomotiven erfüllten die Erwartungen und wurden im Nummernplan von 1968 als 382 001 und 101 bezeichnet. Letztere war noch bis 1983 in Bopfingen (Ostwürttemberg) eingesetzt, wo sie die Nachfolge der Ks 4015 angetreten hatte, für die zunächst noch die Nummer 381 001 vorgesehen war. Die Akkulokomotive 382 001 war Ende Juni 1991 noch im Bestand der DB und im Bw Hamburg-Ohlsdorf eingesetzt.

382 001, Foto: Obermayer

V 51
Zulässige Geschwindigkeit: 40 km/h
Treibraddurchmesser: 850 mm
Motor/Leistungsübertragung: 8-Zyl.-R/hydraulisch
Leistung: 397 kW
Dienstmasse: 39,0 t
LüP: 9 810 mm

V 29
Zulässige Geschwindigkeit: 35/40 km/h
Treibraddurchmesser: 850 mm
Motor/Leistungsübertragung: 8-Zyl.-R/hydraulisch
Leistung: 213 kW
Dienstmasse: 28,0 t
LüP: 9 140 mm

V 51

Neubau DB
(ab 1968: DB 251)
B'B'
Einsatzzeitraum 1964 bis 1983

Zu Beginn der 60er Jahre betrieb die Deutsche Bundesbahn im Land Baden-Württemberg noch fünf Schmalspurbahnen. Drei davon hatten eine Spurweite von 750 mm, die beiden anderen waren in Meterspur ausgeführt. Auf allen fünf Strekken verkehrten noch Dampflokomotiven älterer Baujahre, die von Diesellokomotiven abgelöst werden sollten. Die Wahl fiel auf einen Entwurf der MaK, der in Zusammenarbeit mit dem BZA München für die Verwendung auf Schmalspurstrecken weiterentwickelt wurde. Der Lizenzbau von fünf Maschinen erfolgte bei Gmeinder in Mosbach. Drei davon erhielten Radsätze mit einer Spurweite von 750 mm. In ihrer äußeren Form zeigten die Fahrzeuge eine große Ähnlichkeit mit der Baureihe V 100, die Leistung war allerdings wesentlich geringer. Eingebaut wurden zwei parallel angeordnete 8-Zylinder-Dieselmotoren in Reihenausführung mit einer Leistung von je 270 PS, die aus der Fertigung der Motorenwerke Mannheim kamen. Auch der Hilfsdieselmotor mit 22 PS wurde von den MWM geliefert. Als erste Lokomotive nahm die V 51 901 nach ihrer Abnahme am 2. September 1964 ihren Dienst auf der Strecke Warthausen–Ochsenhausen auf. Wenig später fuhr die V 51 902 auf der Federsee-Bahn. Im September wurde die V 51 901 an die Steiermärkische Landesbahn verkauft. Die beiden anderen Maschinen fuhren bis Mitte 1983 bei der DB.

V 51 902, Foto: Obermayer

V 52

Neubau DB
(ab 1968: DB 252)
B'B'
Einsatzzeitraum 1964 bis 1973

Zwei der fünf Schmalspurstrekken, die im Jahre 1964 von der Deutschen Bundesbahn in Baden-Württemberg betrieben wurden, hatten eine Spurweite von 1 000 mm. Die Linie Nagold–Altensteig war bedeutungslos geworden und der Abbau beschlossen. Auf der zur BD Karlsruhe zählenden Strecke Mosbach–Mudau rechtfertigte das Verkehrsaufkommen aber noch den Einsatz neuer Diesellokomotiven. Dafür waren zwei Maschinen aus der Serie von fünf Fahrzeugen bestimmt, die im Jahre 1964 nach einem Entwurf von MaK bei Gmeinder in Mosbach gefertigt wurden. Die beiden Reihenmotoren mit je acht Zylindern, Dieseltriebwerke mit je 270 PS, wurden nebeneinander im langen Vorbau angeordnet. Das Flüssigkeitsgetriebe und das Wendegetriebe waren unter dem Führerhaus im Lokomotivrahmen befestigt. Im kurzen Vorbau befanden sich ein kleiner Dieselmotor mit 22 PS, ebenfalls von den MWM geliefert, die Hilfsaggregate und die Luftbehälter. Der Hilfsdieselmotor mit angeflanschtem Generator diente auch der Stromversorgung der Warmluftheizgeräte in den Reisezugwagen. Die Kraftstoffbehälter hatten ein Fassungsvermögen von 1 710 l. Bis auf die Spurweite waren die Maschinen baugleich mit den Fahrzeugen der Baureihe V 51. Die Lokomotiven galten als leistungsfähig und bewährten sich gut. Der Einsatz ging im Jahre 1973 zu Ende, als die Strecke in den Odenwald stillgelegt wurde.

V 52 901, Foto: Gmeinder

V 52
Zulässige Geschwindigkeit: 40 km/h
Treibraddurchmesser: 850 mm
Motor/Leistungsübertragung:
8-Zyl.-R/hydraulisch
Leistung: 397 kW
Dienstmasse: 39,0 t
LüP: 9 780 mm

V 11 901
Zulässige Geschwindigkeit: 20 km/h
Treibraddurchmesser: 700 mm
Motor/Leistungsübertragung:
6-Zyl.-R/hydraulisch
Leistung: 94 kW
Dienstmasse: 16,5 t
LüP: 5 566 mm

V 29

Neubau DB
(ab 1968: DB 299)
B'B'
Einsatzzeitraum 1952 bis 1968

Für die meterspurige Strecke der Deutschen Bundesbahn von Meckenheim nach Mundenheim in der Pfalz wurden zu Beginn der 50er Jahre dringend neue und leistungsfähige Lokomotiven benötigt. Verlangt wurden einfach zu bedienende Diesellokomotiven mit geringer Achsfahrmasse, guter Streckensicht und niedrigen Betriebskosten. Zur Wahl standen zunächst eine dreiachsige Maschine mit Stangenantrieb und Starrahmen und eine vierachsige Lokomotive mit zwei Drehgestellen. Die Entscheidung fiel schließlich zugunsten der Drehgestell-Lokomotive, die von der Firma Jung in Zusammenarbeit mit dem BZA München entwickelt wurde. Drei dieser Fahrzeuge konnten noch im Jahre 1952 in Dienst gestellt werden. In jedem Drehgestell war ein luftgekühlter 8-Zylinder-Dieselmotor von KHD mit einer Leistung von 145 PS eingebaut. Auch der Hilfsdieselmotor für die Druckluft- und Energieversorgung mit einer Leistung von 25 PS kam von KHD. Die Leistungsübertragung erfolgte über ein Voith-Strömungsgetriebe, ein Nachschaltgetriebe und eine Duplexkette zu den Achsen. Nach ihrem Einsatz in der Pfalz kamen die V 29 251 und 252 zur Walhalla-Bahn von Regensburg nach Wörth. Dort wurden sie Ende 1968 ausgemustert. Die Lok V 29 252 diente noch bis September auf der Strecke Nagold–Altensteig, wurde an die MEG verkauft und später Museumslok der DGEG.

V 29 952, Foto: Obermayer

V 11 901

Neubau DB
(ab 1968: DB 329)
C
Einsatzzeitraum 1952 bis heute

Als die Oldenburgische Staatsbahn im Sommer 1897 auf der Insel Wangerooge einen noch bescheidenen Zugverkehr aufnahm, genügten drei Wagen und eine kleine zweiachsige Dampflokomotive. Mit dem zunehmenden Verkehr in den folgenden Jahrzehnten wuchs auch der Fahrzeugpark. Bis zum Beginn der 50er Jahre waren ausschließlich Dampflokomotiven im Einsatz, die dann durch Diesellokomotiven ersetzt werden sollten. Die erste Maschine entstand 1952 bei Gmeinder in Mosbach mit der Fabriknummer 4378 für die Spurweite von 1 000 mm. In ihrer Ausführung mit dem schmalen Führerstand und dem kantigen Vorbau entspricht die Maschine weitgehend früher gelieferten Lokomotiven für die Heeresfeldbahnen. Solche Fahrzeuge waren im Jahre 1941 für Bahnen mit der Spurweite von 750 mm gebaut worden. Für den Antrieb der V 11 901 wurde ein bewährter 6-Zylinder-Dieselmotor von KHD mit einer Leistung von 128 PS ausgewählt. Die Leistungsübertragung erfolgt über ein Strömungsgetriebe auf die hinter den Radsätzen gelagerte Blindwelle und von dort über Treib- und Kuppelstangen auf die Kurbeln der drei Achsen. Bei einer Modernisierung erhielt die Maschine größere gummigefaßte Fenster. Diese älteste Diesellokomotive der Wangerooger Inselbahn befand sich Ende 1991 noch im Einsatzbestand, ist aber nur noch Reservelok.

Foto: v. Harlem

V 11 902 und V 11 903
Zulässige Geschwindigkeit: 20 km/h
Treibraddurchmesser: 700 mm
Motor/Leistungsübertragung: 6-Zyl.-R/hydraulisch
Leistung: 94 kW
Dienstmasse: 16,5 t
LüP: 5 566 mm

V 11 902 und V 11 903

Neubau DB (ab 1968: DB 329)
C
Einsatzzeitraum 1957 bis heute

Die überalterten Dampflokomotiven auf der meterspurigen Inselbahn auf Wangerooge konnten erst abgelöst werden, nachdem weitere Diesellokomotiven zur Verfügung standen. Fünf Jahre nach Indienststellung der Lokomotive V 11 901 lieferte Gmeinder in Mosbach zwei weitere Schmalspurmaschinen mit den Fabriknummern 5038 und 5039. Mit den Betriebsnummern V 11 902 und 903 traten die Fahrzeuge im Juli 1957 ihren Dienst auf der Insel an. In ihrer technischen Ausstattung entsprachen sie weitgehend der älteren V 11 901. Wieder war ein Außenrahmen mit außenliegenden Kurbeln gewählt worden. Der Stangenantrieb arbeitet von der hinter dem dritten Radsatz eingebauten Blindwelle über Treib- und Kuppelstangen auf die drei Achsen der Lokomotiven. Ein wesentlich breiter ausgeführtes Führerhaus mit großen gummigefaßten Fenstern bietet eine bessere Streckensicht und mehr Bewegungsfreiheit für das Personal. Sehr viel gefälliger wirken auch die Aufbauten der Fahrzeuge, weiche Rundungen haben die zuvor üblichen Kanten und Ecken abgelöst, die einst das Bild der Heeresfeldbahnmaschinen prägten. Als Antriebsmaschine dient ein 6-Zylinder-Viertakt-Dieselmotor von KHD mit einer Nennleistung von 128 PS. Die beiden rot lakkierten Lokomotiven werden im Bestand des Bw Oldenburg geführt.

329 502, Foto: v. Harlem

329 504

Ankauf DB
B
Einsatzzeitraum 1971 bis heute

Zur Verstärkung des Triebfahrzeugparks der Wangerooger Inselbahn hatte sich die DB zu Beginn der 70er Jahre nach einer geeigneten Schmalspurdiesellokomotive umgesehen und war bei der Inselbahn Juist fündig geworden. Das Fahrzeug, im Jahre 1952 von KHD unter der Fabriknummer 46 841 gefertigt, wurde 1971 zunächst angemietet und im Juni 1973 käuflich erworben. Auch der 6-Zylinder-Viertakt-Dieselmotor mit einer Nennleistung von 118 PS stammt aus der Produktion von KHD. Die Leistungsübertragung vom Motor erfolgt über ein Flüssigkeitsgetriebe von Voith auf eine vor der hinteren Achse eingebaute Blindwelle und über Kuppelstangen auf die beiden Radsätze, die in einem Innenrahmen gelagert sind. Ansonsten entspricht die Lokomotive in ihrer Form den Fahrzeugen mit den Betriebsnummern 329 502 und 503. Der Vorbau ist ebenfalls gerundet, die Fenster des Führerhauses sind allerdings etwas kleiner ausgeführt. Der Kraftstoffbehälter ist etwas knapper bemessen und kann nur 110 l aufnehmen. Trotz der geringeren Leistung ist auch dieses Fahrzeug den Anforderungen während der Hochsaison auf der Inselbahn gewachsen. Nachdem nun drei Lokomotiven für die Beförderung der Züge vom und zum Westanleger zur Verfügung stehen, dient die 329 501 nur noch als Reserve oder wird im Rangierdienst eingesetzt.

329 504 (ohne Abb.)
Zulässige Geschwindigkeit: 20 km/h
Treibraddurchmesser: 700 mm
Motor/Leistungsübertragung: 6-Zyl.-R/hydraulisch
Leistung: 87 kW
Dienstmasse: 13,0 t
LüP: 6 090 mm

Kö II
Zulässige Geschwindigkeit: 30 km/h
Treibraddurchmesser: 850 mm
Motor/Leistungsübertragung: 6-Zyl.-R/mechanisch/hydr.[1)]
Leistung: 92 kW
Dienstmasse: 19,0/17,0[1)] t
LüP: 6 450 (auch 6 392) mm
1) 100.8-9

Kö I
Zulässige Geschwindigkeit: 18/23 km/h
Treibraddurchmesser: 850 mm
Motor/Leistungsübertragung: 4-Zyl.-R/mechanisch
Leistung: 28 kW
Dienstmasse: 10,2 t
LüP: 5 475 mm

Kö I

DRG/Umbau DR
(ab 1970: DR 100.0)
B
Einsatz (1933) 1945 bis 1984

Nach Kriegsende 1945 waren auf dem Gebiet der sowjetischen Besatzungszone ca. 80 weitgehend beschädigte oder verschlissene Kleinlokomotiven der Leistungsklasse I vorhanden. Die Deutsche Reichsbahn hat zunächst alle Lokomotiven, die nicht der Einheitsbauart entsprachen, ausgemustert. Ende der 60er Jahre waren noch 47 Lokomotiven im DR-Bestand, die bis zur EDV-gerechten Umnummerung 1970 ihre alten DRG-Betriebsnummern trugen. Ab 1970 sind die Maschinen als BR 100.0 bezeichnet worden und belegten (mit Lücken) die Betriebsnummern 100 001 bis 099. Verschlissene Motoren sind zunächst durch luftgekühlte Kfz-Dieselmotoren aus der DDR-Produktion ersetzt worden. Alle noch im Bestand verbliebenen Maschinen erhielten im Rahmen der Vereinheitlichung einen wassergekühlten 4-Zylinder-Viertakt-Reihenmotor vom Dieselmotorenwerk Schönebeck. Letzte betriebfähige Lokomotive war Anfang 1984 die 100 010 des Bw Cottbus.

Kö 0200, Foto: Gmeinder

Kö II

DRG/Umbau DR/Neubau DR
(ab 1970: DR 100.1-9; ab 1992: DR 310)
B
Einsatz (1933) 1945 bis heute

Die Kleinlokomotiven der Leistungsklasse II sind von der DRG in großen Stückzahlen beschafft worden. Die Deutsche Reichsbahn hat von den nach 1945 vorgefundenen Lokomotiven zunächst Vorserien-Lokomotiven und abweichende Bauarten verschrottet bzw. verkauft oder, sofern sie in erhaltungswürdigem Zustand waren, auf Einheitsbauart mit mechanischem oder hydraulischem Getriebe umgebaut. LKM Babelsberg hat 1948 mit dem Nachbau von Kleinlokomotiven der Einheitsbauart begonnen und diese mit mechanischem Getriebe und Motoren von 60 PS (44 kW) oder 90 PS (66 kW) ausgerüstet. Die DR übernahm 32 Lokomotiven und ordnete sie in zweiter Besetzung als Kö 4001 bis Kö 4032 ein (die Lokomotiven der Erstzbesetzung aus den Jahren 1930 bis 1932 waren bei beiden deutschen Bahnverwaltungen schon ausgemustert). Die Lokomotiven erhielten im Rahmen planmäßiger Schadgruppen zunächst einen 4-Zylinder- oder 6-Zylinder-Reihenmotor, später nur noch den wassergekühlten Sechszylinder. 1970 sind 295 Lokomotiven mit Rädergetriebe in 100.1-7, 78 Lokomotiven mit hydraulischer Leistungsübertragung in 100.8-9 umgezeichnet worden.

100 103, Foto: Weisbrod

V 15^{10}
Zulässige Geschwindigkeit: 32 km/h
Treibraddurchmesser: 900 mm
Motor/Leistungsübertragung: 6-Zyl.-R/hydraulisch
Leistung: 110 kW
Dienstmasse: 20,0 t
LüP: 6 940 mm

V 15^{10}

Neubau DR
(ab 1970: DR 101.0; ab 1992: DR 311)
B
Einsatzzeitraum 1959 bis heute

Die Deutsche Reichsbahn nahm in ihr Neubauprogramm eine leichte Rangier-Diesellokomotive mit einer Leistung von 150 bis 180 PS (110 bis 132 kW) auf, die die bisher eingesetzten Kleinlokomotiven ablösen sollte. LKM Babelsberg präsentierte 1956 eine Neubaulok mit hochgesetztem, geschlossenem Führerstand, mechanischer Leistungsübertragung und 102 PS (75 kW) Motorleistung. Die Maschine war für Werk- und Anschlußbahnen bestimmt. Die Deutsche Reichsbahn stellte folgende Forderungen zur Übernahme dieser Lokomotive: hydraulische Leistungsübertragung, Motorleistung zwischen 110 und 132 kW, Bedieneinrichtungen auf beiden Seiten des Führerstands und geringer Wartungs- und Unterhaltungsaufwand. Die Nullserie der neuen Lokomotive mit 150 PS Motorleistung (Einordnung als V 15) ist Ende 1959 mit den V 15 1001 bis 1005, eine Kleinserie bis V 15 1020 bis Jahresmitte 1960 an die DR geliefert worden. Sieben Lokomotiven hat die DR zwischen 1961 und 1965 an Werkbahnen verkauft, andere ausgemustert. Im Umzeichnungsplan von 1992 sind noch die 101 004, 006, 009, 011, 012, 014, 015 und 020 mit der neuen Baureihenbezeichnung 311 aufgeführt.

V 15 1001, Foto: Weisbrod

V 15^{20-23}
Zulässige Geschwindigkeit: 37/42[1)] km/h
Treibraddurchmesser: 1 000 mm (ab V 15 2026)
Motor/Leistungsübertragung: 6-Zyl.-R/hydraulisch
Leistung: 132/162[1)] kW
Dienstmasse: 21,5 t
LüP: 6 940 mm
[1)] gültig für 101.5–7

V 15^{20-23}

Neubau DR
(ab 1970: DR 101.1–3; ab 1992: DR 311)
B
Einsatzzeitraum 1960 bis heute

In der zweiten Jahreshälfte 1960 lieferte LKM Babelsberg die zweiachsige Diesellok V 15 in verbesserter und leistungsgesteigerter Ausführung als V 15^{20}. Gegenüber den Lokomotiven der BR V 15^{10} war der Treibraddurchmesser von 900 auf 1 000 mm vergrößert (ab V 15 2026) und die Motorleistung auf 180 PS (132 kW) gesteigert worden. LKM Babelsberg hat 1964 mit der Betriebsnummer V 15 2347 die letzte Lokomotive an die DR abgeliefert, aber darüber hinaus eine große Zahl dieses Typs an Industrie- und Anschlußbahnen verkauft und exportiert. Einige Maschinen hat die DR von der Industrie angekauft, so 1967 und 1969 die V 15 2348 und 2349, andere wiederum an Industriebetriebe verkauft.
Ab 1975 erhielten die Lokomotiven im Raw Halle im Rahmen planmäßiger Erhaltungsarbeiten neue Motoren mit 162 kW Leistung und neue Strömungsgetriebe. In der Reihenfolge des Umbaus bekamen die Lokomotive neue Ordnungsnummern, beginnend mit 501. Die erste umgebaute Maschine war die 101 210 (ex V 15 2210), die die Betriebsnummer 101 501 bekam. Der Umbau umfaßt alle Lokomotiven ab V 15 2026 (101 126), sofern sie nicht schon ausgemustert oder verkauft waren. So entstand die neue Unterbaureihe 101.5–7. Eine Lokomotive ist im Raw Halle versuchsweise mit Gleichstromfahrmotor und 96 Speicherzellen ausgestattet worden. Die bei den DR-Gleisbaubetrieben eingesetzten Lokomotiven tragen statt der Betriebsnummer eine Gerätenummer, die mit der Fabriknummer des Herstellers identisch ist.

101 104, Foto: Weisbrod

V 23
Zulässige Geschwindigkeit: 55 km/h
Treibraddurchmesser: 1 000 mm
Motor/Leistungsübertragung: 6-Zyl.-R/hydraulisch
Leistung: 162 kW
Dienstmasse: 24 t
LüP: 6 940 mm

102.1
Zulässige Geschwindigkeit: 40 km/h
Treibraddurchmesser: 1 000 mm
Motor/Leistungsübertragung: 6-Zyl.-R/hydraulisch
Leistung: 162 kW
Dienstmasse: 24,3 t
LüP: 8 000 mm

V 23

Neubau DR
(ab 1970: DR 102.0; ab 1992: DR 312)
B
Einsatzzeitraum 1968 bis heute

Die Diesellokomotiven der Baureihe V 15 hatten sich bei der Deutschen Reichsbahn und bei vielen Industriebahnen bewährt. LKM Babelsberg entsprach dem Wunsch seiner Kunden nach einer Lokomotive mit höherer Traktionsleistung und entwikkelte eine werksintern als V 22B bezeichnete Maschine mit auf 220 PS (162 kW) erhöhter Motorleistung. Der neue 6-Zylinder-Viertakt-Reihenmotor und ein dreistufiges Strömungsgetriebe (mit Kupplungsgang) sind in der V 15 2210 erprobt worden. Die ersten Lokomotiven vom Typ V 23 gingen Ende 1967 an Werk- und Anschlußbahnen. Die DR erhielt am 30. März 1968 die V 23 001, allerdings mit Zweiwandler-Getriebe, weil der Kupplungsgang keinen Vorteil im Rangierdienst brachte. In den Jahren 1968/69 lieferte LKM Babelsberg die V 23 002 bis 080, und von der DR ist noch eine weitere Maschine angekauft worden. 1970 erhielten die Lokomotiven die EDV-Nummern 102 001 bis 081. Weitere Lokomotiven sind nicht beschafft worden, weil ab 1970 die überarbeitete 102.1 zur Verfügung stand.

312 032, Foto: Weisbrod

102.1

Neubau DR
(ab 1992: DR 312)
B
Einsatzzeitraum 1970 bis heute

Ab 1970 lieferte LKM Babelsberg die Baureihe 102 in verbesserter Ausführung als 102.1. Von der 102.0 sind der 6-Zylinder-Viertakt-Reihenmotor und das Strömungsgetriebe übernommen worden. Die Übertragung des Drehmoments erfolgt vom Wendegetriebe auf eine Blindwelle und von dort mit Kuppelstangen auf die Radsätze. Für die Rangierer bestehen bequeme Aufstiegs- und Halteeinrichtungen hinter der vorderen Pufferbohle und auf der Bühne hinter dem Führerstand. Der Maschinenvorbau, der über beidseits drei Doppeltüren zugänglich ist, nimmt die gesamte Maschinenanlage mit Hilfseinrichtungen auf und wird über einen breiten Umlauf erreicht. Der Übergang von einer Lokomotivseite zur anderen erfolgt über die Bühne hinter dem Führerhaus, die mit einem Geländer gesichert ist. LKM Babelsberg lieferte 1970 und 1971 insgesamt 157 Lokomotiven als 102 101 bis 102 257.

Im ab 1992 geltenden Nummernplan führen die 102.0 und 102.1-2 die Betriebsnummer 312 und werden nur noch durch die Ordnungsnummern unterschieden.

102 203, Foto: Weisbrod

V 36
Zulässige Geschwindigkeit: 60 km/h
Treibraddurchmesser: 1 100 mm
Motor/Leistungsübertragung: 6-Zyl.-R/hydraulisch
Leistung: 265 kW
Dienstmasse: 42 t
LüP: 9 200 mm

V 60$^{10-11}$
Zulässige Geschwindigkeit: 60 km/h
Treibraddurchmesser: 1 100 mm
Motor/Leistungsübertragung: 12-Zyl.-V/hydraulisch
Leistung: 478 kW
Dienstmasse: 55 t
LüP: 10 880 mm

V 36

Wehrmacht/DR
(ab 1970: DR 103)
C
Einsatz (1939) 1945 bis 1985

Die deutsche Wehrmacht beschaffte im Rahmen ihres Entwicklungsprogramms 293 dreifach gekuppelte dieselhydraulische Lokomotiven mit 360 PS (265 kW) Motorleistung, die als WR 360 C 14 (360 = PS, C = Achsfolge, 14 = Radsatzfahrmasse) bezeichnet worden waren. Nach dem Kriege kamen etwa 40 Lokomotiven zur Deutschen Reichsbahn, wo sie zunächst irreführende Baureihenbezeichnungen wie V 10 usw. erhielten. 1957 numerierte die DR sie nach Motorbauart und Verwendungszweck:
V 36 015 bis 039 mit Deutz-Motor (belegt V 36 015 bis 036),
V 36 050 bis 059 mit DWK-Motor (belegt V 36 050 bis 053),
V 36 060 bis 069 mit MWM-Motor (belegt V 36 060 bis 067),
V 36 080 bis 099 mit MWJ-Motor (belegt V 36 080).
Die Lokomotiven waren im Rangierdienst, vor Arbeits- und Nahgüterzügen, auf Nebenbahnen auch vor Reisezügen eingesetzt. Mitte der 60er Jahre erhielt die V 36 030 einen langsamlaufenden 6-Zylinder-Reihen-Dieselmotor von SKL eingebaut, den auf Grund seiner guten Bewährung auch ca. 25 andere Lokomotiven bekamen, deren Altbaumotoren nicht mehr aufarbeitungswürdig waren. Die letzten sechs Maschinen mit ehemaligen Deutz-Motoren waren bei den Bw Neuruppin (103 016, 019 und 022) und Wismar (103 015, 027 und 033) beheimatet. Die 103 027 wird als historisches Triebfahrzeug im Museumsbestand der Deutschen Reichsbahn geführt und vom Bw Schwerin betriebsfähig erhalten.

V 36 027, Foto. Weisbrod

V 60$^{10-11}$

Neubau DR
(ab 1970: DR 106.0-1; ab 1992: DR 346)
D
Einsatzzeitraum 1961 bis heute

Im Beschaffungsprogramm der Deutschen Reichsbahn für Neubau-Diesellokomotiven war bereits Anfang der 50er Jahre eine Rangierlokomotive mit 600 PS (440 kW) Leistung für den universellen Einsatz auf Rangierbahnhöfen und Anschlußgleisen vorgesehen. Der Schienenfahrzeug- und der Dieselmotorenbau in der DDR verfügte noch über wenig Erfahrung. So erprobte man den gerade entwickelten und für diese neue Lokomotive vorgesehenen 8-Zylinder-Dieselmotor und ein neuentwickeltes Strömungsgetriebe in der ehemaligen Wehrmachtslok V 36 080 und schuf parallel dazu bei LKM Babelsberg die Lokomotivkonstruktion. Der aufgeladene 8-Zylinder-Motor erwies sich für den Rangierbetrieb als ungeeignet, so daß der für die Baureihen V 100 und V 180 verwendete 12-Zylinder-V-Motor als Saugmotor eingebaut worden ist. LKM lieferte 1959 die beiden Baumusterlokomotiven V 60 1001 und 1002, wovon die V 60 1001 von der VES-M Halle leistungstechnisch mit der 19 017 als Bremslokomotive untersucht worden ist, die V 60 1002 zur Betriebserprobung zum Rangierbahnhof Seddin kam. 1961 sind als Kleinserie die V 60 1003 bis 1007, 1962 bis 1964 drei Serien von der V 60 1010 bis 1170 der DR übergeben worden. Die vierachsige Lokomotive, bei der das Drehmoment vom Strömungsgetriebe auf eine Blindwelle und von dort mit Kuppelstangen auf die vier Radsätze übertragen wird, hat sich nach Beseitigung anfänglicher Unzulänglichkeiten sehr gut bewährt. Die DR hat einige Maschinen an Betriebe verkauft, einige altershalber ausgemustert. Die V 60 1001 wird museal erhalten.

106 039, Foto: Kalewe

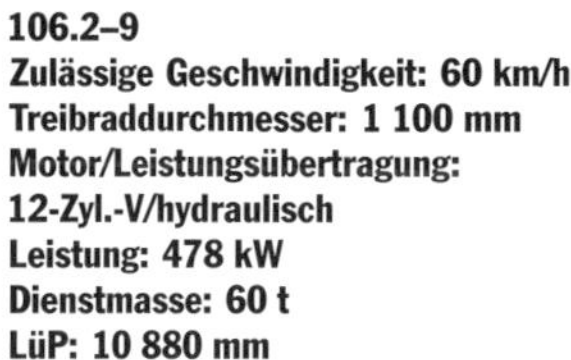
106.2–9
Zulässige Geschwindigkeit: 60 km/h
Treibraddurchmesser: 1 100 mm
Motor/Leistungsübertragung:
12-Zyl.-V/hydraulisch
Leistung: 478 kW
Dienstmasse: 60 t
LüP: 10 880 mm

105
Zulässige Geschwindigkeit: 60 km/h
Treibraddurchmesser: 1 100 mm
Motor/Leistungsübertragung:
12-Zyl.-V/hydraulisch
Leistung: 478 kW
Dienstmasse: 60 t
LüP: 10 880 mm

106.2–9

Neubau DR
(ab 1992: DR 346)
D
Einsatzzeitraum 1964 bis heute

Trotz der guten Bewährung der ersten 170 Maschinen der Baureihe V 60 gab es einige Änderungswünsche seitens der VES-M Halle und des Betriebsmaschinendienstes, so daß LKM Babelsberg unter Beibehaltung der Grundkonzeption eine verbesserte Baumusterlokomotive als V 60 1201 (ausgestellt auf der Leipziger Frühjahrsmesse 1964) fertigte. Gegenüber den bisher gelieferten Lokomotiven war die Achsfahrmasse durch Ballast auf 15 t erhöht, das Führerhausdach mit einem „Mützenschild" als Regen- und Sonnenschutz über die Stirnwände vorgezogen, die Zugänglichkeit zu den Aggregaten in den Vorbauten verbessert, die Blindwelle höher gelegt und verstärkt worden. Die Serienfertigung der verbesserten Ausführung übernahm LEW Hennigsdorf und lieferte 1964 die Lokomotiven V 60 1202 bis 1238. Von 1965 bis 1969 kamen die V 60 1239 bis 1611, die 1970 in 106 239 bis 611 umgezeichnet worden sind. Als 1975 die Betriebsnummer 106 999 erreicht war, verfügte die HvM, weitere Maschinen als BR 105 einzuordnen. Einige Lokomotiven, z. B. die 106 318, sind für Fahrleitungsarbeiten mit einem Lehrstromabnehmer ausgerüstet worden. Weitere Lokomotiven der BR 105 und 106 sind für den Einsatz im Rügener Fährhafen Mukran auf Breitspur (1 520 mm) umgebaut und mit Intermat-Kupplung ausgestattet worden. Die DR plante, einige Lokomotiven der BR 105/106 zur Verminderung des spezifischen Kraftstoffverbrauchs mit einem 6-Zylinder-Dieselmotor von 365 kW Leistung auszurüsten, ein Zweiwandlergetriebe einzubauen und diese so umgebauten Lokomotiven als BR 104 zu führen. Umgebaut wurde bisher die 106 736 zur 104 736 (ab 1992: 344 736), die beim Bw Halle G beheimatet ist, und die 106 087 zur 344 087 (Bw Riesa).

106 675, Foto: Weisbrod

105

Neubau DR
(ab 1992: DR 345)
D
Einsatzzeitraum 1975 bis heute

Im Jahre 1975 war mit der Auslieferung der 106 999 die Zahl der Ordnungsnummern für diese Baureihe erschöpft. Die folgende Baureihe 107 war noch mit der ehemaligen V 75 besetzt, so daß die HvM verfügte, weitere Lieferungen der dieselhydraulischen Rangierlokomotive in die Baureihe 105 einzuordnen. Von 1975 bis 1982 lieferte LEW Hennigsdorf die Lokomotiven 105 001 bis 105 165. Konstruktiv bestehen keine Unterschiede zur BR 106.2–9. Die Deutsche Reichsbahn kaufte von einigen Industriebahnen Lokomotiven vom Typ V 60, die LEW Hennigsdorf direkt geliefert hatte. Diese Lokomotiven sind entweder auf freigewordene oder freigebliebene Nummern der BR 106 gesetzt oder als 105 970, 975, 990 und 991 eingenummert worden. Die 105 096, 120 und 129 wurden auf 1 520 mm Spurweite für den Einsatz im Fährhafen Mukran umgebaut.

345 088, Foto: Weisbrod

V 75
Zulässige Geschwindigkeit: 60 km/h
Treibraddurchmesser: 1 000 mm
Motor/Leistungsübertragung: 6-Zyl.-R/elektr.
Leistung: 552 kW
Dienstmasse: 62,6 t
LüP: 12 560 mm

108
Zulässige Geschwindigkeit: 60 km/h
Treibraddurchmesser: 1 000 mm
Motor/Leistungsübertragung:
12-Zyl.-R/hydraulisch
Leistung: 736 kW
Dienstmasse: 60 t
LüP: 13 940 mm

V 75

Import ČSSR
(ab 1970: DR 107)
Bo′Bo′
Einsatzzeitraum 1962 bis 1988

Als die Deutsche Reichsbahn Ersatz für die Rangierlokomotiven der Baureihe 80 beschaffen mußte, fiel die Entscheidung zugunsten einer von ČKD Prag angebotenen Diesellokomotive. Die bei den ČSD als Reihe T 435 eingesetzte Lokomotive hat sich dort gut bewährt und ist mit 20 Stück von der DR beschafft worden. Die Lokomotiven kamen ab Dezember 1962 auf dem Hauptbahnhof, dem Magdeburg-Thüringer Bf und dem Dresdener Bf in Leipzig zum Einsatz und erhielten entsprechend ihrer Leistung von 750 PS die Baureihenbezeichnung V 75 und die Ordnungsnummern 001 bis 020 (ab 1970 107 001 bis 020). Die Lokomotiven hatten nach amerikanischem Vorbild einen langen, schmalen und hohen Vorbau und einen über die Fahrzeugbreite reichenden Endführerstand. Antriebsquelle war ein 6-Zylinder-Viertakt-Dieselmotor (Reihenmotor). Der Antrieb der vier Tatzlagermotoren erfolgte durch den an den Motor angeflanschten Traktionsgenerator. Die Druckluftbremsanlage Bauart Westinghouse mit Führerbremsventil Bauart Bozic ist auf Bauart Knorr umgerüstet worden. Die 107 004 wird vom Bw Leipzig Hbf Süd museal erhalten.

107 015, Foto: Weisbrod

108

Umbau DR
(ab 1992: DR 298)
B′B′
Einsatzzeitraum 1981 bis heute

Für die inzwischen 30 Jahre alten Rangierlokomotiven der Baureihe 106 (ab 1992: 346) plante die Deutsche Reichsbahn die Beschaffung einer leistungsfähigeren Lokomotive mit 735 kW (1 000 PS) Nennleistung. Diese Lokomotive wird jedoch nicht gebaut. Den entsprechenden Bedarf sollten Lokomotiven der BR 110 dekken, die durch die Streckenelektrifizierung freigeworden waren. Bereits seit 1979 sind beim Bw Halle G die 110 156 und 110 161 mit hydraulischem Wendegetriebe vom Strömungsmaschinenbau Pirna im Betriebseinsatz. Die Geschwindigkeitsabstufung beträgt 20 km/h im Rangiergang und 60 km/h im Streckengang. Dadurch werden eine höhere Zugkraft und ein geringerer spezifischer Kraftstoffverbrauch erzielt. Der nun überflüssige Heizkessel ist entfernt und zur Beibehaltung der Achsfahrmasse durch Ballast ersetzt worden. Zum Warmhalten des Kühlwassers in Abstellzeiten dient das Warmhaltegerät Heto 30. Außer den 110 156 und 110 161 sind bisher nur die 110 036, 110 037 und 110 099 umgebaut und zur BR 108 umgezeichnet worden. Alle fünf Lokomotiven beheimatet das Bw Halle G.

298 099, Foto: Weisbrod

V 100$^{0-1}$
Zulässige Geschwindigkeit: 100 km/h
Treibraddurchmesser: 1 000 mm
Motor/Leistungsübertragung: 12-Zyl.-V/hydraulisch
Leistung: 736 kW
Dienstmasse: 63,7 t
LüP: 13 940 mm

110.2–9
Zulässige Geschwindigkeit: 100 km/h
Treibraddurchmesser: 1 000 mm
Motor/Leistungsübertragung: 12-Zyl.-V/hydraulisch
Leistung: 736 kW
Dienstmasse: 60 t
LüP: 13 940/14 240 mm

V 100$^{0-1}$

Neubau DR
(ab 1970: DR 110.0–1; ab 1992: 201)
B′B′
Einsatzzeitraum 1966 bis heute

Die Deutsche Reichsbahn benötigte für die Traktionsumstellung eine Streckendiesellokomotive, die zwischen der Rangierlokomotive V 60 und der Streckenlokomotive V 180 einzuordnen war und vor allem auf Nebenstrekken die Dampflokomotiven ablösen konnte. Die geforderte Lokomotive sollte auf Haupt- und Nebenstrecken mit maximal 100 km/h einsetzbar sein und alle Hauptbaugruppen (Motor, Leistungsübertragung, Zugheizeinrichtung) vor allem der V 180 enthalten. LKM Babelsberg fertigte 1964/65 zwei Baumusterlokomotiven, die blaue V 100 001 (900 PS) und die rote V 100 002 (1 000 PS). Die Serienfertigung übernahm LEW Hennigsdorf, das 1966 mit der V 100 003 (grau-grün) eine dritte Baumusterlokomotive herstellte. Die ersten 40 Lokomotiven der Serienausführung erhielt die DR 1966/67, 1968 sind die V 100 044 bis 173 ausgeliefert worden. Weil die Baumuster V 100 001 und 002 bei einem Brand verlorengingen, hat man die V 100 172 und 173 in V 100 001 und 002 umgezeichnet. Die V 100 137 diente als Erprobungsträger für den 883-kW-Dieselmotor (1 200 PS), die V 100 041 erhielt versuchsweise automatische Mittelpufferkupplung. Die Lokomotiven hatten Mittelführerstand und konnten auch bei Wendezugbetrieb und Vielfachtraktion einmännig gefahren werden. Die Federung war bereits nach den beiden Baumustern von kombinierter Blatt-/Schraubenfeder auf reine Schraubenfederung mit Stoßdämpfern umgestellt worden. Die beiden zweiachsigen Drehgestelle waren baugleich, und ihre Radsätze wurden vom Strömungsgetriebe über Gelenkwellen angetrieben.

110 007, Foto: Weisbrod

110.2–9

Neubau DR
(ab 1992: DR 201)
B′B′
Einsatzzeitraum 1970 bis heute

Die V 100$^{0-1}$ hatte eine Radsatzfahrmasse von knapp 16 t. Um die Lokomotiven uneingeschränkt auf 15-t-Strecken einsetzen zu können, verzichtete man auf das Stufengetriebe und den Langsamgang, dessen Vorteile (hohe Anfahrzugkraft, Fahren mit geringen Geschwindigkeiten) nur bei einem Bruchteil der Betriebszeit genutzt wurden. Parallel zum Baulos V 100 104 bis 171 entstand eine Maschine ohne Langsamgang, die als V 100 201 (ab 1970: 110 201) bezeichnet worden ist. Ab 110 202 lieferte LEW Hennigsdorf alle weiteren Lokomotiven in dieser Ausführung. Die 110 457 hatte versuchsweise einen Motor mit 883 kW Nennleistung.
Im Rahmen der Serienlieferung sind weitere Maschinen für die Erprobung bestimmter Baugruppen ausgewählt worden. Die 110 203 bekam zur Extremerprobung einen Motor mit 1 100 kW Nennleistung (s. BR 114).
Die Lokomotiven der Baureihe 110 haben sich im Betrieb ausgezeichnet bewährt und sind durch die schrittweise Ausrüstung mit 883-kW-Motoren (s. BR 112) universell einsetzbar.

110 285, Foto: Weisbrod

V 180[0]
Zulässige Geschwindigkeit: 120 km/h
Treibraddurchmesser: 1 000 mm
Motor/Leistungsübertragung: 12-Zyl.-V/hydraulisch
Leistung: 2 × 662 kW
Dienstmasse: 78 t
LüP: 19 460 mm

111
Zulässige Geschwindigkeit: 65 km/h
Treibraddurchmesser: 1 000 mm
Motor/Leistungsübertragung: 12-Zyl.-V/hydraulisch
Leistung: 736 kW
Dienstmasse: 62,2 t
LüP: 14 240 mm

111

Neubau DR
(ab 1992: DR 293)
B'B'
Einsatzzeitraum 1982 bis heute

LEW Hennigsdorf hatte für den Export aus der BR V 100 (ab 1970: 110, ab 1992: 201) eine Rangierlokomotive mit 736 kW (1 000 PS) Motorleistung entwikkelt, werksintern als V 100.4 bezeichnet. China hat mehrere hundert dieser Lokomotiven gekauft. Die Lokomotive besitzt den Johannisthaler Dieselmotor 12 KVD 21 AL 3 und mit dem Dreiwandler-Strömungsgetriebe GSR 30/5,7 auch ein anderes Getriebe als die BR 110. Durch eine geänderte Untersetzung wird eine höhere Zugkraft bei reduzierter Höchstgeschwindigkeit erzielt. Die zulässige Streckengeschwindigkeit beträgt 65 km/h. Auf die Heizkesselanlage konnte beim vorwiegenden Einsatz im Rangierdienst verzichtet werden. Die DR beschaffte 1982 37 Lokomotiven für den Einsatz bei der Rbd Schwerin, wo die Lokomotive mit einer Dienstmasse von 62 t auch auf Gleisen, die noch in Kiesbettung liegen, freizügig eingesetzt werden kann. Die gelb-orange Farbgebung bezeichnet die Maschinen als Rangierlokomotiven.

111 001 und 002, Foto: Kalewe

112

Umbau DR
(ab 1992: DR 202)
B'B'
Einsatzzeitraum 1981 bis heute

Bereits bei der Serienlieferung der BR 110.2–9 erhielten die 110 137 und 110 457 versuchsweise nicht mehr den Standard-Dieselmotor mit 736 kW, sondern die leistungsgesteigerte Ausführung mit 883 kW. Die günstigen Betriebs- und Verbrauchseigenschaften dieses Motors veranlaßten die DR, die Lokomotiven der BR 110 im Rahmen planmäßiger Ausbesserungen im Raw Stendal mit 883-kW-Motoren auszurüsten. Für die umgebauten Lokomotiven galt die neue Baureihenbezeichnung 112 (ab 1992: 202); die bisherigen Ordnungsnummern sind beibehalten worden. Mit der Einführung des neuen Nummernplanes ab 1. Januar 1992 waren bereits 496 Lokomotiven umgebaut und umgezeichnet worden. Rahmen, Aufbauten, Laufwerk und Bremsen entsprachen den Baureihen 110.0–1 bzw. 110.2–9. Der aufgeladene 12-Zylinder-Viertakt-V-Motor mit Ladeluftkühlung vom Typ 12 KVD 21 AL-4 war mit dem Strömungsgetriebe GSR 30/5,7 in verbesserter Ausführung gekuppelt. Die Lokomotiven der BR 112 (202) sind in fast allen Bahnbetriebswerken der Deutschen Reichsbahn beheimatet.

202 550, Foto: Weisbrod

114
Zulässige Geschwindigkeit: 100 km/h
Treibraddurchmesser: 1 000 mm
Motor/Leistungsübertragung: 12-Zyl.-V/hydraulisch
Leistung: 1 100 kW
Dienstmasse: 64 t
LüP: 13 940/14 240 mm

112
Zulässige Geschwindigkeit: 100 km/h
Treibraddurchmesser: 1 000 mm
Motor/Leistungsübertragung: 12-Zyl.-V/hydraulisch
Leistung: 883 kW
Dienstmasse: 64 t
LüP: 13 940/14 240 mm

114

Umbau DR
(ab 1992: DR 204)
B′B′
Einsatzzeitraum 1984 bis heute

Die Deutsche Reichsbahn hatte bereits während der Serienbeschaffung der BR 110 (ab 1992: 201) in die 110 137 und 110 457 leistungsstärkere Motoren mit 883 kW Leistung versuchsweise eingebaut und nach erfolgreicher Bewährung den Serienumbau zur BR 112 (ab 1992: 202) vorgenommen. Als Extremerprobung bezeichnete man den Einbau des Dieselmotors 12 KVD 18/21 AL 5 mit 1 100 kW Nennleistung in die 110 203. Außer diesem 12-Zylinder-Viertakt-V-Motor mit Aufladung und Ladeluftkühlung bekam die damit ausgerüstete Lokomotive ein Dreiwandler-Strömungsgetriebe. Zur Unterscheidung von den Lokomotiven der Normalserie erhielt diese Lokomotive die Baureihenbezeichnung 114. Die guten Betriebsergebnisse veranlaßten die DR, insgesamt 60 Lokomotiven der BR 110.2–9 mit dem 1 500-PS-Motor auszurüsten, die damit schon in Leistungsbereiche der BR 118 eindrangen. Ein großer Teil der Lokomotiven ist beim Bw Saalfeld (24 Stück) beheimatet und auf den von dort ausgehenden neigungs- und krümmungsreichen Strecken erfolgreich im Einsatz. Weitere Dienststellen sind Kamenz, Nordhausen, Lutherstadt Wittenberg und Halberstadt.

114 626, Foto: Weisbrod

V 180⁰

Neubau DR
(ab 1970: DR 118.0; ab 1992: DR 228)
B′B′
Einsatzzeitraum 1963 bis heute

Für die Traktionsumstellung zur Ablösung der Dampflok-Baureihen 23^{10}, 50, 52 und 65^{10} beschaffte die DR dieselhydraulische, vierachsige Mehrzwecklokomotiven, die von LKM Babelsberg entwickelt und gebaut worden sind. Die Lokomotiven besaßen zwei Dieselmotoren mit je 900 PS (662 kW) Nennleistung, die über Strömungsgetriebe und Gelenkwellen die Radsätze je eines Drehgestells antrieben. Die erste Baumusterlokomotive V 180 001 war zum Jahresende 1959 fertiggestellt. Bis 1963 entstanden die Baumuster V 180 002 bis 004. Als Vorserie sind im 1. Halbjahr 1963 die V 180 005 bis 009, als Serie im gleichen Jahr die V 180 010 bis 019 geliefert worden. Ende 1965 war mit der Lieferung der Lokomotiven bis V 180 087 das Baulos abgeschlossen. Die DR hat die Baumusterlokomotiven V 180 001 und 002 wegen zu starker Abweichung von der Serie nicht übernommen. LKM Babelsberg hat diese Lokomotiven 1965 ausgemustert. Die DR hat Anfang der 80er Jahre begonnen, die Lokomotiven der BR 118.0 durch Einbau neuer Motoren mit insgesamt 1 472 kW (2 000 PS) Nennleistung denen der BR 118.1 anzupassen. Zur Kennzeichnung erhielten die umgebauten Lokomotiven eine 5 als 1. Ziffer der Ordnungsnummer (118.5). Mehrere Lokomotiven der BR 118.0 hatten Stirnpartien aus glasfaserverstärktem Plast, die 118 059 eine Plastkanzel mit nach innen geneigten, blendfreien Frontscheiben. Die BR 118.0 bzw. 118.5 ist mit einer Radsatzfahrmasse von 19 t nur für den Einsatz auf Hauptstrecken zugelassen.

118 033, Foto: Weisbrod

118 133, Foto: Weisbrod

V 180^{1}
Zulässige Geschwindigkeit: 120 km/h
Treibraddurchmesser: 1 000 mm
Motor/Leistungsübertragung: 12-Zyl.-V/hydraulisch
Leistung: 2 × 736 kW
Dienstmasse: 78 t
LüP: 19 460 mm

118 203, Foto: Weisbrod

V 180$^{2-4}$
Zulässige Geschwindigkeit: 120 km/h
Treibraddurchmesser: 1 000 mm
Motor/Leistungsübertragung: 12-Zyl.-V/hydraulisch
Leistung: 2 × 736 (2 × 883) kW
Dienstmasse: 90 t
LüP: 19 460 mm

V 180^{1}

Neubau DR
(ab 1970: DR 118.1; ab 1992: DR 228)
B'B'
Einsatzzeitraum 1965 bis heute

Während der Serienlieferung der BR V 180 (118.0 bzw. später 118.5) hatte das Motorenwerk Johannisthal einen leistungsstärkeren Dieselmotor entwickelt, der eine Nennleistung von 736 kW (1 000 PS) besaß (Vorgängermodell 632 kW). Lokomotiven, die mit diesem Motor ausgerüstet worden sind, bekamen zum Unterschied von den 2 × 900-PS-Maschinen die Reihenbezeichnung V 180^{1} und die Betriebsnummern V 180 101 bis 182. Die Lieferung an die DR erfolgte in den Jahren 1965 bis 1967. Am Grundkonzept der Reihe V 180 ist nichts geändert worden, lediglich die Innenluftansaugung wurde auf Außenluftansaugung umgestellt. Anstelle der beiden äußeren Fenster sind Mehrfach-Düsen-Lüftungsgitter eingesetzt worden. Die auf zwei reduzierte Fensterzahl pro Lokomotivseite ist der einzige äußerliche Unterschied zwischen den 1 800-PS- und den 2 000-PS-Maschinen gewesen. Mit dem Umbau der BR 118.0 zur BR 118.5 besteht kein Leistungsunterschied mehr zwischen 118.1 und 118.5 Im ab 1. Januar 1992 geltenden Umzeichnungsplan der DR waren noch 48 Lokomotiven der BR 118.1 enthalten, von denen jedoch ein großer Teil schon im z-Park steht.

V 180$^{2-4}$

Neubau DR
(ab 1970: DR 118.2–4; ab 1992: DR 228
C'C'
Einsatzzeitraum 1966 bis heute

Die Deutsche Reichsbahn benötigte neben den Neubau-Diesellokomotiven mit 19 t Radsatzfahrmasse (V 180$^{0-1}$) für den Traktionswechsel auf Nebenstrecken eine Maschine mit maximal 16 t Radsatzfahrmasse. LKM Babelsberg entwickelte auf der Basis der V 180$^{0-1}$ eine sechsachsige Lokomotive mit zwei dreiachsigen Drehgestellen. Leistungsübertragung und Laufwerk waren nach den Forderungen der DR so auszubilden, daß eine Höchstgeschwindigkeit von 140 km/h nach Änderung der Radsatzgetriebe möglich war. Die Baumusterlokomotive war die V 180 201, die im Januar 1964 fertiggestellt war. Zweite Baumusterlokomotive war die V 240 001 (s. dort), die 1971 in 118 202 umgezeichnet worden ist. Die Serienlieferung begann mit der V 180 204 im August 1966. Die erst 1967 gelieferte V 180 203 hatte, wie auch die V 180 059 und 131, eine Plastkanzel mit blendfreien Scheiben, ist aber später in Normalausführung umgebaut worden. Bis Mitte 1970 waren die Lokomotiven bis zur Betriebsnummer V 180 399 ausgeliefert. Die restlichen sieben Maschinen wurden schon als 118 400 bis 406 in Dienst gestellt. Die Maschinen besaßen zwei aufgeladene 12-Zylinder-Viertakt-V-Dieselmotoren von je 736 kW Nennleistung. Die erst 1971 übernommene 118 202 hatte zwei Motoren von 883 kW Leistung. Diesen leistungsgesteigerten Motor mit zusätzlicher Ladeluftkühlung erhielten nach und nach (ab 1972) auch alle anderen Lokomotiven. Zur Kennzeichnung der leistungsgesteigerten Ausführung ist die Ordnungsnummer um 400 erhöht worden (118.2 = 118.6; 118.3 = 118.7; 118.4 = 118.8). Die wenigen Maschinen, die mit Inkrafttreten des neuen Nummernplanes am 1. Januar 1992 noch keine leistungsgesteigerten Motoren erhalten hatten, befanden sich schon im z-Park.

119
Zulässige Geschwindigkeit: 120 km/h
Treibraddurchmesser: 1 000 mm
Motor/Leistungsübertragung: 12-Zyl.-V/hydraulisch
Leistung: 2 × 990 kW
Dienstmasse: 96 t
LüP: 19 500 mm

V 200
Zulässige Geschwindigkeit: 100 km/h
Treibraddurchmesser: 1 050 mm
Motor/Leistungsübertragung: 12-Zyl.-V/elektrisch
Leistung: 1 470 kW
Dienstmasse: 116 t
LüP: 17 550 mm

119

Import Rumänien
(ab 1992: DR 219)
C'C'
Einsatzzeitraum 1978 bis heute

Nach den Bestimmungen des RGW durfte die Deutsche Reichsbahn in der DDR nur Diesellokomotiven mit einer Leistung bis zu 2 000 PS bauen lassen. Die benötigte leistungsstärkere Maschine für Nebenstrekken und den Anschlußdienst auf Hauptbahnen, die über eine Einrichtung für elektrische Zugheizung verfügen sollte, mußte deshalb außer Landes gebaut werden. Den Auftrag bekam die rumänische „Lokomotivfabrik 23. August" in Bukarest. Obwohl die DR straffe Vorgaben machte, waren die Betriebsergebnisse deprimierend. Die Baumusterlokomotiven 119 001 und 002 bekam die DR im Laufe des Jahres 1977, davon die 119 001 noch ohne Heizgenerator. 1978 waren acht Lokomotiven der Nullserie ausgeliefert, Anfang 1980 17 Lokomotiven. Die ersten Lokomotiven erhielt das Bw Saalfeld zur Ablösung der Dampflok-BR 95 auf der Strecke nach Sonneberg. Obwohl die meßtechnische Untersuchung der beiden Baumuster durch die VES-M Halle und die Betriebserprobung beim Bw Halle G eine Reihe von Mängeln aufdeckten, die schon bei den Nullserienlokomotiven abgestellt sein sollten, klagte das Bw Saalfeld über einen Schadlokbestand von teilweise 30 bis 40 %. Im Jahre 1985 war der Vertrag über die Lieferung von 200 Lokomotiven mit der Indienststellung der 119 200 erfüllt. Noch bevor die letzte Lokomotive ausgeliefert worden war, waren die beiden Baumuster schon ausgemustert und zerlegt! Die DR hat geschickt die RGW-Fessel, wie auch bei den Lokomotiven der BR 118^{2-4}, durch Einbau leistungsstärkerer Motoren gelöst. Erst als das Raw Karl-Marx-Stadt die rumänischen Dieselmotoren, eine MTU-Lizenz, durch den 12 KVD 21 AL 4 (883 kW) und die Zweiwandler- durch leistungsfähigere Dreiwandlergetriebe ersetzte, wurden die Lokomotiven bahnfest.

119 051, Foto: Weisbrod

V 200

Import UdSSR
(ab 1970: DR 120, ab 1992: DR 220)
Co'Co'
Einsatzzeitraum 1966 bis heute

Die sowjetische Diesellokfabrik „Oktoberrevolution" in Lugansk entwickelte für verschiedene osteuropäische Bahnverwaltungen eine normalspurige 2 000-PS-Lokomotive, die außer bei der DR auch bei den ČSD, den PKP, der MÁV und einigen außereuropäischen Bahnverwaltungen eingesetzt worden ist. Die robuste und zuverlässige Lokomotive mit guter Eignung für Wartung und Instandhaltung besaß einen aufgeladenen 12-Zylinder-Zweitakt-Dieselmotor mit unterschiedlichem Hub für die rechte und linke Zylinderreihe. Die Leistungsübertragung erfolgte elektrisch durch sechs parallelgeschaltete Tatzlagermotoren. Die DR erhielt im Dezember 1966 die Vorauslokomotiven V 200 001 und 002 zur leistungstechnischen Untersuchung durch die VES-M Halle. 1967 folgten als erste Serienlieferung die V 200 003 bis 090. Änderungswünsche der DR aus dem Betriebseinsatz sind bereits bei der Lieferung der V 200 091 bis 177 im Jahre 1968 berücksichtigt worden. Nach dem EDV-Nummernplan von 1970 bekamen die Lokomotiven die Baureihenbezeichnung 120. Mit der Lieferung der 120 378 ist im Jahre 1975 die Beschaffung abgeschlossen worden. Ab 120 178 kamen die Maschinen serienmäßig mit Schalldämpfer. Bis dahin war das Abgas der Abgasturbine ungedämpft ins Freie ausgestoßen worden, was den Lokomotiven den Beinamen „Taigatrommel" einbrachte. Vorher gelieferte Maschinen sind bei der DR nachgerüstet worden. 1991 hat die DR die Unterhaltung der Baureihe eingestellt. Die wenigen noch vorhandenen Lokomotiven werden nach und nach ausgemustert.

120 020, Foto: Weisbrod

132
Zulässige Geschwindigkeit: 120 km/h
Treibraddurchmesser: 1 050 mm
Motor/Leistungsübertragung: 16-Zyl.-V/elektrisch
Leistung: 2 200 kW
Dienstmasse: 122 t
LüP: 20 820 mm

V 240
Zulässige Geschwindigkeit: 140 km/h
Treibraddurchmesser: 1 000 mm
Motor/Leistungsübertragung: 12-Zyl.-V/hydraulisch
Leistung: 1 800 kW
Dienstmasse: 90 t
LüP: 19 460 mm

V 240

Neubau DR
C′C′
Einsatzzeitraum 1965 bis 1969

Im Neubauprogramm der Deutschen Reichsbahn war als leistungsstärkere Weiterentwicklung der Baureihe V 180 eine sechsachsige Lokomotive mit zwei unabhängigen Antriebsanlagen von je 1 200 PS vorgesehen. Die als V 240 geplanten Lokomotiven sollten eine Höchstgeschwindigkeit von 140 km/h besitzen und im schweren Schnellzugdienst und im Güterzugdienst auf den Hauptstrekken eingesetzt werden. LKM Babelsberg stellte 1965 die Baumusterlokomotive V 240 001 fertig, die der DR zur Erprobung übergeben wurde. Nach einer Festlegung des Rates für Gegenseitige Wirtschaftshilfe (RGW) durfte die DDR nur Diesellokomotiven bis maximal 2 000 PS Leistung bauen, so daß die weitere Entwicklung eingestellt werden mußte. Die Lokomotive erhielt in der zweiten Erprobungsphase 1967 zwei neue Versuchsmotoren mit geschweißtem Gehäuse. LKM Babelsberg blieb Eigentümer der Lokomotive und nutzte sie als Erprobungsträger für weiterentwickelte Bauteile und Baugruppen. Die DR hat die Lokomotive in der Ausrüstung der Baureihe 118.2 als 118 202 übernommen.

V 240 001, Foto: LKM

V 300

Import UdSSR
(ab 1970: DR 130; ab 1992: DR 230)
Co′Co′
Einsatzzeitraum 1970 bis heute

Für die Fortsetzung des Traktionswechsels bei der DR entwikkelte die Diesellokomotivfabrik „Oktoberrevolution“ eine Lokomotive mit 3 000 PS installierter Leistung, die dem neuesten Stand der Technik und den Forderungen der DR entsprach. Für die Lokomotiven war eine Ausrüstung für elektrische Zugheizung gefordert, weil die DR ihren Reisezugwagenpark auf dieses Heizungssystem umstellte. Die UdSSR stellte auf der Leipziger Frühjahrsmesse 1969 die Vorserienlokomotive V 300 001 aus, lieferte sie aber nicht an die DR aus. 1970 sind als Vorserie die jetzt als 130 001 bis 011 bezeichneten Lokomotiven zu Erprobungs- und Meßzwecken geliefert worden. Sie hatten eine Höchstgeschwindigkeit von 140 km/h, aber keine elektrische Zugheizung. Auch die 2. Serie (1971: 130 012 bis 054) und die 3. Serie (1972: 130 055 bis 080) kamen ohne Zugheizeinrichtung, die noch immer in Erprobung war. Erst 1972 konnte das Werk in Woroschilowgrad zwei Maschinen mit Zugheizeinrichtung zur Verfügung stellen, die bei der DR die Betriebsnummern 130 101 und 102 erhielten und bei der VES-M Halle als Bremslokomotiven Verwendung fanden. Weil die Lokomotiven ohne Zugheizung für den Reisezugdienst nicht einsetzbar waren, für den Güterzugdienst eine Höchstgeschwindigkeit von 140 km/h sinnlos war, stellte die DR die Beschaffung der BR 130 ein und forderte von der UdSSR bis zur Serienreife der elektrischen Zugheizung Lokomotiven mit 100 km/h Höchstgeschwindigkeit für den Güterzugdienst. Einige Maschinen der BR 130 sind durch Tauschmotoren und entsprechende Antriebe auf 100 km/h Höchstgeschwindigkeit reduziert und als BR 131 bezeichnet worden.

130 060, Foto: Weisbrod

V 300
Zulässige Geschwindigkeit: 140 km/h (120 zugelassen)
Treibraddurchmesser: 1 050 mm
Motor/Leistungsübertragung: 16-Zyl.-V/elektrisch
Leistung: 2 200 kW
Dienstmasse: 115 t
LüP: 20 620 mm

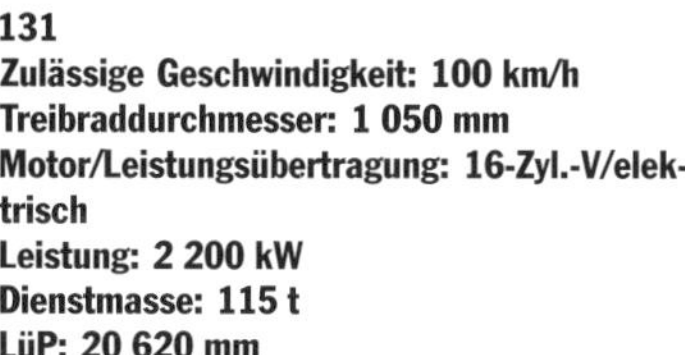

131
Zulässige Geschwindigkeit: 100 km/h
Treibraddurchmesser: 1 050 mm
Motor/Leistungsübertragung: 16-Zyl.-V/elektrisch
Leistung: 2 200 kW
Dienstmasse: 115 t
LüP: 20 620 mm

131

Import UdSSR
(ab 1992: DR 231)
Co'Co'
Einsatzzeitraum 1972 bis heute

Die DR hatte 1972 die Beschaffung der BR 130 (V 300) eingestellt, weil die Lokomotivfabrik „Oktoberrevolution“ in Woroschilowgrad noch immer keine serienreife elektrische Zugheizeinrichtung liefern konnte. Sie forderte statt dessen, die Konstruktionsgeschwindigkeit zur besseren Zugkraftausnutzung auf 100 km/h zu reduzieren, weil die Lokomotiven nur im Güterzugdienst verwendbar waren. Die UdSSR lieferte 1972 die Lokomotiven 131 001 bis 017 und 1973 die Maschinen mit den Betriebsnummern 131 018 bis 076. Der Unterschied zur BR 130 bestand in einer veränderten Antriebsübersetzung. Einige Maschinen der BR 130 sind im Raw Cottbus in BR 131 umgebaut worden. Da auch die Lokomotiven der BR 131 ab Werk Bremsausrüstung für 140 km/h besaßen, obwohl die Höchstgeschwindigkeit nur 100 km/h betrug, sind die entbehrlichen Teile bei Fristarbeiten entfernt worden.

131 006, Foto: Weisbrod

132

Import UdSSR
(ab 1992: DR 232)
Co'Co'
Einsatzzeitraum 1973 bis heute

Im Jahre 1973 lieferte die Diesellokomotivfabrik „Oktoberrevolution“ in Woroschilowgrad mit 42 Lokomotiven (132 001 bis 042) endlich Maschinen in der Ausführung, wie sie von der Deutschen Reichsbahn bestellt worden waren. In den Jahren zuvor hatte die DR mehr als 150 Lokomotiven ohne die bestellte elektrische Zugheizeinrichtung abnehmen müssen (s. BR 130 und 131). Von Vorteil war, daß mit den Lokomotiven der BR 132 ausgereifte Maschinen in Dienst gestellt werden konnten, an deren Grundkonzeption gegenüber der BR 130 keine Änderungen vorgenommen werden mußten. Die elektrische Zugheizeinrichtung bedingte gegenüber den BR 130 und 131 eine um 200 mm größere LüP. Die BR 132 ist von der DR im schweren Reise- und Güterzugdienst auf nichtelektrifizierten Strecken eingesetzt worden und hat sich ausgezeichnet bewährt. Die Lokomotiven sind bis 1982 mit insgesamt 709 Exemplaren beschafft worden. Die 132 709 erhielt am 15. Juli das Bw Neustrelitz. Die Lokomotiven waren für eine Höchstgeschwindigkeit von 120 km/h ausgelegt und wurden von einem 16-Zylinder-Viertakt-Dieselmotor mit Abgasturboaufladung und Ladeluftkühlung angetrieben. Der Dreiphasen-Wechselstrom-Synchron-Traktionsgenerator war an den Dieselmotor angeflanscht. Die sechs Gleichstrom-Tatzlagermotoren leisteten je 305 kW. Anfangs kam es durch den Heizgenerator zur Störung der Sicherungsanlagen mit 50-Hz-Wechselspannungskreisen, so daß die Heizfrequenz vorübergehend auf 22 Hz geändert werden mußte, was zu einer Leistungseinbuße um 100 kW auf 500 kW führte.

132 479, Foto: Weisbrod

229
Zulässige Geschwindigkeit: 140 km/h
Treibraddurchmesser: 1 000 mm
Motor/Leistungsübertragung: 12-Zyl.-V/hydraulisch
Leistung: 2 × 1 240 kW
Dienstmasse: 103 t
LüP: 19 500 mm

142
Zulässige Geschwindigkeit: 120 km/h
Treibraddurchmesser: 1 050 mm
Motor/Leistungsübertragung: 16-Zyl.-V mit Hochauflad./elektrisch
Leistung: 2 940 kW
Dienstmasse: 124,7 t
LüP: 20 820 mm

142

Import UdSSR
(ab 1992: DR 242)
Co'Co'
Einsatzzeitraum 1977 bis heute

Die Deutsche Reichsbahn hatte bereits bei der Entwicklung der Diesellokomotiven der Reihe V 300 (BR 130, ab 1992 230) dem Hersteller in Woroschilowgrad (UdSSR) in Ausicht gestellt, eine leistungsgesteigerte Ausführung mit 4 000 PS abzunehmen und entsprechende Entwicklungsarbeiten ausgelöst. Damit sollte gesichert werden, daß bei einer Lieferung die Identität der meisten Baugruppen gewährleistet war, um Vorteile bei Bedienung, Instandhaltung und Ersatzteilbeschaffung zu haben. Eine Baumusterlokomotive stand 1975 auf der Leipziger Frühjahrsmesse, ist aber zur Erprobung wieder in die UdSSR zurückgeführt worden. Die 142 001 und 002 sind erst im April 1977 an die DR übergeben und die 142 001 von der VES-M Halle einer leistungstechnischen Untersuchung unterzogen worden. 1977 lieferte die UdSSR die 142 003 und 004, 1978 die 142 005 und 006. Diese sechs Maschinen, beim Bw Stralsund stationiert, sind die leistungsstärksten Diesellokomotiven der Deutschen Reichsbahn. Der Unterschied zur BR 132 (ab 1992: 232) besteht in einem Abgasturbolader mit höherem Ladedruck, stärkeren Fahrmotoren und einer leistungsfähigeren Kühlanlage. Alle Lokomotiven besitzen Zugheizeinrichtung. Die fortschreitende Elektrifizierung der Hauptstrecken machte eine weitere Beschaffung dieser Lokomotiven überflüssig. Ein Umbau dieser Splittergattung, die u. a. im Langlauf Stralsund–Seddin–Oebisfelde eingesetzt war, in Maschinen der BR 232 ist nicht ausgeschlossen.

142 002, Foto: Kalewe

229

Umbau DR
C'C'
Einsatzzeitraum 1991 bis heute

Die fortschreitende Umrüstung des Reisezugwagenparks auf elektrische Zugheizung und der Lokomotivbedarf der Deutschen Reichsbahn für den Einsatz vor IC- und IR-Zügen machten die nur mit Dampfheizeinrichtung versehenen Lokomotiven der BR 118^{2-4} zunehmend überflüssig. Auch die Lokomotiven der BR 119 (ab 1992: 219) konnten diese Leistungen nur bedingt erfüllen, weil sie nur für 120 km/h zugelassen waren und einen zu schwachen Heizgenerator besaßen. Versuchsweise sind 1991 zwei Lokomotiven der BR 119 (119 078 und 087) in den Werkstätten der Regentalbahn AG modernisiert worden, genügten jedoch nicht in allen Punkten den Anforderungen. Die DR nahm deshalb ein Angebot der Fr. Krupp AG zur „Remotorisierung“ der BR 119 an und lieferte als Ersatzteilspender ausgeschlachtete Lokomotiven nach Essen. Krupp baute zwei MTU-Motoren mit je 1 240 kW Nenneleistung, neue Getriebe der Strömungsmaschinen GmbH Dresden, je Motor einen Heizgenerator der Fa. Hetzinger (Österreich) und eine neue Bremsanlage ein. Moderne Führerstands- und Sicherheitseinrichtungen komplettieren den Umbau der jetzt 140 km/h schnellen und als BR 229 bezeichneten Lokomotiven. Die bisherigen Ordnungsnummern bleiben erhalten. Der Umbau beschränkt sich zunächst auf 20 Lokomotiven.

229 120, Foto: Weisbrod

234
Zulässige Geschwindigkeit: 140 km/h
Treibraddurchmesser: 1 050 mm
Motor/Leistungsübertragung: 16-Zyl.-V/elektrisch
Leistung: 2 200 kW
Dienstmasse: 122 t
LüP: 20 820 mm

V 36[48]
Zulässige Geschwindigkeit: 30 km/h
Treibraddurchmesser: 800 mm
Motor/Leistungsübertragung: 6-Zyl.-R/hydraulisch
Leistung: 132 kW
Dienstmasse: 41,2 t
LüP: 12 100 mm

234

Umbau DR
Co'Co'
Einsatzzeitraum 1992 bis heute

Für den InterCity- und InterRegio-Verkehr auf nichtelektrifizierten Strecken baute die Deutsche Reichsbahn ab 1992 Lokomotiven der Baureihe 132 (ab 1992: 232) für eine zulässige Geschwindigkeit von 140 km/h um. Die Lokomotiven der Baureihe 130 (ab 1992: 230), die diese Geschwindigkeit fahren können, besitzen keinen Heizgenerator. Den Umbau nahm das Raw Cottbus im Rahmen einer General-Instandsetzungsstufe V 7 vor. Dabei sind das Achslagergetriebe (Ritzel und Großrad) geändert und die Bremsanlage der höheren Geschwindigkeit angepaßt worden. Neue Bremssohlen sorgen für eine bessere Wärmeableitung. Änderungen am Dieselmotor und an den Fahrmotoren waren nicht erforderlich, weil beide ausreichend leistungsfähig dimensioniert sind. Geplant ist der Umbau von 50 Lokomotiven, von denen Anfang Juni 1992 31 ausgeliefert waren. Außer der 234 467 (Bw Halle G) und 234 488 (Bw Eisenach) sind alle Maschinen beim Bw Berlin Hbf beheimatet. Die Ordnungsnummer bleibt nach der Umzeichnung in BR 234 unverändert. 1992 sind auch Versuche mit neuen Dieselmotoren von Caterpillar und MaK für die BR 234 angelaufen.

234 341, Foto: Kalewe

V 36[48]

Neubau DR
B'B'
Einsatzzeitraum 1960 bis 1962

Im Typenprogramm für Neubau-Diesellokomotiven der Deutschen Reichsbahn war auch eine Lokomotive für 750 mm Spurweite vorgesehen, die auf den sächsischen Strecken die Dampflokomotiven der Gattung IV K (BR 99[50–61]) ablösen sollte. Das Leistungsprogramm sah die Beförderung von 250 t in der Ebene mit 30 km/h und von 100 t auf Steigungen von 35 ‰ mit 10 km/h vor. LKM Babelsberg begann 1956 mit den Entwicklungsarbeiten und projektierte eine dieselhydraulische Lokomotive der Achsfolge B'B' mit zwei Motoren der BR V 15 (später 101) von je 180 PS (132 kW) Leistung. Die Baumusterlokomotiven V 36 4801 und V 36 4802 sind im Dezember 1960 bzw. im Mai 1961 der Rbd Dresden zur Erprobung übergeben worden. Die Lokomotiven waren zwar leistungsmäßig der IV K überlegen, einem freizügigen Einsatz stand jedoch ihre hohe Radsatzfahrmasse von 9,2 t entgegen, denn die sächsischen Schmalspurstrecken waren nur für 7 t Radsatzfahrmasse zugelassen. Eine Reihe von Mängeln an Hilfseinrichtungen, Steuerung und Schallisolierung hätte umfangreiche konstruktive Änderungen zur Folge gehabt. Wartung und Pflege waren durch die Unzulänglichkeit vieler Baugruppen erschwert. Ende 1962 stellte man die Erprobung ein und verwendete nutzbare Baugruppen für die Instandhaltung der BR 101.

V 36 4801, Foto: Archiv transpress

199.8
Zulässige Geschwindigkeit: 50 km/h
Treibraddurchmesser: 850 mm
Motor/Leistungsübertragung:
12-Zyl.-V/hydraulisch
Leistung: 900 kW
Dienstmasse: 60 t
LüP: 13 560 mm

199.8

Umbau DR
(ab 1992: DR 299)
C'C'
Einsatzzeitraum 1988 bis heute

Als Ersatz für die Dampflokomotiven auf der Harzquerbahn und der Selketalbahn ließ die Deutsche Reichsbahn Streckendiesellokomotiven der Reihe 110.8 (ab 1992: 201.8) mit dreiachsigen Drehgestellen für 1 000 mm Spurweite ausrüsten. Diese Maßnahme war als günstigste Variante ermittelt worden, weil durch die fortschreitende Elektrifizierung Diesellokomotiven freigesetzt wurden, an einen Neubau bei der vollausgelasteten Lokomotivfabrik LEW Hennigsdorf nicht zu denken war und ähnliche Pannen wie beim Neubauversuch der V 36[48] vermieden werden konnten. Weil die Dienstmasse der Lokomotive 60 t betrug und die zulässige Achsfahrmasse auf den Strekken der Harzquerbahn 10 t, mußten dreiachsige Drehgestelle entwickelt werden. Der Achsstand betrug jeweils 1 250 mm. Der mittlere Radsatz im Drehgestell war wegen des besseren Bogenlaufs spurkranzlos. Der Umbau der Lokomotiven erfolgte im Raw Stendal, das auch Erhaltungs-Raw für die jetzt schmalspurigen Lokomotiven ist. Geplant war der Umbau von 30 Lokomotiven, tatsächlich umgebaut worden sind jedoch nur zehn Stück, die als Baureihe 199 bezeichnet wurden und die Ordnungsnummer der BR 110 behielten. Ab 1992 heißen die Lokomotiven 299 110 bis 119.

199 863, Foto: Weisbrod

199 301
Zulässige Geschwindigkeit: 30 km/h
Treibraddurchmesser: 900 mm
Motor/Leistungsübertragung:
6-Zyl.-R/hydraulisch
Leistung: 243 kW
Dienstmasse Lok: 30 t
LüP: 8 200 mm

199 301

Neubau DR
(ab 1992: DR 399 130)
C
Einsatzzeitraum 1966 bis heute

LKM Babelsberg erhielt Mitte der 60er Jahre von der Indonesischen Staatsbahn (PNKA) einen Auftrag über 30 dieselhydraulische Lokomotiven für den vorzugsweisen Einsatz im Rangierdienst. Nach den Vorgaben des Auftraggebers waren die Lokomotiven mit MTU-Motoren und Voith-Strömungsgetrieben auszurüsten, für eine Höchstgeschwindigkeit von 30 km/h auszulegen und in Kapspur 1 067 mm zu liefern. LKM fertigte nach Abschluß der Konstruktionsarbeiten eine Probelokomotive in 1 000 mm Spurweite und testete sie auf der Harzquer- und Brockenbahn. Die werksintern als V 30 C bezeichneten Lokomotiven sind 1967 an Indonesien ausgeliefert worden, die Probelokomotive verblieb als Eigentum von LKM Babelsberg auf der Harzquerbahn und wurde 1969 von der DR gekauft. Sie erhielt zunächst die Betriebsnummer 103 901, ab 1973 die Nummer 199 301. Die Lokomotive ist beim Bw Wernigerode Westerntor beheimatet und wird im Rangierdienst sowie vor Güter-, Bau- und Arbeitszügen eingesetzt.

199 301, Foto: Weisbrod